텔레비전 문화

컬처룩 총서 002

텔레비전 문화

존 피스크 지음 | 곽한주 옮김

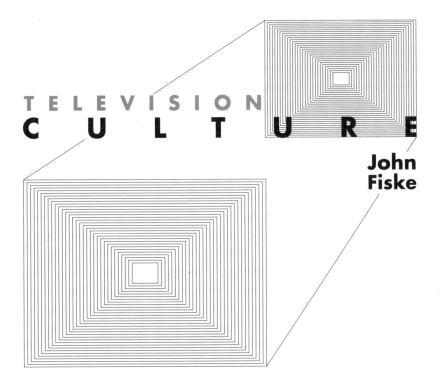

TELEVISION
CULTURE

John
Fiske

존 피스크John Fiske는 영국 출신의 대표적인 미디어학자이자 문화 연구자다. 케임브리지대학교를 졸업한 뒤 호주, 뉴질랜드, 미국 등지 대학에서 강의하였으며, 2000년 미국 위스콘신대학교 매디슨 캠퍼스의 커뮤니케이션학과에서 은퇴해 현재 명예 교수로 있다. 대중 문화를 권력관계, 특히 계급과 젠더, 인종의 이슈와 관련지어 연구했으며 대중 소비자의 능동성과 저항의 잠재력을 중시하는 '능동적 수용자론'의 주창자로 널리 알려져 있다. 문화 연구와 대중 문화, 미디어 기호학, 텔레비전 연구에 대한 여러 논문과 저서를 발표했다. 주요 저서로는 《텔레비전 읽기Reading Television》(공저), 《텔레비전 문화Television Culture》, 《대중 문화의 이해Understanding Popular Culture》, 《권력의 유희, 권력의 작동Power Plays, Power Works》, 《미디어가 문제다Media Matters》 등이 있다.

옮긴이 곽한주는 서울대학교 철학과를 졸업한 후 MBC TV PD, 중앙일보 기자를 거쳐 미국 남가주대학교(USC)에서 한국 영화 연구로 박사 학위를 받았다. 현재 명지대학교 디지털미디어학과 교수이며, 1990년대 이후 한국 영화 및 문화 변동, 알프레드 히치콕 등이 주요 관심사다. 책으로는 《영상의 이해》(공저), Korean Film: History, Resistance, and Democratic Imagination(공저), 《히치콕과의 대화》(공역) 등이 있으며 논문으로는 〈문화적 애도와 민족 공동체: 탈독재기 '애도문화론'을 위한 시론〉, 〈포스트IMF기 한국 복수영화 연구〉 등이 있다.

컬처룩 총서 002

텔레비전 문화

지은이 존 피스크
옮긴이 곽한주
펴낸이 이리라

책임 편집 이여진
편집+디자인 에디토리얼 렌즈
표지 디자인 엄혜리

2017년 5월 15일 1판 1쇄 펴냄

펴낸곳 컬처룩
등록 2010. 2. 26 제2011-000149호
주소 03993 서울시 마포구 동교로 27길 12 씨티빌딩 302호
전화 070.7019.2468 | 팩스 070.8257.7019 | culturelook@naver.com
www.culturelook.net

Television Culture (2nd edition)
by John Fiske
© 1987, 2011 John Fiske
Why Fiske Still Matter © 2011 Henry Jenkins
John Fiske and 'Television Culture' © 2011 Ron Becker, Anico Bodroghkozy, Steve Classen, Elana Levine, Jason Mittell, Greg Smith, and Pamela Wilson
All rights reserved.
Authorized translation from the English language edition published by Routledge, a member of the Taylor & Francis Group.
Korean Translation Copyright © 2017 Culturelook
Printed in Seoul
ISBN 979-11-85521-51-0 94300
ISBN 979-11-85521-17-6 94300 (세트)

* 이 도서의 국립중앙도서관 출판예정도서목록(CIP)은 서지정보유통지원시스템 홈페이지(http://seoji.nl.go.kr)와 국가자료공동목록시스템(http://www.nl.go.kr/kolisnet)에서 이용하실 수 있습니다. (CIP 제어번호: CIP2017008617)
* 이 책의 한국어판 저작권은 에이전시 원을 통해 저작권자와의 독점 계약으로 컬처룩에 있습니다. 저작권법에 의해 한국 내에서 보호를 받는 저작물이므로 무단전재와 무단복제를 금합니다.

차례

옮긴이의 말   9
감사의 말   13

왜 피스크는 여전히 중요한가   17

헨리 젱킨스

1장 텔레비전이란 무엇인가   65

텔레비전의 코드   68 | 용어   83

2장 리얼리즘   95

리얼리즘 형식   100 | 리얼리즘과 급진주의   114

3장 리얼리즘과 이데올로기   119

대중성   119 | 리얼리즘과 담론   126 | 텔레비전과 사회 변화   131

4장 주체성과 호명   137

사회적 주체   140 | 담론적 주체   143 | 주체를 호명하기   148 |
정신분석학과 주체   154

5장 능동적 수용자   159

텍스트와 사회적 주체   159 | 의미 만들기   165 | 수용 방식   175 |
가십과 구술 문화   183 | 의미의 사회적 결정   189

6장 활성화되는 텍스트   195

텔레비전 텍스트의 다의성 197 | 열린, 작가적 텍스트 211 | 생산자
적 텍스트 213 | 분할과 흐름 220 | 텔레비전과 구술 문화 230

7장 상호 텍스트성   235

수평적 상호 텍스트성 236 | 장르 238 | 불가피한 상호 텍스트
성 246 | 수직적 상호 텍스트성: 2차 텍스트 읽기 250 | 3차 텍스트
260 | 상호 텍스트성과 다의성 264

8장 내러티브   267

리얼리즘 재론 271 | 내러티브에 대한 구조주의적 접근 272 | 신화
적 내러티브 273 | 내러티브 구조 278 | 내러티브 코드 288 |
텔레비전 내러티브 292

9장 인물을 어떻게 읽을 것인가   299

리얼리즘적 접근과 구조주의적 접근 303 | 1차 텍스트에서 인물 읽기
308 | 등장인물 읽기: 2차 텍스트 323 | 동일시, 연루, 그리고 이데올
로기 330

10장 젠더화된 텔레비전: 여성성   347

솝 오페라 형식 348 | 교란 350 | 지연과 과정 353 | 섹슈얼리티
와 힘 북돋우기 355 | 과잉 367 | 풍성함과 다의성 371 | 탈중심
화된 것으로서의 여성적 특성 373

11장 젠더화된 텔레비전: 남성성   377

남성적인 〈A특공대〉의 구조 378 | 여성의 부재 383 | 일과 결혼
의 부재 389 | 성취로서의 〈A특공대〉 395 | 남근, 페니스, 포르노
396 | 남성 유대와 주인공 팀 400 | 젠더와 내러티브 형식 404

12장 쾌락과 놀이   417

정신분석학과 쾌락   419 | 쾌락과 사회적 통제   422 | 쾌락, 놀이, 그
리고 통제   427 | 쾌락과 규칙 위반   434 | 힘을 북돋는 놀이   436 |
쾌락과 텍스트성   438

13장 카니발과 스타일   445

〈록 앤 레슬링〉   450 | 스타일과 뮤직 비디오   462 | 〈마이애미 바이
스〉의 쾌락   470 | 상품화된 쾌락   482

14장 퀴즈의 쾌락   487

게임과 의례   487 | 지식과 권력   490 | 운   495 | 상품   498 |
능동적 시청자   500 | 퀴즈 프로그램을 접합하기   501

15장 뉴스를 어떻게 읽을 것인가   513

봉쇄 전략   517 | 범주화   517 | 하위 범주   522 | 객관성   524 |
탈명명화와 접종   527 | 메타포   529 | 뉴스 내러티브   531 | 뉴스
분석   536 | 교란의 힘   541

16장 결론: 대중성 경제   553

대중적이란 것   553 | 두 가지 경제   556 | 대중적인 문화 자본   561
| 저항과 기호학적 권력   565 | 다양성과 차이   569

존 피스크와 《텔레비전 문화》   583

론 베커, 아니코 보드로그코지, 스티브 클라슨, 일라나 러빈, 제이슨 미
텔, 그렉 스미스, 파멜라 윌슨

참고 문헌   611
찾아보기   625

일러두기

· 한글 전용을 원칙으로 하되, 필요한 경우 원어나 한자를 병기하였다.

· 한글 맞춤법은 '한글 맞춤법' 및 '표준어 규정'(1988), '표준어 모음'(1990)을 적용하였다.

· 외국의 인명, 지명 등은 국립국어원의 외래어 표기법을 따랐으며, 관례로 굳어진 경우는 예
  외를 두었다.

· 독자의 이해를 돕기 위해 옮긴이가 설명한 부분은 각주(●)와 [ ]로 했다.

· 본문에 실린 사진의 경우 원서에 실린 사진보다 상태가 더 나은 것을 구하지 못해 그대로
  사용하였다.

· 사용된 기호는 다음과 같다.

  논문, 신문 및 잡지 등 정기 간행물, 영화, 방송 프로그램:〈 〉

  책(단행본):《 》

이 책은 존 피스크의 *Television Culture*(2판, 2010)를 완역한 것이다. 원서는 본래 1987년 출간된 초판에 헨리 젱킨스의 장문의 해설과 제자들의 회고담 및 평가를 추가한 것으로, 피스크의 저작을 모아 러틀리지 출판사에서 재출간하고 있는 존 피스크 선집에 포함돼 있다.

《텔레비전 문화》는 우리에게 가장 중요하고 강력한 문화/매체인 텔레비전을 다룬 가장 중요한 이론서로 평가받는 저술이다. 텔레비전은 현대와 현대인을 규정해 온 가장 중요한 요소 중 하나다. 이는 미디어 사회라고 일컬어지는 현대 사회에서 우리들이 얼마나 많이, 얼마나 깊이, 얼마나 일상적으로 텔레비전과 더불어, 아니 텔레비전의 영향권 내에서 살아 왔는지를 돌아보기만 해도 쉽게 알 수 있다. 이처럼 텔레비전은 현대 문화의 주식主食으로서 우리의 삶과 인식에 엄청난 영향을 미쳐 왔다.

이 책의 중요성은 우선 텔레비전이란 중요한 현상을 문화로서 다루었다는 데서 찾을 수 있다. 텔레비전은 현대의 복합적 산물이자 제도인 만큼 산업이나 경제, 기술이나 콘텐츠 제작 및 배급, 사회 문화적 영향력이나 역사적 변화 등 다양한 관점에서 접근할 수 있다. 그런데 피스크가 텔레비전을 대하는 관점은 무엇보다도 시청자의 입장에서였다. 그에게 텔레비전(시청)이 중요한 이유는 무엇보다도 그것이 우리들이 일상적으로 보고 즐기는 문화, 즉 의미와 쾌락, 정체성 형성의 원천이기 때문이다. 피스크는 텔레비전을 문화로 접근함으로써 다양한 수용의 맥락과 관련지어 시청자들이 어떻게 의미와 즐거움을 얻고 지배 이데올로기와 협상하는지를 해명한다.

이 책은 기본적으로 문화로서의 텔레비전을 다면적으로 탐구하는 이론서이지만, 탁월한 문화 연구 입문서이기도 하다. 피스크는 시청자들이 텔레비전 프로그램을 보면서 얻는 의미와 쾌락을 설명하기 위해 다양한 개념과 방법론을 동원한다. 그는 텍스트, 주체, 의미화 과정, 쾌락, 독해, 젠더, 리얼리즘 등 문화에 관한 이론들을 요령 있게 정리해 명쾌한 설명을 제공할 뿐만 아니라, 텔레비전 프로그램에 대한 통찰력 있는 구체적 분석으로 추상적인 이론과 개념을 예증하고 있다. 문화 연구에 관심이 있는 독자라면 아마도 여느 이론서에서보다도 훨씬 생생하고도 명쾌한 설명을 접할 수 있을 것이다. 산업적, 제도적 담론이 주도하고 있는 국내 텔레비전 관련 연구에 만족하지 못했던 이들에게 문화 연구적 접근이 가져다주는 성찬을 맛보게 해 줄 것이다. 적어도 텔레비전 관련 저술 중에서 연구의 포괄성과 명석함, 이론의 다양성과 적절성, 분석의 구체성과 설득력에서 《텔레비전 문화》를 능가하는 저술은 아직도 나오지 않았다는 것이 역자의 생각이다.

대중 문화나 문화 이론에 관심이 있는 독자라면 존 피스크라는 이름이 낯설지 않을 것이다. 피스크는 문화 연구, 특히 텔레비전 연구television studies에 커다란 족적을 남긴 학자로 비교적 널리 알려져 있다. 국내에도 그의 저술 《커뮤니케이션학이란 무엇인가》, 《TV 읽기》(존 하틀리와 공저), 《대중 문화의 이해》 등이 번역돼 있다. 이제 그의 주저라 할 수 있는 《텔레비전 문화》가 그의 이론과 학문적 기여를 우리에게도 충분히 전달해 주리라 믿는다.

존 피스크는 '능동적 수용자론'의 주창자로 잘 알려져 있다. 대중 문화(특히 텔레비전)의 수용자는 능동적 독해자로서 의미의 생산자라는 그의 이론은 현대 대중 문화를 이해하는 새로운 패러다임 중 하나가 되었다. 그러나 이 때문에 피스크는 '무비판적 대중 문화 예찬론자'로 오해받는 경우가 적지 않았다. 이 책에서도 살필 수 있듯이 피스크가 대중 문화가 주는 즐거움을 중시하고 수용자들의 능동성과 기호학적 저항을 긍정적으로 평가해 온 것이 사실이지만, 그를 '무비판적'이라고 폄하하는 것은 일방적 왜곡이다. 오히려 가부장적 자본주의에 기반을 둔 지배 이데올로기에 저항하는 쾌락을 말하며 독해와 시청의 권력관계에 주목하도록 하는 피스크를 더 자주 볼 수 있을 것이다. 이에 대해서는 헨리 젠킨스의 서론이 적절한 해명을 제공하고 있으니 참고할 만하다.

이 책은 본래 한 세대 전에 출간되었으니 '낡은' 연구서라고 할 수 있다. 지난 30년간의 엄청난 사회 문화적 변화와 미디어 및 문화 연구의 성과를 감안하면 오히려 근래 2판이 출간된 것이 신기할 정도다. 직접 책을 펼쳐 읽는다면 이러한 의구심이 성급한 것이었음을 깨닫게 될 것이다. 피스크가 드는 사례가 낡은 것일 수는 있지만 그의 설명은 여전히 생생하며 지금도 유용하다. 출간 후 한 세대가 지났음에도 텔레비전 연구에서 아직도 가장 독보적인 저술로 꼽히는 것도 그런 근거에서였을 것이다. 이런 점에서 《텔레비전 문화》를 '고전'이라고 부를 수 있을 것이다. 실제로 이 책은 국내 학자들이 텔레비전 관련 명저 20선을 해설한 《책, 텔레비전을 말하다》(컬처룩, 2013)에도 실려 있다.

한 가지 아쉬운 점은 이 책에서 분석하고 예시하는 텔레비전 프로그램들이 주로 1980년대 미국과 영국의 것들이란 점이다. 아무래도 직접 접해 본 적이 없는 프로그램에 대한 논의는 이해도가 떨어질 수밖에 없기 때문이다. 우리에게 친숙한 우리 프로그램들을 다루는 것은 우리의 몫으로 하고 텔레비전의 역사를 접하는 느낌으로 읽는 것도 좋을 것 같다.

번역은 제2의 창작이라고 한다. 창작물이나 자기 계발서에는 잘 들어맞는 말이다. 하지만 이론서인 경우는 가능한 한 원문을 정확히 옮기는 것이 우선돼야 한다. 원문을 대조할 필요가 없을 정도로 충실하면서도 우리글로도 뜻이 명확히 드러나야만 오해나 혼선을 빚지 않기 때문이다. 원서가 다양한 이론을 끌어들여 다각적으로 탐구하는 이론적 저술인 만큼 정확한 의미 전달에 우선순위를 두어 번역하고자 했다. 그러다 보니 때로는 경직되고 어색한 번역 문장들을 피해 가지 못해 아쉬운 부분이 있는 것도 사실이다. 독자 여러분의 양해와 비판을 바란다. 이 책이 번역되어 나오기까지 컬처룩 이리라 대표와 이여진 편집장의 꼼꼼한 배려가 없었다면 현재 모습을 갖추기 어려웠을 것이다. 이 자리를 빌어 고마움을 전한다.

곽한주

감사의 말

책등에 적힌 이름은 단지 책을 쓴 사람을 알려 줄 뿐이다. 이 책에 담긴 것은 내가 읽거나 학술 회의에서 들은 동료와 학생들의 작업의 목소리들이다. 오랜 기간 그 목소리들과 대화를 나누며 나는 엄청난 즐거움을 얻었고 도움을 받았다. 이들 모두에게 감사한다. 내가 직접 인용한 말들이 참고 문헌에서 제대로 인정받기를 바란다. 그 밖에 직접 인용은 하지 않았지만 마찬가지로 중요하게 기여한 이들에게는 감사의 말로나마 고마움을 표할 수밖에 없다. 그들은 전부 다는 아니지만 주로 커틴공과대학, 머독대학교, 아이오와대학교, 그리고 위스콘신대학교 매디슨 캠퍼스의 학생들이었다. 특히 커틴대학교, 아이오와대학교, 위스콘신대학교의 대학원생들은 이 책의 아이디어 발전에 긴밀히 관여했다. 그들은 책에서 많은 아이디어들을 찾아볼 수 있을 것이고, 몇몇 아이디어는 자신의 것이라고 느낄 수도 있을 것이다.

　나를 직접 도와준 사람들을 열거하려 한다. 우선 시간과 전문 지식을 동원해 나를 아낌없이 지원한 브루스 그론벡, 단어 하나하나마다 나를 격려하고 비판해 준 매리 앨런 브라운, 그레엄 터너, 데이비드 보드웰, 론 블레이버, 노얼 킹, 그레이엄 실, 제니퍼 가튼-스미스 등이다. 내 비서 역할을 해 준 동료들, 특히 커틴대학교의 레이 켈리, 위스콘신대학교의 이블린 밀러와 매리 닷지는 나와 효율적으로 협력하여 내 생산성을 적어도 배가해 주었다. 모든 대학교 교직원들이 이들처럼 훌륭하기를 바란다.

또한 연구를 지원한 아이오와대학교의 A. 크레이그 베어드 재단, 위스콘신대학교 매디슨 캠퍼스의 브리팅엄 재단에 감사한다. 이들의 관대한 지원으로 방문 교수직을 맡았던 일이 이 책의 기초를 형성하는 데 중요한 역할을 했다.

사진 7-1, 7-2, 10-1, 11-2를 실을 수 있도록 허락해 준 다음 잡지들의 출판사에게도 감사를 표한다. 〈솝 오페라 다이제스트〉, 〈데이타임 나이트타임 솝 스타스〉, 〈TV 위크〉, 〈페임〉, 〈데이타임 TV〉가 그것들이다. 이 책의 일부 초기 버전은 다음 학술지에 실린 바 있다. 1장과 6장의 일부는 〈매스 커뮤니케이션 비판 연구Critical Studies in Mass Communication〉과 〈스크린 이론 호주 저널Australian Journal of Screen Theory〉에, 9장의 일부는 〈커뮤니케이션Communication〉에, 13장의 일부는 〈문화 연구Cultural Studies〉에 각각 실린 바 있다. 이전에 이들 논문을 접한 독자라면 이 책에서 당초의 아이디어들이 발전한 것을 목격해 그 글들을 다시 읽는 보람을 느끼기를 바란다.

그리고 중요한 사람들, 즉 내가 텔레비전을 경험하고 즐기는 데 크게 기여한 내 가족, 특히 루시와 매슈, 내 친구들, 그리고 나와 함께 TV를 보며 얘기를 나누고 TV가 내 일상적 삶의 일부가 되도록 해 준 모든 분들에게 감사를 드린다. 이들 중 어느 누구도 자본주의 사회의 폐해의, 대중적 TV의 제작자와 배급업자들의 희생양으로 비춰질 분들이 아니다. TV 프로그램이 없었다면 내 여가는 덜 재미있었을 것이고, 내 수업은 따분했을 것이며, 이 책은 나올 수 없었을 것이다.

〈캐그니와 레이시〉의 대본 예시가 빠지고, 그림 13-1에 〈마이애미 바이스〉의 사진이 들어가지 못한 데 대해 아쉽게 생각한다. 제작자들이 학술 서적으로서는 감당할 수 없는 비용을 요구한 탓이다. 추가 수익을 얻기 위한 욕망 탓에 학생들에게 이 시각 자료들을 보여 줄 수 없게 된 것이 유감스러울 뿐이다.

존 피스크
위스콘신대학교 매디슨 캠퍼스
커뮤니케이션학과
1987년 4월

출판사는 책 전반에 걸쳐 저작권 자료에 대한 게재 허락을 얻기 위해 모든 노력을 기울였다. 만약 적절한 승인을 받지 않았거나 허락을 구하지 않았다면, 해당 저작권자는 연락해 주기를 바란다.

왜 피스크는 여전히 중요한가

헨리 젱킨스

테크노 투쟁: 과거와 현재

우익이 자신들의 도덕적 전체주의의 기반으로 삼을 전면적 감시 체제를 수
립하는 데 필요한 기술은 이미 나와 있다. 공포가 그런 기술의 사용 가능성
과 그 기술을 사용할 우익 세력의 집권 가능성을 증대시킬 것이다. 그러므
로 가능한 한 많은 우리 편을 문화적, 지리적 영역 내에 가두는 것은 우익에
도움이 되는 것이다. 이것이 우리가 원하는 세상인가?

— 존 피스크,《미디어가 문제다: 일상 문화와 정치적 변화*Media Matters: Everyday*
Culture and Political Change》, 1994, p.253.

위 네 문장은 존 피스크가 은퇴 전 출간한 마지막 책의 마지막 문장이다.

● 헨리 젱킨스Henry Jenkins는 미국 남가주대학교(USC) 커뮤니케이션·저널리즘·영화
예술학과 교수로, 저서로는 *Any Media Necessary: The New Youth Activism, Spreadable
Media: Creating Value and Meaning in a Networked Culture, Convergence
Culture: Where Old and New Media Collide, Textual Poachers: Television Fans and
Participatory Culture* 등이 있다.

피스크가 "이것이 우리가 원하는 세상인가?"라는 도발적 질문으로 책을 끝낸 것은 시사적이다. 그의 사회관이 얼마나 암울한 것이었든 간에, 피스크는 우리에게 선택의 여지가 있다고, 우리는 사회 조건을 변화시킬 능력을 갖고 있다고 믿었다. 그래서 그는 지식 사회에 각자의 전문성과 제도적 권력을 동원해 사회 변화에 봉사하라고 촉구했다.

그는 노골적으로 물었다. "이것이 우리가 원하는 세상인가?"

이 질문이 함축하는 바는 이렇다. "그렇지 않다면, 우리는 어떻게 해야 하는가?"

이 질문은 피스크가 "테크노 투쟁technostruggles"이라고 기술한 문제를 다루는 장을 마무리하는 질문이다. 이 장은 피스크가 문화 변화의 대행자agent로서의 기술에 대해 폭넓게 서술한, 몇 안 되는 장 중 하나다. 피스크는 동시대 사람들이 주목하기 훨씬 전에 《대중 문화 읽기Reading the Popular》(1989)에서 아케이드 게임●에 대해 썼다. 그는 《텔레비전 문화》(1988)에서 사람들이 텔레비전에 대한 통제력을 좀 더 갖기 위해 리모컨을 사용하는 방식에 대해 논의했다. 그리고 복사기가 널리 보급되면서, 심지어 TV 프로그램과 음악의 복제가 더욱 "사회적으로 수용할 만한" 것으로 받아들여지면서, 어떻게 저작권 규제 관련 걱정거리가 생겨나는지에 대해 기술했다(TC, p.311/이 책의 p.556 참조). 이 모든 경우 그의 논의는 기술 자체에 대한 것이라기보다는 궁극적으로 그 기술의 대중적 이용에 관한

● 흔히 오락실이라는 게임기 업소에서 즐기는 전자 오락 게임의 총칭이다. 아케이드arcade 란 지붕이 덮인 상가 밀집 지구를 지칭하는 말로, 북미 지역에서 주로 오락실이 아케이드에 자리 잡고 있던 데에서 유래한 말이다.

것이었다. 이들 저작에서 피스크는 기술 변화와 문화 변화 간의 복합적인 상호 작용이 존재함을 암시했지만, 《미디어가 문제다》의 마지막 장 이전 어디에서도 테크놀로지의 대항적 이용에 대한 이론을 전개하지 않았다.

피스크가 테크놀로지(그리고 미디어 소유권)에 상대적으로 무관심했던 탓에 정치경제학 연구자들은 자본의 견고하게 구조화하는 힘을 저평가한다고 피스크를 거세게 비판해 왔다. 피스크는 《대중 문화의 이해 *Understanding Popular Culture*》에서 자신의 이론적 시각은 "기본적으로 낙관적"인데, "왜냐하면 그런 시각을 통해 사람들the people의 활력과 생동감에서 사회 변화의, 그리고 그런 변화를 추동할 동기의 가능성을 발견할 수 있기 때문"이라고 설명한다(UPC, p.21). 우리는 지난 십수 년 동안 뉴 미디어 기술 및 실천의 민주적 잠재력에 대해 귀에 못이 박히게 들어왔다. 이런 상황에서 피스크가 인터넷을 단지 의미와 쾌락, 지식, 권력을 둘러싼 지속적인 투쟁이 펼쳐지는 또 하나의 싸움터로 보았다는 사실을 잊기 쉽다. 그러나 그는 특정한 미디어 테크놀로지를 문화적 지배의 힘을 지닌 것으로 보는 모델로 받아들이지 않았다. "정보 기술은 고도로 정치적이다. 그러나 테크놀로지의 정치학은 기술적 특징에 의해서만 규정되는 것이 아니다. 예를 들면, 어떤 사람이 어느 계급에 속하고 어떤 종교를 믿는지보다 어떤 인종인지를 더 잘 확인하게 하는 것이 감시 카메라의 기술적 특징이다. 그러나 그런 정보를 지식으로 탈바꿈시키는 것은 인종주의적 사회다"(MM, p.219). 뉴 미디어가 특정한 목적에 쓰일 수는 있지만, 궁극적으로 그것이 어떻게 쓰일지에는 문화적 맥락이 반영된다.

피스크는 디지털 혁명의 약속을 지켜보았지만 성급하게 매스 미디어에 대한 [뉴 미디어의] 승리를 선언하지 않았다.

신기술이 그 자체로 사회 변화를 일으킬 수는 없다. 단지 그 변화를 용이하게 할 수 있고 용이하게 해 왔을 뿐이다. (MM, p.115)

권력은 테크놀로지의 영향을 받는 것만이 아니라 사회적이기도 하다. 테크놀로지가 어떤 방향으로 영향을 미칠지는 제도적, 경제적 통제를 통해서 정해진다. (MM, p.137)

우리는 우리 사회를 다양한 지식이 꽃피는 사회로 만들 수 있다. 그러나 이는 사람들이 지식을 생산하고 유통시키려 노력할 때에만 그러하다. 테크놀로지는 언제나 이 과정에 개입할 것이고, 그 잠재력이 충분히 발휘된다면 테크놀로지의 확산은 지식을 더 효율적으로 통제하도록 하는 것이 아니라 통제를 더 어렵게 할 것이다. (MM, p.238)

테크놀로지는 확산하지만 균등하게 확산하지는 않는다. 테크놀로지의 로테크 및 하이테크 형태는 여전히 전통적인 위계질서를 재생산하고 있으며, 테크놀로지는 투쟁의 영역을 확장하고 새로운 무기로 이용될 수 있겠지만, 권력의 배치도, 가용 자원의 불균형도 시정하지 못한다. (MM, p.239)

커뮤니케이션 기술과 정보 기술의 확산으로 투쟁 영역이 확장되고, 투쟁 형태가 수정되고, 대중이 기술 확산이 제공하는 투쟁의 기회를 잡아야 한다는 요구가 더욱 긴요해지고 있다. (MM, p.240)

이처럼 피스크는 미디어가 중요하다고 지적하면서도 미디어 변화가 다른 사회적, 문화적, 정치적, 경제적 요인들보다 우세하지는 않다고 말한다. 우리는 피스크의 회의적이고 신중한 톤을 우리가 접해 온 훨씬 더 과감한 주장들 — 뉴 미디어가 우리 삶의 지형을 변화시켜 왔고 때로는 권력의 기존 형태를 무력하게 만들었다고 믿는 사람들이 말하는 — 과 대비해 볼 수 있다.

육체와 강철로 된 피곤한 거인들인 산업 세계의 정부들이여. 나는 마음의 새로운 고향인 사이버 공간에서 왔네. 과거에 머물고 있는 당신들에게 미래의 이름으로 우리에게 신경 끄라고 요구하네. 당신들은 우리에게 환영받지 못하네. 우리가 모이는 이곳에서 당신들은 주권자가 아니네.

— 존 페리 발로John Perry Barlow●(1996)

이전에 수용자로 알려졌던 사람들은 미디어 종사자들에게 자신들의 존재에 대해, 당신 모두가 들어봤던 플랫폼 변화에 동반되는 권력 변화에 대해 알려 주고 싶어 한다. 당신의 여객선에 탄 승객들이 자신만의 보트를 갖고 있다고 생각해 보라. 저술하는 독자들. 카메라를 집어든 관객들. 약간의 노력만으로도 다른 사람들과 연결을 맺고 세상에 말할 수단을 획득할 수 있는, 이전에는 원자화되었던 청취자들. 이러한 진술이 울려 퍼질 때 많은 미디어 종사자들은 이성의 이름으로 외치고 싶어 한다.

"모두가 제 목소리를 낸다면 누가 들을 것인가? 당신은 이런 말을 할 수라도 있는가?"

— 제이 로젠Jay Rosen(2006)

이들과는 달리 피스크는 [뉴 미디어의] 손쉽거나 지속적인 승리를 전망하지 않았다. 우리에게 단지 새로운 '투쟁의 기회'를 제공할 뿐이라고

● 존 페리 발로(1947~)는 미국의 시인이자 사이버활동가이며 학자다. 1960년대 히피족이었던 그는 자유와 평화 그리고 무소유의 유토피아를 사이버 공간에서 찾으려 했다. 빌 클린턴 대통령이 통신법 수정안에 서명하자 1996년 2월 8일 '사이버 공간 독립선언문A Cyberspace Independence Declaration'을 쓰고 인터넷에 게재하여 세계적으로 큰 반향을 일으켰다. 미셸 케이포와 함께 1990년대 전자프런티어재단(EFF)을 창립하기도 했다.

했다.

이 글은 피스크의 삶과 저술에 대해 소개하고자 한다. 나는 왜 피스크의 저작이 출간된 지 수십 년이 지났음에도, 그가 은퇴한 지 한참 지났음에도 아직도 유용한가를 기술하는 데 초점을 둘 것이다. 그 기간 동안 가장 중요한 변화는 뉴 미디어 기술의 폭발인데, 이는 대중이 동원할 수 있는 커뮤니케이션 수단을 바꿔 놓았다. 이런 이유로 첫 절에서는 뉴 미디어와 그것이 의미와 지식을 둘러싼 대중의 투쟁에 관한 그의 포괄적 주장과 맺는 관계에 대한 피스크의 생각을 다룬다. 두 번째 절에서는 그의 제자로서의 내 경험에 기대어 강의와 이론 — 이 둘은 그의 작업에서 긴밀히 연관돼 있다 — 에 대한 그의 접근법을 서술할 것이다. 이 글의 목표 중 하나는 피스크가 어떻게 그의 이력 전반에 걸쳐 새로운 이론적, 방법론적 자원들을 지속적으로 흡수하고 적용해 왔는지를 보여 주는 것이다. 마지막 절에서는 그의 저작 전반에서 찾아볼 수 있는 지속성을 제시하면서 문화적 변화, 대중의 의미 생산, 능동적 수용자, 정치 투쟁에 관한 그의 이론을 좀 더 깊이 다룰 것이다.

피스크는 우리가 대중 문화와 맺는 관계의 복합성을 강조하면서 기존의 지배적 패러다임에 대해 균형추 역할을 해 온 전형적인 인물이다. 초년병 학자 시절 피스크는 대중 문화Mass Culture 비평가들에 반기를 들었다. (이들은 피스크가 스튜어트 홀Stuart Hall의 용어를 빌려 종종 파워블록power-bloc이라 불렸던 세력의 대안을 상상하는 우리의 능력에 정치적이고 경제적인 제약이 미치는 영향력을 강조했다.) 피스크는 지배 이데올로기에 저항하고 자신만의 의미와 쾌락을 구성하는, 또 자신의 목적을 위해 대중 오락으로부터 전유한 자원들을 이용하는 독자의 능력을 강조하는 이론 모델을 구축해 이들과 대결했다. 이는 《텔레비전 문화》, 《대중 문화 읽기》, 《대중 문화의 이해》를 쓰던 시기의 피스크다.

후반기에 접어들면서 피스크는 새롭게 부상하는 담론과 대결하게 된다. 그것은 디지털 미디어가 어떻게 우리를 해방시킬 것인가와 같은 주장에 담겨 있는, 기술 결정론의 냄새를 풍기는 담론이다. 여기서 피스크의 회의적 측면이 드러나는데, 그는 브레이크를 걸고 "너무 빠르면 안 돼"라고 외쳤다. 이는 이런 문제의식을 가장 강하게 드러낸 《미디어가 문제다》의 마지막 부분에서 마주칠 수 있는 피스크다.

《미디어가 문제다》가 출판된 직후 내가 존 피스크를 [내가 재직 중이던] MIT로 초청했을 때 학생들은 실망감과 좌절감을 느꼈던 것으로 기억하고 있다. 학생들은 피스크가 디지털이 약속하는 미래를 받아들일 '준비가 돼 있지 않다'고 느꼈다. 디지털 혁명의 진앙인 MIT에서 우리는 뉴 미디어가 문화 생산과 배급의 진입 장벽을 낮춰서 더 많은 목소리들을 표출할 수 있게 하고 더 큰 (정치적, 경제적, 문화적) 힘이 '민중'의 손에 쥐어질 것으로 기대하고 있었다. 나는 뉴 미디어의 변혁적 가능성을 신봉하는 얼리 어댑터들에 둘러싸여 있었던 것이다. 이런 상황에서 나는 자주 기술 결정론적 주장에 저항하기 위해서, 또 피스크가 가르친 바처럼, 테크놀로지가 문화를 형성하기보다는 문화적, 사회적 요인들이 테크놀로지를 형성한다고 주장하기 위해 열심히 노력해야 했다.

피스크는 저작 전반을 통해 '미디어 효과media effects'를 내세우는 주장을 배격했다. 그는 방송이 대중을 '세뇌하는' 힘을 지닌다는 주장을 배격했듯이, 뉴 미디어가 '민주화'를 촉진한다는 주장도 배격했다. 《텔레비전 문화》에서 피스크는 "텔레비전은 개인들에게 눈에 띌 만한 효과를 '야기하지' 않는다. 하지만 텔레비전은 이데올로기적으로 작용해서 세계에 관한 특정한 의미를 촉진하고 선호하도록 하고, 다른 것이 아닌 특정한 의미들을 순환시키고, 다른 사회적 이익이 아닌 특정한 이익에 더 잘 봉사하도록 한다"(TC, p.20/이 책의 p.93 참조)고 말한다. 새로운 도구들이 널리 확산되면 대중의 참여가 확대될 것이라는 주장에 맞서 피스크는 "전근대 유럽에서 모든 사람들이 성대를 지녔지만 공적이고 정치적인 삶에서 말을 할 수 있는 사람들은 얼마 되지 않았다"고 쓴 바 있다(MM, p.238). 완전한 참여를 저해하는 사회적, 문화적 요소들을 극복하려는 노력이 존재하지 않을 때 기술에 접근할 수 있다는 것만으로는 충분치 않다. 이것이 우리가 '참여 격차participation gap'라고 부르는 것이다.

이러한 지적에서 우리는 비판적 유토피아주의자로서의 피스크를 발견한다. 유토피아주의자는 순진하게도 우리가 이미 가능한 세계 중 가장 좋은 세계에 살고 있다고 믿는다고 많은 사람들이 가정한다. 이 때문에 유토피아주의는 좋은 평판을 얻지 못하고 있다. 그러나 이와 정반대로 유토피아주의는 강력한 형태의 문화 비평을 대표한다. 유토피아주의는 이상적인 것을 찾아내는 것으로부터 시작해 우리 공통의 꿈과 집단적 희망에 주목하면서 우리가 성취하기 위해 투쟁하고 있는 것이 무엇인지를 명확히 드러낸다. 놀랍게도 비판적 저술가들 중 자신들의 정치적 투쟁의 의미를 명확히 밝히는 사람은 별로 없다. 이들은 선호하는 대안을 드러내기보다는 현 체제의 결점을 드러내는 방식을 택한다. 피스크는 이런 종류의 비평을 "궁극적으로는 비관주의에 빠져 사그라질 것"이라고 비판하며, "그런 비평은 현 체제에 대한 우리의 당연한 혐오를 정당화할 수 있겠지만, 체제 내에서 진보의 희망은 거의 제공하지 못한다"고 덧붙인다(UPC, p.105). 피스크의 이론은 국지적이고 단기적인 승리나 점진적인 진보의 약속을 받아들이면서 강자와 관계에서 약자들이 [저항의] 기반을 마련하는 순간들을 밝혀낸다.

이 같은 대안을 마련해 두었기에 이제 비판적 유토피아주의자는 우리의 현 상황이 이상적 상태에 얼마나 못 미치는지를 가늠할 수단을 갖게 됐다. 유토피아적 비전은 우리의 진보를 가늠해 볼 자라고 할 수 있다. 판타지가 말하자면 그것을 통해 모든 집단들이 자신들의 관심을 표출할 수 있는 세계라면, 피스크의 예는 무엇이 그런 표출을 방해하고 차단하는지를 파악하도록 해 준다. 그래서 마침내 비판적 유토피아주의자는 우리의 목표를 성취하기 위해 밟아야 할 단계들을, 우리가 가졌거나 갖지 못한, 그런 투쟁에 영향을 미치는 자원들을, 또 미래의 개입에 있어서 모범이 될 수 있을 성공 사례들을 파악하게 된다. 우리의 조건을 변화시키려는 우리의 희망에 구체적 표현을 제공하는 대중적 판타지를 다루면서, 피스크는 성공의 열쇠란 국지화된 저항의 순간들, 강자들의 힘으로부터 회피의 순간들을 축적해 나가는 데 있다고 믿었다.

피스크를 비판하는 사람들은 그가 그러한 미시정치학과 지배 세력이 장악하고 있는 거시정치학의 세계 간의 격차를 과소평가했다고 말한다. 하지만 피스크는 항상 맨 처음 사소한 충돌의 순간들을 권력을 획득하려는 장기적 투쟁의 맥락에서 보았다. 피스크는 전형적으로 우리가 직면하고 있는 강력한 지배 세력을 인정하면서 민중의 저항을 옹호하는 편이었다. 예를 들면, 피스크는 커뮤니케이션 테크놀로지의 하이테크적 이용과 로테크적 이용이 빚는 불평등한 지위에 관심을 기울였다. 그는 방송사들의 '질 높은 비디오videohigh'와 시민 캠코더 운동citizen camcorder activism의 '질 낮은 비디오videolow'를 대비했는데, 이런 대비를 통해 방송 매체와 민중 매체가 어떻게 주목과 신뢰를 얻기 위해 서로 경쟁하는지를 파악할 수 있는 길이 열렸다. 피스크는 로드니 킹Rodney King● 재판의 여진 속에서 '테크노 투쟁'에 대해 썼다. 피스크가 지적했듯이, 로스앤젤레스 경찰이 용의자 로드니 킹을 구타하는 장면을 담은 비디오 원본은 길을 지나던 조지 홀리데이George Holliday가 가정용 무비카메라로 찍은 것인데, 그것은 바로 기술적으로 조악했기 때문에 신빙성이 높은 것으로 받

● 로드니 킹(1965~2012)은 아프리카계 미국인 건설 노동자로 로스앤젤레스 폭동을 촉발시킨 인물이다. 1991년 3월 2일 교통 신호를 어겨 백인 경찰에게 구타당하는 장면을 찍은 비디오가 공개되면서, 이로 인해 흑인 사회의 분노를 일으켰다. 이는 이른바 'LA 폭동'으로 이어졌고, 그는 이 일로 인해 청각장애를 입게 되었다.

아들여졌다. "조지 홀리데이는 카메라를 갖고 있었지만 컴퓨터 영상 처리 장비는 갖고 있지 않았다. 그는 전자적 이미지를 생산하고 전달할 수 있었지만, 슬로 모션으로 보여 주거나 되돌리거나 정지시키거나 자막을 넣을 수는 없었다. 그의 질 낮은 비디오 영상은 그런 처리를 할 수 없었기 때문에 많은 사람들에게 진실을 담은 것으로 여겨졌다"(MM, p.223). 로스앤젤레스 경찰국 측 변호인은 킹 비디오를 달리 보게 만들기 위해, 즉 그 비디오가 일반 대중은 아닐지라도 적어도 배심원들이 이해하는 바를 바꾸기 위해 기술적이고 수사적인 트릭들을 동원했다. 피스크가 보기에 비디오의 의미에 관한 이 싸움은 앞으로 맞이하게 될 것이 무엇인지를 알려 주는 것이었다. 그것은 문화 생산의 로테크적, 일상적 형태에 접근 가능한 사람들과 하이테크 커뮤니케이션 시스템에 접근 가능한 사람들 간의 지속적인 경쟁인 것이다. 뉴 미디어 테크놀로지가 이전에는 무력하게 보였던 사람들이 이용할 수 있는 자원을 확장하는 것이라면, 그것은 또한 지배 세력의 가능성을 확대하는 것이기도 한 것이다.

《미디어가 문제다》에서 피스크가 참여적 미디어 실천을 환영한 것은 [미국 내] 흑인 공동체 내의 저대역 '해적' 라디오에 열광한 것을 보면 알 수 있다. 피스크는 동시에 컴퓨터 네트워킹을 정부 감시의 제도화와 관련지어 파악하는 데 게으르지 않았다. 피스크는 기업들이 '소비자 프로필 consumer profile'을 구축하기 위해 사용하는 기법이 정부가 [반대 세력의 감시를 위해] '정치적 프로필'을 구축하는 데도 적용될 수 있다고 경고했다. "우리가 구독하는 잡지, 우리가 기부금을 내는 시민단체, 우리가 수강하는 대학교 강의, 우리가 구입하거나 도서관에서 빌리는 책 등 모든 것이 기록된다. 이 기록된 정보는 언제나 [권력에 의해] 이용될 가능성이 있다" (MM, p.219). 피스크는 미국이 갈수록 소수 민족들이 주류가 되는 사회가 되어갈 것이라는 '공포' 때문에 보수주의자들이 정부의 권력을 강화할 것이라고 예측한 바 있다. 피스크는 인종 갈등을 둘러싼 논쟁이 증대되면서 그런 논쟁이 로드니 킹 비디오와 LA 폭동, 애니타 힐Anita Hill과 클래런스 토머스Clarence Thomas 간의 논쟁,● O. J. 심슨O. J. Simpson의 재판●● 및 석방과 같은 '미디어 사건'을 통해 구체화될 것이라고 예상했다. 10여 년 뒤 우리는 감시 문화surveillance culture의 증대를 9·11 및 그 여파로 인해 생겨난 '공포' 탓으로 돌리곤 하지만, 피스크는 테러와의 전쟁이 인종 프로파일링과 관계 맺는 방식과 다른 갈등들은 가려 버리는 방식들을 고려해야 한다고 지적하곤 했다.

문화의 힘에 대한 피스크의 근본적인 낙관주의는 외부의 도전으로부터 기득권을 지키기 위한 '파워블록'의 능력을 인정함으로써 항상 균형을 유지했다. 오늘날 피스크는 흔히 소비자의 창조적인 해석 능력에 무한한 믿음을 보냈던 인물로 희화화되고 있다. 짐 맥기건Jim McGuigan(1992)은 "수용자와 그 힘을 낭만적으로 미화함으로써 그들의 사회적, 정치적, 경제적 무력함에 주목하지 않았다"며 피스크를 비난한 바 있다(p.171). 피스크의 마음은 힘없는 자, 문화적 약자 편이어서, 그가 이런 [문화적] 투쟁을 묘사할 때 쓰는 언어는 때때로 멜로드라마를 연상시키기도 했다. 그렇지만 동시에 그가 구조적 불평등에 주목하지 않았다거나 헤게모니를 지닌 세력에 맞서는 투쟁의 어려움을 경시했다고 말할 수는 없을 것이다. '힘없는 자'에 대한 믿음은 피스크를 영국 문화 연구의 진화 과정 초기의 순간들 ─ 레이먼드 윌리엄스Raymond Williams와 스튜어트 홀, 패디 워델Paddy Wadell을 비롯해, 노동 계급 민중의 삶의 경험을 심각하게 고려하는 것

● 1991년 클래런스 토머스 판사의 대법관 임명 과정에서 그와 함께 일했던 여성 판사 애니타 힐이 의회 청문회장에 나와 성희롱 피해 사실을 폭로했다.

●● 1994년 6월 백인 여배우 니콜 브라운 심슨과 애인 론 골드먼이 로스앤젤레스의 고급 주택지 브렌트우드 저택에서 시체로 발견되었다. 경찰은 수사를 통해 프로 미식 축구 선수 출신인 흑인 배우로 니콜의 전 남편 O. J. 심슨을 유력한 용의자로 지목했던 사건이다.

이 중요하다고 강조해 온, 강고한 기존 권력에 대한 민중적 회의를 표명해 온, 문화 이론의 영역을 넓히기 위해 개방대학교Open University 구조에 관심을 둔 이들의 저작을 형성해 온 민주적 충동 — 에 연관된 인물로 만든 것 중 하나다.

피스크의 이론화가 지나치게 단순한 것이라고 한다면, 그를 비판하는 사람들이 그의 저작을 단순화하고 폄훼한 것은 어떻게 받아들여야 할까? 어떤 면에서 연구자들이 비판적이기는 항상 쉬운 일인 반면, 문화적, 정치적 변혁의 희망을 주는 저작을 내놓는 것은 어려운 일이다. 지난 30여 년간 자신이 비판적 연구와 정치경제학 연구에 적합할 만큼 냉철한 인물임을 입증하기를 원하는 냉정한 연구자들에게 피스크에 대한 폄훼는 — 점점 더 피스크의 생각을 직접 접하지 않은 사람들, 때로는 그의 저작을 읽어 본 적도 없는 사람들이 그러한 폄훼를 자행하고 있지만 — 여러 측면에서 하나의 통과 의례가 되었다. 이 글에서 드러나게 될 피스크는 만화 속의 인물이나 막대 그림 인물이 아니라, 제대로 알기도 했지만 때로는 잘못을 저질렀음을 인정하는 데는 둘째가라면 서러워할 복합적인 개인이다. 연구자로 일하는 동안 그는 여러 차례 자신의 견해를 수정했으며, 의심의 여지없이 변화하는 미디어 환경이란 현실을 맞이하며 계속 성숙해졌다. 하지만 나를 곤혹스럽게 하는 것은 피스크가 논의했던 매스 미디어 문화와 비교했을 때 민중의 힘이 커질 것이라는 희망을 갖기가 더욱 어려워진 현재의 참여 문화를 어떻게 볼 것인가 하는 문제다.

나는 항상 노먼 스핀래드Norman Spinrad의 초기 사이버펑크 소설 《작은 영웅들Little Heroes》(1989)을 피스크가 우리 세계를 보는 방식의 완벽한 소설적 구현이라고 생각해 왔다. 《작은 영웅들》에는 기업들이 완벽히 통제 가능한 인조인간 록 스타를 만들어 자신들의 브랜드 메시지를 전달할 이상적인 수단으로 이용하려는 미래 세계가 나온다. 그런데 민중 저항 단체가 정부와 금융 제도를 와해시키고자 인조인간의 이미지를 전유해 그의 메시지를 자신들의 목적에 이용한다. 민중 봉기가 일어나 MTV격인 회사의 사무실이 불타 버리는데, 그 회사는 봉기 현장을 촬영해 그 영상을 다음 뮤직 비디오의 소재로 이용한다. 그래서 투쟁은 다시 시작된다. 스핀래드와 마찬가지로, 피스크는 개별적 포섭co-optation 행위에 대해 전유appropriation 행위로 대항하는, 위에서부터 아래로 내려 보내는 전략을 아래로부터 올라오는 전술로 대응하는 대중의 능력을 찬양했다. 작은 구역을 획득했다면 다른 작은 구역을 잃었다. 수용자들에게 소소한 작은 작인作因/agency이 있다고 보는 이론들로부터 나온 이러한 주장들조차 급진적이거나 유토피아적으로 보이는데, 이런 주장은 피스크의 저작이 일부로부터 비판받게 되는 이유의 상당 부분을 설명해 준다.

교육자, 이론가, 방랑자

"나는 내 내부에서 서로 싸우는 소리를 듣는다. 왜냐하면 나는 연구자이면서 동시에 대중 문화 팬이기 때문이다. 나는 상당히 저속한 취향을 갖고 있다. 나의 학문적 훈련도 대중 문화로부터 얻는 쾌락과 이를 위한 참여를 막을 수는 없었다. 예를 들면, 나는 게임 프로그램을 시청한다. 무엇보다도 그것이 아주 재미있기 때문이고, 두 번째로는 나의 이론적 관심과 호기심을 불러일으키기 때문이다. 나는 그 프로그램들을 거리감 없이 팬으로서, 또 비판적 거리를 둔 연구자로서 시청한다. 나는 TV 시청을 즐기고 선정적인 주간지를 좋아한다. 저속한 대중 소설을 읽고 대중적인 블록버스터 영화를 즐긴다…… 그럼에도 불구하고 자본주의 체제 내에서 큰 쾌락을 발견할 수 있기 때문에 내가 그 체제에 [속아 넘어가는] 얼간이라고 생각하지는 않는다. 사실 내가 느끼는 쾌락은 통상 그들이 원하는 것과는 다른 것이다. 내 즐거움은 그들의 자원에서 내가 생산해 내는 것이며, 그들의 입장에서 보자면 어떤 면에서 나는 그들의 자원을 내 즐거움을 위해 오용하고 있다는 것을 알고 있는 데서 나온다." (UPC, pp.178~179)

처음 존을 만난 것은 내가 아이오와대학교의 대학원생이었을 때였다. 나는 SF팬으로서의 내 경험과 수업에서 배우는 이론을 조화시키는 데 애를 먹고 있었다. 팬으로서의 내 경험은 내게 참여적 실천과 논리의 즐거움을 주었다. 반면 그 시절 우리가 접하던 이론은 문화적 비관주의가 짙게 밴 것으로, 지배 이데올로기의 수동적 수용이 불가피하다는 것이었다. 나는 수업에서 배운 것을 받아들이기를 꺼리면서도 학술적 존경을 받을 만한 대안적 이론을 찾지 못한 채 헤매고 있었다. 학기가 이미 진행 중이었을 때 나는 방문 교수로 막 도착한 피스크가 가르치는 세미나 수업을 들어보기로 마음먹었다. 첫 수업을 마친 뒤 나는 곧바로 수강 등록을 했다. 내 삶의 경험과 학문 연구를 조화시키는 데 필요한 이론적 대안을 제공해 줄 수 있는 사람을 찾았던 것이다. 운 좋게도 나는 두 번에 걸쳐 피스크에게 배울 수 있었다. 아이오와대학교이 첫 번째였고 두 번째는 그의 마지막 학문적 고향이었던 위스콘신대학교 매디슨 캠퍼스에서였다. 첫 번째 시기는 그가 《텔레비전 문화》 집필을 마무리하던 시기였고, 두 번째 시기는 그가 제목에 '대중 문화'가 들어가는 두 권의 책을 집필하고 있을 때였다.

피스크는 뛰어난 교육자였다. 아마도 내가 만난 가장 훌륭한 선생이었다. 그는 아무런 노트도 없이 학생들 앞에 앉아서 복잡한 이론적 논의들을 간단명료하게 설명했다. 그는 매력적인 인품의 소유자였다. 카리스마 있고, 섹시하고, 유머 있고, 사려 깊고, 열정적이고, 영감을 불러일으키는 인물이었지만 추종자를 두려 하지는 않았다. 그는 우리가 자신이 말한 모든 것에 질문을 던지기를, 우리의 삶의 경험과 충돌하는 개념과 이론들을 치열하게 검토하기를, 우리가 최선의 사유 결과를 내어놓기를 원했다. 그는 흐리기보다는 밝히기 위해, 강한 인상을 주기보다는 우리를 끌어들이기 위해, 압도하기보다는 북돋우기 위해 언어를 사용했다.

피스크는 이론가이면서 항상 교육자이기도 했다. 우리에게 문화가 어떻게 작동하는지에 대한 자신의 이해를 차근차근 알려 줬고, 핵심 개념을 재차 요약하고 핵심적 결론을 재확인하면서, 특정한 미디어 텍스트 분석에 적용할 수 있는 생생한 모델을 제공했다. 많은 경우 피스크는 다른 이론가들의 저작을 대중화하는 데 핵심적 역할을 했다. 그들의 이론이 어떻게 새로운 질문들을 제기하고 그 질문들에 대답할 수 있는지를 보여 주었다. 그의 저서 중에는 학부생이나 저학년 대학원생들에게 해당 분야의 핵심 개념들을 소개해 주는 교과서용으로 집필된 것이 여럿 있다. 이처럼 복잡한 이론적 작업을 핵심적 가정들로 간추리는 작업은 그가 때때로 지나치게 단순화를 했다고 비난받는 이유가 되기도 했다.

이번에 러틀리지가 재출간하는 피스크의 책들은 피스크가 학생들과 자신의 아이디어를 논구하던 세미나 수업에서 잉태되었다. 그의 제자들인 우리는 이 책들을 수업과 관련지어 읽었다. 우리는 세미나에서 피스크의 아이디어가 불러일으켰던 열띤 토론의 분위기를 책에 담으려 노력했다. 책에 실릴 머리말을 쓰기 위해 우리는 피스크의 제자들과 수많은 온라인 대화를 나누고 이를 편집했다. 이런 토론에는 그의 생애 여러 시기에 그에게 배웠던 다양한 제자들이 참여했다. 이들 중 일부는 함께 수업을 들은 동기였고, 일부는 이 프로젝트가 시작되기 전에는 만난 적도 없는 사람들이었다. 이들의 이론적, 방법론적 접근법은 현대 미디어 연구및 문화 연구의 다양한 분야를 대변하는 것으로, 이는 피스크가 자신의 접근법과 상당히 다른 접근법에도 얼마나 개방적이었는지를 보여 준다. 어쨌든 우리에게 피스크의 아이디어, 이론 작업과 용어는 우리의 사고와 강의, 연구에 지속적인 영향을 미치고 있다.

솔직히 말하자면, 나는 피스크의 책 상당수를 수년 동안 읽어 본 적이 없었다. 나는 피스크의 아이디어를 내면화했고 그의 아이디어는 내 사고방식에 강력한 영향을 미쳐서 난 때때로 '영향을 받을까 봐 불안해하는 상태'에서 벗어나려고 했었다. 그런데 근래 그의 책들을 다시 읽으며 내 것이라고 여겼던 많은 용어들과 아이디어들이 그의 저작에 이미 들어 있는 것을 발견하고는 깜짝 놀랐다. 내가 내 자신의 길을 가고 있다고 생각했을 때도, 내 결론이 그의 결론과 상당히 달랐을 경우에도, 그의 학자로서의 윤리적 헌신이 내 후기 저술에 엄청난 영향을 미쳤다는 사실에 놀랐다. 이것은 어느 정도 내가 피스크로부터 배운 것과 관련이 있고, 또 어느 정도는 피스크가 학생들로부터 배우며 학생들의 아이디어를 그의 저작에 포함시키고 그들의 성과를 널리 알리고 그런 과정에서 학생들의 생각을 자신의 개념적 모델에 끌어들인 것과도 관련이 있다.

피스크의 저서들은 모두 현대 미디어 연구 및 문화 연구의 다양한 이론과 연구 결과 간의 교차로라 할 수 있다. 《텔레비전 읽기Reading Television》는 피스크와 [공저자인] 존 하틀리John Hartley의 신진 학자 시절의 저작이다. 커뮤니케이션에 있어서 내용 분석content analysis과 미디어 효과론의 이론 틀하에 작업한 저술로, 텔레비전과 텔레비전의 소비 방식에 대해 새롭게 이해하기 위해 종종 기호학, 문화인류학, 문자성 및 구술성 논쟁으로부터 아이디어를 가져왔다. 《커뮤니케이션 연구 입문Introduction to Communication Studies》은 피스크가 문화에 대한 기호학적 접근의 핵심적 요소들에 중점을 둔 저서다. 《텔레비전 문화》는 훨씬 더 확연하게 버밍엄학파● 전통에 기대고 있지만, 유럽의 여러 이론가들 — 롤랑 바르트Roland Barthes, 마하일 바흐친Mikhail Bakhtin, 피에르 부르디외Pierre

---

● 영국 버밍엄대학 현대문화연구소를 중심으로 영국 문화 연구를 주도한 흐름을 말한다. 1968~1979년까지 리처드 호가트Richard Hoggart와 스튜어트 홀이 연구소의 소장을 맡는 동안 오늘날 문화 연구의 전형이 된 많은 연구 주제와 분석법을 발전시켰다.

Bourdieu, 미셸 드 세르토Michel De Certeau — 도 끌어들이고 있다. 하지만 동시에 새로 부상한 관객 연구의 민속지학ethnography적 연구 방식 — 샬럿 브런스던Charlotte Brunsdon, 데이비드 몰리David Morley, 엘런 사이터Ellen Seiter, 재니스 래드웨이Janice Radway, 로버트 호지Robert Hodge, 데이비드 트립David Tripp 등 — 도 탐색하고 있다. 《대중 문화의 이해》와 《대중 문화 읽기》에서는 유럽의 이론들이 그의 사유를 지배하게 되는데, 그는 이론들을 젠더와 섹슈얼리티 연구의 성과들과 결합한다. 《권력의 유희, 권력의 작동Power Plays, Power Works》과 《미디어가 문제다》에서는 이 이론들에 비판적 인종 이론과 정치철학에 대한 심화된 독해를 결합한다.

이 기간 동안 피스크는 또 일련의 방법론들을 흡수하고 이를 예증하는 데 이용했다. 그중에서도 특히 텍스트 분석과 장르 이론, 민속지학, 독자 수용 이론reader-response theory, 담론 분석 등에 주목하는 한편, 문화 연구 전통에서는 거의 다루지 않는, 예컨대 정신분석학 개념들도 끌어들였다. 피스크는 무엇보다도 이론가로서 강점을 보인 학자이면서도 텍스트의 정교한 분석에도 뛰어났다. 이는 《텔레비전 문화》 서두에 나오는 〈하트 투 하트Hart to Hart〉의 한 시퀀스를 길게 분석한 글이나, 《미디어가 문제다》의 정치적 담론에 대해 다각적으로 분석한 데서 잘 드러난다. 피스크는 자신이 민속지학적 작업을 한 적이 거의 없지만, 이런 작업을 통해 어떻게 대중의 독해 실천을 더 잘 이해할 수 있게 되었는지를 밝히는 등 민속지학적 관객 연구의 등장을 적극 반겼다. 피스크는 비판적 분석에 이용될 수 있는 텍스트의 범위를 확장함으로써, 미디어 연구에서 비교 연구의 지평을 넓히는 데 기여했다. 오늘날 피스크는 무엇보다도 텔레비전 학자로 기억되고 있지만, 그의 많은 제자들은 그가 비디오 게임, 레슬링, 패션, 장소 기반 엔터테인먼트, 광고, 대중 저널리즘 등 다른 대중 문화 형식에도 관심을 기울인 인물로 기억한다.

텍스트 분석가로서 피스크는 텔레비전 연구의 정전canon에 강한 족적을 남겼다. 그렉 스미스Greg Smith(2008)가 지적했듯이, 현대 텔레비전 연구는 연구자들 자신이 팬으로서 즐기는 프로그램에 대해 연구하는 것을 장려해 왔는데, 이런 경향에는 피스크의 공로가 크다. 이런 경향의 의도치 않은 결과 중 하나는 가장 많이 논의되는 텍스트들 — 〈스타 트렉Star Trek〉에서부터 〈뱀파이어 해결사Buffy the Vampire Slayer〉, 〈로스트Lost〉에서 〈트루 블러드True Blood〉에 이르는 — 이 특정한 취향을 반영한다는 점이다. 자기 반영성과 복합성, 진보적 정치학, 흔히 판타지적인 것을 선호하는 경향이 그것이다. 스미스는 지식인들이 좋아하지는 않지만 높은 시청률을 유지하고 주요 제작 트렌드를 반영하는 〈JAG〉나 〈CSI: 마이애미CSI: Miami〉와 같은 프로그램들을 연구해야 할 것이라고 했지만, 현대 텔레비전 연구는 흔히 고급 취향 팝high pop을 중심으로 이뤄진다. 이에 반해 피스크는 흔히 중류 취향 프로그램을 선호했다. 《텔레비전 읽기》에서 〈컴 댄싱Come Dancing〉, 〈톱 오브 더 팝스Top of the Pops〉, 〈설리 배시 쇼The Shirley Bassey Show〉, 〈오늘의 경기Match of the Day〉, 〈세대 게임The Generation Game〉 등 가벼운 오락 프로그램과 게임 쇼에 중점을 두는 데서 시작해, 《텔레비전 문화》에서 〈스타스키와 허치Starsky and Hutch〉, 〈마이애미 바이스Miami Vice〉, 〈록포드 파일The Rockford Files〉, 〈여경찰Police Woman〉, 〈A특공대The A-Team〉, 〈하트 투 하트〉 같은 모험 액션물과 〈댈러스Dallas〉, 〈다이너스티Dynasty〉, 〈모두 내 자식들All My Children〉 등 숍 오페라를 다뤘고, 심지어 《미디어가 문제다》에서는 논쟁의 초점이 된 시트콤 〈머피 브라운Murphy Brown〉, 〈디자인하는 여자들Designing Women〉, 〈코스비쇼Cosby〉를 다뤘다. 피스크는 이런 선호가 지식인들이 즐기는 TV 프로그램에 대한 우리의 기대를 반영하지 않는다는 것을 잘 알고 있었다. 그러나 이들 프로그램은 아주 신중하게 선택된 것으로, 뜻하지 않은 지점에서 진보적 잠재력을 추구하는 데 이용되었다. 불행히도 역사는 이들 프로그램에 호의적이지 않았다. 1980년대의 밤 시간대 숍 오페라와 액션 시리즈는 이전

시기 시트콤과 드라마보다도 유통 기한이 훨씬 더 짧았다. 그가 논의한 대다수의 프로그램은 DVD로 출시돼 있지만, 할리우드가 이들 프로그램 영화 버전으로 옮기려 하고 있음에도 현재의 [TV 연구에 관심 있는] 학생들에게 특별히 의미 있는 프로그램은 아닌 것 같다.

그 결과 피스크의 추상적인 이론 작업을 훨씬 더 선호하고 그의 꼼꼼한 프로그램 독해를 지나치는 경향이 생겨났다. 그러나 그렇게 되면, 비평가로서의 피스크의 최상의 결과물을 무시하고 그 논의의 섬세한 부분들을 대부분 놓치게 된다. 나는 피스크가 《텔레비전 문화》에서 제시한 '남성적,' '여성적' 텔레비전 형식이란 개념을 지난 수십 년간의 TV 스토리텔링의 변화, 특히 "복합적 내러티브complex narrative"로의 이동(Mittell, 2006)과 관련지어 분석하는 데 관심을 기울여 왔다. 피스크는 이런 변화를 예상했다.

> 〈힐 스트리트 블루스Hill Street Blues〉는 다중적 플롯과 다중적 인물들, 플롯 간의 급격한 전환, 인물들이 막간에도 살고 있다는 느낌, 이전 에피소드에 대한 '기억' 등을 통해 솝 오페라의 여러 요소들과 액션 및 성취로 특징 지어지는 남성적 내러티브를 결합한다. (TC, p.219/이 책의 p.411 참조)

피스크가 가부장적 사회에 사는 여성의 TV 수용 방식의 특성과 솝 오페라의 형식적 특질을 관련지은 것이 맞다면, 매우 다양한 범위의 TV 콘텐츠, 특히 가정보다는 직업적 세계를 다루는 시리즈물에서 연속극화 serialization가 이뤄지는 현상이 함축하는 바는 무엇일까?

피스크는 또 문화 연구 전통의 역사적 지류에도 관심을 두었다. 특히 대중 문화를 둘러싼 작금의 투쟁들이 카니발적 일탈carnivalesque transgression과 제도적 억제라는 면면한 전통과 어떻게 맞아떨어지는가에 주의를 기울였다. 그는 《텔레비전 읽기》의 공저자인 존 하틀리와 역사적 맥락에 대한 이러한 강조를 공유했다. 존 하틀리의 연구를 피스크와 한 공동 작업의 연장으로만 보는 것은 하틀리 입장에서는 부당한 일일 것이다. 하틀리는 연구자이자 제도 창립자로서 자신의 길을 개척한 학자일 뿐만 아니라 현대 문화 연구에서 가장 과감하고도 독창적인 사상가 중 한 명이다. 이 점을 전제하고 피스크가 은퇴한 뒤 하틀리가 취한 연구 방향을 살펴보는 것은 흥미롭다. 그가 창조 산업creative industries과 디지털 문화에 대한 심화된 고찰(Hartley, 2005, 2010), 대중 교육의 장이자 시민 참여의 자원으로서의 대중 문화와 언론에 대한 논의(Hartley, 2007), "토착적 공론장indigenous public sphere"과 탈식민주의적 문화 투쟁에 대한 고찰(Hartley, 2007)에 관심을 두었던 것을 보면, 제도적 요인들과 문화적 변화 때문에 피스크 또한 그가 남긴 저술로부터는 단지 부분적으로만 예상할 수 있는 [의외의] 방향으로 선회했을 수도 있었을 것임을 추론해 볼 수 있다.

피스크는 문화 이론 분야에서 '나쁜 자식' 역할을 좋아했다. 나는 그가 세미나에서 '성스런 암소들sacred cows'을 자빠트려 버릴 때면 눈을 찡긋하며 꺼칠꺼칠한 얼굴에 환한 미소를 짓던 모습을 잊을 수 없다. 놀라울 것도 없이 피스크의 저작은 반발을 불러일으켰다. 그가 매스 미디어 비판의 근저에 '자율적 예술가' 또는 '진정한 민속 문화'라는 낭만적 개념들이 자리 잡고 있음에 주목하고, 비판 이론이 어떻게 흔히 대중적 취향에 대한 저자의 검증되지 않은 혐오를 위장하는지를 보여 주는 등 좌파 학계의 여러 정통 이론에 문제를 제기했기 때문인 점도 있었다. 피스크는 《대중 문화의 이해》에서 다음과 같이 썼다.

거의 예외 없이 좌파 이론가들은 일상생활의 중심적 영역을 설명하는 데 실패해 왔다. 무엇보다도 그들은 대중적 쾌락을 긍정적으로 설명하는 이론을 산출하지 못했다. 그 결과 그들의 이론은 모두 너무 빤하게 청교도적으로 보인다. 그들이 꿈꾸는 사회는 재미가 중요한 역할을 하는 사회 — 파티를 벌

일 권리를 허용하는 그런 사회가 있다고 한다면 — 가 아니다. (UPC, p.162)

이런 논쟁에서 흔히 망각된 것은 피스크가 그의 비판자로부터도 배우는 능력을 보여 주었다는 점이다. 그는 비판자들의 관심사를 흡수해 자신의 이론틀을 발전시키려 했다. 이런 경향은 무엇보다도 벨 훅스bell hooks의 비판에 대한 응답으로 저술된 《미디어가 문제다》에서 특히 잘 드러난다. 피스크는 최근 서신에서 "나는 내 연구에 대한 비판 탓에 대단히 화가 났던 적이 없다. 나는 항상 이론을 논쟁으로 보았다. 내 이론은 다른 이들과의 논쟁과 차이에서 생겨났다. 다른 이들도 나와의 차이로부터 이론을 발전시키기를 기대한다. 난 결코 최종적 해답을 제공하려 한 적이 없다. 다만 사유를 자극하기를 바라며 내 아이디어를 논쟁의 장에 던져넣었다"고 설명한 바 있다.

우리가 그가 재직했던 곳에 대해서 말하건 그의 이론적 개념화에 대해 말하건, 피스크는 아마도 방랑벽에 사로잡혀 있었던 것 같다. 방랑벽 탓에 그는 한곳에 오래 머물지 못했다. 피스크는 영국 코츠월즈의 작은 마을인 워튼언더에지에서 태어났다. 아버지는 1284년 설립된 이 지역 캐서린 레이디 버클리 중등학교의 교장이었다. 그는 배스에 존 웨슬리가 설립한 킹스우드학교를 다녔고, 케임브리지대학교에서 영문학 전공으로 학사와 석사 학위를 받았다. 케임브리지대학교에서 피스크의 지도 교수가 레이먼드 윌리엄스였다. 이는 피스크가 막 생겨나기 시작한 문화 연구 운동에 일찍부터 관여하는 계기가 되었다. 그의 첫 직장은 슬라우공과대학이었는데, 그는 커뮤니케이션 및 일반 교양 학과의 전임 강사로 일했다. 그가 처음 신설한 강의는 제임스 본드에 대한 것으로, 그가 본격 문학보다도 대중 문화 연구에 더 끌렸음을 보여 준다. 그는 이어 셰필드폴리테크닉대학, 웨일즈폴리테크닉대학, 웨스턴호주공과대학 — 곧 커틴대학교으로 개명했다 — 또 위스콘신대학교 매디슨 캠퍼스로 자리를 옮겼다.

또 여러 대학에서 방문 교수로 일하기도 했다. 그는《대중 문화의 이해》의 감사의 말에서 다음과 같이 썼다.

> 연구자로 사는 이점 중 하나는 이론이 여러 곳에서 잘 통한다는 점이다. 단지 시차 정도만 감수하면 된다. 나의 유랑은 내 책에 많은 흔적을 남겼지만, 여러 대륙에 걸친 나의 경험은 이들을 관통하는 공통의 끈에 의해 묶인다. 내가 잘 알고 그 문화에 대해 저술했던 나라들은 모두 백인 중심의, 가부장적 자본주의 국가들이었다. 물론 각 나라는 공통의 이데올로기를 다르게 굴절시키지만, 그 차이는 — 그런 것을 느끼며 살고 그 차이에 대해 사유하는 것은 흥미로운 일이지만 — 비교적 표피적인 것이다. (UPC, p.ix)

이런 이주의 역사는 그의 저작이 그가《오즈의 신화*Myths of Oz*》나《미디어가 문제다》의 경우처럼 특정 국가의 맥락에서 쓸 때조차도 흔히 세계적 시각을 지녔음을 의미한다. 피스크는 때때로 미국 문화에 완전히 젖어 있는 사람들은 놓칠 수도 있는 통찰을 갖고 미국 문화에 대해서 저술한 '아웃사이더' 이론가들 — 알렉시스 드 토크빌Alexis de Tocqueville, 찰스 디킨스Charles Dickens로부터 테오도르 아도르노Theodor Adorno, 장 보드리야르Jean Baudrillard에 이르는 — 의 전통에 들어맞는다. 돌이켜보면, 피스크가 일찍 은퇴하여 뉴잉글랜드로 이주해 골동품 가게를 운영하기로 마음먹은 것은 재이주와 재정착이란 동일한 과정의 일부인 것도 같다. 이는 말할 것도 없이 어린 시절 그가 접했던 전통적인 마을 생활과 역사적 흔적으로 돌아가는 것이기도 했다. 요즘 골동품에 대해 말할 때면 그는 전통적 장인 정신에 대한, 전통 가구를 소유했던 돈 많은 사람이 아니라 그 가구를 만든 사람들에 대한 존경을 담고 말한다.

그의 책을 꼼꼼히 읽어 본 적이 없는 사람들은 종종 그의 이론 작업을 단순화하고 — 그는 복합성을 사랑했다 — 정적이며 비역사적인 설명을 제공한다. 그의 아이디어는 시간의 흐름 속에 극적으로 진화했다. 끊임없는 연구에도 불구하고, 피스크의 연구 전반에는 어떤 핵심적 문제의식이 존재한다. 대중이란 독해자의 창조성과 지혜에 대한 존경, 취향을 감시하고 문화적 위계질서를 구축하려는 도덕적 개혁주의자들 — 어떤 정치적 성향을 지녔든 — 의 시도에 대한 불신, 힘없는 사람들이 고통스럽고 우울한 조건들에 맞서 투쟁을 계속하려 할 때 자신들의 쾌락을 위한 얼마간의 시공간을 확보할 필요성 등이 그것이다. 지금부터는 그의 저서를 관통하고 있는 공통적인 주제와 이슈에 대해 살펴볼 것이다.

의미 만들기, 문화 바꾸기

문화 만들기는 사회적 과정이다(문화는 항상 진행 중이며 결코 완결되는 것이 아니다). 자아의, 사회관계의 모든 의미들, 중요한 문화적 역할을 수행하는 모든 담론들과 텍스트들은 사회 체제 — 우리의 경우 백인, 가부장제 자본주의라는 — 와의 관련 속에서만 순환할 수 있다. 어떠한 사회 체제도 그 체제를 크건 작건 변화 가능한 것으로 만드는, 그 체제를 유지하거나 허무는 데 봉사하는 문화 체제를 필요로 한다. 문화(그리고 문화의 의미와 쾌락)는 사회적 실천의 지속적 연속이다. 그러므로 문화는 정치적이다. 문화는 다양한 형태의 사회적 권력의 분배와 그 가능한 재분배에 핵심적으로 관련된다. (RTP, p.1)

이 문장을 자세히 들여다본다면, 우리는 피스크의 사유에 대해 많은 것을 알 수 있다. 우선, 문화는 역동적이라는 개념을 찾아볼 수 있다. "문화는 항상 진행 중이며 결코 완결되는 것이 아니다." 피스크에게 문화는 여러 세대로 거쳐 전해 내려온 것("인간이 만들어 낸 것 중 최고의 것"이란 매슈 아널드Matthew Arnold의 개념)이 아니다. 오히려 사회적 거래가 있을 때마다 새롭게 만들어지는 것이다. 피스크가 보기에 지배적 제도들은 해석의 자유를 틀어쥐고 취향의 형성을 규제함으로써 이런 의미의 유동성을 고착시키려 한다. 미셸 드 세르토(1984)를 요약하면서, 피스크는 "힘없는 자들은 창의적이고 재빠르고 유연한 반면, 힘있는 자들은 거북스럽고 상상력이 부족하며 과잉 조직화돼 있다"고 말한다(UPC, p.32). 이런 문장들이 피스크의 비판자들을 열 받게 만드는 것이다. 왜냐하면 이런 문장들은 미디어 산업과 그 소비자 간에 멜로드라마식의 대립을 구성하면서 권력의 소재를 '과잉 조직화돼 있는' 자본주의 하부 구조로부터 '창의적이고 유연한' 대중으로 옮겨놓기 때문이다. 피스크는 종종 이런 대립을 군사적 메타포로 표현한다. 움베르토 에코Umberto Eco(1990)로부터 차용한 '게릴라전,' 미셸 드 세르토로부터 빌려 온 '전술/전략' 등이 그렇다. 대중의 관심은 [현재도] 다양하고 [미래에도] 다양할 것이기 때문에, 대중 소비를 위해 생산된 산물에 의해 완전히 충족될 수 없다. 대중은 국지화된 '연관성'의 지점들 — 이것들은 그 속성상 '하루살이 같고' '과도기적'이다 — 을 파악한다. 피스크는 매스 미디어 제작자들이 이런 차이들을 파악하고 이것들과 관련을 지으려 할 때 취하는 복합적인 협상negotiation을 기술한다. "광고는 문화적 차이가 있는 사회적 차이를 생산품의 차이와 연관짓기 위해 노력한다"(UPC, p.29). 문화의 역동성은 대중이 놓인 자리에만 머무는 것이 아니며 예상치 못한 방향으로 미디어를 이용할 수 있다는 것을 의미한다. 다른 이들이 '오독'으로, '소통의 실패'로 보는 것을 피스크는 문화적으로 창조적이며 정치적으로 생산적인 것으로 이해한다.

이처럼 문화의 창조적 측면에 초점을 맞춤으로써, 피스크는 그의 초기 저술에 큰 영향을 미친 버밍엄 전통의 중심적 주장의 일부를 환기시켰다. 이런 '문화 만들기'에 대한 역동적 이해를 〈문화는 일상적이다Culture is Ordinary〉라는 레이먼드 윌리엄스의 글(1958)과 비교해 볼 수 있다. 여기서 윌리엄스는 문화를 "경험과 접촉, 발견의 압력하에서 적극적으로 논쟁하고 수정하며 이를 받아들이는 것"으로 기술한다. 윌리엄스에게 있어 문화는 "모든 개인의 마음속에서 만들어지고, 또다시 만들어진다"(p.93). 윌리엄스는 문화는 전통적이면서 동시에 창조적이라고 보면서, 문화적 전통은 지속된다는 점과 모든 개인과 사회 집단이 자신의 방식으로 문화를 창조하고 재창조하는 능력을 지녔다는 점을 강조했다(p.93). 윌리엄스의 이런 생각은 피스크가 케임브리지대학교에서 윌리엄스의 지도를 받고 있는 시기에 처음으로 출판되었다. 두 사람이 이를 두고 대화를 나눴을 것임은 의심의 여지가 없다. 피스크와 초기 윌리엄스 간의 핵심적 차이점은 피스크가 의미 만들기의 '사회적' 차원에 훨씬 더 중점을 두었다는 점이다. 이 시기의 윌리엄스가 '모든 개인의 마음속'에서 일어나는 것에 방점을 찍은 반면, 피스크는 문화의 생산을 순전히 개인적인 과정이 아닌 집합적 과정으로 보았고, 정체성의 정치학의 렌즈를 통해 정체성 형성을 읽어 내는 경향을 보였다. '개별적인' 반응보다는 집합적 반응에 대한 강조는 이미 《텔레비전 읽기》에서 찾아볼 수 있다.

> 개인의 내적 심리 상태는 TV 메시지의 소통에서 최대의 결정 요소가 아니다. 메시지는 개인적으로 습득된, 그러나 문화적으로 생성된 코드와 관습에 따라 독해된다. 물론 이들 코드와 관습은 메시지의 코드화 담당자들의 인식에도 비슷한 제약을 가한다. 그래서 텔레비전은 개인적 특이성을 넘어서 사회적 의례social ritual로 기능하는 것으로 보인다. 그런 의례를 통해 우리 문화는 자체의 집합적 자아와 소통하기 위해 우리를 끌어들인다. (RTV, p.85)

피스크와 하틀리는 텔레비전은 흔히 가족적 환경에서 시청되고 텔레비전에 대한 공유된 지식을 통해 우리는 좀 더 큰 하위 문화적 공동체 — 이 안에서 우리는 공유되는 의미를 구축한다 — 와 연결된다고 지적한다.

둘째, 대중 문화는 일상생활의 실천의 일부로 동원될 수 있는 '자원'으로서 기능한다. 피스크의 설명에서 '사람들the people'은 미셸 드 세르토가 "의미 있는 것으로 만드는 기술the art of making do"이라고 부른 것을 증명해 보인다. 대중 매개 사회mass-mediated society에서 대중은 자신이 선택한 바대로 문화적 정체성을 구축하지는 못한다. 사람들은 이미지, 이야기, 인물, 농담, 노래, 의식, 신화들과 같은 대중 문화 원재료를 자신들의 생활 경험에 구체적 형체를 부여하는 방식으로 변형한다. 피스크에게 있어 대량 문화mass culture는 생산의 범주로서 대량 생산되고 대량 마케팅되는 문화적 표현의 형태를 가리키는 반면, 대중 문화popular culture는 소비의 범주로서 소비자들이 주어지는 문화적 산물을 저항과 전유라는 행위를 통해 자기 자신의 것으로 만들려는 소비자의 노력을 함축한다. 대중 문화에 대한 이러한 이해는 피스크가 이 주제에 관해 저술한 두 권의 책에서 잘 드러난다.

> 대중 문화는 종속당하거나 권력을 박탈당한, 다양한 조합의 사람들이 그들을 무력화하는 사회 체제에 의해 주어지는 담론적인, 물질적인 자원들로부터 만들어 내는 것이다…… 텔레비전, 음반, 옷, 비디오 게임, 언어와 같은 자원들은 경제적, 이데올로기적으로 지배 세력의 이해관계를 담고 있다. 그것들은 헤게모니를 지녔고, 현상 유지를 위해 작동하는 힘을 지닌다. (RTP, p.2)

> 만약 문화 상품이나 텍스트가 그것으로부터 대중이 자신들의 사회관계와 정체성에 관한 자신들만의 의미를 만들어 내는 자원을 포함하고 있지 않다면, 그런 상품이나 텍스트는 거부되고 시장에서 실패를 맛볼 것이다. 대중적일 수 없을 것이다. (RTP, p.2)

> 이러한 대중적 힘들은 문화 상품을 문화적 자원으로 변모시키고, 그 상품

이 제공하는 의미와 쾌락을 다원화하고, 절제하려는 노력을 회피하거나 그 것에 저항하며, 그 상품의 헤게모니나 일관성을 파열시키고, 그 영역을 습격 하거나 침범한다. (UPC, p.28)

'문화적 자원'이란 피스크의 개념은 마치 원재료가 이용되기 전에 가 공돼야 하듯이 대량 문화는 소비되기 이전에 재작업rework돼야 한다는 사 실을 함축한다. 이 용어는 또 상업적으로 생산된 문화는 민중의 이익에 봉사하는 방식으로 굴절될 수 있다고 암시한다. 피스크는 종종 두 개의 경제에 대해 말했다. 하나는 상품의 생산과 관련된 경제이고, 다른 하나 는 의미의 생산과 관련된 경제다. 피스크(1992)는 이전의 비판 이론을 지배 했던 수동적 소비라는 개념을 거부했다. 그는 소비자를 생산자라고 기술 하면서, 소비자 생산성이 세 가지 특징적 형태로 나타난다고 지적했다. 의 미 만들기라는 기호학적 생산성, 의미를 다른 사람에게 명확히 하는 발화 적 생산성, 새로운 문화적 재화를 창출하는 텍스트적 생산성이 그것이다.

피스크는 사람들은 자신들의 문화를 생산하고 유통시킬 수단을 갖 고 있지 못하다는 전제에서 출발한다. 그는 매스 커뮤니케이션이 부상하 면서 과거 피지배자들이 자신들의 세계관을 표출하는 데 이용했던 민속 전통이 파괴될 것을 우려한다. 그는 방송 미디어는 민중의 참여를 위한 어떤 수단도 제공하지 않으며, 흔히 사상의 시장에는 높은 진입 장벽이 존재한다고 우려한다.

대안으로 제시될 수 있는 '진정한' 민속 문화는 존재하지 않는다. 그래서 대 중 문화는 필연적으로 현재 있는 것을 갖고 의미를 만드는 기술이다. (UPC, p.15)

이들 책 전반에서 피스크는 민속 문화와 대중 문화의 관계 문제와 씨

름한다.《텔레비전 읽기》에서 피스크와 하틀리는 텔레비전을 "음유 시인적 미디어bardic media"라면서 텔레비전과 구술 문화oral culture 간의 유사성을 강조한다.《텔레비전 문화》에서 그는 텔레비전 콘텐츠는 구술 문화 ― 흔히 여인들의 가십이나 아이들의 놀이로 대표된다 ― 로 흡수된다고 이론화한다.

> 아이들도 텔레비전 문화와 상호 작용하는 역동적인 구술 문화를 갖고 있다. 아이들은 흔히 텔레비전을 놀이나 노래, 속어로 통합한다. 텔레비전을 재료로 삼아 새로운 놀이와 새로운 노래를 창조한다. 이 모든 것은 대중 사회에서 발생하는 탈구에도 불구하고 민속적 구술 문화가 아직 살아 있으며, 텔레비전이 단지 이 문화로 쉽게 통합될 수 있을 뿐만 아니라 이런 문화가 텔레비전의 생존에 필수적임을 말해 준다. 텔레비전이 공동의 상징적 경험과 공동의 담론을, 또 민속 문화에 아주 중요한 공유된 형식적 관습을 제공하기 때문이다. 구술 문화나 민속 문화는 텔레비전 시청자에게 일련의 독해 관계들을 제공한다. 그 관계들은 본질적으로 참여적이고 활동적이며, 그리고 연기자와 시청자, 또는 생산자와 소비자 간에 최소한의 구별만을 인정한다. (TC, p.80/이 책의 pp.188~189 참조)

《대중 문화의 이해》에서 피스크는 대중 문화와 민속 문화를 명확히 구별한다. 민속 문화는 여러 이유 탓에 산업화된 사회에서 기능할 수 없다. 민속 문화는 '비교적 안정적이고 전통적인 사회 질서'의 산물로서, 갈등을 담고 있기보다는 공유된 가치를 함축하며, 밑으로부터 형성된 것이며, 긴 시간 동안 상대적으로 안정된 모습을 지닌다. 이들 특징 중 어느 것도 현대의 미디어화된 사회에서는 나타나지 않는다고 그는 여긴다. 현대 사회에서는 매스 미디어의 경제학이 급속한 변화와 세대 간의 차별을 부추기고, 문화는 집중된 생산 양식을 통해 생산되고 유포되며, 경제적 불평등이 우리의 차이에 대한 지속적인 투쟁을 초래한다.《대중 문화의 이해》에서조차 피스크는 퀴어 문화적 표출을 '민속 문화'로 기술한다.

> 사회 질서에 대한 [동성애자 공동체의] 반대는 매우 급진적인 것이어서, 영리 산업이 생산하는 문화 자원은 그 어떤 것이라도 모두 영리적 가치에 오염돼 있으므로 이용할 수 없다고 본다. 그러므로 이들은 급진적인 민속 문화의 한 형태인 자신들의 하위 문화를 만들어 낸다. (UPC, p.171)

'동성애자 하위 문화'가 주류 문화와 아주 동떨어진 것이어서 더 이상 대중 문화라는 자원을 이용할 수 없을 것이라는 피스크의 견해에 모든 사람이 동의하지는 않을 것이다. 예를 들면, 리처드 다이어Richard Dyer(1986)와 앨릭스 도티Alex Doty(1993)는 동성애자들이 주디 갈런드Judy Garland●와 같은 스타를 끌어들이는 방식을 논의하면서 캠프적camp●● 독해 실천을 포용한다. 궁극적으로 위 문장은 피스크가 어떻게 그의 분석을 틀지어온 차이라는 범주 내로 섹슈얼리티를 끌어들이려 했는지, 또 그가 어떻게 '민속 문화'라는 개념을 생명력 있는 것으로 유지하고자 노력했는지를 보여 준다.

피스크는 분명히 대량 문화의 그늘에서 어른거리는 '민속 문화' 또는 '구술 문화'가 존재하기를 바랐다. 이런 문화는 자체의 '참여적' 논리를 갖고 있고, 대중이 텔레비전에서 얻은 자원들을 처리하는 방식을 형성하

● 주디 갈런드(1922~1969)는 미국의 스타 가수이자 배우다. 어릴 적부터 보드빌 공연을 한 만능 엔터테이먼트로 10대 때 MGM과 계약을 맺고 〈오즈의 마법사〉(1939), 〈세인트루이스에서 만나요〉(1944), 〈스타 탄생〉(1954) 등 뮤지컬 영화 스타로 세계적 명성을 얻었다. 다섯 번 결혼하고 약물과 알코올 중독에 시달리는 등 불안정한 삶을 살았다.

●● 캠프란 악취미나 아이러니컬한 것을 매력적인 것으로 보는 미학적 스타일이나 감성을 뜻한다. 본래 동성애자 집단의 은어였던 것을 미국 비평가 수전 손택이 이론화한 개념이다.

도록 도와 줄 수 있다. 하지만 그의 믿음은 위기에 처해, 그는 여러 번 대중은 자신들의 문화 생산을 지탱해 줄 기반과 자원이 부족하다는 생각으로 돌아가곤 했다. 피스크는 그의 저작 전반에 걸쳐 의미에 관한 대중들의 투쟁이 광범위하게 일어나고 있으며 충분한 영향력이 있다는 것을 비판자들에게 보여 줄 증거를 찾으려 분투해 왔다. 《대중 문화의 이해》에서 피스크는 다음과 같이 썼다.

> 이러한 전술적 소비의 산물들을 연구하는 일은 어렵다. 그 산물들은 장소를 차지하고 있지 않고 존재하는 순간에만 공간을 가질 뿐이다. 또 텔레비전으로 방송되고 도시화되고 관료화된 우리의 경험 전반에 흩어져 있고 분산돼 있다. 그것들은 환경과 뒤섞여 있고, 남의 주목을 끌지 않도록 가려져 있으며, '식민화하는 조직colonizing organization' 내로 사라져 버리기 쉽다. (UPC, p.35)

수용자 연구에 대한 피스크의 열광 덕분에 팬 연구의 길이 열렸다. 그는 자주 팬들이 보여 주는 문화적 생산과 순환의 교묘한 형태들 — 팬진, 개사곡, 개작 뮤직 비디오song vid 등 — 에 대한 학생들과 동료들의 작업을 참조했지만, 그의 이론은 결코 '참여 문화'라는 새로운 개념이 의미하는 바를 온전히 흡수하지는 못했다. 팬에 관한 그의 선구적 저술은 팬을 저자이자 예술가로 논하기보다는 차별 만들기와 취향 형성을 강조하는 것이었다.

팬의 실천이 다른 소비 형태와 '종류'에서 다른 것인지, 아니면 '정도'에서 다를 뿐인지를 두고 피스크와 나는 서로 의견이 달랐다. 나는 팬문화 생산의 문화적 특이성을 강조하면서 팬 픽션fan fiction을 단지 해석의 흔적으로만 보는 것이 아니라 그 자체의 장르적 기대와 독해 실천을 지닌 독특한 전통을 대변하는 것으로 보았다. 피스크는 팬들이 만든 이러한 텍스트를 모든 소비자가 수행하는 해석적이고 전유적인 행동의 연장으로 보았다. 우리는 아마도 각자 자신만의 영역에서는 옳은 말을 한 것일 수도 있다. 즉 팬들은 독특한 문화를 지니고 있지만, 점점 더 많은 사람들이 온라인으로 옮겨가면서 팬이 하듯이 독해하고 있다. 어쨌든, 견해차와 관련해 우리가 수년간 지속적으로 대화해 온 것은 일부 깡패 같은 비판자들이 논쟁을 가로막고 그의 시각을 무력화하려 한 것과 날카롭게 대비된다.

팬들이 뉴 미디어에 누구보다도 일찍 적응하고 이를 사용하게 되면서 팬들은 자신들의 '참여 문화' 실천을 온라인으로 가져왔다. 온라인상에서 영리 목적 산업이 팬들의 잠재적 교란성을 상품화하고 관리하기 위해 여러 전략을 선택했음에도, 그들은 훨씬 더 큰 문화적 가시성과 영향력을 얻었다. 1980년대 피스크의 비판자들은 이러한 텍스트 밀렵자textual poachers●는 지나칠 정도로 왕성한 상상력의 산물일 뿐이라고 무시할 수 있었다. 그러나 오늘날 우리는 웹에서 막강한 힘을 발휘하는 팬들을 볼 수 있다. 인터넷은 미디어 수용자의 보이지 않는 활동을 눈으로 볼 수 있게 한다. 또 소셜 네트워킹 사이트의 부상으로 그러한 표출이 순전히 개인적인 것이기보다는 집합적인 것이라는 점을 파악할 수 있게 되었다.

소비자는 문화 생산의 외부에 놓여 있다고 여겼기 때문에, 피스크는 독해자 저항 모델model of reader resistance을 받아들였다. 하지만 훨씬 많은 사람들이 미디어를 생산하고 공유하는 상황에 맞도록 이 모델은 재조정될 필요가 있다. 이제 논쟁은 수용자가 능동적이냐 피동적이냐가 아니라, 우리의 참여 조건에 집중돼 있다. 피스크는 '웹 2.0'이나 '이용자 생산

● 프랑스 역사학자이자 문화 이론가인 미셸 드 세르토(1925~1986)가 제시한 개념으로, 대중 문화 텍스트를 자신의 의미와 쾌락을 위해 자기 방식으로 해석해 수용하고 이용하는 대중 문화 수용자를 일컫는다.

콘텐츠(UCC)'에 관한 논의가 가려 버리는 대립적 이해관계들을 파악하는 데 유용한 개념적 언어를 제공한다. 이제 더 이상 소비자와 생산자를 단순 명쾌하게 구분지을 수는 없게 되었을 수도 있지만, 미디어 콘텐츠의 생산과 유통이 우리가 선물 경제gift economy●와 연관짓는 호혜적 사회관계 내에서 작동하는 경우의 이해관계와 콘텐츠 생산과 유통이 상업적 동기를 반영하는 경우의 이해관계가 서로 갈등함을 인식할 필요가 있다.

셋째, 이 문장은 '의미와 쾌락'을 연결한다. 맷 힐스Matt Hills(2002)는 피스크를 포함하는 수용자 연구 1세대가 그가 "인지주의cognitivism"라고 부른, 쾌락을 희생하는 대신 의미를 강조하는 경향을 보인다고 비판한 바 있다. 힐스는 우리가 팬을 병적인 존재로 구성하는 것을 회피하기 위해 무엇보다도 소비자들을 팬으로 만드는 열정을 무시하고 대량 문화와 팬 간의 관계를 지나치게 합리화하지 않을까 염려한다. 그러나 피스크에게 있어서 '의미와 쾌락'은 그의 마음속에서 떼려야 뗄 수 없는, 지속적으로 연관된 쌍으로 드러나고, 종종 제3의 개념인 '정체성'에 묻히기도 한다. 《대중 문화 읽기》에서 피스크는 이 세 가지 용어 간의 관계를 요령 있게 정리하고 있다.

문화는 우리의 사회적 경험의 의미를, 또 그 경험으로부터 의미를 만들어 내는 지속적인 과정이다. 이러한 의미들은 필연적으로 관련된 사람들을 위해 사회 정체성을 산출한다…… 이런 의미의 생산과 순환 내에 쾌락이 자리 잡고 있다. (RTP, p.1)

● 마르셀 모스Marcel Mauss가 저서 《증여론Essai sur le don》(1925)을 통해 제안한 개념으로 등가 교환과 화폐 중심의 시장 경제의 바깥에 존재하는 나눔과 공유의 개념에 기반을 둔 경제를 뜻하는 용어다. 모스는 치누크족의 부족 생활을 연구함으로써 참여에 기반한 공동체성이 존재한다는 사실을 발견했다.

여기서 소비는 의미 만들기, 정체성 구축, 쾌락 찾기를 수반한다.

피스크는 우리에게 인간은 무의미한 활동에 몰두하지 않는다고 가르쳤다. 우리 자신의 경험 및 가치와 동떨어진 대중 문화 형식을 마주했을 때 우리는 흔히 이를 무시한다. 하지만 훌륭한 분석가는 이런 문화적 실천과 문화 산물들이 그 사람들의 삶에 무슨 의미가 있는가를 이해하려 노력한다. 그러한 문화 형식이 우리에게는 별다른 의미를 산출하지 않을 테지만, 그것이 무의미하거나 '실없는' 것은 아니다. 피스크는 《텔레비전 문화》에서 다음과 같이 썼다.

> 민속지학적 연구의 대상은 사람들이 살면서 자신들의 문화를 경험하는 방식이다. 이런 연구는 강조점을 주체가 텍스트적으로, 이데올로기적으로 구성된다는 점으로부터 사회적으로 역사적으로 실제 상황에 있는 사람들로 이동시켰다는 데 가치가 있다. 이런 연구는 실제 상황 속의 실제 사람들은 실제 TV 프로그램을 보고 즐긴다는 점을 상기시켜 준다. 이는 사람들이 사회적으로 구성된다는 사실에도 불구하고, 사람들 간의 차이를 인정하고 사람들이 텔레비전에서 발견하는 의미와 쾌락이 다양할 수 있음을 강조한다. 그럼으로써 민속지학적 연구는 텔레비전의 의미와 독해 주체의 유일성을 강조하는 이론들을 논박한다. 사회 구성체 내의, 또 문화 과정 내의 다양성을 설명할 수 있게 해 준다. (TC, p.63/이 책의 p.161 참조)

민속지학적 탐구는 우리의 전제에 도전하고 우리를 불편하게 만드는 '발견'을 할 수도 있기에 가치 있다. 때때로 '놀라운 것'에 대한 이러한 탐구는 다양한 하위 문화 공동체들을 또 다른 부류의 제멋대로인 독해자 rogue readers로 이국화하기도 한다. 하지만 이런 연구는 처음 접했을 때 구제 불능인 것처럼 보였던 문화적 경험을 존중하고 평가해 주는 데 도움이 될 수 있다. 여기서도 피스크는 비판자를 만난다. 메건 모리스Meagan

Morris(1991)는 피스크가 아주 지엽적이고 일상적인 '저항'의 형식들을 보여주는 실례를 찾으려 하면서 '상투성banality'을 찬미한다고 비난한 바 있다.

《텔레비전 문화》에는 쾌락과 의미, 정체성 간의 긴밀한 연관성을 드러내는 서술이 등장한다. "의미 생산의, 재현 양식에 참여할 때의, 기호학적 과정을 갖고 놀 때의 쾌락과 힘, 이것들이 텔레비전이 제공할 수 있는 가장 의미 있고 가장 힘을 북돋아 주는 쾌락이다"(TC, p.239/이 책의 p.443 참조). 여기서 피스크는 세 가지 개념에 두 개의 핵심 개념, 즉 '참여'와 '놀이'를 추가한다. 참여와 놀이는 피스크의 은퇴 이후 문화 이론에서 이전보다 훨씬 큰 중요성을 부여받게 된다.《텔레비전 문화》에서 피스크는 놀이는 "능동적 쾌락"이라고 말한다. "놀이는 규칙을 극한까지 밀어붙이고 규칙 위반의 결과를 탐색한다"(TC, p.236/이 책의 p.437 참조). 동일한 문장에서 그는 놀이의 다양한 잠재적 의미들을 탐색한다. "경첩이 느슨해진 문"과 유사한 체계 내의 "놀이"가 있고, 독자는 "음악가가 악보를 보고 연주하듯이" 텍스트를 갖고 논다. "독자는 텍스트를 해석하고, 활성화하고, 생기를 불어넣는다." 또 독자는 "[놀이하는 사람이] 규칙을 가능케 하고 즐겁게 해 주는 실천에 참여하기 위해서 자발적으로 텍스트의 규칙을 받아들이듯이" 텍스트를 갖고 논다(TC, p.230/이 책의 p.428 참조).

저항은 단지 텍스트와 만나는 방식 중 한 종류일 뿐이다. 피스크는 또 소비자가 흔히 대중적 텍스트를 거스르는 것만큼이나 텍스트에 따른다고 강조했다. "텍스트에 의해 '속아 넘어가는' 무력한 시청자가 되는 것이 즐거울 리 없다. 그러나 동일시의 지점과 거리두기의 지점에 따라 텍스트를 선택적으로 시청함으로써 자신의 사회적, 심리적 맥락에서 재현되는 인물들과 관계를 스스로 통제하는 데에는 상당한 쾌락이 존재한다"(TC, p.175/이 책의 p.341 참조). 소비자가 기업 서비스의 조건을 틀 짓는 브랜딩branding과 상품화의 논리에 도전하고 문제를 제기할 때조차, 참여 문화가 '웹 2.0'의 메커니즘과 공모하는 것일 수도 있다. 그렇게 되는 방식을 고려하는 데 이러한 논의는 출발점을 제공한다. 정의상 참여는 전면적인 반대는 아니지만, 또한 무비판적 투항을 의미하지도 않는다.

피스크가 대중적 쾌락의 진보적 잠재력 — 이러한 쾌락의 한계나 제약과 함께 — 을 이해하게 된 것은 그가 비디오 게임에 대한 획기적인 연구를 하면서부터였다. 여기서 피스크가 1980년대 말의 아케이드 게임에 대해 논의한다는 점을 염두에 두자. 그 당시 게임은 흔히 무단 결석을 부추기고 시간과 돈을 낭비하게 하는 것으로 매도되고 있었다. 피스크는 게임을 '생산하는 대신 소비하는 기계'로 여겼다. 그는 젊은이들이 일터를 변모시켜 온 테크놀로지와 같은 종류의 테크놀로지를 갖고 노는 것에 매료되었다.

피스크는 시청자가 텔레비전으로부터 의미와 쾌락을 산출해 내는 방식을 세밀하게 논하기 위해 [TV를] 게임과 대비했다.

> 시청자가 TV 내러티브의 의미에 대해 약간의 통제권을 행사한다 할지라도, 그 통제는 실질적이라기보다는 기호학적이다. 비디오 게임 조이스틱과 발사 버튼은 통제를 의미로부터 [게임에서 벌어지는] 사건으로 확장함으로써 이 통제를 구체화한다. 비디오 게임 내러티브의 결말은 항상 동일할 테지만, 결말에 도달하는 수단은 게임 플레이어가 맡고 있다. 게임에는 이처럼 내러티브 권위narrative authority가 결핍돼 있고 [고정된] 의미가 부재함으로써, 저자는 쫓겨나고 그 공간에 게임 플레이어가 들어선다. 플레이어가 저자가 되는 것이다. (RTP, p.89)

단순하고, 고도로 양식화돼 있고, 이미 상업화에 물든 아케이드 게임은 우리의 일상적 사회 현실을 재현하거나 정치적 반대를 표현하는 능력에서 제한적이었다.

게임 어디에서도 로널드 레이건Ronald Reagan이나 마거릿 대처Margaret Thatcher가 공중에서 뻥 터져 버리는 장면을 찾아볼 수는 없다. 비대한 자본가나 학생을 괴롭히는 교사, 짭새 형사와 같은 만화 캐릭터가 피하거나 박살내 버려야 할 괴물로 등장하지도 않는다······ 그러므로 비디오 아케이드는 끓어오르는 사회 혁명의 온상이 아니다. 비디오 게임은 대중적 문화일 뿐 급진적 문화가 아닌 것이다. (RTP, p.91)

의미화 차원에서 한계가 뚜렷함에도 불구하고, 게임은 학교에 결석하고, 부모의 눈을 피하고, 기계에 맞서 얼마나 오랫동안 게임을 지속할 수 있는지를 알아봄으로써 통제를 회피할 기회를 제공했다. 피스크는 게임장을 제3의 공간, 즉 학교나 직장, 가정 등보다는 어른에 의한 규제가 덜한 공간으로 간주했다. 피스크는 현재 벌어지고 있는 '미디어 효과'에 관한 논쟁을 정부와 교회 당국이 그러한 쾌락 — 자본가들은 이 동일한 쾌락으로부터 이윤을 얻는다 — 을 규제하는 효과에 관한 긴 역사와 관련지을 때조차도, 그러한 대중적 쾌락의 잠재적인 장기적 영향력을 그리 대단한 것으로 보지 않는다. 물론 게임 제작과 관련된 도구와 기술이 더욱 확산되면서 기존 권력에 대한 비판의 형식을 제공하는 진보적이고 급진적이기까지 한 게임들, '변화를 지향하는 게임들'도 나오기 시작했다.

넷째, 피스크는 문화적인 것을 정치적인 것과 연관짓는다. 앞에서 지적했듯이 "문화 만들기는 다양한 형태의 사회적 권력의 분배와 재분배 가능성과 핵심적으로 연관된다." 피스크의 책들은 이전에 나온 책들보다 정치적 입장을 좀 더 분명히 드러낸다. 그럼에도 불구하고 피스크는 종종 '충분히 정치적'이지 않다고 비난받았다. 이는 문화 연구가 마르크스주의에 뿌리를 두고 있음을 감안하면 충분히 급진적이지 않다는 것을 의미한다. 이런 주장은 피스크가 대중 문화에 초점을 맞추면서 '현실 정치'의 영역에서 벗어나 그가 일관되게 비판해 온 문화 산업과 공범이 됐다고 비난한다. 짐 맥기건은 《문화적 포퓰리즘Cultural Populism》(1992)에서 피스크의 "기호학적 민주주의semiotic democracy" 개념과 자본주의의 "소비자 주권" 간에는 차이가 없다고 주장했고, 로버트 맥체스니Robert McChesney(1996)는 (그의 이름을 거론하지는 않았지만) 그가 "정치의 사소화trivialization of politics"를 간과했으며(MC, p.545), "시장을 위한 변명"을 늘어놓고 있다고 (MC, p.544) 비난했다.

확실히 해 두자면 '기호학적 민주주의'란 말은 분명 기억에 남을 만한 용어이지만, 피스크는 이 용어를 몇 차례 사용했을 뿐이다. 피스크는 《텔레비전 문화》에서 진정으로 대중적인 텍스트는 "그 독자를 기호학적 민주주의의 구성원으로 대우한다. 독자는 이미 의미를 만들 수 있는 담론 능력을 갖추고 있고, 쾌락을 좇아 그 과정에 참여하기를 원한다"고 쓴 바 있다. 같은 책 후반부에서 피스크는 다음과 같이 주장한다.

우리는 의미와 이데올로기를 넘어서는 쾌락 이론이, 만들어진 의미가 아니라 의미를 만드는 힘에 중점을 두는 쾌락 이론이 필요하다. 이것이 내가 텔레비전의 "기호학적 민주주의"이라고 부른 것의, 텔레비전의 담론적 실천을 시청자에게 개방한다고 할 때의 취지다…… 생산자적 텍스트의 독해 관계는 기본적으로 민주적이며, 전제적이지 않다. (TC, p.239/이 책의 p.442 참조)

여기서 피스크는 피에르 부르디외의 문화적 차별에 대한 연구를 이용해 그가 '대중적 차별popular discrimination'이라 부른 것에 주의를 기울였다. 소비자가 대중적 텍스트를 평가하고 찬미하는 방식에, 또 그들이 텍스트를 접하며 동원하는 기량과 지식에 주목했다. 피스크의 작업은 미국의 미디어 리터러시 운동을 변화시켰다. 아직까지도 그 운동의 핵심적 문제의식은 동일한 텍스트를 다른 수용자들이 다른 방식으로 읽는 방식에 중점을 두는 것이다. 피스크는 미디어 리터러시를 단지 가르쳐야 하는 것으로만 보지 않고, 비공식적 학습을 통해 자라나는 것으로 여겼다. (이 분야에서는 최근에야 이런 생각에 관심을 두기 시작했다.)

단적으로 말하자면, '기호학적 민주주의'라는 용어는 피스크의 비판자들이 생각하는 것을 의미하지 않는다. 유튜브에 올라 있는 방대한 리믹스 비디오를 떠올린다면, 시청자가 자신의 손으로 미디어를 요리할 수 있고 또 요리하고 있다는 사실, 대중적 텍스트들을 해체해, 의도치 않은 때로는 전복적인 의미를 창출하기 위해 이용한다는 사실을 부인하기는 어려울 것이다. 피스크는 항상 이런 산물들이 경제적 교환의 대상인 상품일 뿐이며, 그러한 텍스트의 소비는 여전히 텍스트 생산자의 경제적 이해에 봉사한다는 점을 명확히 했다. 하지만 그는 그러한 텍스트가 단순히 상품인 것만이 아니라 생산의 쾌락에 참여하는 사람들에게는 의미 있는 것이기도 하다는 점을 강조했다. 우리는 자본가의 이익에 봉사하기 위해서 물건을 사지는 않는다. 물건을 사는 것은 자신의 이익을 위해서다. 기업이 우리에게 물건을 팔고자 하는 한, 기업들은 이러한 [소비자의] 이익을 인정하고 도모할 방도를 찾아야 한다. 피스크의 생각은 소비자 연구의 초석을 놓는 데 기여했다. 전 세계의 많은 일급 경영대학에서 소비자 연구를 가르치고 있다. 이는 또 새로운 형태의 소비자 운동 — 광고가 의도하는 의미의 구성에 도전하며 이를 다른 방향으로 바꿔 버리는 문화 훼방 culture jamming이나 애드버스팅ad busting●과 같은 행위 — 이 출현하는 데도 기여했다.

그가 개진하는 소비자 정치학이 복합적임에도 불구하고, 피스크는 아마도 저항과 관련해 말한 바로 가장 널리 알려져 있을 것이다.

'저항'이란 용어는 문자 그대로의 의미로 사용된다. 두드러지게 정치적이거

● 기존의 기업 광고나 정치 광고를 조롱하거나 패러디하는 행위로 서버타이징subvertising 이라고도 한다. 흔히 이미지를 변경하거나 새 이미지를 추가하는 방식으로 이뤄진다.

나, 심지어 사회 체제를 뒤엎으려는 혁명적인 것인 것을 의미하지 않는다. 오히려 이 용어는 지배 이데올로기가 제시하는 사회적 정체성을, 또 그것에 부수되는 사회적 통제를 받아들이기를 거부하는 것을 가리킨다.…… 이런 전복적 또는 저항적 활동이 사회적, 또는 군사적이기보다는 기호학적이거나 문화적이라는 사실은 저항이 아무런 실질적 효과를 갖지 못한다는 것을 뜻하지는 않는다. 사회 정치 체제는 종국에는 문화 체제에 의존한다. 이는 사람들이 자신들의 사회관계에 부여하는 의미와 그들이 추구하는 쾌락은 최종 심급에서는 그 사회 체제를 안정 또는 불안정하게 하는 데 봉사한다고 말하는 것과 같다. 의미와 쾌락은 직접적이고 입증할 수 있는 사회적 효과를 갖지는 못할지라도 일반적이고 분산된 사회적 효능을 지닌다. (TC, p.239/이 책의 pp.446~447 참조)

피스크의 비판자들은 피스크가 모든 대중적 저항의 형태들을 진보적인 것으로 간주했다고 주장해 왔다. 이는 사실이 아니다! 그가 주로 저항적 독해가 진보적 대의에 걸맞게 이뤄지는 방식에 대해 논의했고, 때로는 어딘가에 있을 누군가의 목소리로부터 반항의 외침을 추론했다는 것은 맞는 말이다. 그러나 《대중 문화의 이해》에서 그는 분명히 말한다.

우리는 반대가 반드시 진보적인 것은 아니라는 점을 인식해야 한다. 파워블록이 너무 멀리 나가서 너무 진보적이라고 보는, 그래서 적어도 일부 측면에서는 그들의 정치적, 문화적 영향력이 반동적인 대중 단체들이 존재한다. 우익 포퓰리즘도 있고, 진보적 역할은커녕 반동적 역할을 하는 대중 집단도 존재한다. (UPC, p.163)

동시에 이러한 반동적인 문화적 실천이 어떻게 '삶의 어떤 측면, 특히 문화에서 얼마간의 통제력이라도 갖고 싶어 하는 피지배자들의 욕망'

을 표현하고 있는지를 이해하지 못한 채, 그것을 손쉽게 묵살해 버려선 안 된다고 피스크는 경고했다. 현대의 정치 담론이 양극화돼 있음을 고려하면, 보수주의자들이 믿는 것이 무엇인지, 그리고 그들이 어떻게 문화적 환경과 대립하는 위치에 스스로를 위치시키는지 독해하는 법을 배우는 것이 논쟁의 방식을 바꾸는 관건일 것이다.

피스크는 또 대중적 텍스트가 "사회 질서를 변화시키거나 동요시키는데 기여하는 의미의 생산을 북돋울 수 있다는 점에서 진보적"이라고 주장했다. "그러나 대중적 텍스트는 사회 질서에 곧바로 대항하거나 질서를 전복할 수는 없다는 점에서 결코 급진적일 수 없다"고 지적했다(UPC, p.133). 자본주의적 기업은 '급진적' 대중 문화를 생산하지 않을 것이고, 충분한 사전 준비가 없는 대중 관객은 아방가르드 텍스트를 받아들일 수 없을 것이다. 하지만 대중적 판타지는 유토피아적 대안의 모델이 될 수 있으며, 다양한 정치적 행동에 영감을 제공할 수 있을 것이다. "다르게 사유하는 능력, 자아와 사회관계에 대한 자신만의 의미를 구성하는 능력은 필수적인 근거로서, 이것이 없다면 어떠한 정치적 행동도 성공을 기약할 수 없다······ 판타지라는 내면적 저항은 [지배] 이데올로기로부터 빠져나가는 것 이상으로서 사회적 행동을 위한 필수적인 기반이다"(RTP, p.10).

(여러 사람들이 피스크의 딸일 것으로 추정하는) 어린 마돈나Madonna 팬을 묘사하면서 피스크는 대중적 소비로부터 정치적 행동으로 이행하는 잠재적인 행적을 보여 준다.

마돈나로부터 힘을 얻을 것이라는 판타지를 품는, 마돈나의 10대 소녀 팬은 이런 판타지를 행동으로 옮기고 사회적으로 좀 더 강력한 방식으로 행동할 수 있다. 그럼으로써 자신을 위한 사회적 영역을 넓혀나갈 수 있다. 그 소녀가 자신의 판타지와 자유를 공유하는 다른 사람을 만나게 되면, 유대감과 저항을 공유한다는 느낌이 생긴다. 이는 미시적 수준에서 진보적 행동

을 지지하고 북돋을 수 있다. (RTP, p.104)

피스크가 마돈나를 잠재적으로 여성에게 힘을 북돋워 줄 수 있는 인물이라고 옹호한 것은 1980년대 문화 전쟁에서 핵심 쟁점이 됐다. 이로 인해 피스크는 좌우 양편으로부터 경멸받았다. 여기서 피스크는 떠오르는, 당시 아직 이름 붙여지지 않은 미국 페미니즘의 '제3의 물결'을 수용하고 있었다. 흔히 제3의 물결 페미니즘의 핵심적 전위로 여겨지는 라이엇 그얼스The Riot Grrls●는 대중 음악 팬에서 자신들만의 DIY 문화 생산자로 탈바꿈했다. 이 과정에서 이들은 자신들의 공유된 정체성과 집합적 투쟁을 접합하게 됐다.

우리는 어린 마돈나 팬에 대한 피스크의 기술을 캐스린 로 캐릴린 Kathryn Rowe Karilyn(2003)이 제3의 물결 문화정치학을 요약한 것과 병치해 볼 수 있다.

제3의 물결 페미니즘에서 대중 문화는 정체성 형성과 힘 얻기empowerment 의 자연스런 장이다. 대중 문화는 현실을 재현하는 수단으로서라기보다 대항과 다시 쓰기, 다시 코드화하기에 이용할 수 있는 소재로서 가치를 지니는 이미지와 내러티브의 풍부한 저장소 역할을 한다. (p.8)

제3의 물결 페미니스트들이 정체성 형성의 본질주의적 범주들을 거부했다고 주장하면서도, 캐릴린은 그럼에도 불구하고 이런 낡은 범주들은 기호학적 놀이를 위한 자원을 제공한다고 시사한다. 이러한 정체성의 지표들은 "포스트모던 문화에 전형적인 방식에 따라 빌려 쓰고, 연기되

● 1990년대 초 미국 워싱턴 주, 포틀랜드 등지에서 시작된 언더그라운드 페미니스트 펑크 록 운동이다.

고, 아이러니컬하게, 유희적으로, 또는 정치적 목적을 위해 함께 묶일 수 있다"(p.8). 그러한 놀이는 힘 있는 정체성을 가능케 하고 [페미니즘] 운동 내부에서 기호학적 연대를 창출한다.

물론 사회 변화 캠페인을 위해 대중 문화를 해체하고 뒤섞는 활동가들이 제3의 물결 페미니스트들만은 아니다. 강의실에서 피스크의 책을 읽으며 배운 것을 실천하는 사람들이 적지 않다. 마크 데리Mark Dery가 1993년에 쓴 에세이 〈문화 훼방: 기호의 제국에서의 해킹, 슬래싱, 그리고 스니핑Culture Jamming: Hacking, Slashing And Snipping in the Empire Signs〉은 기호학적 게릴라전을 여러 반문화 운동들 — 일부는 디지털 공간, 일부는 거리에서 벌어지지만, 모두 지배적 경제적, 정치적 제도에 분명하게 반대한다 — 에 걸쳐 구사되는 핵심 전략이라고 기술한다. 좀 더 최근에 스티븐 던콤Stephen Duncombe의 《꿈Dream》(2007)은 흔히 대중 문화의 언어를 빌어 부시 정부에 대한 '반대를 제조해 온' "부시를 지지하는 억만장자들 Billionaires for Bush"●과 같은 '윤리적 스펙터클ethical spectacles,' '유희적 공연'에 대해 논의한 바 있다.

피스크는 사회 변화를 추동하는 데 있어서 이론가의 역할을 논하면서 10대 마돈나 팬과 그녀의 행적 — 의미 만들기, 정체성 형성, 하위 문화에 참여, 집합적 행동 — 에 대한 설명을 마무리한다.

문화 비평가가 할 수 있는 가장 생산적인 역할 중 하나는 사회 문화적 차원에서 의식과 행동의 전환을 용이하게 하고 격려하는 것이라 할 수 있다. 이론은 내면적 저항, 또는 판타지를 통한 저항을 다른 사람들과 공유하는 사

● 2000년과 2004년 미국 대통령 선거 당시 활동한 정치적 거리 연극 집단이다. 겉으로는 조지 W. 부시에 대한 지원을 표방했지만, 기업과 부자들을 위한 그의 정책을 풍자, 조롱하는 등 부시를 비판했다. 문화 훼방의 대표적 사례라 할 수 있다.

회적 경험과 연관시킴으로써, 그래서 단순히 개인 차원에 머물지 않도록 함으로써, 그런 저항에서 사회적 차원을 배양하는 것을 도울 수 있다. 이론은 일상생활의 여러 특이성을 정치적 의식을 고양할 수 있는 개념적 이론틀 내에 위치시킬 수 있다. 그래서 이론은 저항을 좀 더 집합적 의식으로 변모시키는 것을 쉽게 해 줄 수 있다. 그렇게 되면 이제 집합적 의식은 좀 더 집합적인 사회적 실천으로 바뀔 수도 있을 것이다. (UPC, p.173)

피스크는 대중 문화 연구의 윤리적 규범과 정치적 목표 — 이는 여전히 우리의 연구와 정치 운동에 영향을 미친다 — 를 정의함으로써, 학생들과 독자들을 위해 그런 역할을 해 왔다. 피스크의 제자 중에는 블로그나 트위터 등을 통해 좀 더 일상적인 저술 활동을 받아들인 사람들도 많다. 이들은 자신들의 생각이 좀 더 많은 대중을 위한 자원이 될 수 있도록 하고자 한다. 세상은 피스크가 예상했던 방향으로 움직여 왔다. 우리는 그의 이론이 새로운 현실을 반영할 수 있도록 다시 정식화하고, 어떤 도구와 어떤 공동체가 자신들의 목적에 봉사하도록 매스 미디어 콘텐츠를 좀 더 돋보이게 해 왔는지를 파악하면서, 문화 변화에 뒤지지 않도록 노력해 왔다. 우리는 청문회에서, 기업 이사회에서, 거리에서, 웹에서 권력에게 진실을 말해 왔다. 피스크가 우리에게 남긴 질문을 던지면서.

"이것이 우리가 원하는 것인가?" 그렇지 않다면, 우리는 무엇을 할 것인가?

참고 문헌

Barlow, John Perry (1996). "A Declaration of Independence of Cyberspace," http://homes.eff. org/~barlow/Declaration-Final.html

De Certeau, Michel (1984). *The Practice of Everyday Life*. Berkeley: University of California Press.

Dery, Mark (1993). *Culture Jamming: Hacking, Slashing and Sniping in the Empire of Signs*. Open Magazine Pamphlet Series.

Doty, Alex (1993). *Making Things Perfectly Queer: Interpreting Mass Culture*. Minneapolis: University of Minnesota Press.

Duncombe, Stephen (2007). *Dream: Reimagining Progressive Politics in an Age of Fantasy*. London: New Press.

Dyer, Richard (1986). *Heavenly Bodies: Film Stars and Society*. London: British Film Institute.

Eco, Umberto (1990). *Travels in Hyperreality*. New York: Harvest.

Fiske, John & John Hartley (1980). *Reading Television*. London: Methuen(RTV).

Fiske, John & Robert Hodge (1988). *Myths of Oz: Reading Australian Popular Culture*. Allen and Unwin, Australia.

Fiske, John (1988). *Television Culture*. New York: Routledge(TC).

Fiske, John (1989). *Understanding Popular Culture*. New York: Routledge(UPC).

Fiske, John (1989). *Reading the Popular*. New York: Routledge(RTP).

Fiske, John (1990). *Introduction to Communication Studies*. New York: Routledge(ICS).

Fiske, John (1992). "The Cultural Economy of Fandom," in Lisa A. Lewis (ed.), *The Adoring Audience: Fan Culture and Popular Media*. New York: Routledge.

Fiske, John (1993). *Power Play, Power Works*. Minneapolis: University of Minnesota Press(PP, PW).

Fiske, John (1994). *Media Matters: Race and Gender in U. S. Politics*. Minneapolis: University of Minnesota Press(MM).

Hartley, John & Alan McKee (2001). *The Indigenous Public Sphere: The Reporting and Reception of Aboriginal Issues in The Australian Media*. Oxford: Oxford University Press.

Hartley, John (2005). *Creative Industries*. London: Wiley-Blackwell.

Hartley, John (2007). *Television Truths: Forms of Knowledge in Popular Culture*. London: Wiley-Blackwell.

Hartley, John (2009). *The Uses of Digital Literacy*. University of Queensland Press, Australia.

Hills, Matt (2002). *Fan Culture*. London: Routledge.

Karilyn, Kathryn Rowe (2003). "Scream, Popular Culture, and Feminism's Third Wave: I'm Not My Mother," *Genders Online Journal 38*.

McChesney, Robert (1996). "Communication for the Hell of It: The Triviality of U. S. Broadcasting History," *Journal of Broadcasting and Electronic Media 40*.

McGuigan, Jim (1992). *Cultural Populism*. London: Routledge.

Mittell, Jason (2006). "Narrative Complexity in Contemporary Television," *The Velvet Light Trap*, Number 58, Fall 2006, pp.29~40.

Morris, Meaghan (1991). "Banality in Cultural Studies," *Block* # 14.

Rosen, Jay (2006). "The People Formerly Known as the Audience," *Pressthink*, June 27, http://journalism.nyu.edu/pubzone/weblogs/pressthink/2006/06/27/ppl_frmr.html

Smith, Greg M. (2008). "Is Ally McBeal a Thing of Beauty?: An Interview with Greg M. Smith," Confessions of an Ace-Fan, February 29, http://www.henryjenkins.org/2008/02/an_interview_with_gregory_smith.html

Spinrad, Norman (1989). *Little Heroes*. New York: Hunter.

Williams, Raymond (1958). "Culture is Ordinary," in Ben Highmore (ed.), *The Everyday Life Reader*, London: Routledge(2002).

텔레비전 문화

1장

텔레비전이란 무엇인가

텔레비전 문화에 관한 책이라면 어떤 책이라도 곧바로 그 대상을 정의하는 문제와 마주치게 된다. 텔레비전이란 무엇인가? 그리고 마찬가지로 문제적인 개념인 문화란 무엇인가? 이 책에서 나는 텔레비전은 의미와 쾌락의 담지체擔持體/bearer이자 촉발자라는 정의하에 논의를 진행한다. 문화는 사회 내에서 다양한 의미와 쾌락이 생겨나고 순환하는 것으로 정의된다. 문화로서의 텔레비전은 사회적 동학의 핵심 부분으로서, 생산과 재생산의 지속적 과정 속에서 사회 구조를 유지하는 수단이다. 그러므로 의미, 대중적 쾌락, 이런 것들의 순환은 이 사회 구조의 필수적 부분이다.

텔레비전, 시청자, 사회 내에서 텔레비전의 기능 방식은 아주 다양해서 적절한 통찰을 제공하는 꽉 짜인 이론틀은 있을 수 없다. 이 책의 이론적, 방법론적 근거는 마르크스주의, 기호학, 포스트구조주의, 민속지학 등을 나름대로 끌어들인 '문화 연구'라고 느슨하게 구획 지어진 영역에서 찾을 수 있다. 이 영역은 텍스트에 의해 굴절되고 사회적으로 굴절된 문화 이론을 포괄하며, 상호 비판적, 생산적 관계를 유지하기 위해서 이론적, 분석적, 경험적 접근을 필요로 한다. 이 책은 텔레비전의 문화적 차원과 자본주의 경제 내의 상품으로서 위치 간의 관계 또한 고려하면서,

텍스트로서의 텔레비전이 어떻게 다양한 처지의 시청자들에게 의미와 쾌락을 줄 수 있는지에 초점을 맞출 것이다.

하지만 먼저 텔레비전을 문화적 작인, 특히 의미를 유발하고 순환시키는 작인으로 고찰할 것이다. 의미가 어떻게 생산되는지는 이 책의 핵심 문제의식 중 하나다. 그러나 편의상 먼저 텔레비전은 잠재적 의미로 가득한 프로그램들을 방송한다는, 또 텔레비전은 이러한 [잠재적으로 다양한] 의미를 좀 더 단일하게 선호되는 의미 — 이는 지배 이데올로기의 작동이다 — 로 만들어 통제하고 부각시키려 한다는 단순한 생각부터 다룰 것이다. 이러한 생각은 후에 상세히 검토할 필요가 있지만, 나는 우선 텔레비전이 어떻게 사회의 지배적 이익에 봉사하는 의미들을 만들어 내고 만들고자 하는지, 또 텔레비전이 시청자를 구성하는 다양한 사회 집단 간에 그 의미들은 어떻게 순환시키는지에 대한 전통적인 기호학적 설명을 다룰 것이다. 기본적인 비판적 방법론을 예증하고 이 책의 후반부에서 다루게 될 좀 더 복합적인 이론적 질문들을 제기하기 위해서, 전형적인 황금 시간대 장기 시리즈인 〈하트 투 하트〉*의 두 장면을 분석함으로써 논의를 시작할 것이다.

하트 부부는 상류 생활을 하는 부유한 남편과 아내로 이뤄진 탐정 팀이다. 여기서 다루는 에피소드에서 이들은 크루즈 여객선의 승객으로 등장하는데, 여객선에서 보석 도난 사건이 발생한다. 장면 1에서 하트 부부는 댄스 파티에 갈 준비를 하는데, 파티가 벌어지는 동안 범인이 자신들의 보석을 훔치도록 유인할 계획을 꾸미면서 범행이 어떻게 벌어질지에 대해 얘기한다. 장면 2에서 남녀 범인이 등장하는데, 이들은 이미 제니퍼

---

* 미국 ABC에서 1979~1984년 방영한 탐정 드라마로, 주인공인 하트 부부로 로버트 와그너(조너선)와 스테파니 파워스(제니퍼)가 출연했다. 이 시리즈의 대본은 베스트셀러 추리소설 작가인 시드니 셸던Sidney Sheldon이 썼다.

하트가 눈에 띄게 걸치고 있는 보석에 주목한다.

장면 1

남주인공   그 자는 어떻게 금고를 여는지 알고 있어.

여주인공   그랜빌이 알려 준 번호로 열어 봤어요?

남주인공   응. 아까 열어 봤는데, 딱 들어맞는 번호더군.

여주인공   당신이 내부자 소행일 거라고 했는데, 범인은 전부터 금고 번호를 알고 있었을 수도 있겠네요.

남주인공   모든 가능성을 하나씩 따져 보자구. 이것 좀 봐 줄래? (그는 자신의 보타이를 가리킨다.)

여주인공   흠, 그러죠. (그가 그녀를 껴안는다.) 아이고, 손버릇도 나쁘셔라. 오, 조녀선.

남주인공   내 감이 떨어지지 않게 하려는 거야.

여주인공   문 열쇠는 어떻죠?

남주인공   그 열쇠는 암호로 돼 있어서 복제할 수 없는 거야. 제대로 좀 생각해 봐.

여주인공   그럼, 창문이 수상해요.

남주인공   그 현창porthole.●

여주인공   아, 그래, 현창. 그 창들은 멋지다기보다는 세탁기 같네요.

남주인공   좀 전에 그 창으로 밖을 내다봤어. 그것 말고는 할 수 있는 게 없지. 창으로 나가려고 해 봐야 그 창은 갑판에서 30피트 높이야. 빠져나가기에는 너무 좁고.

여주인공   어때요? (그에게 보석을 내보인다.) 벌이 꼬일까요?

●   배나 항공기에서 흔히 볼 수 있는 둥근 창을 말한다.

남주인공   누가 알겠소? 범인들은 저들을 꾀려고 꿀을 발라 놓은 걸 못 볼지도 모르지.

여주인공   오, 그거 당신 얘기 중 가장 괜찮네요. 자, 가볼까요? (문 쪽을 가리킨다.)

장면 2

남자 악당   당신도 체임벌린 컵케이크 위의 장식을 눈치 챘겠지? 지금 내 보석상 안경을 갖고 있지 않지만, 저 팔찌 최소한 5만 달러는 돼 보이는데, 도매가로.

여자 악당   패트릭, 무슨 생각을 하는 거예요? 우리는 한 배에서 한 건씩만 하기로 했잖아요. 너무 욕심 부리지 않기로 한 것 잊었어요?

남자 악당   그렇지믄 여보. 난 지금 당신 생각을 하고 있어. 당신이 모든 위험을 감수하는 걸 좋아하지 않아. 하지만 이번에 크게 한탕 하면, 몇 년 동안은 리비에라 노선에서 뛸 필요도 없을 거야.

여자 악당   그게 바로 당신이 얘기했던 거예요.

남자 악당   몇 번만 잘 투자하면 아마도 이 빌어먹을 사업을 내팽개칠 수 있을 거야. 하지만 은퇴 자금을 확보하려면 좀 더 해야 할 거야.●

텔레비전의 코드

그림 1-1은 텔레비전이 사용하는 주요 코드들과 그 코드들 간의 관계를 보여 준다. 코드란 규칙의 지배를 받는 기호들의 체계로서, 한 문화의 구

● 유튜브에 2분 5초 분량의 해당 클립이 올라와 있다. John Fiske's Polysemy — Hart to Hart Clip [https://www.youtube.com/watch?v=_RGLxt1KZOA])

TV로 방송되는 것은 이미 다음과 같은
사회적 코드들에 의해 코드화돼 있다.

단계 1
'현실'

외모, 의상, 메이크업, 환경,
행동, 발화, 제스처, 표현, 소리 등

이것들은 다음과 같은 **기술적 코드**들에 의해
전자적으로 코드화된다.

단계 2
재현

카메라, 조명, 편집, 음악, 사운드

이것들은 **관습적 재현 코드**들을 전달한다.
이들 코드가 다음의 재현의 형태를 정한다. 예컨대
내러티브, 갈등, 인물, 액션, 대사, 세팅, 캐스팅 등

단계 3
이데올로기

위의 코드들은 **이데올로기적 코드**들 — 개인주의,
가부장제, 인종, 계급, 물질주의, 자본주의 등 — 에 의
해 일관성과 사회적 수용 가능성을 지니도록 조직된다.

그림 1-1 텔레비전의 코드

성원들은 그 규칙과 관습을 공유한다. 코드는 해당 문화 내에서 그 문화
를 위해 의미를 생성하고 순환시키는 데 사용된다. (기호학에서 말하는 코드에
대한 좀 더 충실한 논의는 Fiske, 1983이나 O'Sullivan et al., 1983을 참조하라.) 코드는
생산자, 텍스트, 수용자 사이의 연결 수단이며, 상호 텍스트성의 대행자
agent다. 코드를 통해 텍스트들은 우리의 문화적 세계를 구성하는 의미망

내에서 서로 관계를 맺는다. 이들 코드는 그림 1−1이 명확성을 높이려 단순화해 보여 주는 복합적인 위계 구조 내에서 작동한다. 무엇보다도 코드의 분류 — 위계 구조 내에서 어느 단계에 속하는지 — 와 마찬가지로 코드의 범주는 자의적이며 유동적이다. 예를 들면, 나는 발화speech를 사회적 코드에, 대사(즉 대본에 적혀 있는 발화)는 기술적 코드에 포함시켰다. 그러나 실제로 이 둘 간의 구별은 거의 불가능하다. 번(Berne, 1964)과 같은 사회심리학자들은 '실생활'에서 우리의 대화가 흔히 문화의 상호 작용 관습에 의해 이미 쓰여져 있는 것임을 밝혀낸 바 있다. 마찬가지로 나는 캐스팅을 관습적 재현 코드라 부르고, 외모를 사회적 코드라 불렀다. 하지만 이 둘은 의도와 명확성 여부에서 차이가 날 뿐이다. '실생활'에서 사람들의 외모는 이미 코드화encoding돼 있다. 우리가 사람들을 외모에 의해 판단하는 한, 우리는 문화의 관습적 코드에 따라 그렇게 하는 것이다. 캐스팅 감독은 단지 이러한 코드들을 좀 더 의식적이고 좀 더 관습적으로, 즉 좀 더 스테레오타입에 입각해 이용할 뿐이다.

핵심은 '현실'이 이미 코드화돼 있다는 것, 또는 우리가 현실을 인식하고 현실을 의미 있는 것으로 여기게 되는 것은 우리 문화의 코드들에 의해서만 가능하다는 점이다. 저기 어딘가에 객관적, 경험적 현실이 있을 테지만, 그것을 인식하고 의미화하는 보편적이고 객관적인 방법은 존재하지 않는다. 어느 문화에서든 현실이라 여겨지는 것은 그 문화의 코드들의 산물이다. 따라서 '현실'은 항상 이미 코드화돼 있으며, 결코 '날 것raw'이 아니다. 코드화된 현실의 한 조각이 텔레비전을 통해 방송된다면, 그것을 (a) 기술적으로 전달 가능하고 (b) 수용자에게 적절한 문화적 텍스트가 되도록 하기 위해 TV 매체의 기술적 코드들과 재현의 관습이 이용된다.

우리 현실을 구성하는 사회적 코드 중 일부는 그것들을 표현하는 매체의 관점에서 상대적으로 정확히 정의할 수 있다. 피부색, 의상, 머릿결, 얼굴 표정 등이 그렇다.

JOHN FISKE

다른 사회적 코드들(예컨대 풍경을 구성하는 것들)은 체계적으로 특정하기가 쉽지 않을 수 있다. 하지만 그것들은 여전히 현존하며 나름의 작용을 한다. 나무의 종류가 다르면 이는 다른 함축적 의미를 코드화한다. 바위나 새의 경우도 마찬가지다. 예를 들면, 호수에 비친 나무는 촬영 이전에 전적으로 코드화돼 있어서 로맨틱한 내러티브의 세팅으로 이용된다.

비슷한 방식으로 텔레비전의 기술적 코드들은 정확히 분별해서 분석될 수 있다. 예컨대 피사체에 의미를 부여하기 위해 카메라맨이 취할 수 있는 선택은 제한적이며 특정할 수 있다. 그의 선택은 프레이밍, 초점, 거리, (카메라나 렌즈의) 움직임, 카메라 위치, 촬영 각도와 렌즈로 이뤄진다. 그러나 관습적 코드와 이데올로기적 코드, 그리고 이들 간의 관계는 훨씬 포착하기 어렵고 훨씬 특정하기 어렵다. 하지만 이런 일을 하는 것이 비평의 일이다. 예를 들면, 장면 1에서 발화를 '사실적 대사'로 재현하도록 하는 관습은 여주인공이 질문하고 남주인공이 대답하는 결과를 가져온다. 남성이 알고 있는 지식을 여성은 알지 못하는 것으로 재현하는 관습은 가부장제의 이데올로기적 코드의 예다. 이와 유사하게 범죄를 관습적으로 개인 소유물의 절도로 재현하는 것은 자본주의 이데올로기의 코드화다. 이 두 사례가 장면 속에 녹아들어 '자연스럽게 보이는 것'은 이들 이데올로기적 코드가 다른 코드들을 조직해서 한 사회의 상식을 구성하는 정합적이고 일관된 의미들의 집합을 생산하도록 작동하는 방식을 예증한다. 의미 만들기 과정은 도식의 단계들을 지속적으로 오르내리는 운동을 수반한다. 왜냐하면 '현실'과 재현, 이데올로기가 합쳐져 일관된, 자연스러워 보이는 통합체가 될 때에만 유의미하다는 느낌이 생겨나기 때문이다. 기호학적 비평이나 문화 비평은 이런 통합체를 해체해서 그 '자연스러움'이 매우 이데올로기적인 구성물임을 폭로한다.

기호학적 분석은 코드화된 의미들의 층이 TV 프로그램으로 — 심지어 우리가 예로 든 부분segment처럼 작은 조각으로도 — 구조화되는 방식을 드러내고자 한다. 해당 부분이 작기 때문에 우리는 세밀한 분석적 독해를 할 수 있지만, 이는 내러티브 코드와 같은 좀 더 큰 규모의 코드를 파악하는 것을 저해할 수 있다. 하지만 우리 작업의 출발점으로는 충분할 것이다.

카메라워크

카메라는 [촬영] 각도와 딥 포커스deep focus를 통해 한 장면의 모습을 온전히 포착해 그 장면을 가장 잘 이해할 수 있도록 하는 데 사용된다. 텔레비전 리얼리즘이 주는 쾌락 중 하나는 카메라가 제공해 주는 전지감sense of omniscience에서 유래한다. 이 점은 2장에서 상세히 다룬다. 카메라 거리는 악당들에 대한 공감을 철회해서 주인공들에게로 향하게 하는데 이용된다. 텔레비전에서 통상적인 카메라 거리는 미디엄 숏이나 클로즈업으로, 이는 시청자가 스크린 상의 인물과 친밀하고 편안한 관계에 있는 것처럼 느끼게 해 준다. 그러나 악당들은 익스트림 클로즈업(extreme close-up: ECU)으로 보여진다. 〈하트 투 하트〉의 해당 에피소드 전체에 걸쳐 익스트림 클로즈업이 쓰인 장면은 세 장면뿐이다. 익스트림 클로즈업은 주인공 부부와 악당들을 재현하는 데만 사용되며, 21개 익스트림 클로즈업 숏 중 18개는 악당들의 장면이며 주인공 관련 장면은 3개에 불과하다. 익스트림 클로즈업은 악당을 재현하는 코드화된 방식인 것이다.

이러한 코드화 관습은 픽션 텔레비전fictional television — 여기서는 그것이 우리의 공감 조절에, 그래서 우리의 도덕적 판단에 영향을 미치는 것이 정당화될 수도 있다 — 에 한정된 것이 아니다. 이것은 현실을 우리에게 '객관적으로' 제시하는 뉴스와 시사 프로그램에서도 쓰인다. 1985년 윌리엄 웨스트모얼랜드William Westmoreland 장군이 CBS에 제기한 명예훼손 소송*에 대한 법원의 판결은 이런 코드들이 텔레비전 리포트에서 더욱 미심쩍은 방식으로 작동한다는 점을 드러내 주었다. 앨릭스 존스

Alex Jones는 〈뉴욕 타임스*New York Times*〉에 실린 관련 기사에서 코드들이 사용되는 방식에 대해 설명한다.

좀 더 논쟁적인 기법 중에는 리포트를 좀 더 극적으로 보이도록 하기 위해 인터뷰 대상자에게 얼마간 그림자가 드리워지게 위치시키는 방식이 있다. 또 익스트림 클로즈업의 사용도 문제다. 이것은 인터뷰 대상자가 느끼는 긴장을 강조하는 경향이 있어, 시청자는 긴장한 모습을 거짓말이나 죄의식과 연관지을 수도 있다.

익스트림 클로즈업은 인터뷰가 신중하게 사전 기획된 것이고, 가장 까다로운 질문을 할 때 카메라맨이 문제 인물의 얼굴에 타이트하게 초점을 맞추도록 지시받은 경우 특히 악영향을 미칠 수 있다. 일부 다큐멘터리 작가들은 클로즈업이 [시청자를] 오도하는 경향이 있기 때문에 클로즈업을 아예 사용하지 않기도 한다.

CBS 다큐멘터리에는 호의적인 증언을 하는 인터뷰 대상자에게 그림자를 드리우게 하는 기법과 웨스트모얼랜드 장군의 '타이트 숏'이 포함되어 있다. 그런 기법은 다른 방송사의 다큐멘터리에서도 사용돼 왔다.

가장 신중한 시청자조차도 흔히 사용되는 이런 기법들을 찾아내는 것은 쉬운 일이 아닐 것이다. "일반 시청자가 테크닉에 대해 잘 알고 있어서 그 영향으로부터 벗어난다는 것은 생각할 수 없는 일"이라고 약 30년간 다큐멘터리를 제작해 온 NBC 뉴스의 전 사장 루벤 프랭크Reuven Frank는 말했다. (*New York Times*, 1985. 2. 17, 8E)

이런 카메라 거리 코드에 의해 생성되는 의미를 통제하는 관습은 두

● 베트남 주둔 미군 사령관을 지낸 웨스트모얼랜드 장군은 CBS가 베트남전 당시 적의 전력을 일부러 과소평가했다고 방송하자 자신의 명예를 훼손당했다며 소송을 제기했다. 이 소송은 유례없는 배상액 규모와 언론의 보도 권리에 대한 측면에서 큰 주목을 끌었다.

가지 요소와 관련된다. 하나는 개인 간 거리에 대한 사회적 코드다. 서구 문화에서 서로 간에 60cm 정도 거리 내의 공간은 사적인 것으로 코드화된다. 그 공간 내로 들어오는 사람은 적대적이거나(환영하지 않는 인물이 들어올 경우) 아니면 친밀한 사이다(초대받은 사람의 경우). 익스트림 클로즈업은 이를 복제하는 것으로, TV에서 친밀감이나 적대감의 순간을 표현하기 위해 사용된다. 그런 숏들이 어떤 의미를 전달하는가는 다른 사회적, 또 기술적 코드들 — 이것들에 의해 의미는 맥락화된다 — 에 의존하며, 이데올로기적 코드들에 의해 의미와 관련된 것으로 보여진다. 이 경우 익스트림 클로즈업은 적대감을 전달하기 위해 사용되었다. 다른 하나는 기술적 코드로서 이는 가깝게 보는 것이 더 잘 알게 된다는 함축을 지닌다. 그럴 경우 시청자는 악당의 내면을 볼 수 있으며 그의 말의 이면을 파악할 수 있으며, 따라서 악당보다 우위에 서게 되고, '지배적 시각성dominant specularity'의 힘과 쾌락을 갖게 된다(2장을 참조하라). 이런 사회적, 기술적 코드들은 악당을 이데올로기적으로 명확히 코드화한다.

다른 기술적 코드들은 좀 더 간단히 짧게 설명만 하고 넘어갈 것이다.

조명

주인공의 객실은 부드러운 노란색 조명으로 밝혀져 있고, 악당의 객실에는 강렬한 흰색 조명이 사용되고 있다. (이 장면은 호그벤(Hogben, 1982)이 한 TV 인터뷰에서 적대적인 대접을 받았던 일화를 떠올리게 했다. 어쨌거나 호그벤은 자신의 관점이 좀 더 공감할 만한 것이란 점을 인터뷰어에게 확신시켰다. 그러자 인터뷰어는 인터뷰를 굳이 다시 하자고 했는데, 이때는 스튜디오에서 희푸른 색 조명을 제거한 채 진행되었다.)

편집

주인공 부부에게는 악당들에게보다 더 많은 시간이 주어졌다(각각 72초,

49초). 또 숏 평균 시간은 7초로 같았지만, 주인공들에게 더 많은 숏이 주어졌다(각각 10개, 7개). 이런 추세가 텔레비전의 다른 양식들에서도 일관되게 찾아볼 수 있다는 점은 주목할 만하다(Fiske, 1986b). 이는 뉴스와 드라마, 스포츠 프로그램에서도 공통적으로 나타나는 TV의 관습적 리듬이 되었다.

음악

두 장면을 연결하는 음악은 장조로 시작되어, 악당 장면으로 넘어가면서 단조로 바뀌었다.

캐스팅

캐스팅이란 기술적 코드는 좀 더 논의할 필요가 있다. 남녀 주인공과 조연들로 캐스팅되는 배우들은 외모가 이미 우리의 사회적 코드에 의해 코드화돼 있는 실제 사람들이다. 그러나 그들은 미디어상의 인물로, 시청자들에게 [이제까지의 영상 경험에 의해] 상호 텍스트적으로 존재하는 인물들이며, 그들의 의미 또한 상호 텍스트적이다. 배우들은 그들이 연기했던 다른 배역들의 흔적뿐만 아니라 팬 잡지, 연예 가십 기사, 텔레비전 비평 등과 같은 다른 텍스트들을 통해 그들의 의미까지도 함께 연상된다. 이 책에서 앞으로 상호 텍스트성과 인물 묘사를 깊이 있게 다룰 것이다. 여기서는 의미의 이러한 차원들이 캐스팅 코드에서 필수적이며, 이는 악당보다 주인공의 캐스팅에 더 중요하다는 정도에 주목할 것이다.

텔레비전 속 인물들은 단지 개별적 인간의 재현일 뿐만 아니라 이데올로기의 코드화, 즉 "이데올로기적 가치의 체현"이기도 하다(Fiske, 1987a). 거브너(Gerbner, 1970)의 연구는 TV 주인공과 악당의 상이한 특징과 관련해 시청자는 두 차원에서만 확실히 안다는 점을 보여 준다. 즉 주인공들은 악당들보다 좀 더 매력적이며 좀 더 성공적인 인물이라는 것이다. 인물들이 매력 있게, 또는 매력 없게 보이는 것은 부분적으로는 그들이 기술적, 사회적 코드들 — 카메라워크, 조명, 세팅, 캐스팅 등 — 에 의해 코드화된 방식의 결과다. 하지만 이데올로기적 코드 또한 중요하다. 왜냐하면 캐스팅이란 기술적 코드와 외모라는 사회적 코드 간의 관계로부터 의미를 이끌어 내는 것, 그리고 텔레비전에서 이들 코드의 사용을 문화 전반에서 좀 더 광범위한 사용과 관련짓는 것이 바로 이데올로기적 코드이기 때문이다. 거브너(1970)는 TV 폭력에 대한 분석에서 주인공과 악당은 둘 다 폭력을 사용하고 폭력을 먼저 시작하지만, 주인공이 폭력으로 목적을 달성하는 반면 악당은 결국 실패한다는 사실을 발견했다. 거브너는 나이, 성별, 계급, 인종의 범주 별로 죽이는 자 대 죽는 자의 비율을 조사했다. 죽이는 자의 범주에는 주인공과 악당 모두가 포함되지만, 죽는 자의 범주에는 악당만이 포함되는 것으로 나타났다. 그의 분석에 따르면, 어떤 인물이 백인, 남성, 중산층(또는 계급 특성이 없음), 청장년일 경우, 항상 그렇지는 않지만, 결말에서 살아남을 가능성이 매우 컸다. 반대로 이런 규범에서 벗어난 인물들은 그 일탈의 정도에 비례해서 극 도중에 죽을 가능성이 컸다. 우리는 거브너의 분석 결과를 이용해 주인공은 지배 이데올로기를 체현하는, 사회적으로 중심적인 유형이며, 악당과 희생자는 일탈적이거나 종속적 하위 문화의 구성원으로, 지배 이데올로기를 제대로 체현하지 않거나, 악당의 경우는 지배 이데올로기에 대항하는 이데올로기를 체현하는 인물이라고 이론화할 수 있을 것이다. 주인공과 악당 간의 텍스트상 대립과 이 대립을 극화해 보여 주는 데 통상 이용되는 폭력은 사회 내 권력관계의 메타포가 되며, 따라서 그것을 통해 지배 이데올로기가 작동하는 물적 실천이 된다(이 이론은 Fiske & Hartley, 1978과 Fiske, 1982에서 상세히 다룬다).

예로 든 이 장면에서 악당은 미국인이 아닌 것처럼 보인다. 일부 시청자는 그의 악센트, 매너, 말투를 보고 영국인이라고 했고, 어떤 사람

J O H N   F I S K E

들은 외모가 히스패닉처럼 보인다고 했다. 하지만 주인공 부부는 둘 다 WASP(백인 앵글로색슨 개신교도) 중 중산층 백인 미국인임이 분명하다. 여자 악당은 남자 악당보다 아리안계, 금발이며, 아름답고 젊다. 거브너의 연구를 적용하면, 남자 악당이 이 에피소드에서 살아남을 확률은 희소하며 여자 악당의 생존 가능성은 훨씬 클 것이라고 예측해 볼 수 있다. 이 예측은 그대로 들어맞는다. 여자 악당은 종국에는 편을 바꿔 주인공 부부를 돕는 반면 남자 악당은 죽음을 당한다. 이에 대한 암시는 그녀가 악당의 탐욕을 비난하는 대목에 담겨 있다. 여기서 그녀는 경제학의 이데올로기적 담론의 중심에 위치한다(아래를 참조하라).

텔레비전의 기술적 코드들은 단계 1의 사회적 코드들을 전달하며, 일부 경우에는 이것들과 합쳐진다. 기술적 코드들의 일부가 의미 생성에 기여하고 단계 3의 이데올로기적 코드들을 체현하는 방식을 살펴보자.

세팅과 의상

주인공 부부의 객실은 악당들의 객실보다 크다. 휘장과 꽃으로 운치 있게 치장되어 인간적인 느낌을 준다. 반면 악당들의 객실은 각지고 뚜렷한 선으로 이뤄져 있다. 악당은 서비스 승무원 유니폼을 입고 있고, 여자 악당의 드레스는 여주인공의 드레스보다 품위가 떨어지고 값싸 보인다. 세팅과 의상의 사회적 코드에서 드러나는 이 같은 물리적 차이에는 계급, 영웅과 악당, 도덕성, 매력이라는 이데올로기적 코드들이 담겨 있다. 이러한 추상적인 이데올로기적 코드들은 일련의 물질적인 사회적 코드들 속에 응축돼 있다. 이러한 사회적 코드들의 차이가 지니는 물질성은 이데올로기적인 것의 진실성과 자연스러움을 보장하기 위해서 이용된다. 우리는 또 일부 이데올로기적 코드들이 다른 코드들보다 좀 더 노골적으로 드러나는 방식에 주목해야 한다. 영웅, 악당, 매력의 코드는 상당히 공개적으로, 또 받아들일 만하게 작동한다. 그러나 그 아래의 계급과 인종, 도덕의 코드들은 공개적으로 작동하기보다는 미심쩍은 방식으로 작동한다. 그것들은 이데올로기적으로 작동해 하층 계급과 비미국인을 덜 매력적이고 덜 도덕적인 것, 즉 악당의 특징과 자연스레 연관짓게 한다. 반면 중산층과 백인 미국인은 좀 더 매력적이고, 도덕적이고, 영웅적인 것들과 연관지어진다. 이처럼 도덕성을 계급으로 전치하는 것은 우리 대중 문화에서 일상적으로 나타나는 특성이다. 도프먼과 매틀라트(Dorfman & Mattelart, 1975)는 월트 디즈니 만화가 일관되게 악당을 노동 계급의 외모와 매너로 표현한다는 사실을 밝혀냈다. 그들은 노동 계급이 디즈니 만화의 중산층 세계에 등장하는 경우 오로지 악당으로만 나온다고 주장한다. 피스크(1984)는 TV 시리즈 〈닥터 후Dr Who〉에서도 똑같은 텍스트 전략이 사용되고 있음을 보여 주었다.

메이크업

도덕성, 매력, 영웅/악당의 이데올로기적 코드들이 합쳐지고 물질적인 사회적 코드로 응축되는 현상은 립스틱처럼 하찮아 보이는 것에서도 찾아볼 수 있다. 여자 악당은 그녀가 악당인 것과는 모순되는 여러 기호를 지니고 있다(그녀는 금발의 백인 미국인이며, 아름답고, 남자 악당보다 도덕적이다). 이런 기호는 그녀가 결국 주인공 편으로 전향할 것임을 예측케 한다. 하지만 내러티브 초반에 그녀는 주인공들과 비슷하게 보여서는 안 된다. 따라서 그녀의 입술 화장은 여주인공의 그것보다 옅고 성적 매력을 발산하지 못한다. 립스틱의 이데올로기를 논하는 것은 과도한 개념화일 수도 있지만, 겉보기엔 사소하지만 이데올로기가 가장 효과적으로 작동하는 코드화의 사례다.

액션

주인공의 액션과 악당의 액션 간에는 수많은 의미심장한 유사성과 차이가 있다. 각각의 객실에서 여성들은 치장을 하고, 남성들은 계획을 세운다. 이는 액션을 수행하는 남성의 역할(Goffman, 1979)과 남성적 응시male gaze 대상으로서의 여성 역할을 자연스레 드러낸다. 객실마다 거울이 놓여 있어 여성들이 스스로를 "자신의 이미지의 담지자"(Berger, 1972)로 여기도록 해 준다는 점에 주목하라. 이것이 주인공 부부와 악당 커플 모두에게 해당된다는 사실을 고려하면, 이는 내러티브상의 갈등의 영역을 벗어난 것으로 내러티브가 펼쳐지는 일상적 상식의 영역에 속한다. 두 커플 모두에게 공통되는 또 다른 점은 부를 획득하고 유지하는 것이 액션의 동기로, 내러티브의 추동력으로 제시된다는 점이다. 이 또한 해소돼야 할 갈등의 일부가 아니라, 이데올로기적 틀의 일부다. 그 틀을 통해 그 갈등은 제시되고 의미가 부여된다.

두 커플 간에는 협력과 친밀함에 있어서 차이가 난다. 주인공 커플은 협력하고 물리적으로 서로 밀접한 것으로 나온다. 반면 악당 커플은 서로 이견을 보이고 물리적으로 서로 떨어져 있다. 남녀가 친밀한 커플을 이루는 것을 높이 평가하는 사회에서 이는 지배 이데올로기를 구현하는 또 다른 사례다.

대사

대사 또한 우리의 공감에 영향을 미치는 방식으로 사용된다. 악당 커플의 대사는 범죄 계획과 서로 간의 이견을 보여 주는 것에 한정된다. 반면 주인공 커플의 대사에는 농담 — 창, 현창, 세탁기 — 과 제법 긴 메타포 — 꿀과 벌 — 가 허용되며, 따뜻하고 협력하는 관계임을 보여 주기 위해 충분한 내러티브 시간이 주어진다. 주인공 커플과 악당 커플 모두에게 아이러니가 허용된다. 아이러니의 사용에 관해서는 6장에서 이론화하고 분석할 것이다.

이데올로기적 코드

이들 코드와 이를 시청자에게 전달하는 TV적 코드들은 모두 이데올로기적 코드들에 깊숙이 뿌리내리고 있다. 이 코드들은 이데올로기의 담지체다. 우리가 코드화할 때 동일한 이데올로기적 실천을 코드 해독 decoding에서도 채택한다면, 우리는 관습적 도덕성을 지닌 백인, 남성, 중산층, 미국인(또는 서양인)이 된다. 독해 위치는 일관되고 통일된 의미를 생산하기 위해 TV적, 사회적, 이데올로기적 코드들이 뒤섞여 모여드는 사회적 지점이다. 이런 식으로 프로그램에 의미를 부여할 때, 우리는 스스로 이데올로기적 실천에 몰두하는 것이며, 지배 이데올로기의 유지와 정당화에 기여하는 것이다. 이에 대한 보상으로 우리는 친숙한 것을, 그것이 적절한 것임을 인지하는 손쉬운 쾌락을 얻게 된다. 우리는 이미 텍스트에 의해 구성되는 '독해 주체reading subject'가 되어 버리는 것이다. 루이 알튀세르Louis Althusser(1971)에 따르면 이데올로기 내에서 주체의 구성은 자본주의 사회에서 [가장] 주요한 이데올로기적 실천이다.

이런 이데올로기적 실천은 예시 장면에서 세 가지 내러티브 장치를 통해 가장 잘 작동한다. 첫째 것은 창/현창/세탁기 농담이다. 이미 살펴보았듯이 이 농담은 시청자를 주인공 부부 편에 정서적으로 공감하도록 하기 위해 사용된다. 하지만 이것에 그치지 않는다. 지그문트 프로이트Sigmund Freud는 농담이 억압된, 반갑지 않은, 금기인 의미에 의해 야기되는 불안을 해소하기 위해 이용된다고 말한다. 이 농담은 기술적 용어를 이해하거나 사용하는 데 서툰 (우리의 지배적 문화에서 정의하는 바) '여성적인' 무능력을 중심으로, 그리고 모든 것을 가정 관련 담론을 통해 이해하는, 마찬가지로 '여성적인' 경향을 중심으로 돌아간다. '현창'은 기술적 담론으로 남성적이며, '창 달린 세탁기'는 가정 관리 담론으로 여성적이다. 이 농담이 해소하는 불안은 여주인공이 탐정이고 범인을 잡으려 한다 ─ 이런 활동은 가부장제 내 남성의 기술적 세계의 일부다 ─ 는 사실에 의해 야기된다. 이 농담은 모순적 기호들을 회복시켜 다시 지배적 체제로 돌려보내기 위해, 또 내러티브의 이데올로기적 동질성을 교란할 수도 있는 모순들을 문제없는 것으로 처리하기 위해 이용된다. 가부장제에 대한 여주인공의 도전이 너무 거세서 여주인공의 매력이 사라지는 일은 없어야 한다. 왜냐하면 매력이란 단순히 육체적이거나 자연적인 문제가 결코 아니며, 항상 이데올로기적인 것이기 때문이다.

벌을 꾀는 꿀과 꽃의 매력이라는 식으로 남성에 대한 여성의 성적 매력을 표현한 메타포도 비슷한 방식으로 작동한다. 이 메타포는 이런 매력을 자연화하며, [이런 태도의] 이데올로기 차원을 가려 버린다. 그리고는 이를 확장해 하층 비미국인 악당들이 다른 사람의 보석을 탐내는 것 또한 자연스런 것으로 설명한다! 이 메타포는 젠더와 계급, 인종의 문화적 구성cultural construction을 자연화하는 방식으로 작동하는 것이다.

세 번째 장치는 보석이다. 우리가 살펴보았듯이, 부를 획득하고 유지하는 것은 내러티브의 주요한 추동 장치이며, 보석은 그것의 물질적 기표다. 세 가지 이데올로기적 코드들이 교차하며 내러티브 내에서 보석이 어떻게 이용되는지를 결정한다. 그 코드들은 경제학, 젠더, 계급의 코드다.

경제학의 코드를 살펴보자면, 악당 커플은 보석의 투자/교환 기능을 강조한다. 보석은 도매가로 '최소 5만 달러 가치'가 있으며, '은퇴용 자금'이 될 것이다. 주인공 부부에게, 또 이들이 대표하는 계급에 있어서 이런 기능은 드러나 있지 않다. 보석은 투자의 대상이라 해도 보유해야 할 것이지 현금화할 것이 아니다. 보석은 오히려 계급과 부의, 그리고 미적 취향의 기호로 사용된다.

미적 감각 또는 좋은 취향은 계급 차이를 드러내고 자연화하는 전형적인 장치로 이용된다. 여주인공은 악당 커플의 주목을 끌기 위해 일부러 보석으로 지나치게 치장해서 저속하고 품격 없이 보이도록 꾸민다. 반면 악당 커플은 보석을 컵케이크 위의 장식에 비유함으로써 취향이 저속하고 미학적으로 둔감함을 드러낸다. 부르디외(1968)가 밝혔듯이, 우리 사회에서 미학의 기능은 취향이 계급에 기반을 두고 있고 문화에 따라 달라진다는 사실을 은폐하고, 취향의 차이를 보편적이며 따라서 자연스러운 것으로 보이게 하는 것이다. 지배 계급의 취향은 미학 이론에 의해 계급적 성격이 탈색된 채 보편화된다. [우리 예에서] '취향'의 메타포는 계급 차이를 육체에 대한 물리적인, 따라서 자연스런 감각으로 전치함으로써 비슷한 방식으로 작동한다.

젠더 코드에서 보석의 의미는 명확하다. 보석은 가부장적 상품으로서의 여성을 살 수 있는 동전과 같은 것이며, 여성이 보석을 걸치는 것은 그녀가 남성의 소유물이라는 기호이며 그 남성의 경제적, 사회적 지위의 기호다. 흥미롭게도 젠더 코드에서는 주인공 부부와 악당 커플 간의 계급 차이가 존재하지 않는다. 가부장제의 경제학은 모든 계급에 똑같이 작동하므로 남성이 자신의 여성에게 주는 것을 보편적이고 자연스러운 것으로 보이도록 한다.

이런 분석은 단지 흔히 깊이 없고 표면적인 것으로 치부되는 것에도 의미가 복합적으로 코드화돼 있음을 드러낼 뿐만 아니라, 이런 복합성과 섬세함이 시청자에게 강력한 효과를 미친다는 사실 또한 함축한다. 이는 매우 다양한 코드들이 합쳐져서 가부장적 자본주의라는 지배 이데올로기를 유지, 정당화, 자연화하고자 하는 의미들의 통합된 집합을 제시하려 한다는 점을 함축한다. 그것들의 이데올로기적 효과는 저항할 수 없는 것처럼 보인다. 이데올로기에 대한 저항의 가능성은 이 책 전체를 관통하는 주제 중 하나로서, 5장과 6장에서 이 분석을 다시 거론하고 복합성을 드러내면서 그것의 주요한 함축을 논박할 것이다. 하지만 여기서는 대중적 텔레비전이 복합적이면서도 이데올로기에 깊이 물들어 있음을 예시하는 것으로 만족하려 한다.

용어

이 책은 산업적 실천으로서의, 또는 이윤을 창출하는 상품 생산자로서의 텔레비전에는 관심이 없다. 텔레비전이 이런 측면을 갖고 있음은 명백하지만, 이를 시청자의 관점에서 이해하려 한다. 이 책의 목적을 감안하면, 텔레비전은 전송되는 프로그램들을, 이 프로그램들이 산출하는 의미와 쾌락을, 그리고 이보다는 덜 하지만 텔레비전이 시청자들의 일상적 틀로 결합되는 방식을 뜻한다. 우리는 '전형적인' 텔레비전, 즉 가장 대중적이고 국제적으로 배급되는 주류 프로그램들에 집중할 것이다. 왜냐하면 이것들이 대중 문화에서 가장 중요한 것 중 하나이기 때문이다.

이런 식으로 텔레비전을 이해하려면, 텔레비전과 그 프로그램들을 상품이라기보다는 의미의 잠재태潛在態로 볼 필요가 있다. 프로그램은 분명하게 정의되고 이름 붙여진, TV 산출물의 한 조각이다. 프로그램은 분명한 경계 — 시간적이고 형식상의 — 를 지니고 있으며, 장르적 유사성의, 이보다 더 본질적으로는 장르적 차이의 측면에서 다른 프로그램들과 관련을 맺고 있다. 우리는 광고가 프로그램의 일부가 아니며, 언제 한 프로그램이 끝나고 다른 프로그램이 시작되는지 알고 있다. 프로그램은 안정적이고 고정된 실체로서 상품으로 제작되고 판매되며, 편성 담당자에 의해 패키지로 묶여 배급된다. 〈댈러스〉●는 그것이 미국에서 방송되든, 북아프리카나 호주에서 방송되든 동일한 프로그램이다.

텍스트는 [프로그램과는] 전적으로 다른 것이다. 프로그램은 산업에 의해 제작, 배급, 정의되지만, 텍스트는 그 독해자들이 만들어 내는 것이다. 그래서 프로그램은 독해의 순간에, 즉 수많은 시청자 중 한 명과 프로그

● 미국 CBS에서 1978~1991년 방송된 황금 시간대 솝 오페라다. 텍사스의 부유한 가문인 유잉가를 중심으로 사랑과 불륜, 음모 등을 그려 세계적으로 큰 인기를 끌었다.

램이 상호 작용함으로써 프로그램이 촉발할 수 있는 의미/쾌락들의 일부가 활성화될 때 텍스트가 된다. 따라서 한 프로그램은 그 수용의 사회적 조건에 따라 많은 텍스트의 생산을 자극할 수 있다. 〈댈러스〉는 미국에서, 북아프리카에서, 호주에서 수많은 다른 텍스트가 된다. 실로 미국만 고려해도 그것은 수많은 텍스트가 된다. 텍스트는 제작의 힘과 수용 양식 간의 갈등의 장이다. 우리가 좀 전에 했던 분석은 지배 이데올로기가 어떻게 제작 실천에 영향을 미치며 수용의 일부이기도 한 담론과 관습에 의해 구조화되어 대중적 텍스트가 되는지를 보여 준 바 있다. 그러나 텍스트 내로 구조화되는 지배적 담론 및 관습과 갈등할 수도 있는 다른 담론, 다른 관습이 어떻게 텍스트와 관련되는지는 보여 주지 못했다. 텍스트는 문화 상품의 생산자와 소비자 간의 이익 충돌을 재생산하는, 의미를 둘러싼 투쟁의 장이다. 프로그램은 산업에 의해, 텍스트는 독해자에 의해 생산된다.

프로그램의 제작과 프로그램으로부터 의미 생산 모두를 이해하려면, 담론의 작동 방식을 이해할 필요가 있다. 담론이란 그 자체로 다담론적multidiscursive 용어다. 즉 담론의 쓰임새는 그 담론이 어디에 놓이느냐에 따라 달라진다. 가장 단순한 차원에서 보면 담론은 문장의 수준 이상에서 언어가 조직화된 것이다. 그래서 담론은 언어의 확장된 사용이다. 나아가 담론에는 비언어적 언어가 포함될 수 있다. 따라서 카메라의 담론, 조명의 담론에 대해 말할 수 있다. 이러한 형식주의적 용법은 별로 유용하지 않다. 왜냐하면 그것은 사회적이고 이데올로기적인 차원을 무시하기 때문이다. 담론은 재현의 언어 또는 체계로서, 중요한 주제에 관한 의미들의 정연한 집합을 만들고 순환토록 하기 위해 사회적으로 개발된 것이다. 이러한 의미들은 사회의 특정 부문 — 여기서 그 담론이 유래되고, 이들 의미를 상식common sense으로 이데올로기적으로 자연화한다 — 의 이해에 봉사한다. "담론은 권력관계다"(O'Sullivan et al., 1983: 74). 따라서 담론은 지배 이데올로기를 촉진하거나 이에 대항하는 사회적 행위다. 이 때문에 흔히 '담론적 실천'이라고 불린다. 담론이나 담론적 실천에 대한 설명은 그 주제 영역과 사회적 기원, 이데올로기적 작용을 포함해야 한다. 그러므로 경제학이라는 담론이나 젠더라는 담론에 대해 사유하는 것이 아니라 자본주의적(또는 사회주의적) 경제학 담론, 또는 가부장적(또는 페미니즘적) 젠더 담론에 대해 사유해야 한다. 이러한 담론들이 산업과 소비자 모두에 의해 암묵적으로 받아들여지는, 사회적으로 생산된 관습의 집합에 의해 구조화되는 한, 흔히 담론들은 무엇보다도 미디어 산업에 의해 제도화된다. 이런 의미에서 우리는 뉴스의 담론, 광고의 담론에 대해 말할 수 있다. 이들 담론은 여전히 세 가지 핵심적 특징, 즉 주제 영역, 사회적 위치, 특정 사회 집단의 이익의 촉진을 드러낸다.

담론은 텍스트의 제작과 독해에서만 기능하는 것이 아니다. 사회적 경험에 의미를 부여하는 데에서도 기능한다. 예를 들면, 젠더에 대한 특정 담론은 〈미녀 삼총사 *Charlie's Angels*〉●와 같은 프로그램에 의미를 부여할 뿐만 아니라, 가족과 직장, 학교, 사교 모임, 즉 우리의 사회관계 전반에서 특정한 패턴으로 젠더의 의미를 부여하도록 작용한다. 사회적 경험은 텍스트와 상당히 유사하다. 그 의미는 그와 관련되어 불러나오는 담론들에 달려 있다. 사회적으로 다른 위치에 놓인 두 사람이 동일한 텍스트에 다른 의미를 부여하는 것과 마찬가지로, 두 사람은 동일한 사회적 경험에 대해서도 다른 의미를 부여할 수 있다.

이는 담론의 또 다른 특성에 주목하도록 한다. 담론은 개인 발화자나 저자에 의해 생산되는 것이 아니라 사회적으로 생산된다. 담론이 갖게 되는 의미는 어떤 담론적 실천에서 이용되기 이전에 존재한다. '우리가 담론

● 미국 ABC에서 1976~1981년 방송된 범죄 수사 드라마다. 로스앤젤레스의 사립 탐정 사무소에서 일하는 3명의 아름다운 여성 탐정들의 모험담을 그려 큰 인기를 끌었다.

을 말하는 것이 아니라 우리의 담론이 우리를 말한다'는 다소 수수께끼 같은 말을 종종 접하게 된다. 이는 담론이 단지 그 주제 영역에 의미를 부여할 뿐만 아니라 우리가 그 담론을 말할 때 담론은 우리의 의미 또는 사회 정체성을 구성한다는 것을 뜻한다. 우리 모두는 우리 문화를 구성하는 다양한 텍스트와 사회 경험에 의미를 부여하는 데 필요한 담론의 방대한 저장고를 갖고 있다. 한 프로그램을 분석하면 그 프로그램을 구조화하는 주요 담론을 찾아낼 수 있지만, 그 프로그램을 자신에게 의미 있는 텍스트로 만들기 위해 시청자가 끌어들이는 담론을 찾아낼 수는 없다. 프로그램의 담론은 그 잠재 의미를 통제하고 한정하려 한다. 하지만 독해자의 담론이 이런 통제에 저항할지도 모른다.

그래서 텍스트는 안정적이지도, 한정돼 있지도 않다. 광고와 프로그램은 의미와 쾌락의 생산에 있어서 상호 작용한다는 점에서 동일한 텍스트의 일부일 수 있다. 의미는 제작자가 설정한 프로그램 사이의 경계에 의해 한정되지 않으며, 시청자들이 경험하는 텔레비전의 '흐름flow'의 일부다. TV 텍스트는 매체의 경계에 의해 한정되는 것도 아니다. TV를 독해하고 이에 대해 말하는 것은 TV로부터 텍스트를 만들어 내는 과정의 일부이며, 어떤 텍스트가 실제로 만들어지는지를 결정하는 요소다. 다른 문화 매체 ― 책, 영화, 신문, 노래 등 ― 에 대한 우리의 경험도 마찬가지다. 텔레비전의 텍스트성은 본질적으로 상호 텍스트적이다.

텔레비전의 본질적 특성 중 하나는 다의성polysemy, 또는 의미의 다중성이다. 프로그램은 의미들의 잠재태를 제공한다. 이것은 독해 과정에서 사회적인 위치에 있는 시청자에 의해 실현하는, 또는 실제로 경험하는 의미가 될 수 있을 것이다. 이 다의적 잠재태는 무한하지도 비구조적이지도 않다. 텍스트는 의미가 만들어지는 영역을 설정할 수 있고, 다른 의미보다도 어떤 의미를 더 강력하게 제시한다. 〈하트 투 하트〉 장면의 분석을 통해 TV적 코드의 관습적 사용이 지배 이데올로기의 가치에 잘 어울리는 의미들을 얼마나 선호하는지 — 이것이 전형적인 사례다 — 를 살펴본 바 있다. 그러나 다른 의미들도 생길 수 있다(6장을 참조하라). 텍스트의 다의성 또는 의미의 잠재력은 다른 식으로 실현될 수도 있는 것이다. 예를 들면, 어떤 백인 여성은 창/현창/세탁기 농담이 거슬린다고 느낄 수 있고, 여주인공의 외모에 대한 관심을 악당 커플보다 한수 앞서는 그녀의 영리함의 증거로 해석할 수도 있다. 여기서 말하고자 하는 핵심은 프로그램의 다의성을 이용하려는 동기는 사회적이라는 것이다. 텍스트가 사회 구조 내에서 다양한 위치를 차지하고 있는 시청자들에게 인기를 끌려면, 텍스트의 다의성은 필수적이다. 사회적 위치의 다양성이란 자유주의적 다원주의 모델에 따라 동격의 집단들 간의 조화로운 관계가 존재한다는 것이 아니라, 항상 지배와 종속의 관점에서 이해돼야 한다. 사회 내 권력이 불균등하게 분배되어 있다는 사실은 한 집단이 다른 집단과, 또는 사회 체제 전반과 맺는 관계를 이해하는 중심적인 구조적 원리다. 사회 집단들이 자율적이지도 동등지도 않기 때문에, 그들이 텍스트를 통해 생산해 내는 의미들 또한 자족적이지도 동등하지도 않다. 자신의 매력을 증대시키려는 여주인공의 노력을 긍정적으로, 페미니즘적으로 독해하는 것은 자족적인, 그 자체로 만족스러운 것이 아니다. 가부장제하에서 여성의 매력이 주로 의미하는 바와 페미니즘적 독해와의 차이는 그 의미의 본질적 부분이다. 여성 독해자가 가부장제 권력관계 내에 위치하는 것과 마찬가지로 그녀의 텍스트 독해는 권력관계로 구성되는, 코드들의 이데올로기적 구조에 의해 선호되는 것들과도 권력관계를 맺게 된다. 다의성은 항상 한계를 지니고 있으며 구조화돼 있다. 왜냐하면 다의성은 사회적 차이와 다양성의 텍스트상의 등가물이기 때문이다.

그렇기 때문에 텔레비전 텍스트 연구는 세 개의 초점을 수반한다. TV 프로그램 및 흐름의 형식적 특질, 텔레비전 내에서 나타나는, 상호 텍스트적 관계 및 텔레비전과 다른 매체와의, 대화conversation와의 상호 텍스트적 관계, 그리고 사회적으로 위치지어진 독해자와 독해 과정에 대한 연구가 그것이다.

독해자reader라는 용어는 TV 시청자에게는 적절치 않은 것으로 보일 수도 있다. 그러나 이 용어는 내가 이 책에서 가장 자주 쓰는 용어다. 나는 TV를 보는 사람들을 다른 식으로 가리키기 위해 관련 용어인 '시청자viewers,' '수용자audiences'란 용어도 쓴다. 단수로 쓰는 '수용자'는 가장 쉽게 이해되고, 또 거부되는 용어다. 이 용어는 텔레비전이 본질적으로 동일한, 똑같은 프로그램으로부터 똑같은 메시지와 의미를 전달받는, 그래서 본질적으로 수동적인 사람들의 동질적인 덩어리에게 전달된다는 함축을 지닌다. '수용자'란 용어가 사회적 차이와, 이에 따라 생기는 의미의 차이를 설명할 수 없다는 사실은 그 용어가 텔레비전과 그 제작자들이 중앙집권화하고 동질화하는 강력한 힘을 지닌다는 생각을 전제한다는 것을 의미한다. 결과적으로 그 용어는 시청자들을 상대적으로 무력하고 무차별적인, 업계의 큰손에 내맡겨진 존재로 보게 한다. 스튜어트 홀(1982)이 쓴 적절한 표현을 빌리면, 그 용어는 시청자를 자신들과 제작자 간에 이익의 차이를 인식할 줄 모르는 "문화적 멍청이"로 여기게 한다. TV 시청자를 이처럼 보는 견해는 놀랄 만큼 널리 퍼져 있다. 다른 주제에 대해서는 아주 명쾌하게 사유하는 이들도 종종 그런 견해를 갖고 있다.

이 용어를 '수용자들audiences'이라고 복수로 쓴다면, 적어도 해당 프로그램의 시청자들 간에 차이가 존재한다는 점을 인식하는 것이다. 우리 사회가 동질적이지 않으며 계급, 젠더, 인종, 나이, 국적, 지역, 정치, 종교 등 — 이 모든 것이 다소간 뚜렷이 구별되는 차이를 가져온다 — 의 축에 따라 서로 교차하는 사회라는 점을, 그리고 이런 사회적 차이들이 항상 권력 차원에서 복합적인 방식으로 서로 관련을 맺게 한다는 점을 인식하는 것이다. 사회적 권력은 사회 내에 불균등하게 분배되어 있기 때문에, 어떠한 사회관계의 집합도 필연적으로 권력과 저항, 지배와 종속을 수반한다. '수용자들'이란 용어는 사회의 이질성을 인식하고, 그 이질성을 권력관계의 관점에서 이해할 수 있도록 해 준다.

'시청자'와 '독해자'라는 용어는 '수용자' 또는 '수용자들'보다 좀 더 능동성을 함축한다. 나는 두 용어를 상당 부분 중첩된 의미를 지닌 것으로 사용한다. 그래서 때때로 동일한 의미로 사용한다. 그러나 두 용어 간에는 강조점의 차이가 있다. '시청자'는 사회적 상황에서 TV를 보고 그로부터 의미와 쾌락을 이끌어 내는 사람이다. 여기서 사회적 상황은 시청자의 사회관계와 경험 — 계급, 젠더 등 — 및 TV를 시청하는 물질적인, 흔히 가정이라는 상황 — 이 또한 시청자가 자신의 사회관계의 산물 — 이라는 두 요소가 뒤섞여 있는 것이다. TV 시청자는 영화 관객보다 훨씬 다채로운 관람 방식을 경험한다. 그러므로 '시청'은 시청자의 사회관계(그의 관점)와 물질적 상황을 텔레비전에 끌어들이는 능동적인 과정이다. 가족 식사를 준비하는 여성이 TV 뉴스를 시청하는 일은 TV 수상기 앞 소파에 드러누운 남편이 뉴스를 시청하는 것과는 아주 판이하게 다른 것이다. 시청자는 관객spectator보다 더 다양하게, 더 능동적으로, 더 선택적으로 화면을 마주한다.

'시청'은 TV에 고유한 것이지만, '독해'는 모든 텍스트에 해당한다. 그래서 '독해자'란 용어는 '텍스트의 생산자, 의미와 쾌락을 이끌어 내는 자'를 의미한다. 이 같은 생산 능력은 공식적이든 비공식적이든 간에 사회적 경험 또는 훈련의 결과다. 그것은 타고나는 재능이 아니라 후천적으로 습득되는 능력이다. 그것은 사회적 실천으로서 이데올로기적이며, 사회 문화적 경험과 해당 텍스트, 상호 텍스트적 관계가 함께 불려나와 생산적으로 상호 작용할 때 사용되는 수단이다. '독해자'는 '시청자'보다 구체적 상황과는 덜 관련되며, 오히려 의미의 생산이라는 핵심적인 문화적 과정의 체현이다.

문화적 과정은 흔히 경제적인 과정인 것처럼 비유된다. 부르디외

(1980)가 쓴 문화 자본cultural capital이란 메타포는 전형적인 예다. 부르디외는 이 용어로 한 사회의 문화는 물질적 부와 마찬가지로 불평등하게 분배되어 있으며, 물질적 부와 마찬가지로 계급적 이해관계를 확인하고, 계급적 차이를 부추기고 자연스럽게 만드는 데 봉사한다는 점을 의미했다. 그래서 한 사회에서 '고상한' 것으로 간주되는 문화 형식들, 예컨대 클래식 음악, 미술, 문학, 발레 등은 사회적 권력을 가진 사람들의 취향과 일치하는 반면, 저급하거나 대중적 문화 형식들은 사회 구조에서 하층에 위치한 사람들에게 어필한다. 이것의 핵심은 문화와 계급은 긴밀하게 상호 연관돼 있지만, 문화 담론은 문화와 계급 사이의 연관성을 숨긴다는 점이다. '취향'이나 '차별discrimination'과 같은 말을 사용함으로써, 또 미학적 가치 같은 보편적인 것인 양 보이는 가치에 호소함으로써, 문화 담론은 문화적 차이를 인간의 보편적 특성이나 보편적인 가치 체계에 근거하는 것으로 만들려 한다. 민주적 자본주의가 모든 사람이 동등하게 부를 누릴 수 있는 것처럼 보이게 하는 것처럼, 문화 담론은 모든 사람들이 문화에 동등하게 접근 가능한 척한다. 문화나 부를 누리는 사람이 얼마 되지 않는다는 사실은 개인 간의 본성적인 차이, 즉 그들의 타고난 재능과 취향으로 설명된다. 이런 설명은 사회 계급의 역할을 숨긴다. 그 결과 자연적으로 '더 나은' 사람들 — 즉 '더 나은' 취향을 가진 사람들 — 은 '더 나은' — 즉 '내재적으로' 좀 더 보편적이고 미학적인 — 예술을 즐길 줄 알며, 그래서 '고급' 예술을 높이 평가하고 '저급' 예술을 폄하하는 가치 체계는 계급으로 갈린 사회에서 권력의 불평등한 분배에 근거를 두는 것이 아니라 본성에 근거를 두는 것이 된다. 문화 자본에 대한 부르디외의 설명은 지배 계급이 부의 순환을 통제할 때처럼 자신들의 이익을 위해 효율적으로 문화를 통제하고자 한다는 점을 폭로한다. 개인에게뿐만 아니라 사회 전반에도 나쁘다는 식으로 텔레비전과 같은 대중 문화를 일관되게 폄하하는 것이 그들 전략의 핵심이다.

JOHN FISKE

문화 자본 이론은 문화가 경제적, 계급적, 기타 사회 권력의 형태들을 중심으로 구조화된 사회 체제가 [건전한 체제라고] 보증하는 의미와 쾌락의 체계를 제공하는 사회적 역할을 수행한다는 점을 설명해 준다. 문화 자본은 경제 자본의 보증을 선다. 그러나 문화 경제cultural economy라는 메타포는 물질 경제와의 유사성에 한정되어서는 안 된다. 한 사회 내에서 의미와 쾌락의 순환은 궁극적으로는 부의 순환과 다르다. 의미와 쾌락은 [부의 경우보다] 배제적으로 소유하고 통제하기가 훨씬 어렵다. 물질 경제에서보다 문화 경제에서 권력은 덜 효과적으로 작용한다.

우리는 문화 자본의 메타포를 확장해 물질 경제에서는 그 등가물이 존재하지 않는 대중적 문화 자본도 포함할 필요가 있다. 대중적 문화 자본은 종속되고 힘없는, 정확히 말하자면 힘을 빼앗긴 ─ 전혀 힘을 갖지 못한 사회 집단은 거의 없으므로 ─ 자들의 이익에 봉사하는 의미와 쾌락의 집적이다. 대중적 문화 자본은 사회적 종속의 의미로, 사람들이 그런 종속에 대응할 때 쓰는 전략들(수용, 저항, 대항 또는 회피)의 의미들로 구성된다. 이러한 종속의 의미들은 지배적 가치 체계에 따라 만들어지지 않으며, 종속을 편안하게 받아들이도록 해 사람들이 자신들의 사회적 상황에 만족하도록 하는 것이 아니다. 오히려 그것들은 지배 이데올로기에 반대하고 이를 회피하는 가치 체계에 의해 만들어지는 의미들이다. 피지배자들의 사회적 경험을 인정하는 의미이지 그들의 종속을 정당화하는 의미는 아니다.

이런 대중적 문화 자본을 '독해'하는 데는 일련의 문화적 능력이 필요하다. 예를 들면, 브런스던(1981)은 숍 오페라의 여성 팬들은 아주 "유능한" 독해자라고 주장한다. 문화적 능력은 텍스트 및 텍스트를 구축하는 관습에 대한 비판적 이해를 요구하며, 독해의 순간에 해당 프로그램과 관련된 텍스트적인, 그리고 사회적인 경험들을 불러내는 일을 필요로 한다. 그리고 텍스트적인 것과 사회적인 것 간의 관계에 대한 지속적이면서도 섬세한 협상과 재협상을 요구한다. 문화 자본과 문화적 능력 모두 텍스트라는 기호학적 자원으로부터 사회적으로 적절하고도 그럴듯한 의미를 끌어내는 사람들의 능력에서 중심적 위치를 차지한다.

쾌락은 의미와 권력 간의 특정한 관계에서 생긴다. 피지배자들을 위한 쾌락은 한 사람의 사회 정체성이 지배 구조에 저항하거나, 그것으로부터 독립하거나, 그것과 협상하는 데 있음을 주장함으로써 생긴다. '문화적 멍청이'가 되는 것은 쾌락을 줄 수 없다. 하지만 예를 들면, 가부장제 내에서 또 가부장제에 대항해서 여성적 의미와 정체성의 정당성을 주장하는 솝 오페라에서 발견할 수 있는 진정한 쾌락이 존재한다. 쾌락은 지배자의 이익이 아니라 독해자의 이익에 봉사하는 것으로 여겨지는, 세계와 자아에 대한 의미의 생산에서 생긴다. 피지배자들은 힘을 빼앗겼을지 모르지만, 무력한 존재들은 아니다. 권력에 저항하는 데 힘이 있고, 지배 이데올로기가 제안하는 사회 정체성에 대립하는 나름의 정체성을 유지하는 데도 힘이 존재한다. 지배적 가치에 반하는 자신들만의 하위 문화적 가치를 주장하는 데에도 힘이 존재한다. 요컨대, 다르다는 것에 힘이 존재한다. 이런 힘은 피지배자들이 행사할 수 있으며, 그 자체로 모든 대중적 쾌락의 잠재적 원천이다. 쾌락은 스스로 의미를 통제한다는 느낌, 문화 과정에 능동적 참여를 필요로 한다. 이 책의 핵심 주장 중 하나는 텔레비전은 매우 대중적이어서 이질적인 시청자들에게 다양한 쾌락을 제공할 수 있다는 것이다. 왜냐하면 텍스트의, 텍스트 수용 방식의 특징들이 우리가 '문화'라고 부르는 의미 생산 과정에 능동적 참여를 가능하게 하기 때문이다.

텔레비전과 TV 프로그램들은 사람들에게 '효과an effect'를 갖지 않는다. 시청자와 텔레비전은 상호 작용한다. 따라서 이 책에서 나는 텔레비전의 '효능effectivity'에 대해 언급하겠지만, 그 효과에 대해 말하지 않을 것이다. 효능이란 어색한 용어는 좀 더 분산적이고 일반적인, 특정되지 않은

JOHN FISKE

효과를 뜻한다. 무엇보다도 '원인'과는 직접적인 관련이 없다. 텔레비전은 개인들에게 눈에 띌 만한 효과를 '야기하지' 않는다. 하지만 텔레비전은 이데올로기적으로 작용해서 세계에 관한 특정한 의미를 촉진하고 선호하도록 하고, 다른 것이 아닌 특정한 의미들을 순환시키고, 다른 사회적 이익이 아닌 특정한 이익에 더 잘 봉사하도록 한다. 이런 이데올로기적 작용은 다양한 사회적 요인에 따라 다소 효능이 달라질 수 있을 것이다. 그러나 항상 이데올로기적 작용이 존재하며, 이를 특정한 개인이나 집단에 미치는 효과라는 관점에서가 아니라 사회 내에서의 효능이라는 관점에서 사고할 필요가 있다. '효능'은 사회 관련 이데올로기적 용어이고, '효과'는 개인 관련 행태주의 용어다.

마지막으로, 이 책에서 사용되는 일부 용어에 대한 사전 검토에서 가장 중요하면서도 가장 포착하기 어려운 개념인 '문화'를 다룰 차례다. 문화는 의미 및 쾌락과 관련된다. 우리 문화는 우리가 우리의 사회 경험과 사회관계들로부터 끌어내는 의미들로, 그러므로 우리가 우리 '자신들'에 대해 갖는 감sense으로 이뤄져 있다. 문화는 또 이러한 의미들을 사회 체제 내에 위치시킨다. 왜냐하면 사회 체제는 사람들이 그것에 부여하는 의미에 의해서만 유지될 수 있기 때문이다. 문화는 사회 내 권력의 차등적 분배 속에 새겨져 있다. 권력관계는 사람들이 그것에 부여하는 의미들에 의해서만 안정적으로 유지되거나 교란될 수 있기 때문이다. 사회가 권력을 얻기 위한 투쟁인 것처럼 문화는 의미를 얻기 위한 투쟁이다.

이 책은 두 개의 불균등한 부분으로 짜여 있다. 이 장의 초반처럼 이후 두 개 장은 문화적 지배의 힘들을 검토한다. 이들 장에서 지배 이데올로기와 지배 이데올로기가 호의를 베푸는 사회 집단이 텔레비전을 이용해 자신들의 정치적, 문화적 이익을 도모하는 방식을 설명한다. 이 책의 나머지 부분은 텔레비전이 종속당하고 억압당하는 집단들의 이익에 봉사할 수 있는 방법들을 탐색한다. 이는 텔레비전이 모순된 충동들로 가득

찬 복합적인 문화 매체로서, 한편으로는 소수를 위해 이윤을 창출하고 이데올로기를 유포할 수 있으며, 다른 한편으로는 갈라진 우리 사회에서 다수를 차지하는 피지배 집단을 위해 대항적이고 비타협적인, 최소한 다른 문화 자본을 유포할 수 있는 매체이기 때문이다.

2장

리얼리즘

〈하트 투 하트〉의 장면들은 '리얼리즘적realistic'이다. 현실을 재생산하기 때문이 아니라 — 분명히 그렇지 않다 — 현실에 대한 지배적인 감 dominant sense을 재생산하기 때문이다. 텔레비전이 실재하는 것을 사회적으로 설득력 있는 감을 전달하는 능력을 갖고 있기 때문에, 우리는 텔레비전은 본질적으로 리얼리즘적 매체라고 할 수 있다. 리얼리즘은 경험적 현실에 얼마나 충실한가의 문제가 아니라, 현실의 감을 구축해 내는 담론적 관습의 문제다.

가장 분명한 사실은 텔레비전이 스스로를 외부 현실의 매개되지 않은 모습으로 제시한다는 점이다. 텔레비전 리얼리즘에 대한 이런 견해는 흔히 투명성 또는 반영이라는 메타포로 표현된다. 텔레비전은 세계를 향해 나 있는 투명한 창으로, 또는 우리 현실을 반영해 보여 주는 거울로 여겨진다. 이 두 가지 메타포가 모두 한 장의 유리를 비개인적, 비문화적인 재생산 매체로서 떠올리면서, 그 과정에 작용하는 인간 또는 문화의 능동적 역할을 은폐한다는 점은 의미심장하다. 이는 최종 재현물이 자연스럽게 된다는 것, 그것을 문화적 과정이 아니라 자연적 과정의 결과물로 보이게 한다는 것, 재현물이 역사와 문화의 영역으로부터 끌려나와 보편적 진실의 영역으로 옮겨진다는 것을 의미한다. 이런 메타포를 이처럼 논리적 극단까지 밀고 나가면, 텔레비전이 세계를 재현하는 방식을 설명하는데 이런 메타포가 부적절하다는 점이 명확해진다. 그런데도 일부 전문가들은 여전히 미디어 이론가들이 '투명성의 오류transparency fallacy'●라고 부르는 이런 견해(창의 메타포)를 고집하고 있다. 반영이라는 메타포를 사용하는 일도 텔레비전 매체에 대한 꽤나 진지한 토론에서도 흔히 등장한다. 내가 이 단락의 서두에서 텔레비전을 설명한 방식은 다소 타당한 점이 있다. 그런 시각은 [텔레비전을 통해] 반영되는 것이 **보편적인 현실이 아니라 우리의 현실**이라고 가정하기 때문이다. 달리 말하자면, 이는 현실이 인간은 단지 밖에서 바라볼 수밖에 없는 보편적 대상이 아니라, 인간이 만들어 낸 것이라는 점을 인정한다. 이 장에서 내가 하고자 하는 바는 텔레비전이 '현실'을 반영하기보다는 산출할 때 사용되는 방식을 탐구하는 것이다.

리얼리즘은 여러 방식으로 정의될 수 있다. 그것이 실제로 다양한 용도로 쓰일 수 있는 상당히 유동적인 개념이기 때문이다. 이언 와트Ian Watt(1957)와 레이먼드 윌리엄스(1977)는 리얼리즘을 그 내용으로 정의하곤 했다. 와트는 리얼리즘의 기원을 17, 18세기에 있었던 소설의 부상에서 찾는다. 리얼리즘은 경험주의, 개인주의, 휴머니즘, 부르주아지와 함께 성장했다. 따라서 리얼리즘이 이것들과 특정을 공유하는 것은 놀라운 일이 아니다. 와트에 따르면 리얼리즘은 인간의 감각으로 정확히 경험될 수 있는 객관적 현실이 존재한다는 믿음에 근거한다. 이 현실은 무한히 많은 개별적 사물, 사람, 장소, 행동 등으로 구성돼 있다. 그에게 리얼리즘은 무엇보다도 특정한 장소와 시간대의 개인들에게 일어나는 특정한 사건들을 재현하는 것이다. 개인의 감각과 경험은 이 현상계를 의미 있는 것으

●　재현된 것이 실재를 투명하게 보여 준다고 여기는 오류를 말한다.

JOHN FISKE

로 만드는 최상의 수단으로 여겨진다. 만약 사회적, 도덕적, 종교적, 또는 정치적 이념이 끼어든다면, 그것들은 항상 개인적 경험의 형태로 표현될 수밖에 없다.

레이먼드 윌리엄스(1977)는 역사적 관점에서 19세기와 20세기를 다룬 바 있는데, 그는 드라마 리얼리즘의 특징으로 세 가지를 꼽는다. 리얼리즘 드라마는 동시대를 배경으로 하며, 세속적 행위, 즉 오로지 인간의 관점에서 묘사되는 인간의 행위를 다루며, "사회적으로 확장돼 있다." 이는 왕이나 사회의 지도자가 아닌 보통 사람들의 삶과 경험을 다룬다는 의미다. 특히 우리가 '사회적 리얼리즘'이라 부를 수 있는 리얼리즘의 한 갈래 — 이는 윌리엄스의 정의에 잘 들어맞는 방향이다 — 는 산업 사회 내의 노동 계급의 종속 경험을 다룬다. 그들의 경험을 (무비판적이 아니면서도) 공감이 가게 묘사하는 한, 윌리엄스는 리얼리즘의 네 번째 특징을 추가할 수 있게 된다. 즉 리얼리즘은 의식적으로 특정한 정치적 관점에서, 대개 좌파의 관점에서 이 경험을 해석한다는 것이다. 앞에서부터 세 가지 특징은 리얼리즘이 특히 텔레비전에 잘 맞는다는 점을 설명해 준다. 리얼리즘의 내용과 마찬가지로 TV 시청자는 사회적으로 확장돼 있어, 연극이나 영화를 선택하는 대부분의 관객과는 다르다. 텔레비전은 특히 인간의 관점에서 인간의 행위를 재현하는 데 적합하다. 텔레비전은 화면이 작고 해상도가 비교적 조악하기 때문에, 행동하고 반응하고 상호 작용하는 사람들의 미디엄 숏과 클로즈업에 집중할 수밖에 없다. 또 반복적인 특징이 있고 야외 로케이션이 아닌 스튜디오 제작이 흔하므로, 대개 TV 시청이 이뤄지는 거실에 편안하게 어울리는, 인간적인 가정적 규모의 친숙한 실내 세팅에 의존하게 된다. 텔레비전은 대개 동시대의 것을 다룬다. 사극 장르도 인기가 있지만, 일반적으로 그렇다. 실제로 제인 퓨어Jane Feuer(1983)와 히스와 스키로(Heath & Skirrow, 1977) 같은 비평가들은 텔레비전을 정의하는 특징 중 하나가 "현재성nowness," 즉 TV가 지속적으로 유포하려 하는 항상 "라이브live"라는 느낌이라고 지적했다. 영화는 스스로를 일어난 것의 기록으로 제시하지만, 텔레비전은 스스로를 일어나고 있는 것의 중계로 제시한다. 미시적 수준에서도 이런 현재감sense of the present은 텔레비전의 기술적 과정으로 전달된다. 솝 오페라나 시트콤처럼 제작비를 적게 들이는 드라마는 보통 스튜디오에서 멀티 카메라로 촬영하며, 사후 제작 편집은 제한적이거나 아예 없다. 이는 텔레비전에서 행위를 연기하는 데 드는 시간이 '실생활'에서 그 행위를 행하는 시간과 정확히 일치한다는 것을 뜻한다. 영화와는 달리, 중간의 죽은 시간dead time을 편집으로 잘라낼 수 없는 것이다. 이처럼 작가의(또는 편집자의) 개입이 없어지면, 미묘하게 리얼한 느낌, 카메라가 단지 일어난 것을 기록하고 있다는 느낌과 라이브의 느낌, 지금 일어나고 있는 것을 전한다는 느낌이 덧붙여진다. 재현되는 TV 시간과 시청자의 실제 '실시간' 간의 완벽한 일치는 결국 스포츠 중계와 같은 진짜 라이브 텔레비전의 특징이다.

매리언 조던Marion Jordan(1981)은 영국 솝 오페라 〈코로네이션 스트리트Coronation Street〉●의 사회적 리얼리즘에 관한 탁월한 연구에서 와트와 윌리엄스가 거론한 리얼리즘의 특징들과 완벽하게 양립 가능한 특징을 열거한다.

간단히 말하자면, 사회적 리얼리즘 장르는 인생이 개인적 사건의 내러티브 형태로, 즉 시작과 중간, 끝이 있으며, 중심 인물에게는 중요하지만 다른 인물들에게는 소소한 영향만을 미치는 사건들로 제시할 것을 요구한다. 개인적 사건이 분명히 사회 문제와 연관된 것일지라도, 그 중심적 관심사는 사

● 1960년부터 영국 ITV를 통해 방송되고 있는 솝 오페라다. 샐포드의 코로네이션 스트리트를 배경으로 현재 9000회 이상 방영 중인 세계 최장기 방송 드라마로, 영국 문화의 일부를 구성하고 있다는 평가를 받고 있다.

JOHN FISKE

람들이 인생에서 제자리에 정착하는 것이 되어야 한다. 이들 사건의 해결은 항상 개인적 개입의 효과라는 식으로 제시돼야 한다. 인물들은 노동 계급이거나 노동 계급이 즉시 알아볼 수 있는 계급(예컨대, 점원이거나 두 사람이 동업하는 사업)에 속해야 하며, 그들의 집과 가정, 친구들은 실제로 '평범'한 듯이 보여야 한다. 극의 배경은 지방의 도시여야 한다(영국 북부의 산업 도시이면 더 좋을 것이다). 세팅은 일상적이고 즉각 알아볼 수 있는 곳(술집, 거리, 공장, 집, 집에서는 특히 주방)이어야 한다. 시간은 '현재'이어야 한다. 스타일은 현실을 매개 없이, 선입견 없이, 온전하게 보여 주는 것처럼 보여야 한다. 요컨대, 독해자 또는 시청자가 극 중 인물들의 희생 덕분에 [자기] 시간을 잘 보냈다는 인상을 주는 것이어야 한다. (p.28)

윌리엄스가 사회적 확장을, 조던이 노동 계급을 강조한 것은 대부분의 미국 텔레비전의 리얼리즘은 '지배적' 리얼리즘에 대한 비판을 함축하는 '사회적 리얼리즘'이 아니라는 점을 일깨워준다. [미국] TV가 보여 주는 세계는 훨씬 더 중산층 중심으로 이뤄져 있다. 중산층이 전형적 내용과 시청 위치를 제공하는 것이다.

이제까지 우리는 리얼리즘을 리얼리즘적으로 그려지는 사회적 세계의 내용과 정의를 중심으로 논의해 왔다. 이른바 리얼리즘의 투명성을 강조하기 위해서 그 형식을 살펴보았다. 그러나 형식은 내용만큼이나 의미 및 문화의 담지체다. 그래서 이데올로기의 담지체로서의 형식은 내용보다도 상당히 더 효과적이라고들 말한다. 분명히 세계에 대한 정의, 그리고 그 세계를 구성하는 현안들은 중요하지만, 우리가 보는 관점을 산출해서 세계와 현안들에 의미를 부여하게, 또 역설적이게도 그것들이 우리에게 의미를 부여하게 하는 것은 그것들을 담는 형식이다. 왜냐하면 의미 만들기making sense는 항상 양방향 과정으로서, 대상을 이해하는 것은 반드시 그 이해하는 주체를 정의하는 일을 수반하기 때문이다.

리얼리즘 형식

이렇듯 리얼리즘은 그 내용에 의해서뿐만 아니라 그 형식에 의해서도 정의될 수 있다. 이처럼 리얼리즘은 그것이 무엇인지 또는 무엇을 보여 주는지(내용)보다는 무슨 작용을 하는지와 관계된다. 리얼리즘은 현실을 재생산하지 않는다. 현실에 의미를 부여할 뿐이다. 리얼리즘의 본질은 리얼리즘이 현실을 쉽게 이해할 수 있게 하는 형식으로 현실을 재생산한다는 점이다. 이런 작업은 주로 [텍스트 내] 요소 간의 연관성과 관계가 분명하고 논리적이게끔 함으로써, 내러티브가 기본적인 인과 법칙을 따르게 하고, 모든 요소가 의미 만들기에 기여하도록 존재하게 함으로써 수행된다. 여기서 어느 것도 관련이 없거나 우연적이지 않다. 그러므로 하트 부부의 객실에 있는 꽃은 단순한 장식이 아니다. 그 꽃은 하트 부부의 계급, 취향, 부를 나타낸다. 또 인기 있는 주인공 커플의 가치, 즉 매력적인 가치를 전달한다.

나는 리얼리즘이 형식에서 전형적으로 내러티브 양식을 취한다고 가정했다. 이런 가정은 유효하다. 롤랑 바르트(1975a) 같은 이론가는 리얼리즘은 항상 내러티브적이라고 말한다. 사진이나 사실적 그림조차도 내러티브 내의 한순간을 고정시킨 것이므로, 그것을 이해하려면 우리에게 제시된 그 순간 전후의 내러티브를 재구성해야 한다.

리얼리즘을 이처럼 정의하는 것은 텔레비전에 특히 적절하다. 왜냐하면 텔레비전은 판타지를 용인하기 때문이다. 〈원더우먼Wonderwoman〉이나 〈육백만 불의 사나이Six Million Dollar Man〉는 '판타지적' 액션과 능력이 인과 법칙을 따르고, 그것들이 내러티브의 다른 요소들과 논리적으로 연결되어, 벨시(Belsey, 1980)가 "인식 가능한 체계recognizable system"라고 부른 것에 맞게 작동한다.

데이비스(Davies, 1978/1979)는 이 논의를 발전시켜 할리우드 영화가 폭넓은 호소력을 지닐 수 있는 것은, 그것이 19세기 리얼리즘 소설의 시각화이기 때문이 아니라 할리우드 영화의 리얼리즘이 다양한 대중적 형식들을 체현하기 때문이라고 주장한다.

> 우리가 할리우드 영화에서 보는 것은 지배적인 리얼리즘 내러티브 형식(이는 주로 내면의 도덕적 삶을 다룬다)을 스크린에 옮겨놓은 것이라기보다는 리얼리즘적 정치성realist politique을 지니는 대중적 형식들(멜로드라마, 로맨스, 모험물, 고딕 스릴러, 탐정 스토리 등)을 융합한 것이다. (p.61)

데이비스가 '정치성'이란 용어를 쓰는 것은 의미심장하다. 그 말은 리얼리즘 양식 자체가 정치적이며, 이데올로기적이란 점을 함축하기 때문이다. 정치학은 리얼리즘이 세계를 벨시가 말하는 "인식 가능한 체계" 내로 "가두는contain" 방식 안에 존재한다. 그래서 리얼리즘은 리얼리즘이 실재the real가 무엇으로 이뤄져 있다고 말하는 바에 의해서가 아니라 실재를 의미 있는 것으로 만드는 방식에 의해 정의된다. 와트(1957)는 경험주의, 개인주의, 휴머니즘(또는 세속주의), 부르주아 자본주의의 역사적 결합을 지적할 때 리얼리즘에 대한 이런 식의 이해를 말하고 있다. 우리가 리얼리즘 텍스트에 의미를 부여하는 방식은 우리가 산업화된 서구에서 살아온 사회적 경험(비자본주의 또는 전자본주의 사회의 예술이 리얼리즘적이었던 적은 거의 없다)에 의미를 부여하는 방식과 동일한, 폭넓은 이데올로기적 틀을 통해서이다. 이 두 방식 모두 우리가 우리 자신에 대해 의미를 부여하는 방식과, 아니 우리 문화의 담론에 의해 우리들이 의미를 부여받는 방식과 관련된다.

우리가 의미를 부여받는 방식은 스크린 이론screen theory●에서는 "독해(또는 관람) 주체의 위치 설정positioning"이란 문구로 기술된다. 주체성과 관련된 이슈는 4장에서 탐구할 것이다. 여기서는 텍스트는 사회적인 위치의 입장을 산출하는데, 텍스트는 시청자가 텍스트를 쉽고도 무리 없이 이해하기 위해 이 입장을 취하도록 권한다는 점만 짚고 넘어간다. 이런 식으로 〈하트 투 하트〉 장면들은 시청자가 백인 미국인, 남성, 중산층'이 기를' 권유한다. 리얼리즘은 이런 형식을 통해서 독해 주체가 위치 설정을 하도록 한다.

콜린 매케이브Colin MacCabe(1981a)는 리얼리즘에 본질적인 형식적 특징은 리얼리즘이 항상 '담론의 위계'에 의해 구조화된다는 점이라고 주장한다. 이 문구가 의미하는 바는 리얼리즘적 내러티브는 서로 다른, 흔히 모순적인 다양한 담론들을 포함하며, 그 담론들은 대개 그 자체로 명확히 인식되지만, 담론의 위계에서는 낮은 위치를 점한다는 것이다. 이들 담론보다 우위에 위치하는 것은 '진실'을 알려 주는, 즉 독해자 – 관객에게 내러티브의 여러 담론들을 이해하고 평가할 수 있는, 모든 것을 알 수 있는 입장을 제공하는, '쓰여 있지 않은,' 그래서 인지되지 않는 담론이다. 픽션에서 이런 담론은 함축된 저자에 의해, 영화와 텔레비전에서는 스토리텔링에 이용되는 영화적, TV적 담론에 의해 제공된다. 이것은 결국에는 카메라와 마이크가 실재를 어떻게 재현하는가, 그리고 편집자가 촬영, 녹음된 것을 어떻게 배열하는가로 귀결된다. 그래서 〈하트 투 하트〉 장면에는 주인공들의 담론이 있고 악당들의 담론도 있지만, TV적 담론 — 이것을 우리는 이미 세팅, 조명, 대사, 음악 등의 요소로 나눠 분석한 바 있다 — 은 이 두 가지 담론을 이해하고 평가하고 서로 간의 의미 만들기 관계 내로 끌어들이는 수단을 제공한다. 이러한 공표되지 않는, 인지되지 않는 담론 — 이를 매케이브는 "메타담론metadiscourse"이라고 부른다 — 은 우리에게 주인공이나 악당의 입장보다 더 특권적인 입장을 제공한다.

● 1970년대 영국의 학술적 영화 저널 〈스크린〉 지면을 통해 전개된 마르크스주의적, 정신분석적 영화 이론을 말한다. 콜린 매케이브, 스티븐 히스, 로라 멀비 등이 대표적 이론가다.

그 입장에 설 때 세계가 완벽하게 리얼리즘적이 되는 이러한 관객 입장을 매케이브는 "지배적 시각성"이라고 부른다.

이 특권적 입장은 그 말이 함축하듯이 이데올로기적으로 능동적인 입장이다. 〈하트 투 하트〉 장면들은 우리를 백인, 남성, 중산층 미국인의 입장에 세우려 한다. 이런 편안하고 이데올로기적으로 보상받는 입장을 채택하게 되면, 우리는 손쉽게 텍스트의 의미를 만들어 낼 뿐만 아니라, 우리의 독해 실천에서 지배 이데올로기를 재생산하고, 그럼으로써 그것을 유지하고 정당화하게 된다. 알튀세르(1971)에 따르면, 이데올로기는 우리가 무의식적으로 받아들이는 추상적이고 안정적인 생각들의 집합이 아니라, 하나의 실천이다. 이데올로기는 실천을 통해서만 존재하고 작동한다. 여기서 우리의 관심사는 텍스트에 의미 부여하는 행위와 스스로를 이데올로기 내의 주체로 구성하는 행위가 동시에 발생하는, 분리될 수 없는 실천이라는 점이다. 해당 장면의 리얼리즘적인, 명백한 의미를 이해하려면, 시청자는 그러한 사회적 입장을, 텍스트가 시청자를 위해 준비한 사회 정체성을 채택할 것을 요구받는다. 이 경우 백인, 중산층 남성의 입장 또는 정체성 말이다. 그럼으로써 시청자는 자신과 자신의 사회관계에 특정한 의미 부여를 하게 되며, 지배 이데올로기를 유지하는 실천에 능동적으로 참여하게 된다.

담론의 위계와 지배적 시각성에 대한 매케이브의 이론과 밀접하게 관련된 것으로, 리얼리즘은 실재를 모순된 것으로 다루지 못한다는 리얼리즘의 무능력 [개념]이 있다. 현실에 존재하는 모순들은 위계의 최상위에 위치하는 담론에 의해서 리얼리즘 내에서 불가피하게 해소된다. 콜린 맥아서Colin McArthur(1981)는 여기서 모순을 처리하는 텔레비전의 사례를 인용함으로써 매케이브에게 반격한다.

〈희망의 나날들*Days of Hope*〉●에는 노던 광산의 소유주이자 신사인 프리처드가 벤과 체포된 더럼의 광부 3명에게 헌법 테두리 내에서 평화적, 점진적인 개혁이라는 영국 전통의 우수성에 대해 설교하는 가운데, 광부들의 쟁의를 진압하기 위해 동원된 병사들이 총검술 훈련에 열중하는 장면이 배경으로 나온다. (p.308)

이에 대한 매케이브(1981b)의 반박은 모순의 해소에서 담론의 위계가 작동하는 방식을 명쾌하게 보여 준다.

여기서 맥아서가 혼란스러워하는 점은 내러티브가 이미 해소된 모순을 서술할 수도 있고, 해소되지 않은 채 남아 있어 독해자가 실제 행동으로 해소해야 하는 모순을 산출할 수도 있다는 점이다. 달리 말하자면, 맥아서는 텍스트 내의 모순을 찾아낼 뿐이지만, 우리는 모순이 관객 내에서 어떻게 산출되는지를 파악해야 한다. 맥아서가 인용한 사례에는 광산 소유주가 말하는 것과 영상이 보여 주는 것 간에 모순이 있다. 그러나 이것이 바로 고전 리얼리즘 형식classic realist form으로서, 말보다는 영상을 특권화해서 광산 소유주가 말하는 것이 거짓이라는 점을 보여 준다. 이런 방식으로 우리의 앎의 입장이 [옳은 것으로] 보증된다. 우리는 내러티브가 우리에게 말하는 바에 동의하지 않을 수도 있지만, 내러티브가 이미 우리를 옳다고 확신하는 입장에 위치시켰다면, [맥아서의 견해는] 그 입장의 구성 자체에 대해서는 문제를 제기하지 않는 것이다. (p.312)

우리에게 '지배적 시각성'의 입장을 산출하는 이러한 TV의 메타담론은 할리우드에서 개발한 다양한 형식적 장치들 — 이것들은 모나코

● 1975년 영국 BBC가 방영한 4부작 사회 드라마로, 1916~1926년 격동의 시기 영국 노동 계급 가족을 그린다. 짐 앨런Jim Allen이 각본을 썼고 켄 로치Ken Loach가 연출했다.

JOHN FISKE

(Monaco, 1977)가 말하는 고전 할리우드 리얼리즘 영화의 "전지적 스타일 omniscient style"에 쓰인다 — 을 이용한다. 이는 동기화된 편집motivated editing — 보드웰과 톰슨(Bordwell & Thompson, 1986)이 그랬듯 종종 연속 편집continuity editing이라고 불린다 — 과 그 본질적 구성 요소들, 즉 숏/리버스 숏 기법, 180도 규칙, 시선의 일치, 연기의 일치 등에 의존한다.

동기화된 편집 — 이는 고전 할리우드 리얼리즘 스타일로 발전했다 — 은 편집자와 연출자가 한 일을 가능한 한 보이지 않게 만들려 한다. 이는 그러한 편집이 항상 그래야 하는 것이거나 카메라가 기록하는 '현실' 내의 사건들에 의해 동기화된 것이라는 — 편집된 영상이 결코 스토리를 특정한 방식으로 전하려는 욕망의 결과가 아니라 — 인상을 줌으로써 그렇게 한다. 이는 이음매 없음seamlessness, 즉 어떠한 인공적 연결이 없는 지속적인 흐름이라는 효과를 산출한다. 물론 실제로 이는 말도 안 되는 소리다. 텔레비전은 평균 7~8초마다 컷이 바뀔 정도로 편집이 심하게 이뤄진다. 그럼으로써 고도의 시각적 자극을 지속한다. 기표들이 계속 변화하는 것이 TV의 특성이다. 잦은 편집은 압도적이지 않은 TV 영상의 특성과 그 전형적인 수용 방식 때문에 그럴 수밖에 없는 것처럼 보인다.

숏/리버스 숏(숏/카운터 숏이라고도 한다)은 동기화된 편집이 사용하는 스타일상의 전형적인 장치다. 그것이 어떻게 '리얼리즘 효과'를 산출하는지를 파악하기 위해 좀 더 상세히 살펴볼 필요가 있다. 구체적인, 그러나 전형적인 예로 〈캐그니와 레이시Cagney and Lacey〉*에 나오는 짧은 한 장면을 살펴보자.

캐그니가 좀 전에 만났던 남자로부터 걸려온 전화를 받은 뒤 수화기를 제자리에 놓을 때, 카메라는 레이시와 캐그니를 투 숏two shot으로 잡

---

* 1982~1986년 방영된 미국 CBS TV 드라마다. 뉴욕 맨해튼의 두 여성 경찰관 캐그니와 레이시의 활약을 담은 경찰 드라마로, 페미니즘적 텍스트로 높은 평가를 받는다.

카메라	대사	
숏 1: 레이시에 초점을 둔 투 숏	레이시	그래, 그 남자는 멋진 데다 경찰도 아니지. 그 남자가 데이트 신청했어? / 컷 /
숏 2: 캐그니의 클로즈업	캐그니	전화번호 알려 줬어. 됐어? / 컷 /
숏 3: 레이시의 클로즈업	레이시	흠, 데이트하겠다고 했어? / 컷 /
숏 4: 캐그니의 클로즈업	캐그니	내가 "예스"라고 말하는 걸 듣기라도 한 것 같네. / 컷 /
숏 5: 레이시의 클로즈업	레이시	"노"라고 말하는 것도 못 들었거든. / 컷 /

아 이들 간의 공간적 관계를 설정한다. 그 숏은 레이시보다는 캐그니의 시점에서 촬영되어서 레이시는 얼굴 전면이 거의 다 보인다. 대화를 시작하는 것이 캐그니이기 때문에, 또 우리가 가장 관심을 갖는 것이 전화 통화에 대한 캐그니의 생각이기 때문에 이 숏은 '동기화'되어 있다.

각각의 컷은 발화자가 바뀌는 것과 정확히 일치한다. 그래서 편집과 카메라워크는 그런 행동에 의해 결정된 것처럼 보인다. 이는 자연스러운 모습을 위해 계획된, 매우 관습적 형태라는 점을 은폐한다.

코피(Caughie, 1981)는 리얼리즘의 두 가지 스타일 — 그가 실재의 드라마적 룩dramatic look과 다큐멘터리 룩이라고 부르는 — 에 적합한 카메라워크의 유형들을 구별한다. 그에 따르면, 드라마적 룩이란

> 극영화에서 자주 볼 수 있는, 내러티브의 일관성과 운동을 산출해 내는 시선과 흘낏 봄glance의 시스템으로서, 관객을 그것과 관련 맺게 한다. 즉 리얼리즘적 극영화의 수사학으로서, 시선의 일치, 숏/리버스 숏, 시점[숏]이 그것이다. 이러한 수사학은 내러티브에 집중한다. 사건들의 세계 내에서 특권화

JOHN FISKE

되어야 할 장면, 인물, 작은 서사, 연관 등을 설정해 준다. 그것은 세계를 독해 가능한 위계의 체계로 정리한다. (p.342)

〈캐그니와 레이시〉의 이 시퀀스는 코피의 정의에 정확히 들어맞는 예를 제공한다. 여기서 숏/리버스 숏 패턴은 관객을 매케이브가 말하는 지배적 시각성 내에 자리 잡게 한다. 두 명을 잡은 설정 숏은 장면 전체를 알려 준다. 이제 우리는 거의 청취자와 마찬가지 시점에서 각각의 발화자를 보게 된다. 숏 2부터 숏 5에서 시선의 일치 및 180도 규칙의 관습을 통해 우리는 상대방이 화면에 보이지 않음에도 불구하고, 각 발화자가 누구를 보고 누구에게 얘기하는지 알게 된다. 카메라워크와 편집이란 메타담론에 의해 주어지는 이러한 앎은 개별 인물들이 알고 있는 것보다 우월하다. 우리는 각 인물[의 내면]을, 그들의 발언 이면을, 그들 간의 관계를 그들보다도 더 잘 '꿰뚫어 본다.' 따라서 카메라가 한 인물을 대신하지 않는 것, 우리를 바로 그 인물의 자리에 위치시키지 않는 것이 중요한다. 왜냐하면 그렇게 한다면 우리를 둘 중 한 인물이 되게 해서 우리가 극 중 인물보다 더 잘 안다는 사실을 부인하는 것이 될 것이기 때문이다. 이보다도 더 중요한 점은 그럴 경우 발화자가 시청자에게 직접 말하는 것처럼 보여서, 우리의 존재를 인식하고 있는 듯이 보일 수도 있다는 점이다. 또 이러한 카메라의 지배적 담론에 의해 주어지는 전지적 입장은, 극 중 인물이 알지 못하는 상태에서 우리를 그들을 보고 듣고 모든 것을 이해하는 비가시적 도청자−관음자invisible eavesdropper-voyeur로 자리 잡게 해 주는데 의존한다. '현실'은 우리 앞에서 벌거벗은 채 드러나는 것이다.

숏/리버스 숏과 동기화된 편집 관습의 또 다른 효과는 '봉합suture'이라고 불리는 것이다. 이 말의 의미는 글자 그대로의 '꿰매기stitching'로, 이는 두 가지 차원에서 작동한다. 첫째, 영화(또는 프로그램) 자체 내에서 작동한다. 봉합은 영화가 구성된 것, 즉 영화가 서로 연결돼 묶여진 것이라는 사실이 앞서 말한 관습에 의해 보이지 않게 되어 우리가 그것을 일종의 '이음매 없음'으로 경험하는 것을 가리킨다. 두 번째 차원은 봉합이 관객을 내러티브 내로 봉합해 넣는 방식이다. 관객이 (거의) 극 중 인물의 시점에서 액션을 보고 이해하도록 함으로써, 봉합은 스크린이 우리로 하여금 매개 없이 직접 연기에 접근할 수 있게 해 주는 듯한 인상을 유지하며, 그럼으로써 영화적/TV적 메타담론이 비가시적인 채 드러나지 않게 해 준다.

이 같은 이음매 없음을 꾀하는 시도는 픽션의 리얼리즘에 한정되지 않는다. 뉴스나 시사 다큐멘터리에서 현장 인터뷰를 할 때 통상 인터뷰 대상자를 카메라 한 대로 촬영한다. 인터뷰가 끝나면, 카메라는 비로소 인터뷰어가 그 질문들을 다시 던지는 모습과 머리를 끄덕이고 미소를 짓거나, 공감한 채 듣는 모습 등 일련의 리액션 숏을 찍는다. 이 숏들은 나중에 인터뷰 대상자의 발언이 편집됐다는 사실을 은폐하기 위해 사용된다. 발언 중 한 부분이 편집되어 버려질 때 그 컷은 '리액션 숏'을 삽입함으로써 은폐되어, 발언자의 발언이 편집됐다는 사실을 숨긴다. '리액션 숏'이 없다면, 영상에 '점프jump'가 발생해 편집 사실이 노출될 것이다.

〈캐그니와 레이시〉 시퀀스에서 카메라워크와 편집은 '담론의 위계'를 산출해 낸다. 위계의 낮은 자리는 여성의 행복이 남성과 의미 있는 관계를 맺는 데 달려 있다고 믿는 전통적인 여성관에서 나오는 레이시의 담론과, 또 이에 도전하는 새로운 '해방된' 여성관인 캐그니의 담론이 차지한다. 이 둘 모두 명시적으로 드라마의 일부이기 때문에 매케이브(1981a)가 "쓰인" 또는 "말해진" 것이라고 부르는 것들이다. 하지만 이것들은 담론의 위계에서 이 두 담론의 상위에 있는 비가시적인 메타담론인 것은 아니다. 하위 담론을 설명하고 그것에 의미를 부여함으로써 시청자에게 전지적 입장을 가능케 하는 것은 영화적/TV적 담론이다. 이로부터 시청자는 각 여성의 편파성을 이해할 수 있고, 그래서 '현실'에서 '진실'은 이 두

JOHN FISKE

여성 사이의 어딘가에 있음을 알 수 있다.

코피(1981)는 드라마 리얼리즘의 관습을 다큐멘터리 리얼리즘의 그것과 대비한다.

'다큐멘터리 룩'이란 용어는 픽션의 사회적 공간 — 단순히 배경이 아니라 어떤 의미에서는 다큐드라마가 다루고자 하는 것을, 극화되어야 하는 '기록document'을 구성하는 사회적 공간 — 을 구축하는 외양들의 시스템을 뜻한다. 이런 식으로 〈캐시 컴 홈Cathy Come Home〉●과 〈기식자들The Spongers〉●●은 공동체 일부의 사회적 환경과 그들을 억압하는 관료주의를 다루고자 하며, 〈희망의 나날들〉은 농촌 공동체로부터 조직 노동에 이르는 노동 운동 전체가 그 주제라고 주장한다. 사회적 환경과 공동체에 주목하는 것은 다큐드라마를 자연주의naturalism의 이데올로기와 연결하는 것이다. (p.342)

그는 이어 다큐멘터리 룩의 좋은 예를 제시한다.

또 다른, 내 생각에 좀 더 근원적인 차원에서, 다큐멘터리 룩은 '계획되지 않거나' '미리 구상되지 않은' 숏이라는 수사학 — 카메라는 액션에 놀란다 — 에서 그 일관성을 찾아볼 수 있다. 〈희망의 나날들〉의 마지막 에피소드에서 새라와 필립은 술집에 있다. 새라는 맥주잔을 들고 총파업의 성공에 축배를 제안한다. 카메라에 잡히지 않는 인물의 목소리가 "그럽시다"라고

● 1966년 영국 BBC가 방영한 단막극으로 홈리스가 된 가족 이야기를 다큐멘터리 형식을 통해 보여 준다. 영국 복지 제도의 문제를 고발한 드라마로 켄 로치가 연출했다.
●● 1978년 영국 BBC에서 방영한 사회 비판적인 드라마로 짐 앨런이 각본을 쓰고 켄 로치가 연출했다.

호응한다. 여전히 미디엄 클로즈업으로 촬영된 새라는 카메라 밖의 그 발언자를 알아본다. 그제야 카메라는 놀라서 그 인물을 찾으려고 팬한다. 이 작은 장면에는 대본도, 사전 계획도, 리허설도 없어 보인다. 그 대신 카메라만이 포착할 수 있는, 구성할 수는 없는, 픽션 너머에서 지속되고 있는 완전한 세계를 설정한다…… 그 세계는 자발적이어서 진실된 세계다. (p.344)

코피는 드라마 리얼리즘과 다큐멘터리 리얼리즘 간의 다른 차이도 지적한다. 드라마 리얼리즘이 형식의 비가시성과 카메라를 의식하지 않는 관객에 의존하는 반면, 다큐멘터리 리얼리즘에서는 객관적인 카메라의 존재가 인지되며, 종종 분명치 않거나 들을 수 없는(따라서 '자연스런') 사운드를 동반하는 핸드 헬드 카메라hand-held camera, 비좁은 공간에서의 숏cramped shot, '자연스런' 조명과 같은 관습을 사용한다. 다큐멘터리 관습은 카메라가 사전 계획되지 않은 현실의 한 조각 — 이를 다큐멘터리가 객관적이고도 진실되게 보여 준다 — 을 마주친 듯한 인상을 주기 위해 고안된 것이다. 반면 드라마의 관습은 우리가 매개되지 않은 현실의 한 부분을 직접 보고 있다는, 즉 카메라는 존재하지 않는다는 인상을 주기 위해 고안된 것이다. 이는 드라마가 대사와 액션에 맞춰 주의 깊게 촬영을 계획하는 것을 고려하면 역설적으로 보일지도 모른다. 그러나 드라마 리얼리즘의 관습에는 주의 깊게 숨겨진 이러한 역설이 적잖이 존재한다.

드라마적 룩의 관습은 개인의 경험을 현실을 이해하는 '자연스런' 방식으로 제시하는 고전 리얼리즘classic realism에 이상적으로 들어맞는다. 그러나 다큐멘터리 관습은 주인공 개인에 초점을 맞추지 않고, 대신 주인공이 처한 사회적 환경, 사회적 요인에 강조점을 두도록 한다. 그래서 그 관습은 윌리엄스(1977)가 〈거대한 화염The Big Flame〉●에서 발견한 정치적으로 의식 있는 사회적 리얼리즘에, '급진적'이라고 할 수는 없어도 '진보적'이라고 할 만한 것에 잘 어울린다(pp.131~133을 참조하라). 그 결과 이 관습은 전형적인 프라임 타임 TV에서는 찾아보기 흔치 않다.

〈캐그니와 레이시〉의 해당 에피소드의 후반부에는 동기화된 편집과 숏/리버스 숏이 다른 식으로 쓰이는 장면이 나온다. 그 장면은 크리스틴 캐그니가 식당 테이블 앞에 앉아 있는 숏으로 시작한다. 그녀가 기다리는 사람 ─ 이전 장면에서 그녀에게 전화를 걸었던 남자 ─ 이 그녀 뒤의 창문을 통해 보인다. 남자가 식당으로 들어서고 첫 마디를 하는 장면은 카메라에 잡히지 않고, 캐그니가 앉아 있는 테이블에 합석할 때 남자가 프레임으로 들어온다. 그가 화면 내로 들어설 때 카메라는 뒤로 물러나면서 두 사람을 투 숏으로 잡는다.

여기서 내러티브의 방점과 시청자의 관심은 남자에 대한 캐그니의 의구심과 끌림에 집중되므로, 이는 남자가 말을 하고 있을 때도 카메라가 계속 그녀와 그녀의 리액션을 잡는 것, 그래서 그녀를 남자보다 훨씬 더 오래 잡는 이유가 된다. 남자에 대한 그녀의 의구심은 그녀의 목소리 톤과 대사에 의해 전달된다. 편집, 카메라워크, 조명과 같은 무언의 TV적 메타담론은 그녀의 의구심이 정당함을 '알려 준다.' 이 장면의 '진실'은 남자의 경험이 아니라 캐그니의 경험에 담겨 있다. 편집에 대해 이미 언급한 바 있지만, 카메라가 숏 2, 3, 5에서 다양한 클로즈업을 사용하는 방식은 주목할 만하다. 남자(숏 2, 4, 6, 8)는 항상 캐그니 경우보다 타이트한 클로즈업으로 촬영된다. 1장에서 익스트림 클로즈업이 주인공보다는 악당을 그리기 위해 사용되는 경향이 있다는 점을 지적한 바 있다. 여기서는 남자가 악당이라고 암시하는 것이 아니라, 우리가 남자에 공감하는 것을 저해해서 그를 캐그니의 시점에서 보도록 한다. 장면의 처음과 끝(숏 3, 9)에

● 1969년 영국 BBC에서 방영한 단막극으로, 해고에 반대하는 리버풀 부두 노동자 1만여 명의 투쟁을 사실적 다큐멘터리 방식으로 그렸다. 짐 앨런이 대본을 썼고 켄 로치가 연출했다.

카메라		대사
숏 1: 설정 숏: 캐그니 기다린다. 남자 프레임 내로 들어와 투 숏이 된다.	남자	(오프 카메라) 안녕, 크리스틴.
	캐그니	오, 미안해요. 내가 먼저 주문을 했는데 괜찮을까요? 시간이 좀 없거든요.
	남자	아, 아네요. 괜찮아요. 별일 아니라면 좋겠네요.
	캐그니	별일 아네요. 6분 30초 남았네요. 그래도 당신 보고 싶었어요. / 컷 /
숏 2: 남자의 익스트림 클로즈업 숏 3: CU: 캐그니의 리액션; 그의 어깨가 보인다.	남자	좋네요. 들어봐요. 잘 기억나지 않는데, 내가 / 남자의 컷 / 어젯밤…… 다른 때와 달랐다고 말했던가요?
	캐그니	음, 그 식당이 좀 그랬죠.
	남자	내가 무슨 말 하는지 알아요, 크리스틴?
숏 4: 남자의 ECU 숏 5: 캐그니의 CU, 숏 3보다 바짝	캐그니	네, 알죠. / 컷 / (잠시 멈춘다) / 컷 / 내가 말했듯이 먼저 준비되는 걸로 내가 주문을 했어요. 사실은 당신이 뭘 좋아하는지 몰라서.
	남자	난 모험가라고 했던 거 기억나요?
	캐그니	그랬죠. 어느 대학을 다녔다고 했죠? / 컷 /
숏 6: 남자의 ECU 숏 7: 캐그니의 CU	남자	펜실베이니아대학 / 컷 /
	캐그니	맞아요, 필라델피아에 있는.
	남자	으흠.
	캐그니	그래요. 농구 장학금을 받았구요.
	남자	으흠.
	캐그니	그랬군요.
	남자	별일 없는 거 맞아요?

	캐그니	아무 문제없어요. 왜요?
	남자	좀 초조해 보여서.
	캐그니	아, 아녜요. 그냥 관심이 가서 당신에 대해 알고 싶어서 / 컷 /
숏 8: 남자의 ECU	남자	우린 서로에 대해 꽤 많이 아는 거 아녜요? / 컷 /
숏 9: 캐그니의 CU	(캐그니가 남자를 바라본다) / 컷 /	
숏 10: 숏 1과 같은 투 숏	캐그니	고마워요. (식사를 내온 웨이트리스에게)

CU=클로즈업, ECU=익스트림 클로즈업

서 캐그니는 '정상적인' 클로즈업으로 촬영되었다. 그러나 숏 5와 7에서 그녀는 그에 대해, 그를 향하는 자신의 감정에 대해 걱정한다. 그래서 이런 불안감을 전하기 위해 카메라는 약간씩 움직이지만, 그 숏이 거부감을 주는 익스트림 클로즈업은 전혀 아니다. 카메라가 우리를 물리적으로, 또 감정적으로 캐그니의 입장에 위치시키려 할 때, 조명이 이를 거든다. 남자의 얼굴은 캐그니의 얼굴보다 살짝 덜 밝게 조명되고, 그녀의 머리카락은 후방 조명back-lighting을 받아 '후광' 효과가 난다. 이런 방식은 리얼리즘적 조명의 표준 관습으로, 시청자가 한 인물에 공감하고 다른 인물에는 거부감을 느끼도록 하기 위해 사용된다.

텔레비전 리얼리즘의 메타담론은 캐그니의 담론에 남자의 담론보다 위계적 우위를 부여한다. 그래서 우리가 지배적 가시성의 입장에서 그 장면을 쉽게 독해할 수 있도록 해 준다. 메타담론은 남자에 대한 캐그니의 의구심과 감정을 우리에게 '설명함으로써' 캐그니의 경험에서 모순의 뇌관을 제거하는 작용을 한다. 이 장면에 대한 우리의 이해는 전지적이어서, 위계에서 캐그니의 이해보다 우월하다.

리얼리즘과 급진주의

우리가 이제까지 살펴본 리얼리즘 이론에 따르면, 리얼리즘은 불가피하게 반동적이며, 결국 현 상태를 당연시하는 방식으로 세계를 재현한다는 결론에 도달한다. 이는 짧게 잡아도 지난 20년간 지속돼 온 산업 사회에서 텔레비전의 역할에 대한 논쟁에 개입할 수 있는 지점을 제공한다. 이 논쟁은 텔레비전이 누구의 이익에 봉사하는가, 그렇다면 누구에게 불이익을 끼치는가 하는 질문에 초점을 맞춰왔다. 이는 이러저러한 형태로 이 책 전체를 관통하고 있는 논쟁이다.

여기서는 리얼리즘과 급진주의radicalism 간의 관계에 한정하고자 한다. 급진주의란 지배 이데올로기와 이를 생산하고 떠받치는 사회 체제를 비판적으로 따지는 입장을 말한다. 급진주의는 후기 자본주의의 불평등과 자의성을 깨닫게 하고, 이는 결국 사회 변화를 촉진하려는 욕망과 사회 변화를 위해 기꺼이 일하려는 태도를 산출한다.

분석을 위해서 급진주의에 대한 이런 정의의 두 가지 주요한 초점을 확인해 두는 것이 편하다. 이 초점들은 대충 리얼리즘을 이론화하는 두 가지 방식, 즉 내용을 통한 방식과 형식을 통한 방식에 조응한다.

[좀 전에 언급한] 논쟁의 가장 선명한 예는 영국 TV 미니시리즈 〈희망의 나날들〉과 관련해 1970년대 후반 〈스크린Screen〉에서 벌어진 것이다. 트라이브와 코피가 중요한 기고를 했지만, 핵심 참여자는 매케이브와 맥아서였다. 이들의 논문은 베넷 등(Bennett et al., 1981: 285~352)이 수록해 놓았다. 〈희망의 나날들〉은 4부작 시리즈로, 1916년부터 1928년 총파업에 이르는 영국 노동 운동의 부상을 세 주인공의 경험을 통해 그린다. 이 작품에 대해 숱한 불만이 공개적으로 쏟아졌는데, 불만은 크게 두 범주로 나눌 수 있다. BBC가 '좌파 프로파간다'를 방송했다는 비난과 의상, 세팅, 액션 등의 세부 사항이 부정확하다는 역사적 고증 관련 불만이 그것

이다. 이들 불만이 이데올로기적 진실 또는 거짓의 문제와 리얼리즘적 정확성 또는 부정확성의 문제를 함께 제기한 것은 중요하다. 이데올로기와 리얼리즘은 서로 분리할 수 없는 것이다.

트라이브(Tribe, 1981)는 옷, 단추, 1916년 당시 병사들이 3열 또는 4열로 행진했는지 등에 관한 이미지의 진실성에 대한 대중의 투고는 역사적 고증에 대한 것만이 아니었다고 지적한다. 이러한 관심은 그 자체로 이데올로기적 실천이었으며, 텍스트의 이데올로기적 작동과 관련된 것이었다.

> 이미지의 진실성은 그 이미지가 구축하는 역사의 진실성을 전달하는 수단이라고 할 수 있다. 이 역사는 그 자체로 과거에 대한 진실로, 그것으로부터 교훈을 이끌어낼 수 있는 일련의 정치적 사건으로 여겨진다. 따라서 〈희망의 나날들〉 프로젝트는 역사주의적 노선에 따라 민중의 역사를 쓰는 것과 관련된다. 그런데 이 역사는 시청자에 의해 [객관적인] 진리로 인식된다. 올바른 '사실들'을 제시했기 때문이 아니라, 그 이미지가 맞는 것처럼 보이기 때문에. '그건 원래 그런 것'이라는 인지 효과는 플롯의 역사성의 산물이 아니라 이미지 조작의 산물인 것이다. (p.324)

이미지의 리얼리즘적 특성은 그 신빙성에 직접 영향을 미치므로, 그것을 통해 이데올로기적인 실천이 작동하는 문화적 형식의 필수적 부분이다.

확실히 〈희망의 나날들〉은 잠재적으로 급진적인 TV 드라마다. (추정컨대) 우파적인 시청자들에 의해 받아들일 수 없는 것으로 여겨졌다. 이 드라마의 급진성은 자기 의식적인 좌파적 정치적 시점에서 최근 역사를 사실적으로 그리는 방식에서 찾아볼 수 있다. 이 작품은 윌리엄스(1977)가 리얼리즘을 정의하는 특성으로 제시한 것에 완벽하게 부합한다. 즉 동시대적이고(또는 거의), 세속적이고, 사회적으로 확장돼 있고, 그리고 명시적으로 정치적이다. 이 작품은 자본주의 사회에서 방송되었고, 그 사회에 대한 좌파적, 비판적 견해를 제시하려 했다. 이처럼 내용은 당대의 지배 이데올로기에 도전했고, 가장 신랄한 정치적 비평가들조차도 ― 그들 중 매케이브가 가장 분명하게 의견을 표명한 인물이었다 ― 그 작품이 급진 적이지는 않더라도 '진보적'이라고 인정했다. 이 작품의 진보성은 내용이 지배 이데올로기와 이에 수반되는 사회 체제에 대항하는 방식에서 찾을 수 있다. 그러나 매케이브에 따르면, 〈희망의 나날들〉은 그 형식이 관습적 인 드라마의 리얼리즘을 택하고 있기 때문에 급진적 작품의 반열에 오를 수 없었다. 매케이브는 〈희망의 나날들〉 내용의 진보성을 인정했지만, 작 품이 드라마의 리얼리즘적 형식에 의해 활성화되면서 부르주아 자본주의 의 이데올로기적 틀 내에서 의미를 부여받고 이해되는 방식에 의해 그 진 보적 잠재력이 제거된다는 이유로, 결국엔 이 드라마를 정치적으로 비난 했다.

이는 비비꼬인 주장처럼 보일 수도 있다. 그것보다 일반적인 이론적 함축을 이해하기 위해서는 담론의 위계, 지배적 시각성, 모순, 투명성과 같은 개념들을 상기할 필요가 있다. 매케이브에게 있어서 리얼리즘은 필 연적으로 반동적이다. 왜냐하면 리얼리즘은 담론과 문화의 구성물로가 아니라 사실로 여겨지는 '진실'의 개념을 제안하기 때문이다. 이 '사실적 진실'은 위계의 최상위에 위치하는 무언의 담론 ― 이는 그가 메타담론이 라고 부른 것으로 시청자를 이 진실이 객관적이고, 합당하고, 따라서 자 연스러운 것으로 보이게 하는 시점에 위치시킨다 ― 에 의해 전달된다.

> 메타담론에 의해 보장되는 진실에 단순하게 접근하는 것은 그 자체의 작 동의 억압에 의존하며, 이 억압은 독해자에게 입장의 상상적 통일성an imaginary unity of position을 부여한다. 이로부터 영화 내의 다른 담론들이 독해된다. (MacCabe, 1981a: 310)

메타담론의 진실성을 보장하는 것은 그것의 투명성('그 자체의 작동이 억압됨')이다. 왜냐하면 그 투명성은 자체의 자의성, 그리고 정치적 효능을 은폐하기 때문이다. 그것은 매케이브의 주장에서 핵심인 '입장의 상상적 통일성'에 시청자를 위치시킨다. 바로 이것이 모순을 부인하는, 또는 담론적 위계에서 낮은 것으로 표현될 수 있는 모순들을 해소하는 수단을 제공하는 것이다. 핵심은 리얼리즘이 모순을 해소하며, 모순이 해소되지 않은 채 독자에게 반향을 일으키도록 내버려 두지 않는다는 점이다. 독해자의 의식 속에서 작동하는 해소되지 않은, 활동적인 모순들은 지배적 시각성의 통일된 입장과 그에 부수되는 전지성의 현실 안주적 수용을 파괴하곤 한다. 대신 모순들은 불편함, 불확실성, 그리고 단지 텍스트 측면에서가 아니라 독해자의 사회적 경험의 측면에서 이들 모순을 철저히 사유하고자 하는 욕망을 산출한다. 이것이 사회 변화를 원하는 욕망의 필요 조건인 급진적인 마음의 틀이다. 텍스트 내의 모순 — 리얼리즘은 그 반동적 포획entrenchment을 교란하지 않고 손쉽게 처리할 수 있다 — 과 독해자 내의 모순 — 이것은 급진주의의 선결 조건으로서, 리얼리즘 형식이 결코 산출할 수 없다 — 간의 구별은 결정적이다.

6장에서 우리는 텍스트 내의 모순에 대한 대안적인, 좀 더 생산적인 이론을 논의할 것이다. 이 이론은 모순을 최종적으로 해소하는 것이 불가능함을 강조할 것이다. 매케이브의 이론은 급진적 콘텐츠를 다룰 때조차도 시청자를 항상 반동적인 마음의 틀에 묶어 놓는 리얼리즘의 힘을 강조한다. 왜냐하면 리얼리즘 형식은 시청자들이 급진적 운동에 대해 지배적 [세력의 이익에 부합하는] 의미를 부여하고 급진성을 제거하기 위해 지배 이데올로기를 이용할 수 있도록 해 주기 때문이다.

이런 견해에 따르면 리얼리즘은 지배 이데올로기를 확산하고 자연화하는 반동적 재현 양식이다. 리얼리즘은 모든 것을 '리얼리즘적'으로 보이게 함으로써 효력을 발생한다. '리얼리즘적임'은 이데올로기를 특정한 사회와 문화의 산물이 아니라 현실 또는 자연의 산물로 보도록 하는 과정이다. 따라서 〈하트 투 하트〉의 히스패닉 악당이 백인 주인공을 이겼더라면, 우리 사회에서 그것은 '비현실적인unrealistic' 것으로 보였을 것이다. 이와는 다르지만, 마찬가지로 배 객실의 창이 현창이 아닌 사각형 창이었더라면, 비현실적인 것으로 보였을 것이다. 리얼리즘은 외부 세계의 감각적으로 인지되는 물리적인 세부 사항과 지배 이데올로기의 가치 모두에 충실하도록 하는 결과를 빚는다. 이런 식으로 이데올로기는 '현실'의 객관적 세계로 투영되고, 이 '실재' 세계의 세세한 부분이 리얼리즘에 의해 정확히 재현된다면 그것이 담지하도록 만들어진 이데올로기는 타당한 것으로 여겨진다. 나는 "……을 위해 구축된" 그리고 "……에 요구되는"이라는 두 가지 의미로 "……하도록 만들어진"이란 표현을 쓴다. '세세한 부분을 바르게 담고자' 하는 리얼리즘의 욕망은 이데올로기적 실천이다. 왜냐하면 실재에 충실하다고 믿을 만하다는 것이 리얼리즘이 구현하는 이데올로기[가 믿을 만하다는 것]로 전이되기 때문이다. 리얼리즘의 관습은 그것이 보여 주는 '현실'이 구성된 것임을, 그러므로 그 위에 투영되는 이데올로기가 자의적이라는 사실을 가리기 위해서 개발되었다. 이데올로기를 현실에 정초定礎하는 것은 이데올로기가 도전할 수 없는 것이고 변치 않는 것처럼 보이게 하는 방법이므로, 반동적인 정치 전략인 것이다.

JOHN FISKE

3장

리얼리즘과 이데올로기

대중성

앞 장에서 했던 리얼리즘과 관람 주체의 구성에 대한 논의로부터 여러 질문이 제기된다. 특히 이런 논의가 텔레비전에도 들어맞는가 하는 질문이 생긴다. 이런 논의는 영화 이론에 기원을 두고 있고, 영화와 텔레비전이 많은 특성을 공유하지만 두 매체 간에는 결정적인 차이점이 여럿 있다. 이 중 가장 중요한 차이점은 관람 환경이 다른 점이 있지만, 텍스트의 성격과 제작 조건에도 차이가 존재한다. 이런 차이는 이 책의 후반 장에서 본격적으로 다룬다. 여기서는 급진적 텍스트radical text라는 개념이 주류 지상파 텔레비전에 적절한 것인지 논의하고자 한다.

무엇보다도 텔레비전은 대중적인 문화 매체다. 제작과 배급을 규정하는 경제학은 텔레비전이 대중 수용자에 도달하기를 요구한다. 서구 산업 사회에서 대중 수용자는 다양한 사회관계와 다양한 사회 문화적 경험을 지닌, 따라서 한 프로그램을 이해하고 즐기기 위해 다양한 담론을 끌어들이게 되는 여러 하위 문화[향유자], 또는 하위 수용자subaudiences로 구성돼 있다. 자체의 목적을 이루기 위해, 한 프로그램이 가능한 많은 상이한 시청자들에게 도달하도록 하기 위해 텔레비전은 이 다양성을 동질화하고자 한다. 텔레비전은 이런 상이한 시청자들이 공유하는 것 내에서 영향을 미치려 하지만, 프로그램 독해에서 이들 간의 차이가 작동할 공간도 남겨 두어야 한다. 이 문제는 5장에서 좀 더 상세히 다룰 예정인데, 현재로서는 관람 주체를 위치시키는 거의 전적인 힘을 텍스트에 부여하는 매케이브의 이론은 다양한 관객들 간의, 그리고 그들이 똑같은 프로그램으로부터 만들어 내는 의미 간의 차이를 부정한다는 점에 주목해야 한다.

그러나 이들 차이는 문화적 동질성과 지속적인 긴장 관계 속에서 작동한다. [문화적 동질성의] 공통의 기반은 첫째로 공유된 지배 이데올로기에서, 둘째로 제작자와 독해자가 공유하는 텍스트 관련 일련의 관습에서 찾을 수밖에 없다. 왜냐하면 그것들이 공통의 역사와 경험의 일부이기 때문이다. 텔레비전은 관습의 매체다. 그 관습은 친숙함과 규칙적 반복을 원하는 시청자들과, 제작비 절감과 시장 리스크의 최소화를 위해 확립된 관습을 원하는 제작자 모두에게 잘 맞는다. 텔레비전의 경제적 차원 때문에 그 내용이 상당히 진보적일 경우에도 텔레비전은 관습적 형식을 채택한다.

그래서 〈캐그니와 레이시〉는 관습적으로 남성 이데올로기를 담는 형식 — 관습적인 경찰 드라마 — 으로 여성적, 심지어 페미니즘적 시점에서 보는 사회 세계를 재현할 수 있다. 이 남성적 형식이 좀 더 여성적 형식인 숍 오페라의 요소들을 채용해 누그러졌다고 할 수 있지만, 주도적 관습(및 그 지배 이데올로기)은 경찰 드라마라는 가부장적인 부르주아 형식의 관습(및 이데올로기)이다.

이미 살펴보았듯이, 세계를 사회적으로 탐구하는 시각을 관습적 형식에 적용하는 것은 논란이 될 만하다. 매케이브도 형식의 관습성은 항상 결국에는 어떠한 급진성도 제거해 버릴 것이라고 주장한다. 매케이브에 따르면, 위계질서의 최상위에 있는 성문화되지 않은 담론, 즉 메타담론은 완벽하고도 편안한 느낌을 주어 더 이상 사회적 점검을 할 필요가 없을 뿐만 아니라 실제로 불가능하게 만드는 전지적인 마음의 틀a frame of mind을 산출함으로써 자체를 시청자가 더 이상 따져볼 필요가 없는 것으로 받아들이게 한다.

이런 논리는 매우 다른 경로를 거치지만 프랑크푸르트학파의 비관적 마르크스주의와 비슷한 결말에 이른다. 프랑크푸르트학파는 자본주의 문화 산업이 사람들을 대중으로 동질화하고, 사람들의 취향을 최소공배수의 취향으로 저급화함으로써 탈개인화한다고 본다. 경제와 이데올로기의 결합이 너무 강력해서 어떠한 저항적 또는 급진적 운동도 즉시 지배 이데올로기에 포획되거나 편입된다는 것이다. 1970년대 말 인기를 끌었던 〈미녀 삼총사〉는 통상 남성에게만 주어졌던 탐정 역할을 세 명의 여성에게 부여했다는 점에서 일말의 급진적 요소를 지녔다고 할 수 있다. 그러나 성적 매력을 앞세우기 위해 세 여주인공들이 캐스팅되고 그런 방식으로 촬영되었다는 사실을 감안하면, 이것은 편입incorporation의 장치로 볼 수 있다. 즉 가부장제가 원칙을 전혀 수정하지 않고 일부 사소한 부분만 바꾼 채 '새로운 여성'을 가부장적 세계관 내로 수용할 수 있음을 보여 주는 방식의 재현 형식을 통해서, 그 프로그램의 급진성은 성차별적 지배 이데올로기에 편입되었다. 마찬가지로 〈하트 투 하트〉 장면에 나오는 여성적인 창 / 현창 / 세탁기 농담 또한 편입의 장치로 볼 수 있다.

두 경우 모두 '새로운 여성'을 가부장제로 편입시키는 기호들은 프로그램에 잠재해 있을지도 모르는 위협의 뇌관을 제거하고, 또 가부장제가 잠재적으로는 급진적인 운동까지도 기존 권력 구조 내에 수용할 수 있는 능력이 있다는 점을 보여 주는 효과를 지닌다. 이런 식으로 젠더의 사회적 의미에 대한 가부장제의 장악력은 사실상 더 강화된다.

이와 관련 있는 편입의 효과 중 하나는 급진주의자들의 목소리를 잠재우고 반대를 표출할 수단을 박탈하는 것이다. 펑크punk 스타일 의상의 특징적 요소들이 산업에 의해 '패션'에 편입되었을 때, 펑크 하위 문화는 지배 질서에 대한 반대를 표출할 주요 수단을 박탈당했다. 마찬가지로 좌파적 또는 페미니즘 담론을 부르주아 가부장제에 편입하는 것 또한 이들 담론에서 급진성을 빼앗는 것이다. 편입은 강력한 이데올로기적 방어 기제인 것이다.

바르트(1973)는 이와 유사한 이데올로기적 과정을 설명하기 위해 (예방) 접종inoculation의 메타포를 이용한다.

> 이미 알려져 있는 악을 약간 접종함으로써 집단적 상상력의 내용에 면역성을 갖게 한다. 그럼으로써 일반적인 것이 된 전복의 위험으로부터 집단적 상상력을 보호한다. (p.150)

텔레비전 뉴스는 종종 급진적 목소리 ─ 노동조합, 평화 운동, 환경 운동의 대변인 등 ─ 를 포함할 테지만, 이는 뉴스 보도 내에서 그 범위와 위치가 지배 이데올로기의 대행자들에 의해 선택, 통제되는 [접종용] 투약분과 같은 기능을 할 것이다. 마찬가지로 부르주아 리얼리즘은 급진적이고 전복적인 담론을 포함할 수 있다. 하지만 그런 담론을 담론 위계의 하위에 위치시켜서, 지배 이데올로기가 허용해 주는 급진주의에 대항해 그런 담론이 지배 이데올로기를 '접종할' 수 있도록 해 준다. 이 메타포는 지배 이데올로기가 '질병'의 계산된 투약분을 자체에 주사함으로써 급진적인 것에 대한 저항력을 강화한다는 점을 함축한다. 프랑크푸르트학파의 편입 이론도 마찬가지로 작동한다. 자본주의가 편입해 버리는 반대적 요소들에 의해서, 자본주의가 급진주의자들로부터 박탈하는 그들의 목소리에 의해서 자본주의는 더 강해진다.

이런 입장은 모든 대중 문화가 불가피하게 지배 이데올로기의 이익에 봉사한다는 것을 함축하는 것으로 귀결된다. 왜냐하면 제작자와 수

JOHN FISKE

용자—소비자 간의, 내부의 차이가 최소화되는 다양한 수용자 집단 간의 공통 기반을 제공하는 것이 바로 이런 입장이기 때문이다. 이렇듯 공통의 기반은 시청자를 지배 이데올로기[내]의 주체로 위치시키는 작용 — 이는 어떠한 급진적인 콘텐츠도 필연적으로 형식의 관습에 의해 급진성을 상실하게 만들 정도로 효과적이다 — 을 수행하는 대중 예술 작품의 관습적 형식을 산출한다.

이는 프로그램 및 시청자에 의해 의미화되는 시청 과정의 성격에 대해 질문을 제기한다. 이것이 다음 장의 핵심이 될 것이다. 여기서 나는 매케이브가 부인하는 맥아서의 입장, 즉 프로그램의 독해를 위해 시청자가 텍스트 밖의 경험과 태도를 끌어들이는 능력과 자유를 갖고 있다는 입장이 함축하는 바를 지적하고자 한다. 1970년대 말 〈미녀 삼총사〉가 방송되었을 때 여성들은 이 시리즈를 얼마나 즐겼는지 말하곤 했다. 능동적이고 주도적인 역할을 하는 여성들을 보는 즐거움이 매우 대단해 페미니즘적 내용을 가부장제 내로 재편입하려는 장치들은 무력화됐다고 했다. 가부장제와 페미니즘 간의 이데올로기적 긴장은 담론의 위계에 대한 이론이 말하는 바처럼 깔끔하거나 완벽히 해소되지는 않았다. 의심할 바 없이 프로그램 내에 담론의 위계가 존재하지만, 그것의 이데올로기적 효능은 지배 이데올로기 또는 이와 유사한 것을 일상생활에서 실천하는 시청자들에게 한정되었던 반면, 지배 이데올로기가 자신들의 사회 경험을 적절히 의미화해 주지 못하는, 그래서 대항적 또는 대안적 이데올로기를 따르는 사람들은 다른 이데올로기적 틀을 적용해 프로그램을 의미화하고 프로그램이 제안하는 것이 아닌 **자신들의** 의미, **자신들의** 쾌락을 발견할 수 있다. 다른 말로 하자면, 프로그램은 다양한 사람들에게 다양한 의미로 다가갈 수 있다. 남성 시청자의 독해는 여성의 것과 다를 수 있으며, 여성의 쾌락은 남성의 쾌락과 다를 수 있다. 이것이 함축하는 바에 대해서는 나중에 좀 더 충실하게 다룰 것이다. 여기서는 텔레비전 프로그램은 상대적으로 열린 텍스트 — 즉 그것으로부터 다양한 의미를 끌어낼 수 있는 — 이며, 이러한 [다양한] 의미들은 텍스트적으로 결정되기보다는 사회적으로 결정되며, 똑같은 프로그램이 여러 수용자층에게 인기 있을 수 있는 것은 이런 개방성과 다의성 때문이라는 증거가 있다는 점만 지적하고자 한다.

결국 텍스트가 독해자에게 '의미'를 강요할 수는 없다는 사실은 알튀세르가 이데올로기에 부여한 힘의 범위를 재고할 필요가 있음을 말해 준다. 사람들을 '이데올로기 내의 주체'로 구성하는 힘은 매우 커서 거의 저항할 수 없는 것처럼 보인다. 하지만 이데올로기에 저항할 수 없다면, 텍스트에 대한 저항적, 대항적 독해는 불가능하지는 않겠지만 실천하기 어려울 것이다. 안토니오 그람시Antonio Gramsci의 헤게모니 이론은 알튀세르의 이데올로기 이론보다 저항에 훨씬 큰 역할을 부여한다. 간단히 말하자면, 헤게모니는 피지배자들이 지배 체제에 동의하는 데 요구되는 과정이라 정의할 수 있다. 헤게모니는 피지배자들이 사회 체제와 그것의 일상적 체현을 '상식'으로, 자명하게 당연한 것으로 보는데 '동의할' 때 성취된다. 토드 기틀린Todd Gitlin(1982)은 텔레비전 형식의 헤게모니에 대한 중요한 연구에서 당연하게도 저항의 역할을 강조하지만, 얼핏 보면 그의 분석은 헤게모니에 저항하는 것은 거의 불가능함을 증명하는 듯이 보인다. 그러나 그는 흑인 시청자들은 흔히 텔레비전을 보다가 중간에 꺼 버린다는 A. 블룸A. Blum의 연구를 인용하면서 이를 피지배자의 동의가 결코 완전하지도, 최종적이지도 않은 증거로 제시한다.

머서(Mercer, 1986a)는 동의의 문제는 제대로 탐구된 적이 없다고 주장한다. 동의는 두 가지 형태 중 하나의 형태를 취한다고 가정돼 왔다.

역설적이게도 이 동의는 [기존 지배를] 정당화하는 '지배 문화'에 의해 **강요되거나**, 동의의 핵심적 원천이 개인이란 주권적, 법적 범주에 있다고 주장하는

JOHN FISKE

자유주의적 개념을 통해서 그 [강요하는] 힘이 **동의를 받거나** 한다. 어떤 식이든 동의의 장site은 멍청한 소심함[의 장]으로 축소되고, 그 사촌들인 '쾌락'과 '대중적인 것'은 마찬가지로 이데올로기적 효과나 개인적 선호로 돌려진다. (p.50)

머서는 동의를 이처럼 단순화하면 동의를 산업 사회의 문화와 같은 복합적이고 세련된 문화 내에서는 찾을 수 없게 된다고 주장한다. 동의가 협상되는 다양한 사회적, 역사적 계기들이 있는 만큼, 동의는 다양한 형식을 취할 수 있다. 그리고 동의는 지배와 종속, 저항의 구조들 내에서만 협상될 수 있다.

헤게모니는 이데올로기적 지배에 대한 숱한 저항에 맞서는 지속적인 투쟁이다. 헤게모니가 성취하는 힘의 균형이란 항상 불안정한 것이며, 재획득되어야 하는 것이다. 헤게모니의 '승리'는 결코 최종적이지 않으며, 어떤 사회에서든 피지배 집단은 헤게모니가 목표로 하는 전적인 지배에 저항해 왔으며, 체제에 대한 동의를 보류해 왔음을 증언하는 수많은 지점들을 찾을 수 있을 것이다.

에드워드 사이드Edward Said(1984)는 그람시의 헤게모니 개념을 세련화elaboration 개념과 연결시킨다. "세련화란 사회가 스스로를 유지하는 데 필요한 패턴들의 조화로운 집합"이다(p.171). 세련화된 문화는 농밀하고, 복합적이고, 무엇보다도 다채롭다. "현대 서구 국가의 진정한 힘은 그 문화의 힘과 깊이에서 나온다. 문화의 힘은 그 다양성, 이질적 다원성에서 나온다"(p.171). 세련화된 문화는 한 사회와 그 주체들이 어떠어떠해야 한다는 지배적 개념이 지닌 동일시하는 힘에 구조적으로 저항하는데, 그 세련화는 매우 다양한 형태의 저항들로 구성된다.

그람시의 통찰은 생산, 창조, 강요, 지도 등과 마찬가지로 지배, 균열, 확산,

재생산이 모두 세련화의 필수적 측면들이라는 점을 인식한 데 있다. (Said, 1984: 171; Mercer, 1985: 51에서 재인용)

헤게모니는 사회관계를 일련의 권력 투쟁으로 규정한다. 문화 연구는 텍스트를 이와 비슷하게, 즉 일련의 의미를 위한 투쟁의 장으로 본다. 지배 이데올로기가 텍스트의 형태로 작동할 때 서로 다른 사회적 위치에 처한 독해자들은 다양하게 이것에 저항하고, 이를 회피하고, 협상할 것이다.

리얼리즘과 담론

리얼리즘은 바르트가 말하는 신화(8장을 참조하라)와 많은 특징을 공유한다. 그 특징들은 리얼리즘이 담론(또는 바르트가 언어a language라고 부른 것)이라는 점에서 유래한다. 담론은 자체의 담론적 성격을 숨기고, 문화적인 것이 아니라 자연적인 것으로, 즉 순진한 현실의 매개되지 않은 산물 또는 반영으로 스스로를 제시한다. 오설리번 등(O'Sullivan et al., 1983)은 현실을 담론의 산물로 정의했는데, 이는 다소 장난스러운 태도로 객관적 현실 — 모든 사람이 같은 조건하에 접근할 수 있고, 객관적으로 또는 투명하게 재현할 수 있는 — 이 존재한다는 믿음을 정면으로 반박하는 것이다. 구조주의와 포스트구조주의는 현실의 존재를 부인하지는 않는다. 그들이 문제시하는 것은 현실의 객관성, 접근 가능성, 재현 가능성, 그리고 자연성naturalness이다. 이들 이론에 따르면, 현실은 현실에 의미 부여하기 위해 이용 가능한, 우리가 갖고 있는 담론들을 통해서만 접근 가능하다. 인식perception은 의미 부여 과정이고, 의미sense는 담론의 산물이다. 자연 또는 객관적 현실은 그 자체로 '유의미한' 것이 아니다. 이 주장의 증거로는 보편적 자연에 대해 서로 다른 문화들에서 엄청나게 서로 다른 해석을 하

JOHN FISKE

고 있다는 사실을 보기만 하면 된다. 우리가 살펴보았듯이, 담론은 문화의 산물인 것만이 아니다. 담론은 적어도 산업 사회에서는 사회의 산물이기도 하고, 그 사회 내의 정치적 관계의 힘의 산물이기도 하다. 하나의 담론은 항상 사회적으로 (정치적으로) 규정될 수 있는 한 지점으로부터 유래하고, 그 지점 주위에 있는 집단들의 이익에 봉사할 것이다. 실재에 대한 그들의 의미 부여를 상식인 것처럼 보이게 함으로써. 바르트(1973)가 말했듯이, 상식이란 "그것을 말하는 자의 자의적인 질서 위에서 멈춰 설 때 진리가 된다." 따라서 비평가로서 우리는 결코 어떤 세계관이 제시되는지를 질문하고 드러내는 데 만족해서는 안 된다. 암묵적이든 명시적이든, 명백하게든 어렴풋이든 담론 내부에 누군가의 세계관이 아로새겨져 있다는 점을 인식해야 한다. 무엇 안에 누가 있는지를 보여 주는 것이 아마도 비평의 가장 중요한 과제일 것이다.

이 점은 중요하다. 산업 사회에서 자원과 사회 권력이 불평등하게 배분되어 있기 때문이다. 이는 경제 영역에서는 명백한 사실일 터이고, 문화와 언어라는 관련된 영역에서도 경제만큼 명백하지는 않지만 마찬가지로 사실이다. 실로 한 국가의 문화적, 언어적 자원이 모든 사람들에게 자유롭고도 동일하게 이용 가능하다는 주장은 부르주아 자본주의의 가장 거대한 신화 중 하나로서, 교육 제도에 핵심적으로 아로새겨져 있고 그 제도에 의해 열렬히 유포되고 있다. 스튜어트 홀(1982)은 이 주장을 간명하게 논박한다.

물론 계급, 사회 경제적 지위, 젠더, 교육, 문화와 관계없이 모든 모국어 사용자에게 모국어[능력]가 동등하게 분배되어 있는 것이 아니다. 언어를 구사하는 능력도 무작위로 분배돼 있는 것이 아니다. 언어 구사와 언어 능력은 사회적으로 분배되는 것으로서 계급에 의해서만이 아니라 젠더에 의해 영향을 받는 것이다. (p.79; Hartley, 1984a에서 재인용)

담론 권력, 즉 계급에 바탕을 둔 실재에 대한 의미를 상식으로 만드는 힘은 경제력을 행사하는 사회적 집단이 쥐고 있다. 그러나 권력 행사에서 이들 영역 간의 차이는 결정적이다. 경제 권력은 열려 있고 분명한 반면, 담론 권력은 숨겨져 있다. 담론 권력이 스스로를 상식으로, 객관적이고 순수한 현실의 반영으로 제시할 수 있도록 해 주는 것은 바로 이 숨겨져 있음, '그 자체의 작동을 [드러나지 않게] 억압'하는 것이다.

바르트(1973)는 이런 자기 위장 과정을 "탈명명화exnomination"라고 부른다.

이제 이 체제를 무엇이라 부르는가의 문제에서 주목할 만한 현상이 일어난다. 경제적인 면에서 부르주아 계급은 아무런 어려움 없이 이름 붙여진다. 자본주의는 공개적으로 공언된 체제다. 정치적 면에서 부르주아 계급은 그 자체를 인정하기가 쉽지 않다. 의회에는 '부르주아' 정당이 존재하지 않는다. 이데올로기적 면에서 부르주아 계급은 완전히 사라진다. 부르주아지는 실제 현실에서 재현으로, 경제적 인간에서 정신적 인간으로 바뀔 때 자신의 이름을 지워 버린다. 부르주아지는 사실들을 거부하지는 않지만 가치 문제에서는 타협하지 않는다. 자신의 지위가 실제로 탈명명화되는 수술을 거치도록 한다. 즉 부르주아지는 이름 붙여지기를 원치 않는 사회 계급으로 정의된다. (p.138)

탈명명화는 담론의 정치적 기원을 가림으로써 사회 내 계급적, 젠더적, 인종적 및 기타 차이들을 가려 버린다. 그것은 자체의 현실에 대한 의미를 상식으로 확립한다. 이런 상태에 이르면 그것은 지배적인, 탈명명화된 담론을 통해 종속적 하위 문화들이 세계, 그 자체, 그리고 그 자체의 사회관계를 의미 있는 것으로 만들도록, 그래서 바르트에 따르면 이데올로기적으로 자신들의 억압자와 동일시하도록 권유한다(바르트와 매케이브는 '요구한다'고 했을 것이다).

> 부르주아지는 프티부르주아적으로 이용할 수 있도록 자신들의 재현을 모
> 든 집합적 이미지의 목록 위에 살포함으로써, 사회 계급의 차별화가 결여돼
> 있는 듯한 판타지를 만들어 낸다. 월급 20파운드를 받는 타이피스트가 호
> 사스런 부르주아 결혼식에 참석해서 스스로를 대견하게 여기는 순간 부르
> 주아의 탈명명화는 가장 효력을 발휘한다. (p.141)

정확히 똑같은 방식으로 리얼리즘은 계급, 젠더, 인종적으로 종속적
인 집단이 〈하트 투 하트〉 장면의 탈명명화된 메타담론 내에서 스스로를
(잘못) 인식하도록 권유(또는 요구)한다. [담론의] 위계에서 하위에 있는 담론
들은 이름 붙여질 수 있고, 그럼으로써 이것은 그 자체로 낮은 담론적 위
치임을 나타내는 기호가 된다. 어떤 담론을 예컨대 '페미니즘적'이나 '마
르크스주의적'이라고 부르는 것은 다른 담론들이, 다른 관점이 가능하다
는 것을 함축하는 것이다. 이름 붙여지지 않는 것만이 대안이 없는 것처
럼 보인다. 이름 붙여지지 않는 것만이 당연한 상식의 지위를 가질 수 있
다. 매케이브의 이론에서 '쓰이지 않은unwritten' 메타담론은 그것이 '탈명
명화되어' 있기 때문에 잘 작동한다. 경제 영역에서와 마찬가지로 문화,
담론의 영역에서 자본주의가 이름 붙여질 수 있게 된 것은 바르트가 이
런 이론을 처음 제안한 지 30년 만에 마르크스주의 문화 비평이 성취한
성과 중 하나다. 페미니즘은 이보다 훨씬 짧은 기간에 가부장제라는 이
름 붙이기를 성취할 수 있었다.

실재를 정의하는 데 담론의 역할을 억압하는 것은 동어 반복으로 이
끈다. 즉 실재란 실재하는 것이고 내가 실재적이라 말하는 것이 실재인
것이 아니다. 텔레비전 리얼리즘은 "내러티브와 비전vision 간의 고전적 관
계" — 이 관계 내에서 우리가 보는 것이 진실이고 이런 진실이 우리가 보

는 것을 확인해 준다 — 를 뚜렷이 보여 준다(MacCabe, 1981c: 315). 바르트
(1973)는 동어 반복이 작동하는 방식을 좀 더 상세히 기술한다.

> 동어 반복은 언어에 대해, 또 언어를 넘어서서 현실이 갖는 **권리**의 의분에
> 찬 '재현'이다. 그것은 마술적이기 때문에 단지 권위를 내세우는 주장 뒤에
> 숨을 수 있을 뿐이다. 그래서 아이가 계속 질문을 해댈 때 권위주의적인 부
> 모는 "그것은 원래 그런 거야"라고 답한다. (p.153)

권위를 지닌 집단 — 바르트가 부르주아지라고 부른 계급을 구성하
는 집단들 — 은 의미를 자연화함으로써 의미에 대한 투쟁을 막으려 한
다. 그들 자신을 잠재적 반대의 영역 너머로 탈명명화하기 위해 그들의 경
제적, 사회적 권력이 담론을 통해, 이데올로기를 통해, 그리고 문화적으
로 동원된다. 리얼리즘에서 메타담론이 작동하는 방식에 대한 매케이브
의 설명은 [이와] 똑같다. 사회적 권력을 가진 사람들은 무엇보다도 백인,
남성, 중산층, 보수적 종교 신도, 중년, 경제·정치적으로 힘 있는 지역의
거주자들이기 때문에, 텔레비전 리얼리즘의 메타담론은 이들 담론들이
교차하는 사회적 지점으로부터 유래한다고, 또 그런 관점을 자연화하고
해당 국가의 상식적 합의로 내세우려 한다고 예상해 볼 수 있다. 그 메타
담론은 피지배자들 — 바르트가 피억압자라고 부른 — 이 자신들의 반
대를 말하고 사유할 때 쓸 담론을 부인함으로써, 그들이 자신들의 종속
상태를 명확히 표현하고 이해할 수 있는 수단을 갖지 못하게 한다. 바르
트(1973)는 이렇게 말한다.

> 피억압자들은 무nothing다. 그들은 단지 한 언어만을 갖고 있다. 자신들의
> 해방의 언어만을. 억압자들은 전부everything다. 그들의 언어는 풍부하고 다
> 양하고 유연하고 모든 품위 있는 것을 마음대로 표현할 수 있다. 그들은 메

JOHN FISKE

타언어에 대한 배타적 권리를 갖고 있다. 피억압자들은 세계를 만든다. 그들은 능동태의, 타동사적인 (정치적) 언어만을 갖고 있다. 억압자들은 세계를 보존한다. 그들의 언어는 무제한적, 자동사적이며, 제스처와 같고, 연극적이다. 그 언어는 신화Myth다. 피억압자의 언어는 변화를 꾀하고, 억압자의 언어는 영속을 꾀한다. (p.149)

여기서 중요한 것은 피억압자들은 그들의 물질적 사회적 존재로부터 유래하는 하나의 담론만을 가질 수밖에 없다고, 또 그 담론은 세계의 변화를 꾀하는 해방의 담론이며 어떤 사회적, 정치적, 문화적 권력도 그들이 그 담론을 갖지 못하게 할 수 없다고 바르트가 말한다는 점이다. 이처럼 항상 헤게모니에 저항하고 사회 변화를 지향토록 하는 지점이 존재한다. 매케이브는 권력과 지배의 구조 내부에, 또는 그런 구조하에 있음에도 불구하고 사라지지 않는 이런 지점의 존재 가능성을 부인하는 것 같다.

텔레비전과 사회 변화

텔레비전이 항상 현상 유지의 대행자라는 주장은 설득력 있지만, 텔레비전이 전적으로 그런 것만은 아니다. 사회 변화는 일어나게 마련이고 이데올로기적 가치는 변화한다. 텔레비전은 이런 운동의 일부다. 텔레비전을 사회 변화의 선도자로 보는 것은, 또는 텔레비전이 사회 변화를 선도해야 한다고 주장하는 것은 잘못된 것이다. 왜냐하면 사회 변화는 물질적인 사회적 존재에 뿌리를 두기 때문이다. 그러나 텔레비전은 그러한 변화의 일부일 수 있고, 일부이어야 한다. 텔레비전의 힘은 사회 변화를 촉진하거나 지연시킬 수 있다. 1970년대의 〈미녀 삼총사〉나 〈여경찰〉 같은 드라마는 숱한 통합하는 장치를 갖고 있음에도 불구하고 우리 사회 내 여성 지위의 변화의 일부였다. 이들 드라마는 여성이 가정에 묶여 전통적인 여성 역할만 하던 시기에는 인기를 끌 수 없었을 것이다. 드라마 내에서 드러나는 능동적이고 강한, 해방된 여성의 묘사와 가부장제에 통합하는 장치 간의 긴장은 결코 가부장제에 전적으로 유리한 방향으로 해소되지는 않았다. 텍스트 분석가들이 그렇다는 것을 '입증하는' 텍스트상의 증거들을 아무리 많이 제시한다 할지라도. 모든 시청자가 텔레비전 프로그램을 프로그램 내에 숨어 있는 텍스트 전략에 따라서 해독하지는 않는다. 전통적인 텍스트 분석의 문제는, 그것의 목적이 이데올로기적이든 미학적이든 간에, 그런 분석이 텍스트에 대한 권위주의적인, 심지어 '옳은' 독해를 산출하는 경향과 시청자에게 이런 식의 독해를 부과하는 능력이 텍스트에 있다고 여기는 경향이 있다는 점이다. 우리는 이제 똑같은 텍스트에서 다양한 시청자들이 다양한 의미를 읽어 내는 활동을 설명할 수 있는 텍스트 이론과 이에 따른 분석 방법을 제시하려 한다.

급진적 텍스트가 필요하다고 주장하는 매케이브나 E. A. 캐플란E. A. Kaplan 같은 이론가들은 비슷한 문제점에 봉착하게 된다. 캐플란(1983a)은 계급의 정치학보다는 젠더의 정치학에 무엇보다 관심을 두는 학자인데, 급진적 페미니즘 영화에는 네 가지 주요한 특징이 존재한다고 말한다. 그녀는 급진적 이론가들이 대개 리얼리즘을 가부장적 자본주의의 지배적 양식으로 보고 이를 패퇴시키기 위해 필요하다고 거론하는 전략들을 나열한다. 이 전략들은 페미니즘 영화에만 적용되는 것은 아니고 조금만 수정하면 텔레비전과 영화 전반에도 적용할 수 있는 것들이다. 캐플란이 말하는 급진적 텍스트의 네 가지 특징 중 첫 번째는 다음과 같다.

1. 급진적 텍스트는 재현 양식에, 실재의 환영을 생산하는 기계로서의 영화 또는 텔레비전에 중점을 두며, (텔레비전의) 과정에 주목하도록 하고, 우리가 텔레비전을 보고 있는 것이 아니라 '현실'을 보고 있다는 환영을 깨부수기

위해서 테크닉을 사용한다. (p.138)

이는 모든 급진적 영화나 TV 프로그램의 주제 일부가 프로그램 제작 과정이어야만 한다는 매케이브의 주장과 통한다. 캐플란이 인용한 글에서 클레어 존스턴Claire Johnston(1973)은 급진적 페미니즘 영화를 주창하면서 비슷한 지적을 한다.

혁명적인 것이라면 현실의 묘사에 도전해야 한다. 영화 텍스트 내에서 여성의 억압에 대해 논의하는 것으로는 충분치 않다. 영화 또는 현실 묘사의 언어 또한 철저히 파헤쳐서 이데올로기와 텍스트 간의 단절이 가능토록 해야 한다. (p.28)

마찬가지로 코피(1981)의 '다큐멘터리 룩'은 카메라의 역할과 존재 presence에 주의를 기울일 것을 요구한다. 우리는 실재의 재현을 보고 있다는 점을 상기시킨다. 이를 염두에 두고 우리는 다큐멘터리 룩이 그 메타담론의 기원이라는 사회적 지점을 명백히 드러내지는 않으며, 대신 이 메타담론을 객관적 사실성의, 즉 '진실'의 하나로 제시한다는 점을 잊지 말아야 한다. 이는 다큐멘터리의 테크닉들이 급진주의보다는 진보적인 사회적 리얼리즘에 더 잘 들어맞는 것처럼 보이기 때문일지도 모른다.

캐플란이 언급한 급진적 텍스트의 다른 특징은 다음과 같다.

2. 급진적 텍스트는 고정된 관객성을 구성하기를 거부하고, 관객이 수동적으로 영화에 사로잡히기보다는 영화의 과정에 개입하도록 한다. 거리두기 distanciation 기법은 관객이 텍스트로부터 떨어져 나올 수 있도록 해 준다.
3. 급진적 텍스트는 통상 우리 감정을 조작함으로써 생기는 쾌락을 의도적으로 거부한다. …… 그것들은 알아보는 데서 생기는 쾌락을 배우는 데서

느끼는 쾌락으로, 감정적 과정과는 상반되는 인지적 과정으로 대치하려고
한다.

4. 이것들은 다큐멘터리와 픽션을 뒤섞는다. (a) 이 둘이 궁극적으로는 영화
모델로서 구별될 수 없다는 신념 때문이거나 (b) 사회 구성체와 주체성, 재
현 간에 어떤 긴장을 만들어 내기 위해서.

이처럼 제작자 편에서 행동에 나설 것을 암묵적으로 촉구하는 입장
은 관객에게서 급진적 사고의 프레임을 산출해낼 능력이, 그래서 사회 변
화를 이끌어 내지는 못할지라도 가능케 할 능력이 텍스트에 있다고 믿는
데서 유래한다. 이런 입장은 텍스트의 힘을 과대평가하고, 급진주의와 사
회 변화의 기원을 잘못 짚고, 의미의 구성에서 독해자의 역할을 과소평
가하는 듯하다. 나는 이 책의 나머지 부분에서 텔레비전은 원래 캐플란
이 말한 급진적 텍스트의 처음 두 가지 특성을 갖고 있으며, 반동적인 리
얼리즘 텍스트의 상반된 특성과의 공존은 텔레비전이 전적으로 반동적
이지 않으면서도 대중적일 수 있는 이유라고 주장할 것이다. 캐플란과 매
케이브 모두 자신들이 원하는 급진적 영화나 TV 프로그램이 과연 대중
적일 수 있을까에 대해 의구심을 가졌지만, 이들 중 누구도 대중성의 문
제와 급진주의 또는 진보성과 대중성의 관계 문제를 다루지 않았다. 급진
적 텍스트는 현실을 재현하는 데 있어 지배적인 관습을 거부함으로써, 의
미 생산에는 아무런 역할도 하지 못하도록 지배 이데올로기를 텍스트로
부터 배제하려 한다. 그러나 산업화된 대중 사회에서 우리의 문화적 삶은
산업화된 문화 생산과 유통에 의해 지배당하고 있기 때문에, 지배 이데
올로기와 필연적으로 밀접한 관련성을 지닌 문화 산업의 관습은 대중성,
접근성, 이해 가능성을 가능케 해 주는 대행자가 되었다. 그러므로 대중
문화 내에서 대중적인 의미를 탐색하는 이론이라면 이런 관습을 반드시
고려해야 한다.

민주 산업 사회에서 사회 변화가 혁명을 통해 이뤄지는 경우는 거의 없다. 여기서 혁명이란 급진적 텍스트의 사회 정치적 등가물일 것이다. 오히려 사회 변화는 사회적 권력을 가진 자들과 사회적 가치를 자신들에게 유리한 방향으로 이끌기 위해 좀 더 큰 권력을 획득하고자 하는 피지배 집단 간의 지속적인 긴장의 결과로 발생한다. 이런 과정의 텍스트적 등가물은 진보적 텍스트다. 진보적 텍스트에서 사회 변화의 담론들은 지배 이데올로기의 메타담론과의 관계 속에서 표현된다. 〈캐그니와 레이시〉는 진보적 텍스트다. 페미니즘 담론이 가부장제라는 지배 이데올로기의 담론과의 지속적인 긴장 속에서 표현되기 때문이다. [프로그램 안에] 지배 이데올로기가 드러나 보이고 이것이 작동하는데, 리얼리즘이란 관습적 형식이 동원되는 것은 프로그램의 대중성과 접근성을 확보하는 데 필수적이다. 그렇다고 해서 반드시 진보적, 대항적 담론들이 설 자리가 없어지는 것은 아니다. 오히려 그런 사실은 하나의 프레임을 제공하는데, 그 프레임 내에서 대항적 담론들이 들리고 그것의 대항성이 그 프로그램 실체의 일부를 이룰 수 있다.

　　대항적 담론들을 완전히 무력화하지 않으면서 봉쇄하는 리얼리즘 형식의 능력이, 급진적인 독해를 할 수 있고 지배 이데올로기의 프레임을 넘어서 이들 담론에 기호학적 우선순위를 부여할 수 있는 독자의 능력을 넘어설 수는 없다. 이 문제는 5장에서 다룰 것이다. 리얼리즘적 텔레비전은 반동적일 수밖에 없다는 견해에 의구심을 표하면서 이 장을 마무리하고자 한다.

4장

주체성과 호명

의미화 과정에서 중심적 자리를 차지하는 주체subject의 역할에 대해 근래 비판 이론, 특히 스크린 이론은 많은 관심을 보여 왔다. 주체란 파악하기 쉽지 않은 개념이다. 첫째로는 그 말 자체가 다양하고도 추상적인 용도로 쓰여 온 긴 역사가 있기 때문이고, 둘째로는 주체 개념이 자본주의적이며 경험주의적인 사유의 기본 가정인 개인이라는 당연시되는 개념과 갈등 관계에 있기 때문이다.

구조주의와 마르크스주의에서 유래한 이론들은 개인의 개념을 주체의 개념으로 대치할 것을 요구한다. 이런 요구는 우리 모두가 개인이라는, 즉 우리가 서로 다른 고유한 유전자 구조를 지닌 서로 다른 육체를 지니고 있다는 점을 부정하는 것이 아니다. 이는 우리의 개인성을 형성하는 우리의 부분이 본질적으로 생물학적이며, 자연의 일부이며, 따라서 문화의 연구에서 주요한 부분이 될 수는 없다는 점을 말하는 것이다. 문화 연구가 관심을 두는 것은 당연히 다양한 문화들에서 개인의 의미이며, 또 개인으로서 우리가 경험하는 자아의 의미다. 이처럼 사회관계의 네트워크 속에서 구성된 개인의 의미가 '주체'라고 일컬어지는 것이다.

오설리번 등(1983: 231~232)은 주체라는 단어의 세 가지 주요 용법을 추적한다.

1. **정치 이론에서의 주체**: 국가나 법의 주체[신민]로서의 시민. 이런 의미는 그 시민이 그 휘하에 있는 권력과의 관계에서 행동의 자유가 결핍돼 있음을 함축한다.

2. **관념론 철학에서의 주체**: 사유하는 주체, 의식의 거처site. 이 의미는 주체와 객체 간, 사유와 현실 간, 자아와 타자 간의 분리를 함축한다. 따라서 이런 의미에서의 주체성은 자아에게 나타나는 것의 표상으로서, 실제로 존재한다고 여겨지는 것과는 대립하는 것이다.

3. **문법에서의 주체**: 문장의 주체(주어 - 동사 - 술어에서처럼), 따라서 담론이나 텍스트의 주체. 행동이 그것을 향하거나 그것에 의해 결정되는 것.

이 단어의 첫 번째 용법에는 흔히 사회 권력의 힘에 종속된 존재라는 함축이 담겨 있다. 예컨대 우리는 법에, 또는 부모의 권위에 종속돼 있다. "여왕의 충직한 신민loyal subject"이란 구절은 이런 용법의 예로서, 단지 행동과 그에 동반하는 태도가 사회적으로 결정될 뿐만 아니라 정체성이 개인의 내부가 아니라 외부로부터 기인한다는 함축도 지닌다. 이 마지막 함축이 중요한데, 왜냐하면 그것이 주체성과 개인성 간의 주요한 차이를 말해 주기 때문이다. 개인성은 자연 또는 생물학의 산물로 여겨지는 반면, 주체성은 사회관계의 산물이다.

오설리번 등(1983)은 두 번째 용법을 다음과 같은 근거에서 거칠게 일축한다.

이런 의미에서의 주체성은 의식의 거처이지만, 자유롭게 부유하는 의식 또는 단일한 정체성을 암시함으로써 행동과 의미의 산물이라기보다는 그 원천처럼 보인다. 이런 철학적 입장에 내재하는 개인주의는 하나의 '사유하는

JOHN FISKE

주체'가 무엇일 수 있는지를 결정하고, 규제하고, 산출하는 데에서 사회관계와 언어가 행하는 역할을 설명할 수 없다. (p.232)

관념 철학에 대한 이런 비판은 정당하지만, 프로이트와 자크 라캉 Jacques Lacan이 사회적이고 언어적인 차원을 강조하는, 그래서 관념 철학의 개인주의와 대조되는 방식으로 개인과 주체성 간의 관계를 이론화해 왔다는 점도 지적했더라면 좋았을 것이다.

세 번째 용법은 언어의 역할을, 그럼으로써 텍스트의 역할을 감안한다. 이에 바탕을 둔 이론은 하나의 담론은 단지 주체성에 의해 발화되거나 수용될 뿐만 아니라, 주체성을 산출한다고 주장한다. 우리의 주체성은 우리가 말하거나 들을 때 우리가 만드는 의미의 거처다. 그러나 우리가 만드는 의미는 단지 텍스트나 담론의 의미인 것만이 아니라 우리 자신의, 우리 주체성 자체의 의미이기도 하다.

그렇다면 우리의 주체성은 세 가지 주요한 경로, 즉 사회, 언어 또는 담론, 심리적 과정 — 이를 통해 아이가 사회와 언어, 의식으로 진입한다 — 을 통해 우리에게 작용하는 사회관계의 산물이다. 우리의 주체성은 우리의 개인성에, 우리가 다른 사람들과 다르다는 사실에 내재하는 것이 아니다. 오히려 주체성은 우리가 그 휘하에 놓이는 다양한 사회적 작인들의 산물로서, 그래서 우리가 다른 사람들과 공유하는 것이다. 이들 사회적 작인은 매우 다양하면서도 서로 상호 작용하고, 수많은 상이한 방식으로 우리 각자의 사회적 경험이나 역사와도 상호 작용하므로, 이런 이론은 환원주의적, 순응주의적 사회관과는 거리가 멀다. 모든 백인, 가부장적 자본주의의 주체가 똑같은 방식으로 생각하고 자신의 정체성에 대해 동일한 의미를 구성하지는 않는다는 것은 명백하다. 그러나 마찬가지로 그러한 모든 주체가 다른 사회 체제의 주체와는 구별되는 무언가 공통의 요소를 지니고 있다는 점도 명백하다. 이처럼 주체를 개인으로부터 분리함으로써, 우리는 예를 들자면 어떻게 생물학적 여성이 남성적 주체성을 지닐 수 있는지, 흑인이 백인과 같은 세계관을 가질 수 있는지, 노동 계급에 속한 사람이 중산층의 이해에 봉사하는 방식으로 자신과 자신의 사회 경험을 이해할 수 있는지를 이해할 수 있다. 주체 이론은 또 개인의, 그의 경험의 통일성을 부인한다. 개인주의는 우리의 경험과 역사는 우리의 변치 않는 자아에 의해 통합되어 시간이 지나면서 일관되고 통합적으로 발전한다고 가르친다. (만약 통합을 거부하는 부조화의 요소들이 있다면, 그런 문제를 치료하는 데 도움을 줄 막강한 심리 치료 산업이 존재한다.) 하지만 주체 이론은 사회의 작인들 간에 모순이 있는 것처럼, 주체 내에도 모순이 있을 것이라고 본다. 예를 들면, 우리는 강고한 가부장제하에서 성장했지만 페미니즘 담론과 페미니즘적 작인들의 영향을 받아서, 〈하트 투 하트〉와 〈캐그니와 레이시〉처럼 상이한 프로그램들을 보고 동일한 즐거움을 얻을 수 있도록 해 주는 모순된 주체성을 지닐 수도 있는 것이다. 오설리번 등(1983)이 말하듯이 "우리는 주체이면서도 다양한 작인들에 종속돼 있는 subjected 것과 마찬가지로, 우리 주체성은 [현 주체성을] 지지하면서 [이에] 맞서는 '정체성들'의 모순적인 혼합물이다"(p.232).

사회적 주체

먼저 우리의 주체성이 사회적 차원에서 구성되는 방식에 대해 살펴보자. 하틀리(1983)는 주체성을 "접근된 동일시의 구조structure of accessed identifications"라고 정의하면서 주체성의 7가지 범주를 열거한다.

나는 가능하거나 장려되는 중요한 동일시 중에서 7가지를 제시하고자 한다. 그것들은 내가 주체성의 7가지 형태라고 부르고자 하는 것들로, 자아,

젠더, 연령 집단, 가족, 계급, 국가nation, 민족ethnicity이다. 이 목록은 추상적이며 분석적이다(나는 이에 대한 텍스트상의 보증을 갖고 있지 않다). 텔레비전에서 나타나는 구체적 경우를 보면 이것은 목록이라고 할 수도 없다. 왜냐하면 7개 범주가 서로 뒤섞여 나타나고 일부는 다른 것보다 더 장려되는 한편(가족이 계급보다 더 장려된다), 다른 범주들은 평화롭게 공존하지 않는다(일부 국가 개념들은 민족성의 일부 형태들과 갈등한다). (pp.69~70)

여기서 하틀리가 탐구하는 것은 그가 텍스트적 과정과 재현물이라고 부르는 것으로, 이것들은 독해자의 동일시를 부추길 수 있다. [앞서 분석한] 〈하트 투 하트〉 장면이 의미 있는 것이 될 수 있도록, 시청자는 가족 지향적이며(하트 부부는 친밀한 기혼 부부이며 악당들은 결혼하지 않은 커플이다) 인생의 전성기를 누리고 있는(이는 육체적이고 성적인 매력, 경험이나 성숙함, 지혜를 함께 갖춘 것으로 나타난다) 백인 남성 미국인과 동일시하도록 장려된다. 이러한 추상적인 사회적 가치나 작인들에는 드라마 내에서 구체적인 재현이 주어진다. 그리고 이것들은 한데 어울려 통일된 주체 위치subject position를 산출한다. 시청자는 텍스트로부터 쉽고도 분명한 의미를 이끌어 내기 위해 이런 위치를 차지하도록 권유받는다. 이 주체 위치의 통일성은 개인주의적 이데올로기에서 아주 당연시되는 것이며(개인주의에서 개인은 독자적이면서도 통일된 존재로 여겨진다), 매케이브(1981a)가 설명했듯이 이 통일성은 모순을 처리하지 못하는 리얼리즘의 불가피한 효과다. 이 통일된 주체 위치는 이들 7개 사회적 작인들 간에 어떠한 모순도 존재하지 않는 것으로 여기며, 그것들을 하나의 일관된 전체로 끌어 모은다. 이 전체 내에서 각각의 작인들은 다른 작인들을 지원한다. 그래서 예를 들면 백인적 특성과 남성성 간에는 어떠한 모순도 없으며(남성다운 흑인이란 신화에도 불구하고), 백인적 특성과 미국적 특성 간에는 어떠한 모순도 없으며(백인이 아닌 수천만 미국인들이 존재함에도 불구하고), 계급과 젠더, 연령 간에 어떠한 모순도 존재하지 않게 된다(이런 범주들이 사회 내 권력을 아주 불균등하게 분배함에도 불구하고). 하틀리의 7가지 범주는 모든 걸 설명한다기보다는 도발적이고 예시적이다. 그는 교육이나 종교, 정치적 지향, 지역, 도농 여부 등과 같은 다른 사회적 작인들도 추가할 수 있었을 것이다. 어쨌든 우리는 예컨대 하트 부부가 악당들보다 더 교육받은 사람들이며 북부 출신으로 도시적이라는 사실을 (텍스트 내에 보증이 있는 것이 아님에도) '안다'(이들이 북부 출신이란 점은 텍스트에서 찾아볼 수 있다. 제니퍼는 "그건 당신이 내게 한 말 중에서 가장 멋진 말이군요, 여보"라고 말할 때 과장된 남부 악센트를 사용함으로써 북부가 정상이고 남부는 비정상으로 여기게 한다). 이 작인들이 통일적이면서도 서로를 지원하는 방식으로 작동하기 때문에 우리는 이 모든 것을 '안다.'

이런 지원은 그림 1–1의 단계 3에 있는 이데올로기적 코드들에 의해 조직된다. 그것들은 사회적 작인들과 그 의미들을 조직해 서로 정합적인 것이 되도록 한다. 그리고는 이런 텍스트의 정합성을 **공통**의 의미를 만들어 내고 퍼뜨리는, 훨씬 더 넓고 텍스트 외적인 이데올로기적 실천에 삽입한다.

여기서 중요한 점은 이런 사회적 작인들이 텔레비전에 한정된 것이 아니라는 것이다. 사실 그것들은 텔레비전 리얼리즘에서 아주 잘 작동하는데, 이는 단지 그것들이 사회에서 활발하게 작동하고 있는 작인들의 재현이기 때문이다. 텔레비전은 우리의 주체 위치를 구성할 수 있는데, 이는 단지 이들 사회적 작인들이 마찬가지 방식으로 우리의 주체성을 구성하기 위해 우리의 삶을 잘 작동시켜 왔기 때문이다. 일반적으로 이데올로기는, 그중에서도 텔레비전은 이들 작인들 간의 모순을 부정하려 하고 작인들을 상호 지원하는 구조로 통일하려 한다. 그러나 우리의 사회적 경험은 우리가 모순과 긴장, 차이를 의식할 수 있도록 해 줄 가능성이 훨씬 크다.

텔레비전은 이상적인 주체 위치를 구성하려 한다. 텔레비전은 우리로 하여금 그런 주체 위치를 점유하도록 권유하고, 우리가 그럴 경우 우리의 지배 이데올로기적 실천이 분명히 작동하고 있다는 것을 경험함으로써, 즉 세계의 의미들, 그리고 그 세계가 산출하는 우리의 주체성의 의미들이 의미 있는 것으로 보이는 경험을 함으로써 얻게 되는 이데올로기적 쾌락을 우리에게 보상으로 제공한다. 따라서 그것은 인정recognition의 쾌락이다. 물론 이 의미들과 텔레비전이 선호하는 의미들이 맞아떨어지는 정도는 우리 일상생활의 이데올로기적 실천이 얼마나 지배 이데올로기와 잘 맞아떨어지는가에 의해 정해질 것이다. 우리 주체성이 지배 이데올로기에 쉽게 순응한다면, 우리는 텔레비전이 우리를 위해 구성하는 주체 위치를 받아들이는 데 별다른 어려움을 느끼지 않을 것이다. 그러나 예컨대 젠더 차이를 가부장적으로 규정하는 데 반대하는 페미니스트라면, 자신의 주체성을 텍스트가 권유하는 이상적인 주체 위치에 일치시키는 것이 불가능하다는 사실을 발견하고는 해당 프로그램이 볼 만하지 않다고 여기게 될 것이다(그들이 프로그램을 이론적으로, 정치적으로 시청해 가부장제가 작동하는 사례로 독해함으로써 삐딱하고 대항적인 쾌락을 이끌어 내지 않는 한). 이데올로기는 순응하는 주체들을 만들어 내기 위해 사회적, 텍스트적 작인들을 통해 열심히 일할 것이다. 그러나 이런 노력은 결코 전적으로 성공적일 수는 없다. 다음 장에서 이데올로기의 작동에 저항하기 위해 시청자들이 지닌 힘을 드러내는 연구들을 살펴볼 것이다.

담론적 주체

하지만 당분간 언어적 또는 상징적 체계가 우리 주체성을 구성하는 방향으로 작동하는 방식을 좀 더 살펴볼 필요가 있다. 언어는 세계를 재현하지 않는다. 그러나 세계를 의미 있는 것으로 만든다. 그런 점에서 세계는 언어가 이름붙이는 깔끔한 범주들로 이미 나눠져 있는 것이 아니다. 그러나 만약 언어가 세계를 의미 있는 것으로 만드는 것이라면, 언어는 특정한 관점에서 그렇게 한다. 모든 재현 체계는 사회 체제와 밀접히 연관돼 있다. 재현 체계는 사회 체제 내에서 작동한다. 이런 연관은 행동과 관련된 것이지 반성적인 것이 아니다. 홀(1984)이 말하듯이 "일련의 사회관계가 그것들을 떠받치고 유지해 주는 의미들과 인식틀을 요구한다는 것은 분명하다."

모든 범주화 작업과 마찬가지로 주체성의 구성 인자들을 사회적인 것, 언어적인 것, 심리적인 것으로 구분하는 것은 단지 분석에만 유용할 뿐이다. 실제로 이런 범주들은 서로 겹치고 뒤섞여서, 언어와 사회를 분리하는 것은 상당히 어렵다. 하틀리의 주체성의 7가지 범주 모두는 각각 자체의 담론을 가진다. 그 담론을 통해 그 영향력의 상당 부분이 행사된다. 말레이시아에서 호주 국적의 백인 2명이 사형 선고를 받은 사실을 보도하는 한 TV 뉴스는 "호주인 2명이 말레이시아의 엄격한 마약처벌법에 의해 사형을 당하는 최초의 서방인이 될 것"이라는 말로 시작된다(1985. 1. 8, 채널 9). 여기서 드러나는 국적 담론은 사회적으로 금기시되는 인종 담론을 대치한다. '백인이라는 사실'은 덜 정치적인 함축을 지닌 '서방인'이란 용어로 위장되어 있음에도 불구하고, 이 보도는 말레이시아인/비말레이시아인이 아니라 백인/비백인이라는 범주를 이용해 이 상황을 의미화하도록 권유한다.

〈캐그니와 레이시〉의 두 번째 장면(pp.112~113을 보라)에서 젠더 담론은 꽤나 섬세한 방식으로 작동한다. 그 담론은 우리로 하여금 가부장적 텔레비전에서 정상적인 남성적 관점을 채택하지 말도록 부추기는 여러 가지 코드를 사용하고 있다. 내러티브 코드는 극 중 여성에게 만남에서 적극적인 역할을 하도록 해서 그녀가 지식과 이해의 흐름을 통제한다. 카메라는 그녀에게 집중하지만, 그녀는 가부장제하에서 매력적인 금발 여성이 재현되는 통상적인 방식과는 다른 방식으로 재현된다. 카메라는 연기,

JOHN FISKE

조명, 분장, 의상의 코드들과 상호 작용해서 의식적으로 캐그니를 남성의 성적 시선의 수동적 담지자와는 다른 여성으로 그린다. 그럼으로써 그녀는 통제력을 지닌 적극적 여성으로 재현된다. 카메라는 관음자로서의 시청자를 위해 캐그니의 성적 매력을 전시하기 위해서가 아니라 그녀가 해당 장면을 통제하는 방식을 탐색하고 보여 주기 위해서 그녀를 잡는다.

알튀세르(1971)는 자신이 "호명interpellation"이라고 부른 담론의 측면 — 이는 대충 언어학자들이 "호명 양식mode of address"이라고 부르는 것에 조응한다 — 에 큰 중요성을 부여한다. 이 두 용어 모두 담론은 반드시 발화하는 자addresser와 그 발화가 향하는 자addressee 간의 관계의 일부일 수밖에 없다는 사실을, 또 역으로 모든 그러한 대인 관계는 반드시 더 넓은 사회관계의 일부라는 사실을 가리킨다. 호명은 담론이 발화가 향하는 자를 '부르기' 위해 사용되는 방식을 가리킨다. 이 부름에 응해, 즉 우리에게 말하고 있다는 것을 인식함으로써, 우리는 암묵적으로 그 담론이 내리는 '우리'에 대한 정의를 받아들인다. 또는 다른 식으로 표현하자면, 우리는 그 담론이 우리에게 제시하는 주체 위치를 받아들인다. 말레이시아에서 사형 판결을 받은 두 호주 백인에 대한 뉴스 보도는 우리를 식민 지배의 역사를 지닌 백인, 탈기독교 인도주의자로 호명한다. 그래서 이런 식으로 그 보도를 의미화하는 방식을 통해, 우리는 그런 주체 위치를 취하게 됨으로써 시청 행위를 통해서 우리를 이데올로기에 사로잡힌 주체로 구성하는 지속적인 과정에 기여하는 존재로 스스로를 구성한다.

텔레비전은 뉴스 보도의 간접적인 방식이나 드라마 리얼리즘의 [스스로를] 부정하는 방식 외에도 다양한 명시적인 호명 양식들을 채택한다. 이러한 호명 전략에는 이와는 극단적으로 다른 "당신의 홀든 트럭에서는 무엇이든 할 수 있지요"(4륜구동차를 선전하는 광고 문구)라는 식의 직접적 호명 양식도 포함된다. 또는 여러분은 수주 전에 우리가 보여 주었던 헤일스오언에 사는 바바라 카터 부인의 극적인 사진을 기억할지 모르겠습니다. 카터 부인은 웨스트 미드랜즈 사파리 공원에서 사자에게 공격을 받았습니다. 이런 경험을 하고도 카터 부인이 다시 사자를 보고 싶어 할 것이라고 예상하기 어렵겠지요. 그러나 오늘 그녀는 사자를 보기 위해 스트래트포드 온 에이번 근처의 농장을 방문했습니다. 앨런 타워스가 보도합니다⋯⋯ (Brunsdon & Morley, 1978: 47 재인용)

이처럼 시청자의 존재를 언어적으로 인정해 주는 것과 마찬가지로 시각적으로 인정해 주는 경우도 있는데, 이는 텔레비전의 방송인들 — 아나운서, 진행자 등 — 이 카메라를 마주 보면서 직접 말을 하는 방식이다. 이런 비언어적인 직접적 호명direct address은 눈이나 목소리 톤, 얼굴 표정, 제스처를 통해서 언어적인 직접적 호명과 마찬가지 방식으로 친밀하고도 명시적인 시청 관계를 구축하기 위해서 작동한다. 브런스던과 몰리(1978), 퓨어(1983)는 영국과 미국의 뉴스 매거진 프로그램에 대한 연구에서 이런 호명 방식의 친밀성이 어떻게 제시자presenter와 시청자 간의 공모 — 이는 가족 이데올로기를 삶에서 구현하는 TV적 방식을 제공한다 — 를 구축하기 위해 작동하는지를 지적한다. 직접적 호명의 친밀성은 시청 주체의 가정을 의미가 만들어지는 적절한 장소로, 그럼으로써 이런 시청자를 의미를 구성하는 담론들을 선택하는 자로 구축한다.

그래서 프로그램과 시청자 간에 설정된 관계 — 이것이 시청자를 [프로그램의] 담론과의 특정한 관계(여기서는 동일성과 공모의 관계) 내에 위치시킨다 — 는 대중적 텔레비전의 담론들의 메커니즘과 전략들을 통해서 유지된다. 그러나 이는 또 담론의 위치를 고정시키고 인격화하는 데 핵심적 역할을 하는 진행자들에 의해서도 유지된다. 이런 연결과 틀을 제공하는 담론은⋯⋯ '우리를' 프로그램의 언술 내로 재위치시키고, 우리를 [프로그램 진행

JOHN FISKE

자] '팀'과 함께하는 위치에 놓음으로써 우리를 프로그램에 대해 특별히 뭔가를 '알고 있는' 위치에 놓이게 한다. 팀이 알고 있는 것과 팀이 상정하고 있는 것에, 다른 사람들과의 팀의 관계에, 또 〈네이션와이드Nationwide〉의 여타 핵심적 부분과 팀과의 관계에 '우리,' 즉 시청자를 연루시키는 것이다. (Brunsdon & Morley, 1978: 22)

〈네이션와이드〉의 진행자 팀은 불평등할 수밖에 없는 시청자와의 관계에 내재하는 모순들을 극복하고자 시청자와 친밀한 관계를 설정하는 방향으로 작동한다. 한편으로 그들은 '우리'와 '그들' 간의 동일시를 통해 프로그램 및 시청자를 한데 묶는 "우리"를 형성하려 한다. 그럼으로써 그들은 그들이 우리의(그리고 그들의) 공유하는 의미로부터 유래한다고 가정하는 질문들을 던지고 코멘트를 하는 '우리의' 대변자의 위치를 차지한다. 그러나 다른 한편으로는 '우리'는 '그들'과 결코 동등할 수 없다. 왜냐하면 진행자들은 텍스트의 담론을 통제하고 해당 아이템에 대한 적절한 독해 전략을 제시하기 때문이다.

MB 그리고 우리가 봄과 함께 강 상류의 노위치 스튜디오까지 이동하는 동안, 이번에는 이스트 앙글리아 쪽과 서포크 쪽 소식을 잠시 듣겠습니다. 시청자께서는 미국 얘기가 아닌가 생각하실 수도 있겠습니다만, 미국 독립 200주년을 맞아 레이튼 히스에서 루크 케이지가 보도합니다.

루크 케이지 이것은 아주 점잖은 침략이랄 수 있습니다. 매주 세 번씩 미국 항공기들이 이 엄연한 영국 땅으로 미국 시민을 실어 나르고 있습니다. 이들 대부분에게 이스트 앙글리아는 시차에 시달린 채 미국말과는 언어조차 다른 전통적 영국을 접하는 첫 번째 기회입니다. 이들은 아시겠지만 토마토의 영국식 발음과 미국식 발음이 다른 걸 두고 즐겁게 열을 올릴 테고, 우스터서Worcestershire 소스라는 발음에 어리둥절해 하겠지요. 그렇지만 무엇보다도 미국인들은 외면하기 힘든 우리의 민족성에 대해 알게 될 겁니다. (Brunsdon & Morley, 1978: 50)

이 보도는 이스트 앙글리아에 미국 공군 병사들이 머물게 된 것을 국내 관광의 시각에서 보도록 부추긴다. 미군 병사들은 '전통적 영국'에 첫발을 내디딘 것에 약간 흥분하는 개인들이지, 여기서 핵전폭기 비행을 도울 외국군이 아니다. 이렇게 보도함으로써 [시청자로부터] 정치적 담론을 독해 전략으로 택할 가능성을 배제하려 한다.

또 미군 병사를 관광과 연결짓는 보도는 이 프로그램의 특징인 ― 실은 텔레비전 자체의 특징이라고 할 수도 있다 ― 다양성 속의 통일성을 구축하려 한다. 앞선 보도가 노포크 브로즈에서의 요트 여행에 대한 것이었으므로, 이 보도는 지리적 근접성과 관광을 이용해 관련 사안을 가벼운 국내 문제로 다룸으로써, 서로 다르면서 잠재적으로 모순되는 두 개의 보도 간에 통일성을 구축하려 한다. 다른 프레이밍을 택한다면, 이스트 앙글리아 보도를 휴일 스케치 기사와 최전방 핵기지에 관한 기사로 병립해 다루는 것이 가능했을 것임을 쉽게 상상해 볼 수 있다.

주체를 호명하기

이처럼 프로그램에서 통일성을 구축하는 일은 시청 주체에게 상응하는 통일성을 구축하도록 작용하기도 한다. 진행자들이 프로그램의 통일성을 구현함에 따라 우리는 그들을 알아봄으로써 프로그램을, 또 우리 자신을 의미화하는 면에서 어떠한 꺼림칙한 모순들도 억압하는 통합적인 주체로 호명된다.

제인 퓨어(1983)는 〈굿모닝, 아메리카Good Morning, America〉에서 데이비드 하트먼David Hartman의 호명 방식이 마찬가지로 다양성 속에서 포괄적인 통일성을 산출해 냄으로써 시청자를 그와 동일시하도록 한다는 점을 발견했다.

최소한 〈굿모닝, 아메리카〉의 경우에 호명 양식이 그 프로그램의 이데올로기적 문제의식을 상당한 정도로 담고 있다. 그 프로그램이 시청자가 받아들이거나 거부할 수 있는 특정 이데올로기들을 '실어 나른다'고 하는 것은 정확한 표현이 아닐 것이다. 〈굿모닝, 아메리카〉의 호명 양식은 가족의 통일성과 다양성 내에서의 국가적 통일성이란 이데올로기적 문제의식을 생산하고 또 재생산한다. ABS 부사장의 말에 따르면, "데이비드의 이미지는 전통적 가치들과 관련이 있다. 그는 가족적인 사람으로 여겨진다." 그 프로그램의 가족 구성원들이 우리에게 이상적인 가족을, 공간상으로는 떨어져 있지만 TV 이미지의 힘에 의해 시간적으로는 함께하는, 아빠와 (여러) 엄마, 형제, 자매들로 이뤄진 이상화된 부르주아 핵가족을 의미한다는 점은 정신분석적 독해를 하지 않더라도 쉽게 알아차릴 수 있다. 〈굿모닝, 아메리카〉의 가족은 파편화돼 있으며, 이동성이 크고, 소외를 겪고 있다는 점에서 다수의 미국인 가정과 비슷하지만, TV 테크놀로지의 직접적인 결과로서 통합돼 있다(이 같은 함축을 지닌다). 말하자면, 텔레비전이 가족들을 서로 묶어 유지하도록 해 주는 것이다. (pp.19, 20)

엘리스(Ellis, 1982)도 마찬가지로 텔레비전이 시청자를 가족 구성원으로 호명한다는 점을 강조한다. 그러나 그는 정당하게도 텔레비전의 통합 능력에 대해 의문을 제기한다. 그는 편성이 텔레비전을 가정 시청자에게 호명하는 방식의 일부라고 주장한다. 편성은 주부/어머니는 낮 시간 동안 집에 있고, 아이들은 오후 4시 30분쯤 학교에서 돌아온다는 전제하에 짜여진다. 이런 배치는 프로그램 유형 및 광고의 변화로 명확해진다. 그다음에 오후 6시쯤이면 가장은 퇴근해 집으로 돌아오는 것으로 예상된다. 그를 시청자로 끌어들이기 위해 이때쯤 초저녁 뉴스를 방송하게 된다. 뉴스 직후엔 통상적으로 어머니를 TV 앞으로 끌어들이고 가족들이 뒤이어 방송될 황금 시간대 프로그램을 시청토록 하기 위해 조금 가벼운 뉴스와 뉴스 매거진 프로그램을 내보낸다. 영국과 호주에서 어린이는 오후 7시 30분이면 잠에 드는 것으로 상정되어, 이 시간 이후엔 좀 더 선정적인 프로그램도 방송될 수 있다. 황금 시간대는 '정상적인 경우' 가족들이 침대에 들 채비를 하는 9시 30분이나 10시쯤엔 끝나게 된다. 이후엔 좀 더 소수를 위한 프로그램이나 심각하거나 싸구려 프로그램을 내보내게 된다. 특별한 관심을 갖고 있거나 불면증 환자와 같은 괴짜라 할 만한 사람들이 심야 프로그램을 볼 것으로 예상된다. 이들은 '평균적인' 가족의 범주 밖에 위치하는 사람들이다.

하틀리(1985)는 흥미로운 논문에서 가족 성원으로서 시청자라는 개념을 더 깊이 탐구한다. 그는 텔레비전이 시청자를 어린이로 보고 접근하려 한다고 주장한다. "TV는 소아 중심적 체제paedocratic regime다. 즉 시청자는 어린이 같은 질과 특성을 지닌 것으로 상상된다. TV는 시청자를 어린이로 보고 접근하며, 어린이 같은 행동과 집착을 시청자의 특징으로 삼는다"(p.9).

시청자를 이처럼 구성하는 것은 TV 산업에 이점이 있다. 그런 구성을 바탕으로 제작자들은 자신들의 작업을 판단할 수 있는 벤치마킹을 할 수 있기 때문이다. 기틀린은 시청자를 어린이 취급하며 접근하는 제작자들의 여러 사례를 제시한다(1983: 138, 188, 324). 털록과 모란(Tulloch & Moran, 1986)이 인용한 호주 제작 책임자는 이런 전략의 경제 효과에 대해 좀 더 노골적으로 말하고 있다. "6시나 7시, 7시 30분에 어린이들을 잡아야 한다. 그러면 부모들도 볼 것이다. 나이든 사람들은 젊은이 대상 프로그램을 보지만, 젊은이가 노인용 프로그램을 보지는 않는다"(p.198). 방대하고도 다양한 시청자 집단은 이러한 구성에 의해 파악 가능하고 단일한 성격을 지닌 집단이 된다.

이러한 개념화는 제작자들에 의해서라기보다는 제도institutions에 의해 공유된다. 방송국들은 부모처럼 행동함으로써 사회적 책임을 수행한다. 규제 기구와 방송 제작 강령은 어린이들의 도덕적 건전성에 대한 가족들의 우려를 고려해서 말과 행동의 기준을 정한다. 예를 들면, 애넌 보고서Annan Report●에서 어른 시청자를 고려하는 경우에도 그들은 아이들과 관계를 맺고 있는 가족의 구성원으로 간주된다.

> 사람들은 가족과 함께, 가정에서 TV를 시청한다. 따라서 언어와 행동의 금기를 위반하는 일 — 어느 사회에나 존재하는 — 을 다른 가족들이 있는 가운데 온가족이, 즉 부모, 조부모, 자녀들이 지켜보게 된다. (p.246; Hartley, 1985: 11에서 재인용)

〈굿모닝, 아메리카〉의 '대가족'에 대한 퓨어의 논의(1983)에서 텔레비전은 책임감 있고 우려하는 부모가 되고, 시청자는 부모의 관심과 보호를 받는 어린이가 된다.

이 같은 가족 시청자에 대한 강조는 텔레비전에 더 심대한 결과를 빚어왔다. TV의 가족 시청자는 스크린 이론에서 상정하는, 영화의 고립된 개별적 관객과는 아주 다르다. 가족 시청자는 항상 화면에 주의를 기울이고 집중하지는 않는다. 대신 신문을 읽거나 뭔가를 먹으면서, 또는 대화

● 1974년 영국 방송 산업을 검토하기 위해 애넌 경을 주축으로 설립된 위원회(애넌위원회)에서 1977년 발표한 보고서를 말한다.

를 하는 도중에 산발적으로 시청한다. 그렇기 때문에 텔레비전은 시청자를 끌어들이기 위해 영화보다도 더 고심해야 한다. 텔레비전의 호명 방식은 영화에서는 고려할 필요가 없는 시청 저항 또는 회피가 존재함을 인정한다. 텔레비전의 호명에 대한 시청자의 반응은 부분적이지 전면적이지 않다. 독해 주체를 위치시키는 텍스트의 힘은 영화의 경우보다 훨씬 작다.

엘리스는 텔레비전이 시청자와의 '공모 관계complicity'를 구축하기 위해 작용한다고 시사한다. 이때 시청자는 퓨어가 말하는 "TV 가족"과 "실제" 시청자 가족으로부터 구성한 이상적 가족 이상이다. 텔레비전은 세계를 보는 그의 '눈'으로서 역할에 대한 동의를 얻기 위해 이 공모 관계를 이용한다고 엘리스는 주장한다. 영화에서 핵심적인 '시선'은 스크린을 보는 관객의 시선인 반면, 텔레비전에서 핵심적인 시선은 세계를 보는 텔레비전의 시선이다. 시청자의 시선은 영화 관객의 통제된 응시라기보다는 일별glances 같은 것이다. 이런 사실은 중대한 결과를 빚는다.

먼저 이는 '여기 있는 가족' 반대 지점에 '저기 있는 세계'를 설정한다.

> TV가 허구 세계와 실제 세계를 탐색할 때 취하는 위치는 공모 관계의 창출에 의해 결정된다. TV는 특정한 유형의 시청자들을 거느리며, 그들을 위해 말하고, 그들을 위해 보는 것으로 가정된다. 인터뷰어들은 '가정에 있는 시청자들이 알고 싶어 하는 것'을 염두에 두고 질문을 던지며, 드라마는 가족이라는 개념을 바탕에 깔고 있다. (Ellis, 1982: 164~165)

'세계'는 잠재적으로 가족을 교란할 수 있는 어떤 것으로 여겨지기 때문에, 뉴스는 본질적으로 '저기 있는 세상'의 부정적이고 위협적인 판본을 구성하고, 시트콤은 가족을 교란하려는 힘과 가족을 한데 묶으려는 '자연' 간에 매주 일어나는 경쟁을 보여 주며, 솝 오페라는 실제로 이루기는 힘들지만 강력한 이상인 '정상적' 가족을 배경에 두고 가족의 내적 스트레스를 탐색한다. 엘리스는 텔레비전의 효과는 가족 시청자를 세계로부터 '떼어내어' 가정에 위치시키며, 전적으로 가족을 중심으로 주체성을 구성하는 것이라고 주장한다.

> 지상파 TV는 상정된 시청자의 가정 상황이 정상적이며 안정적이라는 점을 확인해 준다. 시청자는 TV 자체를 탐색하는 시선으로 보는 일을 떠맡는다. TV는 시청자에게 외부 세계 전반에 대한 특정한 감을 되돌려준다. 이를 배경으로 가정의 정상성이 확인된다. (Ellis, 1982: 167)

그러나 이에 반해 엘리스는 텔레비전은 세계를 모순 없는 관점으로부터 보는 일관된 상으로 제시하지는 않는다고 주장한다. 왜냐하면 그렇게 한다면 "일반화된 가정으로의 호명 — 텔레비전이 광범위한 사람들에게 도달하기 위해 대개 시청자를 '가족의 성원'으로 호명함으로써 접근해야 한다면 이는 필수적이다 — 을 희생하는" 것이 될 것이기 때문이다. '일별하는' 시청자는 '보거나' '응시하는' 영화 관객의 경우보다 화면과의 관계에서 훨씬 다양한 관계를 맺는, 훨씬 다양한 주체다. 다양성 가운데서 통일성을 만들어 내려는 텔레비전의 시도는 결코 그 목표를 완벽히 이룰 수는 없다. 텔레비전이 거실로부터 지켜보는 '세계'의 다양성, 또 TV 시청자들이 TV 화면과 맺는 관계의 다양성은 항상 존재하기 마련이다.

텔레비전 제도들이 스스로를 위해 시청자 이미지를 어린이로 구축할 때 사용하는 개념적 전략들과 그로 인한 문제에 대해 하틀리(1985)는 엘리스와 비슷하게 설명한다. 그러한 단일한 이미지 구축은 시청자들을 '통합하는' 방향으로 작용하기도 한다는 것이다. 하지만 이러한 개념적 전략이 방송 기관들에게 편리함을 제공한다고 해서 시청자들이 이를 공유한다는 것을 뜻하지는 않는다. 시청자들은 분명 편리함을 느끼지 않는다. 〈죄수*Prisoner*〉●(5장을 보라)나 〈A특공대〉(11장을 보라)가 어린이들에게 제공하는 쾌락은 어린이들을 가족 내에서의 종속적인 역할로부터 벗어나게 해 준다. 마찬가지로 뮤직 비디오는 10대들에게, 스포츠 중계는 남성들에게 가족 외적 독해 위치와 쾌락을 제공한다. TV 스포츠가 남성들을 남성적 유대를 느끼는 가족 외적 동료로 호명할 수 있는 반면, 모스(Morse, 1983)는 남성 육체의 관능적 제시는 여성을 어머니/주부/소비자로서가 아니라 여성적 성적 주체로 호명할 수 있음을 보여 준 바 있다. 하틀리(1985)는 텔레비전은 서로 경쟁하는 요구들 — 광범위하고 다양한 시청자들에게 어필하려는 요구와 그런 시청자들을 길들이고 통제해서 산업적으로 생산된 하나의 문화 상품을 통해 그들을 낚으려는 요구 — 틈에 끼어 있다고 주장한다. 이를 성취하기 위해 시청자의 다양성은 호명 방식의 다양성을 요구한다는 점을 텔레비전은 인식해야 한다.

> 단지 하나의 주체 위치(엘리스가 말하는 '정상적 시민'은 말할 필요도 없이)만으로 고정하려고 하기는커녕, 텔레비전은 이질적인 호명 방식, 관점, 프로그램 장르, 진행 스타일들을 개발해 왔다. 단적으로 텔레비전은 과잉으로 특징지어진다. 텔레비전은 시청자에게 '위치들'의 과잉 — 그럼에도 쉽게 인지할 수 있는 — 을, 쾌락의 과잉 — 그럼에도 친숙하고도 예측 가능한 형태로 길들일 수 있는 — 을 제공한다. (Hartley, 1985: 16)

정신분석학과 주체

텔레비전 시청에서 주체의 역할은 언어와 호명 방식, 여타 사회적 작인들

- 1979년부터 호주에서 방영된 TV 시리즈로 경비가 철저한 여성 교도소에서 일어나는 에피소드로 이루어져 있다.

간의 상호 작용으로 가장 잘 설명될 수 있다. 그러나 우리는 의미의 구성에서, 또 의미 형성 과정의 장인 주체성의 형성에서 언어와 정신분석학 간의 관계를 무시해서는 안 된다. 이것은 스크린 이론의 발전에 특히 깊은 영향을 미쳤지만, 텔레비전 이론과 TV 비평에는 그 정도의 영향을 미치지는 못했다.

이 접근법의 핵심에는 무의식은 언어처럼 구조화돼 있다는, 또 어린아이가 의식을 갖게 되는 것은 실은 언어를, 또는 의미 형성의 수단을 습득하게 되는 것이라는 라캉의 믿음이 자리 잡고 있다. 유아 초기에 아이는 내부와 외부, 자아와 비자아를 구별하지 못한다. 외계에 대한 인식은 자신의 내부에 대한 인식과 똑같은 형태를 취한다. 자아가 비자아(또는 남)와 다르다는 깨달음은 아이가 형성하는 최초의 의미이며 최초의 차이의 구성으로서, 이에 기반을 두어 모든 의미가 정해진다. 이런 차이의 깨달음은 유아에 대한 라캉 견해의 핵심으로서, 유아기는 아이가 의미를 만드는 능력을 발전시키는 시기이자 동시에 항상 이미 아이를 기다리고 있는 의미 체계로 진입하는 시기다. 이 두 과정은 실은 하나의 과정이다. 왜냐하면 페미니즘적 사유에 핵심적인 경우를 들어 말하자면, 아이는 젠더 차이의 체계 — 문화는 이미 이를 이용하고 있고, 이 체계는 아이가 새로 진입하기를 기다리고 있다 — 와 젠더 간의 권력관계로 진입하지 않고서는 가장 기본적인 자아의 의미, 즉 젠더 구분에 바탕을 둔 자아를 구성할 수 없기 때문이다.

거울 단계에 대한 라캉의 설명 또한 차이에 바탕을 두고 있다. 이 시기 유아는 거울에 비친 자신을 보고 거울상reflection과 자신이 다르지만 관련이 있음을 깨닫고는 상징계로 진입한다. 상징계는 대상들이 실체가 아니라 의미의 담지체인 세계다. 그러나 그 거울상은 결코 단지 상징계적인 것만이 아니다. 왜냐하면 그렇다면 그것은 상징계가 실재에 비해 열등하다는 것을 함축할 것이기 때문이다. 라캉은 거울에 비친 상은 실재적인 것 이상이며, 그것보다 '나은' 것이라고 주장한다. 거울 단계는 아이의 몸이 아직 불충분하고 비효율적일 때 진행된다. 그래서 아이가 거울에 비친 모습에서 보는 것은 육체적 제약을 벗어난 자신의 상상적 몸이다. 그러므로 상징계는 상상계와 실재로 이뤄져 있다. 어떤 장면의 사진 — '고정된' 거울상이라고 볼 수 있다 — 을 보는 것은 종종 그 장면 자체를 보는 것보다도 더 큰 쾌감을 준다. 왜냐하면 그 사진은 상상계적인 것과 실재적인 것 간의 간극을 메꿀 수 있고, 그런 통일성이 성취되어 간극이 메꿔지는 정도만큼 쾌락이 생기기 때문이다.

이처럼 아이는 자신의 보는 행위가 거울 속의 상징적 자아가 상상적 자아를 인지된 실재적 자아와 합칠 수 있도록 해 주는 정도만큼 거울상으로부터 쾌락을 얻는다. 마찬가지로 TV나 영화 스크린상의 남녀 이미지들은, 그것들이 상상계적인 것이 실재적인 것의 재현에 기반을 둘 수 있도록, 그래서 상상계적인 것이 실재와 전적으로 동일한 것은 아니지만 밀접한 관계를 지닌 것이기 때문에 충분한 것이라는 보증을 획득할 수 있도록 허용하는 한, 관객에게 쾌락을 느끼게 한다.

우리는 이런 이론을 상상계가 보편적인, 변치 않는 인간 본성의 일부인 자아의 본질적인 이상에 의존한다는 의미로 받아들여서는 안 된다. 통합된 상상적 세계가 차이를 경유하는 상징계로의 진입에 선행한다는 사실은 이런 통합을 재획득하고자 하는 욕망이 인간 본성의 보편적 부분일 수 있지만, 이런 통일성의 형태와 욕망이 표출되고 충족되는 방식들은 문화에 의해 결정되며, 따라서 이데올로기적이라는 점을 의미한다. 아이가 실재를 경험하는 일은 단지 상징계에 진입한 이후에 생기며, 아이가 진입한 상징 체계에 의해 결정된다. 만약 상징계와 실재가, 모든 차이의 체제가 그렇듯이, 문화적으로 결정되는 것이라면, 상상계가 그것들을 통합하려고 노력하면서 취하는 형태도 자연이 아닌 문화의 산물일 수밖에 없다.

이 점은 중요하다. 왜냐하면 이는 상상계와 잠재의식적 쾌락, 욕망이 모두 문화적 구성물이거나 최소한 문화적으로 굴절돼 있으며, 인간 본성의 고정불변의 측면이 아니라는 것을 뜻하기 때문이다. 프로이트와 라캉을 본질주의적으로 해석하는 것은, 예컨대 남근 중심적 언어와 아버지의 법Law of the Father 같은 것을 인간의 본성으로, 따라서 사회적으로 변화시킬 수 없는 것으로 해석하는 것은 그런 해석이 가부장적 사회의 구성물들을 잘못 재현한다는 점에서 정치적으로 비생산적이다. 이처럼 주체성을 본질주의적으로 파악하는 입장은 첫째, 다른 주체성들을 생산하는 다른 사회적 차이의 힘을, 그럼으로써 다른 이해 방식을 부정하는 것이고, 둘째, 언어 체계, 특히 영화 텍스트의 경우처럼 드러나 보이는 체계들을 필연적으로 텍스트의 생산자와 독자가 공유하는 상징 체계에 의해 이미 산출된 주체성을 강화하는 것으로 보도록 할 것이다. 유아의 주체성의(또 무의식의) 형성에 관한 라캉과 프로이트의 이론은 본질주의적으로 이해하기보다는 문화적으로 굴절되는 것으로 이해할 필요가 있다. 왜냐하면 그럴 때에만 그들의 이론이 주체의 구성에서 사회적 경험의 역할, 주체성 내의 모순의 발전, 시간이 지나면서 주체성이 변화할 가능성을 수용할 수 있기 때문이다.

텔레비전은 단일한 정신분석적 주체가 아니라 다양한 사회적 주체들에 의해 경험되며, 동시에 그런 주체들을 구성한다. 영화 연구에서 유효한 것으로 입증된 주체성의 구성에 관한 라캉의 설명은 텔레비전에는 그리 잘 적용되지는 않는다. 퓨어(1986)는 영화가 상정하는 '개별적' 관객은 전 오이디푸스적pre-Oedipal이어서 라캉의 모델로 적절히 이해될 수 있지만, 텔레비전의 가족 시청자는 후 오이디푸스적post-Oedipal이고 사회화돼 있어 정신분석적 주체성 이론보다는 사회적으로 도출된 주체성 이론을 필요로 한다고 지적한다. 따라서 사회적으로 구성된 주체성들 간의 차이를 설명할 수 있는, 독해 주체에 대한, 그리고 독해 주체와 텍스트와의 관계에 대한 모델을 발전시킬 필요가 있다. 스크린 이론은 모든 독해자에게 공통적으로 주어진 텍스트를, 또 마찬가지로 공통적인 정신분석적 과정을 강조하면서 유일한 텍스트의 효과성과 유일한 독해 주체의 모델을 만들어 냈다. 앞으로 세 장에 걸쳐서 시청자, 텍스트에 의해 제안되는 의미, 텍스트와 독해 주체를 상호 연결해 주는 독해 관계에 대한 설명을 다양하게 펼칠 것이다.

5장

능동적 수용자

텍스트와 사회적 주체

매케이브의 저서처럼 관객을 텍스트에 의해 구성되는 주체로 이해할 때,
관객은 상대적으로 무력하고 소극적인 존재로 보인다. 매케이브와 스티
븐 히스 같은 이론가들이 이런 견해를 스크린 이론의 정설로 발전시켰다.
그러나 〈스크린〉의 지면에 이에 반대하는 견해들이 가끔 등장했고, 몰리
(1980b)와 윌먼(Willemen, 1978), 닐(Neale, 1977) 같은 저자들이 주체에 대한
이러한 견해에, 특히 사회적으로 생산된 주체와 텍스트에 의해 생산된 주
체 간에 차이가 있다고 주장하면서, 도전하기 시작했다. 사회적 주체는
역사를 지니고 있으며, 특정한 사회 구성체 — 계급, 젠더, 나이, 지역 등
의 혼합체 — 내에서 살며, 사회적이면서 텍스트적이기도 한 복합적인 문
화의 역사에 의해 구성된다. 주체성은 '실제의' 사회적인 경험과 매개된,
또는 텍스트적인 경험으로부터 생긴다. 실제 TV 시청자는 기본적으로
사회적 주체다. 이 사회적 주체성은 독해의 순간에만 존재하는, 텍스트적
으로 생산된 주체보다 의미 구성에 있어서 더 큰 영향을 미친다.
　윌먼(1978)은 다음과 같이 말한다.

'실제의' 독해자/저자와, 텍스트 내에서 텍스트에 의해 구성되고 표기되는 '새겨진inscribed' 독해자/저자 간에는 메울 수 없는 간극이 존재한다. 실제 독해자들은 역사 속의 주체로서 사회 구성체 내에 살며, 단지 한 텍스트의 주체인 것만이 아니다. 주체의 두 형태는 서로 어울리지 않는다. 그런데 형식주의의 목적상 실제 독해자는 구성된 독해자와 일치하는 것으로 상정될 뿐이다. (p.48; Morley, 1980a: 159에서 재인용)

몰리(1980a)는 이 차이를 경험적으로 연구해 왔다. 그는 전에 브런스던과 자신(1978)이 분석한 바 있는 〈네이션와이드〉 방송분을 5~10명으로 이뤄진 시청자 집단들에게 보여 주었다. 또 다른 집단에게는 나중의 방송분을 보여 주었다. 이들 집단을 기본적으로 직업에 따라 분류했지만, 젠더와 인종도 고려했다. 시청자들의 직업은 견습공, 은행원, 교직 과정 이수 학생, 예술 전공 학생, 흑인 소녀, 노동조합원 등이었다. 프로그램 시사 후엔 대개 약 30분 정도 자유 토론이 벌어졌다. 이 토론 내용을 녹음한 것이 그의 핵심 데이터였다.

몰리는 사회적으로 생산된 주체들의 반응을 추적하고자 했기 때문에 집단을 선택했고, 집단들이 공유하고 있는 것으로부터 사회적 차원을 살필 수 있을 것으로 여겼다. 직업은 집단을 규정하는 가장 중요한 요소이며 계급의 주요 규정 요소였는데, 파킨(Parkin, 1972)과 홀(1980a)에 따르면, 계급이 독해에서 나타나는 사회적으로 동기화된 차이를 만들어 내는 가장 중요한 요소이기 때문이었다.

몰리가 발견한 것은 파킨(1972)의 견해를 따르는 홀이 상이한 독해를 산출하는 데 있어서 계급의 역할을 지나치게 강조한 반면 독해를 결정짓는 다양한 요소들은 경시했다는 사실이었다. 연구 결과 시청자들의 독해는 흥미롭고도 예상치 못했던, 계급을 가로지르는 유사성을 보여 주었다. 예를 들면, 은행원 집단과 견습공 집단은 계급 차이에도 불구하고 크게 보면 비슷한 독해를 했다. 또 대학생들과 노동조합원들도 마찬가지 결과를 보였다. 우리는 이러한 비정상적인 양태를 견습공들과 은행원들이 모두 (다른 지점에서이긴 하지만) 지배 체제 내에 편입돼 있으며 생존과 성공에서 공통의 이해관계를 지닌다는 점에서 자본주의 이데올로기의 주체로서 비슷하게 구성된다고 가정함으로써 설명할 수 있다. 하지만 대학생들과 노동조합원들은 지배 체제를 비판하는 방법들을 제공해 주는 조직 내에 속해 있으므로, 비슷하면서도 좀 더 대항적인 독해를 산출했다.

몰리의 이 연구는 민속지학을 텔레비전 및 시청자 연구의 타당한 방법으로 확립하는 데 기여했다. 민속지학적 연구의 대상은 사람들이 살면서 자신들의 문화를 경험하는 방식이다. 이런 연구는 강조점을 주체가 텍스트적으로, 이데올로기적으로 구성된다는 점으로부터 사회적으로 역사적으로 실제 상황에 있는 사람들로 이동시켰다는 데 가치가 있다. 이런 연구는 실제 상황 속의 실제 사람들은 실제 TV 프로그램을 보고 즐긴다는 점을 상기시켜 준다. 이는 사람들이 사회적으로 구성된다는 사실에도 불구하고, 사람들 간의 차이를 인정하고 사람들이 텔레비전에서 발견하는 의미와 쾌락이 다양할 수 있음을 강조한다. 그럼으로써 민속지학적 연구는 텔레비전의 의미와 독해 주체의 유일성을 강조하는 이론들을 논박한다. 사회 구성체 내의, 또 문화 과정 내의 다양성을 설명할 수 있게해 준다. 민속지학적 연구는 홉슨(Hobson, 1980, 1982)의 연구 — 그녀는 여성들이 텔레비전을 자신들의 가정생활에 통합하는 방식을 관찰하기 위해 가정을 방문했다 — 에서처럼 관찰의 형태를 취할 수 있다. 또는 몰리(1980a, 1986)나 이엔 앙Ien Ang(1985)의 연구처럼 시청자들이 텔레비전에 대한 반응을 말한 것을 이용할 수도 있다. 그럴 경우 이는 담론의 민속지학으로 옮아가게 된다. 물론 홉슨도 연구 대상자들과 대화를 했고, 그들이 자신의 삶에서의 미디어에 대해 말하는 담론은 데이터의 중요한 부분을 차지한다. 파머(Palmer, 1986)는 가정 내 아이들의 시청에 대한 관찰과 인터뷰 및 설문을 함께 이용했다. 어떠한 방식이든 간에 모든 민속지학적 연구는 시청자들 간의, 시청 방식 간의, 만들어지는 의미나 쾌락 간의 차이를 추적한다. 이처럼 시청자를 재평가하게 되면, 텍스트도 마찬가지로 재평가할 필요가 있다. 이제 텔레비전 텍스트 연구는 더 이상 텔레비전을 닫힌 텍스트, 즉 그 내에서 지배 이데올로기가 이데올로기적 구조에게, 또 그 독해자들에게 전면적이지는 않더라도 상당한 영향력을 행사하는 텍스트로 취급해서는 안 된다. 분석은 텍스트의 선호 전략 또는 종결 전략에 주의를 덜 기울이는 대신, [텍스트 내의] 간극과 공간에 좀 더 주의를 기울여야 한다. 이런 간극과 공간은 텔레비전을 텍스트 구조가 선호하지는 않지만 독해자의 사회적 경험으로부터 결과되는 의미들과 관련지어 살필 수 있게 해 주기 때문이다.

홀(1980a)의 선호된 독해preferred reading 이론은 이를 이론적으로 설명하려는 초기 시도였다. 간단히 말하자면, 그는 사회적 상황, 특히 계급 때문에 편안하게 지배 이데올로기 편에 서는 시청자들은 텍스트에 대한 지배적 독해dominant reading를 생산할 것이라고 주장했다. 그들은 선호된 의미를 받아들이고 지배 이데올로기와 잘 어울릴 것이다. 자신들의 사회적 상황 때문에 지배 이데올로기의 반대 위치에 놓이게 된 다른 시청자들은 텍스트 내의 [선호된] 의미에 반대하고 대항적 독해oppositional reading를 생산할 것이다. 하지만 시청자 대다수는 아마도 지배 이데올로기에 순응하거나 대항하는 위치에 있는 것이 아니라, 어떤 면에서는 지배 이데올로기에 순응하지만 다른 면에서는 그렇지 않은 위치에 있다. 그들은 일반적으로 지배 이데올로기를 수용한다. 그러나 자신들의 특수한 상황의 요구에 맞게 지배 이데올로기를 수정하거나 굴절시킨다. 이들 시청자는 텍스트에 대해 협상적 독해negotiated reading를 생산할 것이라고 홀은 주장한다. 상이한 시청자들의 사회적 차이를 감안하자면, 협상적 독해는 지배 이데올로기에 의해 선호되는 의미들을 굴절시키는 독해다.

그러므로 1장에서 다룬 〈하트 투 하트〉 장면에 대한 지배적 독해는 백인, 중산층, 도시 거주, 북부 남성에 의해 생산될 것이며, 텍스트에 코드화돼 있는 지배 이데올로기에 순응하는 것일 것이다. 대항적 독해는 노동 계급 히스패닉에 의해 생산될 수 있을 것이다. 그는 이 드라마가 제공하는 지배적 의미와 쾌락을 거부할 것이다. 왜냐하면 그것들이 자신의 이익과 배치되기 때문이다. 그는 히스패닉 악당의 범죄를 백인 자본주의에 대한 혁명적 행동으로 옹호할 수도 있을 것이다. 그러나 여성은 협상적 독해를 할 수도 있을 것이다. 내러티브의 이데올로기적 틀을 받아들이지만, 그 안에서 여주인공, 그녀의 행동, 그녀가 구현하는 가치에 특별한 중요성을 부여할 수도 있을 것이다. 그래서 여성 시청자는 외모와 보석을 중시하는 여주인공의 태도를 가부장제를 거부하는 것은 아니지만 그 내에서 여성의 힘을 사용하는 수단으로 볼 수도 있을 것이다.

이 이론의 한계는 여타 사회적 요인과 관련해 계급을 지나치게 강조하고, 세 가지 독해 유형이 대충 동등한 것이라고 함축한다는 점이다. 실제로는 완전히 지배적 독해나 순전히 대항적인 독해는 아주 적다. 따라서 텔레비전 시청은 전형적으로 텍스트와 다양한 사회적 위치에 놓인 독자들 간의 협상 과정인 것이다. 이 이론의 가치는 텍스트를 완전한 이데올로기적 봉쇄로부터 해방시킨다는 점에 있다. 또 의미의 소재지를 텍스트로부터 독자에게로 중점을 이동시킨 데 있다.

물론 이런 관점의 이동이 얼마나 큰 효과를 지닐지는 논란거리다. 홀은 텔레비전 프로그램이 다양한 협상적 또는 대항적 의미를 허용하지만, 프로그램의 구조는 일반적으로 지배 이데올로기를 촉진하는 의미를 항상 선호한다고 주장한다. 협상되거나 거부되는 것은 이런 [선호된] 의미 내에 있는 이데올로기다. 유일무이한 선호된 의미에 대해 생각하기보다는 어떤 의미를 선호하고 다른 의미는 봉쇄하는 텍스트 내 선호의 구조에 대해 생각하는 것이 좀 더 생산적이다. 이것은 홀의 모델을 정교화하는 것이지 거부하는 것이 아니다. 왜냐하면 이것은 텍스트를 여전히 구조화된 다의성으로, 동등하지 않은 의미들의 잠재적인 원천으로 보기 때문이다. 의미 중 어떤 것은 다른 의미들보다 선호되고 더 강하게 내보여질 것이며, 의미들은 텍스트와 자신들의 사회적 상황 간의 협상 과정에 있는 사회적으로 위치지어진 시청자에 의해서만 촉발될 수 있을 것이다.

에코(1972)의 일탈적 코드 해독aberrant decoding 이론은 핵심에서 이와 유사하다. 에코는 텍스트를 코드화하는 자와 코드 해독하는 자 간에 상당한 사회적 차이가 존재할 때면 언제나 독해는 필연적으로 '일탈적'이 될 것이라고 주장한다. 이런 주장은 텍스트가 코드 해독될 때, 코드화할 때 또는 제작할 때 작동하는 코드와 관습과는 다른 코드와 관습에 의해 코드 해독될 것이므로, 그 결과 의미는 코드화하는 자의 사회적 상황에 의해서보다는 코드 해독하는 자의 그것에 의해 더 좌우될 것이라는 의미다. 에코는 매스 커뮤니케이션에서 해당 텍스트는 정의상 광범위하고 다양한 사회적 집단들에 의해 코드 해독될 것이므로 역설적이게도 일탈적 코드 해독은 정상적인 것이 된다고 결론짓는다.

이 장의 나머지에서는 TV 시청자에 대한 근래의 민속지학적 연구를 소개하면서 텔레비전이 제공하는 기호학적 원천으로부터 사회적으로 적합한 자신만의 의미를 만들어 내는 시청자의 능력에 대한 증거를 좀 더 상세히 설명할 것이다. 이러한 연구를 다루는 이 장은 이 책의 핵심 부분이라 할 수 있다. 이전 장들에서는 선호된 독해와 선호된 독자를 구성하는 텔레비전의 능력에 대해 분석한 바 있다. 이후 장들은 텔레비전의 개방성, 즉 텔레비전이 시청자들 스스로 텍스트로부터 자신들의 의미를 구성하도록 권유하며, 따라서 의미와 쾌락의 생산에서 텍스트 및 시청자의 상대적인 힘을 재평가하도록 요구한다는 점을 살필 것이다.

의미 만들기

몰리(1980a)는 경험적 연구를 통해 이런 기호학적이고 문화적인 이론을 내놓은 최초의 연구자다. 그의 연구는 고전 리얼리즘에 대한 스크린 이론의 핵심적 측면들에, 또 텍스트와 독해 주체 간의 관계에 대한 그 이론의 견해에 의문을 제기한다. 왜냐하면 그의 연구는 텍스트 구조 내의 이데올로기가 거의 저항할 수 없을 정도로 독해자의 주체성을 이데올로기 내의 주체로 위치시키고 구성한다는 주장을 논박하기 때문이다. 은행원들과 견습공들은 이미 지배 이데올로기에 수용적이도록 위치되어 있다. 대학생들과 노동조합원들 또한 그렇다. 텔레비전 텍스트를 독해한다는 것은 이러한 기존의 주체 위치와 텍스트 자체가 제안하는 주체 위치 간의 협상 과정이다. 이 협상에서 힘의 균형추는 독해자에게 기울어 있다. 텍스트에서 찾아내게 되는 의미들은 독해자의 주체성이 텍스트의 이데올로기적 힘에 종속되어 있는 정도보다 더 심하게 독해자의 주체 위치를 향해 기울어진다.

텔레비전 텍스트가 대중적이려면 다양한 사회 집단이 이를 독해하고 즐겨야 한다. 그리고 그 의미는 수많은 다른 방식으로 굴절될 수 있어야 한다. 그러므로 텔레비전 텍스트는 이전 이론가들이 생각했던 것보다 더 다의적이고 더 개방적이다. 홉슨(1982)이 말한 바처럼, "메시지는 단지 '텍스트' 내에 있는 것이 아니며, 시청자들이 프로그램에 대해 스스로 해석할 때 시청자에 의해 변화하고 영향을 받는다"(p.106).

이는 독해가 텍스트로부터 의미를 얻는 것이 아니라 텍스트와 사회적으로 위치지어진 독자 간의 대화(Volosinov, 1973)라는 것을 의미한다. 몰리(1980a)가 말하듯이,

따라서 텍스트의 의미는 특정한 상황에서 독해자가 어떤 담론들을 만나게

되는가의 관점에서, 또 이 만남이 어떻게 텍스트의 의미와 독해자가 만나는 담론들을 재구조화할 수 있는가라는 관점에서 사유돼야 한다. 독해자에 의해 텍스트에 영향을 미치게끔 끌려들어 온 담론들 — 지식, 편견, 저항 등 — 에 따라 텍스트의 의미는 다르게 구성될 것이다. 관객/주체와 텍스트의 만남에서 결정적인 요소는 관객이 가동할 수 있는 담론의 범위가 될 것이다. (p.18)

1장에서 다룬 〈하트 투 하트〉 장면은 상이한 독해자들의 담론적 실천에 의해 달리 독해될 수 있는 텍스트 내의 담론의 예를 제공한다. 창문/현창/세탁기 농담은 젠더 담론 내에서 작동한다. 그것의 사회적 영역은 젠더 차이이고, 그것은 남성적 입장을 담고 있다. 그 농담은 여성은 단지 기술 관련 세계를 가정 관련 일로 환원함으로써만 기술 관련 세계에 의미를 부여할 수 있다고 말한다. 그러므로 그 농담은 기술적, 공적 세계에서 남성만이 유능할 수 있다고 함축하기 때문에 여성적인 것을 남성의 이해에 봉사하는 방식으로 의미화한다. 따라서 그 농담은 가부장적 이데올로기의 담지체이자 생산자다. 그러나 비가부장적 주체를 만나게 되면 그 주체 위치에 맞는 독해도 가능해야 할 것이다.

주체성을 이해하는 한 방법은 주체성이 우리의 사회적 경험을 구성하는 사회 영역들로부터 의미를 찾아내기 위해 우리가 이용하는 다양한 담론들로 이뤄져 있다고 보는 것이다. 우리의 사회적 경험은 크게 변화해왔고 변화하고 있기 때문에, 우리의 주체성도 마찬가지로 서로 다른, 서로 모순될 수도 있는 수많은 담론들 — 각 담론은 다른 특정 이데올로기의 흔적들을 지니고 있을 것이다 — 로 구성된다고 할 수 있다. (한 담론은 특정 이데올로기를 담고 있으며 이를 통해 지배 이데올로기 또는 이데올로기 일반과 관련된다.) 스튜어트 홀(1983)은 우리 주체성을 구성하는 특정 이데올로기와 담론들이 상호 모순될 수 있음을 설득력 있게 주장한다. 이런 이유로 우리는 주체성을 통합된 이데올로기적 화해의 장이 아니라 분열된 투쟁의 장으로 보아야 한다.

그람시가 말했듯이, 우리의 인격은 우리가 상상하듯이 통일된 상자 같은 것이 전혀 아니다. 그것은 진보적 요소와 석기 시대적 요소의 공존과 같은 모순적인 요소들로 가득 차 있다. 해방된 페미니스트이고자 분투하는 여성의 내부에 진정으로 가정적인 여성이 있으며, 자신이 완전히 세속화된 현대 시민이라고 생각하는 우리들 내부에 종교적인 요소가 있다. 또 우리는 아직도 체계적 형태를 잃은 고대적 이데올로기들의 잡동사니와 쓰레기로 가득 차 있는 세상에 살고 있다. 이런 것들의 영향을 받는다고 생각하지 않을 때조차 우리는 이런 것들의 영향하에서 느낀다. 이것이 예컨대 현대인들이 성적 질투가 정서적 에너지를 처리해 버리는 가장 이상한 방법 중 하나라는 사실을 알면서도…… 일단 질투가 일어나면 완전히 원시적인 분노에 빠지게 되는 이유 중 하나다…… 우리가 주어져 있는 합리적인 경제적 이해관계에 그대로 조응하는, 사유의 일종의 합리적인 계산 체계와 수치에 대해 말하는 인간이라는 개념은 우리가 잠재적인, 이데올로기적인 주체들의 거대한 소용돌이라는 사실을 말해 주지는 않는다.

창문/현창/세탁기 농담의 독해자는 이 농담을 텍스트가 선호하는 방식으로 독해할 필요는 없다. 텍스트의 보수적, 가부장적 젠더 담론이 독해자의 좀 더 자유주의적이거나 급진적인 젠더 담론과 만난다면, 농담은 아주 다르게 독해될 것이다(6장을 보라). 그러나 홀은 그러한 농담은 동일한 시청자에 의해 동시에 두 가지로 독해될 수 있다고 시사한다. 전에 성차별주의자였다가 이제 페미니스트가 된 사람은 그의 주체성 내에, 동등하게는 아닐지라도, 아직 존재하는 두 가지 젠더 담론에 따라 이중으로 반응할 수도 있을 것이다.

텍스트와 주체성은 모두 담론적 구성물로서, 모두 내부에 서로 경쟁하거나 모순되는 비슷한 담론들을 담고 있다. 이런 모순으로부터 텍스트의 다의성과 독해의 다중성이 부상하는 것이다.

호지와 트립(1986)은 시청자들이 생산하는 다중적 또는 모순적 독해의 좋은 예를 보여 준다. 이들은 텔레비전이 시청자들에게 어떤 효과를 지니는지, 시청자가 텔레비전을 무슨 용도로 이용하는지를 묻지 않았다. 대신 이들은 잠재적으로 다의적 의미를 지닌 것으로 여겨지는 어떤 특정 텔레비전 텍스트가 어떻게 시청자 또는 시청자 집단의 사회생활과 연관을 맺는지를 살폈다. 이들은 텔레비전 텍스트가 어떻게 독해되는지, 시청자들의 능동적 독해가 어떻게 의미를 만들어 내는지, 이런 독해 행위가 문화 이론, 즉 사회 경험으로부터 공통의 의미를 만들어 내는 과정을 이론의 관점에서 어떻게 설명될 수 있는지에 관심을 가졌다. 이들이 연구한 독자들은 중학생들이었고, 연구는 아이들에 대한 하나의 가정에 기반을 두고 있었는데, 이는 명확히 밝혀둘 필요가 있었다. 왜냐하면 이런 가정은 이 분야의 연구 대부분이 상정하고 있는 것과는 다른 것이었기 때문이다. 호지와 트립은 아이들은 자신들의 의지나 관심사에 반해 텔레비전이라는 사악한 계모의 영향에 휘둘리는 수동적인 바보나 멍청이가 아니라고 가정했다. 오히려 아이들은 자신들의 사회적 경험에 의미를 부여하기 위해 끊임없이 적극적으로 투쟁한다고, 또 텔레비전은 이런 투쟁에서 중요한 역할을 한다고 가정했다.

시장 조사에 따르면 〈죄수〉는 호주 아이들에게 가장 인기 있는 프로그램 중 하나였다. 이 프로그램은 여성 감옥을 배경으로 한 숍 오페라로 미국에서는 〈죄수: 감방 H〉란 제목으로 방영된 바 있다. 이는 얼핏 보면 중학생들로서는 의외의 선택인 것처럼 보였다.

호지와 트립은 학생들 다수가, 의식의 수준에서는 차이가 나지만, 감옥과 학교 간에 유용하고도 중요한 유사성을 찾아냈으며, 명확성에서는 차이가 나지만 이를 분명히 표현할 수 있다는 사실을 발견했다. 학생들은 죄수와 학생 간에 다음과 같은 유사성이 있음을 인식했다.

1. 학생들은 내부에 갇혀 있다.

2. 학생들은 친구들로부터 분리돼 있다.

3. 학생들은 그래야만 하는 것이 아니라면 학교에 있지 않을 것이다.

4. 학생들은 공부하지 않으면 벌을 받을 것이기 때문에 공부한다. 이것이 아무것도 하지 않는 것보다는 덜 지루하다.

5. 학생들은 권리가 없다. 교사가 공정하지 않게 대해도 학생들은 아무것도 할 수 없다.

6. 일부 교사들은 학생들을 이용한다.

7. 학생들 사이에는 깡패와 지도자가 존재한다.

8. 모든 사람들이 지키려 하지 않는 어리석은 규칙들이 있다. (p.49)

학생들은 토론에서 자신들이 〈죄수〉에서 의미를 만들어 내 그 프로그램을 자신들의 사회적 경험과 연결시킨다는 사실을 보여 주었다. 텍스트 연구로 감옥과 학교 간에 많은 유사점이 있음이 밝혀졌다. 감옥과 학교에는 죄수들과 직원들 내에 구분 가능한 역할 유형이 있어서 학생들이 자신들의 학교 경험을 '생각해 볼' 때 이용할 수 있는 구분 가능한 범주 역할을 했다. 엄격한 늙은 간수/교사, 부드러운 젊은 간수/교사, 쉽게 당하는 학생, 만만치 않은 학생 등등. 마찬가지로 제도에 저항하고 모든 수단을 동원해 이와 싸우는 죄수, 제도에 순응하며 잘 지내는 마음씨 좋은 죄수, 표면상 순응하긴 하지만 뒤에선 저항하는 죄수 등등. 두 곳 모두에 적용되는 저항의 전략도 있었다. 죄수들은 은어를 사용했는데, 때로는 특별히 사적인 단어를 쓰기도 했지만 대개는 간수/교사의 면전에서 저항의 표시로 서로 소통하기 위해 옆구리를 찌르거나 윙크, 눈짓, **중의적 표현**

을 썼다. 감옥 내의 공적 공간, 특히 여러 사람이 일하는 세탁장에는 대항적인 하위 문화가 존재했다. 이는 실험실이나 라커룸, 운동장 구석 등에서 찾아볼 수 있는 학생들의 하위 문화와 유사한 것이었다. 또 감옥과 학교 모두에서 이들 지역을 식민화하고 통제하려고 지속적으로 시도하는 공식 문화가 존재했다. 이에 대해 수감자들은 하위 문화를 자신들의 문화적 통제 내에 두기 위해 저항하고 항의했다.

파머(1986)는 11~12세 소녀들이 정기적으로 학교 운동장에서 〈죄수〉의 전날 에피소드를 재연하는 것을, 때로는 호의적인 교사를 끌어들여 간수 역을 하도록 하는 것을 발견했다.

아넷(11세) 우리가 〈죄수〉 놀이를 하면 퍼거슨 선생님이 교도관 중 한 사람 역을 해야겠죠. 메가폰을 갖고 우리에게 소리 지르곤 했으니까요.

인터뷰어 그 선생님이 〈죄수〉를 보았니?

아넷 그렇지 않을걸요. 그래도 우리가 어떻게 하라고 알려 주면 돼요.

인터뷰어 어떤 간수 역을 해달라고 했니?

아넷 진짜 악질인 파월 교도관 역을 맡겼죠. 그녀는 정말 악질이지만 이젠 아니에요. 더 나쁜 미스 퍼거슨이 있으니까요. (p.111)

교사가 권위의 상징인 메가폰을 갖고 '실제 악질' 역으로 캐스팅됐다는 사실은 의미가 있다. 교사가 게임에 유쾌한 마음으로 참여한 것은 그녀의 인기를 말해 주는 것이지만, 여학생들이 이 교사 개인을 받아들인 것은 그녀가 표상하는 권위에 대한 저항과 공존하는 것이었다. 파머는 다음과 같이 지적한다.

여학생들이 말한 바로 보면 그런 식으로 교사가 참여함으로써 양편 모두에게 아주 즐거운 분위기가 만들어진 것 같다. 아이들과 교사 모두 게임을 함으로써 학교 내 위치의 불평등이 존재함을 인정하면서도, 그들은 또 그것을 비웃기 위한, 일종의 해롭지 않은 음모에 동참하고 있었다. (p.111)

〈죄수〉는 호주 학생들이 자신들이 힘없는 자임을 표출할 수 있게 해주고 이를 이해할 수 있는 긍정적인 방식을 제공했다는 점에서, 학생들에게 자신들의 입장에서 학교 경험을 생각해 볼 수 있는, 자신들의 사회적 관심에 맞는 학교의 의미를 만들어 낼 수 있는 언어, 즉 문화적 범주의 집합을 제공했다. 그 집합은 여러 함축과 가치 체계, 이데올로기적 굴절을 갖추고 있었다. 그것에는 제도적 및 사회적 권력관계를 이해하는 데 써먹을 수 있는 범주화된 일련의 개념적 전략이 포함된다. 개념적 전략에는 받아들이는 정도에 따라 대항적인 방식에서부터 수용적인 방식까지가 모두 포함된다. 학교의 의미와 〈죄수〉의 의미가 서로 영향을 주고받았으며, 그 둘이 서로 들어맞음으로써 한편은 다른 한편을 타당한 것으로 받아들이게 했다는 것을 알게 됨으로써, 학생들은 프로그램의 의미를 학교에 대한 자신들의 사회적 경험에 삽입했다.

턴불(Turnbull, 1984)은 〈죄수〉의 소녀 팬들이 스스로 하위 문화적 정체성의 느낌을 생산하고 스스로 자존감을 갖는 데 사용할 수 있는 의미를 그 프로그램에서 찾아낸다는 사실을 발견했다. 제도에 맞서 싸우며 소소한 승리를 얻어내는 (결국엔 제도에 굴복할 수밖에 없겠지만) 강하고 능동적인 여성의 이미지는 소녀들에게 (저항의) 쾌락과 함께, 자신들의 사회적 경험을 의미 있는 것으로 만들기 위해 사용하는 (흔히 반항적 성향이라 불리는) 담론에 병행하는, 지배 이데올로기에 저항하는 담론을 명확히 형성할 수단을 준다. 권위와 이에 대한 저항 간의 모순과 투쟁은 프로그램 내에도 그들의 주체성에도 존재했다. 활성화된 의미와 획득된 쾌락은 피지배자와 힘없는 자들에게 사회적 의미를 부여하는 것들이었다.

학생들은 프로그램에서 잠재적인 저항의 담론을 발견해 이용했다.

흥미롭게도 많은 교사들은 이 프로그램이 반항을 가르친다고 제작자에게 불평했다. 이와 비슷하게, 래드웨이(1984)는 로맨스 소설을 읽는 여성들이 독서 결과 남편들 앞에서 좀 더 자기 주장을 내세울 수 있게 되었다는 사실을 발견했다. 이런 변화는 독서 행위 자체에 의해 생겨났을지도 모른다. (독서는 그들이 스스로를 위해 하는 일로서, 쉼 없이 가족과 가정을 돌봐야 한다는 [주부로서의] 이데올로기적 역할과는 반대되는 것이다.) 또는 텍스트 자체를 독해한 결과일지도 모른다. 이들은 내러티브의 진행을 남주인공의 여성화 과정으로 독해했다. 처음에 남주인공은 냉혹하고 둔감하고 친밀하지 못한 인물이었지만(이는 남성성에 대한 여성들의 견해다), 결말에 이르러선 여주인공의 섬세한 여성적 감성을 수용할 수 있을 정도로 감성적이 되어 여주인공의 결혼 상대가 될 만하게 된다.

텍스트에서 자신의 사회적 무력함의 경험에 긍정적인 의미 부여를 할 수 있는 담론을 발견하는 것은 무력한 상태를 변화시키는데 뭔가를 할 수 있게 하는 결정적인 첫걸음이라는 증거들이 있다.

여기서 호주 원주민 아이들이 텔레비전에 의미를 부여하는 방식에 대한 호지와 트립(1986)의 연구는 시사하는 바가 크다. 그들은 아이들이 미국 흑인, 미국 인디언과 자신들을 포함하는 하나의 문화적 범주를 구성한다는 사실을 발견했다. 이 문화적 범주는 사유의 도구로서 백인 사회에서 비백인들의 정치 및 내러티브에서의 무력함을 개념화하는 것이었다. 그리고 텔레비전과 사회적 경험 모두를 의미화하는 데 사용되었다. 이 아이들에게 특히 인기 있는 프로그램은 〈신나는 개구쟁이*Diff'rent Strokes*〉●였는데, 이들은 주인공 백인 가족에 입양된 미국 흑인 아이를 호주 원주민으로 여겼다. 특히 미국 인디언이 이 문화적 범주에 속한다는 사실을

● 1978~1985년 미국 NBC, 1985~1986년 ABC에서 방영된 시트콤으로, 두 흑인 형제가 부자 백인 사업가 집안에 입양되면서 벌어지는 일을 그렸다.

기억한다면, 이들이 아이의 작은 키, 영원할 것 같은 어린 티, 계속 '오해 받음에도' 백인 '아버지'와 '누나'가 이를 풀어 주는 점 등에 의미를 부여 한다고 짐작해 볼 수 있다.

원주민 독해자들이 보여 주는 것은 명백히 지배 이데올로기를 담고 있는 텍스트로부터 하위 문화가 자신들의 의미를 이끌어 내는 능력이다. 그들이 삶에서 겪는 무력함에 대한 담론들 덕분에 지배 이데올로기에 의 해 선호되는 것들에 저항하는 일련의 의미들이 활성화되었다. 자신들이 백인 카우보이들과 싸우는 인디언들을 지지하고 그들에 동일시할 때, 원 주민들은 자기 편이 질 수밖에 없다는 점과 서부극을 이런 식으로 독해 하는 것이 아둔하고 어색한 일이라는 점을 알고 있었다. 이런 식으로 텔 레비전 프로그램을 독해함으로써 그들은 백인 지배적 사회에서 자신들 의 무력함의 경험을 분명히 표현할 수단을 얻을 수 있었다. 자신의 경험 을 분명히 표현하는 능력은 그런 상황을 바꿀 의지를 키우는 데 필수적 인 전제 조건인 것이다.

매틀라트(Mattelart, 1980)는 제3 세계에서 할리우드 텔레비전의 수용 에 관한 연구에서 비슷한 결론에 도달한다.

> 대중 문화의 메시지는 피지배 계급에 의해 무력화될 수 있다. 이들이 새로 운 문화의, 때때로 모순적인 씨앗을 창출함으로써 자신들만의 해독제를 만 들 수 있기 때문이다. (p.20)

하위 문화에서 텔레비전 프로그램이 독해되는 방식에 대한 또 다른 예는 〈다이너스티〉●가 미국 내 동성애자들 사이에서 컬트 프로그램이

● 1981~1989년 미국 ABC를 통해 방영된 황금 시간대 솝 오페라로, 덴버의 부유한 캐링 턴 가문의 이야기를 중심으로 전개된다. 〈댈러스〉와 함께 큰 인기를 끌었다.

된 경우에서 찾아볼 수 있다(Schiff, 1985). D&D 파티(저녁 식사를 하며 〈다이너스티〉를 보는 파티)가 유행이었고, 로스앤젤레스의 한 게이 바에서는 알렉시스와 크라이슬 두 여성 간의 싸움을 비디오로 반복 상영하기도 했다. 이 드라마가 고급스런 스타일과 패션을 강조하고, 인물 간의 관계를 서로 간의 점수 따기 경쟁으로 묘사한 점을 게이 하위 문화는 곧바로 캠프 담론으로 끌어들였다. 조운 콜린스Joan Collins가 연기한 알렉시스 캐릭터는 '보통 사람들에게는' 중년 여성의 섹슈얼리티를 신격화한 것으로 받아들여졌지만, 게이들은 그녀를 여성성의 재현으로 보지 않고 오히려 성적 차이의 파괴자로 독해하기도 했다. 게이 하위 문화에서 넓은 어깨와 때때로 과감한 라인을 강조한 그녀의 드레스 스타일은 그녀의 대인 관계에서의 공격성과 결합해 남성성과 여성성 간의 전통적인 구별을 부정한다. 또 그녀가 여성적 육체에 남성적 특질을 갖고 있는 것은 남성 게이를 뒤집은 것과 마찬가지여서, 이 또한 지배적인 젠더 역할을 전복하는 것이다. 프로그램이 선호하는 구조의 하위 텍스트인 대부르주아의 이데올로기를 비판적으로 전복하는 것은 하위 문화에 지배 체제에 대항적 관계를 형성하는 자신들의 모습을 표출할 수 있는 수단을 제공한다.

카츠와 리브스(Katz & Liebes, 1984)는 서로 다른 민족 집단들ethnic groups은 텍스트의 오독을 포함하는 방식으로 〈댈러스〉를 자신들의 하위 문화와 상호 작용할 수 있도록 독해한다는 사실을 발견했다. 아랍 시청자 집단은 남편 JR로부터 아기를 빼돌려 달아난 수 엘런이 과거 연인의 집으로 되돌아가는 것이 자신들의 문화와 병립 불가능하다는 사실을 발견했다. 그래서 그들은 대신 그녀가 아버지에게로 돌아가는, 아랍 문화에 별로 어긋나지 않는 행동을 하는 것으로 '해석했다.' 때로는 〈댈러스〉의 문화적 가치와 시청자들의 문화적 가치 간의 차이가 프로그램의 가치에 반대해 시청자들의 가치를 지지하기 위해 동원되었다. 한 모로코 출신 유대인은 말한다.

나는 이 드라마에서 유대인으로서 '우리 운명은 행복해야 하는 것이고, 우리 숙명은 선해야 한다는 것'이라고 말하는 법을 배웠다. JR과 그의 아기, 아버지만 네댓 명인 아기에 관한 모든 것을 누군들 알겠는가? 엄마는 물론 수 엘런이고, 팸의 오빠는 떠나는데, 아마 그가 아기 아빠일 수도…… 내가 보기엔 이들 모두 개자식이다…… (p.31)

수용 방식

문화에 대한 연구는 텍스트 독해에 한정되어서는 안 된다. 텍스트의 수용 조건이 필연적으로 텍스트가 시청자에게 제공하는 의미와 쾌락의 일부를 이루기 때문이다. 텔레비전 민속지학자들은 텔레비전이 가정의 문화와 통합되는 방식을 연구해 왔다.

텔레비전은 본질적으로 가정의 매체이기 때문에 일상적인 시청 행태는 가정생활을 조직하는 가정의 반복적 일상의 일부다. 홉슨(1982)은 초저녁 시간대 솝 오페라 〈교차로Crossroads〉●의 시청자들을 연구하기 위해 가정을 방문해서, 여성들과 그 가족들과 함께 그 프로그램을 보고 이 드라마가 그들의 삶에서 어떤 역할을 했는지에 대해 함께 얘기했다. 그녀가 관찰한 바에 힘입어 우리는 그 프로그램이 텔레비전 일반의 예로서 가정의 일상에 통합되는 여러 가지 방식을 추적할 수 있다. 홉슨의 주 연구 대상이었던 주부들이 직면했던 문제는 〈교차로〉가 가족 티타임 즈음에 방영되는데, 차를 준비하고 가져다주는 일이 그녀가 방문했던 가정의 문화에서는 여성의 일이었고 젠더 역할과 젠더 차이의 의미를 정의하는 일

● 1964~1988년, 2001~2003년에 걸쳐 영국 ITV에서 방영된 솝 오페라로, 싸구려 제작의 대명사였지만 높은 시청률을 기록했다.

의 일부였다는 점이다. 이런 문화에서 여성이 TV를 보는 동안 남성이 차를 준비한다는 것은 생각할 수 없는 일이었다. 〈교차로〉 방영 전이나 후에 티타임을 갖도록 하는 여성들도 일부 있었지만, 많은 여성들에게 이러한 충돌은 불가피한 것처럼 보였다. 때로는 고집 센 남편이 자신이 원할 때 차를 대령해야 한다고 주장하기 때문에 충돌이 일어나기도 했는데, 때로는 아내가 이 시간에 가족들이 차를 마셔야 한다는 필요성에 의문을 제기하지 않고, 남편과 아이들의 필요를 항상 자신의 필요보다 우선해야 하는 양육자/하인이라는, 이데올로기적으로 주어진 자신의 위치를 받아들이기도 했다. 여성들은 이 문제에 대처하는 두 가지 전략을 발전시켰다. 하나는 주방에서 일하는 동안 거실의 텔레비전 소리만 듣는 것이고, 다른 하나는 일하는 동안 자신이 보기 위해 주방에 흑백 TV를 들여 놓는 것이었다. 두 경우 모두에서 거실에 놓인 컬러 TV가 문화적 중심이었고, 주방의 흑백 TV는 부차적인 것이었다. 여성들은 사운드트랙이나 흑백 화면이 그들의 주의를 끌 경우에는 거실을 기웃거리기도 했다. 흑백 TV를 보는 여성들에게 이런 경우는 대개 누군가의 옷이나 모자 색깔이 언급되는 경우였다. 〈다이너스티〉 같은 프로그램의 제작자들이 잘 보여주듯이 텔레비전은 패션 문화의 중요한 부분을 차지하기 때문이었다.

텔레비전이 그들의 문화에서 얼마나 핵심적인 자리를 차지하고 싶어 하든 간에 이들 여성에게 텔레비전은 실은 부차적이었고, 이런 부차적 성격은 가부장적 가족 내에서 여성들의 종속적 위치가 의미하는 것 중 일부였다. 하지만 아내 말을 잘 듣는 남편을 두었거나 혼자 사는 여성들에게 〈교차로〉 시청은 해당 시간대에 그들의 가장 1차적인 문화 활동이었고, 그들은 주의를 흩트리는 일 없이 프로그램을 시청했다.

파머(1986)는 아이들이 어떻게 텔레비전과 상호 작용하는지에 대한 민속지학적 연구에서 비슷한 사실을 발견했다고 보고했다. TV 시청에 대해 아이들이 말한 내용은 그들이 어떻게 TV 시청을 가정의 반복적 일상

내로 통합하는지를 보여 준다.

> 오후에는 〈사이먼 타운센드의 놀라운 세계*Simon Townsend's Wonderful World*〉를 보고, 그다음엔 〈매치메이트*Matchmates*〉를 보고 나서, 뭔가를 하죠. 숙제나 그런 것들. 그리고 다시 돌아와서 〈패밀리 퓨드*Family Feud*〉를 보고, 다음엔 〈새 가격이 맞습니다*The New Price Is Right*〉를 봐요. 뉴스도 좀 보는데, 그럴 때면 내가 설거지를 해야 해요. 〈아들과 딸*Sons and Daughters*〉도 보고, 월요일 7시 30분에는 〈하트 투 하트〉를 보죠. 그다음엔 〈죄수〉를 보고 잠자러 가죠. (p.48)

파머는 또 아이들이 TV를 볼 때 주의를 기울이는 방식은 매우 다양하다는 사실을 발견했다. TV 화면 앞에 바짝 다가앉아 넋을 잃고 완전 몰입해 보는 것에서부터 등을 돌린 채 카드놀이를 하며 TV 사운드트랙(흔히 웃음소리)이 주의를 끌 때만 고개를 돌리는 식으로 아주 건성으로 TV를 '모니터하는' 경우까지 있었다. 완전 몰입해 주의를 기울이는 시간은 10분을 넘는 경우가 드물었고, 아이들은 TV를 보며 상당히 다양한 활동을 했다. 파머(1983: 63)는 숙제하기부터, 모델 조립, 공작하기, 노래, 춤, 대화, 뜀뛰기, 싸움 등 20가지 흔한 활동을 나열하고 있다. 애완동물을 데리고 TV를 보는 경우도 아주 흔했다. 아이들이 TV를 볼 때면 어항 속 금붕어가 TV와 가까운 쪽에서 헤엄치며 함께 TV를 보았다는 보고도 있었다! 이런 연구는 시청자들이 TV를 보면서 무슨 의미를 부여하는지에 대해 알려 주지 않지만, 이들이 텔레비전을 자신들의 일상생활에 통합하는 방식을 보여 주며, 시청자들이 많은 비평가들이 주장하는 것처럼 텔레비전에 지배당하거나 통제당하는 일은 거의 일어나지 않는다는 점을 알려 준다.

텔레비전은 인기 있으려면 다양한 사회 집단에 어필하는 의미를 담고 있어야 할 뿐만 아니라 서로 다른 주의 방식 — 이를 하틀리(1984b)는 "시청 체제regimes of watching"라 불렀다 — 으로 시청될 수 있어야 한다. 'TV에 달라붙어' 볼 때에 TV 시청은 시청자의 주된 활동일 것이다. 홉슨이 연구한 주부들처럼, 시청자들은 내키진 않지만 다른 일을 하는 동안 TV에 부차적인 주의를 기울일 수도 있다. 아니면 신문을 보거나 대화하는 동안, 또는 숙제를 하는 동안 배경으로 TV를 켜놓을 수도 있다. 시청자는 어떤 아이템이 그들의 관심을 강하고도 성공적으로 자극할 때 비로소 온전히 TV에 주의를 기울인다. IBA가 1985년 실시한 영국 시청자 조사에 따르면, 대부분의 사람들은 TV를 보는 동안 다른 뭔가를 한다. 껴안거나 뜨개질을 하거나, 남 또는 TV에게 말을 한다. 특히 방에 혼자 있을 때도 그렇다. 털록과 모란(1986)은 이 점을 강조한다.

> 온가족이 둘러앉아 〈시골 생활A Country Practice〉과 같은 프로그램을 시청하는 행위는 텔레비전이 얼마나 강렬한 사회적 활동인지를 상기시켜 준다. 시청자들은 프로그램이 진행되는 동안 서로에게 말을 한다. 그들은 집안일이나 숙제를 하기도 하고 방을 들락거리기도 한다. TV 수상기와 프로그램은 단지 시청이 일어나는 전반적 환경의 일부일 뿐이다. (p.236)

어떤 시청자는 보기보다는 듣는 데 집중할 수도 있다. 매쿼일과 블럼러, 브라운(McQuail, Blumler, & Brown, 1972)은 TV에서 나오는 목소리가 고립감을 줄여 주기 때문에 낮 동안 집안에 홀로 있는 많은 여성들이 TV를 켜놓는다는 사실을 발견했다. 털록과 모란(1986), 홉슨(1982)은 이런 함께 있는 듯한 느낌이 노인들에게 얼마나 중요한지를 보여 주었다. 다음 장에서는 이처럼 다양한 시청 체제가 텔레비전 텍스트의 성격에 미치는 효과를 살펴볼 것이다. 여기서는 흔히 생각하는 것처럼 텔레비전은 우리를 지배하는 괴물이 아니라는 점만을 지적하고자 한다. 시청자들은 텔레비전

JOHN FISKE

의 의미에 대해서뿐만 아니라 삶에서 텔레비전의 역할에 대해서 상당한 통제력을 갖고 있다.

이 점은 텔레비전이 영화와 다른 또 하나의 특성이다. 영화는 단지 한 가지 관람 방식에 맞춰야 하고, 관객의 주의를 끌려고 경쟁할 필요가 없다. 스크린 이론이 독해자의 힘보다 텍스트의 힘을 강조한 것은 텔레비전보다는 영화에 더 잘 들어맞는다. 영화 관객이 TV 시청자보다 상대적으로 무력한 것은 당연하다. 텔레비전은 보통 거실이라는 친숙한 가정 내에서 보게 된다. 이는 영화가 공적이고 비인격적인 장소에서 관람되는 것과 뚜렷이 대비된다. 영화관에 갈 때 우리는 영화관의 조건에 따르고 영화의 담론에 종속되는 경향을 보인다. 문화적 공간으로서 거실은 가족 성원 각자에게 각기 다른 의미를 지닌다. 온종일 집안일을 하는 부모는 가사 노동 문화의 일부로서 낮 시간 텔레비전 프로그램을, 가족 관계 문화의 일부로서 밤 시간 프로그램을 시청할 것이다. 전업 임금 노동자는 텔레비전 시청을 여가 문화에 포함할 것이다. 이런 시청의 문화적 공간이 각기 다른 의미를 지니는 것으로부터 텔레비전과 관련된 상이한 사회적 담론들이 생겨나고, 그래서 텔레비전에 대한 상이한 독해가 생겨난다.

그러나 텔레비전이 지니는 의미는 TV 시청 방식에만, 텔레비전에서 발견되는 의미에 한정되지 않는다. 때로 TV 시청과 시청할 프로그램의 선택이란 행위는 가정 문화에서 중요한 역할을 수행할 수 있다. 우리가 살펴본 바처럼, 가정 문화는 일반적으로 가부장적이다. 가정 문화에서 텔레비전이 수행하는 역할은 가부장적 이데올로기에 대한 시청자의 입장에 따라 달라질 수 있다. 홉슨(1982)은 가부장제하에서 종속적 위치를 받아들이는 주부들이 어떻게 텔레비전에 대한 자신들의 관심이 부차적인 자리를 차지하는 것을 허용하는지를 보여 준 바 있다. 그러나 홉슨의 연구에서 다른 주부들은 가부장적 지배를 인식하고 있었고 때로는 이에 반격을 가하기도 한다. 텔레비전은 그들의 저항의 일부가 될 수도 있는 것이다. 많은 여성들은 남편들이 〈교차로〉를 경멸하며 그 드라마 시청을 싫어한다는 사실을 알고 있었다. 〈교차로〉 시청은 여성들에게 하나의 (사소한) 불복종 행위가 되어, 남성적 헤게모니 내에서 한 조각의 여성적인 문화적 영토를 주장하는 일이었다. 래드웨이(1984)의 로맨스 소설 독자들과 마찬가지로, 이처럼 자신만의 문화적 공간을 창출하는 일은 여성적 정체성의 의미를 스스로 규정할 수 있도록 해 주었다. 그 드라마는 여성만이 소유한 인기 있는 문화 자본(1장을 보라)의 일부가 되었다. 〈교차로〉는 자신들의 문화라는 이 프로그램에 대한 여성들의 문화적 소유의 느낌 때문에 1981년 제작자들이 프로그램에 변화를 도입했을 때 여성 시청자들을 크게 분노하게 했다. 당시 편성이 달라져 주 4회 방송이 3회로 축소됐는데, 가장 문제가 됐던 것은 여주인공을 하차시키기로 결정한 것이었다. 이러한 분노는 '그들이 우리에게 무슨 권리로 이런 짓을 할 수 있는가?'라는 관점에서 지속적으로 표출되었다. 그들은 남성이자 여성의 관심에 어긋나게 행동하는 당국이었다. 그 제작의 '실상'과는 정반대로 〈교차로〉는 여성 시청자들에 의해 여성의 문화가 되었다.

이 프로그램과 이를 시청하는 일(이 둘은 분리할 수 없는 것이므로)은 여성을 위한 일종의 문화 자본이 될 수 있다. 때때로 이 여성의 문화는 남성의 문화와 직접 대립하는 것으로 표현되었다. 〈교차로〉는 흔히 뉴스와 대비되었다. 뉴스는 초저녁 편성에서 〈교차로〉의 앞 또는 바로 뒤에 자리 잡았다. 뉴스는 살인, 강도, 정치, 스포츠를 다룸으로써 남성의 관심사로 여겨졌다. 홉슨(1980)의 이전 연구는 이런 사실을 밝혀냈는데, 여성들은 흔히 가장이 뉴스를 볼 때 아이들이 소란을 피우지 못하도록 하는 일을 자신의 의무로 여겼다는 사실도 밝혀졌다. 남성들이 못마땅해하는 가운데 〈교차로〉를 시청하는 것, 이 프로그램을 뉴스라는 남성적 문화에 대립하는 것으로 이해하는 일은 여성이 가정 문화에 기여할 권리를, 그 문화의 일부를 통제할 권리를 주장하는 것이었다.

JOHN FISKE

이런 식으로 텔레비전은 몰리(1986)가 "가족의 정치학politics of the family"이라고 부른 것에서 핵심적 역할을 한다. 몰리가 사용한 이 말은 가정의 일상적 문화 내에서의 권력과 저항의 유형을 가리킨다. 이때 권력의 주요 축은 부모와 자녀 간의, 또 남성과 여성 간의 두 관계에 존재한다. 부모는 흔히 아이들을 처벌하는 수단으로 TV 시청을 금지하는 식으로 텔레비전을 규율의 수단으로 이용한다. 로게(Rogge, 1987)는 이에 대해 전형적인 저항 전술로 대항하는 전형적인 경우를 보여 준다. 세 자녀가 있는 싱글맘은 여섯 살과 열한 살 아들에게 가끔 이런 규율 수단을 사용한다. 그러면 "두 아들 모두 내게 말을 하지 않죠. 애들이 내가 혼자 있는 걸 싫어한다는 걸 아는 거죠. 거의 매번 내가 질 수밖에 없어요."

부모와 교사들은 흔히 자신이 아이들의 시청 선호를 '지도할' 책임과 권리를 갖고 있다고 여긴다. 그런 지도는 통상 아이들에게 어른들의 문화적 취향을 부과하고 아이들의 문화적 취향은 폄하하려는 시도로 이뤄진다. 권력은 너무 자주 책임이란 가면을 쓰고 행사된다. 또 흔히 직접적인 통제나 금지를 통해서뿐만 아니라 조롱과 경멸을 통해서도 행사된다.

호지와 트립(1986)은 어른들의 권력에 대한 유용한 통찰을 제공한다. 그들은 아이들이 텔레비전 재현 방식의 다른 양상들을 구별하는 법을 재빨리 배운다는 사실을 발견했다(양상modality이란 드러나는 텍스트와 실재 간의 거리다). 만화 영화는 낮은 양상의 양식이며, 〈A특공대〉와 같은 뻔한 내러티브를 지닌 프로그램도 마찬가지로 낮은 양상이다. 반면 뉴스는 '진실'을 전경화하기 때문에 훨씬 높은 수준의 양상을 보인다. 문법적 용어로 말하자면, 만화 영화와 〈A특공대〉는 '만약 ⋯⋯라면'의 세계라는 조건적 양식으로 작동한다. 반면 뉴스는 '⋯⋯이다'의 세계인 지시적 양식으로 작동한다. 아이들은 8~9세가 되면 양상들을 구별하는 법을 배워 만화 영화와 〈A특공대〉에 등장하는 폭력 장면에 쉽게 대처할 수 있게 된다. 부모와 교사들은 아이들이 뉴스를 보기를 원하지만, 뉴스에 등장하는 폭력은 아이들이 가장 대처하기 어려워하는 종류의 폭력이다. 만화 영화와 뻔한 내러티브는 아이들에게 즐거움을 주지만, 아이들에게 '나쁘다'는 모호하기 짝이 없는 비판으로 이런 취향을 폄하하는 많은 부모들에게는 걱정거리다.

마찬가지로 남성들은 여성의 TV 취향(특히 솝 오페라)과 여성의 (집중적이지 않고 분산적인) 시청 방식, 그리고 여성들이 TV에 대해 말하는 것을 폄하한다(Morley, 1986의 11장을 보라). 남성들은 자신들이 TV에 대해 말할 때는 이를 '토론'이라고 하면서 여성들의 말은 '가십gossip'이라고 부른다(Tulloch & Moran, 1986). 어떤 여성들은 자신들의 문화적 취향의 가치를 옹호하지만, 어떤 여성들은 이런 남성적인 가치 체계를 받아들여 자신들의 취향을 폄하하기도 한다("전형적인 미국식 쓰레기죠. 그렇지만 난 그 프로그램을 좋아해요." Morley, 1986: 72). 그러나 가족 권력 구조에 대한 자신들의 태도가 어떻든지 간에, 여성이 솝 오페라에서, 아이들이 만화 영화에서 발견하는 의미와 즐거움은 가족의 정치학 내에서의 그들의 처지에 의해 불가피하게 영향을 받는다. 이런 프로그램을 보는 즐거움의 일부는 남성의, 또는 부모의 권력에 반항한다는 느낌에서 나온다.

마찬가지로 남성들이 뉴스와 다큐멘터리, 스포츠, 사실적 또는 '근육질적' 드라마를 선호하는 것은 이들 장르의 '당연한' 우월성 때문으로 여겨지고, 이는 다시 남성이 가정에서 자신의 취향을 강요할 수 있도록 하는 근거로 해석된다. 즉 남성이 더 힘 있는 존재이기 때문이 아니라, 남성이 선호하는 프로그램이 본래 '더 좋기' 때문이라는 것이다. 이런 사고 방식은 남성에게 자신의, 일반적으로 주의를 집중하는, 시청 습관을 다른 가족 성원들에게 강요할 권리를, 또 남성이 TV 시청 중일 때 여성과 아이들에게 말하지 말라고 요구할 권리를 부여한다(Morley, 1986; Hobson, 1980).

이미 세계를 정치화된 모습으로 담아 보여 주는 텔레비전은 비슷한 권력과 저항의 정치적 노선에 의해 형성되고, 그런 노선에 종속되는 맥락에 놓이게 된다. 텔레비전 텍스트의 정치학과 수용의 정치학이 교차하는 지점은 우리 문화에서 TV의 효능과 기능이 정해지는 결정적인 지점인 것이다.

가십과 구술 문화

가십이란 단어는 분명히 남근 중심적 담론과 관련이 있다. 사소함과 여성성을 함축하며, 남성들의 심각한 토크와는 대립되는 것이다. 그러나 이러한 부정적 함축은 텔레비전 문화에서 가십의 역할을 이해하는 데 방해가 될 뿐이다. 가십은 숍 오페라 내 인물들과 내러티브 흐름을 한데 묶어 주는, 드라마에 관해 가십을 나누는 시청자들을 묶어 주는 "사회적 시멘트social cement"(Geraghty, 1981)의 한 형태로서 시청자와 프로그램 간에 적극적 관계를 설정해 준다. 여성들이 숍 오페라에 대해 가십을 나누는 것을 여성들이 사실과 허구를 구분하지 못하기 때문이라고 보는 것은 남성 중심적인 잘못된 시각이다. 오히려 그것은 드라마의 이슈들에 적극적으로 관여하는 것이며, 그런 이슈들을 자신들의 삶과 관련 있는 것으로 해석하고자 하는 욕망이다. 카츠와 리브스(1984)가 말한 것처럼 "가십을 나누는 것은 사람들이 [〈댈러스〉의] 유잉 가문의 문제만이 아니라 자신들의 문제를 토론하고 평가하고 있다는 사실을 보여 주는 명백한 예다"(p.31). 매퀘일과 블룸러, 브라운(1972)과 이용과 충족 접근법uses and gratifications approach을 따르는 다른 학자들은 텔레비전이 직장의 휴식 시간에, 교외 가정의 모닝커피 시간에, 또는 학교 운동장에서 일상적으로 얘기할 거리를 제공한다는 사실을 보여 주었다. 파머(1986)의 한 인터뷰 대상자는 다음처럼 말한 바 있다.

내일 또 만났을 때 우리는 그 드라마를 좋아하는지 말하죠. "야, 그때 그 일이 벌어져서……" 어쩌구 저쩌구…… 그런 게, 친한 친구와 좋아하는 프로그램에 대해 떠들 수 있는 게 TV가 가장 좋은 이유죠. 아마 당신도 그걸 좋아하겠죠. (마이클 12세) (pp.92~93)

이용과 충족 이론과 민속지학은 너무 흔히 그러한 가십의 사회적 이용이 그 자체로 적절한 설명이라고 가정하지만, 이들 학자들은 가십이 어떻게 프로그램을 독해하는 데 영향을 미쳐 특정한 의미를 촉발할 수 있는지, 그래서 프로그램이 내세우는 가치들을 비판하는 게 될 수 있는지 철저하게 질문하지 않는다.

대중 사회의 매스 미디어에 엄청난 비판적, 이론적 관심이 기울여져 온 탓에 우리는 도시화되고 제도화된 우리 사회가 대중적 소통을 용이하게 하는 만큼 구술 소통도 용이하게 한다는 사실을 무시하는 경향이 있다. 우리 여가와 오락의 많은 부분이 가정에 집중되어 있지만(Garnham, 1987; Hartley & O'Regan, 1987을 보라), 많은 사람들이 대규모 학교에 다니고 큰 조직체에서 일한다. 또 대부분은 동호인 클럽이나 사회 조직에 속해 있다. 그리고 우리는 이웃들과 공동체를 이루고 함께 산다. 이런 모든 사회 조직에서 우리는 말을 나눈다. 이때 많은 부분은 매스 미디어와 문화 상품에 관한 것이다. 그 말의 상당 부분은 이들 상품에 대해 비슷한 문화적 기능을 수행한다. 즉 말을 나누는 것은 해당 경험을 우리에게 의미 있고 즐거운 것으로 만들고자 우리의 사회적 경험의 여러 측면들을 재현하는 것이다. 이러한 의미, 이러한 즐거움은 사회관계를 구축하는데, 그럼으로써 우리의 사회 정체성을 구축하는 데 긴요한 것이다.

페미니스트들(예를 들면 Hobson, 1982; Brown, 1987a; Brown & Barwick, 1986)은 가십을 여성의 구술 문화의 일부로 재평가하면서, 가십이 창의적인, 가부장제에 저항하는 기능을 할 수 있다고 주장하기 시작했다. 털록과 모란(1986)도 여성의 가십이 긍정적 가치를 지니고 있다고 주장한다.

남성들이 숍 오페라를 폄하하는 주요한 이유가 남성들은 자신의 감정을
드러내기를 꺼리고 가십을 거부하기 때문이라고 한다. 남성들은 자신들
의 무능을 여성들의 시청 습관 탓으로 돌린다. 이처럼 가십과 감정적 토로
의 가치를 주장함으로써 여성들이 남성 중심적 문화와 대면해서 여성의 유
능함을, 여성의 독자적인 개인적이고 사회적인 공간을 주장하는 것이다.
(pp.247~248)

남성들이 일관되게 가십을 폄하한다는 사실은 적어도 남성들이 가
십을 자신들의 통제 밖에 있는 문화적 형태로 인식한다는 징후다. 구술
문화를, 저항의 장소 및 수단으로서 구술 문화의 잠재력을 통제하기 어렵
다는 점은 스코틀랜드와 아일랜드, 웨일즈에 영어를 강요하는 영어 제국
주의의 역사에서 공식적으로 확인할 수 있다. 잉글랜드 정복자들이 최초
로 행한 조치 중 하나는 토착 언어 사용을 불법화하는 것이었다. 왜냐하
면 그들은 정치적 통제를 하려면 언어의 통제가 필요하며, 역으로 정치적
저항은 피억압자들이 그런 저항을 사유하고 말할 언어에 의존한다는 점
을 잘 알고 있었기 때문이다.

구술 문화는 직접적 공동체에 반응하는 것이며, 그 일부를 이루는
것이다. 그것은 중앙 집중화에, 이에 동반하는 이데올로기적 통제에 저항
한다. 또 문화적 다양성을 촉진한다. 대중 문화처럼 구술 문화는 매우 관
습적이지만 — 대화와 가십은 TV 범죄 수사물처럼 명백히 틀에 박혀 있
다 — 말의 관습은 말이 어떤 사회적 상황 또는 사회 집단 내에서 이뤄지
는가에 따라 크게 달라진다. 10대 소녀들의 말은 남성 노동자의 말과 다
르며, 휴게실에서 하는 말은 술집에서 하는 말과 다르다. 이런 차이는 관
습화돼 있는 것이다. 말이 TV 프로그램에 관한 것일 때 그것은 특정한 말

공동체talk community의 문화적 욕구와 공명하는 텍스트의 의미를 촉발하고 순환시키는 작용을 한다.

카츠와 리브스(1984, 1985)는 〈댈러스〉 시청자에 대한 민속지학적 연구에서 다음과 같은 사실을 발견했다.

> 드라마 방송 중에, 또 끝난 뒤 사람들은 그들이 본 것에 대해 토론하며 집단적 이해에 도달한다…… 시청자들은 지역 문화local culture와 개인적 경험의 관점에서 프로그램을 선택적으로 받아들이고 해석하고 평가한다. 그리고 그런 해석과 평가를 자신들의 마음과 삶에 선택적으로 통합한다. (1984: 28)

이처럼 프로그램을 지역 문화로 통합하는 것은 할리우드 문화의 압도적인 우선성을 부정하는 적극적인 구술 과정이다. 시청자는 할리우드 거물들이 예측할 수도, 통제할 수도 없는 방식으로 프로그램의 의미 형성에 참여한다.

이렇듯 구술 문화는 활동적이며 참여적이다. 그 관습은 잘 알려져 있고 공동체의 사회적 상황과 밀접하게 관련돼 있기 때문에, 공동체의 모든 성원들은 의미의 생산과 순환에 많든 적든 동등하게 참여할 수 있다. 말은 생산자와 소비자를 구별하지 않는다.

대중 문화와 만나는 지점에서 구술 문화는 필연적으로 시청자가 의미의 생산자가 되는 과정에 활력을 불어넣는다. 대량 생산된 텍스트가 다양한 시청자들에게 어필하기 위해서 중요한 요소는 용이함인데, 용이함은 그 관습이 그 안에서 텍스트가 순환하는 공동체의 관습과 생산적으로 상호 작용할 수 있게 해 준다.

게라티(1981)와 브라운(Brown, 1987a), 기타 학자들은 낮 시간 솝 오페라의 관습('현재성,' 관계와 반응에 대한 관심, 인물들이 실제 같음)이 솝 오페라가

JOHN FISKE

어떻게 여성들의 가십과 생산적으로, 또 창의적으로 상호 작용할 수 있게 해 주는지를 보여 주었다.

카츠와 리브스(1984, 1985)는 〈댈러스〉가 비미국인 시청자에게 인기 있는 이유 중에는 그 드라마가 가십을 통해 지역 문화, 구술 문화에 매우 쉽게 통합되기 때문임을 발견했다. 그들은 결론적으로 말한다.

> 인물들과 친밀하다고 느끼는 것은 '가십적' 성격을 지니는 것으로, 이는 한 사람이 지인들과 쉽게 토론을 벌일 수 있게 해 주는 것 같다. 가족적 환경에서 프로그램이 매주 지속적으로 끝없이 흘러나옴으로써 시청자는 판타지와 생각, 토론에 빠질 수 있는 기회를 갖는다고 할 수 있다. (1984: 32)

카츠와 리브스(1985: 188)가 "의미 있는 타자들과의 대화"라고 부르는 것은 시청자가 "프로그램을 해석하고, 가능한 경우 그것을 자신의 삶으로 통합하는 틀"을 선택하는 데 도움을 준다. 말하기는 "의미 형성의 사회적 동학"에서 중대한 역할을 한다(Katz & Liebes, 1984: 28). 틸록과 모란(1986)이 표현한 바처럼 "이렇게 떠들며 시청하는 과정은 중요하다. 그것이 시청자가 자신의 개인성을 넘어서서 집단적 반응과 집단적 앎을 가능케 하기 때문이다"(p.244).

홉슨(1982)은 〈교차로〉의 시청자들이 어떻게 그 드라마의 사실적 묘사에 엄청난 관심을 갖는지를 보여 주었다. 시청자들은 한 사건이나 반응, 대사 한 마디가 어떻게 '실제'처럼 보이는지를 평가할 수 있게 해 주는 일련의 내면화된 사회적 규범을 갖고 있었다. 더 사실적일수록 더 좋은 것이었다. 그런 규범 자체와 그것을 프로그램에 적용하는 것은 가십의 영향을 받았다. 텔레비전에 대해 얘기하는 것은 특정한 시청자 집단을 위해 '작동하는' 의미를 끌어내는 과정이다. 그러면 이젠 역으로 그 집단이 다음 번 시청에서 그런 의미를 촉발하는 기능을 한다. 이런 식으로 혼자 시청하는 것은 집단 시청과 같은 경험일 수 있다. 왜냐하면 시청자는 자신이 속한 집단의 다른 성원들이 동시에 해당 프로그램을 보고 있다는 것을 잘 알고 있기 때문이다. 가십은 두 가지 방식으로 활발히 작동한다. 가십은 시청자가 주도하는 의미를 구축하고, 또 그 내에서 그런 의미가 순환하는 시청자 공동체를 구축한다.

'트레키trekkies'(《스타 트렉》의 팬)는 특히 능동적이고 창의적인 TV 시청자들이다(Jenkins, 1986). 팬들은 시리즈의 인물들의 삶이 지속되는 것을 상상한 수많은 뉴스레터를 펴내고 있다. 이러한 상상 중에서 일부는 소설 한 편 분량으로 커졌고, 스포크●의 성생활을 다룬 소프트 포르노가 나오기도 했다. 이같이 사적으로 생산되고 유통되는 출판물들은 시청자 활동의 두드러진 극단적 표출이다. 이런 행동을 통해 시청자들, 특히 장기 시리즈의 시청자들은 자신의 머릿속에서 미래의 '대본'을 쓰고 이를 방송분과 대조한다. 이런 출판물들은 일종의 가십이기도 한데, 시청자 공동체가 지리적으로 분산돼 있는 문제를 극복하기 위해 타자로 쳤을 뿐이다. 상업적으로 출판되는 솝 오페라 잡지도 비슷한 기능을 수행한다. 그것은 지리적으로가 아니라 공유된 사회적 상황에서 생겨나는 취향의 공통성에 의해 정의되는 공동체 내에서 가십을 퍼뜨리고 유통시킨다.

아이들도 텔레비전 문화와 상호 작용하는 역동적인 구술 문화를 갖고 있다. 아이들은 흔히 텔레비전을 놀이나 노래, 속어로 통합한다. 텔레비전을 재료로 삼아 새로운 놀이와 새로운 노래를 창조한다. 이 모든 것은 대중 사회에서 발생하는 탈구에도 불구하고 민속적 구술 문화가 아직 살아 있으며, 텔레비전이 단지 이 문화로 쉽게 통합될 수 있을 뿐만 아니라 이런 문화가 텔레비전의 생존에 필수적임을 말해 준다. 텔레비전이 공

● 〈스타 트렉〉 시리즈의 주요 인물로 엔터프라이즈호의 과학자(벌컨족과 인간의 혼혈)다.

JOHN FISKE

동의 상징적 경험과 공동의 담론을, 또 민속 문화에 아주 중요한 공유된 형식적 관습을 제공하기 때문이다. 구술 문화나 민속 문화는 텔레비전 시청자에게 일련의 독해 관계들을 제공한다. 그 관계들은 본질적으로 참여적이고 활동적이며, 그리고 연기자와 시청자, 또는 생산자와 소비자 간에 최소한의 구별만을 인정한다.

의미의 사회적 결정

의미는 사회적으로 결정된다. 의미는 텍스트와 사회적 상황 내에 있는 독해자와의 접점에서 구성된다. 이는 독해자의 사회적 위치가 텍스트가 작동하는 방식이라고 생각해 왔던 권위주의적 방식과 마찬가지 방식으로 독해자를 위해 의미를 기계적으로 생산한다는 말이 아니다. '결정한다 determine'는 말은 그처럼 기계적이고, 단일한 원인과 효과 과정을 가리키는 것이 아니다. 오히려 경계를 제한하거나 설정하는 것을 의미한다. 노동 계급에 속하는 모든 사람들 또는 모든 여성들이 그들의 사회적 상황에 의해 직접적으로 결정되는 동일한 의미를 구성한다고 보는 것은 터무니없는 일일 것이다. 그러나 노동 계급적 독해 또는 여성적 독해 같은 것은 존재하지 않는다고 보는 것도 마찬가지로 터무니없는 일일 것이다. 노동 계급의, 또는 여성의 경험의 경계 내에는 수많은 다른 굴절의 여지가 남아 있다. 모든 개인은 매우 다양한 사회적 결정들에 영향을 받기 때문이다. 예를 들면 디트로이트의 자동차 공장에서 일하는 가톨릭 노동조합원은 위스콘신의 농장에서 일하는 개신교도 비노조 농업 노동자와는 상당히 다른 사회적 경험을 지닐 것이다. 가부장제하에서 여성의 사회적 경험은 아마도 이보다도 더 넓은 범위에 걸쳐 분포할 것이다. 앞 장에서 사회적 주체성을 발전시키는 데 작용하는 다양한 사회적 힘들 중 일부를 살펴본 바 있다. 사람들의 주체성, 그들의 자아의식, 그들의 사회관계가 유전적으로 또는 자연적으로 생겨나는 것이 아니라 사회적으로 생산된다는 주장은 모든 사람들이 서로의 클론이고 동일한 사회적 주형에서 찍혀 나오는 대량 생산물이라는 말이 아니다. 서구 자본주의 민주 국가들처럼 다채로운 사회에 사는 사람들의 사회사는 자연적 유전자 은행만큼이나 많은 개인적 차이를 만들어 내는, 그러한 다양한 사회적 경험과 사회적 힘들로부터 구성된다. 사회적 결정 이론은 단지 개인 간의 차이를 위한 여지를 남겨두고 그런 차이를 강조하는 것만이 아니다. 상당한 차이가 유전적으로가 아니라 사회적으로 생겨나며, 그런 차이는 유사성의 틀 내에, 또 틀을 거슬러 존재한다는 점까지 강조한다.

사회사의 다양성은 주체들 내에서 모순을 일으키기 마련이다. 몰리 (1986)는 다음과 같이 말한다.

> 동일한 사람이 일 잘하는 노동자이자 동시에 노동조합원, 사회민주당 지지자, 소비자, 인종주의자, 주택 소유자, 아내 폭행자, 기독교인일 수 있다. (p.42)

몰리는 이처럼 모순적인 주체 위치들이 동등하게 효과를 내는 것이 아니라 어떤 것은 다른 것보다 더 강력할 수 있고, 또 어떤 것은 다른 것에 의존한다는 점을 세심하게 지적한다. (가설적이지만) 현실 속의 시청자를 가로지르는, 이처럼 다른 사회적 위치들이 어떻게 동일한 프로그램을 보고 서로 모순적인 독해를 생산할 수 있는지를 몰리는 더할 나위 없이 분명하고 모범적으로 설명한다. 때문에 길게 인용한다.

> 아마도 가상의 백인 남자 노동 계급 점원(〈네이션와이드〉 프로젝트에서 연구 대상 중 하나로 삼았던)을 설정하고 그의 집에 따라가서 그가 여타 〈네이션

와이드〉프로그램에 어떻게 — 이 경우 가정이란 맥락에서 — 반응하는지를 살펴본다면 이 문제를 명확히 할 수 있을 것이다. 우선 이 경우 그는 〈네이션와이드〉에서 보도 부분을 함께 시청하던 동료 점원 집단의 지지 또는 규제의 규범으로부터 벗어난 가정에서 시청하는 것이어서 그의 '대항적' 독해의 강도는 줄어들 가능성이 클 것처럼 보인다. 그러나 이 가상적 〈네이션와이드〉에서 서로 다른 이슈를 다루는 꼭지들에 어떻게 반응하는지도 살펴보자. 노동 계급이란 그의 위치는 노동조합 담론에 간여하도록 하고, 가정이란 시청 환경이 영향을 미칠지라도 여전히 최근의 정리 해고를 다룬 첫번째 꼭지에 '대항적' 독해를 할 가능성이 크다. 하지만 또 노동 계급 위치 때문에 그는 도시 내의 특정한 주거 형태에 고착되어 있을 수 있다. 도심 주거 형태는 2차 세계 대전 이후 아시아계 이민의 유입으로 문화적으로 눈에 띄게 변화하고 있고, '자신의' 구역이 변화하는 것에 대한 그의 지역 국수주의적 공포를 표출하기에 가장 근접한 정당은 국민전선National Front이다. 그래서 그는 흑인 청년들의 거리 범죄에 대한 뉴스를 들을 때 인종주의로 기운다. 즉 이번에는 지배적 독해와 가까워지는 것이다. 그러나 다시 도심 지역 거주 경험 때문에 그는 경찰이 천사가 아니라고 믿는다. 그래서 프로그램의 다음 꼭지가 브릭스턴 소요에 대해 보도할 때 그는 협상적 독해, 즉 흑인 청년들과 경찰 모두에 대해 의심의 눈초리를 보내는 독해를 할 수 있다. 이제 그는 〈네이션와이드〉보기가 지루해져서 시트콤을 보기 위해 채널을 돌린다. 시트콤에서는 남성과 여성이 전통적인 위치를 점하고 있는데, 그는 노동 계급의 남성성 문화에 익숙하므로 이 프로그램을 지배적 독해로 받아들인다. (pp.42~43)

로런스 그로스버그Lawrence Grossberg(1986)가 "유목민적 주체성"이라고 부른 능력, 즉 지배적 독해에서부터 대항적 독해에 이르는 모든 범위에 걸쳐 의미를 생산할 수 있는 능력은 의미 생산에서 시청자의 능동성의 증거이자 이 능동성 배후에 존재하는 사회적 결정의 증거다. 텔레비전 텍스트와 의미를 협상하는 일은 담론적인, 그러므로 사회적인 과정이지, 개인적인 과정이 아니다. 그러나 이 과정은 사회적으로 위치지어진 시청자가 능동적인, 절반쯤 통제하는 역할을 할 수 있도록 허용한다. 몰리는 그의 가상적 시청자에 대해 다음과 같이 언급한다.

> 그는 실로 '여러 담론들이 교차하는 주체'다. 그러나 독해하는 자는 그, 즉 특정한 사람(그러한 담론들의 특정한 조합 또는 교차를 표상하는 자)이지, 그에게 단순한 의미에서 '말하는' 담론들이 아니다. 오히려 담론들은 그에게 그가 이용할 자원들의 문화적 레퍼토리를 제공한다. (p.43)

텍스트로부터 의미를 생산하는 일은 사회 내에서 주체성을 구성하는 일과 거의 동일한 과정을 따른다. 독해자는 의미를 생산하는데, 구조화되어 텍스트 내에 새겨지는 사회적 힘들과 자신의 사회사가 교차하면서 그 의미가 생겨난다. 독해의 순간은 독해자의 담론들이 텍스트의 담론들과 마주칠 때다. 이 담론들이 서로 다른 이해관계를 담고 있을 때 독해는 이런 갈등의 화해가 된다. 매케이브와 초기 스크린 이론가들에게 있어서 이런 화해는 독해자의 사회적 이해가 텍스트의 이해에 굴복하는 것을 의미했다. 그러나 호지와 트립(1986)에게는 바로 그 정반대를 의미했다. 그들의 연구는 "텔레비전의 독해에 있어서 [텍스트보다] 전반적인 사회관계가 우위에 있다는 것을, 그 반대가 아니라, 설득력 있게 주장했다"(p.158).

이것은 어떤 TV 프로그램보다도 사회관계가 훨씬 강력한 효과를 지닐 수 있도록 해 주는 "즉각적인 보상과 제재"를 사회관계가 실어 나르기 때문이다(p.158). 어른들과 마찬가지로 아이들은 텔레비전의 재현과 현실 간의 차이를 알고 있다. 이 차이는 사회관계의 경험 속에 존재하는 것은 아닌 것처럼 나타난다. 주체성과 의미의 구성에 있어서 이들 사회관계는 좀 더 '현실적인' 것으로 여겨지는 만큼 사회관계의 효능은 텔레비전[텍스트]의 효능보다 크다. "우리는 비텔레비전적 의미가 텔레비전의 의미를 휩쓸어 버릴 만큼 힘이 세다는 사실을 직면할 준비가 되어 있어야 한다" (Hodge & Tripp, 1986: 144).

이 '비텔레비전적 의미,' 즉 텍스트의 담론들로부터가 아니라 독해자의 담론들로부터 유래하는 의미는 흔히 말로써 퍼트려지고 유통되는 의미들이다. 텔레비전 프로그램이 비텔레비전적 의미를 산출할 수 있는 공간을 허용하지 않는다면, 그 프로그램은 인기 프로그램이 될 가능성이 적다. 몰리(1980a)는 예컨대 흑인 여성들은, 〈네이션와이드〉가 자신들을 전혀 지지하지 않기 때문에, 이 프로그램을 보지 않는다는 사실을 발견했다. 이 프로그램은 그들이 의미를 생산하도록 자극하지 못했으며, 그런 의미를 굴절시켜 그들의 사회적 이해관계를 대변할 수 있는 공간을 제공하지 못했던 것이다.

다양한 수용자층에게 인기 있으려면, 텔레비전은 독해자들이 의미와 즐거움을 생산하도록 자극해야 하고, 이러한 의미와 즐거움이 독해자들의 사회적 이해관계와 접합될 수 있는 텍스트적 공간을 제공해야 한다. 독해자들은 TV 프로그램이 이처럼 자신들의 이해를 표현할 수 있도록 허용할 경우에만 그 프로그램으로부터 의미를 생산하고 즐거움을 발견한다. 다음 2개 장의 주제는 이것이 성취될 때의 텍스트적 및 상호 텍스트적 특성이다.

6장

활성화되는 텍스트

지난 장에서 나는 두 가지 명제를 주장했다. 텔레비전 시청자는 동질적인 덩어리가 아니라 매우 다양한 집단들로 이뤄져 있다는 명제와, 시청자 집단은 프로그램으로부터 자신들의 사회적 경험과 연관되는 의미를 생산하기 위해 능동적으로 텔레비전을 독해한다는 명제다. 이들 명제로부터 텔레비전 텍스트는 다양한 시청자들이 다양한 수준의 주의력을 기울여 볼 수 있는, 잠재적 의미의 창고라는 논리적 추론이 나온다. 그러므로 텔레비전이 인기 있으려면 다의적이면서 동시에 유연해야 한다. 이 장에서 나는 텔레비전 텍스트의 특징으로 종결의 힘 — 선호된 의미의 편에서 의미들의 잠재력을 잠가 버리려는 힘 — 과 개방의 힘 — 다양한 시청자들이 다양한 의미 중에서 적절한 것을 협상해 낼 수 있도록 해 주는 힘 — 간의 긴장 상태를 강조할 것이다. 앞 장에서 이런 협상 과정을 위해 텍스트를 열어젖히도록 하는 사회적 힘들에 주목했다. 이 장에서는 이런 개방성을 구성하는 주요한 텍스트적 장치들을 살펴볼 것이다.

이를 위해서 텔레비전 텍스트를 유연하게 정의할 필요가 있다. 어떤 차원에서는 전혀 문제될 것이 없다. 1차적 텔레비전 텍스트는 특정 시간에 화면상에 나타나는, 또 전파에 실린 기표들의 패턴이기 때문이다. 그러나 텍스트는 단순히 기표들의 패턴이 아니다. 텍스트는 의미를 담고 있는 것이다. 기표를 의미와 관련짓는 것은 기표에 적절한 기의를 공급하는 문제가 아니다. 오히려 기표들은 의미를 찾아볼 수 있을 영역을 짚어내고 한정짓는다. 히스패닉 악당에게 총을 쏘는 백인 영웅이란 허구적 이미지는 [백인과 히스패닉을, 영웅과 악당을 구분짓는] 영역 밖에서는 아무런 의미를 지니지 않을 수 있다. 그러나 그런 영역 내에서는 의미의 협상이 일어나는 상당한 공간이 존재한다. 독해자는 좌파 또는 우파적 입장, 인종주의적 또는 반인종주의적 이데올로기, 동일한 프로그램의 이전 에피소드에서 획득한 영웅에 대한 축적된 '의미' 또는 다른 비슷한 프로그램에서 획득한 일반적인 TV 영웅과 희생자, 악당에 대한 텔레비전 '지식'을 불러올 수 있다. 아니면 독해자는 의식적으로든 무의식적으로든 장르 외적 텔레비전 의미를 불러올 수도 있다. 예를 들면, 니카라과에서의 미국의 군사 작전에 대한 뉴스 보도는 예로 든 가상의, 그러나 특이한 것은 아닌 사건의 의미를 형성하는 데 영향을 미칠 수 있다.

이러한 텔레비전 지식은 텔레비전 자체에 한정돼 있지 않다. 매우 다양한 형태의 2차적 텍스트들 — 언론 비평, 스타에 대한 가십, 팬을 위한 전문 잡지(특히 숍 오페라를 다루는), 드라마 대본의 '소설화'(〈닥터 후〉나 〈A특공대〉의 소설화), 광고, 포스터, 텔레비전 예고 등 — 을 생산하는 홍보 산업이 존재한다. 이것들은 2차적 텍스트이지만 1차적 텍스트인 전송되는 이미지들을 독해하는 데 영향을 미칠 수 있다.

또한 세 번째 차원의 텍스트도 있다. 사람들이 텔레비전 프로그램에 대해 독해한 것, 즉 시청자들이 생산하는 말과 가십들도 우리가 문화 내에서 의미를 순환시키는 기제로서의 텔레비전을 탐구할 때 고려해야 하는 상호 텍스트적 관계망의 일부를 이룬다.

텔레비전 텍스트의 다의성

어쨌든 우리는 어딘가에서부터 시작해야 한다. 나는 1장에서 다뤘던 〈하트 투 하트〉의 2개 장면에 대한 정밀한 분석을 이어나가면서 논의를 시작하고자 한다. 당초 우리의 독해는 지배 이데올로기가 어떻게 텍스트 내로 구조화되어 담기는지, 또 그럼으로써 텍스트가 그 내에서 의미 투쟁이 벌어질 수 있는 영역의 경계를 설정하는지를 보여 준 바 있다. 이제 분석을 확장해 다의적 독해를 가능케 하는 텍스트적 장치들을 드러내고자 한다. 이 장치들은 의도된 이데올로기적 종결에 거스르는 방향으로 작용해서 다양한 시청자들이 프로그램에 접근해 이를 즐길 수 있도록 해 준다.

아이러니

그런 장치들 중 하나는 아이러니다. 고전적으로 단순하게 정의하자면, 아이러니는 표면상으로는 무언가를 말하는 것처럼 보이지만 실제로는 다른 것을 뜻하는 진술이다.

악당이 "몇 번만 잘 투자하면 아마도 이 빌어먹을 사업을 내팽겨쳐 버릴 수 있을 거야. 하지만 은퇴 자금을 확보하려면 좀 더 해야 할 거야"라고 말할 때, 이 말은 텍스트에 의해 아이러니컬하게 다뤄지고 있다. 악당 얼굴의 익스트림 클로즈업, 그의 영어 악센트가 보여 주는 아이러니, 그리고 아름다운 미국 여자 악당이 좀전에 그의 탐욕에 대해 지적했다는 사실 등 이 모든 것은 시청자에게 악당의 말을 곧이곧대로 받아들이지 말라고 암시한다. 우리는 그가 은퇴 자금에 대해서가 아니라 범죄에 대해 말하고 있다는 것을 '안다.' 다른 말로 하자면, 우리는 이것이 아이러니이며, 말해지지 않은 의미가 말해진 것보다 앞선다는 것을 안다. 그러나 시청자로서 우리는 이런 설명이 말하는 바를 확신하지 못할 수도 있다. 이 리얼리즘적 텍스트에서 아이러니가 우리에게 부여해 주는 전지성

omniscience의 위치는 이에 영향을 미치는 사회적 담론들에 의해 도전받을 수 있다. 미국 거주자든 미국 이외 거주자든 간에 비백인 또는 비미국인 하층민은 이를 자본주의 담론과 윤리를 전복하기 위해 사용하는 것이라고 보아 자본주의 체제 자체에 등을 돌리는 것으로 독해할 수도 있을 것이다.

여기서 아이러니는 자본주의 경제학 담론을 인종 및 범죄의 담론과 결합시킨다. 이 같은 담론들의 충돌은 텍스트에 의해, 또는 지배 이데올로기에 의해 완전히 통제될 수는 없다. 이 아이러니는 하층 인종이나 하층 계급의 남성이 가부장적 자본주의를 인정하는 활동(자신의 여자를 돌보고 노년에 대비하는)에 참여할 수 있는 유일한 방법은 지배 계급이 '범죄'라고 부르는 것에 의해서라는 점을 의미하는 것으로 독해될 수도 있다. 그렇게 독해하게 되면 범죄에 대한 책임은 (사악한) 개인으로부터 사회 체제로 이동하며, 이 아이러니가 제안하는 지배적 의미에 저항함으로써 대항적 하위 문화의 이해관계에 봉사하는 의미를 갖게 될 수 있다.

수사적 장치로서의 아이러니는 항상 다의적이며, 항상 외면상 '도착적인' 독해에 개방돼 있다. 왜냐하면 아이러니는 필연적으로 의미들을 동시에 서로 맞서도록 하기 때문이다. 선호된 독해 이론과 같은 스크린 이론은 이들 의미들을 각각 위계적 질서 내에 위치시킬 것이다. 우리는 지배적 의미(이 남자는 악인이다)가 말의 현상적 '의미'(이 남자는 책임 있게 행동하고 있다)에 비해 우위를 차지하며, 현상적 의미를 설명하는 데 이용된다는 것을 '알고 있다.' 이런 경우 아이러니는 다른 의미가 아닌 이런 의미를 선호하며, 완벽한 카메라 관점이 작용하는 것과 똑같은 방식으로 작용하는 것으로 여겨진다. 즉 그것은 독해자/시청자에게 특권적 지식을 부여한다. 우리는 악당 자신보다도 그의 말을 더 잘 이해한다. 우리는 그를 꿰뚫어 볼 수 있는 통찰을 갖고 있어 우리의 이해는 완벽하고 적절한 것이 된다. 이러한 독해에서 아이러니는 항상 독해자에게 '지배적 시각성'의 위치

JOHN FISKE

를 구축해 주는, 매케이브(1981a)가 말하는 "담론들의 위계질서"의 일부다. 그러나 텍스트는 텍스트가 선호하는 의미를 강요할 수 없다. 대항적 독해자는 당연히 "이 남자는 책임 있게 행동하고 있다"는 것을 중심으로 의미를 활성화할 수 있다. 아이러니에 대한 도덕적 판단을 개인에게서 사회 체제로 이동하게 되면 의미의 정치학이 역전된다. 아이러니는 텍스트의 구조에 의해 완전히 통제될 수 없다. 그것은 항상 일부 독해자가 써먹을 수 있는 기호학적 공간을 남긴다.

여주인공이 찬사의 말에 "오, 그거 당신 얘기 중 가장 괜찮네요"라며 남부 악센트로 응수하는 데에서도 아이러니를 찾아볼 수 있다. 남부 출신 미녀는 모든 여성 스테레오타입 중에서도 가장 가부장제에 안주하며 가장 종속적인 여성이라는 전통적인 신화를 떠올리면, 이 말의 가부장적 의미를 알 수 있다. 아이러니는 우리의 해방된, 북부 출신 여주인공이 이런 역할을 채택하고 있다는 사실과 그녀가 이를 의식적으로 패러디 방식으로 한다는 사실 간의 긴장 속에 존재한다. 이것은 그녀가 이런 신화를 건드림으로써 이 신화의 젠더 정치학을 전면화하는 것으로 독해될 수 있다. 이 경우 아이러니는 남부 미녀에 관한 신화에 대해 비판적으로 논평하기 위해 북부 출신 해방된 여성의 담론을 이용한다고 할 수 있다. 이것이 선호된 독해처럼 보이지만, 남성 우월주의자라면 그 선호를 역전시켜 여주인공 목소리의 아이러니컬한 톤을 선호된, '해방된 여성'의 담론보다 '종속된 여성'의 담론에 우위를 부여하는 성적 말장난의 한 형태로 독해할 수도 있을 것이다.

메타포

여주인공의 아이러니컬한 응수는 은유적 형태의 찬사에 대해 반응한 것이었다. 아이러니와 마찬가지로 메타포는 반드시 두 가지 담론을 끌어들인다. 왜냐하면 메타포는 항상 어떤 것을 다른 것을 통해 기술하기 때문이다. 여기서도 이들 두 담론 간에 위계적 관계가 선호될 수 있지만, 결코 강요될 수는 없다. 남성에 대해 여성이 갖는 매력을 설명하기 위해 꿀벌, 꿀, 꽃이란 말을 사용하는 메타포는 명백히 젠더 관계에 대한 가부장적 관점을 자연스러운 것으로 위치시킨다. 즉 글자 그대로 자연화한다. 그러나 이런 메타포는 과장된 목소리 톤으로 말해져 그 은유적 성격, 그리고 그 인위적 성격에 주의를 집중시킨다. 그럼으로써 그것은 남성과 여성이 사회 내에서 사회화되고 서로 관계를 맺을 때 쓰이는 관습을 탈신비화하는 기능을 할 수 있고, 그래서 실천에 기입돼 있는 이데올로기에 대한 비판적 코멘트로 독해될 수 있을 것이다.

아이러니와 메타포에서 일어나는 담론들의 충돌은 의미의 폭발을 만들어 낸다. 이 폭발 덕분에 의미는 텍스트에 의해 완전히 통제될 수 없고, 독해 주체를 위한 통일된 단일한 위치를 산출하는 통합된 의미가 강요될 수 없는 것이다. 모순들은 항상 사라지지 않고 반향을 일으켜 하위문화가 협상을 통해 자신을 위해 의미를 굴절시킬 수 있도록 해 준다.

농담

아이러니와 마찬가지로 농담은 담론들의 충돌을 통해 효과를 발휘한다. 지난 장에서 창/현창/세탁기 농담이 어떻게 여성의 가정 담론보다 남성의 기술 관련 담론에 위계상의 우위를 부여하려 시도하는지를 살펴보았다. 그 농담은 요령부득인 여성을 비웃도록 부추긴다. 그러나 이런 여성에 대한 불쾌한 농담은 가부장제가 작동하고 있다는 사실을 패러디 방식으로 보여 주는 것으로 독해될 수도 있다. 심지어 젠더의 정의가 변화하는 것에 제대로 대처하지 못하는 가부장제의 무능력에 대한 코멘트로 독해될 수도 있다. 가부장적 통제의 담론이 여성 해방의 담론과 충돌할 때, 텍스트는 아무리 열심히 노력한다 해도 결코 생성되는 의미를 완벽하게 통제할 수는 없다.

모순

모순contradiction은 "거스르는 말을 하는 것"을 말한다. 어떤 이론이 이질적인 사회에서 텔레비전의 대중성을 해명하려 한다면, 모순을 적절히 설명할 수 있어야 한다. 모순은 다의성을 불러일으키는 또 다른 요인이기 때문이다. 매케이브(1981a)는 부르주아 리얼리즘을 정의하는 두 가지 특징은 실재를 모순적인 것으로 보지 못하는 무능력과 텍스트 내에서 낮은 수준의 모순을 해소하는 데 메타담론을 사용하는 것이라고 주장한다. 그의 설명은 적어도 모순은 '실재' 내의, 또 텍스트 내의 문제라는 점을, 또는 오히려 이 둘을 이해하는 데 있어서의 문제라는 점을 보여 준다.

알튀세르가 이론화한 바대로, 이데올로기는 주체의 실제 사회관계와 상상적 사회관계 간의 모순을 없애는 방향으로 작용한다. 이데올로기는 부르주아의 관점을 중심으로 '합의'를 구축하며, 계급 갈등 의식을 배제한다. 이해관계의 갈등은 단지 **모순**, 즉 거스르는 말을 통해서만 표현될 수 있다. 그래서 '실재'에 존재하는 모순의 억압은 반동적인 이데올로기적 실천이 된다. 그런 실천은 현재 상태를 중심으로 합의를 이끌어 내고, 그럼으로써 사회 변화에 격렬하게 반대하기 때문이다.

텍스트 전략 및 독해 전략도 마찬가지로 이데올로기적이며, 비슷한 방식으로 작동한다. 텍스트의 단일하고 최종적인 '진실'을 내세우는 텍스트 전략 — 매케이브가 말하는 '메타담론' 전략과 같은 — 은 모순을 해소함으로써 효력을 발휘하며, 그럼으로써 모순 속에 담겨 있는 사회 변화 또는 적어도 사회적 탐구를 지향하는 힘을 부정한다. 이런 텍스트 전략과 협업하는 독해 전략도 마찬가지로 반동적이다. 텍스트에 최종적인 "진실된" 의미가 있다고 받아들이는 일은 "지배적 시각성"(MacCabe, 1981a)이란 현실에 안주하는 반동적 독해 위치를 채택함으로써만 가능해진다.

역으로, 급진적인 사회 이론과 텍스트 이론은 모순의 부르주아적 해소를 당연시하는 데 내재하는 지배 이데올로기의 작동을 폭로하려 하고,

모순들을 회복시켜 재활성화하려 한다. 이런 일이 의식적인 이론적 프로젝트일 필요는 없다. 호지와 트립(1986)의 연구에서 학생들은 〈죄수〉에 존재하는 모순들을 활성화시켜 학교 체제에 의한 종속에 "거슬러 말하는" 데 모순들을 이용했다. 지배 이데올로기를 담고 있는 텍스트가 그 이데올로기에 의해 억압당하거나 종속되는 사람들에게 인기가 있다면, 그 텍스트는 아무리 억압되어 있다 하더라도, 대항적 독해자가 자신의 문화적 이해에 봉사하도록 활성화할 수 있는 모순이 있음에 틀림없다. 그런 모순이 없다면 그 텍스트는 단지 지배 이데올로기를 다소간 편안하게 받아들이는 사람들에게게만 인기 있을 것이다.

켈너(Kellner, 1982)도 텔레비전이 다양한 사회 집단들에게 어필하기 위해서는 모순이 핵심적인 역할을 한다고 주장한다. 그가 말하는 모순은 보다 큰 수준에서 작용한다. 왜냐하면 그 모순은 상이한 프로그램들 간에서 발견되기 때문이다. 모순이 한 프로그램 내에서 발생하는 경우 그것은 매케이브가 말하는 메타담론을 통해 작동하는 내러티브에 의해 해소된다.

텔레비전의 신화들은 흔히 사회적 모순을 해소하려 한다. 예를 들면, 경찰 드라마 〈스타스키와 허치*Starsky and Hutch*〉●는 순응의 필요와 개인 주도성 간의, 기업의 서열 체계하의 노동자와 [실존적] 존재로서의 개인 간의, 미국적인 근본적 모순을 다룬다. 형사 스타스키와 허치는 관습적이면서도 동시에 힙hip한 인물이다. 그들은 경찰 일을 하면서도 화려한 옷을 입으며 삶을 즐긴다. 그들은 사회에 적응하면서도 개성을 잃지 않는 것이 가능하다는 것을

● 1975~1979년 미국 ABC를 통해 방영된 경찰 수사 드라마로, 캘리포니아 남부 도시를 배경으로 팀을 이룬 두 형사의 활약을 그렸다. 이후 벤 스틸러와 오언 윌슨 주연의 영화(토드 필립스, 2004)와 비디오 게임(2003)으로 만들어졌다.

　　　　　JOHN FISKE

보여 준다. 이 드라마는 직업 윤리와 쾌락 윤리 간의, 의무와 즐거움 간의 모순을 신화적으로 해소한다. 텔레비전 신화는 갈등을 그럴듯하게 해소해 개인들이 [사회에] 적응할 수 있게 한다. (p.400)

뉴컴(1984)은 텔레비전의 다성성multivocality, 즉 텔레비전이 모순된 담론들을 반드시 포함할 수밖에 없는 담론의 콜라주라는 점을 논의하기 위해 바흐친(1981)의 이론을 끌어들인다. 바흐친이 '이종적heteroglot' 텍스트 — 즉 여러 목소리로 이뤄져 있는 텍스트 — 와 '단종적monoglot' 텍스트 — 즉 담론과 세계관에서 단일한 텍스트 — 를 구분한 것은 바르트(1975a)의 이론과 잘 들어맞는다. 바르트는 모든 내러티브는 전체를 통제하는 위계 체계 내로 완전하게 구조화될 수는 없는 목소리들로 엮여 있다고 말한다(8장과 15장을 보라). 사회에는 서로 다른 사람에게 전달되기를 다투는 수많은 목소리가 있기 때문에, 그 사회에서 대중적으로 인기 있는 텍스트도 그럴 수밖에 없다.

바흐친(1981)은 '이종어heteroglossia'가 사회에서, 또 텍스트에서도 동일하게 효과적으로 작동한다는 관점에서 이종어를 설명한다. 사회의 이종어는 담론 내에 구조화되어 있다.

다양성을 설명하기 위한 바흐친의 기본적 시나리오는 실제 두 사람이 특정한 시간에 특정한 장소에서 서로 얘기하는 것이다. 그러나 이들은 대부분의 수신자-송신자 커뮤니케이션 모델들이 예로 드는, 예술가들이 상상하는 말끔한 공간을 통해 서로에게 메시지를 전달할 능력이 있는 주권적 자아로서 서로를 대면하지는 않을 것이다. 오히려 이 두 사람은 각자 자신들이 — 그 순간에 사용 가능한 모든 기존 언어들로부터 — 이 특정한 교환에서 자신의 의도를 담기 위해 한 담론에 대해 어떤 선택을 하는가를 통해 자신들을 정의하게 되는 개인사의 특정한 지점에서의 의식a consciousness일 것이

다. (xx, Newcomb, 1984: 40)

바흐친은 세심하게도 이 이종어를 권력관계의 맥락 내에 위치시킨다. 각각의 사회 집단은 상이한 방식으로 언어 공동체와 관계를 맺으며, 또 자기의 목적에 맞게 말과 의미를 [자기 방식으로] 재강조하기 위해서 말과 의미를 자기 하위 문화로 끌어들이려고 지속적으로 투쟁한다. 사회 권력을 지닌 사람들의 언어는 그 통제력을 확장하려 하고, 피지배자들의 언어는 그 권력에 저항하고, 권력과 협상하고, 권력을 회피하려 한다.

단일한 목소리, 또는 단종어는 중심을 차지하고 통제력을 행사하려 하며, 집단 간의 차이들 — 이는 교란을 일으키지만 활력을 부여한다 — 을 최소화하려는 목소리다. 이종어는 다양한 사회적 위치로부터 나오는 다양한 목소리들이 빚어내는 결과일 뿐만 아니라, 사회적 통제에 의한 동질화에 대한 저항과 이런 다양성을 유지하도록 해 주는 것이기도 하다.

[이종어는] 텍스트에 대해 컨텍스트의 우위를 보장해 주는 것이다. 모든 발화는 실질적으로 회수하기 불가능한, 그러므로 해소하기 불가능한 힘들의 행렬matrix의 기능이라는 점에서 이종적이다. 이종어는 원심력과 구심력이 충돌하는 그런 장소를 가장 근접하게 개념화하는 용어다. (Bakhtin, 1981: 276)

이종어, 다의성, 모순은 서로 연관돼 있는 개념들이다. 왜냐하면 이것들은 모두 사회적 차이와 불평등이 텍스트적으로 재현되는 방식이기 때문이다. 사회는 상이하고, 불평등하고, 종종 갈등하는 집단들의 구조화된 체계로 이뤄져 있기 때문에, 사회에서 인기 있는 텍스트는 마찬가지로 종종 서로 갈등 관계에 있는 목소리들과 의미들의 구조화된 다중성을 드러내 보일 것이다. 텍스트가 시청자들과 대화적 관계를 가질 수 있게 해 주는 것이 바로 텔레비전의 이종어적 특성이다.

JOHN FISKE

'대화적dialogic'이란 말 또한 바흐친이 쓴 용어로, 언어의 사용은 필연적으로 역사적, 사회적으로 위치지어진 사람들 간의 대화를 수반한다는 사실을 가리키는 말이다. 언어 — 텔레비전도 이에 포함된다 — 는 일방적one-way 매체일 수 없다. 지난 장에서 사회적으로 서로 다른 위치에 있는 시청자들이 어떻게 텔레비전 프로그램과 '대화'에 이르게 되어 의미의 교환에 그들의 시점, 목소리를 부여할 수 있게 되는지를 설명한 바 있다.

볼로시노프(Volosinov, 1973) — 그는 바흐친과 동일 인물은 아니지만 같은 그룹의 일원이었다● — 는 언어의 대화적 측면을 가리키기 위해 '다악센트성multiaccentuality'이란 용어를 사용한다. 모든 언어는 상이한 악센트로 말해질 수 있다. 즉 언어는 그것이 사용되는 사회적 맥락과 언어를 사용하는 사람들의 사회적 상황에 따라 다르게 굴절될 수 있다. 〈댈러스〉는 자본주의라는 악센트만으로 얘기할 필요가 없다. 예를 들면, 마르크스주의자나 페미니스트와 대화하는 경우, 그 드라마는 자본주의나 가부장제의 가치를 비판하는 급진적 악센트를 지닌 채 말해질 수 있다(Ang, 1985를 보라). 또 모로코 유대인들이 보기엔, 그 드라마는 돈이 행복을 가져오지는 않는다는 의미를 분명하게 전하고 있다(Katz & Liebes, 1985). 마찬가지로 〈하트 투 하트〉의 악당의 신체적/인종적 특성은 단지 WASP(백인 앵글로색슨계 개신교도) 악센트만으로 '말하는' 것이 아닐 수 있다. 힘없는 타민족 소수자들의 관심과 시점을 표출할 수 있는 방식으로 굴절될 수도 있을 것이다.

텔레비전 텍스트의 구조와 그것이 자본주의 사회 내에서 갖는 이데

● 발렌틴 볼로시노프(1895~1936)는 러시아(구 소련)의 언어학자로 《마르크스주의와 언어철학》 등의 저술에서 언어학을 마르크스주의에 통합하려 했다. 1970년대에는 그의 저서가 동료였던 미하일 바흐친(1985~1975)이 쓴 것이라는 주장이 제기되었으나, 현재는 볼로시노프의 저술인 것으로 인정받고 있다.

올로기적 역할은 텍스트 내의 모순들을 없애고 해소하기 위해 전력을 다할 테지만, 역설적이게도 사회 내에서 한 텍스트의 대중성은 이런 목표를 제대로 성취하지 못해야만 얻을 수 있게 된다.

과잉

과잉excess의 특성은 근래 비평에서, 특히 영화와 텔레비전을 다루는 페미니스트 비평가들에 의해 폭넓게 주목받아 왔다. 과잉은 두 가지 형태로 나타날 수 있는데, 두 형태 모두 다의적이다. 하나는 **과장법으로서 과잉**이다. 과장법은 특별한 텍스트 장치로서 〈다이너스티〉에서처럼 일부러 드러내는 '캠프'로, 또는 마돈나의 뮤직 비디오에서처럼 자기 패러디로 나타날 수 있는 과장의 형식이다. 다른 하나는 좀 더 일반적인 **기호학적 과잉**으로서 이는 단지 특정 프로그램만이 아니라 모든 텔레비전의 특성이다.

〈하트 투 하트〉의 여주인공은 범인들의 눈길을 끌 목적으로 옷을 차려 입을 때 의도적으로 보석류를 주렁주렁 걸친다. 이것이 **과장법으로서 과잉**이다. 이는 부분적으로는 계급 관련 의미를 전달하는 기능을 한다. (하층 계급의 취향은 과잉적이고 중산층의 취향은 절제돼 있다. 또는 지배적 담론은 그처럼 믿도록 유도한다.) 그러나 그 기능은 이것에 국한되지 않는다. 지나친 보석 치장은 가부장제 내에서 보석의 역할에 주의를 기울이도록 한다.

마찬가지로, 남자 주인공이 "그들은 꽃의 꿀을 보지 못할지도 몰라"라고 말할 때의 과장된 예의와 여주인공이 대답할 때의 과장된 남부 악센트는 모두 과잉적인 것으로 독해할 수 있다. 이러한 과잉은 남녀 주인공이 모순된 의미들을 지닐 수 있게 해 준다. 말의 표면적 의미가 전달하는 직접적인 의미가 있고 — 이는 지배 이데올로기에 잘 들어맞는다 — 일단 이 지배적 의미가 만들어진 뒤 남는 의미의 과잉이 있다. 이 과잉은 시청자들이 직접적 의미를 잠식하기 위해 이용할 수 있다. 주인공들의 찬사와 반응은 가부장제하에서 '자연스런' 젠더 관계의 예로 볼 수도 있다. 또는 이들 관계를 지배하는 관습이, 그러므로 이에 담겨진 이데올로기가 인위적임을 보여 주는 패러디의 예로 볼 수도 있다.

과장법으로서 과잉은 지배 이데올로기와 이에 대한 비판을 동시에 담을 수 있는 이중 접합double articulation을 통해 작동하며, 독해자에게 이에 상응하는 이중적 주체 위치를 취할 수 있게 해 준다. 독해자는 찬사와 반응을 있는 그대로 즐길 수도 있고, 동시에 그렇게 하는 인물들에 (약간) 비판적인 태도를 보일 수도 있다. 숍 오페라는 흔히 과잉이라고 비난받는다. 바로 이런 특징이 많은 팬들에게 복합적인 독해 위치를 허용해 준다. 팬들은 숍 오페라가 마치 실제인 듯이, 때로는 극 중 인물들이 자신의 가족이기라도 한 듯이 반응한다. 하지만 팬들은 자신들이 하는 것이 뭔지를 알고 있다. 숍 오페라를 실제 삶으로 독해하는 데서 오는 즐거움이 환영적이며, 자신들의 정상적인 기준에 따르자면 자신들의 그런 행동이 어느 정도 어리석게 보인다는 점도 알고 있다. 숍 오페라의 시청자는 순진한 동시에, 〈하트 투 하트〉의 남자 주인공이 찬사를 보내면서 기사도식 예법을 과장할 때 순진하지 않은 것과 마찬가지로 순진하지 않다.

과잉은 주 텍스트에 거스르는 전복적인, 적어도 패러디적인 하위 텍스트를, 그리고 시청자의 분열된 주체성을 가능케 한다. 시청자가 주 텍스트와 하위 텍스트를 모두 동시에 독해하고 즐기게 해 주는 것이다.

기호학적 과잉도 비슷한 방식으로 기능한다. 그러나 이것은 특정한 텍스트 장치가 아니라 텔레비전의 전반적 특성이라는 점에서 과장법적 과잉과 다르다. 텔레비전에는 항상 너무 많은 의미들이 가능해 지배 이데올로기가 [의미들을 완벽히] 통제할 수 없다. 항상 대안적 독해를 가능케 하는, 경쟁하거나 저항하는 담론의 흔적들이 존재한다. 하틀리(1983)는 텔레비전과 언론을 비교하며 지적한 바 있다.

텔레비전은 형상과 말, 구도뿐만 아니라 색, 운동, 사운드, 시간에 의해서도 의미를 생성하기 때문에, 텔레비전에서는 매우 복합적인 재현 방식들이 더 큰 의미 있는 것의 과잉excess of meaningfulness을 만들어 낸다. 이 모든 것들에 내적인 병치가, 또 화면 밖의 담론들 및 사회관계와의 외적 관계가 영향을 미친다. 그러므로 텔레비전이 자체의 과잉을 제한하려 한다는 특성과 그 의미 작용을 이미 정립된, 당연하게 받아들여지는 상식적 의미로 정착시키려는 특성을 보여 주는 것은 놀라운 일이 아니다. 시청자는 이 상식적 의미와 동일시하도록 규율될 수 있다. 규율은 부분적으로는 구도, 조명, 인물의 움직임, 내러티브, 장르 등 텔레비전의 관습화된 코드에 의해, 부분적으로는 누가 무엇이 방송에 나올지를 제한하는 직업적, 사법적, 기타 배제의 장치들과 같은 '외적' 제약들에 의해 행해진다.

　하지만 나는 텔레비전은 자체의 의미 있는 것의 과잉을 제한하려는 의지를 결코 관철할 수 없다고 주장하고 싶다. (pp.75~76)

이 '의미 있는 것의 과잉'은 〈하트 투 하트〉 장면에 나오는 찬사와 반응에서 명확히 찾아볼 수 있다. 여기에는 다양한 코드들이 다양한 연관 관계를 이루며 병치돼 있어서, 상이한 수용자들이 다양한 의미들을 읽어 낼 수 있다. 남성 우월주의자라면 화장과 보석류(과도한 것으로 보지 않으면서), 벌-꿀-꽃의 메타포를 상호 보완적으로 이 찬사 및 이에 대한 반응이 보여 주는 아이러니를 부인하는 것으로 보고, 과장된 남부 악센트는 성적인 유희로 독해할 수 있을 것이다. 반면 가부장제에 반대하는 사람은 과도한 보석 치장과 통상적인 화장, 그리고 이 두 가지가 남부 악센트와 결합해 연상시키는 것 간의 모순과 같은 코드 간의 모순에 주목하고, 그것들 간의 상호모순성을 부인할 만큼 서로 어울리는 것으로 보기 위해 필요한 이데올로기적 노력의 양과 그 이데올로기적 출처를 부각할 것이다. 그러한 독해는 성차별주의자가 자신의 이데올로기적 노력에 대한 보상으로 얻는 쾌락에 대해 비판적인 논평을 하는 것일 것이다. 여기서 강조하고 싶은 것은 이러한 다양한 코드들과 텍스트 장치들이 결합해 텍스트가 통제할 수 있는 것보다 훨씬 많이 의미 있는 것을 산출한다는 점이다. 이것이 전형적인 텔레비전의 모습이다. 하틀리(1983)는 다음과 같이 말한다.

> 텔레비전의 의미화 실천은 **필연적으로** 모순적이다. 그것은 통제할 수 있는 것 이상을 산출한다. 이와 동시에 시청자 입장에서 볼 때 '선호된 해독'의 규율은 모호성의 현존 — 이것으로부터 선호된 해독이 생산된다 — 에 의해 끊임없이 교란될 수밖에 없다.
>
> 그러므로 주류 지상파 방송의 의미화 실천은 텔레비전의 기호학적 잠재력을 최대한 이용하기보다는 통제하는 것처럼 보인다. (pp.76~77)

현창에 관한 대화에서 여주인공은 "그 창들은 멋지다기보다는 세탁기 같네요"라고 말한다. 앞서 살펴보았듯이, 선호된 해독은 현창의 테크놀로지 관련 담론을 창문과 세탁기라는 가정 관련 담론으로 번역해야 한다는 것을 여주인공에게 알려 줌으로써 여주인공 탐정이 남성 지배에 잠재적인 위협이 될 수 있는 것을 무력화하는 데 기여할 것이다. 그러나 이 말을 함으로써 여주인공은 현창을 낭만적인 것으로 보는 전통적이고 감상적인 여성적 견해와 거리를 둔다. 이 거리는 충분히 커서, 어떤 독해자에게는 텍스트가 선호하는, 여주인공의 가부장제로의 복귀에 저항하는 것일 수 있다. 현대의 여성적 담론의 상당 부분은 하틀리가 가부장제에 의한 의미의 '감시 활동policing'이라 부른 것을 벗어나 선호된 해독의 매끄러운 겉면을 교란한다. 폄하하는 듯한 여주인공의 목소리 톤까지 감안하면, 교란적 독해는 더 강화되어 그 농담은 일부 시청자에게는 여성은 감상적인 바보가 아니라는, 또 이 점을 증명하기 위해 여성이 기술 전문 용어를 쓰는 남성적 방식에 따를 필요가 없다는 것을 의미할 수 있다. 이런 종류의 교란적 독해는 텔레비전 텍스트의 다의성에 의해 가능할 뿐만 아니라 텔레비전을 즐겨 보는 시청자들의 다양성에 의해 필연적인 것이 된다.

　모든 텍스트와 마찬가지로 텔레비전 텍스트는 의미 투쟁의 장이다. 텍스트의 구조는 통상 텍스트의 의미를 지배 이데올로기를 촉진하는 것들로 제한하려 한다. 그러나 다의성은 이런 통제에 대항하는 힘들을 가능케 한다. 텍스트의 헤게모니는 결코 전면적이지 않으므로 항상 다양한 독해자들이 생산하는 다양한 의미들에 맞서 헤게모니를 관철하기 위해서 분투해야 한다. 그러나 이런 다의성은 무정부적인 것도, 비구조화돼 있는 것도 아니다. 텍스트 내의 의미들은 텍스트의 힘의 차등적 분배에 의해 구조화돼 있다. 이는 사회 집단들이 사회적 권력의 차등적 분배에 따라 관련을 맺고 있는 것과 마찬가지다. 모든 의미들은 동등하지도, 같은 정도로 쉽게 활성화되지도 않는다. 의미들은 텍스트가 제안하는 지배적 의미들에 종속되거나 대항하는 관계 내에서 존재한다.

　텔레비전의 경제학은 텔레비전 텍스트가 다양한 사회 집단들에게서 인기 있어야 한다고 요구한다. 그런데 흥미롭게도 이는 수동적 시청자에 대해 이데올로기적 통제를 행사하는 텍스트의 능력을 훼손한다. 상이한 방식이지만 프랑크푸르트학파와 스크린 이론가들의 특징인 비관적 마르크스주의가 갖는 공포는 텔레비전에 대한 이런 문화주의적이고 민속지학적 이해에 의해 반박된다. 메리 화이트하우스Mary Whitehouse●나 프레드 나일Fred Nile●● 목사 같은 도덕주의자들이 표명하는 공포도 마찬가지다.

● 메리 화이트하우스(1910~2001)는 영국의 보수적 사회운동가로, 사회적 자유주의와 주류 미디어가 공동체 규범을 무너뜨린다고 주장하며 특히 BBC를 공격했다.
●● 프레드 나일(1934~)은 목사 출신인 호주의 보수 정치인이다.

텔레비전의 의미의 과잉이 이들이 텔레비전의 효과를 두려워하는 근거가 될 테지만, 이들이 느끼는 공포는 번지수를 잘못 찾은 것이다. 왜냐하면 그런 공포는 시청자를 자신들의 목적을 위해 이런 과잉을 이용하는 능동적 독해자로 보는 대신 텔레비전의 기호학적 힘 앞에서 수동적이고 무력한 독해자로 보는 잘못된 모델에 근거하고 있기 때문이다. 문화 산업이 제공하는 것으로부터 자신들의 문화를 만들어 내는 사람들의 능력은 이들이 생각하는 것보다 더 크다. 문화 산업이 공급한 것 중에서 그럴 기회를 제공하지 않는 문화 상품을 시청자들이 거부할 수 있는 능력 또한 마찬가지다.

열린, 작가적 텍스트

텔레비전은 상이한, 흔히 상충하는 이해관계를 지닌 다양한 집단들로 구성된 사회 내에서 대중적이어야 하기 때문에, 텔레비전 텍스트는 에코 (1979)가 "열린open"이라고 부른 특성을 지녀야 한다. 에코의 이 용어는 대안적 의미들을 봉쇄하려 하지 않고, 대신 단일할 수 없는 독해의 풍부함과 복합성에 개방적인 텍스트를 가리킨다. 열린 텍스트는, 종결이 담론 구조를 통해 작동하는 지배 이데올로기에 의한 것이든, 독해자에게 자신의 권위를 행사하려는 저자에 의한 것이든 종결에 저항한다. 에코는 열린 텍스트는 대개 문학과 고급 또는 소수자 취향과 연관되는 반면, 매스 미디어는 특성상 닫힌 텍스트를 생산한다고 주장한다. 이런 주장은 이전에 그가 일탈적 코드 해독은 매스 커뮤니케이션에서 정상적인 것이라고 주장했던 것(Eco, 1972)과 모순되는 것 같다. 그리고 문화주의적, 민속지학적 연구에 의해 확실히 논박된다. 그럼에도 불구하고, 열린 텍스트, 닫힌 텍스트의 개념은 유용하다. 특히 우리가 의미 투쟁 개념과 함께 사용할 때 그렇다. 그렇다면 우리는 텔레비전 텍스트를 투쟁의 장, 즉 저항적 독해의 가능성을 봉쇄함으로써 닫힌 텍스트를 생산하려는 지배 이데올로기와, 해당 텍스트를 대중적인 것으로 만들어야 한다면 계속 텍스트를 자신들의 독해에 대해 열어 놓으려는 시청자들의 다양성 간의 투쟁의 장이라고 정의할 수 있다.

바르트가 텍스트를 독자적 텍스트readerly text와 작가적 텍스트 writerly text로 범주화한 것(1975a)은 에코의 열린 텍스트와 닫힌 텍스트의 구분과 유사하다. 독자적 텍스트란 매케이브가 "고전 리얼리즘 텍스트"라고 부른 것, 즉 쉽게 '읽히는' 텍스트와 비슷한 것으로 자체의 담론으로서의 성격을 전면에 드러내지 않는 텍스트다. 그래서 이런 텍스트는 텍스트의 의미가 아니라 실재의 의미인 유일무이한 의미를 퍼뜨리려는 것처럼 보인다. 실버만(Silverman, 1983)은 이렇게 말한다.

> 독자적 텍스트는 공장factory으로서의 모든 흔적을 감추려 한다. 그 공장에 서는 표준적 재현과 지배적 의미화 실천을 통해 특정한 사회 현실이 생산된 다. (p.244)

반면 작가적 텍스트는 다중적이고 허다한 모순을 품고 있다. 그것은 자체의 담론으로서의 성격을 전면화하며, 일관성이나 통일성에 저항한다. 어떠한 코드도 다른 것들에 우선하지 않으며, 담론의 위계 구조를 거부한다. 독자적 텍스트는 닫힌 텍스트이고, 작가적 텍스트는 열린 텍스트다. 실버만(1983)은 작가적 텍스트를 '생산물'과 '구조'란 개념을 '과정'과 '분할segmentation'로 대치하는 텍스트라고 규정한다. 분할은 텔레비전 텍스트의 기본 원칙 중 하나이며(아래를 보라), 그 통일성을 파편화하고 투명성을 파괴하는 작용을 한다. 그것은 고전 리얼리즘 텍스트 또는 독자적 텍스트와는 반대로 작동한다. 《S/Z》에서 바르트는 오노레 드 발자크Honoré de Balzac의 소설 《사라진느Sarasine》를 최소 단위 혹은 '렉시아lexia'로 분할한다. 렉시아는 때로는 단 한 단어나 한 어구로 이뤄지며, 한 문장 이상인 경우는 드물다. 이처럼 분할함으로써 렉시아들은 문화적으로 구성된 것, 코드화된 것이라는 사실이 분명히 드러나게 되며, '현실적'이거나 자연적인 것으로 보이는 사치를 누릴 수 없게 된다. 바르트의 《사라진느》 독해는 수많은 시청자들이 텔레비전을 독해할 때 사용하게 되는 방식들을 정교하게 설명한 것이라 할 수 있다. 작가적 텍스트 — 텔레비전은 종종 작가적이며 항상 그럴 수 있다 — 는 독해자들에게 의미의 생산에, 그럼으로써 자신의 주체성의 생산에 참여할 것을 요구한다. 그것은 우리가 말해지기보다는 스스로 말할 것을 요구하며, 생산의 순간을 수용의 순간에 종속시킬 것을 요구한다.

생산자적 텍스트

텔레비전은 열린 또는 작가적 텍스트의 여러 특징들을 지니는 반면, 근원적인 특징에서 그런 텍스트와 다르기도 하다. 열린, 작가적 텍스트가 (에코와 바르트가 본래 관련 이론을 전개하는 방식에) 전형적으로 소수에 어필하는 전위적이고 고급스런 텍스트인 반면, 텔레비전은 대중적이다. 매스 미디어로서 텔레비전은 '생산자적producerly'인 것으로 여길 필요가 있다. 생산자적 텍스트는 작가적 텍스트라는 텔레비전 텍스트의 특성과 독자적 텍스트의 쉬운 접근성을 결합한다. 작가적인 전위적 텍스트와는 달리 텔레비전은 자체의 담론성에 주목하도록 하기 위해서 친숙하지 않은 담론을 이용하는 저자의 목소리와 함께하지 않는다. 전위적인 저자 – 예술가는 수용자들에게 충격을 주어 텍스트의 담론 구조를 인식케 하고, 의미와 쾌락의 생산에 작가적 방식으로 참여하도록 하기 위해 새로운 담론적 능력을 습득하도록 할 것이다. 반면 생산자적 텍스트는 시청자가 이미 지니고 있는 담론적 능력에 의지하면서도, 그런 능력을 자기에 맞는 생산적 방식으로 쓰도록 요구한다. 그래서 생산자적 텍스트는 작가적 텍스트가 성취할 수 없는 방식으로 대중적일 수 있다.

이와 비슷하게 생산자적 텍스트는 캐플란(1983b)이 급진적 텍스트에게 요구하는 여러 특징들을 보여 준다(3장을 참조하라). 이런 텍스트는 자체의 텍스트성에 주목하도록 하며, 단일한 독해 주체를 생산하는 것이 아니라 재현 과정의 희생자이기보다는 그 과정에 개입하는 여러 독해 주체들을 생산한다. 또 재현과 실재 간의 차이를 갖고 노는 식으로 다큐멘터리 양식과 픽션 양식을 작가적으로 뒤섞는 것에 해당하는 생산자적 등가물의 성격을 지니며, 동일시와 친숙함의 쾌락을 참여와 생산이라는 좀 더 인지적인 쾌락으로 대치한다. 그러나 생산자적 텍스트는 이를 이른바 '급진적' 방식으로 하지는 않는다. 자체와 좀 더 친숙한 재현 양식 간의 차이를 강조하지 않으며, 사회 내 소수자나 소외 집단을 소구 대상으로 하지도 않는다. 오히려 생산자적 텍스트는 독해자를 기호학적 민주주의 semiotic democracy의 성원으로 간주해, 이미 의미를 산출하는 담론적 능력을 갖추고 있으며 그 과정에 즐겁게 참여하고자 한다고 본다.

텔레비전을 생산자적 텍스트로 이해하려면, 논리상 그 용어를 다원적으로 이해해야 하며 시청의 순간에 시청자들에 의해 생산되는 **텍스트들**, 또는 **텍스트성**에 대해서만 말할 필요가 있다. 텍스트성이란 그것으로부터 이러한 여러 **텍스트들**이 생산되는, 좀 더 추상적인 기호학적 잠재태를 가리킨다. 텔레비전의 텍스트성과 그것의 텍스트들을 구별하는 것은 바르트(1977b)가 작품work과 **텍스트**를 구별한 데서 유래한다. 한 문학 작품은 생명 없는 대상이며 책 페이지 위에 있는 기표들의 고정된 패턴이다. 이것은 누군가가 그 책을 펼쳐서 읽을 때에만 텍스트가 된다. 작품은 잠재적으로 여러 텍스트이고, 텍스트는 독자가 생산해 내는 그 잠재태의 특정한 실현체다.

　이제 우리는 생산자적 텍스트를 단지 작품의 구조에 의해 결정되는 것이 아니라 독해 전략에 의해 진입하게 되는 범주로 이해할 필요가 있다. 그러므로 1장은 〈하트 투 하트〉 에피소드를 독자적 텍스트로 보고 그 자체로만 다루었지만, 이 장의 앞부분에서는 다른 독해 전략을 이용함으로써 다의적 잠재성을 활성화하고 좀 더 생산자적인 텍스트로 다뤘다. '작가'는 텍스트 내에 의미를 채워 넣는 사람이 아니다. 오히려 작가는 텍스트 내에서 여러 목소리들 — 바흐친은 이를 이종어라고 부른다 — 을 조합한다. 이 목소리들은 '담론의 위계' 내에 최종적으로 고정돼 버리는 것이 아니다. 다른 독해자가 크든 적든 다른 목소리를 귀 기울여 '들을' 수 있기 때문이다. 작가가 문화 내에서 끌어다 쓸 수 있는 여러 목소리들로부터 자신의 작품을 창조하는 것과 기본적으로는 유사한 과정을 통해서 독해자는 '여러 목소리들이 엮여 있는' 작품으로부터 자신의 텍스트를 만들어 낸다.

　텔레비전의 '현재성' 덕분에 시청자는 텍스트에 대해 생산자적 입장을 취하도록 권유받는다. 때로는 문자 그대로 그렇다. 브런스던(1984)은 숍 오페라 팬인 자신이 어떻게 숍 오페라 〈브룩사이드*Brookside*〉●의 대본을 미리 쓰고 있었는지 말한 바 있다.

　현 시점에서 나는 실라 그랜트가 임신한 아기를 낳을 것이라고는 생각하지 않는다. 이유는 부분적으로는 장르적이다. 나는 대부분의 숍 오페라에서 임신은 몇 달간 이야기를 이끌어 가는 소재에 불과하다는 걸 알고 있다. 다른 이유로는, 내가 경험을 통해 '직관적으로' 알고 있는 것으로서, 실라는 40

● 1982~2003년 영국 채널 4에서 인기리에 방영된 숍 오페라다.

대이며 이미 자녀가 셋이고 집도 크지 않다. 부분적으로는 냉소적인 이유도 있는데, 그녀는 가임 여성 중에서 유산을 택하지 않을, 또는 어린 아이를 갖지 않은 유일한 인물이므로 그녀만이 임신을 큰 문제라고 볼 것이다. 내 생각이 맞는다면, 내가 알지 못하는 것은 실라가 어떻게 아이를 갖지 않게 될 것인가라는 점이다. 그래서 내 즐거움(이번 경우에는 오히려 불편함)은 내 예측이 어떻게 실현되는가 하는 그 방식에 있다. (p.83)

여기서는 시청자가 저자의 역할을 떠맡아 자신의 '대본'을 향후 방송될 내용과 견줘 보게 된다. 이런 '대본 생산'은 실제 대본 작업 과정과 상당히 비슷한데, 이는 양자가 솝 오페라 일반의 관습에 대한, 또 이 드라마의 인물 관계의 구조에 대한 동일한 지식에 기반을 두고 있다는 점에서 그렇다. 또 두 과정 모두 텍스트적 지식과 사회적 지식을 융합하는 방식에서 '리얼리즘적'이라는 느낌을 공유한다. 이런 종류의 '쓰기'는 텔레비전이 시청자와 동일한 시간 척도를 갖고서 현재 일어나고 있는 것을 담는다는 느낌 때문에 가능해진다. 텔레비전 연속극의 미래는 실제 미래와 마찬가지로, 그러나 책이나 영화와는 다르게, '쓰이지 않은 것'으로 나타난다. 책이나 영화 경우 독해자는 끝이 이미 쓰여 있고 자신들은 그것이 드러나는 것을 볼 뿐임을 안다.

텔레비전에서 서스펜스 또는 불확실성의 해소는 시청자들을 좀 더 몰입하게 한다. 왜냐하면 시청자는 단지 수수께끼가 무엇인지를 아는 데 그치는 것이 아니라 해소되지 않을 것처럼 보이는 그 수수께끼가 해소되는 과정을 경험하도록 초대받기 때문이다. 때때로 이런 몰입은 너무나 강렬해서 시청자로 하여금 실제 대본 작성에 개입하고 싶은 충동을 느끼게 한다. 털록과 모란(1986)은 〈시골 생활〉 팬들이 향후 대본에 영향을 미치기 위해 종종 제작자에게 편지를 썼다는 사실을 알게 되었다. 예를 들면, 한 팬은 비키가 신혼여행 중에 죽을 것이라는 소문을 듣고는 이런 대본 전개를 막아달라고 호소하는 편지를 보내왔다. 그 팬의 주장은 직업적 작가가 일할 때 필요한, 시청자의 쾌락과 동일시에 대한 지식과 같은 종류의 지식에 근거해 있었다.

나는 열네 살이고 〈시골 생활〉을 쭉 보고 있는 시청자입니다. 신혼여행 중에 비키가 살해될 것이라는 소문을 들었습니다. 만약 그 소문이 사실이라면 많은 시청자들을 잃게 될 것이라고 생각합니다. 왜냐하면 젊은 출연자들은 많은 시청자들이 이 드라마를 보는 중요한 이유이기 때문입니다. 나아가 비키와 사이먼은 시청자들의 사랑을 받는 인물입니다.

비키가 죽는다면, 드라마의 시청률은 극적으로 떨어져서 시청자들을 잃게 될 것이며, 비키를 대체할 만한 인물을 발견할 수도 없을 것입니다.

드라마와 채널 7을 위해서 이 소문이 사실이 아니길 바랍니다. 이것이 사실이라면 이 중요한 편지가 너무 늦게 도착하지 않기만을 바랄 뿐입니다. (p.232)

텔레비전의 '현재성'에 의해 생겨나는 시청자 몰입은 분명히 뉴스나 스포츠, 퀴즈 프로그램 등에서 이용된다. 퀴즈 프로그램과 게임 프로그램은 시청자에게 불확정성을 지닌 채 몰입하고 그 해소를 예측하고 경험하는 데서 오는 쾌락을 주기 위해서 프로그램이 사전 녹화되었고 이미 승자가 알려져 있다는 사실을 가리려고 많은 노력을 기울인다.

텔레비전 제작자들은 시청자에 의한 이러한 '쓰기'가 얼마나 중요한지 잘 인식하고 있다. 틸록과 모란(1986)은 4장에서 인용했던 기틀린(1983)이 인터뷰했던 사람들보다 더 존중받을 만하고 좀 더 정확하다고 할 수 있는 시청자의 견해를 인용한다. "기대는 텔레비전 시청자에게 아주 중요한 것이다. 텔레비전은 …… 시청자들이 작가들보다 더 똑똑해질 수 있도록 허용할 필요가 있다"(p.200).

시청자에 의한 이러한 '쓰기'는 흔히 지난 장에서 논의한 가십의 일부를 이루며, 다음 장에서 논의할 팬진fanzine에 의해 장려된다.

과거에 텔레비전은 대부분의 비평가들에 의해 독자적 또는 닫힌 텍스트로 간주돼 왔다. 이런 시각은 텔레비전의 여러 텍스트적 특성만이 아니라 다양한 수용 방식과 이질적인 시청자들에 대해 제대로 설명하지 못한다. 우리는 텔레비전 프로그램에서 종결의 힘을 확실히 찾아볼 수 있는 반면, 이런 힘은 '작품'으로부터 자신들의 '텍스트들'을 만들어 냄으로써 작가적 잠재성을 살리려는 시청자들의 욕망과 부딪치게 된다.

이 같은 개방과 종결 간의 투쟁은 〈하트 투 하트〉 에피소드에 대한 우리의 미시적 독해에서와 마찬가지로 그 텔레비전 텍스트의 전반적인 구조에서도 찾아볼 수 있다. 여기서는 텍스트를 조직하는, 그럼으로써 의미를 조직하는 두 가지 대립하는 방식이 관련된다. 첫째는 논리와 인과에 기반을 두고 있는 방식이다. 이것은 본질적으로 종결의 전략이다. 왜냐하면 이 방식은 모든 사람들에게 똑같은, 그럼으로써 (글자 그대로) 상식적인 보편적 논리 법칙에 따라 내러티브 내의 사건들이나 요소들 간의 관계를 특정하려고 하기 때문이다. 고전 리얼리즘은 이런 원칙이 실제로 쓰이는 최상의 예다. 고전 리얼리즘에서는 모든 액션이 원인과 결과를 가지며, 모든 내러티브는 현 상태의 교란으로 시작하여 이를 해소함으로써 사건의 연쇄를 완성하고(또는 봉쇄하고) 내러티브와 시청자를 최종적 균형 사태에 도달하게 한다. 고전 리얼리즘 텍스트에는 설명되지 않는 불필요한 부분이 존재하지 않는다. 모든 것은 다른 것들과 논리적으로 연관돼 있어 모든 것이 내러티브에 기여한다. 리얼리즘은 모든 요소 간에 합리적으로 설명할 수 있는 연관의 망을 구축함으로써 그 자체를 현대 서구 사회와 같은 과학적, 경험주의적, 합리주의적 사회에서 세계를 의미화하는 자연스럽고도 상식적인 방식으로 여기게 한다. 리얼리즘은 세계의 의미를 하나의 통일된, 보편적인 집합으로 한정하려 하고, 이 도식을 교란하거나 거부하는 경험의 양상들을 '비현실적'이거나 '비과학적'이라며 배제하려고 한다는 점에서 과학과 마찬가지다. 리얼리즘과 경험주의는 둘 다 이데올로기적 종결의 대행자이지만 완벽하게 작동하지는 않는다.

두 번째 조직하는 원리는 인과 법칙이 아니라 연상 법칙에 기반을 두고 있다. 이것은 훨씬 더 '열린' 원칙이다. 왜냐하면 이는 훨씬 더 다양한 연상 관계를, 그래서 더 다양한 의미를 허용하기 때문이다. 이것은 또 의식적 마음보다 잠재의식의 작동에 더 잘 들어맞는다. 그래서 이성과 논리의 규율에 맞게(그 규율을 교란하는 것이 아니라) 작동한다. 이 장 초반에 저항적 독해를 가능케 해 주는 텍스트적 장치들 — 아이러니, 메타포, 농담, 모순 — 에 대해 살펴본 바 있다. 이것들은 연상 법칙에 따라 작동하며, 이미 살펴봤듯이 독해자가 상이한 요소들이나 담론들 간의 관계를 특정하는 데 어떠한 최종적 권위를 행사할 수 없다. 연상적 텍스트의 독해자는 논리적 텍스트의 독해자보다 '규율에 덜 얽매인다.' 물론 어떤 텍스트도 전적으로 연상적이거나 전적으로 논리적일 수는 없다. 모든 텍스트는 이 두 원리를 담고 있으며, 이 둘 간의 긴장은 개방과 종결 간의, 지배와 저항 간의 텍스트적 투쟁의 일부를 이룬다. 텔레비전은 이 갈등하는 원리 간의 모순을 다른 어떤 매체보다도 더 뚜렷하게 드러낸다. 2장에서 살펴보았듯이, 텔레비전의 전형적 양식은 리얼리즘으로, 이는 세계에 대한 우리의 재현을 조직하는 논리적 방식이다. 그러나 엘리스(1982)와 윌리엄스(1974)가 지적했듯이, 텔레비전이 거시적 수준에서 텍스트를 조직하는 전형적인 방식은 기본적으로 연상적associative이다. 이런 원리를 표현하기 위해 윌리엄스는 "흐름flow"이란 용어를, 엘리스는 "분할"이란 용어를 사용했는데, 이 두 단어 간의 차이는 본질적으로 동일한 원리, 즉 연상의 원리에 대한 두 사람의 시각차를 보여 준다.

분할과 흐름

윌리엄스가 텔레비전 경험을 '흐름'의 경험이라고 말할 때, 이는 텔레비전이 논리 법칙이나 인과 법칙을 따르지 않는 대신 '텔레비전 시청'이라는 문화적 경험을 구성하는 이미지들의 연속이라는 의미다. 그는 이 경험을 우리가 보통 책이나 영화 제목을 특정하는 방식과 대조함으로써 설명한다. 책과 영화는 각각이 개별 텍스트이지만, 텔레비전은 일반화된 텍스트적 경험인 것이다. 마크(Marc, 1984)도 비슷한 지적을 한다. 시청자 조사 업체가 수행한 2년간의 조사 연구를 요약하면서, 그는 "시청자는 이 프로그램이나 저 프로그램을 보기 위해 TV를 켜는 것이 아니라 '텔레비전을 보고자 하는' 욕망을 충족시키기 위해 TV를 켠다"고 적었다. 그는 "우리 대다수는 특정 프로그램을 선택하는 것이 아니라 그냥 TV를 켠다. 처음 5분간은 채널들을 탐사하면서 끌리는 이미지를 찾는 데 쓴다"고 말한다 (p.31).

흐름 개념은 텔레비전의 두 가지 주요한 특성 — 둘 다 텍스트의 개방성에 기여한다 — 을 떠올리게 한다. 첫째 특성은 이런 이미지들이 서로 연관돼 있는 시퀀스로서, 여기에선 영화나 프로그램의 리얼리즘적 시퀀스인 경우도 지속적으로 광고와 뉴스 속보, 프로그램 예고에 의해 흐름이 방해받는다. 좀 더 유기적으로 조직돼 있는 문학 작품과 방해가 덜한 영국 TV에 익숙했던 윌리엄스는 미국 TV의 흐름을 처음 접했을 때 혼란스러워했다.

마이애미에서 묵던 어느 날 밤 대서양 정기 여객선에서 일주일을 보낸 탓에 아직도 멍한 상태에서 나는 영화를 시청하기 시작했다. 처음에는 중간 광고가 자주 끼어들어 적응하기가 쉽지 않았다. 하지만 실제 일어난 일에 비하면 이것은 사소한 문제였다. 같은 채널에서 각기 다른 날 방영 예정이었던 두 편의 영화 일부를 예고편으로 보여 주기 시작했던 것이다. 샌프란시스코에서 일어난 범죄(본 영화의 주제)가 탈취제와 시리얼 광고뿐만 아니라 파리에서의 로맨스와 뉴욕 지하에 잠자고 있던 선사 시대 괴물의 등장과 뒤섞여 희한한 대위법을 이루고 있었다. 나는 아직도 그 전체 흐름에서 내가 무엇을 취했는지 잘 모르겠다. 어떤 사건은 다른 영화에서 일어나는 것으로, 광고 속의 인물들을 영화 속 인물로 기억하고 있는 것 같다. 이것들은 때때로 기괴한 불일치를 빚어냈음에도 이미지와 느낌의 단일한 무책임한 흐름이었다고 해야 할 것 같다. (1974: 91~92)

윌리엄스가 '무책임한'이란 단어를 사용한 것은 한 텍스트에 책임을 지는, 일관성 있고 통일성 있는 텍스트의 생산에 책임을 지는 특정 작가가 필요하다고 보는 그의 문학적 욕망에 기인한 것으로 보인다. 물론 어떠한 개인도 이런 의미에서 텔레비전의 흐름을 책임지지 않는다. 그렇다고 해서 이 흐름이 임의적이거나 구조를 결여하고 있는 것은 아니다. 실제로 윌리엄스는 그 흐름의 구조를 드러내기 위해 두 차원에서 흐름을 분석한다. 첫째 차원은 그가 "시퀀스와 흐름의 장기 분석"(pp.97~98)이라고 부른 것으로, 6개 채널의 저녁 시간대의 전형적인 편성 스케줄에 대한 논의로 이뤄져 있다. 그의 분석은 상대적으로 피상적이다. 동질성과 대비에 대한 일반화를 제외하면, 흐름의 이 차원에서 실제로 편성 정책이 어떻게 '저자' 역할을 하는지에 대해, 어떻게 대부분의 문학 저자와 달리 명시적이고도 공표된 의도 — 광고주에게 '팔릴' 수 있는 식별 가능한 시청자 집단을 구축하려는 — 를 지니는지에 대해 거의 논의하지 않는다. 물론 이 제도적인 익명의 저자는 자기의 권위의 한계를, 즉 시청자는 마음대로 채널을 돌려 자기 나름의 흐름을 구성할 수 있으며, '채널에 대한 충성 channel loyalty'이 존재하지만 그것은 단지 경향성일 뿐 전면적일 수 없다는 것을 너무 잘 알고 있다.

윌리엄스의 "흐름과 시퀀스의 중간 범위 분석"(pp.100~104)은 좀 더 흥미롭다. 그는 한 뉴스 프로그램의 연속되는 40개 꼭지를 열거한다. 여기에는 광고와 저녁 시간대 방송될 프로그램의 예고가 포함돼 있다. 예를 들면, 그는 약품 광고의 허위 주장에 대한 뉴스 보도와 뒤에 나오는 2개 약품 광고 간에 명시적인 관련성이 부재한다는 점에 주목한다. 또 서부 영화에 대한 예고와 운디드니Wounded Knee에서 벌어진 아메리칸 원주민들의 항의 시위에 대한 보도 간에, 또 중국에서 석방된 CIA 요원에 관한 뉴스와 베트남의 포로수용소에서 석방된 미국 병사들에 대한 뉴스 간에도 관련성이 없다는 점을 지적한다. 윌리엄스가 "차별성 없는 시퀀스"라고 부른 것에 명시적이거나 의도적인 연관성이 결여돼 있는 점을 아쉬워하는 것은 그가 문학적 배경에서 출발했다는 사실뿐만 아니라, 텔레비전의 특성 및 텔레비전이 시청자들과 함께 구축하는 독해 관계에 공감하지 않는다는 점도 말해 준다. 그러나 그는 이 시퀀스에서 다음과 같은 것을 찾아낸다.

눈에 띄게 일관된 문화적 관계의 집합, 즉 소비자 대상 보도와 상품으로 이뤄진 흐름. 이 흐름 내에서 속도와 다양성, 다채로움의 요소들은 [전체를] 조직하는 역할을 하는 것으로, 즉 가치의 실질적 담지체라 볼 수 있다. (p.105)

그가 보지 않는 것은 연관의 부재가 이 텍스트를 열린 텍스트로 만든다는 점이다. 예를 들면, 운디드니 꼭지와 서부 영화 예고 간의 관계는 진보적인 입장에서도, 반동적인 입장에서도 읽을 수 있다. 텍스트적 모순은 미국 인디언들의 '문제'와 그들의 백인 권력과의 관계에 관한 현존하는 모순된 입장들을 반영한다.

버드, 크레이그, 스타인만(Budd, Craig, & Steinman, 1985)도 표면상으로는 연관이 없어 보이는 텔레비전 흐름의 각 부분들 배후에는 깊은 구조적

일관성이 자리 잡고 있음을 밝혀냈다. 그들의 분석은 불가피하게 텍스트를 이데올로기적, 상업적 의미로 한정짓는다. 그들은 〈꿈꾸는 낙원Fantasy Island〉●의 에피소드에 삽입된 광고를 분석해서 각 중간 광고 시간대에 맨 처음 방송되는 광고와 이전 서사의 시퀀스 간에 분명한 관련이 있음을 추적한다. 예를 들면, 아이의 행복에 관심을 갖는 어머니를 다룬 서사 시퀀스 뒤에는 곧바로 아이들이 좋아하는 시리얼 제품 광고가 방송된다. 비슷한 방식으로 어머니가 [아이의] 문제를 알게 되는 시퀀스 뒤에는 가려움증을 치료하는 연고 광고가 방송되며, 어머니가 여러 세대에 걸친 가족과 상봉하는 시퀀스 다음에는 2개 광고가 이어졌는데, 그중 하나는 한 시리얼 제품이 옛 친구들 및 여러 세대를 함께 뭉치게 하는 것을 보여 주며, 다른 하나는 AT&T 역시 옛 친구와 친지들을 모이게 하는 것을 보여 준다. 그들은 다음과 같이 결론짓는다.

> 광고는 상품을 통해 만족을 줄 수 있다고 약속함으로써 프로그램의 서사에 나타나는 문제와 욕망, 판타지에 상당히 직접적으로 반응한다. (p.297)

그들이 지적하는 연결이 존재하는 것임에는 틀림없으나, 그것은 연관의 연결이지 인과의 연결이 아니다. 그리고 그중 일부, 예를 들면 두 번째 광고는 보완적이기보다는 모순적이다.

시퀀스와 흐름은 논리적 관계라기보다는 연상적 관계에 따라 조직되기 때문에 그 연관은 텍스트에서 명시적으로 드러나 있지 않다. 대신 시청자에게서 만들어진다. 시청자에게 그 연상적 성격이 잠재의식적으로 그런 연관 설정을 가능케 한다. 이러한 연관은 (윌리엄스가 그래야 된다고 생

● 1977~1984년 미국 ABC를 통해 방영된 드라마로, 태평양의 신비스런 섬에 있는 리조트에서 일어나는 모험을 그렸다.

각했듯이) 반드시 텍스트의 각 부분들을 통일시키는 방향으로 작용하지는 않고, 부분들 간의 모순을 해소하지 않은 채 그대로 드러나도록 남겨둘 것이다. 텍스트의 통일성은 이데올로기적 종결의 대행자이며, 통일에 저항하는 것은 그런 종결에 저항하는 것이다.

'흐름'이란 용어가 암시하는 또 다른 특성은 텔레비전이 지속되어야 하고 끝나서는 안 된다는 점이다. 하루 24시간 방송은 미국 TV에서는 흔한 일이지만, 다른 나라에서는 아직도 흔한 일은 아니어서 이런 나라에서는 대중과 방송사들이 방송 시간을 늘리라는 압력을 가하곤 한다. 이런 사실은 반드시 사람들이 하루 24시간 TV 보기를 원한다는 것을 의미하는 것은 아니지만, 사람들이 언제 시청을 그만둘지를 스스로 결정하고 싶어 하며 정부의 규제나 방송사의 경제적 고려에 의해 그런 결정이 내려지는 것을 원치 않는다는 점은 분명하다.

올트먼(Altman, 1986)은 텔레비전 흐름의 정도를 경제적 맥락과 연관 지으면서, 흐름이 텔레비전의 상업적 이해관계를 촉진하면서 그런 이해에 의해 이용된다는 점을 상기시킨다. 프로그램 간의 경계를 가려 버림으로써 흐름은 잠재적 시청 중지 포인트를 가려 버린다.

> 잠정적으로 다음과 같은 가설을 제시하고자 한다. 흐름은 분리된 개별 프로그램들을 대치해서 (1) 시청자 획득 경쟁이 방송 상황을 주도할 수 있도록 하며 (2) 시청 시간을 늘려 텔레비전 수익을 증대시킨다. (p.40)

이 가설의 증거로 올트먼은 텔레비전 편성은 [구 공산주의] 동구권 국가들에서 가장 단절적이며, 프랑스나 영국처럼 반국영 반독립 방송 체제에서는 흐름 형성이 편성에 나타나는 반면 미국 네트워크 TV들은 심하게 홍보되는 이미지의 흐름에 의해 지배된다고 주장한다. 반면 미국 공공 케이블 방송들은 영국과 프랑스 상황과 좀 더 유사하다.

미국에서는 흐름을 촉진하고 채널 충성도를 고취하기 위해서 두 종류 전략이 발전해 왔다. 하나는 편성 전략이며, 다른 하나는 홍보 전략이다. 편성 전략은 대규모 황금 시간대 시청자 집단 — 이들이 광고주들이 원하는 집단이다 — 을 형성하고 유지하기 위해 프로그램의 선택과 시퀀스를 디자인한다. 일반적으로 황금 시간대 시작 즈음에 강력한 '도입lead-in' 프로그램을 편성해 시청자들을 끌어들인 뒤 이를 유지하려 한다. 이와 함께 두 가지 대안 전략 또는 교체 전략을 쓴다. '천막 기둥tent-poling' 전략은 황금 시간대 정점에 강력한 인기 프로그램을 편성하고, 앞뒤에는 덜 인기 있는 프로그램들을 배치하는 것이다. '해먹hammocking' 전략은 비교적 약하거나 새로운 프로그램을 이미 자리를 잡은 두 프로그램 사이에 걸치게 편성하는 것이다. 두 전략은 그 이름이 암시하듯이 프로그램들을 하나의 단절되지 않은 흐름으로 묶어서 마찬가지로 단절되지 않은 시청을 노린다. 이런 편성 전략은 예고 방송으로 지원된다. 흐름의 초반에 이후 시간대 프로그램 예고들이 삽입되어, 이후 방송 프로그램들은 이전 프로그램들과 묶여진다. 비슷한 방식으로 프로그램들은 정기적으로 〈TV 가이드〉와 같은 잡지에 두세 개 또는 그룹으로 광고가 실린다. 오후 8시의 〈오하라O'Hara〉와 9시의 〈탐정 스펜서Spenser: For Hire〉가 "톱 건 Top Guns"이란 제목으로 〈TV 가이드〉의 같은 광고란에 함께 실리는 식이다(1987. 4. 6~10). 같은 호에서 CBS는 한 페이지 전체에 걸쳐 월요일 밤 여성 시트콤의 흐름 — 7시 〈케이트와 앨리Kate and Allie〉, 7시 30분 〈내 언니 샘My Sister Sam〉, 8시 〈뉴하트Newhart〉, 8시 30분 〈인테리어하는 여자들Designing Women〉 — 을 광고하고 있다.

　　텔레비전 흐름을 경제적 목적에 봉사하는 것으로 설명한다고 해서 그것의 텍스트적 특성을 무시해서는 안 될 것이다. 흐름이 경제 영역에서 효과적일 수 있는 것은 그 텍스트성이 대중의 취향과 시청 양식에 어필하기 때문이다.

윌리엄스는 '부분segment'이란 단어를 쓰지 않았지만, 그의 분석은 텔레비전 흐름이 어떻게 부분으로 분할돼 있는지를 보여 준다. 엘리스(1982)는 텍스트들을 상대적으로 구분되는 부분들, 즉 "최대 지속 시간 5분 이내의 이미지와 사운드의 계열적인 작은 통일체"로 방송하는 것이 텔레비전의 특성이라고 주장한다(p.112). 이러한 부분들이 조직되어 뉴스 보도, 광고, 내러티브 장면과 같은 그룹을 구성하며, 흐름은 이러한 부분들을 가로질러 발생한다. 각 부분들은 통상 필연적 연관 없이도 서로 이어지는데, 뉴스와 시사 프로그램은 의도적으로 꼭지들을 섞음으로써 이런 필연성을 만들어 낸다고 엘리스는 주장한다. 타이틀 시퀀스는 흔히 방송될 내용이나 이미 방송된 프로그램의 숏들을 빠르면서도 호기심을 증폭시키는 방식으로 편집함으로써 이런 분할segmentation을 최대한 이용한다. 뮤직 비디오는 과장된 분할의 또 다른 예다. 드라마의 경우 내러티브는 논리와 인과 관계의 원칙하에 전개되는데, 논리적 연결이 생략된 채 짧은 장면들로 분할돼 구성될 수도 있다. 숍 오페라와 같은 다중 내러티브 프로그램에서는 한 내러티브 줄기에서 다른 줄기로 이동하는 것이 신속하며, 동기화돼 있지 않은 경우가 흔하다.

분할은 닫힌 또는 독자적 텍스트보다는 열린 또는 작가적 텍스트의 특징이다. 앨런(Allen, 1985)은 숍 오페라가 갑자기 한 플롯라인에서 다른 플롯라인으로 넘어가는 것이 텍스트를 열어젖혀 독자들에게 적극적 해석을 요청하는 장치임을 밝혀냈다.

> 연관돼 있지 않은 것처럼 보이는 두 장면을 단지 상호 병치하는 것은 독해자에게는 대표적인 계열적 비결정성의 사례다. 두 장면 간의 관계는 순차적인 것 이상일 수 있겠는가? (p.80)

물론 이 '비결정성'은 분할의 일반적 효과이며, 숍 오페라에서 그런 성격이 강조되지만 솝 오페라에만 유일한 것은 아니다. 앨런의 위의 질문은 '파업' 관련 보도와 실업의 증가 관련 보도처럼 '관련 없는 듯이 보이는' 뉴스에서 나타나는 '상호 병치syntagmatic juxtaposition'에 대해서도 마찬가지로 적용될 수 있을 것이다(15장을 보라). 엘리스(1982)는 조화롭지 못한 부분들 간의 단절이 텍스트를 통일하려는 지속이나 인과의 시도보다 더 영향력이 크다는 데 동의한다. 통합체적 연결은 종결의 대행자이며(이것이 리얼리즘 내러티브가 시퀀스만이 아니라 적절한 인과관계에 집착하는 이유다), 그것이 부재하면 "통합에 틈syntagmatic gaps"이 생긴다. 그 틈을 통해 "독해자는 자신을 텍스트에 삽입한다"(Allen, 1985: 78).

이러한 틈은 에피소드 간에서는 더 큰 것이 생겨난다. 이 틈에서 시청자는 (우리가 이 장의 초반과 5장에서 살펴보았듯이) 창의적이고도 상상력이 풍부한 방식으로 '텍스트 내로 들어간다.' 이러한 틈이 솝 오페라를 글자 그대로 생산자적 텍스트로 만들어 준다. 왜냐하면 틈들이 독해자가 [텍스트상의] 부재를 '써넣어서 채우도록' 초대하며, 많은 시청자들이 즉각 이 초대를 받아들인다. 파머(1986)가 살펴본 시청자들이 그런 시청자들의 전형적인 예다.

> [〈페임*Fame*〉●과 관련해] 우리는 대개 모여서 얘기를 나누죠. 왜냐하면 진짜 좋은 드라마이고, 무슨 일이 일어났는지 기억하고 있고, 다음엔 무슨 일이 일어날지 궁금하기 때문이죠. (클라라, 11세)

> 우리는 TV를 보지 못했을 때는 서로에게 얘기해 주죠. 다음엔 무슨 일이 일어날지 추측해 볼 수 있게요. (필리파, 8세) (p.101)

● 1982~1987년 방영된 미국 TV 드라마로 히트한 뮤지컬 영화 〈페임*Fame*〉(앨런 파커, 1980)에 바탕을 둔 시리즈다.

강력한 경제적 동기를 지닌 광고주들은 TV 시청자들의 이런 생산자적 행동을 이용하는 데 관심을 보여 왔다. 호주 멜버른의 광고업체 USP 니덤의 임원인 마틴 벅랜드는 말한다.

> 테크닉과 스타일 면에서 시청자가 동그라미를 완성하도록 하는 광고가 새로운 트렌드가 되고 있다. 이는 메시지가 모두 말해지는 것이 아니라 함축돼 있을 뿐인 광고로, 대중이 마지막 한발을 떼어 이해에 도달하느냐 여부는 소비자에게 달려 있다. 이런 경향이 부상하는 것은 시청자가 똑똑해졌기 — 주로 TV를 보며 자란 결과로 — 때문이다. (Hewitt, 1986: 14에서 재인용)

매니지Manege의 남성용 세면 도구 광고는 이 점을 잘 보여 준다.

영상	보이스오버
익스트림 클로즈업 — 병에 이어 여성의 손. 남성의 턱에 로션을 바르고 손을 남성의 가슴으로 내려 데님 재킷의 단추를 만지작거린다.	여자가 남자에게 매니지를 발라줄 때, 남자는 그녀가 더 많이 발라줄 수록…… (긴 휴지) …… 인생이 더 끝내 줄take off 것이라는 걸 알죠.

긴 휴지부는 시청자가 "동그라미를 완성하도록," "인생" 대신 "그녀"를 써넣도록 초대한다. 이렇게 '새롭게 쓰여진' 시청자 대본은 방송 광고가 차마 말하지 않은 것을 말한다. 그것은 언어 유희를 통해 take off란 말의 다의성을 최대한 이용한다. 이는 "그녀가 남자의 옷을 더 많이 벗길수록"이란 의미(영상 메시지를 강화한다)와 '그녀가 자신의 옷을 더 많이 벗을 것'이란 의미(부도덕해 차마 말할 수 없는 메시지), 그리고 '그녀가 더 높이 날아갈 것'이라는 의미(음성 메시지) 모두를 뜻한다. 시청자의 쓰기는 공식 대본의 쓰기보다 더 나아간다. 왜냐하면 그것에는 두 가지가 아니라 세

JOHN FISKE

가지 의미의 패턴이 포함돼 있고, 시청자를 해당 제품에 유리한 의미 생산 과정으로 이끈다. 광고주는 분명 이런 함축이 시청자의 욕망을 자극해서 제품으로 유인하기를 바랄 것이다. 그러나 13장과 16장에서 살펴보겠지만 시청자의 의미 생산의 쾌락, '쓰기'의 쾌락은 광고주에게 반드시 유리한 방향으로만 작용하는 것은 아니다. 많은 시청자들은 선전하는 제품을 사기보다는 광고 시청에서 즐거움을 얻는다.

분할은 능동적 시청자가 다른 형대의 '쓰기'인 재핑zapping을 할 수 있도록 해 준다. 재핑은 여러 채널을 훑으며 조금씩 맛을 보는 것으로 흥미나 즐거움을 주지 못하는 프로그램을 만나면 재빨리 채널을 돌리는 일이다. 광고 시간은 흔히 리모컨에 손이 가도록 한다. 그래서 미국 네트워크 TV들은 자체 광고 시간을 타방송사와 같은 시간에 편성해 시청자들이 방송사의 수입원인 광고를 보도록 하고 또 광고 방송 중에도 시청자를 '잡아두고자' 한다. 하지만 케이블 방송이 생기면서 이 전략은 효과를 상실했다. TV 시청자는 영화 관람과 거의 비슷한 조건하에서 프로그램을 시청할 수도 있고, TV에 빠삭한 시청자(특히 젊은 시청자들이 TV에 대해 잘 안다)인 경우는 두 프로그램을 오가며 동시에 시청할 수도 있다. 이 경우 그런 행동 — 파머(1986: 79)는 이를 좀 더 임의적으로 채널을 검색하는 재핑과 구별하기 위해서 "체계적 채널 전환systematic switching"이라 부른다 — 때문에 생길 수밖에 없는 통합 상의 커다란 틈은 그간의 지식을 이용해 메꾸게 된다.

재핑은 시청자가 조각들을 시청하는 경험을 구축할 수 있도록 해 준다. 이러한 이미지의 포스트모던 콜라주가 주는 즐거움은 조각들 간의 단절과 병치, 모순에서 온다. 이것은 분할이 파편화라는 극단까지 간 경우로, 텔레비전을 가장 개방적인 생산자적 텍스트로 만드는 일이다. 왜냐하면 이는 모든 종결의 시도를 회피하기 때문이다. 이는 대량 생산된 작품에서 자신만의 개별적 TV 텍스트를 생산해 내는 스크래치 비디오

scratch video의 한 형태다.

이처럼 TV 텍스트는 압축된, 생생한 부분들의 빠른 연속으로 이뤄져 있다. 여기서 논리 및 인과 원칙은 연상의 원칙의 아래에, 필연적 결과는 시퀀스의 아래에 놓인다. 유장하게 흐르는 강을 함축하는 흐름이란 용어는 아마도 적절치 않은 메타포일 것이다. 텔레비전 텍스트의 운동은 단절적이며, 방해받으며, 분할돼 있기 때문이다. 그 운동은 종결을, 단일한 의미를, 또는 통일된 시청 주체를 지향하지만 끊임없이 갈라놓는 힘들에 굴복하게 되는 것이다.

텔레비전과 구술 문화

텔레비전 텍스트를 문학이나 영화 텍스트와 확연히 다른 것으로 구별지어주는 특징들은 구술성orality이 중심적 역할을 하는 대중 문화로부터 유래했고 대중 문화로 삽입된다. 우리 문화가 문학적인 것을, 또는 문자적인 것을 높이 평가하는 문화로서 구술적인 것을 저평가하는 문화이기 때문에, 텔레비전은 자주 열등한 텍스트적 특징을 지닌 열등한 문화 매체로 취급되어 왔다. 피스크와 하틀리(1978)는 커뮤니케이션의 구술 양식과 문자 양식 간의 주요 차이점을 다음의 표와 같이 열거한다.

구술적 특징들은 '현재성'의 특성, 즉 '쓰여지지 않은' 텍스트와 함께 가는 미래의 느낌과 개인화된 직접적 호명, 그리고 분리된 예술 작품의 경험이 아닌 직접적 호명에 의한 텍스트적 또는 문화적 경험의 생산을 포함할 수 있도록 확장될 필요가 있다.

텔레비전의 형식적 특성들은 본질적으로 커뮤니케이션 양식 중 문자 양식이라기보다는 구술 양식에 속한다. 이는 텔레비전이 구술 문화라는 의미가 아니라, 텔레비전이 인기 있는 것은 TV 프로그램들이 대중 산업

JOHN FISKE

구술 양식	문자 양식
극적	서사적
에피소드적	시계열적
모자이크적	단선적
역동적	정태적
능동적	인공적
구체적	추상적
하루살이 같은	영속적
사회적	개인적
은유적	환유적
수사적	논리적
변증법적	단성적/'일관적'

사회에서 살아남은 구술 문화의 형식들에 쉽게 접목될 수 있는 특성 때문이라는 의미다.

옹(Ong, 1982)은 '전자' 사회는 문자성에 기반을 두고 이로부터 유래하는 2차적 구술성의 형식을 산출한다고 — 그 역이 아니라 — 말한다.

전화, 라디오, 텔레비전, 다양한 녹음 테이프로 구현되는 전자 기술 덕분에 '2차적 구술성'의 시대가 도래했다. 이 새로운 구술성은 참여하는 듯한 신비로운 느낌, 공동체 의식의 함양, 현재 시점에 집중, 뻔한 공식의 사용 등에서 이전의 구술성과 놀랄 만큼 유사하다(Ong, 1971, 284~303; 1977: 16~49, 305~341). 그러나 이것은 본질적으로 좀 더 의도적이고 자기 의식적인 구술성으로서 변함없이 글쓰기과 인쇄의 사용에 근거를 두고 있는 것이다. 글과 인쇄는 기기의 제조와 작동, 또 그 사용에 필수적인 요소다(p.136).

옹은 정당하게도 이 '2차적 구술성'의 참여적 성격을 강조하지만, 이 구술성이 문자에 의존하다는 점을 지나치게 강조한다. 텔레비전의 구술성은 문자 문화의 구술 버전이 아니다. 텔레비전의 '말을 사용하는 특성'만이 아니라 그 텍스트 형식이 구술적이며, 좀 더 중요한 점은 많은 시청자들이 텔레비전을 구술 문화로 간주한다는 점이다. 시청자들은 텔레비전과 '대화'를 나누고, 텔레비전에 대해 가십을 하고, 그 의미와 즐거움을 변화시키며 형성해 나간다.

직접적 사회 경험과는 별개로 추상적인 지식을 생산하는 쓰기와는 달리 구술 문화는 일상생활에 뿌리박고 있다.

> 구술 문화의 습득이나 인지는 알려진 것과 긴밀한, 공감하는, 공동체적인 동일시를 성취하는 것을, '잘 어울려 지내는 것'을 의미한다(Havelock, 1963: 145~146). 글쓰기는 아는 사람을 알려진 것과 분리함으로써 개인적인 분리 또는 거리두기라는 의미에서 '객관성'의 조건을 정립한다. (Ong, 1982: 45~46)

〈댈러스〉나 〈죄수〉가 제공하는 '앎'이나 '배움'은 그 수용과 이용의 사회적 맥락에 깊이 뿌리박고 있다. 그 '앎'은 본질적으로 구술적인 것이다. 그 의미는 텔레비전이라는 중심적 시스템에 의해서가 아니라 독해의 맥락에 의해 더 크게 결정된다. 그래서 별다른 긴장 없이 대항적 태도를 취할 수 있는 것이다. 바흐친(1981)이 주장하듯이, 구술 문화는 특히 문자 사회에서 대개 전복적이거나 물의를 일으키는 운동 및 태도와 연관된다. 텔레비전이 시청자의 사회 문화 생활에 확고히 뿌리내릴 수 있게 해 주는 것은, 또 그러한 능동적이고 참여적, 선택적 독해 관계를 가능하게 해 주는 것은 텔레비전의 구술적 형식들이다.

이는 텔레비전이 산업 사회에서 [이전의] 좀 더 동질적인 사회에서 민속 문화가 했던 역할과 비슷한 역할을 할 수 있다는 것을 의미한다. 이는 텔레비전을 낭만화하는 것도, 동질화하는 것도 아니다. 왜냐하면 텔레비전은 분명 '민중의of the folk' 것이 아니기 때문이다. 하지만 텔레비전에서 만들어지는 의미는 다양한 사회 구성체의 문화적 삶에 즉각 편입되어 민속 문화와 같은 역할을 한다. 실(Seal, 1986)은 민속 문화를 정의하는 네 가지 기준을 열거하는데, 텔레비전을 시청하고 그것에 대해 말하는 것이 이 기준을 얼마나 잘 충족하는지는 주목할 만하다. 그 기준은 다음과 같다.

1. 민속 문화는 흔히 다른 집단에 대립해서 한 집단의 성원에게 그 집단의 성원임을 정의하고 확인한다.
2. 민속 문화는 구술로, 또는 예를 통해서 비공식적으로 전수된다. 그 결과 전수자와 수용자가 명확히 구분되지 않는다.
3. 민속 문화는 교회나 교육 제도, 미디어와 같은 기존 사회 제도와 상호 작용하고 이들을 가로지르지만, 이들 제도의 바깥에서 작동한다.
4. 민속 텍스트의 표준적 버전은 존재하지 않는다. 그것은 단지 과정의 일부로서만 존재한다.

텔레비전 프로그램의 방송 버전이 있을 수 있지만, 특정 하위 문화가 이로부터 자기 나름으로 만들어 내는 텍스트는 그 시청자들의 문화적 과정의 일부로서만 존재한다. 학생들이 보는 〈죄수〉는 그들이 학교에서의 종속과 이에 대한 자신들의 반항적 태도의 경험에 의미를 부여하는 과정의 일부다.

텔레비전의 개방성, 그 텍스트의 모순성과 불안정성 덕분에 텔레비전은 수많은 다양한 방식으로 수많은 다양한 집단의 구술 문화에 쉽게 편입될 수 있다. 그래서 텔레비전은 그 방송 양식 때문에 민속 문화의 한 형태라고 할 수는 없을 테지만, 일부 시청자들에게는 민속 문화적 기능을 수행할 수 있다. 텔레비전이 다양한 시청자층에게 인기 있는가 여부는 얼마나 쉽게, 또 다르게 다양한 하위 문화에 편입될 수 있는가에 달려 있다. 대중성, 시청자 활동, 다의성은 상호 작용의 결과로서 나타나는 개념이자 동시에 상호 의존적인 개념이기도 하다.

상호 텍스트성

상호 텍스트성intertextuality 이론은 모든 텍스트는 반드시 다른 텍스트들 과의 관계에서 독해되며, 이와 관련해 광범위한 텍스트 관련 지식이 동원 된다고 주장한다. 텍스트 간의 관계는 한 텍스트가 다른 텍스트를 특정 하게 암시하는 형태로 나타나지 않으며, 상호 텍스트적으로 독해하기 위 해 독해자가 특정한 또는 동일한 텍스트와 친숙해야만 하는 것은 아니 다. 오히려 상호 텍스트성은 텍스트들 사이에 존재한다. 마돈나의 뮤직 비디오 〈머티리얼 걸Material Girl〉은 이 점을 잘 보여 준다. 이 뮤직 비디 오는 〈신사는 금발을 좋아해Gentlemen Prefer Blondes〉●에서 마릴린 먼로 Marilyn Monroe가 춤추며 부른 노래 "다이아몬드는 여자의 가장 친한 친 구Diamond is a Girl's Best Friend"의 패러디다. 이처럼 특정 텍스트를 암시하 는 것은 상호 텍스트성의 예가 아니다. 왜냐하면 그 효과는 텍스트에 대 한 일반화된 지식이 아니라 특정 텍스트에 대한 지식에 달려 있기 때문이 다. 이런 지식을 1985년 마돈나의 소녀 팬 다수가 우연히도 알고 있을 것

● 1953년 하워드 혹스Howard Hawks 감독이 제작한 할리우드 뮤지컬 코미디로, 마릴린 먼 로와 제인 러셀이 쇼걸로 주연을 맡았다.

으로 기대할 수는 없다. 오히려 이 뮤직 비디오의 상호 텍스트성은 그녀에 대한 남성들의 욕망을 갖고 놀며 이를 자신에게 유리하게 이용하는 금발의 섹시 스타에 대한 우리 문화의 이미지 저장소image bank를 가리킨다. 이는 포착하기 힘든 이미지로 바르트의 신화 개념과 유사하다. 마돈나와 마릴린 먼로는 똑같이 이 이미지 저장소에 기여하며 이들은 똑같이 이로부터 이미지를 끌어다 쓴다. '머티리얼 걸'의 의미는 〈신사는 금발을 좋아해〉에 대한 암시에, 또 우리 문화에서 '금발'의 의미에 기여하고 이를 이용하는 모든 텍스트와의 상호 텍스트성에 의존한다. 상호 텍스트적 지식은 텍스트를 특정한 방식으로 활성화함으로써, 즉 다른 의미가 아닌 이러이러한 의미를 생산함으로써 독자가 텔레비전의 다의성을 최대한 이용할 수 있도록 해 준다. 한 텍스트의 상호 텍스트적 관계를 연구하면 우리는 특정 문화나 하위 문화가 그 텍스트로부터 생산할 가능성이 큰 독해에 대한 소중한 단서를 얻을 수 있다.

우리는 이러한 상호 텍스트적 관계를 수평적 및 수직적이란 두 차원에서 살펴볼 수 있다. 수평적 관계는 다소간 명시적으로, 대개 장르나 인물, 내용의 축을 따라 연결돼 있는 1차 텍스트들 간의 관계다. 수직적 상호 텍스트성은 텔레비전 프로그램과 같은 1차 텍스트와 이를 직접 가리키는 다른 유형의 텍스트 간의 관계다. 다른 유형은 제작사 홍보물이나 언론 기사, 비평과 같은 2차 텍스트일 수도, 또는 언론사에 보내는 편지나, 이보다 좀 더 중요한 가십과 대화 같은 형태를 취하는 시청자가 만들어 내는 3차 텍스트일 수도 있다.

수평적 상호 텍스트성

수평적 상호 텍스트성 중에서 가장 영향력 있고 널리 논의되는 것은 장르와 관련한 것이다. 이에 대해 먼저 살펴볼 것이다. 하지만 인물 등 수평적 상호 텍스트성의 다른 기준 축도 있다. 예를 들면, 모험 시리즈 〈A특공대〉의 등장인물인 B. A.는 다른 만화 시리즈의 주인공이기도 하고, 그 인물을 연기하는 배우 미스터 T는 만화 시리즈를 진행할 뿐만 아니라 레슬러로, 또는 토크쇼의 초대 손님으로 TV에 출연하기도 한다. 미스터 T/B. A. — 극 중 인물과 배우는 거의 구별 불가능하다 — 의 의미는 그의 TV 출연 중 하나에 있는 것이 아니라 이들 모두의 총합인 상호 텍스트성에서 찾을 수 있다. 이 상호 텍스트성은 TV 속 그의 여러 모습 중 한 모습을 독해할 때 필수적인 부분이다. 물론 상이한 시청자들이 미스터 T/B. A.에 대한 각자의 상호 텍스트적 경험의 차이에 따라 그에 대해 상이한 상호 텍스트적 총합을 지닐 것이다. 〈A특공대〉를 시청하는 성인들은 만화 시리즈를 보지 않을 가능성이 크므로, '그들의' B. A.는 만화를 보는 아이들의 B. A.와 다를 것이다. 마찬가지로 마돈나도 미디어 경계를 가로지르는 상호 텍스트적 의미망을 형성한다. '그녀'는 텔레비전과 영화, 음반, 언론, 홍보 산업에 의해 형성된 하나의 기호다.

텔레비전의 흐름에 대한 윌리엄스(1974)의 분석은 내용의 상호 텍스트적 관계가 어떻게 손쉽게 장르 경계를 가로지르는지를 보여 준 바 있다. 한 전통적인 서부 영화는 백인 지배 사회에서 자신들의 위치에 항의하는 아메리칸 인디언들에 대한 뉴스 보도와 병치됨으로써 그 의미가 상호 텍스트적으로 굴절된다. 부패한 정권에 의해 통치되는 불특정 제3 세계 국가를 배경으로 한 모험 영화는 역시 쉽사리 아프리카나 남미 관련 보도와 관련지어진다. 그러나 상호 텍스트적 관계가 쉽사리 장르 경계를 가로지르는 것이 사실이지만, 그럼에도 장르는 여전히 상호 텍스트적 관계를 조직하는 데 있어서 특히 강력한 영향을 미친다.

장르

장르는 제작자와 수용자 모두의 편의를 위해서 우리 문화에서 순환하는
광범위한 텍스트들과 의미들을 구조화해서 어떤 질서를 부여하려는 문
화적 실천이다. 텔레비전 프로그램들은 '의심의 여지없이' 분명한 장르 범
주 — 경찰 드라마, 솝 오페라, 시트콤, 병원 드라마, 퀴즈 프로그램, 게임
쇼 등 — 에 포함되는 것처럼 보인다. 텔레비전은 기존 장르 범주를 벗어
나는 단발성 프로그램이 상대적으로 적은, 상당히 '장르적인' 매체다. 심
지어 단막극조차도 대개 그 자체의 장르적 특성을 강조한다. 예를 들면,
영국 TV의 단막극은 〈오늘의 드라마*Play for Today*〉 같은 장르적 제목 아
래 방송되며, 그 타이틀 시퀀스는 이 시리즈의 이전 방송분에서 뽑은 스
틸 이미지들이 빠르게 편집되어 있다. 이는 일종의 상호 텍스트적 기억 환
기용이랄 수 있다.

　텔레비전을 장르적으로 사유하려면 프로그램들 간의 개별적 차이가
아니라 유사성을 우선할 필요가 있다. 한 장르에 속하는 상이한 프로그
램들이나 시리즈가 공유하는 관습은 종종 '공식formula'이라는 말로 비하
된다. 대중 예술도 '공식 예술'이라고 비하된다.

　카웰티(Cawelti, 1970)는 창의적이거나 독창적 구조를 가진 예술에 공
식 예술을 대립시킨다.

> 관습과 혁신 간의 구별과 마찬가지로, 공식과 구조 간의 구별도 두 양극 간
> 의 연속체를 이루는 것으로 볼 수 있다. 한 극은 완전히 관습적인 관행의 구
> 조이며 — 〈론 레인저*Lone Ranger*〉의 한 에피소드나 《타잔*Tarzan*》 책 중 한
> 권이 이에 해당할 것이다 — 연속체의 다른 끝은 혁신에 질서를 부여하는
> 완전히 독창적인 구조다 — 《피네간의 경야*Finnegan's Wake*》●는 아마도 그
> 궁극적인 예일 것이다. (p.29)

구별은 단지 관습과 혁신의 양극 간에만 있는 것이 아니라 가치 판단이 포함돼 있는 고급 예술과 저급 예술 간의 구별에도 있다. 고급, 엘리트 예술 작품은 통상 그 독특한 질 덕분에 가치 있는 것으로 평가받는다. 일련의 비평적 실천이 한 예술 작품을 여타 작품들과 다른 것으로 만들어 주는 이러한 요소들을 상세히 논하고 상찬하는 데 바쳐진다. 왜냐하면 그 가치는 바로 이 독특함에 있는 것으로 여겨지기 때문이다. 하지만 예술 작품을 장르적으로 이해할 경우 그 가치를 작품들이 공유하는 것에서 찾게 된다. 왜냐하면 공유하는 관습이 그 장르에 속하는 다른 텍스트들과의 연결만이 아니라 텍스트와 수용자 간의, 텍스트와 제작자 간의, 제작자와 수용자 간의 연결을 형성하는 것이기 때문이다. 장르적 관습은 텔레비전에서 매우 중요하다. 그것은 제작자, 텍스트, 시청자 간의 3각 관계를 이해하고 구축하는 가장 중요한 수단이기 때문이다.

관습은 제작자와 수용자가 공유하는 장르의 구조적 요소다. 그것은 해당 시대의 핵심적인 이데올로기적 관심사를 체현한다. 그 시대에 그런 관습은 대중적이며 장르가 수용자에게 제공하는 쾌락에서 중심적 역할을 한다. 관습은 사회적이며 이데올로기적이다. 반면 공식은 관습의 산업적, 경제적 번역본으로서 대중적 문화 상품을 효율적으로 생산하는 데 필수적인 것이며, 이를 단지 상상력의 부족이라고 폄하하는 미학적 기준을 공식에 적용해서는 안 된다.

적절한 관습을 대중적 예술 형식으로 변환하는 적당한 공식을 찾아내는 것은 쉬운 일이 아니다. 하지만 문화 생산에 많은 비용이 들고 문화 시장이 예측 불가능한 점을 감안할 때 공식 예술은 문화 산업의 필수적한 부분이며 연구 대상이지 폄하 대상은 아니다.

● 아일랜드 작가 제임스 조이스James Joyce가 1939년 발표한 실험적 소설이다.

퓨어(1987)는 장르 범주를 구축하는 데 세 가지 주요 전략이 있다고 말한다. 첫째 전략은 미학적인 것으로, 이는 텍스트의 특성에만 관여한다. 둘째는 그녀가 의례적인 것the ritual이라고 부른 것으로, 장르를 "산업과 수용자 간의 관습적인 반복적 교환"으로 본다. "이 교환을 통해 문화가 스스로에게 말한다." 장르 관습은 공유된 문화적 관심사와 가치의 협상을 가능케 해 주고, 장르를 사회적 맥락 내에 확실히 위치시킨다. 셋째 접근법은 그녀가 **이데올로기적**이라고 부른 것으로, 이는 가장 문제적인 접근법이다. 장르에 대한 이런 견해는 한 수준에서 장르가 시청자들을 광고주에게 인계하고 지배 이데올로기를 자체 관습 내에 구조화하는 데 기여하는 방식을 설명해 준다. 하지만 좀 더 생산적인 시각에서 퓨어는 시청자들에게 있어서 프로그램의 의미는 프로그램의 장르에 의해 영향을 받고 조작된다고 말한다.

> 장르를 텍스트 코드화의 형식으로 봐서는 안 되며, 산업, 텍스트, 주체 간을 순환하는 지향, 기대, 관습의 체계로 보아야 한다. (Neale, 1981: 6)

장르는 상호 텍스트적이고 심지어 텍스트에 앞선다. 왜냐하면 장르는 제작자와 시청자들이 공유하는 산업적, 이데올로기적, 제도적 관습의 네트워크를 형성하기 때문이다. 이러한 관습으로부터 제작자의 프로그램과 시청자의 독해가 생겨난다. 커(Kerr, 1981: 73)가 지적하듯이, 장르는 텍스트와 독해를 미리 결정한다.

장르를 순전히 텍스트의 측면에서 정의하는 것이 어려운 이유는 그것이 다른 구체적인 경우와는 거의 들어맞지 않는 방식으로 특성들을 장르 경계 내에 고정하는 경향이 있기 때문이다. 커(1981)가 열거한 범죄 스릴러의 특징은 이 장르의 핵심을 잘 요약한다. 그러나 하나의 범죄 스릴러가 이 모든 특징을 다 갖추고 있을 가능성은 별로 없으며, 마찬가지로 다른 특성들을 포함하고 있을 가능성이 크다.

단적으로 리얼리즘적 범죄 스릴러는 목적론적이며 뻔한 내러티브 구조(평형
상태의 제시, 악당에 의한 평형의 파괴, 영웅에 의한 평형의 회복), 그럴듯한 성격
화(일관되고, 그럴 법한 동기를 지니고, 전면에 나서지 않고 배경에 머무는 조악한
인종적, 성적, 계급적 정형성을 지닌 사람들로 이루어진 가족의 알레고리), 확인
할 수 있는 도상적 요소들(예를 들면, 타이틀 시퀀스의 이미지들에 대한 두 연
구가 예시하듯이 의상과 실내 장식, 주인공 직업에 특정적인 도구), 배경('진정한'
장소의 이용, 계급 배경 간의 대조 등), 그리고 마지막으로 이들 픽션의 구축에
동원되는 영화 및 비디오 관습(프레이밍, 촬영, 조명, 편집, 사운드 녹음, 작곡,
내레이션, 플롯 구성, 캐스팅, 연기, 시나리오 및 연출)을 포함하는 관습적 실천
의 네트워크로 이뤄져 있다. (p.74)

텍스트 측면에서 볼 때 장르는 새로운 사례가 생산됨에 따라 수정되
는 특징들의 변화하는 잠정적인 집합으로 정의되어야 한다. 어떤 한 프로
그램은 해당 장르의 주요 특징을 지니게 될 테지만, 다른 장르의 특징도
포함할 가능성이 크다. 따라서 한 프로그램을 이 장르 또는 저 장르에 속
한다고 분류하는 것은 어떤 특징의 집합이 가장 중요한 것인지를 결정하
는 것이 된다. 〈힐 스트리트 블루스〉와 〈캐그니와 레이시〉는 숍 오페라의
특징을 지닌 경찰 드라마이거나 경찰 드라마의 특징을 지닌 숍 오페라
다. 〈레밍턴 스틸Remington Steele〉과 〈허수아비와 킹 부인Scarecrow and Mrs
King〉은 시트콤의 특징을 지닌 경찰 드라마이며, 〈마이애미 바이스〉●는
뮤직 비디오의 특성을 지닌 경찰 드라마다. 새로운 프로그램의 등장은 장

● 1984~1989년 미국 NBC를 통해 방영된 경찰 드라마다. 마이애미의 형사팀 크로켓과
텁스가 범죄를 소탕하는 활약을 MTV 스타일로 그려 큰 인기를 끌었다.

르 경계를 이동시키고 장르의 정의를 발전시킨다. 다양한 장르들을 텍스트 측면에서 정의하자면, 다양한 수렴점들points of convergence을 지닌 상호 장르적인 관습의 네트워크가 존재하는데, 그 수렴점들은 초점을 형성하지만 경계를 형성하지는 않는다.

장르를 텍스트 차원에서 규정하기 어려우므로, 우리는 제작자/배급자의 영역과 관객의 영역에 걸치는 의례적 접근ritual approach에 더 큰 가치를 부여하게 된다. 여기서 장르는 두 영역을 연결하는 합의된 코드의 역할을 한다. 제작자에게 이 접근의 이점은 무엇보다도 경제적인 것이다. 한 문화 상품에 대한 시장의 반응은 예측하기가 여간 어렵지 않다. 이런 상황에서 이전에 성공적이었던 장르를 업데이트하거나 수정하는 것은 예측 불가능성을 최소화한다. 대중의 취향이 사회·역사적 변화와 함께 변화함에 따라 장르의 인기도 부침을 거듭한다. 레이건주의Reaganism가 부상하고 미국이 베트남전의 상처로부터의 회복되면서 경찰 드라마가 수정되었고 인기를 되찾았다. 여러 경찰 드라마에서 베트남에서 이데올로기적으로 정당화될 수 있는 실력을 습득한 주인공을 등장시켰을 뿐만 아니라 (《사립 탐정 매그넘Magnum P. I.》, 〈A특공대〉, 〈형제 탐정 사이먼Simon and Simon〉) '법'의 집행권을 가진 자들이 다른 사람들에게 그 권리를 행사하는 내러티브를 지속적으로 선보였다. 이 법이 라캉의 '아버지의 법'과 관련될 때 레이건주의, 남성성, 사회적 권력의 행사, 1980년대 경찰 드라마 장르 형식 간의 연결이 명확히 드러난다(11장을 참조하라).

〈마이애미 바이스〉가 미국 TV 역사에 기록될 만한 작품으로 등장한 것은 베트남전에 의해 만들어진 진공 상태로부터 남성의 제도적 권위의 신뢰성을 재구축하려는 시도를 했던 10년간의 말미에서였다. 이 재구축 과정은 어떤 면에서는 베트남전의 역사를 다시 쓰는 작업과 동시에 일어났다. (Ross, 1986: 150)

장르는 그 관습이 당대의 지배 이데올로기와 밀접한 관계를 가질 때 인기를 얻는다.

드라마에 대한 의례적 접근과 이데올로기적 접근이 중첩된다고 해서 사회 문화적 조건의 변화가 장르 관습의 변화를 직접적으로 만들어 낸다고 여겨서는 안 된다. 산업은 해당 문화에서 잠재적인 변화를 인지하고 장르를 굴절시킴으로써 그것을 '테스트'하는 데 있어 핵심적 매개 역할을 한다. 퓨어(1987)는 1970년대 MTM 엔터프라이즈가 어떻게 시트콤인 〈매리 타일러 무어 쇼The Mary Tyler Moore Show〉, 〈로다Rhoda〉, 〈밥 뉴하트 쇼The Bob Newhart Show〉를 제작해 여성성의 정의가 변화하면서 생겨난 문화적 관심사를 다루었는지를 밝힌다.

여성의 권리가 부각되면서 경찰 드라마에도 영향을 미쳤다. 여성 경찰 주인공이 등장했고(〈미녀 삼총사〉, 〈여경찰〉), 부부 경찰 주인공도 등장했다(〈맥밀란 부부MacMillan and Wife〉). 남성적인 법의 통제에 여성적인 가치가 추가되었지만, 1980년대에 이르면 사회의 보수화와 남성성의 재강조 흐름 때문에 모순이 더 분명히 두드러지게 되었다.

모순은 때때로 〈캐그니와 레이시〉 같은 드라마를 빚어냈다. 이 드라마는 모순을 드라마의 핵심적 원천으로 진지하게 다뤘지만, 〈레밍턴 스틸〉이나 〈허수아비와 킹 부인〉처럼 그 모순을 유머러스하게 다루는 드라마들이 더 많았다. 페미니즘의 부상과 남성 권력의 재확립 시도 간의 이데올로기적 모순 덕분에 장르의 혼합 — 경찰 드라마와 숩 오페라, 경찰 드라마와 시트콤 — 이 생겨났다. 장르 혼합은 또 젠더 혼합이기도 했다. 경찰 드라마는 주로 남성적인 장르이고, 시트콤과 숩 오페라는 좀 더 여성적인 장르다(10장과 11장을 참조하라).

프로그램의 대중성을 예측하고 창출해 내려는 시장 주도적 욕망은 편성 관행에서도 찾아볼 수 있다. 뉴스, 숩 오페라, 경찰 드라마, 시트콤 등의 장르를 신중하게 혼합함으로써 편성 담당자는 광고주에게 팔기에 최적의 조합을 갖춘 최대 규모의 사회 집단들을 포괄하는 네트워크나 채널들을 보는 시청자들을 구축하고 싶어 한다.

〈캐그니와 레이시〉의 경우는 편성이 시청자를 구축할 수 있을 뿐만이 아니라, 한 프로그램의 장르적 소속에 영향을 미침으로써 의미와 대중성에 영향을 미칠 수 있음을 보여 주는 훌륭한 사례를 제공한다. CBS가 〈캐그니와 레이시〉를 목요일 저녁에 편성했을 때 시청률은 좋지 않았다. 그러나 월요일 밤 〈허수아비와 킹 부인〉, 〈케이트와 앨리〉, 〈뉴하트〉 다음으로 편성을 변경한 이후 최고 시청률 프로그램이 됐다. 이래서 월요일은 '여성의 밤'으로 알려지게 되었고, 〈캐그니와 레이시〉는 남성적 프로그램인 〈사립 탐정 매그넘〉과 장르적 관계를 가지다 좀 더 여성적인 장르 관계로 이행하게 되었다. 〈캐그니와 레이시〉가 특히 여러 장르의 특성을 고루 보여 주는 드라마였기에, 그것의 중심적 장르가 무엇인지 불분명했다. 그런데 편성이 이 드라마를 남성적인 경찰 드라마로 보던 데서 숍 오페라 또는 여성 드라마로 볼 수 있도록 해 주었다. 장르를 확정하는 데 있어서 제작자와 시청자들의 문화적 실천이 결국 텍스트의 특성보다도 더 중요하게 작용한 경우다.

좀 더 극단적인 장르 이동genre-shifting 사례는 젱킨스(1986)의 〈스타 트렉〉 팬 연구에서 찾아볼 수 있다. 수많은 〈스타 트렉〉 팬클럽들은 뉴스레터와 팬진을 내는 2차적 출판업을 운영하는 여성들 위주로 구성돼 있다. 젱킨스는 이들 출판물에서 팬들이 〈스타 트렉〉의 장르를 로맨스 장르로 바꿔 버리는 사례들을 여럿 발견했다. 여성 팬들에게 이 프로그램이 인기가 있는 이유는 우주선 승무원들끼리 개인적인, 특히 로맨틱한 관계를 형성하기 때문이었는데, 여성 팬들은 SF의 남성적 장르 관습이 이런 여성적 관심을 무시해 온 것을 노골적으로 비판해 왔다. 한 텍스트의 장르를 다시 규정하는 것은 대중의 독해 전술의 하나로서, 지배적인 경제 또는 젠더 권력 구조에 봉사하는 문화 전략을 회피하거나 그 방향을 바

뛰 버리는 데에서 즐거움을 느끼는 것이다.

텔레비전 프로그램은 관습적으로 인기 장르를 새롭게 변용한 것이라고 네트워크와 광고주들에게 마케팅되며 비평가와 대중에게 제시된다. 장르는 상품에 대한 이중적 요구 — 한편으로는 표준화와 친숙성을, 다른 한편으로는 제품 차별화를 요구하는 — 에 봉사한다.

그러나 장르물은 경제적 의미 이상의, 문화적 의미도 지닌다. 이것이 퓨어(1987)의 이데올로기적 접근의 다른 측면이다. 장르는 수용자에게 어떤 즐거움을 기대할 수 있을지를 알려 주며, 비슷한 텍스트들에 대한 기억과 이 텍스트에 대한 기대를 규제하고 동시에 활성화한다.

데이비스(1978/1979)에 따르면 장르 지식은 미스터리/스릴러/모험 영화의 즐거움을 얻는 데 결정적이다. 왜냐하면 그런 지식이 플롯 구조에서 느끼게 되는 불쾌함을 보상하는 작용을 하기 때문이다.

> 미스터리/스릴러/모험물의 플롯은 타자성을 통해 작동한다. 내러티브가 진전되어 미스터리가 쌓일수록 우리가 알고 통제하는 것이 적어진다. 그런데 우리는 왜 그러한 내러티브 패턴에 심한 혼란을 느끼지 않을까?…… 그러한 플롯에서 독자는 심리적인 참조점이 아니라 장르적 참조점을 본다. 미스터리와 서스펜스로 인해 야기되는 혼란의 효과는 장르의 불가피성에 대한 확신에 의해 균형을 잡게 된다. (p.62)

장르는 상호 텍스트적 관계를, 특히 1차 텍스트들 사이에서, 홍보하고 조직하는 방향으로 작용한다.

장르는 또 독해의 실천 내에서 작동한다. 닐(1981)은 장르가 수용자 반응의 한계와 조건을 설정하며, 다양한 독해의 가능성을 봉쇄하는 방향으로 작동한다고 주장한다. 장르는 텔레비전이 자체의 다의적 잠재력을 통제하려 할 때 이용하는 텍스트 전략의 일부다. 하틀리(1985)는 다음과 같이 말한다.

> 시청자들의 상이한 잠재적 쾌락은 장르에 의해 표출되고 규율된다. 장르는
> 약속에 관한 이미 알려진 일련의 반응과 규칙들을 인지함으로써 작동한다.
> 시청자는 서부극을 판단할 때 뮤지컬의 특성으로 판단하지 않는다. 뮤지컬
> 을 무서운지 여부로, 시트콤을 관능적인지 여부로 판단하지 않는다.
> 　이런 것이 장르의 '계약contract'이다. 이로써 효율성과 패키징packaging
> 이라 불리는 효과를 얻는 대신 욕망과 욕구의 자유로움을 잃게 된다. (p.18)

　장르는 수용자와 독해 주체 모두를 구축하는 수단이다. 경제적 영역
에서 장르의 역할은 문화 영역에서의 역할과 같이 간다. 즉 장르는 한 프
로그램의 어떤 의미가 어떤 시청자들에 의해 선호될 것인가, 어떤 시청자
들이 어떤 의미를 택할 것인가에 영향을 미친다. 장르는 특정한 상호 텍
스트적 관계를 선호함으로써, 그 관계에 의해 연상되는 의미를 다른 의미
보다 선호함으로써 그러하다. 장르가 선호하는 관계가 산업이 제안하는
것인 한 장르는 반동적으로 작용할 것이다. 〈힐 스트리트 블루스〉나 〈캐
그니와 레이시〉의 진보적 의미를 읽어 내려면, 독해자는 이들 드라마를
경찰 드라마 장르와 거리를 두고 남성적인 것과 여성적인 것의, 경찰 드라
마와 솝 오페라의, 부르주아 리얼리즘과 사회적 리얼리즘의 모순투성이
혼합물로 읽어야 할 것이다.

불가피한 상호 텍스트성

장르에 의한 상호 텍스트성은 궁극적으로는 제약을 가하는 것으로서 텍
스트를 독자들에게 개방하는 데 거의 기여하지 않는다. 마찬가지로 이것

은 상호 텍스트성의 불가피함을, 문화의 핵심적 장으로서의 상호 텍스트 적인 것을 더 잘 이해할 수 있게 해 주지도 않는다. 이는 바르트(1975a)가 제시했던 견해로, 그는 상호 텍스트적 관계는 [문화에] 너무나 속속들이 스며 있어 우리 문화는 복잡한 상호 텍스트성의 그물망으로 이뤄져 있으며, 모든 텍스트는 그 그물망 내에서 결국 서로를 지시할 뿐 현실을 지시하지 않는다고 주장했다. 모든 내러티브와 이에 대한 우리의 이해를 구조화하는 [바르트가 제시한] 다섯 가지 코드 중 어느 것도 '실재the real'를 지시하지 않으며, 내러티브를 실재와 연결짓지도 않는다(8장을 참조하라). 바르트에게 있어서 실재는 그 자체로 결코 접근 가능하지 않기 때문에 의미 또는 내러티브에 대한 연구의 일부가 될 수 없다. 그는 실재 개념을 문화에 의한 실재의 구성이란 개념으로 대체한다. 이런 구성은 단지 (텍스트와 같은) 문화적 산물에서만 찾아볼 수 있을 뿐 현실에서는 찾아볼 수 없다. 그의 이론에서 모든 텍스트는 텍스트가 만드는 의미에 있어서, 그 의미가 현실의 의미일지라도, 현실을 지시하는 것이 아니라 문화 내의 다른 모든 텍스트를 지시한다. 코드는 텍스트 간의 다리로서 이 지속적인 상호 텍스트적 상호 작용이 일어날 수 있게 해 준다. 그러므로 바르트에게는 현실에 대한 지식과, 실천적인 목적에서 볼 때의 현실 자체가 상호 텍스트적이다. 현실은 한 문화가 그 현실에 대해 쓰고 말하고 시각화한 모든 것 간의 상호 관계 속에 존재할 뿐이다. 이런 의미에서 모든 텍스트는 "지금까지 쓰여진 것, 즉 (문화, 삶, 문화로서의 삶에 대한) [대문자] 책the Book을 지시한다. 코드는 텍스트를 이 책의 안내서로 만든다"(pp.20~21). 이런 견해에 따르면 TV 프로그램은 실재와의 관계에 의해서가 아니라 다른 프로그램들과의 관계에 의해서 이해될 수 있다. 그래서 자동차 추적의 재현은, 결국 우리는 실제로 차 추적을 경험한 적이 없을 테니, 단지 우리가 봐 온 추적의 다른 재현들과의 관계에서만 의미 있는 것이 된다. 이 모델에 따르면, 그걸 경험한 적이 있다면 우리는 자신의 경험을 다른 텍스트로 변환시켜 그 의미를 만들어 낼 것이다. 그렇게 생겨난 텍스트도 우리는 화면에서 자주 봐 온 것에 비춰서 상호 텍스트적으로 이해할 것이다. 이렇게 해서 '자동차 추적'란 개념에 대한 문화적 지식이 존재하게 된다. [자동차 추적을 재현하는] 한 텍스트는 시청자가 그 재현을 독해할 때, 제작자가 그런 재현을 코드화할 때 이용하는 안내서다.

바르트에 따르면 [자동차 추적에 대한] 적절하지만 제한된 숫자의 문화적 지식만이 존재한다. 이는 액션의 형태이므로 대개 동사형 명사로 표시된다. '납치,' '만남,' '유혹' 등이 그 예다. 개개의 내러티브는 이런 이미 쓰여 있는 문화의 '지식들knowledges'을 다시 쓰는 것rewriting이다. 개개 텍스트는 단지 그것이 우리를 위해 이런 지식들을 다시 쓰고 다시 제시하는 것인 한 의미를 지닌다. 문학 및 고급 예술 비평가들은 독창성과 창조성에 높은 가치를 부여하는 사람들로서, 이런 이론에 발끈할지도 모른다. 그러나 텔레비전처럼 관습적이고 반복적인 매체에 관심을 갖는 비평가들은 이런 입장을 좀 더 쉽게 받아들일 만하다고 여겨야 할 것이다.

바르트는 자신의 이론을 발전시킬 때 오로지 문학에만 관심을 두었다. 문학은 일반적으로 명백히 허구적이라는 점에서 텔레비전과 다르다. 그러므로 이런 이론을 뉴스와 같은 '사실적인' 텔레비전에 적용하는 것은 도발적이다. 이 이론은 뉴스 보도에 대한 우리의 이해를 '실제 사건'과의 관계에서가 아니라 이미 쓰여진 (그래서 이미 읽혀진) '[대문자] 책'의 안내서로 설명할 것이다. 그래서 공항에서 유명 인사를 만나는 정치인들에 대한 뉴스는 [만날 때] '인사하기'에 대한 우리의 문화적 지식에 따라 코드화되고 독해된다. 지진, 화재, 기근도 마찬가지로 '재난'의 특수한 변형으로서, 자연에 대한 문화의 통제가 매우 연약한 것이라는 함축을 지닌 것으로 이해된다. 뉴스의 상호 텍스트성은 단지 장르적인 것 — 모든 '경제 관련' 보도는 다른 경제 뉴스를 지시한다 — 만이 아니라 좀 더 넓은 의미에서 문화적이기도 하다. 내러티브로서의 뉴스는 다른 모든 내러티브와 그것들이 담고 있는 지식을 지시한다. 그런 점에서 재현은 특정 사건이나 독창적인, 창조적인 '아이디어'에 대한 특정한 반응이라기보다는 다시 쓰기라 할 수 있다.

스튜어트 홀(1986)은 20세기에 이미지 재생산 및 유통 수단이 엄청나게 발전하면서 재현이 문화 영역의 중심에 자리 잡게 되었다고 지적한 바 있다. 실재가 우리 문화에 중요한, 끊김 없이 지속되는 이미지의 배후로 사라져 감에 따라 실재를 재생산하고자 하던 19세기식의 경험주의적 관심은 감소해 왔다. 이미지는 그것이 재현한다고 주장하는 현실보다도 더 명확하고 더 인상적이다. 그러나 이미지는 파편적이고 모순적이기도 하고, 경험 세계의 통일성에 의문을 제기할 정도로 엄청난 다양성을 전시한다. 이미지는 다른 이미지와의 관계 속에서 만들어지고 독해된다. 대신 실재는 이미지로서 독해된다. 텔레비전 광고는 제품에 '대한' 것이 아니라 욕망과 쾌락의 이미지로서, 이 이미지는 광고가 가리키는 제품을 압도한다. TV 뉴스는 엘리트 개인들, 무시무시한 자연, 인간들의 폭력 이미지들의 모자이크다. TV 스포츠는 근육과 기술, 고통 이미지들의 만화경이다. 중요한 것은 이미지이며, 이미지는 깜박이는 자체의 영역에 존재하며 결코 실재에 굳건히 닻을 내리는 법이 없다. 포스트모더니즘은 최종적 기의가 부재한 기의로서의 이미지를 긍정하면서 의미를 배격한다. 이미지는 상호 텍스트성의 무한한 연쇄 내에 존재한다.

이처럼 이미지의 최종적 의미를 부정하는 것은 자크 데리다Jacques Derrida의 해체주의적 독해와 유사한 점이 있다. [해체주의적 독해에서는] 무한히 퇴각하는 기의가 언어를 기표의 자유로운 유희로 환원함으로써, 고정된 또는 최종적인 의미의 가능성은 부정된다. 이런 견해는 상징 체계의 불안정성과 최종적 권위를 지니는 '의미' — 이에 비춰 특정 독해의 '올바름'이나 '진실됨'이 판정될 수 있을 것이다 — 의 부재를 강조한다. 하지만 의미의 불가능성에 대한 믿음은 비생산적이다. 왜냐하면 [이런 입장에 따르면] 의미는 필연적으로 무한히 포착하기 어려우며 그런 점에서 의미의 탐구는 방향을 잘못 잡은 것이기 때문이다. 이런 입장에 대항하려면, 우리의 관심을 텍스트로부터 독해의 순간으로 이동시킬 필요가 있다. 안정성의 지점과 안정된 의미(아무리 일시적일지라도)는 텍스트에서는 발견될 수 없고, 사회 역사적 상황에 놓인 시청자에 의해 이뤄지는 독해에서 찾을 수 있다. 물론 이때의 의미는 보편적인, 경험적인 '현실' 내에서가 아니라 시청자의 사회적 상황 내에 고정돼 있는 것이다. 상이한 독해는 텍스트를 다른 방식으로, 일시적으로 안정시킬 것이다. 그러나 안정성의 순간, 의미의 순간을 성취하는 것은 사실이다.

수직적 상호 텍스트성: 2차 텍스트 읽기

현실에 터 잡은 최종적 의미를 부정하는 것은 다의성 개념을 극단으로 밀고 가는 것일 뿐이다. 이는 텍스트가 자체의 의미를 통제하거나 고정할 수 없다는 텍스트에 대한 동일한 견해의 일부다. 다의성은 다양한 독해를 가능케 해 주는 텍스트 장치들을 통해서 작동한다. 이런 독해의 다양성은 무정부적인 것이 아니라 텍스트의 구조에 의해 제약받는다. 다양성을 포괄하는 독해는 항상 텍스트가 선호하는 독해와의 관계에서 이뤄진다. 텔레비전이 강한 경제적 동기를 지닌 제도적 예술institutional art이기 때문에 이런 선호된 독해는 통상 지배 이데올로기를 지닐 것이며, 선호된 독해와 어떤 하위 문화의 독해의 관계는 지배 이데올로기와 그 하위 문화의 관계를 재생산한다. 독해 관계와 사회관계는 서로를 재생산한다.

5장에서 시청자의 사회적 상황이 그들의 텔레비전 독해에 영향을 미치는 몇몇 방식을, 또 시청자들이 자신의 문화적 이해에 봉사하도록 다의성을 동원하는 방식을 살펴본 바 있다. 다의성을 동원하는 것은 다른 의미의 집합이 아닌 특정한 의미의 집합을 활성화하는 것으로, 또는 다른 모순이 아닌 특정한 모순에 반응하는 것으로 나타난다. 이 같은 선택은 거의 의식적이거나 의도적인 과정이 아니다. 그럼에도 불구하고, 이는 능동적 선택이므로 '특정한 의미의 집합을 활성화한다'는 어구는 적절하다. 그러나 텔레비전 텍스트는 다의적일 뿐만 아니라 경계가 허술한 텍스트다. 그래서 시청자들은 자신들의 물질적 사회적 존재만이 아니라 경계 밖의 다른 텍스트들의 경험까지 관련시킨다.

수직적 상호 텍스트성은 한 1차 텍스트가 바로 그것을 참조하는 다른 텍스트들과 맺는 관계로 이루어진다. 비평이나 홍보물과 같은 2차 텍스트는 1차 텍스트의 의미 중에서 선택된 특정한 의미의 순환을 촉진하기 위한 것이다. 3차 텍스트는 이런 의미 순환의 최종적, 결정적 단계다. 왜냐하면 3차 텍스트는 시청자와 그들의 사회관계 차원에서 발생하기 때문이다. 이것들을 탐구하면 어느 한 시기에 순환하고 있는 의미들에 접근할 수 있다.

수직적 상호 텍스트성은 연구자에게 텔레비전의 다의적 잠재력이 구체적으로 어떻게 동원되는지에 대한 증거를 제공할 뿐만 아니라 이런 동원이 시청자를 위해 봉사하도록 한다. 호지와 트립(1986)이 말하듯이,

텔레비전 관련 담론은 그 자체로 사회적 힘이다. 그것은 텔레비전의 의미가 매개되는 주요한 장이다. 이 장에서 텔레비전의 의미는 다른 의미들과 융합해 새로운 텍스트를 생산하면서 행동 및 믿음의 세계와의 주요 접점 interface을 형성한다.

텔레비전의 본질적 요소 중 하나는 텔레비전에 대해 쓰여지고 말해진 것과 텔레비전의 상호 텍스트성이다.

2차 텍스트는 텔레비전을 독해를 할 때 어떠한 의미가 활성화될지에

상당한 영향을 미친다. 우리 문화에서 텔레비전이 널리 확산돼 있는 것은 단지 텔레비전이 방송 매체이고 TV 시청이 우리의 가장 대중적인 여가 활동이기 때문만이 아니다. 텔레비전이 우리 문화 생활의 다른 여러 부분 — 신문, 잡지, 광고, 대화, 라디오, 패션이나 화장, 댄스 스타일 — 에 속속들이 스며들어 있기 때문이기도 하다. 이 모든 것들이 텔레비전과 상호 텍스트적 관계에 있다. 이것들을 단지 텔레비전의 파생물로 간주할 것이 아니라 이것들이 텔레비전과 맺는 관계에 대해 말하는 것이 중요하다. 왜냐하면 영향은 쌍방향으로 작용하기 때문이다. 텔레비전이 그 관계들을 결정하는 것만큼이나 생산적으로 그것들의 의미는 독해되어 텔레비전에 영향을 미친다.

이를 예시하기 위해 나는 텔레비전에 대한 저널리즘적 글쓰기의 역할에 대해 집중적으로 논의하고자 한다. 이런 글쓰기의 예로 한쪽 끝엔 제작자의 이해를 대변하는 글과 다른 쪽 끝에는 시청자의 이해를 대변하는 글이 있다고 상상해 볼 수 있다. 제작자 편의 끝에는 프로그램 홍보물과 제작사의 보도 자료에 거의 의존하는 기사가 있다. 시청자 편의 끝에는 시청자의 이해에 봉사하려는 독립적인 비평이 있다. 이런 비평은 프로그램을 선택하거나 차별화하는 데 도움을 주거나, 시청자의 견해에 동조하거나 도전하는 반응을 제공한다. 그 중간쯤 어딘가에 방송 제작사로부터 독립하고자 하지만 제작사의 보도 자료와 협조 — 인터뷰 대상자에 대한 자료나 접근과 관련한 — 에 명백히 의존하는 팬진이 있다. 프로그램이 아닌 다른 관심사를 다루는 잡지에 실리는 방송사 가십, 코멘터리, 인터뷰 등도 중간쯤에 위치할 것이다.

베넷(1982, 1983b)과 베넷 및 울라콧(Bennett & Woollacott, 1987)은 1차 텍스트를 특정한 방향으로 독해하도록 돕는 데서 제작자 측에 치우친 2차 텍스트가 수행하는 역할을 이론화했다. 그들의 연구에서 1차 텍스트는 두드러진 상호 텍스트적 현상인 제임스 본드James Bond●였다. 그들은 홍보물들이 본드의 의미를 다르게 굴절시켜 각기 다른 시대에도 본드의 인기를 유지했음을 보여 준다. 그들은 우리 논의와는 약간 다른 점을 강조한다. 우리가 소설이나 영화처럼 좀 더 영속적인 형식이 아니라 텔레비전의 변화무쌍함에 주목해 1차 텍스트가 상이한 수용자층에 조응해 상이한 독해를 가능케 하는지에 관심을 두고 있는 반면, 그들은 지배적 또는 선호된 독해가 시간이 지남에 따라 변할 수 있다는 것을 보여 주는 데 관심을 두고 있기 때문이다. 그럼에도 그들의 연구는 2차 텍스트가 어떻게 1차 텍스트를 다른 방식으로 활성화할 수 있는지 보여 준다. 1950년대 말과 1960년대 초 본드는 냉전의 전사로 여겨졌다. 홍보물과 책표지는 총과 스파이 장비들을 전면에 내세웠다. 그러나 10년이 지난 뒤 본드는 새로운 섹슈얼리티를 정의하는 인물이 되었다. 이 시기 본드 영화와 소설의 홍보는 본드 걸을 강조했고, 내러티브의 중요한 수수께끼는 본드가 어떻게 악당을 물리치는가가 아니라 어떻게 본드 걸을 획득하는가로 바뀌었다. 이 시기 본드는 미혼 남자를 더 이상 결혼에 매이지 않도록 했고, 본드 걸은 신여성이 섹슈얼리티를 결혼에 한정시키는 데 머물지 않도록 했다.

베넷에 따르면, 비평과 홍보는 텍스트의 의미를 특정 방향으로 고정하려는 제안과 역제안의 이데올로기적 제도다. 그것들은 1차 텍스트 자체에서 눈에 띄는 고정된 의미의 집합을 갖고 있지 않은 '본드'에게 있어서 텍스트 이동 장치textual shifter 역할을 한다. 이들 2차 텍스트 중 가장 영향력 있는 것 중 하나는 초기 본드 영화에서 주인공을 연기한 숀 코너리Sean Connery 자신이다. 그의 '실제' 삶과 견해는 1차 텍스트를 독해할 때 영향을 미쳐 허구의 인물인 본드를 생생한 인물로 만드는 데 일조했

● 영국의 스파이 소설가 이언 플레밍Ian Fleming이 1953년 창조한 영국 비밀 정보 요원으로, 암호명 007로 잘 알려져 있다. 스파이 소설과 영화 시리즈의 주인공으로서 현대 대중문화의 대표적 아이콘이다.

마이클 나이트와 스티브 캐프리가
매력남 대결을 벌이다 (a)

(b)

그림 7-1 모호한 사진: 배우인가 인물인가?

사진들은 인물을 찍은 것인지 연기자를 찍은 것인지 모호하다. (a)에서 의상과 세팅, 제목
은 이 사진들이 인물을 찍은 것임을 시사한다. 그러나 사진 설명과 카메라를 바라보는 시
선은 정반대를 함축한다. (b)는 좀 더 분명하게 인물 사진이지만, 그들은 마치 "실제" 사
람들인 것처럼 카메라를 바라보고 있다. 연기자를 인물과 합쳐 버리는 것은 허구와 실재
간의 경계에서 즐거움을 얻는 또다른 예다.

JOHN FISKE

다. 인물 개념에 대해서는 9장에서 더 깊이 논의할 테지만, 여기서는 이들 2차 텍스트가 TV 드라마의 인물들을 연기하는 배우들의 삶과 견해에 얼마나 많은 주의를 기울이는지, 또 허구의 인물을 좀 더 현실적인 인물로 보이게 하기 위해서 실제 배우들의 이력이 어떻게 동원되는지에 주목하는 것이 중요하다.

〈교차로〉의 리얼리즘적 특성을 중시하는 홉슨(1982)의 연구 대상자들은 주로 인물들의 그럴듯함 여부와 그들의 액션이나 반응에 관심을 표했다. 앙(1985)이 연구한 〈댈러스〉 시청자들도 비슷하게 다양한 인물들의 '진정성genuineness'을 평가하는 데 관심을 보였다. 시청자들이 인물과 자신을 연관짓는 방식은 오류로 판명된 '문화적 멍청이'론이 주장하듯 단순하고 직접적인 것이 아니다. 이에 대해서는 9장에서 상세히 논의할 것이다. 그러나 극 중 인물이 '현실적'이어야 한다는 것은 틀림없이 시청자 공통의 욕망이다. 따라서 예컨대 솝 오페라 팬진에서 배우인지 인물인지 구별하기 어려울 정도로 모호하게 보이는 사진을 발견하는 일은 놀랄 일이 아니다. 예를 들면, 그림 7-1(a)에서 사진이 실제 배우 사진인지 극 중 인물 사진인지 확실치 않다. 옷맵시, 표정, 분장의 코드가 양가적이다. 카메라 코드만이 이들 이미지가 아마도 배우 사진일 것이라고 시사한다. '실제' 사람인 배우들은 관습적으로 렌즈를 바라봄으로써 카메라의 존재를 인정하며 수용자의 존재도 의식한다. 이는 극 중 인물이 거의 하지 않는 행동이다. (여타의 관습과 마찬가지로 이 관습도 항상 지켜지는 것은 아니다. 그림 7-1(b)는 극 중 인물들이 TV 카메라의 존재는 절대 의식하지 않으면서도 스틸 카메라를 의식하는 것을 보여 준다.) 그러나 제목은 카메라 코드와 모순된다. 파인 밸리에 사는 사람들은 배우가 아니라 극 중 인물이기 때문이다.

허구와 실제 간의 경계를 갖고 노는 독해 전략은 이들 2차 텍스트의 글에서도 장려된다.

어느 날 하디 가家의 남자가 벌컨 여자와 결혼하는 것으로 매듭지어지는 것은 어색해 보이지 않는가? 그렇다고 진짜 이상하다고 할 수는 없다. 하지만 이것은 완전 사실이다! 〈팰컨 크레스트〉의 사악하고 치사한 남자 조엘 매카시 역의 훈남 파커 스티븐슨이 외계인의 품에서 행복을 발견한 것이다. 하디 가의 전 남자(그는 숀 캐시디와 함께 주연을 맡았다)는 아내가 될 여자를 그녀가 영화 〈스타 트렉: 칸의 분노〉를 촬영하는 동안 만났다. (*Daytime/Nighttime Soap Stars*, No. 7, 1985. 2, p.75)

말은 별다른 어려움 없이 인물로부터 배우를 분리하는 재현의 언어 — "주연을 맡았다," "촬영" — 와 배우를 인물과 동일시하는 언어 — "하디 가의 남자가 벌컨 여자와 결혼," "사악하고 치사한 남자 조엘 매카시 역의 훈남 파커 스티븐슨" — 사이를 미끄러진다. 〈데이타이머스 *Daytimers*〉(1985. 5)는 배우에 관해 극 중 인물이 '쓴' 기사를 실었다. 이 기사는 배우들이 자신들이 연기하는 인물들이 마치 실제 인물인 듯 그들에 대해 얘기하는 흔한 행태를 논리적 극단까지 밀고 간 것일 뿐이었다. 베넷(1983b)에 따르면, 이런 종류의 2차 텍스트는 "일련의 미시적 내러티브micro-narrative를 구성하는데, 이런 내러티브에서는 스타의 실제 삶과 견해, 가치가 주인공의 성격을 채우고, 또 주인공의 성격이 실제 스타의 성격을 규정한다"(p.216). 우리는 '문화적 멍청이'론에 빠져 숍 오페라 팬들이 인물과 배우를 구별할 능력이 없다고 믿지 않도록 조심해야 한다. 벌컨족과 결혼하는 하디 가 남자에 관한 기사가 농담조인 것은 전형적인 것으로, 이는 이것이 의도적인 암시로서 프로그램의 즐거움을 증대시키기 위해서 시청자와 기자들이 공모하는 것임을 알려 준다. 그림 7-1의 사진들과 제목의 배후에도 비슷한 자기 기만이 존재한다.

이러한 의도적인 자기 기만은 재미를 준다. 이는 재현과 실재 간의 경계를, 몰입과 거리두기를 오가는 시청자의 독해 위치의 이중성을 갖고 노는 것으로 나타난다. 홉슨(1982)과 앙(1985)은 이것이 시청자가 판타지에 완전히 사로잡히지 않고도 판타지의 즐거움을 누리도록 해 주는 흔한 독해 전략이라는 사실을 발견했다.

시청자는 텔레비전이 갖는 재현이라는 성격을 일부러 부정함에도 불구하고 결코 망각하지는 않는다. 이들 2차 텍스트는 배우들의 고된 작업과 프로 정신에도 관심을 두고 이를 높이 평가한다. 2차 텍스트는 흔히 프로그램이 어떻게 제작되는지를 보여 주기 위해 독자를 세트장으로 안내하며, 종종 여러 드라마에서 다양한 배역을 해 온 배우들의 개인사를 추적하기도 한다. 또 이러한 실제적인 느낌을 주기 위해 필요한 연기 기술에 주목하기도 한다(그림 7-2 참조).

그런데 1차 텍스트와 마찬가지로 이들 2차 텍스트도 한 목소리를 내지는 않는다. 2차 텍스트는 텔레비전을 리얼리즘적으로 독해하도록 부추기지만, 텔레비전을 재현 체계로 인식하도록 제작된다. 한 배우가 연기하는 인물이 누구인지를 떠올릴 때 우리는 이를 사실적이며 객관적인 톤으로 말한다. 이는 허구적인 것을 마치 실재하는 것처럼 다룰 때 우리가 과잉의 언어를 사용하는 것과 대비된다. 이들 잡지는 리얼리즘의 착각이 주는 즐거움을 키우려 할 뿐만 아니라 독자들이 그런 착각의 세계로 진입하도록 부추긴다. 그러나 동시에 능동성을 갖고 통제하고 있는 느낌도 키우고자 한다. 그림 7-1로 시작되는 기사는 다음과 같이 전한다.

경쟁. 이것이 〈모두 내 자식들〉●의 마이클 나이트Michael Knight와 스티브 캐프리Steve Caffrey가 1년 이상 해 왔던 것이다. 극 중에서 그들의 인기 있는 배역인 플레이보이 태드 마틴과 사교계 한량 앤드루 프레스턴은 파인 밸리

● 1970~2011년 미국 ABC를 통해 방영된 솝 오페라로, 필라델피아 교외의 가상 장소인 파인 밸리를 배경으로 하고 있다.

acting — is in the *reacting.* As evidenced by the plethora of hammy crowd reaction scenes in movies and television, only a select few can carry off a silent response to a line or situation with subtlety and honesty. It not only calls for acting of the highest caliber; it requires crackerjack directing.

Which is what David Pressman pulled off on ONE LIFE TO LIVE following the death of Tim Siegel (Tom Berenger) in the mid-1970's. At that time in the show, it was always expected that Dr. Jim Craig (the late, great Nat Polen) would come through the waiting room doors and say at the end of a Friday episode, "I'm sorry. Larry (or whoever). There was nothing we could do." On this particular occasion — thank goodness — the stock line was obliterated. Jim walked into the waiting room where his wife Anna (Doris Belack) and their best friend, Tim's mother Eileen (Alice Hirson) were sitting. Without a word of dialogue, Polen looked at Doris Belack, Ms. Belack uttered a quiet gasp at the realization of what that look meant, and Alice Hirson fell weepingly into Doris Belack's arms. It would be interesting to find out if the late head writer Gordon Russell had purposely omitted the spoken words, or if there had been scripted lines which were dropped in rehearsal. Either way, it was a superbly crafted moment on a show which has been consistently well-acted.

DAVID SELBY
We know. we know. David Selby was made up to look slightly strange as Quentin Collins on DARK SHADOWS, but we just couldn't resist. Don't you think he looks a bit more handsome as FALCON CREST's urbane but unprincipled Richard Channing?

As they rehearse their words, Don tells Marlena how upset he is with her. Calmly, Marlena informs him that Stefano kidnapped her children. "You better sit down," Alice tells Don. He starts to sit, but Alice, or rather Frances, out of character, says, "Not there." The crew laughs.

Josh is one of the great leading men in daytime. He loves women, not just the sex. He takes control, embraces well, and has an inner choreographic ability in a love scene.

What is going on here is work on the set of DAYS OF OUR LIVES. Actors usually arrive in Salem around 7:00 a.m. Blocking and rehearsal don't start much later, and the actual taping usually begins around 2:30 in the afternoon. That should give you some idea of how long these days can go.

Outside, it's rainy and cold, but inside this world of make-believe — a windowless studio (as all studios are) with four or five lighted sets that will be where the action takes place today — the mood is cheery and energetic. That's not surprising.

그림 7-2 재현과 실재

재현을 실재처럼 다룰 때의 쾌락은 알면서도 스스로를 기만하는 데서 온다. 솝 오페라 잡지들은 일관되게 재현 행위를 전경화하면서 잡지들이 실재와 허구 간의 차이를 부정하는 척할 때조차 독자들에게 실재와 허구를 구분하도록 권장한다.

JOHN FISKE

의 미녀 도티 손튼의 마음을 사기 위해 노력한다. 드라마 밖에서 마이클과 스티브는 최근 낮 시간대 에미상을 거머쥐기 위해 경쟁하고 있다⋯⋯

그러나 단적으로 〈모두 내 자식들〉의 두 주인공 중 어느 누가 가장 핫한 스타인가. 아마도 이 두 훌륭한 배우가 무슨 매력이 있는지 주의 깊게 살펴보면 결정을 내리는 데 도움이 될 것이다. (*Daytime TV*, 1985. 11, p.16).

이런 것은 아주 전형적인 기사다. 실제로 경쟁하는 두 배우의 이력이 인물들의 허구적 경쟁을 진짜처럼 보이도록 하기 위해 동원된다. 그래서 어떤 인물이 섹시한가를 평가하려면 해당 배우를 심층 연구해야 한다. 덧붙여 독자의 활동을 부추기려는 시도도 있다. 이들 잡지에는 극 중 인물이나 플롯라인, 사건 등에 대한 독자의 의견을 묻는 질문들이 자주 등장한다. 팬들은 평가하고 예측하도록 요청받는다. "샤나(수전 켈리)가 신부 짐(피터 데이비스)를 사랑한다는 사실 때문에 그녀는 마이크(제임스 킬버드)와 행복을 누릴 기회를 망치게 될 것인가?"(*Soap Opera Digest*, 1985. 8. 27, p.71). 시청자 여론은 흔히 여론 조사 형태로 형식화되어 팬들은 자신의 견해를 다른 사람들의 견해와 비교해 볼 수 있게 돼 있다. 앞서 인용한 〈모두 내 자식들〉의 라이벌 주인공들에 대한 기사는 "누가 파인 밸리에서 가장 섹시한 남자인가?"라는 질문에 답하도록 하는 투표로 끝난다. 팬들은 '가십'을 나누고 자신들의 대본을 "쓰도록" 장려된다.

〈팰콘 크레스트〉 다음 시즌에서 신비의 인물인 신부(켄 올린)의 정체는 비밀이지만, 우리는 그가 줄리아(애비 돌튼)의 사생아가 아닐까 생각한다. 여러분의 생각은 어떠신지? (*Soap Opera Digest*, 1985. 8. 27, p.73)

여론 조사는 개인적인 상상 활동을 집단적 상상 활동으로 만들어 시청자 공동체의 느낌을 창출하는 데 이용될 수 있다. 이들 잡지는 이런 활동을 창조하지는 않지만 능동적 시청자의 즐거움을 강화하기 위해 그런 활동을 격려하고, 독자투고란과 여론 조사를 통해 그것에 공적인 지위를 부여한다. 잡지는 또 시청자의 생산자적 활동을 강화시켜 준다. 왜냐하면 업계의 제작자들이 잡지를 읽고 플롯라인 전개와 관련한 결정을 할 때 이를 참고하기 때문이다.

3차 텍스트

이제 텔레비전 상호 텍스트성의 세 번째 차원을 살펴볼 차례다. 3차 텍스트는 시청자들이 TV 시청 후 스스로 만들어 내는 텍스트들로서 말이나 언론사에 보내는 편지의 형태로 순환한다. 이는 개인적 반응이라기보다는 집단적 반응을 형성하도록 한다. 3차 텍스트는 텍스트의 활성화 요소로서 프로그램에 영향을 미친다. 이 세 번째 차원 텍스트는 시청자에 대한 민속지학적 연구에 유용한 데이터가 되는 "민속-기호학적 데이터 ethno-semiological data"다(Katz & Liebes, 1985: 189). 이는 신문사에 보내는 편지나 여론 조사 결과처럼 공적인 것일 수도 있고, 가족 간의 대화나 친구 간의 가십처럼 사적인 것일 수도 있다(5장을 참조하라). 또는 몰리(1980a), 홉슨(1982), 앙(1985), 카츠와 리브스(1984, 1985), 호지와 트립(1986), 털록과 모란(1986) 등 연구자들이 수집한 시청자 반응처럼 그 중간에 위치하는 것일 수도 있다. 이런 반응을 연구하면 1차 텍스트와 2차 텍스트가 시청자들의 문화권에서 어떻게 독해되고 순환하는지에 대한 통찰을 얻을 수 있다.

〈종합병원*General Hospital*〉● 팬이 보낸 다음의 편지는 시청자가 자신

● 1963년부터 현재까지 미국의 낮 시간대 TV에서 방영되고 있는 의학 드라마다.

이 좋아하는 드라마를 어떻게 독해하는지에 대한 단서를 제공해 준다.

그들은 〈종합병원〉의 빛나는 스타들이어서 그들 없는 드라마는 상상할 수도 없습니다. 다른 한편 루크와 로라가 포트 찰스를 떠났을 때, 이는 이전에 사랑받았지만 무슨 이유로든 이젠 별 볼 일 없어진 두 인물에게는 자연스런 결말로 보입니다. 전 처음엔 토니 기어리와 지니 프랜시스를 그리워했습니다. 그러나 지금은 이전에 팬이었던 우리가 보는 것만으로도 경멸하게 된 두 인물이 너무 지겨운 존재가 되기 전에 사라져 버려 기쁩니다. 그들은 너무도 많은 비현실적 모험을 겪었죠. 이제 무슨 할 일이, 무슨 할 말이 남았겠어요? 이에 비해 홀리와 로버트는 완전히 자리를 잡았습니다. 우리 시청자들은 그들의 진실한 로맨스에 공감합니다. 그들은 너무도 잘 맞고 그들의 사랑 장면은 너무나 그럴듯해서 난 에마 샘스를 부러워하고 있습니다. 난 지니 프랜시스 자리를 차지하고 싶었던 적은 한 번도 없었어요! 그녀는 항상 슬픈 일만 겪었으니까요. (*Daytimers*, 1985. 6, p.56)

이 편지는 허구적인 일을 실제 일로 보고 싶은 친숙한 욕망을 보여 준다. 이런 욕망은 홉슨과 앙이 주목했던 경향의 일례로서, 시청자는 좋아하는 것은 현실적인 것으로, 싫어하는 것은 비현실적인 것으로 보려 한다. 1차 텍스트와 2차 텍스트는 모두 이 욕망 덕분에 작동한다. 또한 이 편지는 숍 오페라 리얼리즘의 재현 관습인 인물과 스토리는 단지 특정한 목적을 위해 관습에 따른다는 점을 보여 준다. 달리 표현하자면 관습이 실재를 투명하거나 객관적인 방식으로 재현하기 위해서가 아니라 시청자들을 즐겁게 하기 위해 만들어진 것이라는 점을 알고 있음도 보여 준다.

적어도 이 팬에게 있어서 〈종합병원〉의 쾌락은 결국 '믿을 만하고' '진실된' 것으로 판명되는 인물들과의 자기 주도적 동일시, 즉 '연루 implication'의 쾌락이다(9장을 참조하라). 믿을 만하고, 진실되다는 두 단어는 서로 맞바꿔 써도 무방하지만, 그 가치를 판정하는 기준은 경험주의라는 객관적 기준이 아니라 느낌과 행동의 내면화된 규범이란 주관적 기준이다. 이런 규범은 주로 숍 오페라 리얼리즘의 관습 — 예를 들면, 인물들이 '별 볼 일 없게' 될 때 그들의 플롯라인은 '자연스런 결말'에 도달해야 한다 — 에서 유래한다. 이들 관습은 실제 사회적 경험에 의해 생겨나는 '믿을 만함'보다도 더 강할 수 있는 '믿을 만함'을 산출해 내는 '진실됨'의 인상을 준다. 이는 사회 규범은 사회적 경험의 경우보다 관습의 경우에 더 명확히 코드화돼 있기 때문이다. 관습이 사회적 경험으로부터 벗어나는 지점이 바로 그 경험 또는 규범, 또는 좀 더 지배적이지만 덜 '대중적'일 수 있는 다른 가치들을 따져볼 수 있는 지점이다.

민속지학적 연구는 이런 3차 텍스트의 수많은 예를 제공하지만, 민속지학은 통상 이들 텍스트를 반응으로, 즉 시청의 **결과**로 해석하는 경향을 보인다. 3차 텍스트가 나름의 방식으로 프로그램에도 영향을 미치고 그 의미를 활성화하는 점을 고려하지 않는다. 민속지학은 3차 텍스트에서 찾아내는 모든 활동, 결과를 촉발하는 능력을 텔레비전과는 관련 없이 사회 경험에 관련된 것으로 한정한다. 하지만 예를 들면, 호지와 트립(1986)이 연구한 〈죄수〉를 독해하는 학생들은 학교 경험만이 아니라 이 드라마를 지속적으로 시청한 경험에 입각해 독해를 하고 있음에 틀림없다. 또 카츠와 리브스(1984, 1985)는 〈댈러스〉에 대한 가십이 다른 의미가 아닌 특정한 의미를 활성화하는 데 기여하는 여러 사례를 보여 준다.

마돈나의 문화적 의미에 대한 연구(Fiske, 1987a)에서 나는 소녀 팬들이 마돈나의 1차 텍스트들로부터 자신들만의 하위 문화적 의미를 만들어 내는 능력을 입증하기 위해 두 종류의 3차 텍스트를 이용했다. 팬들 간의 토론에서 한 14세 소녀는 다음과 같이 말했다.

마돈나는 유혹적인 창녀 같아요…… 그렇지만 마돈나가 그런 것은 문제가

JOHN FISKE

없어 보여요. 내 말이 무슨 말인지 알겠죠? 다른 사람이 그렇다면 진짜 창녀로 보이겠지만, 마돈나는 오케이, 받아들일 만해요. 다른 사람이 그러면 진짜 말도 안 되겠죠. 멍청해 보이고. 그렇지만 마돈나는 괜찮아요. 알죠, 무슨 말인지?

여기서 창녀 같다는 마돈나에 대한 지배적인 가부장적 의미에 반대되는 자신만의 의미를 표현하려고, 소녀가 팬으로서 '받아들일 만한' 의미를 발견하려고 한다는 사실을 볼 수 있다. 소녀 팬들은 그 이해관계가 지배적인 가부장제와 분명히 다르지만, 이를 표현할 공식적인 언어를 갖고 있지 못하다. 마돈나의 텍스트는 그들의 이런 결핍을 채워 준다.

〈타임〉(1985. 5. 29, p.47)에 인용된 다른 마돈나 팬들의 말은 마찬가지 목적에 봉사하는 덜 직접적인 3차 텍스트다.

마돈나는 섹시하고 남자를 필요로 하지 않아요…… 그녀는 혼자서도 충분하죠.

그녀는 우리에게 새로운 생각을 심어 주죠. 남자들이 어떻게 생각할까를 걱정하지 않는, 진짜 여성 해방이죠.

마돈나의 1차 텍스트인 뮤직 비디오에 나타나는 모순은 이들 팬들의 코멘트와 독자들(소녀 팬들과는 아주 다른 하위 문화 집단)을 대변하는 〈플레이보이〉(1985. 9, p.122)의 언급 간의 대립에서 표현된다.

무엇보다도 좋은 점은 환한 조명 아래 무대 전면, 그리고 중앙에서 마돈나가 몸을 뒤틀며 미소년 같은 음성으로 성적 매력을 뽐낸다는 것이다.

상호 텍스트성과 다의성

마돈나가 저항적인 하위 문화의 어린 소녀들이나 가부장적 지배 이데올로기를 쉽사리 그대로 수용하는 〈플레이보이〉 구독자와 같은 상이한 수용자들에게 어필할 수 있는 것은 그녀가 갖는 다의성 덕분이다. 상호 텍스트적 비평은 한 1차 텍스트가 자체의 다의성을 활용함으로써 어떻게 다른 텍스트 또는 다른 문화 영역과 접합될 수 있는지(Hall, 1986) 보여 준다. 홀은 '말하기speaking'와 '연결linkage'이라는 이중의 의미로 '접합'이란 용어를 쓴다(14장을 참조하라). 마돈나의 1차 텍스트들이 가부장제 내 소녀들의 하위 문화와 '연결될' 때 그 텍스트들은 〈플레이보이〉의 성차별적 남성적 문화와 '연결될' 때와는 매우 다르게 '말한다.' 2차 및 3차 텍스트들을 독해하면 1차 텍스트가 어떻게 상이한 하위 문화의 상이한 독자들에 의해 상이한 방식으로 일반 문화general culture에 접합될 수 있는지를 알 수 있다.

물론 이 같이 복수의 의미와 복수의 접합이 가능하다는 사실이 구조 없는 다원주의를 의미하지는 않는다. 오히려 의미와 접합은 텍스트의 힘과 사회적 힘을 중심으로 긴밀하게 조직된다. 〈댈러스〉가 할리우드가 통제할 수 있는, 또는 한 수용자 집단이 활성화할 수 있는 것보다 더 다양한 의미를 지닌다는 사실은 텔레비전이 자체의 의미를 통제하려 하고 그 중에서 특정한 의미를 선호한다는 점을 부정하지 않는다. 텔레비전에서 선호된 의미는 대개 지배 계급의 이익에 봉사하는 의미들이다. 선호된 의미를 활성화하는 사회 집단이 사회 체제 내의 권력관계에서 구조화되듯이, 여타 의미들은 이들 선호된 의미와의 지배-종속 관계에서 구조화된다. 의미를 봉쇄하려는 텍스트의 시도는, 기호학적 차원에서 일어난다는 점이 다를 뿐, 사회적 권력이 다양한 종속적 사회 집단들에 힘을 행사하는 것과 마찬가지다. 또 자체의 의미를 만들어 내려는 피지배 집단의 기호학적 힘은 이 사회적 권력을 회피나 대항, 협상의 대상으로 삼는 능력의 등가물이다. 텍스트는 그 자체로 다의적일 뿐만 아니라 상호 텍스트적 관계들이 다수 존재함으로써 텍스트의 다의적 잠재성이 커지기도 한다.

8장

내러티브

세상에는 내러티브가 무수히 많다. 내러티브는 무엇보다도 엄청나게 다양한 장르에 걸쳐 있으면서 각기 다른 실체들 사이에 배분돼 있다. 마치 어떠한 질료라도 인간의 스토리를 수용하기에 적합하기라도 하듯이. 내러티브는 말이든 글이든 명확히 표출된 언어와 정사진이든 동영상이든 이미지, 제스처, 이 모든 실체들의 질서 있는 혼합물에 의해 전달될 수 있다. 내러티브는 신화, 전설, 우화, 민담, 짧은 스토리, 서사시, 역사, 비극, 드라마, 코미디, 마임, 회화(비토레 카르파초Vittore Carpaccio의 〈성 우르술라의 전설 *The Legend of Saint Ursula*〉 연작을 떠올려 보라), 스테인드글라스 유리창, 영화, 만화, 뉴스 보도, 대화에 존재한다. 더구나 이런 거의 무한히 다양한 형태로 내러티브는 모든 시대, 모든 장소, 모든 사회에 존재한다. 내러티브는 인간의 역사와 함께 시작되었으며, 어디서건 내러티브를 갖지 않은 민족은 없었다. 모든 계급, 모든 인간 집단은 자신들의 내러티브를 가지며, 내러티브는 상이한, 심지어 대립하는 문화적 배경을 가진 사람들이 함께 즐겨왔다. 좋은 문학이냐 나쁜 문학이냐의 구분에 신경 쓰지 않으면서 내러티브는 국제적이고, 초역사적이고, 초문화적이다. 그것은 삶 그 자체처럼 그냥 거기 있다(Barthes, 1977a: 79; 1982: 251).

내러티브와 언어는 모든 사회가 공유하는 두 가지 주요한 문화적 과정이다. 이것들은 "그 자체처럼 그냥 거기 있다." 언어와 마찬가지로 내러티브는 실재에 대한 우리의 경험을 의미 있는 것으로 만드는 기본적인 방식이다. 구조주의자들은 내러티브가 언어의 여러 속성들을 공유하며, 계열체와 통합체의 쌍둥이 축을 중심으로 구조화되며, 랑그langue — 이것의 특정한 내러티브들이 파롤paroles이다 — 에 해당하는 보편적인 내러티브 구조가 존재할 것이며, 그 의미화 작용은 필연적으로 지시적 차원과 함축적 차원에서 작동한다고 주장한다. 뿐만 아니라, 내러티브는 실재와의 지시적 관계가 환영적이며, 그 의미화 능력이 체계적 성격 및 그 상호내러티브적internarrative(상호 텍스트적) 관계로부터 유래한다는 점에서 언어와 유사하다. 즉 내러티브의 범주화하고 구조화하는 과정이 의미 작용을 하는 것은 그 과정이 현실에 대해 작동하기 때문이 아니라 다른 내러티브들 및 다른 의미화 형식들이 행하는 그러한 과정과 관계를 맺고 있기 때문이다.

내러티브가 이처럼 근원적인 문화 과정임을 고려하면, 텔레비전 양식이 압도적으로 내러티브 형식을 취하는 것은 놀랄 일이 아니다. TV 드라마는 말할 것도 없이 내러티브이며, 뉴스 또한 그렇다. 다큐멘터리는 그 소재에 내러티브 구조를 부과한다. 스포츠와 퀴즈 프로그램은 인물과 갈등의 발생과 해소의 관점에서 제시된다. 많은 광고 및 뮤직 비디오는 작은 내러티브를 지닌다. 단지 음악만이 내러티브 구조를 결여하고 있다고 할 수 있을 테지만, 음악조차도 시간을 구조화하는 능력을 지닌다는 점에서 내러티브와 유사성을 지닌다.

내러티브는 주로 두 차원을 통해 의미 생산 메커니즘으로 작용한다. 통합체적 차원은 내러티브가 인과 법칙이나 연상의 법칙에 따라 사건들을 합리적으로 연결하는 차원이다. 어떤 법칙을 적용하든 통합체는 사건들을 함께 연결해 그 관계를 의미 있는 것으로 만들고, 그럼으로써 이해

가능한 것으로 만든다. 이같이 임의성을 배격함으로써 시간의 흐름은 필연적인 것이 되고, 그럼으로써 가장 포착하기 어려운 차원인 시간을 이해하는 수단을 제공한다. 계열체적 차원에서 내러티브는 인물과 세팅을 선택하고 그것들이 비시간적 의미를 지닐 수 있도록 해 준다. 이는 사건들의 통합체적 연쇄에 추가적인 통합적 작인unifying agency 역할을 한다. 내러티브 구조는 사람과 장소가 무질서하거나 임의적이지 않고 오히려 합리적sensible임을 알려 준다. 그래서 장소와 사람들의 계열체적 의미를 사건과 시간의 통합체적 의미와 결합해 거대한 의미화 패턴을 만들어 낸다 (Chatman, 1978).

클로드 레비스트로스Claude Lévi-Strauss는 신화의 내러티브들에서 의미의 심층 구조를 찾아낸다. 이 구조는 인물, 세팅, 행동들을 통합체적 흐름으로부터 떼어내고, 보통 이항 대립으로 제시되는 유사성과 차이의 계열체적 관계를 분석함으로써만 파악할 수 있다. 그에게 있어 사건의 연쇄는 표층 구조이므로 그 배후에서 찾아낼 수 있는 심층 구조보다 덜 중요하다. 이 심층 구조는 다른 신화들, 내러티브들에서도 찾아볼 수 있다. 이런 연유로 레비스트로스는 결국에는 단지 개별적인 파롤이 아닌 내러티브 랑그에만 관심을 보인다.

2장에서 살펴보았듯이, 리얼리즘적 내러티브는 텔레비전의 주도적 재현 양식이다. 그러나 리얼리즘적 내러티브는 기본적으로 소설과 영화를 통해서 발전해 왔다. 텔레비전 리얼리즘은 문학과 영화의 리얼리즘에 중심적인 관습과는 상당히 다른 모습을 보인다.

내러티브를 정의하고 범주화하는 데 사용되는 '리얼리즘적'과 같은 용어는 두 차원에서 작동한다. 우선 그것은 내러티브의 특정한 텍스트 특성에 주목하도록 한다. 〈하트 투 하트〉의 에피소드는 남풍을 포획하는 것을 다루는 에스키모 신화와 장르적으로 확연히 다르다. 둘째로 그것은 독해 전략에도 주목하게 한다. 다음 장에서 다루겠지만, 의미화 실천으로서 독해 전략은 이데올로기적으로 움직인다. 우리는 〈하트 투 하트〉를 리얼리즘적 내러티브로, 또는 현대의 도시 괴담contemporary urban myth으로 읽을 수 있다. 그것을 리얼리즘적으로 읽으려면, 인물들과 그들의 개성의 심리적 리얼리즘과 같은 요소에, 또 인과의 '자연' 법칙에 따르는 사건의 연쇄의 일관성과 그것의 그럴듯함에 가장 큰 주의를 기울여야 한다. 달리 말하자면, 우리는 이 드라마를 문화적 관습이 아니라 보편적인 자연 법칙에 맞춰 구조화된 독특한 개인들과 사건들의 독특한 재현으로 읽게 된다.

그러나 이를 구조적으로 읽으려면, 우리는 실재의 느낌을 만들어 내는 관습에 초점을 맞추어야 한다. 인물은 무엇보다도 플롯의 한 기능function으로 행동하는 것으로 봐야 한다. 그럴 때에만 개인적인 특성들이 수용자들을 낚아채는 이데올로기적 고리ideological hook로 작용한다. 이런 개인적 특성들조차 그 독특함에서가 아니라, 인물들의 구조(남자 주인공 + 여자 주인공 + 남자 악당 + 여자 악당)에 체현돼 있는 사회적 가치들의 전반적 구조라는 관점에서 가장 잘 이해된다. 이를 신화적으로 읽게 되면 우리는 '심층의' 의미에 도달하게 될 것이다. 레비스트로스의 용어를 쓰자면, 드라마의 개개 에피소드는 공동의 심층 구조의 한 변형일 것이다. 이 심층 구조는 궁극적으로 동일 장르의 다른 드라마에서도 찾아볼 수 있을 것이다. 그래서 〈하트 투 하트〉는, 남녀 주인공이 나오는 경찰 드라마의 몇몇 예만 거론하자면, 〈레밍턴 스틸〉과 〈허수아비와 킹 부인〉, 〈맥밀란 부부〉와 심층 구조를 공유할 것이다.

그러나 이 단계에서 '리얼리즘적' 또는 '신화적'이라는 규정은 텍스트의 특성을 기술하는 것일 뿐만 아니라 능동적이란 점이 지적돼야 한다. 즉 이런 규정은 텍스트 내의 특정한 의미를 활성화하는 특정한 독해 전략을 권장한다는 것이다.

JOHN FISKE

리얼리즘 재론

고전 리얼리즘 내러티브와 이것이 선호하는 독해 전략은 자기 충족적인, 내적으로 일관된, 실제처럼 보이는 세계를 구축한다. 이는 그런 내러티브가 실제 세계의 객관적 재생산이라는 것이 아니라 객관적인 것처럼 보이도록 한다는 것을 뜻하며, 얼마나 객관적으로 보이냐 하는 것은 우리의 실제 세계에 대한 이해를 구조화하는 당연한 관습이 허구적 세계, 즉 디제시스diegesis의 세계를 독해하는 데 어느 정도나 적합한 것으로 보이는가에 의해 정해진다. 핍진성verisimilitude은 도상적 재현iconic representation에 근거하는 것이 아니라 [뭔가를] 의미 있는 것으로 만들어 주는 관습을 복제하는 데 바탕을 두고 있다. 따라서 이는 이데올로기적 실천이다. 우리는 리얼리즘이란 허구적 세계를 우리가 사회적 경험의 세계를 접근할 때와 마찬가지로 편하고 친숙한 것으로 접근한다. 두 세계는 동일한 이데올로기적 독해 실천에 열려 있다는 점에서 다를 바 없다. 그러나 이러한 실천이 의존하는 위장된 상식은 두 세계 간의 차이를 숨긴다.

리얼리즘은 일관되지도 않고 해결점이 명확하지도 않은 세계에 그러한 성질을 덧씌운다. 리얼리즘적 내러티브에서는 모든 세부가 의미를 지니며, 이는 '지배적 시각성'의 위치에 있는 독해자가 최종적인 전반적 이해를 얻도록 하는 데 기여한다(MacCabe, 1981a). 이러한 내적 일관성이 가능하려면, 디제시스 세계는 자족적이며 정합적인 것으로 보여야 한다. 내러티브를 이해하기 위해 우리가 알아야 하는 모든 것이 내부에 포함돼 있어야 하며, 이런 이해에 반하거나 교란을 일으키는 모든 것은 제거돼야 하는 것이다. 디제시스 세계는 그 세계를 이해할 수단을 찾기 위해 독해자가 그 세계 밖으로 눈을 돌리도록 해서는 안 되지만, 실제 세계와 마찬가지로 문화의 관습이 아닌 '자연 법칙'에 따라 의미 있는 것처럼 보여야 한다.

이러한 '자연 법칙'은 원인과 결과의 법칙이며, 인간 본성의 심리의 법칙이며, 자연과학의 법칙이다. 이 모든 것은 탐구할 필요가 있지만 검토할 필요는 없는 보편적 법칙으로 여겨진다. 쿤(Kuhn, 1985)은 고전 리얼리즘 내러티브의 특징을 다음과 같이 요약한다.

1. 수수께끼 해소의 전반적 과정에서 원인과 결과의 단선성linearity
2. 높은 수준의 내러티브 종결
3. 공간적, 시간적 그럴듯함에 지배되는 허구 세계
4. 내러티브 진행에서 심리적으로 균형 잡힌 인물이 중심을 차지함

내러티브에 대한 구조주의적 접근

리얼리즘은 자체가 담론이라는 사실을 숨기고자 한다는 점에서 투명한 양식이다. 구조주의와 이에 근거한 이론들은 모든 문화적 구성물의 담론적 성격을 드러내고 탐색하는 데 관심을 기울인다. 그래서 구조주의적 내러티브 이론은 내러티브가 실재를 얼마나 정확히 재현하는가가 아니라 내러티브 구조를 지배하는 법칙을 설명하고자 한다.

초기 구조주의는 **랑그**에 해당하는 보편적인 내러티브 구조를 발견하고자 했다. 그런 충동은 이제 사그라졌지만, 몇몇 유용한 기본 원리들을 찾아냈다. 특히 모든 내러티브는 많은 공통 요소를 지니며 다른 것들과의 관계에서 연구할 필요가 있다는 점을 깨닫게 했다. 아무리 리얼리즘적이라 해도, 내러티브는 사건들의 고유한 집합 — 그것이 세계와 맺는 유일한 관계는 실제 세계와 똑같아 보인다는 점뿐이다 — 이 아닌 것이다.

JOHN FISKE

신화적 내러티브

구조주의가 겉보기엔 다양한 내러티브들이 공통점을 갖는다는 점을 설명하는 방식 중 하나는 신화라는 개념을 이용하는 것이다. 가장 영향력 있는 구조주의 인류학자인 레비스트로스와 마르크스주의 기호학자인 바르트가 그런 경우다. 이들의 접근법에는 신화 만들기가 보편적인 문화 과정이며, 신화의 심층적인 '진실된' 의미는 무매개적으로 드러나는 것이 아니라 이론적 분석에 의해서만 밝혀질 수 있다고 주장한 점 이외에는 공통점이 거의 없다.

레비스트로스에게 있어서 신화는 불안을 줄여 주는 메커니즘으로서, 한 문화에 존재하는 해소 불가능한 모순들을 처리하고 모순들을 끼고 사는 창의적인 방법을 제공하는 것이다. 이들 모순은 보통 이항 대립 binary opposition으로 표현되며, 겉으로는 관련 없어 보이는 수많은 신화들의 심층 구조를 형성한다. 이항 대립은 선-악, 자연-문화, 인간-신과 같은 커다란 추상적 일반화의 산물이다. 신화는 이런 대립을 레비스트로스가 "구체적인 것의 논리logic of the concrete"라고 부른 과정에 의해서 구체적인 은유적 재현으로 변형시켜 준다. 그래서 서부극 장르에서 문화-자연은 실내-야외로 변형되며, 법과 같은 가치와 구조적으로 연관되어 법-무법, 백인-인디언, 인간-비인간 등을 함축하게 된다. 따라서 인디언들이 백인 농장 주택을 습격하는 장면은 자연과 문화 간의 대립을 구체적인 은유적 재현으로 변형한 것이며, 그런 내러티브는 '구체적인 것의 논리'를 경유해서 이런 대립의 특성과 결과에 대해 뭔가를 주장하는 것이 된다.

레비스트로스의 용어를 사용해 〈하트 투 하트〉의 심층 구조를 분석하면 그림 8-1과 같다.

선 : 악

영웅 : 악당

메타포의 형태를 통해 구체적 재현으로 변형됨

미국인 : 비미국인

중산층 : 하층

매력적 : 매력 없는

빛(객실) : 어둠(객실)

부드럽고, 개인화된 (객실) : 딱딱하고, 비개인적인 (객실)

가까운 커플 : 분리된 커플

유머 있는 : 유머 없는

클로즈업 : 익스트림 클로즈업

추상적

↓

은유적 변형

↓

구체적

그럼으로써 대립되는 가치들에 내러티브상의 성공–실패의 결과가 주어진다.
이와 함께 또 다른 심층 구조가 존재한다.

남성적 : 여성적

능동적 : 수동적

사유 : 시선의 대상

통제하는 자 : 통제받는 자

그림 8-1 〈하트 투 하트〉의 심층 구조

이들 심층 구조는 대립되는 가치들의 의미와 결과가 문화적으로 불안정하다는 사실의 증거다. 신화는 이런 불확실성(예를 들면, 젠더 차이의 불확실성)을 해결해 주지 않는다. 그러나 모순을 생각으로 풀어낼 수 있는 창의적인 구조를 제공해 준다. 그 구조는 모순을 개념적으로 또 문화적으로 처리할 수 있는 것, 기능 장애를 유발하지 않는 것으로 만들어 준다.

하틀리(1982)는 비슷한 방식으로 의료 서비스 노동자들의 쟁의 관련 뉴스 보도를 분석한다. 보도는 파업이 병원 환자들, 특히 어린이 환자들에 미치는 효과를 집중적으로 다루었다. 보도가 전달하는 것들을 분석한 뒤 하틀리는 결론적으로 정리한다.

이것은 전혀 노사 간의 다툼이 아니다. 다음과 같은 정치적인 다툼이다.

아이	:	공공 서비스 노동자
정부	:	파업 참가자
품위 있는 노동조합원	:	무책임한 소수 집단
우리	:	그들

(p.127)

이처럼 명백히 대립하는 범주들 간의 간극은 너무 확연해 화해 불가능한 것으로 보이고, 모순은 너무 격렬해 대처할 수 없는 것처럼 보인다. 이런 경우 신화는 흔히 양쪽 범주의 특성을 모두 지닌 영웅을 등장시킨다. 그래서 영웅은 과잉된 의미를, 비상한 기호학적 힘을 지닌다. 영웅은 대립하는 개념들을 서로 이어 주는 매개자 역할을 한다. 부족 신화에서는 그러한 인물의 의미 과잉을 의미화하거나 통제하는 방식의 하나로 그 인물은 성스럽거나 금기시되는 인물로 나온다. 범죄 드라마의 많은 주인공들이 사회의 가치 체계와 범죄 세계의 가치 체계 모두로부터 유래하는 특징을 지니는 것은 이런 연유에서다. 그들은 이런 의미의 과잉 덕분에 영웅적 인물의 면모를 획득한다. 이에 더해 신화적 내러티브에서 주인공은 질서의 힘과 무질서의 힘 간의 갈등의 해소를 체현하는 매개자 역할을 한다. 〈마이애미 바이스〉의 [형사 주인공] 크로켓과 텁스는 글자 그대로 범죄 단속반의 세계와 마약거래업자의 세계를 오간다. 그들은 두 세계의 가치들을 체현함으로써 신화에서처럼 대립의 양편을 매개하는 중재자 역할을 한다. 그들이 양편의 가치와 라이프스타일을 체현하는 것은 갈등에 대처하는 창의적인 방식인 것이다. 이런 것이 신화의 핵심적 기능이다. 왜냐하면 갈등 자체는 결코 해소될 수 없기 때문이다. 매 에피소드가 끝날 때면 범죄단속반이 '성공적으로' 임무를 완수하는 것은 단지 일시적인 것이며 결코 갈등의 최종적 해결은 아니다. 사회가 대립 해소의 방법은 갖고 있지 못하더라도 이런 대립에 대처하며 대립과 공존할 수 있는 방법을 갖고 있다는 점을 입증하는 일은 크로켓과 텁스라는 주인공의 몫이다.

레비스트로스에게 문화는 동질적인 개념이다. 그의 이론은 어떤 계급이 다른 계급과 다른 신화적 욕구를 지닐 것이라는 점을, 또 신화가 헤게모니와 같은 방식으로 작동할 수 있다는 점을 인정하지 않는다. 그의 이론이 동질적이라 볼 수 있는 부족 사회에 대한 연구로부터 나왔다는 점을 감안하면, 이는 당연한 것일지도 모른다.

반면 바르트(1973)는 동질성보다는 계급 갈등이 두드러지는 산업화된 자본주의 사회에서 신화의 역할에 관심을 두었다. 그래서 그의 신화 이론은 레비스트로스의 이론과는 아주 다르다.

바르트에게 신화는 부르주아지의 계급 이해를 자연화하고 보편화하는 작용을 한다. 의식의 한계 아래에서 작동하는 것은 내러티브가 아니라 개념들의 연상적 연쇄associative chain다. 레비스트로스의 신화를 이용하는 자는 신화의 심층적 의미를 알지 못할 수 있지만, 자신들이 신화를 듣거나 말하고 있다는 점을 안다. 반면 바르트의 신화를 이용하는 자는 자신이 신화를 다루고 있다는 것조차 알지 못한다. 바르트에게 신화는 이데올로기적이며, 자본주의 사회의 권력−계급 구조의 일부다.

신화는 역사를 자연화하는 작용을 한다. 역사는 우리 사회에 차이와 차등적 권력관계를 생산해 온 축적된 사회적 경험이다. 그러므로 사회를 이해하는 데 필수적인 기반이 된다. 신화는 역사를 무효화한다. 예를 들면, 1장에서 분석했던 〈하트 투 하트〉 에피소드에서 악당이 히스패닉의 특징을 지니고 있는 것이 전형적인 경우다. 이것은 부분적으로는 히스패닉은 정직하지 않고, 믿을 만하지 못하며, 범죄를 저지르는 성향이 있다는, 백인들이 갖고 있는 신화에 기인한다. 백인들의 남미 식민 지배와 억압의 역사, 이로 인해 생겨난 인종 간 관계가 신화에서는 지워져 있다. 범죄 통계는 미국 내 히스패닉계가 중산층 백인 미국인들보다 범죄를 저지를 가능성이 더 높다는 사실을 보여 줄 테지만, 신화는 그 이유를 백인 지배의 역사에서가 아니라 인종적 특성에서 찾는다. 신화는 중산층 앵글로색슨계는 믿을 만한 반면 거무튀튀한 하층 남자는 믿을 만하지 않다는 믿음을 당연하고도 명백한 상식으로 취급한다. 마찬가지로, 범죄자를 노동 계급이거나 소수 민족 억양을 지닌 사람으로 그리는 텔레비전의 관행은 사회 경제적 하층 계급 출신이 범죄를 저지를 확률이 더 높다는 통계적 확률에 대한 진술이 아니다. 그런 관행 덕분에 우리는 사회적 위치와 범죄 성향 간의 관련성을 숙고할 필요를 느끼지 않게 된다. 오히려 그러한 재현은 계급 관계의 역사를 부인하고 계급 차이를 인간 본성에 기인하는 자연스런 '사실'로 설명하는 중산층의 신화임을 나타내는 기호다.

바르트는 자본주의 사회에서 모든 신화는 부르주아적, 즉 부르주아의 이해에 봉사하는 의미들을 자연스럽고도 보편적인 것으로 보이게 함으로써 항상 지배 계급의 이해를 촉진한다고 주장한다. 급진적 신화는 급진주의가 어느 정도 제도화되어 당연한 것으로 받아들여지는, 그래서 그 영역에서 힘 있는 자들의 이해를 자연화하도록 작용하는 제한된 정치 영역 이외에서는 존립할 수 없다. 그러므로 노동조합 연대라는 좌파적 신화는 가능한 반면, 예컨대 가족에 관한 좌파적 신화는 가능하지 않다. 가족을 급진적 방식으로 이해하는 일은 의식적이어야 하며 현 상태에 반대하는 합리적인 주장을 펴야만 한다. 설명하거나 방어할 필요가 없는 유일한 견해는 신화의 작동에 의해 이미 당연시되거나 탈명명화되어 상식으로 굳어진 견해다. 그러므로 바르트식으로 말하자면, 〈하트 투 하트〉는 경험을 의미화하는 데 있어서 백인 남성 중산층의 관점을 '자연스런' 관점으로 권장하는, 또 이를 보편화함으로써 이 과정의 분파적 성격을 가리는 신화로서 작용한다.

바르트적 분석은 너무 쉽게 텔레비전이 권장하는 부르주아적 신화들을 확인하고 명명하는 데 머물 수 있다. 그러나 이는 바르트의 이론을 충분히 이해하지 못한 결과다. 왜냐하면 바르트는 신화가 말하기speech의 한 형식이며, 그것에 의해 의미가 만들어지고 순환되는 체계임을 강조하기 때문이다. 신화의 내용은 쉽게 바뀔 수 있지만, 신화화 과정은 지속적이며 보편적이다. 이 점에서 바르트는 신화적 사유가 구조화되는 방식이 문화 과정에서 보편적으로 발견된다고 보는 레비스트로스와 비슷하다. 하지만 이런 원리에 대한 바르트의 탐구는 역사적으로 또 문화적으로 특정한 조건에서, 특히 20세기 중반 자본주의라는 조건에서의 이론화인 반면, 레비스트로스는 자신의 탐구가 인간의 보편적 요소에 대한 탐구임을 강조한다. 내러티브에 대한 신화적 접근은 기본적으로 내러티브의 통합체적 흐름의 배후에 놓여 있는 문화적-이데올로기적 체제를 강조한다는 점에서 계열체적이다.

내러티브 구조

블라디미르 프로프Vladimir Propp(1968)의 연구는 구조주의적인 통합체 분석의 가장 극단적인 예라 할 수 있다. 그는 러시아 민담 100편을 분석해서 그것들이 동일한 내러티브 구조를 갖고 있음을 발견했다. 그는 이 구조를 32개 내러티브 기능의 시퀀스로 기술하고 이를 6개 부분으로 나눴다. 이것은 다음처럼 요약할 수 있다.

준비
1. 가족 중 한 명이 집을 떠난다.

2. 주인공에게 금지 명령이나 규칙이 부과된다.

3. 이 금지/규칙이 깨진다.

4. 악당이 정찰을 시도한다.

5. 악당이 희생자에 대해 무언가를 알게 된다.

6. 악당이 희생자를 속여 그 또는 그의 소유물을 취한다.

7. 희생자가 악당에게 속거나 영향을 받아 의식하지 못한 채 악당을 돕는다.

뒤얽힘

8. 악당이 가족 중 한 명을 해친다.

8a. 가족 중 한 명이 무언가가 결핍되어 있거나 무언가를 욕망한다.

9. 이 결핍이나 불행이 알려진다. 영웅은 요청 또는 지시를 받고 임무/추구에 나서거나 이를 떠맡게 된다.

10. 추구자(흔히 영웅)가 악당을 물리칠 계획을 세운다.

이전

11. 영웅이 집을 떠난다.

12. 영웅이 시험당하고, 공격받고, 심문당한다. 그 결과 영웅은 마술적 능력 또는 조력자를 얻는다.

13. 영웅이 미래의 수여자donor의 행동에 반응한다.

14. 영웅이 마술적 능력을 사용한다.

15. 영웅이 그의 임무/추구의 대상이 있는 위치로 옮겨진다.

투쟁

16. 영웅과 악당이 직접 싸운다.

17. 영웅이 낙인찍힌다.

18. 악당이 패배한다.

19. 최초의 불행이나 결핍이 시정된다.

귀환

20. 영웅이 돌아온다.

21. 영웅이 추적당한다.

22. 영웅이 추적에서 구출된다.

23. 영웅이 집이나 다른 곳에 도달하지만 사람들이 그를 알아보지 못한다.

24. 거짓 영웅이 거짓 주장을 내세운다.

25. 영웅에게 어려운 과제가 부여된다.

26. 과제를 수행한다.

인정

27. 영웅을 알아본다.

28. 거짓 영웅/악당의 정체가 드러난다.

29. 거짓 영웅이 변신한다.

30. 악당이 처벌받는다.

31. 영웅이 결혼하고 왕위에 오른다.

프로프는 이 32개 내러티브 형태소morpheme를 "기능"이라고 불렀다. 그는 이 형태소들이 내러티브를 진전시키기 위해 무엇을 하는지가 그것들이 무엇인지보다 더 중요하다는 점을 강조하고자 했기 때문이다. 예를 들면, 마술적 능력의 기능은 망토나 검, 지갑이 수행할 수 있다. 텔레비전 내러티브에서 이 기능은, 예컨대 〈육백만 불의 사나이〉*의 첨단 기술로

* 1974~1978년 미국 ABC에서 방영한 SF 액션 드라마 시리즈다. 비행 사고로 눈, 팔다리를 잃게 된 오스틴 대령이 사이보그 요원이 되어 사건을 해결한다.

만든 팔다리나 〈나이트 라이더Knight Rider〉의 컴퓨터 자동차, 또는 〈A특공대〉의 (거의) 슈퍼맨급의 기계적 능력이 수행할 수 있다. 프로프에 따르면 모든 이야기에 모든 기능들이 등장하는 것은 아니지만, 내러티브 기능은 항상 동일한 시퀀스에 존재하며 모든 민담에 공통적으로 등장한다.

마찬가지로 인물에 대한 프로프의 설명은 인물이 내러티브 구조에서 무슨 일을 하는가에 관한 것일 뿐, 그 인물이 개인으로서 누구인지에 대해서는 관심을 두지 않았다. 인물은 '액션 영역'의 관점에서 정의된다. 그래서 악당은 영웅과 싸우고, 대립하고, 영웅을 뒤좇으면서 나쁜 짓을 벌인다. 다른 인물들이 동일한 내러티브의 다른 시점에서 악당의 기능(또는 인물 역할)을 수행할 수도 있다. 이 때문에 프로프는 "민담에서 인물의 기능은 안정적인 불변 요소이며, 누가 어떻게 그 기능을 수행하는가와는 관련이 없다. 기능은 민담의 근본적인 구성 요소를 이룬다"고 결론짓는다.

인물 역할	액션 영역
1. 악당	악행, 싸움, 액션
2. 수여자(제공자)	마술적 능력이나 조력자를 줌
3. 조력자	영웅을 행동하게 하고, 결핍을 대체하고, 추적에서 구해 주고, 어려운 과제를 해결하고, 영웅을 변화시킴
4. 공주와 아버지	찾는 인물. 어려운 과제를 부여하고, 낙인 찍고, 폭로하고, 인정하고, 처벌함
5. 파견자	추구/임무를 수행하도록 영웅을 보냄
6. 영웅(추구자 또는 희생자)	수색에 나서고, 수여자에게 반응하고, 어려운 과제, 결혼을 시도함
7. 가짜 영웅	영웅의 행동 영역에 대해 근거 없는 권리를 주장함

7가지 '액션 영역'에서 8가지 '인물 역할'을 찾아볼 수 있다.

이러한 기능과 인물의 형태학morphology은 현대 영화와 텔레비전의 구체적 분석에 적용돼 왔다(예를 들어 Wollen, 1982; Silverstone 1981). 가장 대중적인 텔레비전 내러티브는 다소간 이 구조에 정확히 들어맞는다. 때때로 이 같은 일치는 놀랄 정도다. 나는 프로프의 구조를 〈소머즈Bionic Woman〉•의 에피소드에 적용해 테스트해 봤는데, 타이틀 이전 시퀀스는 '준비'와 일치했다. '뒤얽힘'은 내러티브를 다음 중간 광고로 이끌었다. 텔레비전 내러티브에서 일부 부분과 기능은 다른 것들보다 더 강조된다. 예를 들면, '투쟁'은 더 길고 정교하게 진행되고, '귀환'과 '인정'은 신속하게 끝날 수 있다. 때로는 16번부터 19번에 이르는 기능들은 액션을 강조하기 위해 반복되며, 거짓 영웅의 기능이 거의 드러나지 않는 적도 있다. 그러나 일반적으로 이런 구조는 전형적인 텔레비전 내러티브에서 상당히 일관성 있게 내재한다.

인물 역할 또한 강조되는 정도가 다르다. 공주의 역할(흔히 탐정의 고객이 이에 해당하는데 이들은 남성이거나 여성일 수 있지만 항상 상대적으로 무력한 존재다)은 종종 공주 아버지가 수행한다. 파견자는 흔히 영웅이거나 영웅과 한 팀을 이루는 인물이다. 희생자는 이들 인물 역할에서 가장 다중적인 인물 역할 중 하나로서, 내러티브의 다른 곳에서 영웅이나 조력자, 공주, 파견자, 또는 악당과 대립하는 역할을 하는 인물이 그 기능을 수행할 수 있다.

프로프와 그를 따르는 학자들의 연구에 의하면, 대중적 내러티브의 보편적 구조 — 내러티브에서 랑그에 해당하는 것 — 가 존재하며, 개별 스토리는 그것의 변형이거나 파롤인 것처럼 보인다. 한 내러티브의 문화

• 1976~1978년 미국 ABC와 NBC를 통해 방영된 SF 액션 드라마 시리즈다. 기계 인간으로 재탄생한 여성 프로 테니스 선수 제이미 소머즈의 확약을 그려 인기를 끌었다.

JOHN FISKE

적 특수성이나 이데올로기는 이 심층 구조가 표면상 다른 여러 스토리로 변형되어 나타나는 방식 내에, 즉 기능들과 인물 역할들을 수행하도록 액션과 개인들이 선택되는 방식 내에 존재한다.

보편적인 내러티브 구조가 존재할 수 있다는 주장은 상당히 까다로운 이론적 문제를 야기한다. 레비스트로스는 의미화의 보편적 원리가 지니는 보편성을 인간 뇌의 이항 대립[적 성향]에 근거해 설명한다. 인간의 뇌가 시퀀스에서 32개 기능을 산출한다는 식의 생리학적 가정을 하기는 어렵다. 오히려 인간의 본성에서 유래하는 보편적인 것에 대해서는 얘기하지 않는 편이 낫다. 인간 사회에서 공통적 구조의 기원을 찾는 것이 안전한 길이다. 왜냐하면 모든 인간은 사회 조직 내에서 살기 때문이다. 그렇다면 내러티브는 개인이 사회적인 것과 맺는 심원하고도 불확실한 관계를 명확히 표현하는 수단이라 할 수 있다. 인류학적으로 보면, 프로프의 내러티브 도식은 젊은 남성이 성년이 되어 사회에 통합되는 원형적 스토리를 전한다. 결혼은 개인적 성숙의 성취이자 성숙한 인간이 사회적 역할과 의무의 네트워크 내로 끼워 맞춰지는 것이다. 11장에서 논의하겠지만, 〈A특공대〉는 남성성/성숙과 사회적 책임과의 갈등/수용을 상연한다(《A특공대》의 에피소드들은 분명하고도 밀접하게 프로프의 구조를 따르고 있다).

구조에 대한 프로프의 설명에서 영웅과 악당 간의 투쟁은 질서의 힘과 무질서의 힘, 선과 악, 문화와 자연 간의 투쟁을 메타포로 변형한 것이다. 그러한 투쟁은 모든 사회에 근본적으로 내재하는 것으로서 내러티브는 사회 내의 인간 및 사회적 작인의 기능을 탐색한다.

토도로프(Todorov, 1977)의 내러티브 모델 또한 개인적인 것보다 사회적인 것을 강조한다. 그에 따르면, 내러티브는 균형 또는 사회적 조화의 상태에서 시작한다. 이것은 통상 악당의 액션에 의해 교란된다. 내러티브는 이런 불균형과, 불균형으로부터 최종적 해결에 의해 새로운 — 바라건대 더 강화되었거나 더 안정된 — 균형 상태에 도달하는 과정을 그린다.

"두 번째 균형은 첫째 것과 비슷하지만 결코 동일하지는 않다"(p.11). 프로프의 도식에서 '준비'와 '뒤얽힘'은 본래의 조화를 깨트리는 교란의 힘을 그린다. '이전'과 '투쟁'은 이런 힘에 맞선 주인공의 싸움을 보여 준다. 이 싸움에서 영웅은 사회를 안정시키는 사회적 가치를 체현한다. 악당은 교란하는 힘을 체현하며, 양자 간의 갈등은 균형과 불균형의 갈등이다. '귀환'과 '인정'에서는 갈등이 해소되고 새로운 조화가 회복된다. 여기서 내러티브는 개인이 사회적인 것을 수용하는 것이기보다는 사회적인 것 내에서 안정과 교란이라는 대립하는 힘들을 탐색하는 것이다. 이 모델에서 내러티브의 이데올로기적 작용은 두 가지로 살펴볼 수 있다. 첫 번째는 처음의 균형 상태와 끝날 때의 균형 상태를 비교하는 것이고, 두 번째는 무엇이 교란의 힘을, 무엇이 안정의 힘을 구성하는지를 찾아내는 것이다.

토도로프의 모델은 뉴스 보도를 설명할 때, 뉴스를 사회 질서와 교란 세력 간의 갈등의 사회적 내러티브로 접근할 때 특히 유용하다(15장을 참조하라). 토도로프는 내러티브 내의 두 가지 요소, 즉 상태state(균형 또는 불균형)와 한 상태로부터 다른 상태로의, 흔히 사건 또는 사건의 연쇄를 통한, 통과passage를 부각시킨다. 그럴 경우 보도할 만한 가치가 있는 사건은 균형을 교란하거나 회복시키는 사건이다. 균형 상태는 그 자체로 보도할 만하지는 않으며, 전형적으로 상세히 다루어지는 불균형 상태와의 암묵적 대립 관계 속에서 묘사되는 경우를 제외하고는 결코 다뤄지지 않는다. 여기서 이데올로기의 작동은 **어떤** 사건이 **어떤** 균형을 교란하거나 회복하는 것으로 볼지를 선택하는 데서, 그리고 무엇이 불균형을 구성하는가를 다루는 데서 가장 명확히 드러난다. 그래서 관습적으로 노동 쟁의의 원인으로 간주되는 사건은 노동자나 노동조합의 액션인 반면, 질서를 회복시키는 것으로 간주되는 사건은 통상 경영진이나 정부 기관의 액션이다. 내러티브 구조에서 볼 때 이런 선택은 노조에게 악당의 역할을, 경영진에 영웅의 역할을 할당하는 것이다. 마찬가지로 불균형의 묘사는 대

JOHN FISKE

개 쟁의가 소비자에 미치는 영향을 중심으로 이뤄지며, 파업 노동자들이 겪어온 어려움은 거의 다뤄지지 않는다. 이런 방식은 다시 독자를 영웅/희생자(즉 경영진-소비자)의 편에 서도록 하며 악당(노조)에는 적대감을 갖도록 한다. 벨(Bell, 1983)은 이런 영웅-조력자-희생자-악당의 인물 역할이 뉴스 매체들의 마약 관련 보도에서 어떻게 배후의 구조화 원리를 형성하는지를 보여 준 바 있다(15장을 참조하라).

이런 모델은 픽션에서 작동하는 이데올로기를 드러낼 수도 있다. 1장과 6장에서 분석했던 〈하트 투 하트〉 에피소드에서 교란을 야기하는 사건은 보석 절도이며, 회복시키는 사건은 범인의 체포다. 교란과 회복은 개인이나 단독의 사건 차원에서 발생한다. 그래서 균형 상태의 배후에 있는 사회 체제는 교란에 잘 대처하는 것으로, 그러므로 적절한 것으로 그려진다. 하지만 다른 버전의 스토리는 이 교란적인 사건을 차별당하는 소수 집단 사람이 아내와 자신의 퇴직 자금을 마련하기 위해 한 일로 제시할 수 있을 것이다. 이 경우 회복을 가능케 하는 사건은 최저 임금 및 국민연금 관련 협상이 될 수도 있다! 그러나 그럴 경우 전혀 다른 스토리가 되고 전혀 다른 이데올로기가 될 것이다.

토도로프의 모델은 내러티브 자체가 급진적이거나 반동적이라는 함축을 지니지는 않는다. 그러나 대중 문화에서 내러티브 구조는 현 상태에 유리하게 이용될 가능성이 크다. 리얼리즘적 내러티브에서 균형은 현 사회 질서의 가치들 — 이것들은 거의 직접 재현되지는 않지만 교란이란 형태로 간접적으로만 재현된다 — 을 재생산하는 것이다. 그러므로 균형은 당연히 주어져 있는 것으로, 세상은 어떻게 돌아가는가에 대한 상식적 견해로 신화화된다. 이는 필연적으로 현 상태를 지지하는 것이다. 사회 질서에 대한 비판적 견해를 제시하기 위해서는 사회 질서를 당연시하는 데서 벗어나 '명명하고,' 직접적이고도 비판적으로 재현해서 탈신비화하는 것이 필수적일 것이다. 대부분의 텔레비전 내러티브는 그렇지 못하다.

내러티브의 본래 균형 상태가 공정하고 좋은 것으로 가정된다면, 교란의 힘 — 이는 사회 변화의 힘을 포함한다 — 은 필연적으로 악당의 역할을 맡게 되고, 회복시키는 사건은 반드시 현 상태 또는 바라건대 더 강화된 상태를 복원하는 사회 중심부의 영웅이 수행하게 된다. (앞서 언급한) 〈하트 투 하트〉 에피소드의 '다시 쓰기'는 애당초 균형이 부당한 상태임을 전제하는 것으로, 이 경우 안정은 계급 권력과 경제 권력을 행사함으로써만 획득 가능하다. 부르주아 사회에서 균형을 이처럼 재현하는 것은 상식적이지 않다. 그래서 관습적 재현과 이에 따른 지배 이데올로기의 관철에 명백히 반대하는 방식의 재현이 필요하다. 받아들일 수 없는 균형 상태가 내러티브의 시초에 존재한다면, 교란하는 힘은 분명히 영웅의 역할을 할 수 있으며 회복시키는 사건은 완전히 새로운 균형을 산출할 수 있을 것이다.

내러티브 구조의 보수적 충동은 부정할 수 없을 테지만, 그 효과 여부는 결코 장담할 수 없다. 그것은 지배 이데올로기 내에 의미를 집중하도록 하고 대안적 의미를 차단하는 작용을 한다. 그러나 5장에서 살펴보았듯이 대안적, 저항적 독해는 어떠한 지배적 텍스트 구조 내에서도, 또 그것을 거슬러서도 가능하다. 텍스트 구조는 언제든 저항의 선line과 마주칠 수 있는 헤게모니의 선인 것이다.

이제까지 살펴본 내러티브에 대한 구조주의적 설명은, 구조에 대한 강조 때문에, 내러티브들 간에서와 마찬가지로 한 내러티브 내에서도 통일성을 함축하는 경향이 있다. 바르트의 초기 저술인 〈내러티브의 구조적 분석 서론An Introduction to the Structural Analysis of Narrative〉(1976)은 의미의 생산자로서의 구조라는 관심을 공유하고 있지만, 그의 후기 저작 《S/Z》([1970] 1975)는 완전히 다른 시각을 도입한다.

〈내러티브의 구조적 분석 서론〉에서 바르트는 언어와 내러티브 간의 긴밀한 유비 관계를 이용해 내러티브는 언어와 마찬가지로 기술적 분석

descriptive analysis이 가능하다고, 기술적 분석은 "기술의 다른 차원들"에서 이뤄질 수 있다고 주장한다(Barthes, 1977a: 85). 언어는 우선 음소phoneme와 형태소morpheme의 차원에서 기술될 수 있다. 그런 뒤 기술은 단어의 차원으로, 다음엔 어구, 다음엔 문장, 다음엔 문단 등등의 차원으로 "올라갈" 수 있다. 바르트의 이론에 따르면, 프로프의 기능은 형태소 — 의미화의 최소 단위 — 에 해당한다. 바르트는 기능들을 통합체적으로 관련시키지 않고서 상이한 타입으로 분류함으로써 한 단계 더 나아간다.

바르트가 한 분류의 첫 차원은 기능functions과 지표indices 간의 분류다. 기능은 함께 묶여서 내러티브의 시퀀스를 형성하는 사건들이다. 지표는 이 시퀀스에 항상 포함돼 있는 상수이지만 내러티브를 진전시키지는 않는 것들 — 인물, 배경, 분위기 등 — 이다. 기능은 분배적이고 통합체적인 반면, 지표는 통합적이고 계열체적이다. 모든 내러티브는 이 둘을 모두 지니지만, 어떤 내러티브에서는 기능이, 어떤 내러티브에서는 지표가 지배적이다. 민담에서는 기능이 지배적 역할을 하고, 심리 소설에서는 지표가 그런 역할을 한다. 대중적 텔레비전 내러티브, 특히 남성과 아이들을 겨냥한 경찰 드라마와 모험 드라마는 기능이 두드러진 경향이 있고, 흔히 여성을 주 시청층으로 하는 솝 오페라 같은 연속극은 지표를 좀 더 강조하는 경향이 있다.

기능은 다시 두 유형으로 나뉜다. 내러티브의 진전에 필수적인 핵nuclei(또는 기본 기능cardinal functions)과 핵들 사이를 '채워 넣지만' 논리적으로는 없어도 되는 촉매가 그것이다. 촉매가 없어도 된다는 것은 불필요하다는 것은 아니고, 내러티브 진전에 핵심적이지는 않다는 의미다. 대신 촉매는 내러티브를 가속하거나 늦추며, 요약, 예상, 회상, 또는 오도의 기능을 하기도 한다. 핵은 선행하는 요소들과 빚어지는 결과들을 갖지만, 촉매는 그렇지 않다. 그러므로 〈하트 투 하트〉에서 여주인공이 눈에 띄는 보석으로 치장하는 것은 핵이며, 도둑을 끌어들이는 결과를 빚는다.

주인공이 절도에 대해 논의하는 것은 촉매로서 내러티브를 요약하고 늦추는 기능을 한다.

지표는 다시 **엄밀한 의미의 지표**indices proper — 내러티브 작인, 분위기, 무드 — 와 **정보 제공체**informants — 시간과 공간을 알려 준다 — 로 나뉜다. 우리는 이미 어떤 두 인물이 주인공 역할을 하고 어떤 두 명이 악당 역할을 하는지를 지시하는 지표를 살펴본 바 있다. 정보 제공체는 배경상으로 배 위, 시간적으로 현대, 위치상으로 미국 등을 가리키는 기능들이다. 바르트는 정보 제공체를 '리얼리즘 작동체realism operators'라고도 부르는데, 이것은 내러티브 세계가 우리 경험의 '실제' 세계와 밀접히 관련된 것처럼 보이도록 한다. 정보 제공체는 그럴듯함이라는 중요한 이데올로기적 기능을 수행한다.

바르트에 따르면, 단어들이 구조화되어 어구를 이루듯이 이들 기능은 구조화되어 '시퀀스'를 이룬다. 시퀀스는 '유대 관계로 서로 엮인 핵들의 논리적 연속체'로서, 대개 액션을 묘사하는 동사적 명사 — 사기, 배반, 유혹, 계약, 맞이하기 등 — 에 의해 '명명될' 수 있다. 〈하트 투 하트〉 장면은 '덫 놓기' 시퀀스의 일부다. 이들 시퀀스나 어구는 결합되어 더 큰 시퀀스나 문장 등을 이룰 수 있다.

내러티브 코드

내러티브의 구조주의 언어학을 정립하려는 시도는 내러티브 시퀀스에 대한 정밀한 분석의 어휘를 제공하는 한 유용한 것이다. 그것은 미시적 문법이 될 것이다. 바르트는 후기 저술인 《S/Z》에서 내러티브의 담론에, 즉 문자 차원 위의 구조에 집중하면서 좀 더 널리 쓰이는 모델을 만들어 냈다.

《S/Z》는 발자크의 단편 소설 《사라진느》를 아주 세세히 분석한 것으로, 이로부터 바르트는 내러티브 일반에 대한 주요한 결론들을 이끌어 냈다. 그의 초기 저작, 그리고 프로프의 연구와는 달리, 여기서 바르트의 목적은 구조를 드러내는 것이 아니라 '구조화structuration,' 즉 의미가 작가-독해자에 의해 내러티브로 구조화되는 과정을 드러내는 것이다. 왜냐하면 내러티브에 보편적인 요소가 있다면, 그것은 이 구조화 — 이 과정에서 작가와 독자는 동등한 조건에서 관여한다 — 에 존재할 것이기 때문이다. 바르트의 강조점은 텍스트 형식의 구조로부터 그 구조 및 상호텍스트적 관계에서 의미를 창출하는 읽기/쓰기 과정으로 옮겨졌다. 왜냐하면 텍스트 형식의 구조란 결국 독자와 작가가 공유하는 목소리들의 엮음interweaving으로서, 텍스트 자체의 경계를 가로질러 텍스트를 다른 텍스트와, 문화 일반과 연결하는 엮음이기 때문이다.

바르트에 따르면, 목소리들은 5가지 코드로 조직된다.

상징 코드symbolic code는 특정 문화에서 중요한 근원적 이항 대립들을 조직한다. 그런 이항 대립에는 남성적-여성적, 선-악, 자연-문화 등이 포함된다. 이들은 대립 관계를 이루며 그 위에 내러티브가 구축된다. 상징 코드는 레비스트로스가 다른 것들보다 우선시했을 코드다.

의미 코드semic code, 또는 인물의 목소리는 비슷한 방식으로 등장인물, 또는 물체, 배경의 의미를 구축하도록 한다. 바르트는 이 코드를 설명하기 위해 등장인물을 구축하는 데 있어 이 코드의 작동에 집중한다. '의미소seme' 또는 텍스트에서 의미의 기본 단위는 한 등장인물을 창조하기 위해 하나의 고유 명사에 반복적으로 첨부된다. 이것은 말, 의상, 제스처, 액션의 의미를 담는다. 또 '인물figure'이 개인화되어 '등장인물character'이 되는 수단이다. 인물은 여러 내러티브에 공통적으로 등장하는 문화적 스테레오타입이다. '제정신이 아닌 어머니,' '오해받는 아들,' '잔인한 왕/아버지'가 그 예다. 이들 인물은 그들이 개인의 개념 이전에, 그것과는 독립적으로 존재한다는 점에서 프로프의 인물 역할과 비슷하지만, 그들이 내러티브 구조의 필요에 의해서가 아니라 그 내러티브가 속하는 문화의 필요에 의해서 결정된다는 점에서 다르다. 인물은 프로프적 개념이라기보다는 레비스트로스적 개념인 것이다.

이 '문화'는 바르트가 참조 코드referential code라고 부른 것을 통해 가장 직접적으로, 또 역설적으로 작동한다. 참조 코드는 이것을 통해서 텍스트가 자체 너머의 무엇을 가리키는 코드이지만, 이 참조는 여러 다른 이론(예컨대, 로만 야콥슨Roman Jakobson과 찰스 샌더스 퍼스Charles Sanders Peirce 의 이론과 Fiske, 1982를 참조하라)의 경우처럼 객관적, 경험적 의미에서 '현실'을 가리키는 것이 아니라 문화적 지식을 참조한다. '현실적인 것'은 한 문화의 공통적 저장물로서 도덕, 정치, 예술, 역사, 심리 등에 관해 '이미 쓰여진' 지식 내에서 표현된다. 이런 지식은 우리 문화의 텍스트들에 스며들어 있기 때문에 우리의 '삶'의, '현실'의 의미를 구성한다. 그것은 한 작가가 현실감을 생산하기 위해서 참조하거나 인용하는 문화의 당연지사 commonplaces of a culture다. '현실'은 '담론의 산물'이고(O'Sullivan et al., 1983), 그 지식이 이미 쓰여진 것인 한 '현실'은 상호 텍스트적이다(7장을 참조하라).

액션 코드proairetic code도 마찬가지로 상호 텍스트적인데, 이 코드는 바르트의 초기 구조주의적 작업과 가장 직접적으로 연관돼 있는 것이다. 이것은 우리가 내러티브 내의 어떠한 액션을 다른 내러티브에서의 비슷한 액션을 접한 우리의 경험에 의해 이해한다고, 또 우리의 내러티브 경험은 액션의 장르적 범주들 — 살인, 밀회, 도둑질, 위험한 임무, 사랑에 빠짐 등 — 내에 배열되는 세부 사항들의 집합이라고 암시한다.

바르트의 마지막 코드는 해석적 코드hermeneutic code다. 이 코드는 내러티브 수수께끼enigmas를 설정하고 해소하는 것으로서, 종결 및 '진실'에 대한 욕망으로 동기화돼 있다. 이것은 수수께끼를 풀거나 결핍을 대체하기 위해 독해자가 욕망하는 정보의 흐름을 통제함으로써 내러티브의 속도나 스타일을 통제한다. 이 코드는 먼저 수수께끼 또는 신비를 제시하고, 마지막에는 그것을 해소한다. 그러나 그 중간에서는 원하는 정보에 접근을 지연시킴으로써 작동한다. 그러므로 해석적 코드는 내러티브의 원동력이다. 바르트는 해석적 코드가 어떤 조합이나 순서로도 일어날 수 있는 10가지 형태소를 통해 작동한다고 주장한다. 실버만(1983)은 이것들을 "주제화, 수수께끼의 제시, 수수께끼의 정식화, 해답의 요청, 덫, 흐려 버리기equivocation, 방해, 해답의 유예, 부분적 해답, 공개"로 요약한다(p.257).

바르트가 《S/Z》에서 성취한 업적은 텍스트와 독자의 개념을 불안정하게 해서 둘 다 실체나 본질로 볼 수 없게 만든 것이다. 오히려 이들이 상호 의존적 과정이며, 이 과정에 의해 의미가 구축되고 순환된다는 것, 또 역설적으로 '현실'이 창출된다는 점을 밝힌 것이다. 텍스트는 두 가지 차원, 즉 텍스트 내적 차원과 상호 텍스트적 차원에서 작동한다. 존스턴(1985)이 설명하듯이,

> 《S/Z》에서 텍스트 내적 체계를 형성하는 것으로 확인된 다양한 장치들은 리얼리즘적 세계가 구축되는 절차의 매우 정교하고 선택적인 성격을 예시한다. 다른 한편으로 작품은 일련의 외적인 관계에, 여타 문화적 텍스트들의 망 내에서의 위치, 즉 상호 텍스트성에 의존한다. 바르트는 "리얼리즘은 실재를 복사하는 것이 아니라 실재를 묘사하는 복사본을 복사하는 것"에 존재한다고 주장한다(S/Z, pp.54~56). (p.239)

바르트가 작가적 텍스트를 "한계가 있는 다수limited plurality"라고 부른 것은 몰리(1980a)가 텍스트를 "구조화된 다의성"이라고 부른 것과 공명한다. 둘 다 텍스트가 어떻게 그 구조가 설정하는 경계 내에서 다중적인 의미가 생겨날 수 있게 허용하는지를 이론화하려 한다. 몰리에게 다의성의 원동력은 텍스트 독해자들이 처한 사회 상황의 다양성이다. 이것이

독해자들이 텍스트에서 이끌어 내는 다양한 담론들을 생산한다. 바르트에게 텍스트의 '한계가 있는 다수'는 한 작품으로부터 한 텍스트를 구축함에 있어서 독자의 역할이 작가의 역할과 구별할 수 없게 합쳐지는 것의 결과다. 코드는 텍스트들을 이어주는 다리이고, 의미는 상호 텍스트성을 거쳐 코드화된다. 상호 텍스트성은 특정한 텍스트들 간의 암시 체계이거나 한 텍스트와 다른 텍스트들 간의 참조 시스템이 아니다. 오히려 그것은 텍스트들 간의 공간에 위치한다. 이 공간을 모든 텍스트와 독자/작자는 많건 적건 똑같이 참조하지만 모두 서로 다르게 활성화한다.

내러티브에 대한 초기 구조주의의 설명은 내러티브를 하나의 닫힌 체계로 보는 경향을 보였다. 《S/Z》에서 바르트는 표면상 꽉 닫힌 내러티브, 즉 '현실에 충실함'을 최종적 쾌락으로 내세우는 리얼리즘적 내러티브조차도 열린, '작가적' 독해가 가능하며 그런 독해가 필요하다는 점을 입증했다.

텔레비전 내러티브

퓨어(1986)는 텔레비전은 내가 텍스트와의 '생산자적' 관계라고 부른 것을 가능케 하는 특유의 내러티브 형식들을 생산하고 발전시켜 왔다고 지적한다. 시리즈series와 연속극serial은 그녀가 텔레비전의 지배적 내러티브 형식으로 지목한 것들로, 그녀는 이것들이 소설과 영화에 전형적인 단발성의, 완성된, 닫힌 내러티브보다 내재적으로 좀 더 열린 텍스트라고 주장한다.

텔레비전 연속극 — 솝 오페라가 전형적인 예다(10장을 참조하라) — 은 여러 면에서 전통적인 내러티브 구조와 결별한다. 가장 두드러진 점은 여러 플롯들이 결코 종결 지점에 도달하지 않는다는 점과 그것으로부터 벗어날 본래의 균형 상태가 존재하지 않는다는 점이다. 그러나 퓨어(1986)는 모든 교란이 발생할 수 있는 안정적이고 행복한 가족이라는 쓰여지지 않은, 성취되지 않은 이상이 존재한다고 지적한다.

퓨어는 또 전통적인 내러티브 이론은 숍 오페라 같은 '여성적' 내러티브보다는 경찰/모험 드라마와 같은 '남성적' 내러티브를 기술하는 데 적합하다고 지적한다. 에피소드마다 그럴듯한 결론에 도달하는 시리즈도 [여성적 내러티브와 마찬가지로] 지속되는 상황을 해소하지 않는다. 경찰은 범죄와 지속적인 전쟁을 벌이며, 〈A특공대〉에는 공식적 사법 기관의 한계 때문에 도움을 필요로 하는 '힘든 사람들'이 지속적으로 등장한다. 마찬가지로 이튼(Eaton, 1981)은 텔레비전 시트콤에서 매주 극은 매듭지어지지만, 상황은 결코 해소되지 않는다고 주장한다. 사건의 통합체적 연쇄는 종결에 도달할 수 있겠지만, 등장인물과 상황의 계열체적 대립은 결코 매듭지어지지 않는다. 스토리가 최종적으로 해소되어 끝나 버리는 일이 일어나선 안 되는 것은 텔레비전이 일상적으로 반복 방송되어야 하기 때문이다. 유사하게 15장에서는 뉴스의 관습적, 반복적 성격은 그 스토리가 아무리 형식적으로는 끝나 버린다 해도 결코 실제로 끝나지는 않는다는 것을 의미한다는 점을 밝힐 것이다. 항상 테러리스트들이 또 등장할 것이고, 정치 집회가 또 열릴 것이고, 살인, 재난, 나무 위에 올라간 아기 고양이가 내일, 내주 또는 내달에 또 생길 것이다. 균형과 교란 간의 내러티브적 긴장은 항상 존재한다.

텔레비전의 시간 개념은 현재의 느낌과 미래의 가정이란 면에서 독특하다. 숍 오페라에서 내러티브 시간은 실제 시간과 은유적으로 동격이어서, 시청자는 계속 과거를 기억하고, 현재를 즐기고, 미래를 예측한다. 시리즈에서는 미래는 내러티브의 디제시스 세계의 일부가 아닐 수도 있지만 텔레비전이란 제도institution 내로 기입된다. 즉 등장인물들은 내주에 우리 곁으로 돌아올 것처럼 행동하지 않을 수도 있지만, 시청자인 우리는 그들이 돌아올 것임을 알고 있다. 미래, 아직 쓰여지지 않은 사건이 존재한다는 느낌은 특히 텔레비전적 특성으로서 내러티브 종결에 저항하는 작용을 한다.

그것은 또 해석적 코드가 다른 작용을 하도록 한다. 텔레비전의 '현재성'은 서스펜스를 꾸민 것이 아니라 실제처럼 보이게 하고, 시청자로 하여금 이미 끝나고 기록된 해결의 과정을 알게 되는 것이 아니라 수수께끼 해결의 경험을 스스로 하도록 유도한다. 스토리는 지금 일어나고 있는 것처럼 보이고, 미래는 아직 쓰여지지 않은 듯이 보인다. 그래서 숍 오페라에서, 스포츠에서, 퀴즈 프로그램에서 해석적 코드는 더욱 필요하며, 그 코드가 요구하는 관여engagement는 '동등하다.' 왜냐하면 내러티브와 시청자 모두 수수께끼의 해소 과정을 겪어 나갈 때 똑같이 지식을 결여한 상태인 것처럼 나타나기 때문이다. 이것은 소설이나 영화가 제공하는 독해 관계보다 더 참여적이고 더 큰 힘을 주는 독해 관계다.

6장에서 우리는 텔레비전 텍스트는 전형적으로 부분segment으로 나눠져 있다고 주장했다. 엘리스(1982)는 이것의 효과는 결과consequence라기보다는 연속이라고 말한다. 전통적인 내러티브가 해소 지점에 도달하기까지 특징적으로 나타나는, 원인과 결과의 불가피한 시퀀스는 텔레비전에서는 광고, 예고, 토막 광고 등에 의해서 지속적으로 방해받는다. 전통적인 리얼리즘적 내러티브의 단일한 디제시스 세계가 갖는 자족성은 텔레비전에서는 결코 유지될 수 없다. 이와 비슷하게 퓨어(1986)는 텔레비전은 지속적으로 서로 교차하고 끼어드는 세 가지 디제시스 세계를 갖는다고 주장한다. 텔레비전 프로그램의 세계, 광고와 예고의 세계, 시청자 가족의 세계가 그것이다.

내러티브의 디제시스 세계를 파열시키는 내러티브 개입은 텔레비전 기제, 즉 프로그램과 광고가 상업적으로 뒤섞이고 수용이 가정에서 이뤄지는 텔레비전에 특징적인 것이다. 이는 시청자가 가정의 일상에 텔레비전을 끼워 넣는 방식에 따라 텔레비전 시청이 지속적으로, 또는 단속적으로 이뤄질 수 있음을 뜻한다. 여성의 일상이 가장 일관되면서 단속적이므로(10장을 참조하라), 숩 오페라라는 여성적 내러티브가 전통적인 닫힌 내러티브와 가장 많이 다르며, 주의를 차등적으로 기울이며 시청하기에 가장 좋은 형식이라고 주장할 수 있을 것이다. 숩 오페라의 디제시스 세계는 다중적 플롯으로 파편화돼 있을 뿐만 아니라, 플리터만(Flitterman, 1983)이 독특하다고 주장한 방식으로 광고에 의해 방해받는다. 플리터만은 낮 시간대 숩 오페라에 삽입되는 여성을 겨냥한 광고들이 프로그램의 내러티브 구조와는 도치 관계에 있는 미니 내러티브라고 주장한다. 이들 광고는 일시적일지라도 성공적인 종결에 도달하는 닫힌 내러티브라는 것이다. 때 묻은 셔츠, 얼굴의 주름, 더럽혀진 마루 등의 문제는 (이데올로기적으로 완벽한 위생, 아름다움, 젊음으로 제시되는) 균형이란 '정상' 상태를 교란하는 것이며, 이는 영웅 제품hero-product이 강화된 질서를 회복시킴으로써 해결된다. 그러나 에피소드식의 시트콤처럼 해결은 일시적이고 취약한 것이어서 결코 집안을 더럽히는 아이/남편, 주부에게는 영원한 숙제인 나이 먹음에 따른 청춘/아름다움의 소실이란 근본적인 상황을 해결하지는 못한다. 광고는 제한적이나마 성취와 만족의 느낌 — 이는 프로그램 자체의 내러티브에서는 지속적으로 미뤄진다 — 을 제공함으로써 프로그램을 보충한다고 플리터만은 주장한다. 그러나 광고의 역할은 이것만이 아니다. 광고는 흔히 시청자에게 직접 말을 걸면서 디제시스 세계와 주부 시청자 간의 간극을 이어줄 수 있다고 암시한다. 광고는 텔레비전 세계를 (영화나 책처럼) 분리된 세계로가 아니라 시청자의 '실제' 세계의 일부로 제시함으로써, 텔레비전 디제시스의 자족성을 깨트리는 방식으로 텔레비전 세계와 시청자의 세계 간의 친밀감을 두드러지게 한다. 시청자는 자신의 쾌락을 증대시키기 위해 기꺼이 이 환영 내로 들어간다(5장과 9장을 참조하라). 그럼으로써 시청자는 텔레비전과 자신의 세계 간에 의미 있는 관계를 창출하기 위해서 텔레비전 세계와 상호 작용한다. 시청자는 '문화로서의 자신의 삶'과 텔레비전상의 재현의 세계 사이를 잇는 다리를 구축하기 위해서 바르트의 참조 코드와 의미 코드를 적극적으로 이용한다. 시청자는 작가적 텍스트의 작가적 시청자인 것이다.

〈A특공대〉와 같은 남성적 내러티브도 비슷한 방식으로 광고와 상호 작용한다. 다만 여기서 관계는 역전돼 있다. 남성적 프로그램은 성공적인 성취로 종결되지만, [남성 대상] 광고는 종종 성취 자체보다도 성취의 수단을 강조한다. 자동차와 전동 도구의 광고들은 이것들이 남성적 육체의 기계적 확장임을 강조하고, 맥주 광고는 남성 간의 유대와 남성성의 '느낌'을 약속한다(11장을 참조하라). 그러나 효과는 똑같다. 이런 광고는 프로그램의 디제시스 세계와 시청자의 세계 사이를 매개한다. 광고는 디제시스 세계가 그 자체로 완전하지 않으며, 그 경계는 파괴될 수 있다는 것을 보여 준다. 그런 곳에서 광고는 시청자의 '실제' 세계와 상호 작용한다.

〈마이애미 바이스〉, 그리고 〈형사 헌터Hunter〉의 여러 에피소드와 같은 근래의 남성적 내러티브는 광고가 디제시스 세계를 파열시킬 때까지 기다리지 않는다. 대신 팝 음악을 사운드트랙으로 사용한다. 이는 내러티브를 세계와 연관시키는 대신 해당 곡이나 록 비디오나 MTV에 대한 시청자의 이전 문화적 경험과, 또는 상호 텍스트적으로, 연관 짓기 위해서다(13장을 참조하라). 해당 디제시스는 바르트의 참조 코드의 문화적 작용을 강조하고 이용함으로써 파열된다.

디제시스 세계들을 가로지르는 텔레비전의 상호 텍스트성은 대개 소설이나 영화의 상호 텍스트성보다 더 뚜렷하다. 퓨어(1986)는 이런 특성을 의식적으로 이용하는 예 — 10대 자살의 트라우마를 다루는 드라마 다음에 그 문제에 대한 토론 프로그램을 방송하는 것처럼 — 를 든 바 있다. 이와 비슷하게, 핵전쟁과 핵겨울의 영향을 다룬 가상의 텔레비전 영화 〈스레즈Threads〉 다음에 '실제 세계'의 관련 문제에 대한 과학자와 정치가들의 전문적 코멘트를 내보낸 경우도 있다. 상업적으로 상호 디제시스적 참조는 주인공 중 한 명인 크라이슬(린다 에반스)이 〈다이너스티〉에서 자신이 쓰는 화장품 브랜드를 호평하는 것을 보여 주는 광고를 삽입하는 식으로 이용된다. 스포츠 선수가 특정 제품을 선전하는 광고는 그들이 나오는 경기 중계에서 자주 방송된다. 이보다는 덜 의도적이지만 역시 의미심장한 예는 호주 채널 나인Channel Nine 방송의 중간 광고에서 찾아볼 수 있는데, 여기에는 방송사 ID와 뒤이어 방송될 〈플라잉 닥터스 The Flying Doctors〉●의 예고가 포함돼 있다. 이 예고는 비행 의사팀의 서비스를 필요로 하는 오지의 임산부 관련 드라마의 플롯을 미리 보여 주었다. 채널 나인의 ID는 전형적인 '실제' 서부 호주인들의 모습을 빠르게 편집한 화면으로 이뤄져 있는데, 이들 중 하나는 한 임산부가 '실제' 플라잉 닥터스 비행기에 실려 가는 모습이다. 이처럼 가상과 실제 간의 구분이 흐려지게 되면, 픽션과 사실, 광고 간의 종적 차이가 부정되고, 시청 주체 위치를 구축하는 텍스트의 힘이 약화된다. 텍스트는 단지 다양한 디제시스 세계들이 연관돼 있을 뿐 자족적이지 않다는 것을 암시할 수 있을 뿐이다. 텍스트는 시청자가 만들어 내는 이들 간의 연결을 특정할 수는 없게 된다.

텔레비전 시청은 영화 관람이나 소설 읽기보다 더 상호 작용적이다. 따라서 그 내러티브는 협상의 여지를 좀 더 많이 남긴다. 부분적, 파열적이라는 텔레비전의 특성, 그것의 생산자적 텍스트, 능동적 시청자 이들 모두가 함께 내러티브 구조 내의 종결의 힘들에 대항한다.

내가 요약한 구조주의적 내러티브 이론들은 대개 민담이나 전설 연구로부터 발전해 왔다. 일부 소설과 영화의 좀 더 복잡한 내러티브 양식

● 1986~1993년 호주 채널 나인에서 방영된 인기 드라마 시리즈로, 위험에 처한 사람들을 구하는 호주 로열 비행 의사 서비스 팀의 활약을 그렸다.

에 대한 탐구로부터 다른 이론들, 특히 스토리와 담론(Chatman, 1978), 또는 파불라fabula와 수제트syuzhet(Bordwell, 1985)⁕ 간의 차이를 강조하는 이론들이 나왔다.

민담으로부터 유래한 내러티브 이론은 사회적 맥락과 직접 관련되는 공통의 구조와 관습을 강조하기 때문에, 단순하고 반복되는 구조를 가진 텔레비전 같은 대중적 매체에 좀 더 적합한 듯 보인다. 그러나 민담이 기본적으로 동질적인 부족 사회나 단순한 농업 사회에서 발전해 온 반면, 텔레비전 내러티브는 상이한, 흔히 갈등하는 사회적 이해관계와 경험을 가진 시청자들의 이질적인 사회에서 대중적이어야 한다. 그래서 비교적 꽉 짜인 종결을 보여 주는 단일한 민담 내러티브보다 텔레비전 내러티브는 더 열려 있어야 하고 다중적이어야 한다. 텔레비전 내러티브는 민담처럼 반복적이고 직선적인 구조를 지닐 수도 있겠지만, 종결을 약화시키는 모순들을, 또 통일성을 부정하는 파편적인 것들을 담을 수 있어야 한다.

⁕ 내러티브 구성을 설명하기 위해 러시아 형식주의에서 도입한 용어들로 파불라는 이야기에 담겨 있는 사건들을 시간 순으로 나열한 것 반면 수제트는 내러티브가 실제로 조직되는 방식을 뜻한다. 파불라는 스토리에, 수제트는 플롯 또는 서사 담론에 해당한다.

JOHN FISKE

9장

인물을 어떻게 읽을 것인가

텔레비전이 가장 신경 쓰는 것은 사람의 재현이다. 가장 전형적인 TV 이미지는 얘기하거나 반응을 보이는 어떤 사람의 미디엄 숏이거나 클로즈업이다. 투 숏이나 쓰리 숏으로 정체성과 공간 관계, 위치를 설정한 뒤 카메라는 그중 한 개인에게로 접근해 들어간다. 심지어 뉴스조차도 사람 중심으로 이뤄져 뉴스 캐스터는 솝 오페라 스타와 마찬가지로 팬으로부터 메일을 받는다.

제작자도 인물의 중요성을 잘 알고 있다. 미국 황금 시간대 텔레비전의 약 80%가 픽션인데, 픽션은 전형적으로 중심 인물의 관점에서 제시된다. 시리즈 제목이 주인공의 이름을 담고 있는 경우도 흔하다(〈스타스키와 허치〉, 〈T. J. 후커〉, 〈사립 탐정 매그넘〉, 〈형제 탐정 사이먼〉, 〈캐그니와 레이시〉 등). 제작사의 프로그램 홍보는 주로 스타 중심으로 이뤄진다. 〈TV 가이드〉의 표지는 거의 예외 없이 그 주에 방송되는 프로그램의 스타 사진으로 장식된다. 이런 스타 이름 중심 전략의 흥미로운 예외는 낮 시간대 및 밤 시간대 솝 오페라에서 찾아볼 수 있다. 이들의 제목은 장소, 가족, 일반적인 사회 경험 등을 강조한다(〈댈러스〉, 〈다이너스티〉, 〈낫츠 랜딩*Knots Landing*〉, 〈우리 삶의 나날들*Days of Our Lives*〉, 〈더 영 앤드 더 레스트리스*The Young and the*

Restless〉). 이와 비슷하게 경찰 드라마에는 솝 오페라적 요소가 제목 전략에 이용되기도 한다(미국의 〈힐 스트리트 블루스〉, 호주의 〈캅 숍*Cop Shop*〉, 영국의 〈Z 카*Z Cars*〉).

솝 오페라가 적어도 제목에서 시청자로 하여금 등장인물을 통해 드라마를 독해하도록 권유하는 텔레비전의 전형적인 전략으로부터 벗어나는 것처럼 보일지라도, 팬과 2차 텍스트(팬진, 잡지 기사 등) 산업은 인물을 최우선으로 다뤄 왔다. 솝 오페라와 여타 TV 드라마 간에 제목 전략에서 차이가 있는 것은, 다음 장에서 보겠지만, 솝 오페라가 개별 주인공이나 주인공 부부 또는 팀을 강조하기보다는 인물의 가족이나 이웃을 강조하기 때문이다.

텔레비전의 인물 재현은 영화나 연극의 인물 재현과는 상당히 다르다. 이 차이는 황금 시간대 TV의 두 가지 특징 — 시리즈 또는 연속극 형식, 그리고 '현재성' 또는 '생방송성' — 에서 유래한다. 텔레비전은 정해진 일상을 확립하기 위해 편성의 정규성에 의존한다. 이런 전략의 상업적 의도는 명확하다. 사람들이 매일 또는 매주 특정 시간에 특정 프로그램을 시청하는 습관을 갖도록 함으로써, 적절한 제작 계획을 마련할 수 있도록 하고 시청자 집단을 미리 예측해 광고주에게 판매할 수 있도록 한다. 그래서 제작사는 시리즈와 연속극 제작을 선호한다. 시리즈는 똑같은 주인공들이 에피소드마다 등장한다. 그러나 각각의 에피소드는 나름의 결론에 이르는 다른 스토리를 보여 준다. 에피소드 간에는 '죽은 시간*dead time*'이 존재한다. 한 에피소드의 기억이 다음 에피소드에 영향을 미치는 일이 없으므로, 에피소드들은 순서에 상관없이 방영되고 재방영될 수 있다. 주인공들은 각각의 에피소드 내에서만 삶을 살고 마치 에피소드 사이에는 살지 않는 것처럼 보인다. 따라서 이들은 시리즈가 계속 되어도 성장하거나 변화하지 않는다. 반면, 연속극에는 동일한 등장인물들이 나오지만 한 회에서 다음 회로 지속되는 스토리라인 — 보통 한 개 이상 —

이 있다. 인물들은 각 회 사이에도 지속적으로 삶을 사는 것으로 나타나며, 시간이 지나며 성장하고 변한다. 그들은 이전 사건에 대한 생생한 '기억'을 지닌다. 앞으로 두 장에 걸쳐 시리즈와 연속극의 차이점, 시리즈가 남성 시청자에게, 연속극이 여성 시청자에게 주로 어필하는 이유 등을 좀더 상세히 살펴볼 것이다. 여기서는 두 형식의 유사성 — 동일한 인물의 지속적 등장, 그리고 인물과 배우의 융합 — 에 대해 논의하고자 한다.

등장인물이 반복해 등장하는 것은 인물들이 시청자와 비슷한 시간 척도로 '살아간다'는 것을 뜻한다. 인물들은 텍스트상에 존재했던 것보다 더 많은 것으로 보이는 과거와 현재, 미래를 가진다. 그래서 시청자들은 친숙함과 동일시(문제가 많은 용어인데 이 장의 후반에 상세히 살펴볼 것이다)의 면에서 이들과 관계 맺도록 초대받는다. TV 인물은 미래를 가진다. 그들은 내일 또는 내주에 다시 돌아올 것이며, 각 회의 끝은, 연속극처럼 명시적으로든 시리즈처럼 암묵적으로든, 다음 회를 기대하도록 한다. 이런 점은 시청자가 등장인물들과 영화의 경우 — 영화의 끝은 대개 등장인물의 끝이다 — 와는 매우 다른 관계를 맺도록 한다. 이런 측면에서 '속편sequels'으로 이어지는 대중 영화는 TV의 미니시리즈와 유사하다. 〈로키Rocky〉, 〈매드 맥스Mad Max〉, 〈람보Rambo〉, 제임스 본드 영화 등이 그런 예다.

리처드 다이어Richard Dyer는 전통적인 영화 스타들이 어떻게 그들이 연기하는 다양한 인물에 자신들의 존재감을 지속적으로 부여하는지를 보여 주었다. 존 웨인John Wayne이 연기하는 서부극 영웅은 주인공 역할을 다른 '인물'이 채움에도 불구하고 어느 영화에서든 거의 똑같다. 이들은 스타다. 그들의 지속성은 그들이 연기하는 인물에 있는 것이 아니라 그들의 '실제 인물'로서의 존재감에서 온다.

랭어(Langer, 1981)는 텔레비전은 스타가 아니라 유명인personalities을 다룬다고 지적한다. 스타는 팬들과 구분되는, 팬 위에 존재하는 데서 오는 화려함glamor을 갖고 있다. 유명인은 팬들이 훨씬 친밀하고 비슷하다고 느끼는 친숙함이 있다. 고전 할리우드 스타들은 그들의 배역보다 더 큰 인물들이었고, 등장인물이 아니라 자신의 이름으로 기억되고 홍보되었다. 텔레비전 유명인은 등장인물과 융합되거나 등장인물 아래에 존재한다. J. R. 유잉과 래리 해그먼Larry Hagman은 거의 구별되지 않는다. 톰 셀릭이 매그넘이고, 매그넘이 톰 셀릭이다. 미스터 T와 B. A.는 너무 한 몸이 되어 버려, 어떤 팬들은 누가 배우이고 누가 등장인물인지 헷갈린다. 영화 시리즈의 경우, 즉 영화가 텔레비전과 상당히 비슷해질 경우 똑같은 현상이 발생한다. 실베스터 스탤론Silvester Stallone이 로키이고, 클린트 이스트우드Clint Eastwood가 더티 해리다. 여타 경우에도 그랬듯이, 이런 경향은 제임스 본드 영화에서 시작되었다. 숀 코너리는 여타 스타-인물 융합의 경우보다도 더 완벽하고도 복합적으로 제임스 본드 자체였다(Bennett, 1983b; Bennett & Woollacott, 1987을 참조하라).

연기자가 극 중 인물과 하나가 될 때 친숙함 및 '현재성'과 합쳐져 등장인물이 부여받는 '현실성realness' 덕분에 텔레비전 인물은 팬들과 독특한 관계를 맺는다. 이런 특징은 실제와 허구 간의 차이를 흐린다. 필 도나휴Phil Donohue,● 월터 크롱카이트Walter Cronkite,●● 로빈 데이Robin Day,●●● 그리고 수많은 토크쇼와 게임 쇼 사회자, 뉴스 캐스터, 기자, 논평가들은 스크린상의 자신의 배역을 좀 더 '현실적'으로 보이도록 하기 위해 연기자가 시리즈나 연속극에서 하는 것과 똑같은 방식으로 스크린 밖의 실제

● 필 도나휴(1935~)는 미국 TV에서 29년간 방송된 토크쇼 〈필 도나휴 쇼〉의 사회자다.

●● 월터 크롱카이트(1916~2009)는 1960~1970년대 19년 동안 미국 CBS의 〈CBS 이브닝 뉴스〉의 앵커를 맡은 방송 언론인으로, '가장 신뢰받는 미국인'으로 꼽혔다.

●●● 로빈 데이(1923~2000)는 영국의 앵커맨이자 정치 평론가로, 당대의 가장 뛰어난 방송 언론인으로 평가받았다.

유명인 이미지를 활용한다. 홉슨(1982)은 영국 숍 오페라 〈교차로〉의 배우들이 의상을 선택하는 방식을 설명한 바 있다. 등장인물의 의상 선택은 실제 자신의 의상 선택과 같아졌고, 그들의 취향은 인물 모습의 진정성을 보장하는 것이 되었다.

이 모든 것은 텔레비전의 등장인물 묘사가 제작과 수용 과정 모두에서 실재와 재현 간의 차이를 부정하는 작용을 한다는 점을 시사한다. 이런 견해는 2장에서 요약한 리얼리즘 이론 — 실재와 재현 간의 차이를 부정하거나 위장하는 것은 여러 이데올로기적 효과를 빚는다고 주장한다 — 과 잘 들어맞는다. 이런 효과는 '실재'가 재현의 진실성을 재가함으로써 객관적 위상을 부여하는 데 이용되는 방식에서 생겨난다. 실재는 그 자체로 존재하는 것으로 보이고, 재현은 얼마나 실재에 가까운가에 의해 판단되는 것이다. 그래서 재현은 생산되는 것이 아니라 [실재를] 반영하는 것으로 여겨진다. 구조주의는 담론을 강조함으로써 이런 견해를 역전시키면서, 현실적인 것으로 받아들여지는 것에 의문을 제기하기 위해 재현을 이용한다. 재현과 다음 장에서 다룰 독해 전략에 대한 이러한 설명에서 구조주의는 리얼리즘과 대립한다.

리얼리즘적 접근과 구조주의적 접근

텔레비전 인물의 재현과 수용을 연구할 때 리얼리즘과 구조주의를 대립하는 두 극단으로, 그래서 각기 다른 이데올로기적 독해 전략을 구성하는 이론들로 간주하는 것이 효과적일 수 있다. (현재 이미지 생산이 이데올로기적 과정이라는 점은 널리 받아들여지고 있지만, '독해'도 마찬가지로 이데올로기적이라고 여기는 사람은 별로 많지 않다.)

이럴 경우 척도의 한쪽 끝에 내가 인물에 대한 리얼리즘적 이론이라고 부르는 시각이, 다른 쪽 끝에는 구조주의적 또는 담론적 시각이 있다. 리얼리즘은 등장인물이 실제 사람을 재현한다고 주장한다. 텍스트는 묘사되는 사람의 특징을 정확하고 적절하게 담은 환유적 지시체metonymic pointers를 제공한다. 그러면 시청자는 자신의 상상 속에 이들 특징을 그려 넣음으로써 해당 인물을 우리가 알고 있는 '실제' 사람으로, 텍스트 밖에서 '살고 있는' 사람으로 만들기 위해서 실제 사람들을 이해해 온 경험을 환기해 낸다(사회 경험도 누군가가 '실제로' 누구와 비슷한지에 대한 환유적 지시체만을 제공할 뿐이다).

이엔 앙(1985)이 "대중 문화의 이데올로기"라고 부른 것은 우리가 이 과정을 두 가지 방식으로 평가하도록 해 준다. 문학이나 고급스런 연극에서 그러한 인물 — E. M. 포스터E. M. Forster가 평면적 인물과 대립시켜 다면적 인물이라고 부른 인물 — 을 창조하는 것은 저자가 탁월한 예술성을 지녔음을 보여 주는 것이다. 채트먼(Chatman, 1978)은 다음과 같이 설명한다.

> 우리는 [다면적 인물들을] 실제 사람으로 기억한다. 그들은 이상할 정도로 친숙해 보인다. 실제 친구나 적과 마찬가지로 이들도 정확히 어떠한지를 묘사하기가 어렵다…… 다면적 인물은 열린 구성체로 기능하므로 또 다른 통찰의 여지를 준다. 우리가 '제대로 독해하는 일'은 텍스트와 직접 접촉하는 시간으로는 부족할 수 있다. 인물은 며칠 동안 또는 수년간 우리를 사로잡을 수도 있다. (p.132)

이런 전통은 셰익스피어 비극에 대한 브래들리(Bradley, 1904)의 연구에 의해 확립된 것으로 알려져 있다. 그는 셰익스피어의 영웅들을 마치 연극 밖에서 독자적인 삶을 지닌 실제 사람인 것처럼 취급하면서, 이런 심리적 리얼리즘을 셰익스피어의 천재성을 입증하는 데 사용한다.

JOHN FISKE

하지만 등장인물과 실제 사람 간의 이 같은 혼동이 대중 문화 이데 올로기가 폄하하는 숍 오페라 같은 형식에서 발생할 때, 그 효과는 상찬 받기는커녕 비난받는다. 등장인물들을 실제 사람이라고 여기는 숍 오페 라 팬들은 멍청하다고 비난받지만, 채트먼이나 브래들리는 이런 통찰 덕 분에 높은 평가를 받고 있다. 실제로는 숍 오페라 팬과 문학, 연극 비평가 모두 억눌린 형태일지라도 등장인물과 실제 사람 간의 차이를 알고 있다. 리얼리즘의 환영은 단지 우리가 허용하는, 또는 원하는 정도까지만 완벽 할 뿐이다.

심리적 리얼리즘을 인물 묘사를 이해하고 평가하며 이에 반응하는 방식으로 사용하는 것은 널리 퍼져 있으며, 자연스럽고도 상식적인 것처 럼 보인다. 이는 이것이 자아의 독특성과 일관성을 주장하는 개인주의 이 데올로기와 잘 들어맞기 때문이다. 리얼리즘과 마찬가지로 개인주의는 자아를 경험을 통합하고 의미화하는 주된 장site으로 본다. 통일된 경험이 란 느낌은 통일된 자아의 느낌을 생산하고, 또 그 느낌에 의해 생산된다. 이때 자아는 독특해서 다른 자아들과 다르다. 그런 자아의 기원은 거의 탐색되지 않은 채 사회적인 것이라기보다는 자연적이거나 생물학적인 것 으로 여겨진다. 인간 몸의 독특성과 자연성은 흔히 자아의 독특성을 보 장하는 위장된 메타포로 사용된다. 그래서 배우들의 독특한 신체적 특징 과 이력은 그들이 묘사하는 인물의 독특한 '자아'를 진짜라고 확인해 주 는 데 이용된다. 자아를 전면에 내세우는 것은 사회적, 정치적 차원을 배 경으로 밀어내는 것이다. 이것이 이러한 형식의 고전 리얼리즘이 흔히 사 회 문제를 탈정치화하고 개인적 문제로 돌려 버려 해소한다고 비판받는 이유다. [이런 리얼리즘에서] 사회적으로 박탈당한 유소년기 문제는 행복한 결혼으로 '해소할' 수 있다는 식으로, 문제가 사회적인 것임에도 불구하 고 해결책은 개인의 영역에서 찾을 수 있는 것이 된다. 개인주의는 사회 체제에 질문을 던지지 못하도록 주의를 돌려 버린다. 왜냐하면 [개인주의에 따르면] 사회 문제에 대한 개인적인 '해결책'이 언제나 존재 가능하며, 이것이 자아의 우선성에 대한 믿음과 결합해서 부르주아 이데올로기를 자연화하는 리얼리즘의 역할과 잘 맞아떨어지고 그런 역할을 뒷받침해 주기 때문이다.

리얼리즘과 대조적으로 구조주의와 담론 이론은 재현의 양식과 수단에 주목한다. 이런 접근법에서 등장인물은 여타 텍스트 장치들과 마찬가지로 담론으로부터 구축되는 텍스트적 장치로 간주된다. 텔레비전에서 연기자의 물리적 현존은 개인 자아의 진실성을 보장하기 위해서가 아니라 (문자 그대로) 담론과 이데올로기를 체현하기 위해 쓰인다. 이런 입장에 입각한 구조주의적 설명에 따르면, 등장인물은 그 자체로 존재하는 개인으로 이해되어서는 안 되며, 일련의 텍스트적 (그리고 상호 텍스트적) 관계들로만 이해돼야 한다. 이런 관계의 가장 명백한 경우는 다른 인물들과의 관계다. 〈댈러스〉에서 수 엘런은 그녀가 J. R.에 종속돼 있다는 점을, 그리고 바비를 사랑하는 파멜라와의 관계를 고려할 때에만 이해 가능하다. 수와 파멜라 모두 두드러지게 가부장적인 유잉 가문에 시집온 여성들이지만, 이들은 가부장적 패러다임 내에서 상이한 여성적 특성을 드러낸다. 한 여성은 다른 여성과는 딴판이므로, 그 인물의 의미는 다른 인물의 의미와 연관지어야만 이해할 수 있다. 앙(1985)이 연구한 〈댈러스〉 팬들은 이 점을 잘 알고 있었다. 개개 여성을 개인으로 취급하려 하면서도 그들은 한 여성이 다른 여성과 어떻게 다른지를 계속 언급하며 리얼리즘적 독해 전략과 담론적 독해 전략 사이를 오간다.

> 파멜라: 착한 여자죠(여성적 특성이 있다고 봐요. 착하지만 못됐기도 하죠).
> 수 엘런: J. R.과 행복하지 못했던 것을 바람을 핌으로써 보충하려 하죠. 별로 좋아하지 않아요. 말이 매섭기도 하고. (편지 3)

나는 왜 매주 화요일 〈댈러스〉를 보는 걸까요? 무엇보다도 파멜라, 그리고 그녀와 바비 간의 멋진 사랑 때문이죠. 이 두 사람을 볼 때면 이들에게서 퍼져 나오는 온기를 느낄 수 있어요…… 또 미스 엘리와 작 간의 관계도 좋고, J. R.과 수 엘런의 관계에는 거의 관심이 안 가요. (편지 8)

수 엘런: 그녀가 행동하는 방식, 입이나 손을 움직이는 모습이 그 자체로 환상적이고 엄청나죠. 이 여자는 정말로 배역에 녹아 들어가 있어요. 사랑을 갈구하고, 속물적이고, 한마디로 실제 여자죠. 파멜라: (왁스로 만든 로봇처럼) 감정이 없는 바비 인형 같고 거짓되어 공감할 수 없어요. (편지 12)

내가 좋아하는 인물은 단연 수 엘런입니다. 그녀는 심리적으로 그럴 법한 인물이죠. 그녀에 비해 난 좀 그렇지 못한 편입니다("너무 자주 벽에 머리를 찧는 타입이죠"). 나도 [매력적이고] 싶어요…… 파멜라가 뾰로통해할 때면 너무나 예쁘죠. (편지 17) (p.124)

담론적, 텍스트적 구조로서의 인물이란 개념은 자아보다는 주체의 개념에 잘 들어맞는다. 주체는 사회적이고 담론적인 구조로서, 우리의 사회 경험이 모순을 포함하고 있듯이 주체도 모순을 포함하고 있다. 이런 모순은 억압되어 드러나지 않을 수 있지만 결코 해소되지 않으며, 항상 활성화되기를 기다리고 있다. 리얼리즘은 내러티브 종결과 자아의 통일성에 대한 강조 덕분에 텍스트와 독해 주체 모두에 존재하는 모순을 부정하는 작용을 한다. 반면 담론 이론과 후기 구조주의 이론은 이들 모순을 이용하고 활성화하려 한다. 인물에 대한 담론적 견해 또한 인물이 사회 정치적 차원을 갖는다고 본다. 따라서 수 엘런의 음주는 가부장적 종속하의 여성들의 무력함의 메타포 또는 전치된 표현으로 읽을 수 있다. 그것은 그녀의 성격을 드러내는 것이라기보다는 J. R.의 성적, 경제적 조종 앞에서 그녀의 무력함을 텍스트적으로 표현하는 것이다. 물론 텍스트는 이 중 어느 한 방식, 또는 두 가지 방식 모두로 읽을 수 있다. 수 엘런의 음주는 그녀의 성격을 드러내는 것으로든 가부장제하에서 여성의 무력함을 드러내는 메타포로든, 아니면 두 가지 모두로 해석할 수 있다. 핵심은 개인 중심의 심리적 독해나 담론적인 사회 정치적 독해를 하거나, 아니면 강조점을 달리 하면서 두 가지 모두로 독해하도록 하는 것은 독해자와 그의 독해의 이데올로기라는 점이다.

리얼리즘은 인물을 독특한 개인의 재현으로 보고 심리적으로 독해하도록 권유한다. 이런 권유는 지배 이데올로기와 그 중심에 위치하는 개인주의를 편하게 수용하는 사람들에 의해 받아들여질 가능성이 크다. 그러나 이런 입장에 대립하는 사람들은 인물을 담론적으로, 사회적 가치와 내러티브 내에서 그 기능의 체현으로 독해할 가능성이 크다. 담론적 독해 전략은 동일시를 좌절시키는 대신 시청자와 인물 간에 브레히트적인 비판적 소외critical alienation를 부추긴다(이하를 참조하라). 담론적 독해는 사회적인 것을 강조하는 반면, 리얼리즘적 독해는 개인적인 것을 강조한다. 그래서 담론적 독해가 좀 더 급진적인 반면, 리얼리즘적 독해는 좀 더 반동적이다. 텔레비전에서 인물을 재현할 때 사용되는 관습은 [다양한 독해에] 열려 있어서, 시청자의 정치적 지향에 따라 둘 중 어느 하나, 또는 둘을 결합하거나, 둘 사이를 오가는 독해 전략 모두 가능하다.

1차 텍스트에서 인물 읽기

〈캐그니와 레이시〉의 2개 에피소드에서 고른 4개 장면을 분석하면 이들 상이한 독해 전략과 이를 뒷받침하는 이데올로기들이 명확히 드러날 것이다. 이들 장면의 메인 플롯은 레이시가 유방암에 걸렸을 수도 있다는 사실과 이에 대한 레이시의 반응이다. 메인 서브플롯은 여덟 살 흑인 소년의 실종과 싱글맘 태거트 부인이 소년을 제대로 돌볼 능력이 있는지에 관한 것이다. 드라마 내에서 대본의 장면 1과 2는 중간 광고와 뉴스 예고, 6분에 이르는 3개의 다른 장면에 의해 장면 3과 4로부터 분리돼 있다.

장면 1

태거트 부인의 부엌. 부인이 레이시에게 차를 따라 준다.

레이시   부인이 주신 케빈 사진으로 전단지를 만들 겁니다. 경찰들이 그걸 배포할 거구요. 또 국가 컴퓨터 전산망에 이름과 신상 자료를 입력할 겁니다. 고마워요. (그녀는 컵을 집어든다.)

태거트   어제 온 동네를 돌아다녔어요. 몇 블록이나 걸었어요.

레이시   압니다. 절망적인 기분이셨겠죠.

태거트   도대체 얘가 왜 내게 이런 일을 겪게 하는 걸까요? 벌써 이틀째 직장에 못 갔어요. 상사한테 말했더니 그러면 일자리를 잃을 수도 있다고 하더라고요.

캐그니   (휴대용카세트 플레이어를 갖고 들어온다.) 태거트 부인. 이거 아들에게 사준 건가요?

태거트   아들 게 아네요. 걘 그런 것 가진 적 없어요.

캐그니   침대 밑에 숨겨져 있던데요. 아들이 어디서 이걸 살 돈을 얻었을까요?

태거트   아니 우리 애가 훔치기라도 했다는 건가요? 내 아들은 도둑질 안 해요.

레이시   아무도 애가 훔쳤다고 한 적 없습니다, 부인. 잠깐 실례하겠습니다. 사무실이 5시에 문 닫는데 영장을 신청해야 해서요. 가지, 크리스틴[캐그니의 이름]. 연락하겠습니다.

(레이시와 캐그니 떠난다.)

장면 2●

태거트 부인 아파트의 외부 계단

캐그니   부인이 말하는 것 들었지? 지금 직장 걱정 하고 있어.

레이시   제정신이 아닌 거지. 23시간째 아이가 실종 상태잖아.

캐그니   부인이 아들을 잘 돌봤다면 아마 아들이 사라질 일도 없었을 거야.

레이시   말로는 쉽지.

캐그니   오 메리 베스[레이시의 이름], 부인이 애를 적어도 한 번은 때렸고,
        매일 여러 시간 동안 혼자 내버려 둔 걸 알잖아……

(그들은 아파트 건물을 떠나 거리를 따라 걷는다.)

레이시   그래서 무슨 말을 하는 거야? 아이가 도망갔다? 그게 사실이라면
        애가 왜 새로 산 카세트를 두고 나갔겠어? 난 집에 혼자 남겨졌던
        아이였었어. 아버지는 나가 버리고, 엄마는 매일 일하러 나가고. 여
        덟 살 때부터 매일 방과 후엔 나 혼자였어. 그렇다고 내가 도둑놈이
        되지도 않았고 가출하지도 않았어.

캐그니   그건 전혀 다른 얘기야, 메리 베스.

레이시   왜? 내가 백인이라서?

캐그니   아니. 너도 내가 무슨 말을 하는지 알잖아. 그건 그렇고 네게 이걸
        전해 주고 싶어. 의사 이름과 전화번호야……

레이시   응?

캐그니   …… 내가 얘기했던 의사 있잖아. 그 의사 암 전문의인데, 너 지금
        한번 만나 봐야 할 것 같아…… 내 말 들어. 네가 무서워하는 거 알
        아. 원한다면 같이 가줄 수도 있어…… 메리 베스, 말 좀 해 봐.

레이시   말하라고?

● 이 장면의 영상은 유튜브 https://www.youtube.com/watch?v=xjjckvGlxVY에서 볼
수 있다.

J O H N   F I S K E

캐그니　그래.

레이시　내가 유방암에 걸렸을 경우 우리가 어떨지 말해 보자는 거지……
오케이…… 내가 유방암에 걸렸을 경우…… 네가 먼저 해…… 얘
기 고마웠어, 크리스틴. 우리 중 한 사람이 영장 신청을 하는 게 좋
겠어. 그러니 나는 시내로 가고, 너는 전단지가 준비됐는지 알아 봐.

(레이시가 캐그니를 두고 가 버린다.)

캐그니　(레이시를 따라가며 소리친다.) 난 상관없어, 네가 어떨지가 문제지.

(지나가던 흑인 청년 두 명이 고개를 돌려 그녀를 쳐다본다.)

장면 3

태거트 부인의 부엌

태거트　그렇군요. 이게 아들을 찾으려고 당신들이 할 수 있는 전부군요.

레이시　우릴 믿으세요, 태거트 부인. 우리가 할 수 있는 다른 게 있다면 그
걸 하고 있을 겁니다.

태거트　거의 사흘이 다돼 가요. 가난한 집 아이 수색에는 경찰이 나서지
않는 것 같군요.

레이시　부인, 인력이 더 있다 해도 아이를 찾으려면 어디를 수색해야 할지
를 모르는 상황입니다. 아드님이 어디 있을지 알 수 없으니까요.

태거트　이보세요. 아이가 부잣집 백인 아이였다면 어디 있을지 제가 알려
줄게요. 걔는 집에 있을 겁니다. 당신들이 아이를 찾으려고 백방으
로 뛰어다닐 테니까요.

캐그니　아 부인, 당신 태도가 정말 짜증나네요. 우리는 할 수 있는 모든 걸
하고 있어요. 더할 게 없습니다. 당신 아들이 어디서 무얼 하고 있
는지 누구도 모르잖아요.

레이시　크리스.

캐그니　아이는 방과 후 학교에 다녔죠.

태거트 　지금 내게 무슨 말을 하려는 거죠? 내가 아이를 돌보지 않았다는 겁니까?

캐그니 　아이를 어떻게 혼자 내버려 둘 수 있는지 이해가 안 됩니다……

태거트 　그래요, 이해 못하는 게 당연하죠. 당신들은 시에서 두둑한 월급을 받고, 베이비시터를 두거나 사설 어린이집에 보낼 수 있겠죠. 난 최저 임금에서 80센트 더 받을 뿐예요. 매주 집에 가져오는 돈이 130달러도 안 돼요. 그래요, 난 선택해야, 아주 중요한 선택을 해야 해요. 어린이집에 보낼지, 집세를 낼지.

레이시 　태거트 부인, 도와줄 시 기관들이 있을 겁니다……

태거트 　아, 자선, 복지. 아동 구호 지원금과 식권은 내가 40시간 일해서 버는 돈과 같은 액수예요…… 난 케빈이 거저 주는 걸 받아먹으며 자라길 원치 않았어요. 그래서 나가서 직업 훈련을 받고 일자리를 구했어요. 누군가 제 두 발로 서는 것을 아이가 보고 자랄 수 있게요. 그래서 어떻게 됐어요? 이곳 사람들은 내가 못된 엄마라고 합디다. 내가 복지 혜택을 받으며 집에 있지 않으려 한다고 말이죠. 경찰 양반, 스스로에게 물어보세요. 당신이 나라면 어떻게 했겠어요?

장면 4

태거트 부인 아파트 건물 밖의 계단

캐그니 　재수 옴 붙은 날이군.

레이시 　뭘 더 바래? 부인은 매일 혼자 모든 것 감당해야 하는 지옥에 살고 있는 건데.

캐그니 　어디 문제없는 사람 있어? 네겐 문제가 아니겠지만……

(어린 소녀가 그들 옆을 지나 달려가고 소년이 뒤좇는다.) 이크, 조심해!

레이시 　(소년의 옷깃을 붙잡고 격렬하게 흔든다.) 야, 걔 내버려 둬!

캐그니 　메리 베스!

먼저 담론적 독해 전략을 이용해 보자. 프로(Frow, 1986)가 인용한 부분에서 해먼(Hamon, 1977)은 등장인물을 다음과 같이 정의한다.

기표와 기의의 차원에서 작품의 다른 등장인물들이나 요소들과 함께 등장인물이 연속적으로, 그리고/또는 동시에 위치하게 되는 유사성, 대립, 위계질서, 성향(그것의 분배)의 관계들의 묶음

유사성의 관계(이 경우 젠더, 민족, 장소, 시간, 나이) 사회적 프레임을 형성한다. 이 프레임은 내러티브에서 공통의 이데올로기적 기반(이 위에서 차이가 대립으로 드러나게 된다)을 형성하는 것이라기보다는 내러티브가 [당연시해서] 문제 삼지 않는 것이다.

프로는 인물의 기의는 반복, 누적, 변환에 의해서만이 아니라 다른 인물들과의 대립 관계에 의해 구성된다고 설명한다.

위의 장면에는 여성 3명이 등장한다. 둘은 시리즈의 고정 인물로서 일련의 인물 특성이 반복해서 누적되어 왔고 정규 시청자는 이를 잘 알고 있다. 그러므로 캐그니가 레이시 및 태거트와 공간적으로 떨어져 있는 것은 그녀의 냉정함, 초연함으로 쉽게 독해되는 반면, 레이시가 태거트와 물리적으로 가깝게 서 있는 것은 그녀의 따뜻함으로 독해된다. 반면 태거트는 이 에피소드에만 등장하는 인물로, 인물 특성이 두드러지지 않게 제한적으로만 드러난다. 그녀의 특성은 개인적인 것이라기보다는 제정신이 아닌 어머니, 경제적으로 어려운 싱글 맘, 흑인과 같은 일반적인 것이다. 그녀는 바르트(1975a)가 등장인물[캐릭터character]이라기보다는 인물형[피규어figure]이라고 부른, 즉 이미 코드화된 문화적 '의미소들'(이 경우 '여성 희생자,' '박탈당한 어머니') — 이 위에 인물의 좀 더 개인적인 의미소들이 추가된다 — 의 체현이다.

표 9-1은 여성들 간의 대립과 유사성 관계를 모델로 삼고 있다(태거

표 9-1 등장인물의 가치 구조

인물 특성	캐그니	레이시	태거트
유사성			
젠더	여성	여성	여성
국가	미국	미국	미국
장소	도시(뉴욕)	도시(뉴욕)	도시(뉴욕)
시간	현재	현재	현재
나이	한창때(이후)	한창때(이후)	한창때(이후)
차이점			
사회적			
인종	백인	백인(비앵글로색슨)	흑인
계급	중산층	하층	최하층
가정	최신 유행	전통적	게토(빈민굴은 아님)
경제 형편	넉넉함	빠듯함	가난함
직업 관련			
일의 유형	선임 수사관	수사관	비서
일하는 동기	야망	만족	자립
일의 보상	승진	의무/서비스	돈
사회·성적			
여성의 유형	현대적	전통적	희생자
결혼 여부	미혼	기혼	이혼
연애 상태	연애 이전	연애 중	실연
자식 여부	아이 없음	아이 있음	아이 실종
외모			
몸매	날씬	통통함	(날씬)
모발색	금발	흑갈색	(흑색)
얼굴	미인	평범	(미인)
개인적 스타일			
의상	남성적, 유행	수수함, 지저분	(여성적)
돌봄	내유외강	외유내강	감정적, 무능
대인관계	초연 분석적 비판 잘 함	관여적 실험적 동정적	(자부심) (감정적) (의존적)
이름	강인, 남성적	부드럽고 여성적	무미건조

트의 괄호 친 특성들은 텍스트상에서 두드러지지 않아서 상대적으로 의미에 별 영향을 미치지 못한다. 두드러지게 그려졌다면 그것들은 그녀를 인물형이 아닌 등장인물로 만들어 줄 수 있을 의미소들이다).

이 표에서 두드러진 것은 개인의 성격에서 유래하지 않은, 대신 사회적, 정치적, 경제적 뿌리를 지닌 특성들이 우세하다는 점이다. 태거트의 경우 반복과 누적이 없는 상태이므로 그녀의 특성은 거의 전적으로 그러하다. 이런 담론적 또는 구조주의적 독해 전략은 TV 드라마의 등장인물이 얼마나 쉽사리 심리적으로 중층적이고 동기화된 개인의 재현으로가 아니라, 사회적 위치와 그런 위치가 체현하고 있는 가치들의 환유적 재현으로 독해될 수 있는지를 드러낸다. 이들 가치는 문화의 "상징 코드들"(Barthes, 1975a) 내에 깊이 코드화돼 있다. 이들 코드는 남성-여성, 기혼-미혼, 가족-직장과 같은 근본적인 대립과 관련한 우리의 이해를 조직한다. 이들은 주제 면에서 바르트가 "인물형"이라고 부르는 전 심리적pre-psychological, 문화적 코드화와 동격이다. 이들은 먼저 사회적, 정치적 가치를 지니게 될 때, 그리고 바르트가 "등장인물"이라고 부르는 개인화라는 외피를 지니게 될 때, 변화를 겪게 된다. 심리주의적, 리얼리즘적 독해 전략이 독해하는 것은 바로 이런 표면이다. 하지만 담론적 독해는 이 매력적인 표면을 통과해서 인물을 추상적인 사회적, 정치적 가치들의 체현으로, 또 사회적 갈등의 상연으로서의 인물 간의 갈등으로 본다.

캐그니와 레이시, 태거트의 인물 특성은 범주화가 요구되지만 쉽사리 범주화되지는 않는다. [이들 사이에는] 인종, 계급, 결혼 여부, 그리고 심리주의적 차원을 너무 강하게 전면화하지 않기 위해서 내가 "돌봄의 스타일style of caring"이라 명명한 것처럼 좀 더 심리적으로 제시되는 것과 같은 등장인물 차이의 사회적 표시물 간의 차이가 존재한다. 여기에다 외모와 버릇이라는 강력한 범주도 있다. 어떠한 범주화 체계에든 수많은 문제가 존재하게 마련이다. 범주의 선택은 결코 자명하지 않으며, 명확히 정의된 것을 적절한 범주에 할당하는 일도 아니다. 예컨대, '일에 대한 태도'는 독해자의 전략에 따라 심리적 특성일 수도 있고 사회적 특성일 수도 있다.

심리적으로 캐그니의 야망은 그 인물의 기능으로 볼 수 있다. 그러나 담론적으로는 여성의 가부장적 종속에 대한 정치적 반응으로 독해된다. 하지만 얼마나 자의적이든 간에 범주 분류를 끝냈을 때조차 우리는 범주들 간의 관련성에 대해 더 잘 이해하게 되는 것이 아니다. 의미는 본질로부터가 아니라 관계로부터 생기는 것이기 때문이다. 예를 들면, 캐그니가 미혼인 것을 그녀의 직업적 야망의 결과로 읽을 것인가, 아니면 야망의 원인으로 읽을 것인가? 그녀의 미혼 상태와 야망은 그녀의 신체적 특성과 어떤 연관이 있는 것인가?

이러한 범주들 및 범주들 간의 관계는 텍스트 내에 내재하는 것은 아니라 사유하는 방식이다. 그것들은 독자의 의미 생산 과정이지, 텍스트의 물리적 구조의 일부가 아니다. 그것들에 대한 설명은 독해의 사회적 관계 내에서 찾아야 한다.

등장인물 이해에 대한 담론적 이론은 다의적이다. 텍스트가 다의적이기 때문이다. 한 인물은 다른 인물들과의 유사성과 차이점의 구조를 통해 관계지어진 가치들의 계열체적 집합이다. 등장인물은 개성의 개념과 은유적 관계에 있는, 또 개별 배우들의 외모와 버릇에 체현돼 있는 사회적 담론들이 합류하는 지점conjuncture이다. 그러므로 인물은 체현된 이데올로기이며, 인물이 체현하는 이데올로기와 담론들의 관계에 의해 세계를 의미화하는 데 이용된다.

반면 인물에 대한 리얼리즘적 독해는 세계가 의미를 지니는 것은 개인(본래 개인으로서의 인물이지만 궁극적으로는 시청자 개인)의 지각 및 인식 과정을 통해서라고 주장한다. 액션과 사건은 개인들에게 일어나는 것이고 개인들이 행하는 것이므로, 이것들을 의미화하는 일은 본질적으로 그것들을 무엇에 통합시켜 일관성을 발견하는가의 문제가 된다. 통합시킨다는 것은 대안들을 닫아 버리고, '바로 그' (만족스러운) 의미를 찾아내는 것을 뜻한다.

　이런 독해 전략에서 장면 1과 2는 인물들의 일관성과 지속성을 통해서 '심리적으로' 연결되는 것으로 여겨질 것이다. 태거트의 사회적 문제와 보육 문제를 처리하는 데 레이시가 무능한 것은 자신의 신체 문제를 받아들이지 못하는 그녀의 무능력을 '설명하는' 것으로 독해될 것이며, 마찬가지로 태거트가 자신의 곤경을 자신의 책임으로 받아들이지 못하는 것에 대한 캐그니의 비판적 견해는 레이시로 하여금 스스로 책임을 깨닫게 하려는 굳은 결심을 보여 주는 것으로 '설명될' 것이다. 캐그니가 태거트를 잘못 판단하는 것은 개인적 차원에서 설명될 수 있다. 왜냐하면 캐그니는 미혼이고, 부유한 데다 부모가 아니므로, 그녀는 레이시처럼 태거트의 위치에 감정이입할 수 없기 때문이다. 텍스트는 어떻게 텍스트를 활성화할지를 우리에게 알려 줄 수는 없다. 독해의 차이는 비판적, 이데올로기적 실천의 차이에서 유래한다.

　등장인물에 대한 담론적 독해도 통합하는 힘에 주목하지만, 이를 달리 설명한다. 위 두 장면의 쌍은 내적으로 또 서로 관련돼 있다. 캐그니와 레이시는 항상 붙어 지내는 사이이기 때문이며, 게토에 사는 흑인 싱글맘과 문제아의 사회 정치적 위기를 유방암에 걸린 워킹맘아내의 젠더정치학적 위기와 관련돼 있는 것으로 보도록 하는 것은 이들이 항상 같이 나온다는 점 때문이다.

　인물은 또 액션과 사건에 대해 이야기를 하지만 내면적으로 하는 것은 아니다. 오히려 인물은 그것들을 의미화할 때 사용하는 가치들의 틀을 제공한다. 그 의미의 소재지를 제공하는 것이 아니라 의미화 수단을 제공한다. 겉보기엔 연관돼 있지 않은 장면 1과 2의 사건들은 실은 관련된 세 여성의 인물 구조가 제공하는 일관된 가치들의 프레임에 의해 관련지어진다. 그래서 장면 2의 끝부분에서 캐그니가 레이시를 걱정하며 소리치는 것을 놀라서 바라보는 흑인 두 명은 단지 현장 분위기를 내기 위한 것도, 바르트(1977a)가 '리얼리즘 작동자'라고 부른 것도 아니다. 이들은 남성적-여성적, 백인-흑인, 유리-불리를 포함하는, 또 이들이 흑인이므로 태거트와 연관되는, 가치의 집합에 의해서 유방암에 대한 레이시의 공포를 의미화하도록 시청자에게 권유한다. 우리는 똑같은 가치들의 집합을 일관성을 확보하는 수단으로 사용함으로써 몸은 건강하지만 경제적, 사회적으로, 결혼생활에서는 건강하지 못한 태거트와 몸은 아프지만 경제적, 사회적으로, 결혼생활에서는 건강한 레이시 간의 의미심장한 관계를 볼 수 있게 된다. 태거트가 가난한 흑인이란 점은 레이시의 신체적 질병과 관련되어 서로를 타당한 것으로 보도록 한다.

유방암과 수술 시의 유방절제는 가부장제하 여성들의 희생의 물리적 기호다. 태거트의 무력함은 똑같은 희생의 사회적 기호다. 각각은 상대에 대한 메타포다. 레이시를 연기한 타인 데일리Tyne Daly는 이런 연관을 잘 알고 있었다.

데일리는 자신이 암에 걸린 레이시 역을 하게 될 것이라는 말을 대본 작가에게 들었을 때 처음엔 화를 냈다.

"난 메리 베스가 잘못되는 걸 보고 싶지 않았어요"라고 그녀는 말한다. "난 영웅 역을 하기로 한 거지 희생자 역을 하기로 계약한 게 아니에요. 당연히 희생자 역을 하고 싶지 않아요. 예술 작품에 나오는 위기에 빠진 여자역을 하고 싶어 안달하지 않아요."

시리즈 작가들은 유방암 스토리라인이 "흥미진진하다"고 생각했다고 데일리는 말한다. "난 우리 시리즈가 흥미진진하지 않았으면 좋겠다고 생각합니다. 우리 사회에서 여성이 위험에 처하는 것이 더 이상 흥미진진한 일로 받아들여지지 않았으면 좋겠어요…… 여배우로서만이 아니라 미국 시민으로서 그런 건 지겨워요." (*USA Today*, 1985. 2. 11, D3)

이처럼 여성의 육체적 수난과 사회적 수난과의 관계를 의미화하는 것은 인물을 담론적 구성물discursive construct로 읽을 때만 가능해진다. 그것은 인물의 지각적, 인식적 삶의 일부가 아니다. 왜냐하면 그것은 인물들이 자신들의 경험으로부터 이끌어 내는 의미의 일부가 아니기 때문이다. 오히려 그것은 독자가 자신의 사회 경험을 의미화할 때 사용하는 담론들이 텍스트를 '읽기' 위해, 그래서 인물을 텍스트의 일부로 읽기 위해 사용될 때, 만들어지는 의미다. 사건과 세팅을 의미화하는 담론들 — 젠더, 인종, 경제, 건강에 관한 — 은 또 인물들을 의미화하기도 한다.

인물들은 별개의 연기들을 개인적 경험을 통해서가 아니라 사건을 의미화하는 데 동원되는 추상적 가치 체계의 체현으로서의 담론 구조를 통해서 통합한다. 바르트(1977a)에 따르면 "인물은 묘사의 필수적인 차원 — 이를 벗어나면 아주 사소하게 그려진 '액션들'은 파악 불가능하게 된다 — 을 형성한다"(p.105). 인물들은 단지 한 에피소드 내의 장면들을 통합할 뿐만 아니라 시리즈 내의 에피소드들도 통합한다. 인물들은 시리즈의 독특한 특징들, 이데올로기적 실천을 지니는 한 그 시리즈의 '인물'이 되며, 장래의 시청자를 '소리쳐 불러' 호명하는 주요한 작인이 된다. 세팅을 액션과 사건으로 바꾸고, 그럼으로써 세팅의 이데올로기적 가치를 플롯의 갈등과 종결로 바꿀 수 있게 조작하는 사람이 인물들이다. 그림 9-1은 세팅과 가치, 인물 간의 광범위한 관계를 도식화한 것이다.

물론 이와 같은 일반적인 측면에서 볼 때 인물들은 개별적인 인간이랄 수 없다. 여기서는 시리즈를 위한 정체성 또는 '인물'의 생산자로서의 인물들의 기능이 가장 중요하며, 강조해야 할 점은 이 인물은 모순과 차이로 이뤄져 있다는 점이다. 캐그니와 레이시란 인물들이 이런 모순들의 매개자로서 얼마나 제대로 자신들의 기능을 수행하는가는 정해져 있지 않다. 어느 에피소드에서도 수평적 또는 수직적 대립이 해소돼 최종적 종결에 도달하는 것은 없다. 그런 대립은 늘 울림을 지닌 채 작동하며, 다음

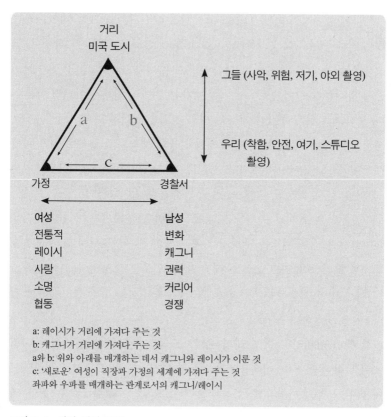

그림 9-1 세팅, 가치, 인물

주에도 그럴 것이다. 위의 네 장면 간의 통일성의 느낌은 닫힌 통일성이 아니며, 이데올로기적 프레임 — 그 내에서 어떤 의미가 생겨날지가 협상 된다 — 을 제공하는 대립적 가치들의 계열체적 집합에 의존하는 것이다.

이 같은 가치의 개방성 덕분에 우리는 레이시의 평범한 외모를 캐그 니의 결혼 거부와 직업적 성공에 대한 야망과 관련지어 독해할 수 있다. 이런 커리어 우먼 담론에서 전통적인 가족 중심적 가치를 중시하는 레이 시의 입장은 구식이거나 반동적인 것으로 독해될 수 있다. 역으로, 아내

JOHN FISKE

가 남편보다 더 '나은' 직업을 가지지만 결혼이 여전히 부부 모두에게 좋은 것이 되는 '새로운 가족' 담론에서 커리어를 중시하는 캐그니의 태도는 너무 큰 비용을 치르는 것으로 여겨질 수 있다. 텍스트는 이런 모순을 해소하지 않으며, 독해 주체를 이러저러한 특정 담론 내에 위치시키지도 않는다. 독해자는 필연적으로 특정 입장을 취하지도 않으며, 통일돼 있지도 않다. 대신 (1980년대 말 시점에서) 사회 경험을 의미화하는 방식으로 가정 중심 담론과 커리어 중심 담론 모두를 접함으로써 그의 주체성이 형성되었을 것이기 때문에, 독해자는 두 독해 입장을 동시에 취할 수 있다. 이들 담론은 하나가 다른 하나를 대체하는 식으로 연달아 작동했을 것이다. 여성적 관심사를 의미화하는 수단으로서 아마도 커리어 중심 담론이 가정 중심 담론을 대체했을 것이다. 그러나 이전 것, 그것이 표출하는 이데올로기는 완전히 씻겨 나가지 않은 채 단지 새로운 것에 의해 덮였을 것이다. 우리가 한번 가졌던 가치 체계와 이데올로기의 흔적은 아직도 남아 변화된 사회 경험이 초래하는 새 것들과 갈등한다. 이 두 입장은 독해 주체 내에서 동시에 존재할 것이다. 페미니스트는 〈댈러스〉에서 여성이 가부장적으로 재현되는 데서 쾌락을 발견할 수도 있을 테지만, 이것이 빚어내는 그녀의 주체성 내에서의 분열과 모순을 잘 알고 있을 것이다. 앙 (1985)의 조사 대상자 중 한 사람은 다음과 같이 썼다.

> 왜 사람들은 〈댈러스〉를 볼까요? 왜 나 같은 진지하고 지적인 페미니스트가 〈댈러스〉를 좋아할까요? 이 드라마는 나의 원시적 감정을 발산시켜 줍니다. 난 아찔함을 느낍니다. 미워하고 사랑하고 혐오하고 징그러워하고 저주하고, 종종 눈물을 흘립니다. 개인적으로 나는 통속적 연애 소설에는 끌리지 않지만 〈댈러스〉를 보려고 저녁 수업을 빼먹을 준비가 돼 있습니다······ 난 여가 시간의 90%를 페미니즘 관련 책을 보면서 보냅니다. 그러나 여자 친구와 〈댈러스〉를 보고 있을 때 파멜라가 가슴팍이 파인 드레스를 입고

계단을 내려오는 장면을 보면 우리는 마구 소리 지르죠. 저 창녀 같은 년을 봐. 싸돌아다니는 꼴이란. 바비는 내 큰오빠처럼 품위 있는 남자죠. 작은 아빠 같죠. 그래서 난 이들을 아주 싫어해요. 수 엘런은 신경질적이지만 견딜 만해요. J. R.은 비겔*처럼 웃어서 미쳐 팔짝 뛰겠어요. 루시는 너무 예뻐서 현실성이 없고, 미스 엘리는 유방 수술 이후엔 별로예요……난 일종의 집단 치료처럼 친구들과 함께 자유롭게 떠들며 보길 좋아해요. (편지 24, pp.99~100)

이와 비슷하게 한 좌파 시청자는 다음과 같이 썼다.

〈댈러스〉…… 하느님, 〈댈러스〉에 대해서는 말하지 마세요. 그냥 꽂혀 버렸어요! "넌 자본주의에 반대하지 않니?"라고 내게 물어온 사람들이 얼마나 많은지 짐작도 못할 겁니다. 그래요. 그러나 〈댈러스〉는 너무나 어마어마하게 과장돼 있어서 이젠 자본가 하고는 아무런 관계도 없어요. 그런 난센스가 볼만 한 건 〈댈러스〉가 대단한 예술이라는 증거죠. (편지 25, p.96)

이 두 사람은 텍스트와 관련해 자신이 채택하는 주체 위치의 분열과 독해 과정에서의 모순을 자기 내부에서 조화시키기 위해 애를 쓰고 있다. 이들이 모순을 화해시키는 통일성을 찾기 위해 노력한다는 점은 의미심장하다. 그들이 겉보기엔 모순적인 주체 위치를 동시에 취할 수 있도록 해 주는 것은 이 시리즈의 '과잉'이다. 사회적 주체로서 이들의 위치는 텍스트가 제안하는 독해 주체와는 다르지만, 독해자들은, 나름의 노력을 들여야 하겠지만, 두 위치를 차지할 수 있는 것처럼 보인다.

● 네덜란드의 우익 정치인이다.

JOHN FISKE

등장인물 읽기: 2차 텍스트

2차 텍스트는 이런 독해 전략들이 인물에 대한 특정한 의미화를 위해 어떻게 활성화될 수 있는지를 보여 줄 수 있다. 우리가 살펴보고 있는 〈캐그니와 레이시〉 에피소드의 정서적 충격은 상당 부분 자신의 유방암 가능성에 대한 레이시의 반응에서 온다. 개인주의 이데올로기와 리얼리즘 관습에서 몸은 자아의 강력한 메타포로 여겨진다. 실제로 이것은 너무 강력해서 그 은유적 성격이 가려지거나 잊힐 정도다. 그러므로 유방암은 자아에 대한 위협으로 볼 수 있다. 레이시는 남편 앞에서 "난 경찰에서 쫓겨날 거예요!"라며 울음을 터뜨린다. 그러나 암은 가부장제하에서 여성의 희생 메타포로 읽힐 수도 있다. 여성이 신경증에 걸렸거나 희생당할 때에만 여성에게 강한, 중심적인 역할을 허용하는 것이 텍스트 관습의 일부다. 앞서 인용한 타인 데일리는 이런 관습을 잘 알고 있다. 여성의 유방은 가부장제에서 특히 강력한 상징이다. 그것이 여성의 두 측면, 즉 어머니와 창녀 — 남자의 아이를 낳는 사람이자 남성의 욕정을 일으키는 사람 — 를 재현하기 때문이다. 그것의 힘은 독해자의 이데올로기에 따라, 담론적 독해 전략이든 리얼리즘적 독해 전략이든, 어느 쪽에 의해서도 이용될 수 있다. 개인주의와 리얼리즘이 가부장적 자본주의와 상호 관련성을 맺고 있음을 감안하면, 수많은 2차 텍스트들이 개인주의적, 리얼리즘적 독해 전략을 권장하는 것은 놀랄 일이 아니다. 〈피플*People*〉(1985. 2. 11)은 이 에피소드 촬영에 관한 기사를 싣고 있다.

> 타인 데일리를 촬영장 트레일러로 찾아가는 것은 마치 병실을 방문하는 것 같다. 일주일 동안 그녀는 틀림없이 들이닥칠 불행과 더불어 살고 있었다. "타인은 아주 지적인 배우"라고 제작 책임자 바니 로젠윅은 말한다. 메소드method 배우로서 그녀는 자신의 배역의 문제와 태도를 내면화하고 테리어●

처럼 끈질기게 고수해서, 연기에 필요한 한 이것들을 자신의 것으로 만든다. 샤론 글레스Sharon Gless●●는 이렇게 말한다. "이 에피소드가 시작되기 전에 타인이 내게 와서 '자, 내가 너를 어떻게 대하든 개인적 감정이 있는 걸로 받아들이지 말아 줘. 난 암에 걸렸단 말이야'라고 했죠. 그녀는 지금 이 병을 앓고 있는 거예요. 우리는 그녀를 알고 있고 사랑하기 때문에 요즘 아주 부드럽게 대하고 있어요. 그녀는 아주 취약한 상태거든요"(p.95).

연기는 독해만큼이나 이데올로기적이다. '메소드' 연기는 개인을 강조하는 부르주아 이데올로기의 특징을 지닌다. 하지만 브레히트적 연기 스타일은 개인주의를 최소화하고 인물의 사회적, 정치적 차원을 강조하며, 그럼으로써 좌파적 또는 급진적 이데올로기의 입장에 선다. 그러므로 메소드 연기가 전형적인 미국식 전통인 것은 놀랄 일이 아니다. 메소드 연기는 인물과 연기자 간의 차이를 최소화하고 인물의 실제처럼 보이는 심리적 존재를 구축하기 위해 연기자의 심리를 동원하며, 그럼으로써 연기자의 몸이 인물의 텍스트성을 부정하도록 한다는 점에서 그렇다.

메리 베스 레이시는 그녀의 얼굴, 눈, 걸음걸이, 음성 등 아마도 머리카락을 제외한 몸의 모든 부분을 통해 고통을 표현한다. 지난 일주일 동안 그녀는 암에 걸린 사실을 알게 되었고 이는 그녀의 삶을 다시 보게 만들었다. 마찬가지로 타인 데일리 — 레이시가 몸을 공유하고 있는 여성 — 의 삶도 이 사실에 사로잡혀 달라졌다. 로스앤젤레스 동부의 C&L 스튜디오에서 메리 베스는 마약 밀매업자와 연루된 여덟 살 소년의 어머니와 상담하면서 자신의 유방에 생긴 혹에 대한 불안감을 잠재우려 애쓰는 장면의 촬영을 막 끝

● 개의 일종.
●● 〈캐그니와 레이시〉에서 두 번째 시즌부터 캐그니 역을 한 여배우다.

JOHN FISKE

냈다. 촬영 중 휴식 시간에 배우의 트레일러로 돌아오는 이 사람은 타인 데일리가 아닌 메리 베스다. (*People*, 1985. 2. 11, p.94)

이 기사에 쓰인 언어가 흥미롭다. 왜냐하면 한 부분에서 인물이 배우를 구축하는 것처럼 서술하고 있기 때문이다. "마찬가지로 타인 데일리 — 레이시가 몸을 공유하고 있는 여성 — 의 삶도 이 사실에 사로잡혀 달라졌다." 몸은 은유적으로 메리 베스 레이시와 타인 데일리의 동일한 정체성을 담는 용기가, 그들의 완전한 동일시의 소재지가 된다.

비록 미학적 입장에서이긴 하지만 소번(Thorburn, 1982)은 연기에 대해 똑같은 이데올로기적 견해를 지지한다.

TV 탤런트는 우리가 화면에서 보는 것의 의미를 창출하고 통제한다······ 텔레비전은 늘 배우들의 시험대였다······ TV가 다양한 플롯 및 성격화의 공식에 정교한 방식으로 응해야 한다는 사실 때문에 탤런트는 자신 내에 머물러서는 안 되고, 적어도 개인적 또는 개성적 특징을 암시하는, 대개 스테레오타입화된 제스처나 발음, 움직임으로부터도 벗어나야 한다. (p.534)

베넷(1983b)이 말했듯이, 2차 텍스트는 "1차 텍스트와 직접 작용하면서 이를 특정한 방식으로 문화적으로 활성화함으로써 독해를 사전 조정하는 문화적 작동자" 역할을 한다. 그러나 이런 '문화적 작동자'는 지배적 독해 실천에서 유래하는 것이 아니며 그런 실천을 전형적으로 드러낼 뿐이다. 우리는 레이시/데일리라는 인물을 〈피플〉이나 소번이 제안하는 방식으로 독해하기 위해서 해당 잡지나 그의 책을 읽을 필요는 없다. 왜냐하면 지배적 독해 전략과 〈피플〉의 기사 모두 동일한 지배 이데올로기의 산물이자 생산자이기 때문이다. 그러므로 〈뉴욕 타임스〉와 〈MS〉, 〈피플〉처럼 매우 다른 독자층을 가진 매체들에서도 비슷한 독해 전략들이 권장되고 있다. 〈뉴욕 타임스〉(1984. 4. 3)는 데일리가 시리즈의 초반에 참여를 거절했던 것을 후회한다며, "그 인물은 내게 계속 말을 걸어왔다"는 그녀의 말을 인용 보도했다. 〈MS〉(1984. 4)는 휴지기 이후 촬영을 재개할 때 "메리 베스 레이시는 아직도 데일리 안에 있었다. 그녀는 촬영 첫날 세트장으로 걸어가면서 자신이 '이 여성을 기억하고 있다'는 걸 깨달았다"고 썼다. 이 시리즈를 특정 장르의 예로 규정하는 것도 문화적 작동자로 작용할 수 있다. 왜냐하면 7장에서 살펴보았듯이 장르 또한 독해 전략을 활성화하기 때문이다. TV 담당 기자들이 〈캐그니와 레이시〉를 '경찰 드라마'나 '여성 프로그램'식으로 다양하게 규정하는 방식은 다른 독해 전략을 활성화한다. 편성도 비슷한 방식으로 영향을 미친다. 이 프로그램은 '액션 드라마'라는 장르 분류에 따라 〈사립 탐정 매그넘〉 직후인 오후 9시에 편성되었을 때 시청률이 저조했다. 그러나 '성인' 또는 '여성' 프로그램이라는 장르적 분류에 따라 월요일 밤 10시로 옮겼을 때 최고 시청률을 기록했다(재방송 기간 동안이기는 했지만).

여기서 방법론상 중요한 점은 다양한 방식으로 텍스트를 활성화하는 '문화적 작동자'라는 베넷의 개념이 독해 전략이 작동하는 방식을 살펴보는 유용한 방법이라는 점이다.

이들 2차 텍스트의 대부분은 지배 이데올로기를 지지하는 이데올로기를 권장한다. 하지만 프로그램과 인물에 대한 좀 더 깊이 있는 정치적 독해를 활성화하는 예도 없는 것은 아니다. 〈TV 가이드〉가 프로듀서인 바니 로젠윅이 페미니즘 책을 읽다가 〈캐그니와 레이시〉의 아이디어를 얻었다고 전한 것도 그런 예다.

얼마 전 나중에 자신의 아내가 될 아주 모던한 여성을 만난 바니 로젠윅은 영화 속 여성들을 분석한 몰리 해스켈Molly Haskell의 《숭배에서 강간까지 From Reverence to Rape》를 읽으며 의식 따라잡기를 하고 있다. 이 책에서 그는 "할리우드 영화나 텔레비전 역사에서 두 여성이 〈내일을 향해 쏴라*Butch Cassidy and the Sundance Kid*〉의 폴 뉴먼Paul Newman과 로버트 레드포드 Robert Redford처럼 그려진 적이 없다"는 사실을 접하게 되었다. 그럴 수 있다면 멋있을 것 같았다. 그 결과 캐그니와 레이시가 탄생했다. (1985. 2. 16, p.26)

샤론 글레스와 타인 데일리 모두 여성들에게 이 프로그램이 지니는 정치적 중요성을 알고 있었다. 그렇지만 미디어는 보통 이런 앎의 증거를 인용 부호 속에 넣어 전하기 때문에 그것이 단지 개인의 의견인 것처럼 보이게 한다. 이는 부르주아적 독해가 개인적인 것으로 치부되지 않고 공유되는 '상식'으로 다뤄짐으로써 "담론의 위계"(MacCabe, 1981a)에서 우월한 위치를 점하는 것과 대비된다. 또다시 부르주아적 목소리는 탈명명화되는 것이다. 그럼으로써 여성들에게 있어 이 프로그램의 정치적 중요성은 저널리즘의 '상식적' 담론의 어디에서도 객관적으로 표명되지 않는다. 대신 항상 구체적인, 보통 여성인 개인의 견해로 제시된다. 샤론 글레스의 말이 인용 보도된 경우다.

글레스는 "우리는 이 프로그램의 성공 이후 많은 것이 달라지고 있다는 걸 알죠"라며 "이것이 프로그램 편성이 취소됐을 때의 텔레비전을, 텔레비전에 등장할 미래의 여성들을 생각하면서 마음이 편치 않았던 이유죠"라고 말한다. (*The Washington Post*, 1984. 4, p.23).

타인 데일리는 레이시가 유방암으로 고통받게 된다는 것을 알게 되었을 때 좀 더 첨예한 정치의식을 보여 준다(위의 인용). "우리 사회에서 여성이 위험에 처하는 것이 더 이상 흥미진진한 일로 받아들여지지 않았으면 좋겠어요…… 여배우로서만이 아니라 미국 시민으로서 그런 건 지켜

위요"라는 그녀의 소망은 독자로 하여금 가부장제에서 여성의 정치적 수난을 유방암에 걸린 레이시의 육체적 고통과 등치시키도록 한다.

샤론 글레스 역시 상이한 젠더 정치학이 캐그니라는 인물/글레스의 몸에 대한 상이한 독해를 산출하는 방식을 알고 있다. 그녀가 캐그니 역을 맡게 되었을 때, 언론은 글레스에게 프로그램에 '섹시함'을 더하는 역할을 하게 될지에 대해 계속 질문하면서 그녀를 괴롭혔다. "그런 질문이 상당히 거슬렸어요. 그건 내가 출연하기 이전엔 프로그램에 여성성이 없다는 걸 전제하니까요. 난 그 역을 정말로 강한 여자로 만들어야겠다고 마음먹었습니다"(*The Washington Post*, 1984. 4, p.23).

글레스가 '섹시함'에서부터 '여성성'을 거쳐 '정말로 강한 여자'로 말을 바꿔간 것은 담론의 전환이므로 이는 사회 정치적 차원을 지닌다. '섹시함'은 명확히 가부장적 담론에서 쓰는 말이며, '여성성'은 젠더의 구축과 차이를 현재 상태에서 자연화하려는 담론에서 나온 것이며, '정말로 강한 여자'는 '섹시함'과 '여성성'이 함축하는 명시적 또는 암묵적 가부장제에 의식적으로 반대하고 이를 폭로하려는 담론에서 나온 것이다.

그러나 모든 2차 텍스트가 프로그램의 정치적 독해를 장려하는 것은 아니다. 텍스트의 잠재적으로 심문적인 정치학을 '거슬러 독해'하는 것이, 텍스트를 '페미니즘적'이라고 낙인찍어 지배 이데올로기와 지정된, 봉쇄 가능한 관계를 맺도록 함으로써 텍스트의 의미를 다시 지배 이데올로기에 맞게 협상하는 것이 어떻게 가능한지를 수많은 사례가 보여 준다. 〈이그재미너*The Examiner*〉는 회화적인 마초 인물 빅터 이스베츠키를 연기하는 마틴 코브Martin Kove를 인용한다. "그 프로그램은 모든 남자를 겁쟁이나 바보, 아니면 그냥 나쁜 놈으로 보이게 만드는 진짜 페미니즘적 프로그램이죠…… 내가 프로그램에서 그렇게 많이 약골이 됐다니 놀랄 정도입니다." 이 기사는 "캐그니와 레이시, 미국 남성들을 창피하게 만들다"라는 제목을 달고 있으며, 한 (남성) 심리 치료사가 이 프로그램이 "국제 사회가 미국을 보는 시각을 바꿔놓을 것"이라고 걱정하는 것으로 끝난다(1985. 4. 2).

인물의 젠더 정치학과 프로그램의 광범위한 사회 정치학 간의 관계는 거의 언급된 바 없으며, 이제는 조롱조로 거론되고 있다. 〈펜트하우스 Penthouse〉는 이 프로그램을 "사회적으로 올바른" 자들을 위한 경찰 드라마라고 했고(1985. 3), 〈보그Vogue〉는 다음과 같은 기사를 실었다.

두 형사가 뉴욕 시를 배회하며 "야, 꺼져 버려!" "지퍼 안 채울래?"라고 소리치며 범죄를 소탕한다. 그러나 이들이 처리하는 범죄는 일상적 범죄가 아니다. 사회적으로 중요한 범죄다. 특히 여성 관련 범죄다. …… 남성 경찰의 편견에 대항하는 에이스 형사들인 캐그니와 레이시는 예전에 페미니즘이 저주했던 "여성용 영화"에 맞는 TV용 현대판 버전이다. (1984. 8)

〈보그〉와 〈펜트하우스〉의 독자들 간에는 젠더의 차이보다 정치적 태도의 유사함이 확실히 더 크다. 범죄를 개인의 문제가 아니라 정치적 문제로 독해하는 것은 인물의 담론적 독해와 동일한 독해 전략으로서 시청자가 지니는 동일한 이데올로기적 입장이 이런 독해를 하도록 한다. 인물을 사회적 담론들의 묶음이 아닌 실제 개인의 재현으로, 범죄를 사회적인 근거가 아닌 개인적 근거에서 독해하는 것은 현 상태를 유지하는 데 봉사하는 것이다. 왜냐하면 이런 독해는 사회 체제를 문제 삼는 것을 회피하고, 사회적 문제의 해결책을 개인에게서 찾도록 하기 때문이다. 이번 경우 아들에 대한 태거트의 사랑이 가난한 흑인 싱글맘 문제의 '해결책'이며, 이는 살아남으려는 그들을 허덕이게 하는 체제에 대해 문제를 제기할 필요성을 부정한다.

다이어(1981)가 등장인물 재현에 대한 심리주의적 이론이 본질적으로 부르주아적이라고 주장할 때 바로 이런 점을 지적하는 것이다.

개인/등장인물에 대한 부르주아적 개념에 특징적인 점은 첫째, 개별성과 고유성을 강조함으로써 집단성과 대중이든 전형적인 인간/등장인물(단지 중심적 인물을 보완하는 기능적 역할만을 하는 전형)이든 둘 중 하나의 재현을 저해하거나 [재현한다면 이들을] 열등한 것으로 보이게 한다는 점이다. 둘째, 내면적 동기화에 관심을 둠으로써 역사와 사회 과정을 사회적 삶의 집단적, 구조적 측면으로가 아니라 개인적 양심과 능력으로 설명하는 모델에 힘을 실어 준다는 점이다. (p.242)

동일시, 연루, 그리고 이데올로기

이데올로기적으로 지배적인 독해와 연기 스타일은 리얼리즘적 독해와 리얼리즘적 연기다. 이것들은 개인적인 것을 선호하면서 텍스트의 사회 정치적 의미를 억누름으로써 시청자가 텍스트와 특정한 관계를 맺도록 부추긴다. 이 관계는 흔히 '동일시identification'라고 불린다. 베르톨트 브레히트Bertolt Brecht는 연극 이론에서 관객이 연기자와 동일시하는 것은 자본주의의 독해 관계라고 지적한 최초의 사람 중 한 명이다. 그는 관객을 공연performance으로부터 소외시키는 대본 작성, 연기, 제작 방식을 사용함으로써 이런 관계에 균열을 일으키고자 했다. 소외된 관객은 공연이 실재의 자의적인 구성이며 연기자와 등장인물은 다르다는 점을 알게 된다. 그럼으로써 무대 위의 사람들과 사건은 단지 지배 이데올로기와의 관계에서만 이해될 수 있는 사회적, 이데올로기적 연기를 보여 주기 위해 존재한다는 점을 알게 된다. 소외를 통해 사유하는, 질문하는, 사회의식을 지니는 관객이 생산된다.

반면 동일시는 관객이 공연과 맺는 관계로서 공연이 자의적으로 구성된 것이라는 점을 위장하고 관객이 재현을 마치 실재인 것처럼 **경험하**

도록, 특히 등장인물을 실제 개인들로 보도록 장려한다. 이처럼 재현과 실재 간의 구분을 흐려버리는 것은 무대 위의 사람들과 사건이 이데올로 기적으로 정해진 연기들을 상연하며 그 연기들을 마치 현실의 순수하고 객관적인 반영인 것처럼 보이도록 한다는 사실을 가린다. 그럼으로써 공연이 문화의 산물이 아니라 자연의 산물인 것처럼 보이도록 한다. 동일시는 인물의 경험과 감정을 공유하도록 관객을 부추김으로써 사유하는 관객이 아닌 느끼는 관객, 질문하기보다는 수용하는 관객, 사건과 연기를 사회 정치적 관점에서가 아니라 개인적 경험을 통해서 이해하는 관객을 생산한다. 브레히트에게 있어서 동일시는 동일시를 조장하는 리얼리즘과 마찬가지로 늘 현 상태 유지에 기여하는 것이었다.

이러한 설명은 관객이 재현된 인물과 어떤 관계를 맺는가가 중요하다는 점을 부각할 수 있겠지만, 현상의 복합성을 단순화해 버린다. 그 함축을 제대로 숙고하기 위해서 나는 동일시를 심리적 동일시, 연루, 이데올로 기라는 세 가지 항목하에서 논의하고자 한다.

심리적 동일시

프로이트에게 있어서 동일시는 개인의 특성을 잘 이해하기 위해서 그것을 외부의 육체나 대상에게로 투사projection하는 것이었다. 동일시는 주체 자신을 위해서 잠재의식에 있는 동기에 따라 주체가 행하는 심리적 실천이었다. 텔레비전에 적용될 때 동일시는 시청자를 통일된 개인으로, 등장인물을 실제의 통일된 개인의 재현으로 이해하는 것 모두를 함축한다. 메소드 연기의 등가물인 독해 행위에서 이 둘은 투사의 메커니즘에 의해 서로 합쳐진다. 시청자가 텍스트의 매력에 끌려 자신의 정체성을 허구적 인물의 정체성과 일치시킨다 해도, 시청자가 자신을 등장인물에 투사하는 것은 비자발적인 것으로 보인다. 이 과정에서 핵심적인 것은 일종의 소망 성취다. 왜냐하면 매력적인 등장인물은 시청자의 여러 가지 충족되지 않은 욕망(예컨대 호화, 부, 성공)을 체현한다고 할 수 있기 때문이다.

이러한 욕망은 모호해서 그 기원이 개인적이거나 사회적일 수 있으며, 시청자 전부는 아니더라도 대다수에게 프로그램이 어필하는 데 중심적인 요소로 여겨진다. 그렇기 때문에 동일시는 적어도 두 가지 시각에서 비판할 수 있는, 비판받는 상상적 소망 성취의 과정이 된다. 도덕주의자들은 동일시가 단지 현실 도피일 뿐이며, 더 나은 삶을 상상하도록 사람들을 부추김으로써 현실에서 그런 삶을 성취하는 것을 저해한다고 주장한다. 한편 반대편의 이데올로기 비판자들은 동일시는 지배 이데올로기의 가치들이 개인의 욕망으로, 거의 본능으로 자연화되는 과정으로서 이 과정에 의해 지배적 가치들이 재생산되고 영속화된다고 주장한다.

동일시가 주는 보상은 쾌락이다. 이는 자신의 가치와 지배 이데올로기의 가치가 지속적으로 정당한 것으로 확인되는 이데올로기적 쾌락인 것만이 아니다. 그것은 시청자와 인물 간의 관계를 좀 더 통제하는 듯한 느낌을 주는 쾌락이다.

많은 시청자들은 텔레비전의 쾌락의 주요 원천 중 하나가 텔레비전이 등장인물들과 동일시할, 그들의 감정과 경험을 공유할 기회를 제공하는 데 있다고 말한다.

> 그러나 〈댈러스〉는 실제 일어날 수도 있는 일이죠…… 예를 들면, 나는 수엘런 같은 인물을 보면서 매혹돼 행복감을 느낄 수 있죠. 그 여성은 자신의 문제와 곤경을 통해서 우리를 자기편으로 만들 수 있죠. 진짜 인간적인 여자죠. 나도 그런 사람이 되고 싶어요. 어떤 면에서는. (Ang, 1985: 44)

이런 동일시는 시청자가 실제 사람들과는 불가능한 방식으로 등장인물 속으로 들어갈 수 있도록 해 준다. 왜냐하면 등장인물은 텍스트에서 결코 온전히 재현되지 않기 때문이다. 등장인물은 빈 나머지를 채우

JOHN FISKE

도록 시청자를 초대하는 환유어metonym인 것이다. 그러나 시청자들은 어느 정도 인물이 실제가 아니며, 등장인물과의 동일시가 의도적인 자기기만의 한 형태임을 '알고 있다.' '어떤 면에서는'이라는 툭 던지는 어구는 적어도 이 시청자가 자신이 수 엘런과 '동일시할' 때 무엇을 하고 있는지를 알고 있다는 증거다. 이런 과정은 창조적일 수도, 가상적일 수도 있는데, 특히 이 과정이 자기를 그 인물이 미래에 할 일에, 또는 여건이 달랐다면 했었을 일에 투사를 수반할 때 그렇다. 이런 투사는 흔히 시청자가 특정 시점에서 자신이 그 인물이었다면 어떻게 행동했을까를 상상하는, 독자가 작가의 역할을 공유하는 능동적 동일시의 형태를 취한다. 독해는 어떤 면에서는 대본 작성에 해당하는 의미를 창조하는 것이다. "나는 여러 등장인물에게서 더 많은 것을 찾아내려고 하죠. 충격적인 사건이 있고 나면 인물들이 무엇을 할까를 상상해 봅니다"(Ang, 1985: 50). 이런 종류의 동일시는 시청자가 등장인물 속에서 자신의 정체성을 '상실하는' 그런 동일시와는 전혀 다른 것이다. 이것은 능동적인 것으로 시청자를 등장인물에 대한 자신의 지식에 입각해서 그 인물이나 사건의 의미를 완성하도록 이끈다. 시청자는 지배 이데올로기에 종속되는 주체이기보다는 동일시 과정을 통제하는, 그러므로 자신의 의미를 통제하는 주체인 것이다. 이것이 내가 나중에 '연루' 부분에서 요구하는 접근법이다. 홉슨(1982: 133~135)은 자신을 관련 인물에 투사함으로써 시청자가 특정 사건의 의미에 기여하는 방식을 보여 주는 예를 제시한다.

이것은 프로그램의 현실성과 관련해 시청자의 지각이 최우선한다는 점을 보여 주는 탁월한 예일 것이다. 그것은 자신들이 다이앤과 똑같은 상황에 처했다면 무엇을 했을지에 대한 여성들의 느낌에 굳건히 근거를 두고 있다. (p.134)

마찬가지로 앙(1985)은 홉슨이 추켜세웠을 한 조사 대상자의 말을 인용한다.

내 자신을 〈댈러스〉에 투사하는 것은 정말 멋진 일인 것 같아요. J. R.이 또 다시 치사한 계략을 사용했을 때 그를 때려 주고 싶은 마음이 들고, 미스 엘리는 늘 다른 사람의 좋은 점만 보려 하거나 좋은 점만 끄집어내려 하기 때문에 그녀를 칭찬하게 돼요. (p.25)

시청자가 자신의 삶의 경험을 인물 독해에 끌어들이는 이 같은 적극적 관여는 등장인물이나 프로그램이 실제처럼 보이기 때문에 무력한 시청자를 압도한다고, 그래서 시청자는 재현과 현실을 구별할 수 없게 된다고 보는 견해와는 전혀 다르다.

물론 극 중 인물을 실제 인물인 것처럼 여기는 시청자 얘기는 수없이 많다. 홉슨(1982)이 인용한 〈교차로〉의 예는 전형적인 사례다.

미스 루크를 연기하는 캐시 스태프는 시청자가 보내온 편지의 이런 측면에 대해 말했다.

KS 당신이 배우이고 연기를 하고 있는 것이란 걸 알고 있는 사람들이 있죠. 그런데 당신을 극 중 인물이라고 진짜로 믿고, 도리스 루크에게 쓴 편지를 당신에게 보내는 다른 사람들도 있죠. 예를 들면, 2년 전 베니가 기소당했을 때였어요. 경찰이 살인 혐의로 베니를 추적했는데 실은 베니는 살인한 적이 없었죠. 소녀를 밀쳐 넘어뜨리고 때린 건 주차장 관리인이었고, 베니는 마침 그때 이 장면을 목격했던 거죠. 그런데 내가 받은 편지 중에는 "미스 루크, 경찰에 가서 신고해요. 내가 TV에서 봤어요. 베니가 범인이 아녜요"라고 쓴 편지들이 있었어요. 그들은 진짜로 그렇게 믿고, 베니의 친한 친구이자 엄마 같은 인물인 내게 베니를 구해 달라고 편지를 쓴 거죠. (p.145)

이런 유의 '착각' 행동은 전형적인 것은 아니지만 흔한 것으로 여겨지며, 그런 사례는 종종 기사와 대화에서 인용된다. 어쨌든 중요한 것은 홉슨이나 앙의 연구 대상자 중 이런 식으로 순진하게 재현을 [실재로] 착각했다고 전한 사람이 아무도 없다는 점이다. 오히려 그들은 실재와 재현의 관계를 갖고서 게임을 했다. 홉슨(1982)은 숍 오페라의 인물들에 대해 하듯이 자신들의 실제 가족에 대해, 마치 이들 간에 구별이 없다는 듯이, 네 명의 노인들이 가십을 하는 것을 엿듣게 된 것을 전한다.

그런데 이들 대화를 들어 보니 화자들이 드라마를 두고 일종의 게임을 하고 있음이 분명해졌다. 그들은 극 중 인물들이 존재한다고 실제로 믿지 않았고, 단지 드라마 외부에서 그 인물들에 대한 판타지적인 관심을 공유하고 있을 뿐이었다. (p.125)

앙(1985)도 비슷한 결론에 도달한다. 한 연구 대상자는 〈댈러스〉를 보면서 얻는 쾌락에 대해 설명한다.

내가 〈댈러스〉를 좋아하는 이유는 그들의 문제를 보며 아찔한 느낌을 갖는 것이 좋기 때문입니다. 그리고 결국엔 모든 것이 제대로 될 것이란 점도 알고 있죠. 실은 이건 현실로부터 도피예요. 난 현실적인 사람이고 현실이 [드라마와] 다르다는 걸 알고 있죠. 때로는 드라마를 보면서 실컷 우는 것을 즐겨요. 뭐가 문제예요? 이런 식으로 스트레스를 풀 수 있잖아요. (p.49)

앙은 이렇게 말한다.

허구적 판타지로 '도피'하는 것은 현실의 부정이라기보다는 현실과 노는 것이다. 허구와 실제의 한계를 따져 보고 양자 간의 경계를 허무는 이러한 게임에서 허구적 세계에 상상적으로 참여하는 것은 즐거운 일로 경험된다. (p.49)

그래서 배우 캐시 스태프를 극 중 인물인 미스 루크로 여기고 편지를 보냈던 〈교차로〉의 시청자들은 인물 묘사의 리얼리즘에 의해, 또는 2차 텍스트의 이데올로기적 작용에 의해 착각을 일으킨 것이 아니었을 것이다. 대신 재현을 마치 실제인 것처럼 믿기로 **결심함으로써** 자신의 쾌락을 추구했던 것일 수 있다. 털록과 모란(1986)은 이와 비슷한 팬의 편지에 대해 다음과 같이 말한다.

편지를 쓴 사람이 비키나 테런스, 사이먼 등을 실제 사람으로 보는지, 아니면 의도적, 의식적으로 드라마의 종결의 개방open-endedness을 즐기는 것인지는 알 수 없다. (p.227)

그 편지는 인물을 마치 실제처럼 취급하는 듯하지만 편지를 쓴 사람은 "항상 가장 헌신적인 팬(특히 페니 쿡Penny Cook과 그랜트 도드웰의 팬)으로부터"라고 서명을 했다. 페니 쿡과 그랜트 도드웰은 비키와 사이먼을 연기하는 배우들이다. 그러므로 그 사람은 이런 즐거운 동일시에 자기기만의 요소가 있음을 알고 있었던 것 같다. 팬들은 자신들이 인물들이 실제라고 믿을 때는 언제나 자신들이 스스로 자기기만에 참여하고 있음을 알고 있다는 신호를 보낸다.

M   질은 굴곡을 겪었고, 메그도 그랬죠. 그 뭐냐 미국에 있는 자기 아이를 데려오고 싶어서. 실제로 그럴 수 있죠. 내가 보기에 그건 실제로 있을 수 있는 일이에요. 허구가 아니란 말입니다. 내게 그건 실제 가족

이야기입니다.

DH   그렇다면 그들이 실제 인물이라고 생각하는 건가요?

M   아니죠. 그들은 연기하는 것이고 연기를 잘하는 거죠. (Hobson, 1982:
     122)

1차 텍스트의 리얼리즘 효과와 2차 텍스트가 장려하는 독해 전략의
효과는 결코 전면적이지는 않다. 그것이 효과가 있다면 이는 시청자가 시
청의 쾌락을 증대시키기 위해 그걸 따르기로 정했기 때문일 뿐이다. 그러
나 이 같은 리얼리즘적 텍스트와의 협업은 독해자를 이중적 위치에 위치
시킨다. 왜냐하면 이는 자신이 기꺼이 받아들이는 리얼리즘이 기만적이
라는 것을 알고 있음을 말해 주기 때문이다.

연루

시청자가 재현된 인물이나 세계에 빠져 자신을 상실하는 전적인 동일
시는 일어난다 해도 드물게 일어날 뿐이다. 좀 더 전형적인 것은 브라운
(1987a)이 데이비스(Davies, 1984b)를 뒤따라 "연루implication"라 부른 것이
다. 브라운은 데이비스를 다음과 같이 요약한다.

> 일단 '꽂히면' 사람들은 알고자 하는 욕구 또는 예상의 쾌락과 동일시보다
> 더욱 복잡한, 인물들과의 연루 간을 오가게 된다. 연루적 독해는 시청자가
> 여러 담론적 가능성들을 인식하는 독해 위치를 선택한다는 점을 함축한다.
> (pp.18~19)

데이비스의 한 조사 대상자는 허구적 인물과 자신을 연루시키는, 또
는 그로부터 벗어나는 시청자의 능력을 보여 준다.

나는 마치 린다가 된 것 같아요. 그녀가 스타킹을 벗어던질 때는 무례한 듯이 느껴지고, 그들이 키스할 때는 사랑받는 느낌이 들죠. 그러나 그녀가 뺨을 맞을 때면 난 거실로 돌아가 버리죠.

이와 유사하게 한 솝 오페라 팬진은 '남성 조종자The Man-ipulators,' 즉 남성을 유인해 원하는 것을 하게 하는 여성들에 대한 기사를 실었다.

긴급 조사를 해 보니 우리는 남자들을 성공적으로 조종할 수 있을 때에만 남성 조종자처럼 되고 싶어 한다는 사실이 밝혀졌다. 조종자들이 어려움에 처하거나 계획이 실패로 돌아갈 때는 우리는 그들을 부러워하지도 찬양하지도 않는다. (*Daytimers*, 1984. 6, b)

앙(1985: 106~108)의 조사 대상자들은 이와 비슷하게 〈댈러스〉에 관여하면서도 동시에 초연해하는 행태를 보였다. 따라서 연루에 대해 얘기하는 것보다는 독해자가 텍스트와 맺는 이중적 관계인 **연루 – 유리** extrication에 대해 살펴보는 것이 보다 생산적일 것이다.

연루 – 유리는 쾌락과 불쾌, 좋아함과 싫어함, 실제와 비실제와 긴밀히 연관돼 있다. 홉슨과 앙의 조사 대상자들 모두 인물을 현실성 여부로 판단했지만, 좋아하는 인물들을 싫어하는 인물들보다 좀 더 현실적이라고 여겼다. '현실적인' 인물들은 그들이 동일시하는 인물들이었다. 앙(1985: 30~31)도 대상자들이 싫어하는 인물들에 대해서는 초연해하며 그들을 사회 정치적 가치의 체현으로 독해하는 경향이 있다고 보고한다. 상이한 시청자들이 상이한 인물들을 '좋아했기' 때문에 상이한 인물들을 '진짜' 또는 '현실적'이라고 여겼다. 인물들이 현실적으로 보이는 것은 시청자가 동일시 과정에서 자신의 '실제' 자아를 인물에 투사하기 때문이다. 이 과정은 시청자가 그 인물을 좋아하기 때문에 일어난다. 그러므로 동일시, 좋아함, 현실적으로 보이는 것은 모두 동일한 독해 과정의 유기적 부분들이다.

1장에서 분석한 〈하트 투 하트〉 장면을 본 소수 민족 출신 학생들은 항상 악당의 비미국인적 특성을 백인들보다 더 빨리 알아챘다. 이런 인지는 악당의 상황에 그들이 연루되는 첫 단계이며, 악당의 '범죄'에서 백인 중심의 지배적 가치로부터 자신들의 소외의 표현을 발견하는 쾌락이 될 수 있을 것이다.

데이비스(1984b)는 고통스런 상황이나 비호감 인물과의 연루조차도 비교에 의해서 시청자의 실제 상황을 괜찮은 것으로 보도록 할 수 있다는 점에서 쾌락의 원천이 될 수 있다고 주장한다.

> '동일시'가 한편으로 '좋은 부분'(과 힘을 지녔다는 환영)에서 느끼는 대리 만족으로, 다른 한편으로는 '나쁜 부분'(과 무력한 현실)에서 느끼는 자족적 비교로 분리되는 일은 거의 동시에 일어난다.

시청자는 한 인물이 자신과 비슷한 상황에 처하거나 자신의 가치와 비슷한 가치를 체현할 때, 그래서 이런 연루가 쾌락이란 보상을 제공할 때 그 인물에 자신을 연루시킨다. 그러나 시청자는 항상 연루가 자신의 자발적 행위이며, 언제든 유리가 가능하다는 걸 알고 있다. '연루-유리'란 용어를 쓰는 것은 시청자의 능동성과 의지를 전면화하는 일이다. 연루시킬 것인가 여부를 **선택하는** 것이 연루의 쾌락에 중요한 원천인 것이다. 텍스트에 이끌려 스스로 바보가 되는 데서 즐거움을 느낄 사람은 있다고 해도 소수일 것이다.

연루와 유리의 동시적 또는 순차적 과정은 텍스트 내의 모순을 활성화하는, 텍스트의 텍스트성을 완전히 망각하지는 않는 독해 관계다. 이 과정은 시청자가 인물과 사건을 사회적 가치의 담지체로 독해할 수 있게 해

줌으로써 자신의 사회적 위치에 맞는 독해를 끌어낼 수 있도록 해 준다.

사이터 등(1987)은 이 과정의 중요한 사회 경제적 차원을 밝혀 주었다. 이들의 연구에서 노동 계급 숍 오페라 팬 중 일부는 낮 시간대 숍 오페라에서 중산층, 전문직 인물들과 개인적 차원에서 동일시할 수 있는 지점을 발견했다. 그러나 이들은 동시에 인물들과 자신들의 사회 상황의 계급적 차이, 특히 경제적 차이를 알고 있다.

노동 계급 여성들의 경험은 숍 오페라가 재현하는 '여성의 문제,' 즉 상층이나 중산층 여성의 문제와 분명히 실질적으로 다르다. (Seiter et al., 1987: 28)

카츠와 리브스(1985, 1987)의 연구도 〈댈러스〉를 시청하는 비미국인 집단들이 흔히 가족 관계에서의 유잉에 동일시하면서 쾌락을 느끼는 반면, 동시에 미국적 특성을 지닌 유잉에 대해서는 거리감을 느낀다는 사실을 보여 준다.

텔레비전 시청의 쾌락은 대부분 시청자가 텍스트에 스스로 연루되고 스스로 벗어나는 복잡한 시청 위치로부터 나온다. 시청자가 특정 지점에서 동일시한다고 해서 다른 지점에서 능동적으로 비판적인 거리를 유지할 능력을 상실하는 것은 아니다. 이런 텍스트와의 이중적 관계는 동시에 이뤄질 수 있다. 텍스트에 의해 '속아 넘어가는' 무력한 시청자가 되는 것이 즐거울 리 없다. 그러나 동일시의 지점과 거리두기의 지점에 따라 텍스트를 선택적으로 시청함으로써 자신의 사회적, 심리적 맥락에서 재현되는 인물들과 관계를 스스로 통제하는 데에는 상당한 쾌락이 존재한다.

브라운(1986)은 숍 오페라에 관해 여성들이 가십을 하는 양태에 대한 연구에서 그들이 등장인물에 대해 말하는 세 가지 주요 유형을 찾아내고, 이 시청자들이 한 인물에서 다른 인물로 쉽게 옮겨갈 수 있다는 점을 강조한다. 첫 번째는 인물을 명확히 하나의 재현 양식으로 보는 방식이다. 이런 방식에서는 솝 오페라의 제작 방식, 세트장에서 일어나는 일, 연기 수준에 대한 평가 등이 주로 얘기된다. 두 번째는 실재와 재현 간의 경계가 불분명해지고, 등장인물이나 연기자가 마치 똑같이 실제이거나 똑같이 허구적인 듯이 얘기된다. 그러나 인물들이 실제이든 허구이든 솝 오페라라는 별도의 디제시스 세계에 아직도 살고 있다. 세 번째 유형에서는 이런 분리가 사라진다. 인물들은 마치 시청자 세계에 살고 있는 사람인 것처럼 여겨진다.

그러한 구술적 의미들은 시청자들 간의 친밀한 개인적 관계에서만, 인물과의 자발적 동일시를 통해 시청자가 이런 친밀성을 의도적으로 재생산하는 데서만 존재한다. 가십은 단지 독해 전략이 존재한다는 증거만이 아니라, 그 전략을 시청자의 쾌락을 증대시키기 위해 실행하는 수단인 것이다.

카츠와 리브스(1984)는 조사 대상자들이 〈댈러스〉의 '현실'을 평가하는 데 있어서 비슷한 차이를 보인다고 지적한다. 그러나 이 경우 그 차이는 동일 집단 내에서 다른 독해 간의 차이가 아니라 집단 간의 차이였다.

그러므로 어떤 집단은 인물들이 마치 실제 사람인 것처럼 일상어로 그들의 동기를 분석하며 '가십'을 할 것이다. 반대편 극단에 있는 집단은 비평가들이 하듯이 〈댈러스〉가 속하는 장르의 정의를 참조하면서 특성이나 연기를 드라마 공식에서의 '기능'으로 다룰 것이다. (p.29)

그러나 독해 전략이 텍스트만의 기능이 아니라 시청이란 이데올로기적 실천의 일부라는 점은 달라지지 않는다.

출판된 가십이라는 그 기능의 관점에서 볼 때 2차 텍스트가 브라운의 조사 대상자들과 마찬가지 방식으로 인물들에 대해 얘기하는 세 가지 방식을 보인다는 점은 놀랄 일이 아니다(7장을 참조하라). 2차 텍스트는 제작 과정 및 연기자들에 관한 정보를 제공함으로써 앞의 두 가지 종류의 가십을 할 수 있게 해 준다. 이런 자료들은 당연히 1차 텍스트의 일부일 수 없지만, 시청자들에게는 수용의 중요한 부분을 차지한다. 구술 문화에서 텔레비전의 의미 생산과 교환에 있어서 1차 텍스트 또는 2차, 3차 텍스트 중 어느 것이 가장 큰 영향을 미치는지를 따지는 일은 어려울 뿐만 아니라 아마도 무의미할 것이다. 이런 상호 텍스트성이 어디에서 나타나는지, 특정한 경우 상호 텍스트성이 어떤 형태를 취할지를 결정하는 사람은 시청자다.

이데올로기적 동일시

독해는 사회적으로 결정되는 활동이며, 시청자는 자유롭게 부유하는 개인이 아니라 이데올로기 내의 주체로 이해되어야 한다. 알튀세르(1979)는 인물의 묘사에 있어서나 시청자 또는 관객의 의식에 있어서나 개인적 자아라는 지배적 개념에 의해 제약받지 않는 대중 드라마(및 텔레비전)의 필요성을 강조한다. 그는 이런 개념의 지배 때문에 사람들이 자신들의 사회 경험과 맺는 이데올로기적 관계가 은폐된다고 주장한다.

> 비판적 프로젝트 전체를 망치지 않고서 이데올로기적 관계가 어떤 '인물'에 의해 완전히 주제화될 수 없는 한 이 관계는 필연적으로 배후에 존재하게 된다. 이 때문에 그 관계가 연기 전체에 의해, 모든 인물들의 존재와 움직임에 의해 함축된다 할지라도, 그 관계는 인물들의 의식 너머의 심층적 의미이며, 그래서 인물들로부터 은폐된다. 그것은 배우들에게 보이지 않는 한 관객에게는 보인다. 그러므로 그 관계는 지각 양식 내에서 관객의 눈에 보이게 되는데, 이 지각은 주어져 있는 것이 아니며, 찾아내고 정복해서 처음엔 지각을 감싸고 있지만 그것을 생산하는 그림자로부터 끄집어내야 하는 것이다. (pp.145～146)

JOHN FISKE

텍스트의 정치적 차원을 구성하는 이 관계를 지각하는 한 방법은 인물(들)과의 동일시가 아니라 '모든 인물들의 존재와 움직임'을 이해하는 독해 전략을 사용하는 것이다. 이는 캐그니와 레이시, 태거트 간의 담론적 관계에서 찾아볼 수 있다(표 9-1을 참조하라). '관객에게는 보이'지만 '배우들에게는 보이지 않는' 것으로서, 이데올로기적 관계를 리얼리즘의 '그림자'로부터 대낮의 햇살 아래로 끄집어낼 수 있는 담론적 독해 전략에 의해 '찾아져야' 하는 것은 바로 이 구조다. 이데올로기적 가치와 사회적, 개인적 가치를 이처럼 구조적으로 혼합한 것이 독해 주체의 텍스트상의 등가물이며, 이것은 개인의 통일성이 아닌 사회 경험의 다양성을 반영하며, 그럼으로써 통일된 관객과 개인화된 인물 간의 어떠한 동일시도 방해한다. 알튀세르(1979)는 시청자-관객이 자신을 극 중 인물, 특히 영웅에 투사하는 동일시 과정을 적절치 않은 것이라고 배격한다.

그러나 통제된 심리적 상황에서 관찰되고, 기술되고, 정의될 수 있는 투사, 승화 등의 현상은 그 자체로 공연을 보는 관객의 행동과 같은 복합적 행동을 설명해 줄 수 없다. 이런 행동은 기본적으로 사회적이고 문화적, 미학적이며 또 이데올로기적이다…… 의식이 순수하게 심리적인 의식으로 환원될 수 없다면, 의식이 사회적, 문화적, 이데올로기적 의식이라면, 우리는 의식의 공연과의 관계를 단지 심리적 동일시라는 형태로 고려해서는 안 된다. 실로 (심리적으로) 영웅과 동일시하기 전에 관객의 의식은 연극의 이데올로기적 내용에서, 또 이 내용에 특징적인 형식에서 스스로를 인식한다. 동일시(다른 사람 내에 있는 자아와의 동일시)의 기회이기 이전에 공연은 기본적으로 문화적, 이데올로기적 인식을 위한 기회다. (p.149)

알튀세르는 심리적 동일시를 관객 활동에 대한 적절한 설명으로 받아들이지 않는다. 대신 우리 경우와 마찬가지로 "독해의 이데올로기적,

사회적 관계"(Bennett, 1983b)가 개인주의 이데올로기의 실천인 관객에게 동일시가 독해 전략으로 얼마나 강력하게 권장되는지를 인정한다. 그러나 이 이데올로기 내에서도 다중적 동일시 개념을 사용하는 것이 좀 더 생산적이다. 다중적 동일시는 적어도 비통일적인 관람하는 자아를 허용한다. 어떤 관객이라도 자신 내에서 캐그니-레이시-태거트의 혼합물인 이데올로기적, 사회적, 개인적 가치들의 구조와 관련되는 다수의 지점들을 찾아낼 수 있다.

연루-유리에 의해 시청자는 이런 인물들의 구조와 선택적으로 동일시하거나 그 구조에 자신을 삽입할 수 있으며, 그러는 동안 그 과정과 의미를 어느 정도 통제할 수 있다.

알튀세르(1979)는 모든 심리적 동일시에 대해, 다중적이든 그렇지 않든, 이데올로기적 동일시가 선행한다고 강조한다. 〈캐그니와 레이시〉의 4개 장면에서 이런 동일시는 개인 시청자와 재현되는 인물(들) 간에 생겨나는 것이 아닐 것이다. 그러나 담론의 차원에서는 같은 정도로 즐거운 동일시가 생겨날 수 있을 것이다. 이것은 텍스트의 담론 구조와의 동일시인데, 이때 텍스트는 [텍스트상에서] 민족, 인종, 계급, 젠더, 권력, 직장 등의 축을 따라 펼쳐지는 유사성과 차이의 유희가 독해 주체의 담론 구조와 들어맞는다는 사실을 알게 된다. 쾌락은 생산되는 의미와의 일치에 의해서가 아니라 그 의미가 만들어지는 **방식**과의 일치, 즉 텍스트와 세계에 대한 우리의 지각에 질서를 부여하는 수단인 우리의 담론들과 그것들의 문화적 범주들의 적절성에 의해서 생겨난다.

리얼리즘적 드라마에서 인물은 재현의 복합적 형식이다. 왜냐하면 인물은 한편으로는 텍스트와 내러티브에 의해, 다른 한편으로는 연기자의 육체와 연기에 의해 구축되기 때문이다. 인물을 독해하려면, 시청자는 재현과 실재 간의 경계와 재현과 실재 간의 이데올로기적 관계를 섬세하게 협상할 필요가 있다. 이 협상은 두 가지 방식으로 수행된다. 연기자의

JOHN FISKE

실제 세계와 인물의 재현된 세계 간의 관계와 시청자의 실제 세계와 연기자-인물의 실제-재현의 세계 간의 관계가 그것이다. 이 장에서 시청자가 이런 협상을 할 때 사용하는 몇 가지 수단과 대안적 독해 전략, 시청자가 사용할 수 있고 실제로 채택하는 동일시 또는 소외의 다양한 형태들을 살펴보았다. 연기자는 또 시청자가 사용할 수 있는 것의 등가물인 연기 전략과 동일시 형식들을 사용할 수 있다. 인물 재현에 있어서 그의 역할은 시청자 역할의 거울 이미지이기 때문이다. 연기자와 시청자 모두 내가 리얼리즘적 또는 담론적, 개인주의적 또는 사회 정치적이라고 부른 재현/독해 전략 양식들 간에 상대적으로 불안정한 균형을 유지한다. 인물을 의미화하는 일은 상당히 발달된 문화적 능력 — 이는 시청자가 텍스트로부터 이끌어 내는 쾌락을 극대화하기 위해 텍스트와 자신과의 관계를 통제할 수 있도록 해 준다 — 을 요구하는, 불안정하고도 교묘한 독해 과정이다.

10장

젠더화된 텔레비전: 여성성

텍스트로부터 자신의 사회 경험에 부합하는 의미를 산출해 내는 시청자의 능력은 무제한적인 것은 아니다. 텍스트는 특정한 의미를 부각하고자하며, 열린 또는 저항적 독해의 공간을 제공하면서도 동시에 다양한 정도로 그 공간을 제한하려 한다. 어떤 텍스트는 다른 텍스트들보다 좀 더 열려 있는데, 이런 개방성은 다른 텍스트 전략들에 의해 통제된다. 이런 형식적 특징들을 텍스트들의 명백히 상이한 주제들에 추가하면 우리는 텔레비전 프로그램의 다양성과 시청자들의 이질성 간의 연관을 볼 수 있다. 간단히 말하자면, 상이한 프로그램들은 (보통 꽤 성공적으로) 상이한 시청자들을 끌어들일 수 있도록 디자인된다.

앞으로 두 장에 걸쳐 텔레비전이 [우리가] 시청자를 남성적 주체와 여성적 주체로 범주화하는 경향에 대처하고 또 이러한 중요한 범주화의 생산을 돕는 데 이용하는 전략들을 살펴보고자 한다. 멜런캠프(Mellencamp, 1985)는 1950년대까지 거슬러 올라가 이 범주화를 추적한다. 이 시기의 "남성들을 위한 뉴스 프로그램, 여성들을 위한 요리 및 패션 프로그램, 아이들을 위한 '어린이 프로그램'에서" 그녀는 "텔레비전의 '젠더 기반 gender base'의 기원을 발견한다"(p.31). 시청자를 젠더화하는 텔레비전 기법은 점점 더 정교해졌는데, 이는 젠더 특정적 내러티브의 발전 양상에서 가장 두드러지게 나타난다. 이 장에서 나는 숍 오페라를 여성적 내러티 브로, 다음 장에서는 액션 시리즈를 남성적 내러티브로 볼 것을 제안하고, 또 이 두 장르에서 우리가 다른 텔레비전 장르의 젠더화 작용을 이해하는 데 이용할 수 있는 젠더 정의의 매개 변수를 도출할 것을 제안할 것이다.

숍 오페라 형식

브라운(1987a)은 숍 오페라의 장르적 특징 8가지를 열거한 바 있다.

1. 내러티브 종결에 저항하는 연속극 양식
2. 다양한 인물들과 다중적 플롯
3. 우리의 시청 여부와 무관하게 연기가 지속된다는 점을 함축하는, 실제 시간과 평행하는 시간의 사용
4. 부분 간의 갑작스런 분할
5. 대사와 문제 해결, 친밀한 대화에 대한 강조
6. '감수성 있는' 남성 인물
7. 흔히 전문직에 종사하거나 가정 밖의 세계에서 영향력을 갖고 있는 여성 인물
8. 프로그램 배경이 가정이거나 가정과 마찬가지의 기능을 수행하는 장소
(p.4)

이들 개개의 특징들은 별도로 논의할 만한 것이며, 이런 특징들이 여성적 미학을 구축하는가 여부와 그렇다면 그 이유는 무엇인가라는 점에

JOHN FISKE

는 특히 관심을 기울일 필요가 있다. 여기서는 앞의 두 가지 특징, 즉 연속극 양식 — 숍 오페라가 계속 지속되어 결과적으로 내러티브 종결은 결여된다 — 과 플롯의 다중성에 집중하고자 한다. 8장에서 살펴보았듯이, 전통적인 리얼리즘적 텍스트는 시작과 중간, 끝을 지니는 식으로 구축되지만, 숍 오페라 리얼리즘은 무한히 확장되는 중간을 통해 작동한다. 전통적인 내러티브는 평형 상태가 교란되는 것으로 시작하며, 플롯은 최종 해결에 이를 때까지 이 교란의 효과를 추적한다. 여기서 최종 해결은 새로운, 처음과는 다를 가능성이 있는 평형 상태를 회복시킨다. 내러티브 시작 단계의 평형 상태와 종결 시의 평형 상태를 비교하고 교란이 야기하는 위협의 성격을 확인하는 것은 한 스토리의 이데올로기적 특성을 확인하는 좋은 방법이다. 그런 내러티브의 결말은 내러티브 종결과 이데올로기적 종결 모두가 일어나는 지점이다. 내러티브는 제기했던 의문을 해소하고, 내러티브상의 결핍과 결여를 보상하며, 위협을 제거한다. 이런 교란의 해소는 사건과 세팅, 인물들에 대해 특정한 이데올로기적 독해를 선호한다. 왜냐하면 리얼리즘적 텍스트의 목표는 세계를 의미 있는 것으로 만드는 것이며, 그런 텍스트가 쾌락을 줄 수 있는 것은 이런 의미의 포괄성 때문이다. 이 포괄성은 독해자의 이데올로기와의 관계에 따라, 특히 해당 문화의 지배 이데올로기와의 관계에 따라 평가된다. 그러므로 엔딩이 없는 내러티브는 이데올로기적 종결이 가장 강력하게 작용할 형식상의 지점들 중 하나를 결여하고 있는 것이다. 물론 개개의 플롯라인은 흔히 중심 인물이 떠나거나 죽음으로써 끝날 수 있지만, 그런 종결은 소설이나 영화의 엔딩과 같은 최종적 종결의 느낌을 주지 못한다. 떠났던 인물이 다시 돌아올 수도 있고, 심지어 죽은 줄 알았던 인물이 살아 있어 프로그램에 복귀하기도 한다. 최근 2년간 〈우리 삶의 나날들〉에는 살아 돌아온 인물이 4명이나 나왔다! 어쨌든 물리적으로 재등장하지 않는 경우에도 떠난 인물들은 극 중 인물의, 그리고 시청자들의 기억과 대화 속에 살아남아 있다.

교란

이러한 무한히 확장된 중간은 솝 오페라가 결코 균형 상태에 이르지 않으며, 오히려 솝 오페라의 세계는 영속적인 교란과 위협 상태임을 의미한다. 행복하고 안정적인 가족이란 균형 상태는 항상 배경에 어른거리지만 결코 성취되지는 않는다. 솝 오페라에서 결혼은 큰 만족감을 제공할 수 있는 의례의 정점이지만, 결혼은 커플이 이후로 행복하게 잘살 것으로 여겨지는 전통적인 로맨스에서의 결혼과 같지 않다. 솝 오페라의 모든 결혼은 그 내부에 파괴의 씨앗을 품고 있다. 어떤 측면에서 팬들은 이는 위협이 존재하지 않는 행복한 결혼은 지루해서 흥미 있는 플롯을 제공할 수 없기 때문이라는 것을 알고 있다. 그러나 이러한 장르적 관습은 '흥미 있는 플롯'이란 형식주의적 이상을 추구하기 때문에 생긴 것이 아니다. 거기에는 사회적 근거가 있다. 결혼은 내러티브 종결 및 이데올로기적 종결의 지점이 될 수 없다. 솝 오페라는 결혼을 축복하는 한편 따져 묻는다. 축복하면서도 질문하기 때문에 결혼에 대해 가부장제가 선호하는 그러한 독해가 아닌 다른 독해가 가능하다. 이러한 이중적 평가는 솝 오페라의 장르적 특징으로서 이 장르의 개방성의 한 근거다. 예컨대 아내의 혼외 섹스는 가부장제적 이데올로기에 따라 불륜으로 평가될 뿐만 아니라 저항적 입장에 입각해 여성의 독립과 자신의 섹슈얼리티를 추구할 권리로 평가되기도 한다. 혼외 섹스는 흔히 여성을 만족시킬 수 없는 남성의 무능력, 또는 결혼 자체의 문제에서 생긴다. 그래서 아내의 '불륜'은 동시에 남성적 가치관 및 여성적 가치관 모두에 따라 독해될 수 있다.

사이터 등(1987)이 솝 오페라 팬에 대한 연구에서 발견했듯이,

여성들은 텍스트의 이데올로기적 핵심 ― 가족의 우선성과 신성함 ―을 파괴하는 여성의 일탈 스토리로서 솝 오페라를 챙겨 보는 데서 즐거움을 느

긴다고 공개적으로 또 열정적으로 인정했다. (p.27)

그들이 인터뷰한 여성 중 두 명은 결혼이 교란되는 것을 보는 데서 즐거움을 찾았고, 한 명은 이런 스토리를 결혼의 관습에 새겨져 있는 남편의 권력에 대해 장난삼아 한 것이 실제로 도전하는 데 이용하기도 했다.

> SW 그런데 [드라마 속] 아내가 남편을 버리고 이 사람과 함께하기를 바라는 때가 한두 번이 아니에요.
>
> JS [남편인] 브루스는 내가 그 드라마를 보고 있으면 내게 화를 내죠. 그들은 기혼자지만 나는 연애에 적극 찬성이에요. (웃음) 마치 (목소리를 바꾸어) "난 이런 것 싫어. 당신에 대해 잘 모르겠어"(웃음)라고 말하는 것과 마찬가지죠. 남편을 차 버리는 거죠. (p.27)

지배 이데올로기는 현 상태에 새겨져 있는데, 숍 오페라는 종속적 위치에 있는 여성 시청자들에게 이 현 상태가 지속적으로 교란되는 것을 보는 즐거움을 제공한다. 해결 없는 교란은 텍스트를 개방한다. 그것은 지배 이데올로기에 따라 (가부장제적으로) 독해될 수 있다. 그러한 독해는 안도감을 느끼며 자신들의 '정상적인' 결혼 생활로 복귀하는 팬들을 생산할 것이다. 그러나 교란은 현 상태를 문제시하는 데 기여할 수도 있다. 숍 오페라 인물들에 대한 논의에게 살펴보겠지만, 남성의 권력을 교란하는 힘 있는 여성은 동시에 사랑과 증오의 대상이 된다. 그들의 행동은 찬사받는 동시에 지탄받는다.

인정받음과 동시에 의문시되는 것은 결혼 관계만이 아니다. 가장 흔한 플롯 주제 중 하나는 가족 관계다. 교란되고 불안정한 가족 내의 관계를 명확히 하려는 이러한 관심을 '여성들의 문제'로, 즉 가부장제가 여성에게 어느 정도 권력을 지니는 지위를 허용하는 영역으로 볼 수도 있다.

그러나 그렇다 해도 그 재현과 그것이 제공하는 쾌락은 이데올로기적 제약 너머로 흘러넘친다. 가족 관계를 이해하고, 용이하게 해 주고, 통제하는 능력은 흔히 여성 권력의 원천으로 제시되는데, 이는 못된 여자들은 관계를 깨뜨리는데, 가모장에 의해서는 좀 더 건설적으로 사용된다. 남성들은 흔히 이런 능력과 지식을 갖지 못한 것으로 나오며, 이런 남성들의 결핍 때문에 많은 문제가 생긴다. 보통 가부장제에 의해 평가절하되는 이러한 능력과 지식은 숍 오페라에서는 높은 평가를 받으며 가치 있는 것으로 인정받는다. 또 팬들에게 자존감을 부여하는 원천이 될 수 있으며, 여성이 가부장제하에서 자신들에게 할당되는 자리에 저항해 여성의 가치를 주장하는 기능을 할 수 있다.

가족 관계에 대한 이 같은 관심은 흔히 근친상간의 주제라는 극단적 형태로 나타난다. 이런 식으로 성적 관계, 가족 관계의 허용되는 경계를 탐색하는 것은 그 경계를 명확히 할 뿐만 아니라 경계 및 그런 경계를 설정하는 체제에 대해 따져 묻는 것이기도 하다. 레비스트로스의 친족 체계 이론이 맞다면, 근친상간의 터부는 가부장제를 만들어 내는 요인이다. 왜냐하면 그 터부는 결혼에서 어떤 여성이 어떤 남성에게 주어질 수 있는지 또는 없는지를 규정하기 때문이다. 그 터부의 핵심은 여성을 교환 대상으로, 친족 체계를 가부장제적으로 결정되는 것으로 구성하는 것이다. 프로이트의 오이디푸스 이론도 유사한 영역에 관한 것으로서, 가족 관계에 입각해 섹슈얼리티와 욕망, 영향에 대해 마찬가지로 가부장적인 설명을 한다. 숍 오페라에서 근친상간이 흔히 주제로 등장하는 것, 또 '남성적인' TV 장르에서는 이 주제를 찾아볼 수 없는 것은 적어도 여성이 근친상간의 터부가 설정하는 경계를 문제시하는 데에서, 그래서 그런 경계를 설정한 체제를 문제시하는 데에서 더 큰 즐거움을 발견할 것이라고 암시한다.

지연과 과정

교란이 무한히 확장된 '중간'의 유일한 효과는 아니다. 지연deferment도 마찬가지로 중요한 특징이다. 모들레스키(1982: 88)가 말하듯이 숍 오페라는 "욕망과 충족 간에 늘 복합적인 장애물들을 배치함으로써 결말에 대한 예상 자체가 목적이 되도록 한다." 숍 오페라 내러티브의 흐름은 최종적 결말로 유도하는 클라이맥스를 갖지 않으며, 모든 게 끝났다고 볼 만한 지점도 갖지 않는다. 대다수 플롯라인의 결과는 상대적으로 중요하지 않으며 흔히 실제로는 의문시될 만한 것이다. 문제가 되는 것은 사람들이 그런 결과를 얻기까지 겪게 되는 과정이다. 브런스던(1984)이 주장한 바처럼, 숍 오페라가 주는 쾌락은 사건 자체보다는 사건들이 어떻게 생기는지를 지켜보는 데서 나온다. 숍 오페라 전문지는 종종 미래의 플롯라인을 요약해 싣는다. 독자들은 사건들이 일어나기도 전에 알게 된다. 독자의 관심은 사건들에 반응할 때 등장인물들이 어떻게 행동하고 어떻게 느끼는가에 있다. 개개의 사건들은 항상 결과를 낳는데, 최종적 결과는 무한히 지연된다. 그래서 내러티브 클라이맥스에 도달하는 경우는 흔치 않다. 대신 극복해야 할 장애와 문제들이 연속되며, 내러티브의 관심은 연속되는 교란과 어려움을 겪으면서 인물들이 어떻게 느끼고 반응하는가에 모아진다. 어떤 해결도 최종적이지 않으며, 잘 마무리되었다고 해서 다가올 재난으로부터 면제받는 것이 아니다. 승리는 일시적이고 부분적이지만, 대신 빈번하게 온다. 그런 승리는 일상적이고 거의 반복적 일상이랄 수 있는 욕망의 충족을 제공한다(바르트[1975b]가 "플레지르plaisir"이라고 부른 것[12장을 참조하라]). 그러나 최종적 클라이맥스가 주는 욕망 충족의 **주이상스** (Barthes, 1975b)는 계속 연기된다. 그럼으로써 작은 클라이맥스들은 문제를 해소하는 만큼 문제를 복잡하게 만든다. 이것을 헤게모니의 작동으로 볼 수도 있을 것이다. 숍 오페라는 예를 보여 줌으로써 여성들에게 일련의 비현실적인 소소한 즐거움을 누리게 하는 대신 실제적, 최종적 욕망 충족을 포기하도록 가르친다. 시청자들은 이런 소소한 즐거움에 '응하는' 것이고 그들을 종속시키는 체제에 표면상 자발적으로 동의하는 것이다. 이런 논리에 따르면 여성들은 개인으로서 누리는 즐거움 때문에 계급으로서의 자신들에게 손해가 되는 일을 한다.

그러나 이런 끝없는 지연을 가부장제에서 여성의 무력함이 텍스트상에서 변형돼 나타나는 것으로 볼 필요는 없다. 지연을 최종적 성공에서 쾌락을 느끼는 남성적 쾌락과 대비되는, 욕망과 쾌락에 대한 여성적 정의의 표출로 긍정적으로 볼 수도 있다(11장을 참조하라). 결과물보다는 과정에 대한 강조, 클라이맥스와 관련된 최종적 쾌락이 아닌 지속적이고 순환적인 쾌락에 대한 강조는 남성적 쾌락 및 보상과 대립하는 것으로서의 여성적 주체성을 구성하는 한 요소다. 이런 여성적 주체성은 남성적 주체성보다, 지연에 대한 보상으로 얻게 되고 지연을 정당화하는 쾌락은 남성적 쾌락보다 열등하다고 보는 지배적인 태도에 따라 이것들을 이해할 필요는 없다. 숍 오페라 내러티브는 이런 여성적 원리들을 가부장제 내에서, 또 가부장제에 저항하는, 합당한 쾌락의 원천으로 지속적으로 옹호한다.

지연과 과정은 대화와 얼굴 표정에서 나타난다. 숍 오페라의 사운드 트랙은 말로 넘쳐나고, 화면은 얼굴 클로즈업으로 넘쳐난다. 카메라는 말할 때의 표정을 얼마간 보여 주어 시청자들에게 등장인물의 정서를 경험하게 할 뿐만 아니라 왜 그런 정서를 지니게 됐는지를 상상할 수 있는 시간적 여유를 준다. 포터(Porter, 1977: 786)는 "영화가 도래하기 전에는 얼굴 클로즈업은 연인이나 어머니만이 볼 수 있는 것이었다"고 말한다.

모들레스키(1982: 99~100)에 따르면, 클로즈업은 여러 측면에서 여성적 문화에서 중요한 재현 양식이다. 클로즈업은 '사람을 읽는' 여성적 기술을 훈련할 기회를 제공하며, 말한 것과 의미하는 것 간의 차이를 이해하는 여성적 능력을 연습하는 수단이다. 남성은 언어를 세상의 의미를 통

JOHN FISKE

제하기 위해 사용하지만, 여성은 말의 효능에 문제를 제기하며 언어가 잡아내지 못하는 앎에서 쾌락을 느낀다. 클로즈업은 또 극 중 인물들의 삶과 얽히고 싶어 하는 여성들의 욕망을 부추긴다. 이 욕망은 숍 오페라 플롯의 상대적으로 느린 전개에 의해 충족될 수도 있다. 그것이 인물들의 반응과 감정을 음미할 수 있도록 해 주기 때문이다. 브라운(1987a)이 말하듯이 "숍 오페라는 서두르지 않음으로써 옛 친구와 오래 얘기하는 것과 같은 즐거움을 준다." 퓨어(1984)는 숍 오페라의 연기 스타일은 과잉적이며, 정서적 대결을 극도로 과장한다고 지적한다. 편집 관습도 마찬가지 방향으로 작용한다.

> 〈댈러스〉와 〈다이너스티〉는 낮 시간대 숍 오페라의 관습을 따르고 과장하면서, 대개 대사가 끝난 뒤에 적어도 한 '박자' 더 그 숏을 유지한다. ……
> (이는) 장면 전환이나 [극 중] 광고 방송에 앞서 정서적 강렬함을 남기는 기능을 한다. (pp.10~11)

아무리 중대하고 클라이맥스에 해당하는 사건이라 해도 결코 그 자체로 의미 있는 것이 아니다. 오히려 그것이 야기하게 될 반응과 영향 때문에 의미를 지닌다. 사건은 플롯을 종결짓는 것이 아니라 다른 플롯을 새롭게 유발하거나 재활성한다.

섹슈얼리티와 힘 북돋우기

데이비스(1984a)가 주장하듯이, 숍 오페라의 섹슈얼리티는 남성적 섹슈얼리티가 관심을 두는 성취와 클라이맥스에 관심을 두기보다는 유혹과 정서에 관심을 둔다. 여성의 육체와 섹슈얼리티가 가부장제에서 여성에게 허용하는 모든 것이라면, 데이비스에 따르면, 숍 오페라는 여성에게 이것들을 남성에게 대항하는 무기로 사용하는 방법을 가르쳐 준다. 숍 오페라가 중년 여성의 섹슈얼리티를 드러내고 찬양하며, 그럼으로써 문화 전반에서처럼 텔레비전에서도 여타 프로그램에서는 억압되는 것을 명확히 드러낸다는 점은 이미 지적돼 왔다(예컨대 Geraghty, 1981). 황금 시간대 숍 오페라에서 중년 여성의 성적인 권력은 관습적인 젠더 할당과는 상당히 다르게 경제적 권력에 비례한다. 왜냐하면 가부장제에서 경제력과 성적 권력은 남성성과 밀접히 상호 의존적인 특성을 보이는데, 여성성과 관련된 것으로 재현될 때 경제력과 성적 권력은 소유에서 통제로 기능이 변화한다. 재화의 소유와 여성의 소유를 동일시하는 가부장적 전통은 너무도 흔히 재현되어 더 이상 말할 필요도 없을 정도다. 여기서는 그런 태도는 [당연한 것이 아니라] 획득되어야 할 **상태**라는 점만 지적하고 싶다. 그러나 통제는 통제를 행사하려면 지속적인 투쟁이 필요한 과정이며, 결코 완전히 획득될 수 있는 것이 아니라 계속되는 것이며, 성적 권력과 경제력을 관련시키는 여성화feminization의 적절한 결과다. 숍 오페라에서 힘 있는 여성은 결코 안정적으로 권력을 행사할 수 있는 상태에 이르지 못하지만, 자신과 남에 대한 통제를 행사하기 위해 지속적으로 투쟁한다.

보통 남성적인 쾌락과 관련지어지는 포르노의 경우에도 비슷한 여성화가 관찰된다. 모든 숍 오페라는 상당히 성적인 내용을 다루며, 많은 여성들은 숍 오페라에 대한 자신들의 반응을 묘사하기 위해 통상 남성 포르노에 적용되는 용어들을 사용한다(그림 10-1 참조). 숍 오페라 잡지들은 흔히 사랑 장면에 대해 다루거나 육체파 남성 인물을 묘사할 때 섹슈얼리티를 강조한다. 이들 잡지에 실리는 독자 편지들은 일부 여성들이 숍 오페라를 성적으로 독해한다는 것을 보여 준다. 그렇다면 이들 여성에게 숍 오페라는 포르노와 같다고 말할 수 있을 것이다. '체격 좋은 섹시한' 남성에 대한 반응은 남성 포르노의 판타지와 아주 유사한 하나의 환상으로

그림 10-1 솝 오페라와 솝 오페라 잡지에서의 성

근육질 남성 연기자와 그들의 몸 사진은 여성용 포르노, 즉 (일부 경우) 솝 오페라가 자극할 것이 틀림없지만 솝 오페라 잡지들이 충족시키도록 남겨두는 에로틱 판타지라 할 만하다. 진짜 흥분은 판타지가 덜 자아 중심적이면서 더 타자 지향적이고 더 여성적인 경우의 관능적 관계로부터 생긴다.

서, 이성인 성적 대상과의 환상적인 동일시를 유발한다. 그러나 여기엔 결정적인 차이가 있다. '체격 좋은 섹시한 남성'의 섹슈얼리티는 항상 그의 육체에 한정된 것이 아니어서 종종 그의 관계와 대인 관계 스타일을 포함한다. 마찬가지로 정사 장면의 관능적 자극은 시종일관 개인의 육체의 재현이 아닌 관계의 재현 결과로 그려진다. 브라운(1987a)은 숍 오페라의 섹슈얼리티는 "남성적 응시를 중심으로 구축되는 것이 아니라, 듣고 말하는 것에 의해 구축된다"고 주장한다. 이처럼 그것은 사람들 간의 관계의 일부이며, 숍 오페라가 제공하는 관능적 쾌락의 원천은 남성의 육체가 아니라 [인물 간의] 관계다.

숍 오페라에서 관찰되는 남성성에 대한 여성의 견해는 남성 시청자들이 갖는 견해와는 크게 다르다(다음 장을 참조하라). 낮 시간대 숍 오페라에서 '좋은' 남자는 자상하게 보살펴 주며 말을 많이 하는 남자다. 그는 "난 물질적 부나 직업적 성공엔 신경 쓰지 않아. 내가 신경 쓰는 것은 우리와 우리 관계뿐이야" 식의 말을 하곤 한다. 그는 감정과 사람에 대해 말하지만, 행동으로 직접 남성성을 표출하는 일은 거의 하지 않는다. 물론 그래도 그는 과단성 있고 남성적 힘을 지니고 있다. 그러나 그 힘은 '여성적으로' 굴절된 것이다. 이 같은 묘사는 다른 젠더 역할과 관계를 생산한다.

숍 오페라에서 여성과 남성들은 다른 예술 형식에서나 실제 삶의 영역에서보다 좀 더 평등하게 그려질 가능성이 크다. 여성(과 아이들)에 대한 남성의 지배를 약화시킴으로써 숍 오페라와 게임 프로그램은 가족들이 편히 볼 수 있도록 한다. 낮 시간대 TV에서 가족은 아버지로부터 시작해 어린 딸로 내려오는 서열 구조가 아니라, 사랑과 가족 관계를 통해 서로 밀접하게 연결된 친밀한 사람들의 집단으로 재현된다. (Lopate, 1977: 50~51; Hartley, 1985: 23에서 재인용)

JOHN FISKE

남성적 텔레비전에서 나타나는 목표 중심성, 강한 자기주장, 영웅과 동일시하는 강자 중심 도덕과 같은 '마초적' 특성들은 숍 오페라에서는 악당의 특성으로 그려지는 경향이 있다. 여성의 문화에서 여성적인 남성이 긍정적으로 그려지고 남성적인 남성이 좀 더 악당을 연상시키는 것은 놀랄 일이 아니지만, 그 반대의 경우는 단순한 것이 아니다. 악당은 통상 아주 잘생긴 인물로서 잡지에서는 흔히 이상적인 '체격 좋은 섹시한 남성'으로 묘사된다. 악당은 사랑받으며 동시에 미움받는, 찬양받으며 동시에 경멸되는 존재다. 마찬가지로, 착하고 여성적인 남자, 특히 그런 젊은 남자는 대개 관습적인 이성애적 남성성을 연상시키는 강하고 잘생긴 외모를 지닌다. 섬세하며 여성적인 외모 — 이는 동성애적 위협을 떠올리게 할 수 있다 — 를 지닌 남성들이 감수성까지 지닌 것으로 나오는 경우는 별로 없다.

이는 남성 인물들의 섹슈얼리티를 다른 식으로 독해할 수 있는 가능성을 열어 준다. 그들의 감수성과 열정은 다른 인물들과의 관계를 통해 보여진다. 그러나 마초적인 외모는 적어도 일부 시청자와 판타지 관계 fantasy relationship를 형성하도록 부추긴다. 2차 텍스트들이 흔히 육체적 특성을 강조함으로써 숍 오페라가 여성 식의 관음증으로 남성의 육체를 성적으로 독해하려는 방식을 거부하는 점을 보상하는 반면, 1차 텍스트는 관계에 집중한다. 어쨌거나 숍 오페라 잡지들은 육체에 대한 관심을 꺼리지 않는다. 숍 오페라의 남성 배우들의 가장 흔한 핀업 사진은 얼굴 클로즈업이지만, 근육질 몸매의 벗은 상반신을 보여 주는 전형적인 사진도 빈번하다(그림 10-1). 후자는 남성이 포르노에서 갖는 판타지에 해당하는 것을 여성에게 부추기는 것으로 보인다. 이런 것은 적어도 관계의 재현에서 오는 여성적 에로티시즘 외에 여성도 '남성적인' 쾌락을 누릴 수 있게 해 준다고 말할 수도 있다. 그렇지만 그것은 남성적 쾌락에 대해 전혀 문제 제기를 하지 않는 것이며, 그것의 대안을 제시하는 것도 아니다.

반면 브라운(1987a)은 솝 오페라가 섹슈얼리티와 성적 쾌락을 다루는 방식에 있어서 긍정적이며 힘을 북돋아 준다고 주장한다.

그러므로 성적으로 통용되는 육체 이미지는 부재하지만, 출산하는 여성 육체의 힘에 대한 담론은 결정적인 중요성을 부여받는다. 솝 오페라에서 임신 횟수를, 부성에, 때로는 모성에 부여되는 중요성을, 또는 인물 간의 성적 관계가 빈번하게 나타난다는 점을 재론할 필요는 없을 것이다. 하지만 임신한 여성을 자연적 사건 앞에서 무력한 여성으로 위치시키는 담론과는 반대로, 솝 오페라의 여성은 흔히 임신을 태아의 아버지에게 영향력을 행사하는 수단으로 이용한다. 태아의 아버지는 대개 아이의 어머니를 사랑하든 사랑하지 않든 (또는 임신이 실제든 거짓이든) 그 여성과 결혼한다. 그럼으로써 여성은 [남성] 지배적 체제에서 여성만이 할 수 있는 방식으로 자신을 책임지도록 하는 데 성공한다. 이처럼 여성 인물들은 자신의 육체를 자신의 목적을 이루기 위해 이용한다. (pp.19~20)

솝 오페라에서 여성의 섹슈얼리티는 남성에 의한 여성의 대상화로 귀결되지 않는다. 오히려 그것은 관계에서 쾌락의 긍정적 원천이거나 가부장적 세계에서 여성이 힘을 얻는 수단이다. 여성의 힘은 남성에 영향을 미치고 그를 통제할 수 있을 정도로 결코 완벽하게 획득될 수 없지만, 지속적으로 그런 과정에 있다. 그 힘은 지배 이데올로기가 정당화하지 않는 형태의 힘이기 때문에 힘을 행사하려는 지속적인 고투 속에서만 유지될 수 있다. 남성이 여성을 '정복'하는 것, 소유하는 것은 성적 클라이맥스에 도달했을 때 성취되는 것이라고 할 수 있을 것이다. 그러나 여성이 남성을 통제하는 데 있어서 그러한 최종적 성취란 없다. 유혹과 그것의 지속적인 쾌락과 힘을 강조하는 것은 현대의 여성적 주체성에 적절한 것이다. 왜냐하면 그러한 여성적 주체성은 무력함과 종속을 지속적으로 경험함으로

JOHN FISKE

써 필연적으로 형성되는 것이기 때문이다.

데이비스(1984a)는 숍 오페라 잡지의 광고가 여성의 육체와 섹슈얼리티가 가부장제하에서 여성이 권력을 획득할 수 있는 주요한 수단이라는 이론에 어떻게 부합하는지를 설명한다. 가장 흔한 광고 형태는 제품이 여성 육체의 성적 능력을 개선한다는 — 살빼기와 유방 확대, 피부나 모발 개선, 히프 교정 등 — 것으로, 이 목록은 해당 제품이 해결해 줄 수 있는 문제가 여성 육체에서 한정되어 있기 때문에 이 정도일 뿐이다. 이들 광고는 체제가 생산하는 여성들의 자존감 결핍을 이용하는 가부장적 자본주의에 봉사하는 것임에 틀림없다. 그러나 이에 머물지 않는다. 이런 광고는 자신의 상황을 개선하고자 하는, 그럼으로써 사회 내 자신의 힘을 키우고자 하는 여성의 욕망을 자극하는 다른 범주의 광고들과 함께 실린다. 후자의 광고에는 여성들의 자질 향상을 위한 수강 프로그램, 가정에서 할 수 있는 비즈니스 아이디어, 심지어 행운의 마스코트 같은 것도 있다. 숍 오페라 잡지들은 가부장제하에서 낮은 자존감에 시달리지만 이제까지 허용되지 않았던 사회적 힘에 대한 욕망을 지닌 여성들을 위한 것이다. 광고는 다양한 상품들을 통해 이런 점을 최대한 이용하려 한다. 하지만 숍 오페라 자체는 그러한 힘이 가부장적 자본주의가 생산하는 제품에 의해서라기보다 여성적 가치에 의해 어떻게 획득될 수 있는지를 보여 준다.

그러나 여성 권력에 대한 이러한 욕망은 결코 단순치 않다. 왜냐하면 그것은 가부장제에서 생겨난 욕망이며, 내부에 [가부장제로 인한] 모순들을 지닐 수밖에 없기 때문이다. 〈데이타이머〉 1985년 6월호에 실린 "남성-조종자: 남성을 통제하는 여성들을 좋아하지 않나요?"라는 기사는 이런 모순적 쾌락에 대해 다룬다.

여기 남성-조종자들이 있다. 남성을 통제하고 종종 남성을 멍청이로 보이게 하는 여성들.

자신들의 남성을 통제하는 여성.

모든 남성을 통제하는 여성.

우리가 닮기를 원하는 여성.

우리는 그런 여성인가?

우리는 진정으로 삶에서 남성을 통제하기를 원하는가? 실제로 남성들이 우리가 원하는 것을 우리가 원하는 방식으로 우리가 원하는 때에 하기를 바라는가? 우리는 진정으로 어떤 상황에서도 남성들의 철저한 복종을 갈망하는가?

평균적 여성인 우리는 이런 통제를 원하는가?

말할 것도 없이 그렇다.

그리고 이것이 아마도 우리가 TV에 나오는 남성 조종자들에 감탄하는 이유일 것이다. 그들을 찬양하고 그들처럼 남성을 조종하는 존재가 되는 환상을 가져라.

그럼에도…… 모순은 존재한다. 우리는 남성 조종자가 남성을 조종할 때 TV에 대고 "그녀가 한 짓에 대해 죗값을 받았으면 좋겠다"고 중얼거리지 않는가?

가부장제하에서 여성의 종속은 남성–조종의 힘에 의해 도전받지만, 불가피한 최종적 결과처럼 보이는 처벌을 받아들임으로써 재확인된다. 이런 인물 역할과 시청 위치가 지니는 모순적인 매력은 시청 관계의 연루 및 유리라는 모순적 과정을 생산한다.

이러한 남성 조종자들의 부검 결과를 앞에 두고 누구라도 그들을 부러워하리라고 상상하기 어렵다. 그러나 우리는 종종 감탄의 짜릿함을 느낀다. 잠시만 살펴봐도 우리는 남성 조종자들이 마음대로 남성을 조종할 때에만 이들처럼 되고 싶어 한다. 그들 삶이 어려워질 때, 그들의 계획이 실패해서 쫓겨나 찬바람을 맞을 때 우리는 부러움이나 찬탄을 느끼지는 않는다.

그럼에도…… 삶에서 남성을 통제한다는 일은 재미있을 것 같다. 단지 잠시뿐일지라도. (*Daytimers*, 1985. 6)

여기서 연루 – 유리의 과정은, 이미 살펴보았듯이(9장을 참조하라) 복합적이며 동시에 발생하는 일임에도, 시계열로 묘사된다. 이러한 독해 위치의 이중 접합은 통합된 독해 주체를 구성함으로써 지배 이데올로기를 퍼뜨리려는 텍스트의 힘에 도전한다. 여성 인물이 권력을 행사할 때 그 인물과 연루되는 쾌락은 그녀가 처벌받을 때 유리의 쾌락보다 더 클 것이다. 프로이트가 '정동affect'이라고 부른 것, 경험의 강도에서의 차이는 처벌의 이데올로기적 효과를 차단할 정도로 클 것이다.

예를 들면 1970년대 초반 처음 방영된 〈미녀 삼총사〉에는 '찰리'가 운영하는 탐정사무소 소속의 아름다운 여성 탐정 3명이 나온다. 찰리는 얼굴을 보이지 않고 단지 인터콤을 통해 권위적인 남성 목소리로만 등장한다. 때로는 찰리의 대행자인 보스니라는 남성의 도움을 '필요로 할지라도' 매주 여주인공들은 자신들이 사건을 해결한다. 내러티브가 클라이맥스에 달한 뒤 이들은 회사로 돌아와 찰리의 목소리로 지시를 받는다. 이 시리즈에는 가부장제가 뚜렷이 새겨져 있다. 특히 개별 에피소드가 이처럼 남성에 의해 종결되고, 세 여주인공을 카메라가 관음하듯이 잡는 데에서 이 점이 드러난다. 그러나 이는 여성 탐정들의 공격성과 성공에 의해 도전받는다. 앞서 언급했듯이 많은 여성들은 이 시리즈가 주는 즐거움이 가부장적 프레임을 압도하고 그 이데올로기적 종결의 효과를 차단할 정도로 크다고 밝힌다.

〈미녀 삼총사〉도, 숍 오페라의 '남성 조종자'들도 본질주의적 의미에서 여성적 텍스트는 아니다. 이들 텍스트는 역사적으로 또 문화적으로 생산된 것들로, 이는 그것들이 제공하는 여성적 독해가 가부장제 내에서, 또 가부장제를 배경으로 존재한다는 것을 의미한다. 가부장제 내에서 여성적 공간을 창출하려는 여성 시청자들의 투쟁은 한편의 여성적 쾌락과 권력, 다른 한편의 가부장적 통제 간에 텍스트 내에서 일어나는 투쟁과 병행한다.

쿤(Kuhn, 1984)은 그녀가 지배mastery와 마조히즘 간의 이중성이라 부르는 유사한 이중성을 연구한 바 있다. 단지 강한 여성을 빈번하게 재현하는 것만이 아니라 여성 시청자가 플롯의 수수께끼enigma를 '해결하는' 능력을 보여 주는 것도 지배의 쾌락을 제공한다. 그러나 마조히즘은 "영원히 끝도 없이 미뤄지는 종결을 기대"할 때 생산되는 관람 위치 또는 쾌락이다(Kuhn, 1984: 27). 여성의 (그리고 남성의) 고통이 여성의 힘과 마찬가지로 중심적 주제가 된다. 나아가 쿤은 지배와 마조히즘이 뒤섞여 시청자는 "남성적 주체 위치와 여성적 주체 위치 사이에서 상호 작용"하게 된다고 암시한다. 그녀의 설명은 주로 정신분석학적이다. 좀 더 문화적인 설명은 이런 상호 작용을 연루-유리 과정의 사례로, 또는 여성이 습득한 이중으로 접합된 독해 위치의 사례로 설명할 수 있을 것이다.

숍 오페라의 여자 악당에 대한 모들레스키(1982)의 설명도 비슷한 모순을 노출한다. 여자 악당은 시청자의 이상적 자아의 부정적 이미지라고 그녀는 주장한다. 이상적 자아는 숍 오페라에 의해 이상적 어머니상으로 구성되며 시청자의 (그리고 숍 오페라의) 모든 가족 구성원들과 공감하고 그들을 이해할 수 있다. 물론 그러한 어머니 역할은 가부장제 가족에 고유한 것이다. 왜냐하면 그런 모성상은 어머니가 어떠한 자기 주장도 하지 않으며, 다양한 어려움을 처리하고 해결해 나가도록 자녀들을 돕는 데서 만족을 얻을 것을 요구하기 때문이다. 이처럼 이상적 어머니는 타자 지향적이고 탈중심화돼 있다.

모들레스키의 설명은 텍스트 분석 및 정신분석학적 분석에 따른 것으로, 단지 텍스트의 이데올로기적 작동만을 확인할 수 있을 뿐이다. 그러나 우리는 모든 상황에서 그런 이데올로기가 효과적이라고 가정하지는 말아야 한다. 예를 들면, 사이터 등(1987)은 연구 대상자 다수가 텍스트에 의해 구성되는 이러한 역할을 명확히 거부한다는 사실을 발견했다.

이런 위치[이상적 어머니]는 고학력 중산층 중심의 연구 대상자들의 일부만이 부분적으로 받아들인 반면, 우리가 면담한 여성 대부분, 특히 노동 계급 여성들은 이에 의식적으로 저항하고 이를 강하게 거부했다. (p.24)

악녀는 전통적인 여성적 특징들 — 흔히 이것들은 여성의 종속을 초래하는 약점으로 여겨진다 — 을 뒤집어 힘의 원천으로 삼는다. 그녀는 임신 — 실제든 꾸민 것이든 — 을 무기로 이용하고, 사람들을 꿰뚫어 보고는 조종을 일삼고, 자신의 섹슈얼리티를 남성적 쾌락을 위해서가 아니라 자신의 목적을 위해 사용한다. 악녀는 남성과 여성의 역할을 역전시키며(이것이 〈다이너스티〉의 앨릭스가 동성애자 공동체에서 인기 있었던 이유를 설명해 줄 수 있을 것이다), 무엇보다도 가부장제의 사회관계에 의해 생산되는 동시에 좌절되는 여성의 권력 욕망을 체현한다. 악녀가 추구하는 최종적 통제는 남성에 대한 통제가 아니라 여성의 수동성에 대한 통제라고 모들레스키는 주장한다(p.97).

사이터 등(1987)은 강한 악녀가 가부장제에서 여성의 종속으로 고통받는 여성들에게 호소력을 갖는다는 명백한 증거를 발견했다.

이들 여성 전원은 강한 악녀를 좋아한다고 답했다. 젊은 응답자들은 힘 있는 여성 인물을 보고 찬탄하면서 쾌락을 느꼈다. 강한 여성은 또 가부장제 내 여성의 저항의 전통적인 패턴의 경계를 위반한다는 점에서 언급되었다.

LD   그래요. 그들은, 여성들은 아주 악독할 수 있죠. (웃음)

JS   마치 여성들이 남성들보다 더 큰 영향력을 가진 것처럼 보여요. 그
      들은 아주…… 교묘하게 조작할 줄 알죠.

SW   머리가 좋죠. 야호! (웃음)

LD   아주 교활하죠! 야호!

SW   악녀들은 몸 대신 머리를 쓰죠. (웃음) 그들은 조종할 줄 알아요.
      (pp.25~26)

반면 악녀를 싫어한다는 증거는 별로 없었다. 대신 응답자들은 자신
의 중산층 지위에도 불구하고 고통을 당하는 여성들, 그들이 "징징대는
여자" 또는 "겁보"라고 부르는 유형의 여성들을 경멸했다(pp.24~25).

그러나 악녀의 묘사에서 숍 오페라는 이들 '긍정적인' 여성적 특성들
을 도덕적 불인정이라는 틀 내에 위치시키고, 악녀들의 궁극적인 성공을
부인하는 내러티브 구조를 반복함으로써 그런 특성들을 보여 줄 뿐이다.
여성 시청자는 악녀를 사랑하면서 증오한다. 편들면서도 그녀가 파멸하기
를 바란다. 텍스트 내에, 또 독해 위치 내에 있는 이러한 모순은 가부장제
사회에서 여성적 가치를 주장하려는 시도에 내재하는 모순을 반영한다.

텍스트는 이러한 모순을 해결할 수도 없고, 해결하지도 않는다. 여성
적 통제는 가치가 낮은 것으로 재현됨으로써 가부장제에 흠집을 내지 못
하며, 그래서 악녀는 여성의 분노의 안전판으로, 또는 여성적 힘의 판타
지로만 기능한다고 주장할 수 있을 것이다. 하지만

악녀가 결코 성공을 거두지 못한다면, 시청자의 갈등하는 욕망에 조응해
악녀는 영원한 반복을 하도록 저주받았다면, 악녀는 결코 완전히 실패하지
도 않을 것임이 틀림없다…… 그리고 악녀가 항상 계략이 좌절돼 지속적으
로 고통받는다 해도, 악녀가 착한 인물보다 더 고통받는 것은 아니라는 점
을 기억해야 할 것이다. 착한 인물은 자신의 운명을 고치려 시도조차 하지

않으므로. (Modleski, 1982: 98)

악녀 캐릭터 — 악녀가 여성의 무력함을 정당화하거나 이에 도전하는 상반된 의미를 지닐 수 있도록 해 준다 — 가 지니는 모순은 숍 오페라 텍스트에 전형적으로 나타나는 개방성을 보여 준다. 결혼과 가족도 유사한 모순을 지닌 채 재현된다. 어느 것도 안정적이지 않아서 둘 다 지속적으로 엉망이 된다. 주로 개인의 욕망이나 결함 때문에 생기는 지속적인 교란의 힘에 의해 위협당한다. 결혼과 가족과 같은 지배적 제도는 인간의 욕망과 행동에 대처할 때 경험하게 되는 어려움 때문에 가치 있다고 시종일관 주장할 수는 없으며, 이 어려움 덕분에 이 지배적 제도는 경합의 장 — 그 내에서 개인적 갈등은 사회 정치적 차원을 획득하게 된다 — 으로 설정할 수 있게 된다. 행복한 결혼과 안정된 가족이라는 이상은 결코 명시적으로 공격받지 않을 테지만, 그런 이상이 성취 불가능한 것처럼 보이는 점은 그런 이상에 질문을 던지도록 한다.

과잉

우리는 6장에서 과잉은 텔레비전의 일반적 특징으로서 텍스트를 대안적 독해에 개방적일 수 있게 한다는 점을 살펴보았다. 퓨어(1984)는 멜로드라마에 대한 여러 비판적 연구들(Mulvey & Holliday, 1972; Bourget, 1977/1978; Willeman, 1978; Elsaesser, 1973; Nowell-Smith, 1977; Mulvey, 1977~1978; Kleinhans, 1978)을 검토하면서, 이들 연구가 내가 과장적 과잉hyperbolic excess이라고 부르는 것이 "헤게모니를 지닌 것으로 보이는 표면을 거슬러 독해될 수 있는 텍스트 공간"을 열어 놓는 능력을 지닌 덕분에 멜로드라마의 이데올로기에서 특히 중요하다고 주장한다는 점에 주목한다(Feuer, 1984: 8). 퓨어는 멜로드라마 ― 솝 오페라는 이 장르의 최적의 예다 ― 가 두 가지 텍스트를 생산한다고 말한다. 제1 텍스트 또는 주 텍스트는 지배 이데올로기가 선호하는 텍스트이며, 표면의 '명백한' 차원에서 접근 가능하다. 하지만 제2 텍스트는 주 텍스트의 통제 밖으로 흘러넘치고 지배 이데올로기를 전복하는 '과잉'에 의해 가능해진다.

브라운(1987a)도 쇼월터(Showalter, 1985b)에 대해 논하면서 이중적 텍스트 개념을 제기한다. 그러나 이를 단지 여성적 문화에만 연관시킨다. 그녀는 가부장제하의 여성들은 지배적 담론(쇼월터가 "남성 크레슨트male crescent"●라고 부른)과 쇼월터가 "야생지wild zone"라고 부른 여성적 담론 모두에 참여할 수 있도록 해 주는 이중 음성의 담론을 필연적으로 배워 쓰게 된다고 주장한다. '남성 크레슨트'는 이데올로기적 통제가 강하게 작동하는 곳이며, '야생지'는 의미가 그 통제로부터 벗어나는 곳으로서 (거의) 모든 일이 일어날 수 있는 곳이다. 멜로드라마적인 과잉은 솝 오페라에서 이 야생지를 구성한다. 호지와 트립(1986)의 민속지학적 연구는 이런 주장을 지지하는 증거를 제공한다. 그들은 소녀들이 텔레비전의 남성 및 여성 주인공 모두와 동일시하는 경향이 있는 반면, 소년들은 남성 주인공과만 동일시한다는 사실을 발견했다. 소녀들은 일찍부터 '이중 음성의 담론'을 다루는 법을 배우는 반면, 소년들은 그럴 필요를 느끼지 못하기 때문에 훨씬 제한된 담론 레퍼토리를 갖게 됐다.

로라 멀비Laura Mulvey(1977~1978)도 멜로드라마의 과잉이 긍정적 가

● 남성과 여성의 세계가 중첩되는 부분 이외의 남성만의 영역으로 원칙적으로 여성은 접근 가능하지 않은 부분을 말한다. 영국의 인류학자 에드윈 아드너Edwin Ardener의 다이어그램에서 초승달형crescent으로 표시된다. 쇼월터는 여성들은 (남성 중심적 담론의 세계에 살고 있으므로) 이 남성만의 세계가 어떠한지 알지만, 남성은 여성 고유의 영역에 대해서는 알지 못하고 관심도 기울이지 않는다고 주장했다.

JOHN FISKE

치를 지닌다는 점을 발견하고는, 과잉이 가정과 가족의 개념에서의 이데올로기적 모순을 활성화하는 작용을 할 수 있다고 말한다. 그러나 멀비에 따르면, 과잉은 최종적으로는 '안전 밸브'의 역할을 해 헤게모니를 유지하는 기능을 한다. 퓨어(1984)는 이에 반대해 텔레비전 멜로드라마의 과잉은 시청자들에게 적어도 급진적 가능성을 부여한다고 주장한다.

> 1980년대 멜로드라마 연속극의 부상은 문화적 모순들의 급진적 표현이자 그에 대한 급진적 반응을 표상한다. 그 반응이 우파나 좌파 어느 편으로 기우는 것으로 해석될지는 텍스트 자체가 답할 수 있는 문제가 아니다. (p.16)

퓨어는 주로 황금 시간대 솝 오페라를 다루지만 자신의 결론은 낮시간대 솝 오페라에도 마찬가지로 적용될 수 있다고 주장한다. 과잉은 비교적 이론화하기 쉬울 수도 있지만, 그 이론을 특정한 예에 적용하는 것은 항상 쉽지는 않다. 〈우리 삶의 나날들〉에서 애나가 겪는 불상사는 과잉의 전형적 예라 할 수 있다. 애나는 5년 동안 외지에 있다가 돌아오자마자 납치당하고, 보트에 갇혀 강제로 약물에 취하게 되고, 아마도 강압에 의해 몸을 파는 처지가 되며, 거의 굶어 죽을 지경에 이르며, 채찍으로 얻어맞아 등에는 아직도 상처가 남아 있다. 그녀는 다발성경화증을 앓게 되자, 남편 로먼에게 자신과 이혼하고 자신이 떠나 있을 동안 사랑하게 된 말린과 재혼하라고 제안한다. 그녀는 돌아왔을 때 자신도 모른 채 옷가방에 숨겨진 수천 달러를 운반한 죄목으로 경찰인 로먼에게 체포될 뻔한다. 희생자로서의 여성을 가리키는 이러한 기호들의 목록은 과잉을 넘어 터무니없는 것으로 보일지도 모른다. 그러나 그런 상세한 내용은 여러 장면과 몇 회에 걸쳐서 서서히 알게 된다. 이런 앎의 과정은 공포와 동정심을 자아내어 여성 희생자의 고통에 마조히즘적으로 동일시하는 데 한정되지 않는다. 나아가 그런 희생을 강요하는 남성의 권력에 대한 각성을 일깨울 수 있다. 애나의 고통이 가부장제하의 여성들이 통상 겪는 희생을 초과하면 할수록 다양한 방식으로 작동할 수 있는 틈이 열린다. 논리상 그 틈은 리얼리즘이라는 이데올로기적 종결을 생산할 수 있는 것으로 보이지만, 팬들에게 그런 일은 생기지 않는다. 마찬가지로 그것은 보통 당연시되고 주목받지 않는 [여성] 희생의 규범들의 탈신화화로 이끌 수도 있겠지만, 과잉을 전경화함으로써 규범들의 가부장적 자의성을 폭로하는 것일 수 있다.

텍스트 자체는 이런 의문을 해소시킬 수 없다. 과잉이 반드시 전복적이거나 탐색적 독해를 이끌어 내지는 않는다. 과잉은 이데올로기적 통제를 벗어나는, 또 대안적 독해를 가능하게 하는 의미의 흘러넘침을 가능케 한다.

퓨어(1984)는 〈댈러스〉와 〈다이너스티〉의 시각적 화려함이 전복적인 과잉의 한 형태로 작동한다는 해석에 대해 유사한 의구심을 품는다. 그녀는 인물들이 도덕적, 또 경제적 면에서 시청자들의 규준을 초과한다는 점을 지적하지만, 텍스트 자체가 이런 요소들이 반텍스트countertext로 사용된다는 아무런 암시도 하지 않기 때문에 이런 과잉이 궁극적으로 전복적이지는 않다고 주장한다. 하지만 그러한 텍스트상의 암시가 꼭 필요한 것은 아닐 수 있다.

브런스던(1981)은 숩 오페라를 제대로 시청하려면 이 특정한 연속극 양식과 장르의 관습에 대한 지식으로 구성되는 문화 자본을 어느 정도 갖추어야 한다고 주장한다. 그녀는 또 텍스트가 제공하는 주체 위치는 '사회적 주체'로서의 시청자의 위치와 어울리지 않을 수도 있으며, 그러한 경우 시청자는 텍스트가 생산하는 주체 위치를 받아들이지 않을 수 있다고 말한다. 시청자를 '사회적 주체'로 구성하는 사회적 담론들과 '독해 주체'로 구성하는 텍스트 내의 담론들 간의 모순은 텍스트의 규범을 심문하는 데 사용될 수 있다. 〈댈러스〉가 시청자의 도덕적, 경제적 규범을 초

JOHN FISKE

과하는 만큼 이들 규범은 강화되는 한편 의문시될 것이다. 실제로 두 가지가 동시에 일어날 수 있다. 경제적 부가 약속과는 달리 행복이나 만족을 주지 못할 것이라는 깨달음을 주는 동시에 경제적 부에 대한 욕망이 자극될 수도 있다. 가족 도덕에 관한 규범은, 이를 위반할 때의 쾌락과 위반의 필연성을 경험하기 때문에 지켜질 수도 있다.

풍성함과 다의성

숍 오페라는 인물과 플롯라인의 다중성으로 특징지어진다. 이런 풍성함 plenitude은 다양한 독해와 독해 위치를 가능하게 해 준다. 소번(1982)은 텍스트 개방에 있어서 이런 '다중성 원리multiplicity principle'의 효과를 강조한다. 이 때문에 "친숙한 인물 유형과 상황들이 점점 더 암시적이 되고 덜 규정적이 된다"(p.539). 낮 시간대 숍 오페라 수는 40편에 이를 정도다. 이는 앨런(1985)이 계열체적 복합성paradigmatic complexity이라고 부르는 것을 생산한다. 이런 상황에서 인물은 동일시 기회를 제공하는 개인으로, 또 사회적이거나 도덕적인 가치의 담지자로도 독해될 수 있다. 독해자가 '한 인물이 누구인지'를 이해하도록 해 주는 관계망은 극도로 복잡해서 내러티브 구조가 통제할 수 있는 수준이 아니다. 이런 복합성 때문에 우리가 9장에서 캐그니와 레이시, 태거트를 분석할 때 사용한 구조적 분석이 쉽지 않다. 앨런은 숍 오페라의 반복성, 즉 동일한 사건이나 관계를 다른 사람이 다른 상황에서 반복해 말하는 통사론적 중복은 특정 에피소드를 놓친 시청자에게 필요한 정보를 제공하는 수단 이상이라고 말한다. 정규 시청자에게 반복성은 계열체적 네트워크를 상기시킨다. 앨런은 "경험 많은 독해자에게 숍 오페라의 특징적인 인물 관계망은 초보 시청자는 독해할 수 없는 의미화 잠재력의 주요한 원천을 열어 준다"고 결론짓는다(p.71).

통사론적 차원에서 플롯라인의 다중성은 다양한 화젯거리를 도입하고 이를 다양한 위치에서 탐색할 수 있게 해 준다. 낙태, 시험관 아기, 인종 간 결혼과 같은 '진보적' 주제들이 도입되어 여러 인물들의 상이한 경험을 통해서 탐색될 수 있다. 숍 오페라 시청자에게는 결코 하나의 안정적인 독해 위치가 허용되지 않는다. 한 사건에 대한 한 인물의 반응을 이해하고 공감하자마자 초점이 바뀌어, 시청자는 다른 인물이 체현하는 것에 자신의 경험적 지식을 적용해야 한다. [숍 오페라에서는] 이슈의 모든 측면이 다양한 사회적 관점으로부터 탐색되고 평가될 수 있다. 그래서 다음 장에서 살펴볼 남성적 내러티브와는 대조적으로 어떤 시점, 어떤 평가 기준도 다른 것보다 위계상의 우위를 확실히 점할 수 없다.

앨런(1985)은 이런 텔레비전의 반위계적 개방성은 장기간에 걸쳐 형성된 것이라고 말한다. 초기에는 이야기 세계 외부의 해설자가 등장했다(해설자가 사라지자 현실감이 훨씬 강화되었을 뿐만 아니라 '시점의 위계질서'도 거부되었다). 그는 "근저에 규범적 시점"이 자리 잡고 있을지라도 새로운 규범적 위치가 탐색될 수 있다고 주장한다.

> 숍 오페라 텍스트의 개방성은 적은 비용으로 새로운 규범적 영역을 식민화할 수 있게 해 준다. 그 과정에서 새로운 독해자 집단을 위한 공간이 열린다. 새로운 인물과 상황이 새로운 시청자들을 끌어들이기 위해 도입될 수 있지만, 새로운 내러티브 갈래는 다른, 좀 더 전통적인 갈래들과 나란히 전개되므로, 기존 시청자들을 소외시킬 위험은 거의 없다. (p.175)

종결의 부재는 이런 모순의 해소를 저지하고, 전통적 가치와 새로운 가치의 병치를 진보적 또는 보수적으로 독해할 수 있게 해 준다. 플롯의 다중성은 숍 오페라가 다양한 시청자들에게 다양한 쾌락과 동일시를 제공할 수 있게 해 준다. 플롯라인이 말도 안 돼 보이는 것은 즐길 만하다는 반응에 의해 보정된다. 그래서 솝 오페라 잡지에서는 플롯이 '말도 안 된다'는 시청자들과 '즐길 만하다'거나 '그럴 듯하다'는 시청자들의 의견이 가득하다. 이처럼 의견이 합치하지 않는 것은 다양한 시청층에 어필할 수 있는 솝 오페라의 능력을 보여 준다. 이러한 내러티브의 풍성함이 가져다 주는 확실한 경제적 이득 때문에 제작자들은 시청자들의 문화적 관심에서 활성화되는 다의성과 개방성을 저지하지 않는다(16장을 참조하라).

탈중심화된 것으로서의 여성적 특성

솝 오페라를 정의하는 특징은 단일한 독해 위치 및 텍스트의 일관된 의미가 부정되는 것이다. 그 텍스트와 독해 주체는 탈중심화돼 있다. 초도로프(Chodorow, 1974: 44)는 여성적 주체성은 남성적 주체성보다 덜 중심에 모아져 있다고 지적한다. 이런 중심의 결여 때문에 여성적 자아는 경계가 불안정한 특징을 지닌다.

> 어느 사회에서든 여성적 인격은 남성적 인격보다도 더 많이 다른 사람들과의 관계에서 정의된다(정신분석학 용어로는 여성은 남성보다 덜 개인화된다. 여성의 자아 경계는 남성보다 더 유연하다). 더구나 의존의 문제를 다루고 경험하는 방식에서 남성과 여성은 다르다. 소년과 남성에게 개인화와 의존의 문제는 남성성 또는 남성적 정체성의 의미와 밀접히 엮여 있다. 반면 소녀와 여성에게 여성성 또는 여성적 정체성의 문제는 이와는 다르다. 자녀 양육이란 구조적 상황과 남녀 간의 다른 역할 훈련에 의해 이런 차이가 생긴다. 이런 차이는 성인 삶의 성 사회학에서 복제되고 재생산된다. (Brown, 1986에서 재인용)

이것이 남녀 간의 내재적인, 자연적인 차이인지, 아니면 사회적으로 생산되는 차이인지는 논란거리다. 하지만 가부장제의 문화적 구성체가 지속적으로 이런 차이를 재생산하고 다시 정당화한다는 점은 논란의 여지가 없다. 여타 예술 형식보다 숍 오페라가 여성의 탈중심화된 주체성 및 가부장제하의 그들의 사회관계와, 그리고 여성들에게 인기 높은 텍스트들의 구조와 훨씬 더 명확하게 연관을 맺는다는 점도 마찬가지다.

다양한 독해 위치와 함께 숍 오페라 형식의 탈중심성은 가부장적 가족 내 여성의 역할에 상응하는 텍스트적 요소라고 모들레스키(1982) 등의 이론가들은 주장한다. 가족 내에서 여성은 아이와 남편과의 관계에서만 자신의 정체성을 찾을 수 있는 탈중심화된 존재로서, 지속적으로 이 관계가 요구하는 바에 맞추어 자신을 재구성하게 된다.

마찬가지로 플롯 주제의 지속적 반복 — 위벨(Wiebel, 1977)이 열거한 가장 자주 등장하는 8개 주제를 모들레스키(1982)가 인용한다 — 과 그 결과의 불가피성은 주부들에게 부과된 가사 노동과 형식면에서 상응하는 것으로 볼 수 있다. 이렇게 보면 인물과 플롯의 다중성은 가사 노동을 구성하는 — 동시에 주부가 처리해야 하는 — 일의 다중성에 상응한다. 텔레비전 텍스트의 빈번한 중단 — 한 플롯라인에 의한 다른 플롯라인의, 광고에 의한 프로그램의 중단 — 은 가사 노동의 끊임없는 중단의 텍스트적 상응물이며, 내러티브 종결의 결여는 가사 노동이 끝이 없는 것과 상응한다.

가족 내 여성과 남성의 시청 양식의 차이도 비슷한 양상을 보인다. 몰리(1986)는 남성이 여성보다 집중해서 TV를 시청하는 반면, 여성이 어떻게 다른 일, 흔히 가사 노동을 하면서 시청하는지를 조사했다. 여성의 노동, 여성의 시청 행태, 여성적 텍스트는 함께 결합해 탈중심화되고 유연한, 다중 초점의 여성적 주체성을 생산한다. 이 모든 요소들은 남성의 노동, 남성적 텍스트, 남성적 주체성과 대비된다.

JOHN FISKE

이런 설명은 텍스트의 특징과 여성의 사회적 역할, 여성의 탈중심화된 주체성 간의 관계를 해명해 줄 수 있다. 그러나 문제가 되는 것은 이런 관계의 효과다. 이들 설명은 남성적 헤게모니의 장치로서, 가부장제로 인해 고통받는 여성 주체들 안에 가부장제를 자연화하는 작용을 한다고 할 수 있다. 한편 모들레스키(1982)가 말했듯이, 이것들은 여성적 미학의 특성이라고 할 수도 있을 것이다. 이것들은 대항적인 페미니스트 문화가 아니라, 가부장제 내에서 가부장제를 배경으로 여성적 특성 및 쾌락의 가치를 주장하는 페미니즘적 문화를 구축한다. 러벌(Lovell, 1980)은 대중 오락 전반에 대해, 특히 솝 오페라에 대해 비슷한 지적을 한다.

> 오락이 주는 쾌락의 일부는 손쉽게 지배를 위해 동원될 것이다. 다른 쾌락들은 좀 더 동원하기 어려울 것이다. 후자 중에는 가부장제하에서 좌절당하는 피지배자들의 희망과 열망을 표출하는 것들이 있을 것이다. 확실히 희망과 열망은 지배의 모순적인 감성과 나란히 굳게 뿌리를 내리고 있을 것이다…… 그러나 희망과 열망이 대중 문화 내에서 아무리 모순적인 방식이라 해도 표현되고 전개되는 것을 보면, 그것들이 살아남아 다른 방식의 동원과 접합에 쓰일 것임이 틀림없다. (p.49)

여성적 의미들이 생산되고 순환할 수 있는 여성적 지형을 협상함에 있어서, 여성적 의미들은 가부장제를 지속적으로 심문하며, 여성적 가치를 정당화해 여성적 가치에 따라 사는 여성들에게 자존감을 갖게 해 준다. 단적으로, 여성적 의미는 실질적으로는 유일하게 가능한 종류의 여성 문화를 위한 수단을 제공한다. 왜냐하면 그 문화가 현재의 사회관계를 설명해 주기 때문이다. 그것은 지배적인 가부장제 내에서, 또 가부장제를 거슬러 스스로를 확립하고 확장하려 지속적으로 투쟁하는 여성 문화다. 그것은 직접적이거나 급진적 방식으로 가부장적 지배에 도전하지는 않을 테지만, 적어도 여성을 종속시키려는 가부장제의 힘을 지속적으로 침식하며, 잘 되면 남성에 대한 직접적인 도전의 발판이 될, 남성으로부터 자유로운 지대와 그런 도전에 필요한 자기 존중을 제공한다.

11장

젠더화된 텔레비전: 남성성

남성성은 여성성과 마찬가지로 문화적 구성물이지만, 가부장제와의 관계가 다르기 때문에 [여성성의 경우와는] 다른 텍스트적 구성물과 독해 실천을 생산한다. 주로 남성 시청자들을 대상으로 삼는 〈A특공대〉와 같은 프로그램들은 대항적 또는 저항적 의미를 가능케 해 주는 **이중적 텍스트**를 생산할 필요가 별로 없다. 이들 프로그램은 구조적으로 좀 더 확실한 내러티브적, 이데올로기적 종결을 생산한다. 이런 종결에 상당수의 시청자 집단이 저항한다는 증거는 거의 없다. 사회 체제 내에서 다른 위치를 점하고 있는 남성 하위 문화는 자체의 상황을 지배 이데올로기에 부합하게 하려 하기 때문에 좀 더 전형적인 독해 전략은 협상이 될 가능성이 크다. 남성적 텍스트는 여성적 텍스트보다 덜 다의적인 것으로 보인다. 왜냐하면 남성의 가부장과의 관계는 여성의 관계보다 덜 저항적이기 때문이다.

이는 남성들이 가부장제의 남성성의 구성에 문제가 없다고 느낀다는 말은 아니다. 남성들도 확실히 문제를 느낀다. 〈A특공대〉 같은 프로그램의 인기는 그런 프로그램들이 [남성에게 유용한] 의미를 얼마나 제공하는가에 달려 있다. 여기서 유용한 의미란 다양한 사회적 위치에 있는 남성들의 경험과 이들 경험을 유의미한 것으로 만드는 방법인 남성성의 이데올로기적 구성 간의 차이를 받아들이는 데 이용되는 의미를 말한다.

남성적인 〈A특공대〉의 구조

〈A특공대〉와 남성성은 둘 다 문화적 구성물로서 유사성과 차이에 따라 의미를 정립하는 작업을 수행한다. A특공대는 네 명으로 구성돼 있다 (본래 팀에 여성도 한 명 포함돼 있었으나 첫 시즌 이후에는 등장하지 않는다). 그들은 베트남 참전 용사로서 전쟁 범죄를 범했다는 누명을 쓴 특수 부대 요원 출신이다. 그들은 [당국의 추적으로부터] 도피해 이제 법을 무시한 채 공식적 사법 제도가 제대로 작동하지 않는 영역에서 선량한 약자가 사악한 범죄 집단으로부터 자신을 방어할 수 있도록 돕는 일을 한다. 이들의 '고객'이 되려면 두 가지 기준을 충족해야 한다. 비용을 지불할 능력이 있어야 하고, 스스로 A특공대를 찾아 나설 용기와 각오를 갖춰야 한다. 물론 이들이 사회주의적 동기를 갖고 계급적 약자를 돕고자 하는 것은 아니다. 단지 자본주의에 적합한 경쟁적, 개인주의적, 경제적 동기를 가진 사람만 돕는다.

팀의 리더는 한니발 스미스(조지 페퍼드)로 중장년의 냉소적인 남성이다. 위장의 대가이자 육체적으로 날렵한 인물로, 일을 끝내고 만족감을 느낄 때 남근적인 시가에 불을 붙이는 버릇이 있다. 팀의 2인자는 템플턴 '멋쟁이' 펙(덕 베네딕트)으로, 잘생긴 매력적인 인물이다. 다양한 역할을 능수능란하게 연기해 사회 집단과 상황을 자신에게 유리하게 이끄는 능력이 있다. 그의 약점은 여성에 있다. 종종 여성 고객에게 빠지는 성향을 보여, 에피소드 결말에서는 그를 아름다운 여성의 팔에서 떼어내야 한다. B. A. 바라커스(미스터 T)는 팀의 '주먹'이다. 그는 모히칸식 머리를 한 덩

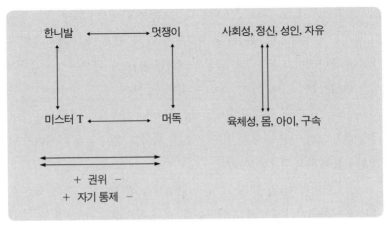

그림 11-1 〈A특공대〉의 남성성 구조

치 큰 흑인으로 목에 큰 황금 체인을, 팔목에는 팔찌를 차고 다닌다. 팀의
밴을 모는 운전사이며 기술 및 폭파 전문가다. 마지막 멤버는 '울부짖는
미치광이' 머독(드와이트 슐츠)으로, 정신병원에 수용돼 있는데 (아마도 베트
남전의 트라우마 때문인 듯) 임무가 있을 때마다 병원을 빠져나온다. 그가 정
신적으로 문제가 있다는 사실은 아이 같은 행동과 표현에서 종종 드러난
다. 그러나 능란한 헬리콥터 조종사이자 백업 운전사다.

A특공대와 남성성의 근저에 있는 유사점과 차이점의 구조는 그림
11-1처럼 나타낼 수 있다.

전체로서의 A특공대는 가부장제 내에서 사는 남성들에게 남성성에
문제를 제기하도록 하는 남성성의 모순들을 체현하는 복합적 구조로 볼
수 있다. 이것이 남성성의 구조로 기능하는 방식을 살펴보기 위해 이 구
조를 좀 더 상세히 분석해 보자.

우리 문화에서 남성성의 한 양상은 성숙과 관련된다. 흔히 소년들에
게 하는 "남자가 돼라"라는 말은 육체적 나이에 비해 좀 더 성숙하게 행
동하라는 충고다. 많은 대중적 내러티브가 청소년이 성인으로 진입할 때

의 '경계 의례boundary rituals'를 다룬다. 〈A특공대〉에서 성숙이라는 통시적 과정은 공시적으로 제시된다. 사회화가 덜 돼 있고 다소 야생마 같은 머독은 유아적이고 본능적인 남성을 재현한다. B. A. 바라커스는 육체적 힘의 면에서 (총, 자동차, 기계로 확장된 육체적 힘도 포함하는) 남성성에 대한 남자 아이의 판타지를 구현한다. 그는 남성성이란 지배하는 것이라는 점을 배웠지만, 그럴 만한 육체적 힘도, 사회적 위치도 갖지 못한 나이대의 남자 아이들에게 특히 인기가 있다.

반면 한니발과 '멋쟁이'는 성인의 남성성을 대변한다. 그들의 힘은 육체보다는 사회적인 수단으로 행사된다. 머독과 B. A.가 행동할 때, 그들은 계획을 세우고 계략을 짠다. 그들은 머독과 B. A.라는 몸의 두뇌다. 한니발은 많은 경험과 치밀한 계획을 세우는 능력으로 권위를 갖게 되는, 좀 더 성숙한 인물이다. 청년인 멋쟁이는 매력이나 역할 연기와 같은 사회적 수단으로 자신의 뜻대로 남을 부릴 수 있지만, 로맨스에 약해 종종 자기 통제를 상실하는 모습을 보인다. 이 점은 그를 한니발보다 '어린,' 머독과 가까운 인물로 보이게 한다. 그는 사춘기와 성숙한 성인 간의 경계에 있는 인물이다. 반면 한니발은 성숙한 아버지상이다. 언론이 조지 페퍼드가 만취해 소동을 부리는 배우라는 예전의 평판을 종종 보도했던 점을 고려하면, 한니발의 자기 통제는 상당히 진정성 있는 것으로 보인다. 그는 [자신의] '머독과 같은' 야생마 기질을 통제할 수 있게 되어 한니발 스미스를 연기하게 된 것이다.

팀 리더인 한니발은 우리 문화가 구축한 남성성의 대부분을 선보인다. 셰어 하이트Shere Hite(1981)가 남성이 생각하는 남성성의 요소들에 대한 연구에서 밝혔듯이, "남자는 자기 확신을 갖고, 두려움 없고, 자기 통제가 가능하고, 자율적 또는 자기 충족적이어서 의존적이지 않아야 한다." 그 밖의 남성성의 요건은 리더십, 책임감, 믿음직함이었다. 루트(Root, 1984: 16)는 이와 유사한 연구에서 다음과 같이 말한다.

JOHN FISKE

[조사자들이] 의사, 정신치료사, 사회복지사들에게 '정상적인 성인,' '정상적이고 건강한 남자'와 '정상적이고 건강한 여자'의 정의에 대해 물었다. 앞 두 범주, 즉 성인과 남자의 특성 목록은 거의 동일했다. 독립성, 자기 의존, 굴하지 않는 성격 등이 뚜렷하게 나왔다. 반면 '정상적이고 건강한 여자'는 거의 '정상적이고 건강한 사람'의 정반대로 나타났다. 취약하고, 의존적이며, 여러 면에서 아이 같은 것으로 나왔다.

여러 모순들을 위장하는 [남성성의] 의기양양한 정의에서 성숙과 남성성은 함께 붙어 다닌다. 자본주의에서 이런 정의에 부합해 살려면 남성은 억압, 죄의식, 여러 모순된 감정들을 야기하는 일련의 복합적인 경험을 겪어야 한다. 이런 경험들은 주로 여성의 역할과 결혼, 일과 사회의 조직에 대한 것이다. 이것들은 자본주의 가부장제하에서 남성 정체성의 지속적인 재정의를 수반한다. 이들 영역을 탐색하기 위해 우리가 사용할 용어들 중 일부는 심리학 용어이지만, 남성의 심리에 존재하는 모순들은 주로 사회적으로 생산된 것이며 분명 사회적 조건 속에서 재생산된다. 다른 말로 하자면, 그것들은 자연으로서의 남성의 일부가 아니라 우리 사회에서 남성성의 구성의 일부다.

하이트가 열거한 특성은 모두 개인주의, 또는 힘과 통제의 표현이다. 그러나 사회는 종종 남성들을 그들이 개성을 표출할 기회나 어떠한 힘이나 통제를 행사할 기회를 부정하는 기관(직장과 같은) 내에 위치시킴으로써, 남성들에게 이런 자질을 계발할 수단을 허용하지 않는다. 이는 특히 사회 경제적 하위 집단에 해당된다. 이는 흔히 노동 계급 '스타일'이 공격성을 보이고, 노동 계급 및 중하위 계급의 하위 문화가 성차별주의를 드러내는 근거일 것이다. 남성들의 남성성의 관념이 직장에서 거의 실현될 수 없기 때문에, 남성들은 그들의 여가와 사회 활동에서 남성적인 스타일을 발전시켜 왔다. 이들 활동은 이런 좌절을 과장하고 보상하기라도 하듯 남성성의 기호들의 과도한 전시로 이뤄져 있다. 이데올로기적 이상과 사회 경험 간에 존재하는 동일한 격차는 사춘기 남성의 스타일이 성차별과 공격성을 지니는 것도 설명해 준다. 왜냐하면 하위 계급 경우와 마찬가지로 10대 소년들도 우리 이데올로기가 남성성의 조건이라고 알려 주는 힘을 행사할 사회적 수단을 갖고 있지 못하기 때문이다.

B. A.나 헐크, 육백만 불의 사나이, 슈퍼맨 같은 영웅들은, 자신의 육체가 이데올로기가 요구하는 정도의 힘을 지닐 만큼 강하지 못하고 가정과 학교에서 무력한 사회적 위치를 차지하는 어린 소년들에게서 인기가 높다. 이런 영웅들의 육체적 힘은 종종 자동차, 총, 기계에 의해 확장된다. 이렇게 볼 때 B. A.의 기계 다루는 능력과 운전 능력은 그의 육체적 힘의 연장이고, 〈해저드 마을의 듀크 가족The Dukes of Hazzard〉이나 〈나이트 라이더〉 같은 프로그램에서 자동차는 영웅의 남성적 정체성의 일부다.

라캉의 거울 단계 이론 — 이 단계에서 유아는 거울에서 자신의 실제 몸-자기의 반영을 보는 것이 아니라 실재가 지니는 결핍을 전혀 갖지 않는 상상계적인 자기의 반영을 본다 — 은 이런 쾌락을 어느 정도 설명해 줄 수 있을 것이다. 그러나 이 이론은 단지 우리가 거울 단계 이론을 정신분석학적으로만이 아니라 사회적으로 굴절시켜 적용할 때만 그럴 수 있다. 욕망이 없애 버리고자 하는 상상계와 실재 간의 간극은 인간의 조건에 의해서만이 아니라 남성적 주체의 실제 경험이 결코 이데올로기적으로 생산된 기대에 미칠 수 없도록 하는 사회적 조건에 의해 생긴다. 이 간극은 불가피하게 남성들이 원하는 것보다 크다. 왜냐하면 우리 사회는 대부분의 남성들에게 남성성을 지탱해 줄 힘을 행사할 적절한 수단을 허용치 않기 때문이다. 그래서 남성성은 사회적으로, 또 심리적으로 불안정하다. 그 불안정 때문에 〈A특공대〉와 같은 프로그램에서 남성성이 지속적으로 다시 성취될 필요가 생긴다. 여타 이데올로기와 마찬가지로, 가부장제는 자체가 근거로 삼는 남성의 불안정을 위장하기 위해 알리바이, 부

JOHN FISKE

재, 환원적인 잘못된 재현을 통해서 작동한다.

대부분의 남성적 텍스트와 마찬가지로, 〈A특공대〉는 그 세계에서 남성적 정체성의 문화적 생산에 가장 중요한 세 가지, 즉 여성, 일, 결혼을 지워 버림으로써 작동한다.

여성의 부재

가부장적 자본주의에서는 모순과 억압이 남성성을 관통하고 있다. 프로이트는 남자 아이는 아버지와의 경쟁이 초래할 거세의 위협과 공포 때문에 어머니에 대한 성적 욕망을 포기한다고 주장한다. 정신분석학 이론에 따르면, 유아의 정체성 구성 중 최초의 것은 젠더의 구성이며, 남자 아이는 남성성에는 사회적 권력이 수반된다는 것을 곧 배운다. 그러나 이 권력을 획득하려면 아이는 자신의 어머니를 거부해야 하며, 아버지 및 남성적인 것의 힘과 동일시하기 위해서 어머니에 대한 사랑과 자기 내부에 있는 여성적인 것을 억눌러야 한다. 이슬리아(Easlea, 1983)는 여러 부족 사회에서 이는 "남성의 마술"의 힘에 접근할 수 있도록 해 준다고 말한다. 우리 사회에서는 남성의 힘의 표출이 '마술'로부터 기술과 과학으로 대체됐다는 점을 상기하기 위해 레비스트로스를 거론할 필요는 없을 것이다. 남자 아이들에게 총과 기계는 단지 육체적 힘의 결핍에 대한 상징적 보상이거나 여성의 출산력에 대한 선망을 보상하는 수단일 뿐만 아니라, 남성성의 영역으로 진입하는 수단이기도 하다. 초도로프(1978)는 남자 아이의 남성적 권력의 세계로의 진입을 좀 더 정신분석학적으로 설명한다.

남자 아이는 처벌을 피하기 위해 어머니[에 대한 욕망]를 포기하고, 아버지와 동일시한다. 왜냐하면 그럴 경우 아이는 처벌하는 자가 될 때, 남성적이고 우월한 자가 될 때의 이득을 누릴 수 있기 때문이다…… 아버지에 대한 여자 아이의 사랑과 비교할 때, 어머니에 대한 남자 아이의 오이디푸스적 사랑은, 그것이 강력한 어머니-유아 결합의 연장이므로, 그의 자아와 (남성적) 독립감에 대해 더욱 압도적이며 위협적이다…… 이 어머니-아들 간의 사랑은 아버지를 위협해 아버지가 아들을 못마땅해하는 원인이 된다. 오이디푸스적 어머니-아들 간의 유대(그리고 아버지-아들 간의 경쟁)의 강렬함은 아들이 어머니와의 유대를 억압하는 원인이 된다. (p.131)

정신분석 이론은 남성이 자신 내의 여성적인 것을 억압하고 오이디푸스적 죄의식 때문에 어머니를 거부하는 것이 가부장제하의 남성성을 구성하는 모순과 억압의 근원이라고 설명한다. 또 여성적인 것의 체현으로서의 여성은 남성에게 남성의 죄의식과 거세 공포를 상기시킴으로써 남성적인 것을 위협한다고 지적한다. 여성은 남성에게서 억압된 것과 가부장적 사회에서 가치가 떨어지는 것, 즉 약하고 감상적인 것, 감정, 헌신, 돌봄과 보살핌을 의미한다. 이와 관련해 할로웨이Holloway는 다음과 같이 말한다.

[여성들은] 이미 자신들이 남성들은 억누르는 [감정적인] 특성을 표출한다고 여기도록 구성돼 왔다. 마찬가지로 [여성들은] 자신이 헌신을 원한다고 여긴다. 그래서 실질적으로 좀 더 헌신을 필요로 하는 위치에 놓일 가능성이 크다. 왜냐하면 여성은 역사적으로 이 같은 위치에 놓이게 되었기 때문이다. (Moye, 1985: 51에서 재인용)

억압된 여성적인 것은 전경화된 남성적인 것에 대립하는 것으로 정의된다. 넬슨(Nelson, 1985)은 우리 사회에서 젠더 차이가 구성되는 기호학적 영역들을 나열한 바 있다.

남성적	:	여성적
능동적	:	수동적
현전presence	:	부재
타당한	:	배제당한
성공	:	실패
우수	:	열등
1차적	:	2차적
독립적	:	의존적
통일성	:	다중성
조직적	:	분산적
지능	:	상상력
논리적	:	비논리적
규정적	:	비규정적
믿음직한	:	변덕스러운
머리	:	가슴
정신	:	몸
주체	:	객체
남근	:	질
딱딱한	:	부드러운
하늘	:	땅
낮	:	밤
공기	:	물
형상	:	질료
초월	:	[주어진 것에] 익숙해짐
문화	:	자연
이성	:	감성

(Brown, 1987b에서 재인용)

여기서 아무리 남녀 간의 육체적 차이가 이들 특성을 자연화하려는 시도에 동원된다고 할지라도, 이들 특성은 남성성과 여성성의 문화적 구성물이며, 결코 남성과 여성 간의 자연적 차이의 집합이랄 수는 없다. '상식적 관념'에도 불구하고 남성이 육체적으로 더 힘이 센 것이 남성성이 지니는 사회적 권력의 근거일 수는 없다. 마찬가지로 여성이 상대적으로 힘이 약한 것이 헌신에 대한 '여성적인' 욕망을 설명하지 못하며, 아이를 출산할 수 있는 여성의 능력도 보살핌과 돌봄이란 '여성적' 자질을 필연적으로 만들어 내는 것은 아니다. 아무리 자연화된다 하더라도 문화적 구성물은 자연에 의해 생산되는 것이 아니다.

이들 대립항들은 가부장적인 것이다. 왜냐하면 이것들은 '남성적' 특성이 힘세고 가치 있는 것인 반면 '여성적' 특성은 약하고 가치 없는 것이라는, 가부장제의 역사로부터 유래하는 함축을 지니기 때문이다. 남성적 및 여성적 정체성의 문화적 전개는 남성의 우월성이란 개념을 가부장제의 역사에 새긴다.

여성적인 것의 '열등하고' '약한' 특성은 남성적 심리에서 억압되어 남성적 내러티브로부터 **추방된다**. 기입inscription의 반대인 추방exscription은 한 담론이 이데올로기적으로, 또는 심리적으로 불편한 주제들을 자체에서 다루지 않는 것이다. 여성들이 내러티브에 등장하지 않듯이 여성적인 것들은 〈A특공대〉의 남성적 담론으로부터 추방된다.

내러티브 종결에 내키지 않더라도 자신이 반했던 여성을 거부해야 하는 것이 포함되는 한, 멋쟁이는 많은 남성 주인공의 전형적인 예다. 그의 감정적 특성은 A특공대의 남성적 임무를 소홀하게 할 수 있는 나약함으로 제시되지만, 그가 이런 '나약함'을 지녔고 이를 지속적으로 극복할 필요가 있다는 점은 당연한 남성 문제의 한 부분이다. 여성을 거부하는 것은 내러티브에서 여성적인 것을 추방하는 것으로서 남성성을 모순 없는 힘과 독립성의 개념으로 환원함으로써 남성성의 모순을 애써 부인

JOHN FISKE

하려는 것이다. 이는 또 여성적인 것을 위축시킨다. 왜냐하면 여성은 단지 남성성에 대한 위협으로 재현되기 때문이다. 여성의 돌봄과 친밀함에 대한 욕망(친밀함이 남성의 독립에 위협이 되는 점과 함께)은 남성성에서 억압되는 요소들이다. 그래서 내러티브에서 거듭해서 거부되는 수난을 당한다. 여성적인 것의 추방은 내러티브상 남성의 오이디푸스적 죄의식의 억압에 상응하는 것이다. 에피소드 결말에서 남성 주인공이 여성을 거부하는 것은 독립에 대한 남성적 요구를 확인함으로써 어머니를 거부하는 것을 정당화한다.

물론 여기에는 남성적 이데올로기와 남성의 사회 현실 간의 도치가 존재한다. 사회적 남성은 여성을 소유하기를, 또 남녀가 각자의 자리를 갖는 사회에서 살기를 욕망한다. 그러나 남성성의 이데올로기는 남성의 실질적 사회 현실과는 어긋나게 재현의 차원에서 [여성에 대한] 거부를 필요로 한다.

로스(1986)는 〈마이애미 바이스〉의 1차 텍스트와 2차 텍스트를 비교하면서 이런 도치에 주목한다. 〈어스*Us*〉●지의 표지에 실린 (크로켓 역을 한) 돈 존슨Don Johnson에 관한 기획 기사 제목은 "여성의 사랑이 알코올 중독, 마약, 방탕으로부터 한물간 인기남을 구하다"라고 돼 있다. 그 기사는 이전에 타락했던 스타가 안정적인 애정 관계를 통해 새 삶을 살게 되었다고 전한다. 여성적인 것이 스타(사회적인 남성)의 사회적, 정서적 안정의 원천으로 묘사되는 것이다. 그런데 그가 하는 배역(이데올로기적인 남성성)에서는 그 반대다. 내러티브 내에서 '한물간 인기남'은 여성적인 것을 거부함으로써 '알코올 중독, 마약, 방탕'과 같은 악덕으로부터 사람들을 구한다. 그래서 파일럿 에피소드는 크로켓이 아내와 이혼 수속 중인 모습을

● 1979년 창간된 미국의 연예 주간지다.

보여 주며, 이후 시리즈에서는 모든 통상적인 내러티브 관습이 동원돼 크로켓을 다른 여성들과 맺어지지 않도록 한다. 로스가 지적하는 것처럼 "이성애적 사랑의 부정적 효과로부터 남성을 구하는 것은 법 질서를 세우는 치안 서비스다"(p.149).

여기서 〈어스〉지의 표지는 역설이 존재함을 보여 준다. 왜냐하면 "TV에서 가장 섹시한 남자"라는 그 기획 기사의 제목은 존슨/크로켓을 남성을 위한 자기애적 동일시의 대상으로만이 아니라 여성 시청자들의 욕망의 대상으로 설정한다. 남성들은 남성성의 가부장적 재현 — 이는 남성성을 여성적인 것과 분리한다 — 에서 거의 모순을 발견하지 않을 수 있다. 그러나 이데올로기적인 이중적 담론의 전형적 사례에서 여성들은 자신들을 부정하는 것들을 찬미하고 욕망하도록 유도된다.

근래 여성을 '문화적 멍청이'로 위치시키지 않으면서 이런 역설을 설명하려는 시도들이 있어왔다. 닐(1983)은 영화는 남성적인 것을 스펙터클로, 남성에게는 자기애적 동일시의 대상으로, 여성에게는 관능적 욕망의 대상으로 구성하려는 경향을 보이기 시작했다고 주장한다. 플리터만(Flitterman, 1985)은 〈사립 탐정 매그넘〉●에서 스타인 톰 셀렉Tom Selleck의 외모를 점차 관능적 대상으로 강조하는 경향을 보였다고 지적한다. 나아가 그녀는 이것이 시리즈의 여성화의 일부로서, 셀렉/매그넘의 몸을 하와이 풍광의 싱그럽고 감각적인 아름다움과 같은 방식으로 코드화된 것으로 독해할 경우 이 시리즈는 여성에게 비가부장적 즐거움을 제공할 수 있다고 주장한다. 모스(Morse, 1983)도 텔레비전상의 남성 몸의 전시에서 — 그의 경우는 스포츠 프로그램에서 — 남성적 기량의 미화를 항상 가부장적인 것으로 독해할 필요는 없다는 증거를 발견한다. 여성이 자신의

●　1980~1988년 미국 CBS를 통해 방영된 범죄 드라마 시리즈다. 톰 셀렉은 하와이 오하후의 사립 탐정 토머스 매그넘 역으로 스타덤에 올랐다.

JOHN FISKE

욕망에 부합하도록 남성 육체를 대상화할 수 있도록 허용하는 독해가 존재한다. 〈마이애미 바이스〉는 여성의 몸만큼, 더 많이는 아닐지라도, 남성의 몸도 드러내 보인다. 〈사립 탐정 매그넘〉의 내러티브는 서핑을 하거나 해변에 있는 셀렉/매그넘의 숏에 의해 정기적으로 멈칫거린다. 이는 가부장제가 관습적으로 여성 육체의 숏에 할당해 왔던 내러티브적, 이데올로기적 기능을 수행한다(12장을 참조하라). 샤워하는 남성을 멋있게 재현하는 것은 문제적이긴 하지만, 남성성의 전통적인 재현을 수정하는 것이다.

일과 결혼의 부재

가부장적 자본주의에서 일은 남성적 정체성의 생산에서 중심적 역할을 수행하지만, 모순을 담지하고 있다. 대부분이랄 수는 없어도 많은 남성들에게 노동 조건은 그들을 제약하고, 그들을 의존적이며 무력한 존재로 만드는 요소다. 그럼에도 그의 남성성과 가정 내에서의 권력은 생계 부양자로서의 그의 위치에 의존한다. 통상 남성들은 마음에 들지 않는 일도 그것으로 가족 부양이 가능하다면(또 그 때문에 권력을 얻게 되므로) 참고서 하게 된다고 말한다(Tolson, 1977을 참조하라). 일하는 아내에 대한 가부장적 저항은 흔히 남성이 낮은 지위, 낮은 사회 권력, 낮은 소득을 갖는 계급이거나 인종 집단일 때 가장 강하게 나타난다. 여성 노동이 남편의 유일한 힘의 원천을 약화시키는 것으로 여겨져 이데올로기적으로 [남성에게] 가장 위협적일 때, 경제적으로 여성이 가족 소득에 기여해야 할 필요는 흔히 가장 커진다.

그러나 충분히 가족 생계를 책임질 수 있는 남성들조차 남성성의 모순에서 벗어날 수 없다. '생계 부양자' 역할은 힘의 원천일 수 있지만, 동시에 남성의 독립과 자유를 부정하는 감옥이 되기도 한다. 생계 부양자

I am the 10th child of 12. Our mother brought us up on a meagre welfare cheque in one of Chicago's most crime-ridden housing projects. We had three meals a day: oatmeal, no meal and miss-a-meal!

Do you have a special message for the children of today?
Yes. Don't be giving your parents a hard time. I don't do drugs, I don't hang around, I don't smoke and I still listen to what my mother has to say.

Back in '75 I was the highest-paid bodyguard of all time, because I did my job extra well. I have protected millionaires, preachers, politicians, judges, bankers and a list of superstars like Diana Ross, Michael Jackson, Muhammad Ali and Leon Spinks.

I really have a split personality, something like Dr Jekyll and Mr Hyde. I'm nice and kind — if you leave me alone. But if I'm crossed, then you asked for it!

Is your jewellery real?
Of course it's real! How dare you! It's valued at around $300,000 all up, and I'm adding to it every day. So by the time TV SOAP prints this interview, it will be worth even more.

I am a very active member of the Rev Hardy's Cosmopolitian Community Church. I often sing in the choir and frequently speak at meetings.

Why do you wear so many gold chains?
They are a symbol of my great African ancestors, who were brought here as slaves in iron chains. I turned my chains into gold, so my statement is this: I wear gold chains instead of iron because I'm still a slave, but my price tag is higher.

그림 11-2 미스터 T

출처: 페어팩스 매거진, 호주 시드니

JOHN FISKE

개념은 자체에 노동 영역과 가족 영역을 포함하고 있으며, 이 두 영역의 모순도 포함한다. 왜냐하면 생계 부양자 역할을 하는 남성은 권력과 예속, 자유와 제약 간의 끊임없는 동요를 경험하기 때문이다.

〈A특공대〉에는 제약의 이미지와 제약으로부터 벗어나려는 남성적 욕망이 넘쳐난다. (B. A.역을 하는) 미스터 T는 미국 흑인들의 노예 시절을 상기시키는 금 체인과 팔찌를 차고 있다. 하지만 그것들이 전하고자 하는 의미는 그 의도에만 한정되지 않는다. 금(성공의 상징)으로 만든 노예 상징물을 착용하고 그것의 지나친 확산(그림 11-2를 참조하라)으로 지니는 모순은 자유와 제약 간의 대화 내에 남성들을 다르게 위치시킴으로써 다양한 의미를 협상할 수 있게 해 준다. 금의 의미는 흑인보다는 백인에게 좀 더 중요할 수 있으며, 그 무게와 강도는 다른 남성들에게, 체인의 멋진 스타일은 다른 사람들에게 좀 더 중요할 수 있을 것이다. 어쨌든 모든 남성들은 금, 체인, 스타일, 육체적 힘, 흑인이라는 특성이 만나서 생성되는 기호학적 과잉에서 자신을 위한 적절한 의미를 협상해낼 기회를 얻게 된다.

드라마의 타이틀 시퀀스에서 B. A.는 문을 부수며 스크린에 등장하고, 차는 창문과 벽을 뚫고 돌진한다. 보이스오버는 A특공대가 베트남에서 육군 사법 팀으로부터 도망쳤다고 알려 준다.● 이런 탈주하는 남성적 힘의 이미지는 사회가 남성성의 욕망을 가두려고 부과하는 법과 사회적 구속을 돌파하려는 남성성의 욕망의 메타포다.

남성의 성은 '자연적' 야생성을 지녀 위험하므로 통제할 필요가 있는 것으로 알려져 있다. 인위적 제약의 체제로서의 사회와 본래 야생적이고 무조건적인 남성성 간의 긴장은 머독에게서 체현되는 모순들을 생산한다. 머독은 그의 야생성 때문에 정신병원에 갇혀 있으므로 특수 임무를

● 오프닝 타이틀 영상은 유튜브를 통해 볼 수 있다(https://www.youtube.com/watch?v=_MVonyVSQoM).

수행하려 할 때마다 병원을 빠져나와야 한다. 이는 '진짜 남성성'이 특별한 경우에만 사회적 통제로부터 벗어날 수 있는 것과 똑같다. 머독이 사회적으로 '비정상'으로 규정되는 것은 그가 〈A특공대〉의 남성적 구조 내로 통합될 때 가치 있고 성공적인 인물이 되는 것과 모순된다. 그렇지만 팀에서의 그의 가치는 그가 대부분의 시간을 갇혀 있어야 한다는 사실에 전적으로 의존한다. 여기서 마찬가지로, 그러나 매우 다른 방식으로 남성적인 시리즈인 〈마이애미 바이스〉에서 크로켓이 키우는 악어의 상징적 역할에 대해 지적할 필요가 있다. 악어 ─ 남성의 야생적인 본성의 측면 ─ 는 체인에 묶여 있지만 가끔 풀려나 일대 소동을 일으킨다.

남성성은 권력과 규율 간의 역설이다. 권위의 특권은 의무와 봉사의 규율에 의해 얻어진다. 남성의 성취는 가족을 위해 일하고 국가를 위해 전쟁에 참전하는 것이며, 스포츠에서는 자신의 팀이나 국가에 봉사하는 것이다. A특공대는 액션과 힘이란 특권을 갖고 있지만, 약자와 불의로 고통받는 자만을 위해 봉사한다. 톨슨(Tolson, 1977)이 지적하듯이

> 최종적인 분석에서 보자면, '남성성'은 일종의 문화적 뇌물이다. 남자 아이의 사회적 헌신은 자신의 독립성을 대가로 해서 얻어진다. 이에 대해 아이는 '남자다움'이라는 텅 빈 약속을 받을 뿐이다. '남자다움'의 개념은 그 자체로 역설적이다. 남자 아이가 권위와 관습에 순종한다는 조건하에 성취라는 꿈을 제공하는 것이다…… 이 역설은 나아갈 길을 알려 준다. 이 길은 남자의 중심적 경험이 된다. (p.46)

가부장적 자본주의에서 남성성은 권력과 봉사, 자유와 규율, 독자성과 의존의 개념을 중심으로 구조화된 문제다. 이 문제는 가정과 직장, 사회 전반에서 성인의 성적 사회학에 의해 지속적으로 활성화된다. 하이트(1981)가 조사한 남성들이 주장했듯이 남성성이 남성 스스로에게 분명하

게 정의된 것으로 보이려면, 그것은 일관된 상징적 해결책을 필요로 한다. 권력과 규율, 자유와 제약, 행사하는 권위와 순종해야 할 권위 간의 긴장은, 우리 문화의 남성성에 대한 정의에 그러하듯이, 〈A특공대〉의 구조에 붙박이로 내장돼 있다(그림 11-1을 참조하라).

상호 텍스트적 관계는 이들 모순과 관련된 독해를 활성화한다. 미스터 T는 B. A. 바라커스와 거의 구별할 수 없게 된다. 외모와 옷차림, 스타일에서 두 '인물'이 동일하기 때문이기도 하고, 2차 텍스트에서 묘사되는 '실제' 미스터 T, 즉 〈미스터 T〉라는 제목의 만화 영화 프로그램에 나오는 허구적 미스터 T와 〈A특공대〉에 나오는 허구적 인물인 B. A.가 정확히 일치하기 때문이기도 하다(그림 11-2를 참조하라).

미스터 T가 자신의 힘을 다른 사람을 위해 쓰는 직업적 보디가드였다는 점은 널리 보도되었다. 그의 힘은 또 그의 독실한 신앙심과 도덕적 확신에 의해 일탈 없이 통제된다. 만화 영화 시리즈에서 그 — 미스터 T인지 B. A.인지 애매한 — 는 매번 에피소드의 오프닝과 결말에서 실사 인서트 장면으로 등장하고, 사회적 순응을 유도하는 도덕적인 메시지를 전달한다.

이 인서트는 흥미롭다. 왜냐하면 통상적인 경우보다도 더 확실하게 수직적 및 수평적인 상호 텍스트적 관계를 설정해 줄 뿐만 아니라 [실사인지 만화인지] 양상을 혼란스럽게 한다. 만화는 현실감과 '조건적인' 관계를 지닌다. 만화는 "이것은 지금 일어나고 있는 거야"라고 말하는 리얼리즘의 지시적 양식 내에서 작동하는 것이 아니라, 조건적 양식 — "~라면 이럴 수 있을 거야" — 으로 작동한다. 호지와 트립(1986)은 어린 TV 시청자들이 재현과 실제 간의 여러 양상적 관계를 독해하는 법을 재빨리 익힌다는 것을 보여 주었다. 어린이들은 만화의 [현실성과 관련해] 낮은 양상과 뉴스의 높은 양상을 혼동하지 않았다. 헨더슨(Henderson, 1986)과 오스본(Osborn, 1984)은 아이들이 〈A특공대〉의 상대적으로 낮은 현실성을 인식하고, 폭력에 의해 누구도 다치지 않으며, 액션 대부분은 '실제에선 불가능한' 것임을 알고 있다는 사실을 발견했다. 낮은 현실성은 명백히 판타지를 불러일으키는데, 리얼리즘적인, 높은 현실성의 미스터 T의 실사 인서트는 판타지와 사회 현실을 연결하는 작용을 한다.

미스터 T의 남성성은 그의 스포츠와의 관련을 통해서도 작동된다. 만화 시리즈에서 그는 아이들을 위해 체육관을 운영하는 인물로, 이 아이들과 함께 모험에 나선다. 체육관은 육체적 능력이 길러지고 또 통제되는 공간이다. 여기에다 미스터 T는 프로레슬링 선수로도 뛴다. 프로레슬링은 남성성의 거친 공격성에 대한 사회적 통제가 쉽게 무너질 수 있다는 것을 보여 주는 TV 스펙터클이다. 신중하게 짜여진 싸움과 반칙을 제지하지 못하는 심판 — 사회적 통제의 환유인 — 의 무능력은 이 스펙터클에서 핵심적 부분 중 하나다.

책임감 있는 보호자로서의 남성이라는 미스터 T의 이미지 이면에는 '울부짖는 미친 머독'이 자리 잡고 있다. 그는 다음과 같이 말한 바 있다.

> 난 진짜로 분열된 인격의 소유자다. 지킬 박사와 하이드처럼. 나를 가만히 놔둔다면 난 착하고 친절한 사람이다. 그렇지만 내가 변한다면 누군가 도발을 했기 때문이다! (*Fame*, 1986. 2. 10, p.35)

미스터 T는 그 자체로 강력한 의미의 발전기다. 그는 남성성이 함축하는 통제 불능의 자연적 힘과 이를 제어하려는 사회적 힘 간의 긴장을 위태롭게 체현하기 때문이다.

JOHN FISKE

성취로서의 〈A특공대〉

남성성은 결코 당연한 것으로 주어지지 않는다. 소년들은 다른 아이들과 다양한 경쟁에서 남성성을 지속적으로 입증해야 한다는 사실을 알게 된다. 톨슨(1977)은 중산층 소년들은 흔히 학교와 스포츠에서 경쟁하면서 이를 입증하게 된다고 주장한다. 노동 계급 소년들은 학교 가치를 낯설어하기도 해 동료 집단이나 갱에서 남성성을 찾는다. 이런 집단에 소속돼 있으려면 겁 없이 도전하는 게임에서 전형적으로 나타나는 공격성과 거친 태도를 지속적으로 보여 줘야 한다. 공격성은 많은 노동 계급 및 남성 청년 스타일의 기반이다. 〈A특공대〉는 중산층 팀이나 사회 조직의 요소들과 함께 공격적인 노동 계급 갱의 요소들도 체현한다. 이런 점은 다양한 상황에 있는 남성들이 이 시리즈에 기호학적으로 접근할 수 있도록 해 준다.

남성들은 자신들의 가치를 증명하기 위해 끊임없이 일하고 행동해야하는 운명이다. 이처럼 남성성의 기반이 불안정할 수밖에 없기 때문에, 남성성은 타자들이 지켜보는 가운데 지속적으로 또다시 성취돼야 한다. 그래서 '남성성'은 자본주의의 작인으로서 구성된다. 왜냐하면 남성성은 남성이 일에서 성취하도록 동기 부여하며 동시에 자신의 성취가 헛된 것임 — 성취는 남(그의 가족이나 상사)을 위한 것이며 자신을 위한 것이 아니다 — 을 발견하고도 그가 일을 할 수밖에 없도록 하기 때문이다.

남자는 어떤 상황에도 잘 대처할 수 있어야 한다는 관념도 자본주의 이데올로기에 잘 부합한다. 남성성은 거의 초인superhuman을 의미하게 되어 결코 성취할 수 없는 것이 되어 버린다. 자본주의는 진보라는 이데올로기적 개념 — 이는 자본주의에서 핵심적인 역할을 한다 — 을 '자연스러운' 것으로 보이도록 하기 위해서 남성의 실제 경험과 남성성에 대한 이데올로기적 구성 간의 간극을 필요로 한다. 이 간극은 더욱 더 성취를 위해 남성들이 분투하도록 한다.

성취와 성공적인 수행 ― 이것들은 남성성을 정의하는 1차적인 요소다 ― 은 자본주의가 요구하는 기본 항목이다. 〈A특공대〉와 여타 TV 모험 드라마는 이런 남성성의 의미의 순환과 유지에 있어서 핵심적 역할을 한다. 매회 남성적 수행masculine performance의 지속적인 전시에 의해 성취되는 성공으로 마무리돼야 한다는 점에서 모험 드라마는 숍 오페라와 확연히 다르며, 오히려 포르노와 유사하다고 할 수 있다.

남근, 페니스, 포르노

포르노에 대한 A. 모이A. Moye의 설명(1985)은 수행의 역할을 강조한다. 포르노에서 남성성은 돌봄이나 친밀함이란 여성적 개념과는 별 관련이 없는 페니스의 수행으로 환원된다. 여성의 대상화는 남성과의 차이와 여성성을 설명하는 한 방식이다. 남성의 완전한 능력의 신화가 실제 남성은 도저히 도달할 수 없는 슈퍼맨이란 이데올로기를 생산하므로, 모이가 지적하듯이 실제 페니스는 도저히 남근the phallus에 도달할 수 없다. 남근은 문화적 구성물이다. 그것은 남성성에 대해 한 문화가 부여하는 의미들을 지니며, 그 의미들을 남성의 육체적 기호 ― 페니스 ― 에서 찾음으로써 그것들을 자연화하려 한다. 레비스트로스는 이처럼 문화적인 것의 자의성을 가리기 위해 자연적인 것을 이용하는 것은, 문화적인 것의 의미는 사회마다 다를지라도, 모든 사회에서 공통적으로 찾아볼 수 있다고 주장한다.

'페니스의 확장물'이라고 할 만한 총과 자동차(또는 다른 기계류)를 이용하는 것은 페니스와 남근 간의, 실재와 상상계 간의, 또는 실재하는 것과 이데올로기적인 것 간의 간극을 줄이려는 시도다. 이런 확장물들은 라캉이 말하는 상상계에서 작동한다. 상상계에서 실제 남성의 수행은 남성성의 이데올로기와 통합되어 둘 간의 간극은 지워져 버린다. 그것들은 남성의 불안정성을 부정하려 한다. 그것을 심리적인 것(예컨대 오이디푸스적 죄의식과 여성적인 것의 억압)으로, 또는 사회적인 것(노동 계급이나 '저급한' 인종에 속하는 일부 사람들이 사회적 힘을 부인하는 것, 또는 소년들이 육체적, 사회적 힘의 결핍을 부인하는 것)으로 이해하든지 간에 말이다.

〈사립 탐정 매그넘〉이나 〈스타스키와 허치〉, 기타 이 장르물에서처럼 〈A특공대〉에서도 남성의 수행은 항상 효과적이고 항상 이데올로기적으로 정당한 것으로 여겨진다. 그러나 그것이 항상 사회적으로 정당한 것으로 받아들여지는 것은 아니다. A특공대는 헌병에 쫓기고 있고, 다른 탐정 주인공들은 흔히 공적 사법 기관의 밖에서 활동하거나 공권력과 갈등한다. 스타스키나 허치 같은 경찰조차 자신들의 상관 및 기관의 관료적 체계와 항상 갈등 관계를 보인다.

이것은 별로 놀라운 일이 아니다. 왜냐하면 이제까지 살펴보았듯이 사회는 남성성의 자유 및 야생성과 갈등 관계에 있기 때문이다. 사회는 이들과 연관된 개인주의 이데올로기와도 마찬가지로 갈등 관계에 있다. 따라서 사회의 제도적 기관들은 흔히 이데올로기상의 적이 된다. 〈M.A.S.H.〉●에서 호크아이와 그의 친구들의 진정한 적은 북한군이 아니라 관료적 기관으로서의 군대다. 지나친 관료주의는 자본주의 대중 문화에서 공산주의의 일반적 기호다. 이 문화에서 자본주의 자체는 결코 이름

● 1972~1983년 미국 CBS를 통해 방영된 시트콤 시리즈다. 한국전 당시 의정부에 주둔한 가상의 미 육군이동외과병원을 배경으로 전쟁의 부조리를 풍자해 큰 인기를 끌었다. 1983년 2월 28일 방영된 마지막 에피소드는 시청률 60.2%를 기록해 미국 TV 사상 최고 시청률 프로그램으로 알려져 있다. 리처드 후커가 쓴 소설이 원작이며, 영화 〈M.A.S.H.〉 (로버트 올트먼Robert Altman, 1970)의 스핀오프다.

을 지니지 않는다. 대신 자유나 민주주의처럼 좀 더 받아들이기 쉬운 개념의 배후에 숨어 있으며, 개인처럼 자연화된 개념과 어울리는 것으로 제시된다. 그래서 제임스 본드는 악당을 물리친다. 왜냐하면 그는 자유로운 개인이어서 재빨리 생각하고 유연하게 대응할 수 있기 때문이다. 반면 악당은 엄청난 부와 기술력, 인력을 갖고 있음에도 패배한다. 왜냐하면 그는 너무나 관료주의적이고 '프로그램되어' 있어 본드를 당해 낼 재간이 없기 때문이다. 악당은 자신의 사회 조직에 사로잡힌 자다. 본드는 자유롭다. 그래서 본드는 자본주의 ─ 자유민주주의라고 불린다 ─ 의 구현이며, 악당은 공산주의(또는 적어도 공산주의에 대한 서구의 대중적 상상력의 산물)의 구현이다.

이 관계를 구조화하는 대립항의 집합은 다음과 같다.

개인 : 사회
자유 : 제약
자연적 : 인공적
진실 : 거짓
선 : 악

이는 다음과 같이 변화될 수 있다.

사립 탐정 : 경찰/사법 체계
A특공대 : 헌병
민주주의 : 공산주의
호크아이 : 군대

물론 여기서 흥미로운 것은 왼편의 가치들은 어떻게 남성성과 하나가 되는가 하는 점인데, 오른편의 가치들은 사회에서 남성성이 직면하는 문제들과 대립들의 표출이다.

우리의 이데올로기가 남성성의 구성물을 개인 및 자연적인 것과 하나로 합치는 방식은 페니스-무기는 남성이 힘을 사용함으로써 생기는 어떠한 피해에 대한 책임도 면제해 준다는 다이어(1985)의 주장의 근저에 놓여 있다. 남성성의 자연적인 야생성 — 기관총을 잡은 머독의 이미지에 의해 가장 인상적이고도 섬뜩하게 재현된다 — 은 사회적 통제에 놓이거나 봉사 및 책임이란 이상으로 승화되어야 한다. B. A.와 머독은 한니발 스미스의 통제를 필요로 한다. 남성 주인공이 누군가를 죽일 때 그는 플롯에 의해 제공되는 사회적, 도덕적 알리바이 외에도 심리적 알리바이를 지닌다.

페니스-무기는 여성에 대한 남성의 성적 권력, 종국에는 강간을 정당화하기 위해 사용될 수도 있다는 주장도 가능해진다. 희생자를 비난하는 전형적인 가부장적, 자본주의적 전략은 단지 같은 동전의 다른 면일 뿐이다.

위험에 처한 여주인공과 희생자로서의 여성은 동일한 가부장적 이데올로기의 산물이다. 위기에 처한 여주인공은 남성성의 억압된 측면에 조응하는데, 남성성의 억압과 취약함은 내러티브상에서 정당화된다. 다이어에 따르면, 이와 함께 여주인공은 희생자로서의 여성이란 그녀의 역할을 통해서 그녀가 남성성에 가하는 위협에 대한, 또 그녀가 상기시키는 죄의식에 대한 남성의 복수를 정당화한다. 그럼에도 불구하고 역설적이게도 남성은 그녀를 구해야 한다. 다이어(1985)는 여주인공이 가장 큰 위험이나 공포에 직면한 순간 내러티브는 관객을 구원자로서의 주인공 자리에 위치시키는 반면, 카메라는 통상 관객을 강간범/위협자로 설정한다는 점을 지적한다. 이처럼 남성은 억압자/강간범이자 구원자라는 이중적 위치에 놓인다. 이는 훨씬 흔히 주목받는 여성의 이중적 위치 — 처녀이자 창녀 — 에 상응하는 역설이다.

〈A특공대〉에서 사회적인 것과 육체적인 것 간의 모순은 억압자로서의 남성과 구원자로서의 남성 간의 모순이다. 성공적인 수행은 페니스와 남근 간의 간극을 줄이는 기능만 하는 것이 아니다. 억압과 보호 간의 모순을 상연하기도 한다. 남성으로 하여금 여성을 구하도록 하는 자질이 바로 남성으로 하여금 여성을 억압하도록 — 나아가 강간하도록 — 하는 자질인 것이다. 대중적 내러티브와 사회적 조건은 마찬가지 모순들로 채워져 있다. 대중적 내러티브가 성취하는 해결책이 편치 않은 점은 황금시간대 텔레비전에서 매일 밤 그런 해결책이 지속적으로 되풀이되어야만 한다는 사실에 의해 입증된다.

남성 유대와 주인공 팀

여성의 추방은 남성 간의 유대로 이끈다. 이는 친밀성의 위협으로부터 보호받는 친밀한 관계다. A특공대의, 매그넘과 그의 동료들 간의 유대는 목적 지향적이지 관계 지향적이지 않다. 여기서 관계는 관계 자체의 필요성을 충족하기 위한 것이 아니라 공통의 목표를 위한 것이다. 이 관계는 감정이 아닌 행동에 근거를 둔다. 서로에게 의지할 필요는 있지만, 그 필요는 목표라는 외부의 것으로 나타나지 남성의 기본적 필요라는 내적인 것으로 나타나지는 않는다. 따라서 이렇게 생겨난 관계의 친밀성은 남성의 독립성을 위협하지 않는다. 이처럼 외적 목표에 의해 친밀성이 정당화됨으로써 남성적 유대 관계는 이성애 이데올로기 내에서 동성애자의 재현에 전형적으로 나타나는 죄의식이나 남성성 상실을 동반하지 않고도 동성애적 욕망과 쾌락을 봉쇄할 수 있다.

　　스타스키와 허치는 동성애 관계로 볼 수 있는 여러 가지 기호를 보여준다. 그러나 그들의 육체적, 정서적 친밀함이 그 자체로 그들에게 만족과 쾌락의 원천인 것은 아니다. 만족과 쾌락은 그들의 관계가 관계 자체가 아닌 목표를 성취할 수 있도록 해 줄 때 얻어진다.

초도로프(1978)는 우리 사회에서 남성과 여성이 양육되는 방식을 통해 남성은 목표와 성취에서, 여성은 다른 사람들과의 관계에서 자신의 정체성을 발견하도록 배운다고 말한다. 목표는 사람들보다 좀 더 도드라져서 좀 더 명확히 우선순위를 매기기 쉽다. 그래서 남성은 여성보다 좀 더 집중된 주체성을 발전시킨다. 그리고 남성적 내러티브는 나름의 목표와 성취를 더 자주 다루는 경향이 있는 반면, 여성적 내러티브는 사람과 관계를 더 많이 다룬다. 숍 오페라에서 찾아볼 수 있는 다중적 플롯과 인물들의 다중성은 여성적 주체성을 반영하는 것으로 여성적 쾌락을 생산한다. 반대로 남성적 내러티브의 단일하거나 명백히 우선순위가 정해진 플롯 구조는 남성적 주체성의 특징이며 남성적 쾌락을 만들어 낸다.

그러나 친밀성을 회피하는 것은 남성을 무시무시한 고립에 처하게 한다. 이 때문에 남성은 목표 지향적인, 비위협적인 남성 유대를 찾게 된다. 팀은 개인의 독립성을 위협하지 않으면서 개인들의 불안정성을 은폐한다. [남성에 대한] 신화에도 불구하고 어떤 남성도 (슈퍼맨이나 육백만 불의 사나이처럼) '마술적' 능력을 갖고 있지 않는 한 완전한 능력자일 수 없다. 그러나 남주인공 팀은 개인들의 능력을 모아 완벽한 능력에 근접할 수 있다. A특공대는 페니스와 남근 간의 간극을 채워 준다.

그러나 남주인공 팀은 우리가 젠더의 정의와 차이를 구축함으로써 생겨나는 남성 유대에 대한 필요성을 체현하는 것 이상의 역할을 한다. 주인공과 동일시할 수 있는 다양한 진입 지점을 시청자들에게 제공하기도 하는 것이다.

남성성의 느낌을 육체적 또는 기계적 힘을 통해, 공격적인 스타일을 통해 가장 잘 얻는 사람에게는 B. A.가 진입 지점을 제공할 것이다. 사회적 상황이나 나이는 다를 수 있겠지만, 남성적 정체성의 느낌을 리더십과 계획 능력에서 찾는 사람들은 한니발과 동일시할 것이다. 마찬가지로 멋쟁이와 머독은 이와는 다른 처지의 남성들에게 맞는 남성성을 구성하는 개념과 능력들을 제공할 것이다. 나는 다른 글(1987a)에서 〈사립 탐정 매그넘〉 주인공 팀이 육체적, 기계적 힘을 체현하는 흑인인 T. C., 사회적 제약과 책임감을 체현하는 집사 히긴스, 그리고 자유와 개인주의, 리더십, 약자를 위해 봉사하는 힘을 체현하는 매그넘이란 인물들을 통해 비슷한 기능을 수행하는 것을 살핀 바 있다.

이런 남주인공 팀 또는 남주인공 짝은 항상 분명한 리더를 두고 있는 위계적 질서를 지닌다. 이들은 자체 구조 내에서 남성성에 핵심적인 것으로 보이는 권력관계를 체현한다. 이런 권력의 차이는 종종 인종의 차이로 표현된다. 팀은 흔히 흑인을 포함하는데, 흑인은 거의 항상 운전수 역할을 한다(미스터 T, T. C., 〈아이언사이드*Ironside*〉의 마크). 도시 출신 유태인인 스타스키는 좀 더 똑똑하고 대학 교육을 받은 허친슨 — 그는 "우연히도" 금발이자 코카서스인이다 — 을 위해 운전수 역할을 한다. 이 같은 다인종 주인공 조합은 문화사에서 유래가 깊다. 론 레인저와 톤토,● 에이허브 선장과 퀴케그,●● 허클베리 핀과 짐●●●이 그렇다. 〈마이애미 바이스〉와 같은 근래 TV 프로그램에서는 짝 내의 인종 차이가 여전히 재현되지만 권력 차이는 [이전보다] 덜 두드러진다. 여성 친화적 드라마인 〈캐그니와 레이시〉는, 캐그니가 중산층이고 금발의 앵글로색슨인 반면 레이시는 노동 계급이고 이탈리아계이지만, 훨씬 평등한 파트너 관계를 보여 준

● 1933년 시작한 미국의 유명한 라디오 및 텔레비전 쇼 〈론 레인저*Lone Ranger*〉의 백인 주인공 텍사스 레인저와 단짝 인디언이다.

●● 미국 소설가 허먼 멜빌의 《백경》에 나오는 포경선 피쿼드호의 백인 선장과 흑인 선원이다.

●●● 미국 소설가 마크 트웨인의 《허클베리 핀의 모험》의 백인 소년 주인공과 그의 흑인 친구다.

다. 우리 사회에서 권력은 젠더와 계급, 인종의 축에 따라 분배된다. 이들 영역 간의 조응은 현재 상태를 자연화하는 작용을 한다. 친밀한 관계 ─ 그 내에서 그 권력이 행사된다 ─ 는 젠더와 계급, 인종의 차이를 최소화하고 사회적 화합을 과시하는 방향으로 기능한다. 그러나 텍스트 내에 이러한 통합하는 힘이 있음에도 불구하고, 힘 있는 자와 힘없는 자 간의 모순은 사회에서와 마찬가지로 텍스트에서도 지속적으로 존재한다. 주인공 팀에 대해서도 이런 식의 독해가 가능하다. 사회적 위치에 따라 권력을 갖지 못하는 사람들은 이런 식의 독해를 활성화할 가능성이 더 크며, 2차적 텍스트는 흔히 이런 사람들의 관심에 부응한다.

한니발 역을 하는 조지 페퍼드와 B. A. 역을 하는 미스터 T 간의 극 밖에서의 불화는 1985~1986년 언론에 크게 보도되었다. 이런 보도는 1차 텍스트에 나타나는 힘의 차이를 상호 텍스트적으로 활성화하고, 재현된 관계를 실제인 것처럼 보이도록 하기 위해 실제의 사실에 대한 설명을 이용해 재현과 실재 간의 차이를 흐려 버리는 리얼리즘 작동자의 기능을 했다. 한번은 미스터 T가 촬영 중인 배 위의 서비스에 대해 격하게 불평을 한 적이 있다. 조지 페퍼드가 그를 진정시키려 하면서 논쟁이 격화되었다. 이 사건에서 페퍼드는 아버지 역할을, 미스터 T는 규율과 사회적 제약에 반항하는 고집 센 아이 역할을 했다. 아버지와 아들 간의 힘의 차이와 이에 따른 긴장은 허구적인 A특공대 내에서는 이처럼 뚜렷하게 드러난 적이 거의 없다. 그러나 여기에는 청소년이나 흑인 독해자가 이용 가능한 하위 텍스트가 존재한다. 이들은 자신들의 사회적 이해에 맞게 그 하위 텍스트를 활성화할 수 있을 것이다.

젠더와 내러티브 형식

〈A특공대〉와 같은 남성적 드라마와 숩 오페라와 같은 여성적 드라마를 비교할 때 브라운(1987a)이 지적한 숩 오페라의 특징은 유용한 기준틀을 제공한다.

1. 숩 오페라는 **내러티브 종결**을 단지 결여하고 있는 것만이 아니라 적극적으로 회피하는 것처럼 보인다. 반면 〈A특공대〉는 에피소드마다 팀의 내러티브를 매듭지어야 한다. 물론 이 종결은 책이나 영화의 종결처럼 최종적인 것이 아니다. 우리는 동일한 인물들이 다음 주에도 다시 나와 비슷한 모험을 보여 줄 것이며, 그 팀의 구조에 체현돼 있는 모순은 해결되지 않은 채 그대로 남아 있을 것임을 알고 있다.

그럼에도 불구하고 그들은 대개 남성적 수행을 보여 주도록 설계된 클라이맥스에서 자신들의 목적을 성취할 것임에 틀림없다. '클라이맥스'라는 말은 의미심장하다. 왜냐하면 그것은 내러티브에서처럼 섹스에서도 사용되는 말이기 때문이다. 다이어(1985)는 이는 우연이 아니라면서 남성적 내러티브가 클라이맥스와 해결을 강조하는 것은 남성의 섹슈얼리티에서 클라이맥스에 중요성을 부여하는 것과 통한다고 주장한다.

2. 숩 오페라는 사람들이 겪는 **문제 해결, 친밀한 대화, 감정**의 과정을 강조한다. 〈A특공대〉는 액션을 강조하며, 대사는 최소화돼 있어 흔히 간결하다. 간결함은 남성성을 함축한다. 성공하려는 결의가 감정을, 기계를 능숙하게 다루는 것이 사람에 대한 통찰을, 성공적인 문제 해결이 과정을 대체한다. 다이어(1985)는 남성의 섹슈얼리티와 내러티브에서는 유혹과 전희가 목적을 성취하기 위한 수단이지만, 여성에게는 그것들은 그 자체로 쾌락의 원천이라고 지적한다. 내러티브와 섹슈얼리티 모두에서 유혹과 전희는 친밀함과 배려라는 여성적 가치를 이끌어 낸다.

이를 단순화의 위험을 피하면서도 간단히 요약하자면, 여성의 섹슈얼리티와 여성적 내러티브는 최종 결과보다 과정을 강조하는 반면, 남성의 섹슈얼리티와 남성적 내러티브는 과정보다 결과를 강조한다. 모들레스키(1982: 99)가 인용한 바에 따르면, 초도로프는 우리 사회에서 노동에 있어서 남녀 간의 차이는 동일한 차이를 재생산한다고 지적한다. 남성의 노동은 생산물 지향적인 반면, 여성의 가사 노동 — 그리고 임금이 낮은 여성 노동 — 은 반복적이며 무한히 지속되는 과정이다. 노동 패턴, 내러티브 형식, 그리고 젠더 차이에 주어지는 의미는 모두 동일한 가부장적 문화의 구성물이므로, 이런 패턴, 형식, 의미에 유사성과 차이라는 동일한 구조가 작용하고 있는 것은 놀라운 일이 아니다. 젠더 정치학에서 이것들의 효력은 중층 결정되는 체계 내에서 이것들이 지니는 상대적인 자율성으로부터 생겨난다. 즉 노동과 내러티브, 섹슈얼리티는 개별적인 문화적 영역처럼 보이지만, 그 모든 것은 실은 동일한 가부장적 중층 결정에 종속되는 것으로서 동일한 스토리를 전하는 것이다. 일견 자율적인 영역들 간의 이러한 조응은 그 '스토리'를 문화적 산물이 아니라 자연적으로 존재하는 것으로 보게 만든다. 그래서 아주 쉽사리 이러한 젠더 차이가 남녀 간의 육체적 차이에서 유래한다고 여기게 된다. 물론 이것은 가부장제가 원하는 것이다. 왜냐하면 이는 남성 지배를 자연화하고 변하지 않는 것처럼 보도록 하기 때문이다.

데이비스(1984b)는 숍 오페라가 제공하는 최고의 성적 쾌락은 유혹이지 유혹의 성공이 아니라고 주장한다. 이는 숍 오페라의 쾌락은 목표 도달이 지속적으로 미뤄지는 데서, 욕망의 충족 과정에서 숱한 장애물을 맞이하는 데서 유래한다는 모들레스키(1982)의 주장과도 통한다.

〈캐그니와 레이시〉, 〈힐 스트리트 블루스〉와 같은 드라마는 남성적 형식과 여성적 형식을 흥미롭게 뒤섞은 예다. 〈캐그니와 레이시〉에서 내러티브의 '남성적' 종말은 그런 종말에 이르는 과정에 대한 여성적 강조 탓에 종종 경시된다. 포르노에 관해 다룬 한 에피소드에서 내러티브는 일견 남성적인 것으로 보이는 질문들을 제기한다. 두 여성 형사들은 포르노가 피해자 없는 범죄가 아니라 관련자 모두를 피해자로 만드는 범죄임을 '남성' 경찰들과 사법 제도에게 설득시킬 수 있을 것인가? 그들은 포르노 제작자/배급업자를 성공적으로 기소할 수 있을 것인가? 이 사건은 포르노 영화에 출연한 여주인공/희생자의 증언 여하에 따라 결판날 것이다. 그녀는 포르노 제작자에 불리한 증언하기를 꺼린다. 왜냐하면 그럴 경우 자신의 유일한 수입원을 잃게 되기 때문이다. 마지막 장면에서 그녀는 경찰서를 찾아와 캐그니와 레이시를 만난다. 이 에피소드는 세 여성이 여성으로서 공통의 이해관계를 확인하고 유대감을 느끼며 미소짓는 것을 클로즈업으로 잡으며 끝난다. 내러티브의 수수께끼가 남성적인 것 — '그들은 포르노업자를 처벌할 수 있을 것인가?' — 으로부터 여성적인 것 — '여성들은 가부장제하에서 공통의 이해를 지녔음을 확인하고 이를 위해 행동하는 법을 어떻게 배울 수 있을 것인가?' — 으로 이동한 것이다.

이 에피소드가 시작될 때의 평형 상태는 포르노와 여성 착취를 비판하지만 가부장적인 사회의 규범을 준수하는 것이다. 그러나 에피소드가 끝날 때 평형 상태는 포르노 문제는 해결되지 않은 채 남겨 두고, 대신 여성들이 이러한 세상에서 여성들은 함께 단결해야 한다는 깨달음을 보여주는 것이다. 이같이 처음과 결말의 평형 상태가 달라진 것은 이 드라마가 남성적 형식과 여성적 형식을 혼합한 데서 유래하는 것이다.

남성적 내러티브의 평형 상태를 재현하는 것 중 하나는 자동차 수리 장면으로, 이 장면은 실은 여성적 내러티브의 수수께끼인 것으로 드러난다. 그들의 차가 고장 나자 캐그니가 수리하려 하지만 실패한다. 캐그니는 이제 경찰 정비요원이 와서 여성은 기계를 다룰 줄 모른다며 성차별적 발언을 할 것이 틀림없다고 큰소리로 투덜거린다. 정비요원을 기다리는 동안 그들은 들려온 총격에 대해 조사에 나선다. 이 총격은 포르노 영화 촬영의 일부임이 드러난다. 차로 돌아왔을 때 그들은 차 아래로 정비사의 다리가 삐져나와 있는 것을 본다. 정비사가 차 밑에서 빠져나왔을 때 그가 여성임을 알아보고 캐그니는 안도감과 불신이 교차하는 착잡한 표정을 짓는다. 정비사는 경찰들이 여성임을 보고는 눈썹을 추커올리며 남성적인 경멸조로 "그럴 줄 알았어!"라고 말한다. 물론 이 장면은 농담이 아니다. 그러나 가부장제하에서 여성과 여성성이 처하는 복합성과 모순을 그려 보인다. 이 장면은 여성적 내러티브의 수수께끼, 즉 여성들은 연대할 수 있을 것인가라는 질문을 제기하며, 가부장적 헤게모니가 주도적인 사회에서의 평형 상태를 설정한다. 이 정비사와 같은 여성들이 가부장적 헤게모니에 동의함으로써 — 이것이 단지 남성적 사고 습성을 채택함으로써만 가능하다고 할지라도 — 체제를 뒷받침한다는 것이다. 이는 여성들을 서로 분열시켜 여성들이 자신들의 젠더 및 계급적 이해관계를 인식하지 못하도록 하는 것이다.

이 에피소드의 오프닝에서처럼 해당 수사에서 이 여성적 내러티브는 남성적 내러티브에 비해 부차적 역할을 한다. 그러나 에피소드 결말은 이런 우선순위를 뒤집어 남성적 내러티브는 미결로 남겨두고, 여성적 내러티브에는 정치적으로 진보적인 인식의 순간을 부여한다. 이 진보적인 결말은 '주요' 내러티브의 종결을 부정함으로써만 성취된다. 우리는 포르노 업자가 유죄 판결을 받는지, 아니 기소되는지조차 알지 못한다. 우리가 알게 되는 것은 단지 여성들이 자신들의 젠더 및 계급 이해관계를 인식하게 되는 과정뿐이다. 유사하게, 캐그니가 남성 상관을 성희롱으로 고발하는 에피소드에서도 그녀의 고발이 성공했는지는 끝까지 알려지지 않는다. 마지막 장면은 이전에는 증언하려 하지 않던 한 여성 경찰관이 남성 상관의 성희롱에 대해 증언하려고 증언대로 나오는 것을 보여 줄 뿐이다.

3. 〈A특공대〉와 여타 남성적 내러티브가 단일한 플롯을 지니거나 핵심 플롯과 서브플롯 간의 명확한 위계 구조를 지니는 반면, 솝 오페라는 다중적 인물과 다중적 플롯을 지니고 있다. 솝 오페라는 등장인물이 40

명에 이르는 경우도 있는데, 이들 중 10여 명이 주요 인물일 수 있다. 남성적 내러티브는 대개 단일 주인공이나 결속력 있는 2명의 주인공 또는 주인공 팀을 갖는다. 숍 오페라는 다중적 동일시와 한 사건을 다양한 관점에서 보는 능력을 부추기거나, 동일한 사건에 대한 다양한 사람들의 반응을 보여 준다. 남성적 내러티브는 좀 더 단일한 시점에서 전개되며, 숍 오페라가 탈중심화된 독해 주체를 생산하는 것과는 대조적으로 중심화된 독해 주체를 생산한다. 모들레스키(1982)는 이를 간단히 요약한다.

> 로라 멀비(1975)가 지적하듯이 고전적 (남성) 내러티브 영화는 "통제력을 지닌 핵심적 인물 한 명을 중심으로 구축된다. 관객은 그 인물과 동일시한다." 숍 오페라는 지속적으로 개인적 삶의 하찮음을 주장한다. 시청자는 어느 순간 마침내 연인과 다시 만나는 여인과 동일시하도록 요구받을 수 있지만, 이후 그 여인의 라이벌의 고통이 강렬하고도 주의 깊게 재현될 때면 그 동일시는 깨질 수밖에 없다. (p.91)

이것은 "여성의 인격은 남성의 인격보다 다른 사람들과의 관계와 연결에 의해 정의된다(정신분석 용어로는 여성은 남성보다 덜 개인화돼 있다. 여성의 자아 경계는 남성의 경우보다 더 유연하다)"는 초도로프의 주장과 통할 수 있다.

내 주장을 명확히 하기 위해 나는 이를 상당히 단순한 이항 대립으로 제시했다. 그러나 모든 텔레비전 장르가 장르에 따라 명확히 젠더화돼 있는 것은 아니다. 예를 들면, 〈힐 스트리트 블루스〉에는 남성적 특성과 여성적 특성이 뒤섞여 있다. 그 결과 경찰 드라마임에도 많은 여성들에게도 인기 있었고, 급진적은 아닐지라도 진보적인 남성들에게도 인기 있었다.

중심화된 독해 주체와 탈중심화된 독해 주체 간의 차이는 이들이 지배 이데올로기와 각기 다른 관계를 맺는다는 것으로 어느 정도 설명된다. 이데올로기는 중심화된 주체를 생산하기 위해 작동하며, 따라서 중심화

JOHN FISKE

된 주체는 지배 이데올로기적 실천을 하며 살 가능성이 크다. 반면 탈중심화된 주체는 대안적 또는 대항적 의미를 가능케 한다는 점에서 잠재적으로 저항적이다.

몰리(1986)의 연구는 남성의 시청 방식과 여성의 시청 방식 간에 차이가 있다는 점을 보여 주었는데, 이 차이를 '남성적' 내러티브와 '여성적' 내러티브 간의 차이와 연관짓는 것은 도움이 된다. 런던 거주 노동 계급 및 중하층 가족 표본의 남성들은 얘기를 하려거나 주의력을 분산시키는 다른 활동을 하려는 여성들과 칭얼거리는 아이에게 조용히 하도록 하고는 텔레비전에만 집중하면서 시청하는 경향을 보였다. 반면 여성들은 TV를 시청하는 동안 거의 항상 다른 일을 했다. 말을 하거나, 뜨개질, 다리미질, 옷 개기를 했다. 여성들은 '여성적' 장르의 분산적인 내러티브 구조에 걸맞게 주의력을 분산한 채 시청했다.

물론 이런 차이가 남녀 간의 본질적인 차이를 드러내는 것이라고 여겨서는 안 된다. 오히려 이는 자본주의 내 가족의 정치학과 실천의 산물이다. 남성에게 가정은 밖에서 임금 노동을 함으로써 '당연히 누릴 자격이 있는' 여가와 휴식의 장소다. 그래서 그는 가정에서 방해받지 않고 죄의식 없이 자신의 즐거움을 추구할 수 있다. 그러나 여성에게 가정은 여가가 아닌 노동의 장소다. TV 시청과 같은 여가 행위는 끝없는 가사 노동과 들어맞아야 한다. 여러 연구(Morley, 1986; Seiter et al., 1987)에서 주부들은 다른 일을 하지 않으면서 TV만 볼 때 죄의식을 느낀다고 지적한다. 반면 밖에서 일하는 여성들은 좋아하는 프로그램을 '남성적인' 방식으로 볼 때 그러한 '죄의식'을 느끼지 않는다(Seiter et al., 1987).

마찬가지로 집에 틀어박혀 있는 여성들은 '손이 비는' 시간에, 대개 아주 일찍 또는 늦게, 때로는 한낮처럼 다른 식구가 없을 때 보기 위해 종종 비디오로 자신이 좋아하는 프로그램을 녹화한다. 남편과 아이들이 있을 때가 이들 여성이 일하는 시간이다. 가족들이 없을 때 주부들은 방해받지 않고 죄의식 없이 마음대로 자신의 문화적 쾌락에 몰두할 수 있다고 느낀다(Morley, 1986, Rogge, 1987). 비디오 녹화기는 여성이 남성의 권력을 직면하지 않고 회피하는데, 자신의 문화적 쾌락을 위해, 아무리 주변적일지라도, 자신의 공간을 창조하는 데 중요한 역할을 한다.•

4. 앞에서 우리는 텔레비전은 영화나 소설보다도 자체의 시간과 실제 시간 간에 더 밀접한 조응을 유지한다고 주장했다. 그러나 텔레비전 내에서 남성적 내러티브는 시간을 압축하려 하는 반면, 솝 오페라는 이 조응을 **가능한 한 밀접하게 하려 한다.** 남성적 내러티브는 성취를 강조하기 때문에 그런 결과를 생산하는 수행 – 클라이맥스에 집중하기 위해 과정을 압축하게 된다. 그래서 에피소드 간의 간극이 있을 때도 인물들이 '살고 있다'는 인상을 주지 못하며, 한 에피소드와 다른 에피소드 간에 '기억'을 거의 또는 전혀 갖고 있지 않다. 남성적 인물들과 내러티브는 수행의 순간에만 '살아 있으며,' 이런 순간에 시간은 남성적 수행을 극대화하기 위해 조작된다.

시간은 단지 액션이 없는 장면을 거르기 위해 압축될 뿐만 아니라, 액션/수행 장면을 제대로 보여 주기 위해 슬로 모션으로 연장되기도 한다. 그래서 자동차가 점프를 하거나 전복되는 장면은 항상 로 앵글low angle 촬영과 슬로 모션으로 강조된다. 이들 기법은 수행의 힘과 아름다움을 과장한다. 슬로 모션은 스포츠 프로그램에서 남성 육체의 액션을 찬미하고 전시하기 위해서, 육체적 수행을 아름답게 보이도록 함으로써 경외감을 조성하기 위해서 사용된다. TV 스포츠에서 남성의 육체는 단지 근육질의 신체로 보여지는 것만이 아니라, 미학화되어 이데올로기적으로 긍정적인 가치를 부여받는다(13장을 참조하라). 이처럼 액션 드라마에서 슬로 모

• 이는 현재에는 맞지 않는 서술이지만 1980년대 후반 저자가 이 책을 저술할 당시에는 들어맞는 서술이다.

JOHN FISKE

션은 힘을 관능적으로 보이게 하고 클라이맥스의 순간을 확장하는 데 이용된다.

할리우드가 자신들의 트릭을 공개하는 유니버설 스튜디오 가이드 투어에는 A특공대가, 아니 '실제' A특공대의 대역들이 '실제 모습'을 보여 주는 코너가 있다. 그 의도는 A특공대의 능숙한 기량을 찬미하는 것이지만, 그 효과는 정반대로 나타난다. 자동차가 램프로부터 공중으로 날아오르는 장면에서 램프는 고작 1미터 높이도 안 되며, 점프는 시작하자마자 끝나버린다. 또 정해진 좌석에서 위로부터 내려다보면 모든 액션은 조그맣게 보일 뿐이다. 슬로 모션이나 로 앵글, 현란한 편집이라는 남성성 강화 장치가 없기 때문에 A특공대가 클라이맥스에서 보여 주는 연기는 실망스러울 정도로 평범해 보인다.

5. 분할은 텔레비전의 일반적 특징이지만, 남성적 내러티브보다 솝 오페라에서 더 두드러진다. 단일 플롯 내러티브에서는 한 플롯에서 다른 플롯으로 갑자기 이동하는 일은 존재하지 않는다. 분할은 동일 플롯의 장면들 간의 신속한 전환에 한정된다. 이런 분할은 원인과 결과의 '남성적' 법칙을 좀 더 충실히 따르며 필연적 내러티브와 이데올로기적 종결을 낳는다. 하지만 솝 오페라의 자유로운 분할은 연상이라는 좀 더 개방적인 '여성적' 법칙을 떠올리게 한다. 〈힐 스트리트 블루스〉는 다중적 플롯과 다중적 인물들, 플롯 간의 급격한 전환, 인물들이 막간에도 살고 있다는 느낌, 이전 에피소드에 대한 '기억' 등을 통해 솝 오페라의 여러 요소들과 액션 및 성취로 특징지어지는 남성적 내러티브를 결합한다. 의미심장하게도 이 드라마는 여성들에게 가장 인기 있는 경찰 드라마 중 하나다.

6과 7. 솝 오페라에서 주요 남성 인물들은 흔히 감수성이 예민한 인물들이며, 주요 여성 인물들은 전문 직업인이거나 가정 밖에서 힘 있는 인물인 경향이 있다. 남성적 내러티브에서 감수성은 남성성에 대한 위협으로 여겨지며, 여성은 남성의 구조를 필요로 하는 희생자로 그려진다.

힘은 남성에게, 감수성은 여성에게 한정돼 있다.

8. 숍 오페라에서 세팅은 **가정** 또는 가정으로 기능하는 장소, 즉 사람들이 만나고 대화하고 관계를 맺는 장소다. 남성적 내러티브에서 액션은 가정이 아닌 공적 장소에서 일어난다. 남성의 성공은 공적 인정과 가시성을 필요로 하기 때문에, 액션은 가시적이며 외부에서 일어난다. 남성적 내러티브가 다루는 이슈들은 살인이나 돈, 권력, 테러와 같은 공적 이슈들인 반면, 숍 오페라는 관계 문제와 아동 학대와 같은 '여성의 이슈들'을 다룬다. 범죄는 숍 오페라에 정규적으로 등장하는 요소일 수 있지만, 해결하고 처리해야 할 문제라기보다는 경험되고 얘기되는 반응의 원천으로 다뤄진다.

몰리(1986)는 남녀 간에 선호 장르가 차이가 난다고 지적한다. 그의 연구에서 남성들은 '밖의 세상'에 대한 지식을 늘려 주는, 그래서 세상에 대한 통제력과 행위 능력을 늘려 주는 프로그램들을 선호한다고 답변했다. 남성들은 일관되게 전국 뉴스, 다큐멘터리, 스포츠를 선호한다고 답했다. 남성들이 픽션을 좋아하는 경우에는 '사실적인' 픽션을 좋아하는 경향을 보였다. 반면 여성들은 숍 오페라 같은 픽션 프로그램을 좋아했다. 이들 프로그램은 남성들이 좋아하는 '경험적 리얼리즘'과는 대비되는, 앙(1985)이 "감정적 리얼리즘"이라고 부른 것, 감성, 표현성에 관심을 둔다. 이에 대해 하나의 예외가 있는데, 그것은 여성들이 지역 뉴스, 특히 범죄 뉴스를 상당히 선호한다는 점이다.

〈크라임 워치*Crime Watch*〉는 볼 만한 프로그램이지요. 우리와 아이들이 무엇을 조심해야 하는지 알려 주니까요. (Morley, 1986: 73)

이는 독일 시청자에 대한 로게(1987)의 연구에서도 확인된다. 아이 셋을 둔 싱글맘의 말이다.

JOHN FISKE

경찰 보고서를 예로 들어 보죠. 이레네도 그걸 봐야 할 나이가 된 것 같아요······ 때로는 애들도 스스로 돌보는 법을 배워야 해요. (Rogge, 1987: 12~13)

지역 뉴스, 범죄 뉴스는 위협적인 외부 세계를 직접 영상으로 보여 줌으로써, 우리 사회의 가족 개념이 여성에게 관습적으로 요구하는 어머니로서 돌보는 역할에 곧바로 들어맞는다. 지역 뉴스는 가정과 공적 영역 간의 접점이다.

남성적 내러티브는 젠더 차이를 두드러지게 하는 단순한 대립항을 체현하기 위해 다음 특징을 이용한다.

감성적인	:	거친
가정적인	:	직업적인
사적인	:	공적인
실내	:	실외

남성적 내러티브는 이 구조에 '약한 : 강한'을 이데올로기적 가치 판단으로 추가한다. 여성적 내러티브는 이러한 명확한 가치 판단을 거부한다. 마찬가지로, 여성성을 이 구조의 왼편으로, 남성성을 오른편으로 한정하기를 거부하며, 이들 대립항에 따라 젠더의 의미가 구성될 수는 없다고 주장한다. 남성적 내러티브는 남성성을 이 구조의 오른편에, 여성성을 왼편에 위치시킨다. 그러나 솝 오페라는 그러한 단순한 젠더 정의 전략을 거부한다.

로스(1987)는 이런 단순화된 남성성의 재현은 "경쟁적이며 전능하고, 구제불능으로 성차별적이며, 정서적으로 무지하며, 혈기 왕성한 남성이란 전통적 이미지의 윤곽"을 유연하게 하는 방식으로 수정되고 있다고 지적한다(p.147).

이런 '유연화softening'는 텔레비전 밖에서, 예컨대 패션 잡지에서 가장 뚜렷하게 일어나고 있다. 그러나 로스는 뮤직 비디오에서처럼 〈마이애미 바이스〉와 같은 텔레비전 프로그램에서도 이런 남성성의 전통적 재현이 수정되기 시작했다고 주장한다. 어떤 면에서 〈마이애미 바이스〉는 다른 경찰 드라마와 마찬가지로 전통적인 남성상을 보여 준다. 크로켓과 텁스는 전형적인 남성 주인공 팀으로서 서로 간의 차이는 각자의 결핍을 보충해 준다. 즉 두 사람 모두 거칠고, 경쟁적이며, 남성 이성애자로서 유대감을 느끼며, 여성은 통상 내러티브로부터 [상징적으로] 추방된다.

그러나 이를 배경으로 새로운 남성성의 기호들이 나타나고 있다고 로스는 주장한다.

> 비밀 수사관, 유인책, 끄나풀, 실제로 범법 행위를 저지르는 경찰 등 개별 정체성에 대한 혼란이 일상적이어서 재현의 중심적인 문제가 차이 자체를 드러내는 일의 어려움으로 나타날 때, 사회적 차이에 관한 메시지를 전달하는 것에 몰두하는 장르에 속하는 〈마이애미 바이스〉는 이런 장르적 요구에 대한 메타진술을 제시한다. 크로켓과 텁스의 경우 그들의 힘은 겉으로 드러나는 과장된 의상과 외모의 우월함으로 표시된다. (p.152)

남성성이 외모를 통해, 파스텔풍의 패션 언어를 통해 표현된다는 개념은 액션 중심의 전통적 남성성을 전복하지는 않지만, 남성성에 잠재적으로 모순된, 잠재적으로 '유연화하는' 차원을 끌어들인다. 〈마이애미 바이스〉는 전통적으로 거칠고, 유대감을 느끼고, 남성적인 주인공 짝이 이미 확립된 내러티브 영역을 내어 주지 않으면서 스타일을 중시하고 덜 남녀 차별적인, 새로운 남성성을 껴안는 것을 보여 준다. 그러나 여기엔 모순들이 존재하며, 그것들은 이 드라마가 〈A특공대〉가 제공하는 쾌락과는 다른 쾌락, 즉 우리 문화가 전통적으로 여성적인 것과 연관지어 온 스타일과 외모, 외양의 쾌락을 제공할 수 있는 여지를 열어 준다. 마찬가지로 남성 주인공 짝을 남녀 짝으로 바꾸는 것은 전통적 남성성이 그 권력 구조 내에 새로운 여성을 끼워 주는 것으로, 남성적 내러티브의 쾌락을 여성 시청자에게까지 확장하려는 것으로 볼 수 있다.

모든 장르와 마찬가지로 경찰 드라마는 사회적 가치의 변화와의 변증법적 관계 속에서 그 관습을 수정해 간다. 〈A특공대〉가 보여 주는 극단적 남성성은 〈허수아비와 킹 부인〉과 〈하트 투 하트〉에서 여성적 가치의 수용을 통해 약간 도전받는다. 〈레밍턴 스틸〉에서는 좀 더 강하게, 〈캐그니와 레이시〉에서는 아주 위협적일 정도로 도전받는다. 〈마이애미 바이스〉가 보여 주는, 남성성의 의미에 대한 도전은 아마도 서서히 퍼지지만 정치적으로 가장 효과적인 것일 수 있다. 왜냐하면 그 도전은 무엇이 재현되는가의 차원이 아니라 **어떻게** 재현되는가의 차원에서 일어나는 것이기 때문이다. 다른 드라마들은 여성이 남성적인 역할을 수행하는 것을 재현할 수 있다. 그러나 〈마이애미 바이스〉는 남성성을 다르게 코드화한다. 〈캐그니와 레이시〉가 여성적인 것을 관습적으로 코드화하는 것을 거부한 것처럼, 〈마이애미 바이스〉는 좀 더 노골적으로 남성적인 것의 코드화에 변화를 요구한다.

장르와 젠더 간의 긴밀한 연관은 이 두 가지가 사회적으로 구성되는 것이라는 점을 입증한다. 젠더의 심리적 차원은 단지 우리의 이데올로기적 실천과 그 실천이 생산하고 유지하는 젠더 역할을 만날 때만 내러티브에서 표현돼야 하는 문제가 된다. 자본주의하에서 남성성과 여성성의 사회적 의미에는 중요한 차이가 존재한다. 이들 차이가 장르 간의 텍스트상의 차이로 나타나는 것은 놀랄 일이 아니다. 사회적인 것과 텍스트적인 것 간의 관계는 결코 명백하거나 단일하지 않다. 젠더가 텍스트에서 재현될 때 사용되는 장르 관습은 사회적인 것을 재생산하고 유지할 뿐이라는 믿음에 의해 그 관계는 지나치게 단순화되어 왜곡되기에 이르렀다고 할 수 있을 정도다.

경찰 드라마와 솝 오페라 간의 결정적인 차이는 텍스트상의 관습에서가 아니라 그것들이 부추기는 독해 관계에서 발견된다. 여성적 장르는 지배 이데올로기에 의해 억압되는 젠더의 관심을 담기 때문에, 인기 있으려면 다양한 대항적인, 아니면 적어도 저항적인 독해를 허용할 만큼 개방적이어야 한다. 그래서 여성적 장르는 종결을 짓거나 독해 주체를 한곳에 모으려는 시도를 별로 하지 않는다. 반면 남성적 장르는 지배 이데올로기와 전혀 다른 관계를 맺고 있는 시청자에게, 그리고 사회적 차이가 가부장제에 수용되도록 하기 위해 독해 전략이 저항이 아닌 협상의 전략일 가능성이 큰 시청자에게 말을 건다.

하지만 계급, 인종, 나이의 관점에서 보면 대항적이거나 저항적인 입장의 가능성이 좀 더 크다. 한니발과 B. A. 간의 긴장은 항상 그들 관계에서 힘 있는 자에게 유리한 방향으로 해소되지는 않는다. 즉 해결의 지점을 제공하는 것은 항상 백인, 연장자 상관의 가치는 아니다. B. A.를 사회적 약자인 자신을 표현하는 인물로 받아들이는 사람들은 B. A.처럼 힘 있고 굴하지 않는 인물을 완전히 굴복시킬 수 없다는 데서 대항적 또는 저항적 쾌락을 발견할 만하다. 그러나 이 장르는 남성성의 가부장적 가치들을 검토할 수 있는 기회를 제공하지는 않는다. 젠더의 이데올로기 면에서 종결은 거의 완벽한 것처럼 보인다. 반면 계급과 인종, 세대의 이데올로기에서 이 장르는 헤게모니적 핵심에 저항하거나 이를 회피할 수 있는 공간을 훨씬 많이 제공한다.

12장

쾌락과 놀이

우리 문화에서 텔레비전의 역할이 무엇인가에 대한 논란이 어떠하든 간에, 우리는 텔레비전을 즐긴다. 또 텔레비전 시청이 우리 삶에서 쾌락 pleasure의 주요한 원천임은 의심할 바 없다. '쾌락'이란 말은 근래 비평 저술에서 자주 등장하는데, 인기에 대한 우리의 이해에 결정적인 것으로 보인다. 그러나 널리 쓰이는 다른 용어들과 마찬가지로 쾌락도 콕 집어 정의하기가 상당히 어렵다. 이 말은 또 다담론적으로, 즉 서로 다른 담론에서 서로 다른 의미로 쓰인다.

이 용어를 정신분석학적으로 사용하는 경우 쾌락은 욕망과 연관된 것으로 여겨지는 경향이 있으며, 인간 행동의 주된 동기화 요소로 간주된다. 라캉의 영향을 받은 페미니즘 저술들은 가부장제하에서 남성적 쾌락과 여성적 쾌락은 다르게 경험될 수 있지만, 쾌락과 불쾌의 기원은 모든 어린아이에게 공통되는 초기 정신 과정에서 찾을 수 있다고 말한다. 또 젠더, 계급, 인종, 교육, 종교와 같은 사회적 영향이 작용하기 전에 그 기본적 구조가 정해진다고 한다. 정신분석학에서 말하는 쾌락 원리는 인간에게 보편적인 것이랄 수 있다.

어쨌든 바르트(1975b)는 기본적으로 문화로부터 유래하는 쾌락을 가리키기 위해 '플레지르plaisir'라는 단어를 사용한다. 잠재의식의 작동에서가 아니라 성적 오르가즘처럼 육체의 감각에서 느끼는 육체적 쾌락을 위미하기 위해서는 좀 더 황홀경과 가까운 '주이상스jouissance'를 사용한다. 주이상스는 경험의 강렬함이 가장 중요한 차원이란 점에서 프로이트의 '정동'과 비슷하다.

그런데 쾌락이 제3의 담론적 용도로 쓰이는 — 폭넓은 의미의 사회적인 것을 강조하는 — 경우도 있다. 이것은 쾌락의 의미를 사회 구조와의 관계에서, 구조를 경험하는 주체들의 사회적 실천과의 관계에서 찾고자 한다. 앞의 두 용도가 본질적으로 추상적이고 단일한 의미를 찾고자 하는 반면, 이 세 번째 용도는 좀 더 구체적인, 복수의 의미들로 향하는 경향을 보인다.

이 세 가지 범주들, 즉 정신분석학적, 육체적, 사회적인 것들은 지속적으로 서로에게 스며든다. 어느 한순간 경험되는 쾌락은 이 모든 요소들을 포함할 가능성이 크다. 이들 범주는 다른 범주들과 마찬가지로 설명의 전략이다. 이들은 그 자체로 존재하는 것이 아니라 파악을 위해서 존재한다. 그러나 이들 간의 차이를 강조하는 것도 중요하지만, 이들 모두가 크든 적든 쾌락과 권력 간의 관계에 좌우된다는 것을 지적하는 것도 마찬가지로 중요하다. 대체로 쾌락에 대한 정신분석학적 관점은 쾌락을 지배 이데올로기를 수용함으로써 생기는 산물이라고 본다. 멀비(1975)에 따르면, 쾌락은 가부장적 영화에 의해서 순응적인 관객에게 제공되는 보상이다. 쾌락은 헤게모니를 창출하는 최상의 작인이다.

하지만 다른 두 담론에서 쾌락은 저항 및 전복과 연관될 수 있다. 많은 포스트모더니스트에게 그러하듯 바르트에게 있어서도 쾌락은 멀비가 말하듯 이데올로기의 보상이 아니라, 이데올로기의 대립항일 수 있다.

JOHN FISKE

정신분석학과 쾌락

멀비(1975)는 영향력 있는 논문 〈시각적 쾌락과 내러티브 영화Visual Pressure and Narrative Cinema〉에서 이론적 기반을 프로이트의 관음증 이론, 즉 보는 행위의 쾌락과 권력에 두었다. 그녀는 주류 할리우드 영화의 관객은 피핑 톰peeping Tom●과 같은 입장에 놓인다고 주장한다. 스크린은 불켜 놓은 방의 창과 같아서 보이지 않는, 인식되지 않는 관음자voyeur가 그 창을 통해 본다. 비밀, 즉 타인의 사생활을 볼 수 있는 그의 능력 — 관음증은 남성적인 쾌락이다 — 은 그에게 타자보다 우월한 힘을 부여한다. 이런 관음증적 쾌락은 여성 육체를 보는 남성적 시선에 의해 산출된다. 그래서 할리우드 내러티브의 전형적인 진행은 플롯을 진전시키는 남성의 액션이, 여성의 육체가 남성 주인공에 의해 응시되거나 소유되는 중단 interruption과 번갈아 나오는 것이다. 남성 주인공은 남성적 관객의 체현이자 카메라 앞에서 펼쳐지는 사건을 보는 카메라의 남성적 '시선'의 체현이다. 여성을 보는 것과 소유하는 것의 시각적 쾌락은 내러티브의 이전 부분에서 남성의 액션이 성공적이었던 데 대한 보상이다. 영화 관객이 남녀로 이루어져 있음에도 불구하고, 이는 남성적 독해 주체를 생산한다. 특히 여성들은 남성적 주체로 구성될 수 있으며, 따라서 남성적 쾌락을 경험할 수 있다. 여성들은 남성들과 마찬가지로 여성의 육체를 남성적 응시 아래 놓이게 한다.

● 엿보기 좋아하는 사람, 관음하는 사람을 말한다. 중세 영국 전설에서 유래한 말로, 코번트리의 봉건 영주가 무거운 세금을 물려 주민들의 원성이 심해지자 영주의 부인 고다이버Lady Godiva가 세금을 낮춰 달라고 요청했다. 영주는 그녀에게 알몸으로 말을 타고 성내를 한 바퀴 돌면 세금을 낮춰 주겠다고 했다. 그러자 그녀는 주민들에게 집안 창문을 가려 자신의 알몸을 보지 말라고 요청했는데, 톰만이 집안에서 몰래 이를 엿보다 눈이 멀었다고 한다.

관음증의 힘에는 여성 물신화라는 영화적 실천이 함께 따라온다. 프로이트에 따르면 물신fetish은 위협의 과대평가다. 영화 카메라는 여성이 야기하는 거세 공포와 오이디푸스적 죄의식을 제거하는 수단으로서 여성의 형태를 지나칠 정도로 '숭배한다.' 카메라가 클로즈업으로 눈, 입술, 허벅지, 머리카락 등 여성 육체의 일부를 숭배하게 되면 여성 육체의 영화적 파편화가 일어난다.

멀비에 따르면, 관음증적 욕망의 충족에 의해 생기는 쾌락은 가부장제의 요구와 완벽하게 조응한다. 그래서 그녀는 가부장제, 쾌락, 남녀의 자연적 차이 간에 확고한 관계를 구성하기에 이른다. 멀비는 가부장제를 인간의 본성에 바탕을 둔 것으로 보고, 가부장적 권력을 인간 섹슈얼리티의 본성과 구별할 수 없는 것으로 취급함으로써 영화의 쾌락을 설명하는 듯하다. 그녀는 페미니스트이므로 우리가 현재 경험하는 쾌락의 파괴를, 또 그 쾌락을 새로운 쾌락, 즉 당연한 것으로 여겨지던 것을 낯설게 하기defamiliarizing 및 새로운 보는 방식의 쾌락으로 대체하기를 주장한다.

그러나 주류적 쾌락은 주류 영화의 구조에서 재생산되는 유아기 섹슈얼리티의 구조를 발견함으로써 산출된다. 주류 영화는 가부장제 및 인간 섹슈얼리티의 요구에 복종하는, 텍스트가 생산하는 주체 위치를 채택함으로써 관객이 지배 이데올로기를 수용하도록 유도한다. 이렇듯 쾌락은 반동적이다. 왜냐하면 지배 이데올로기와 섹슈얼리티에 대한 프로이트의 설명은 가부장적 현 상태를 자연화하는 작용을 하기 때문이다. 하지만 멀비는 급진적 쾌락의 가능성을 인정하지만, 그것이 어떻게 가능한지를 구체적으로 밝히지는 않는다.

멀비의 주장은 영화에는 잘 들어맞을 수 있지만, 텔레비전에는 설득력이 떨어진다. 크고 밝은 영화 스크린과 익명성이 보장되는 어두운 영화관은, 일상적 가정생활의 한복판인 거실에 위치해 있고 훨씬 덜 위압적인 텔레비전 화면에 비해 피핑 톰의 상황을 훨씬 더 정확하게 재생산한다. 텔레비전은 관음증적이기보다는 상호 작용적이다. 텔레비전의 리얼리즘은 분명히 관음증적 차원을 지니지만, 텔레비전 텍스트의 분할과 수용 방식에 의해 지속적으로 파열된다. TV 시청자는 영화 관객과 달리 리얼리즘적 내러티브의 작용에 덜 영향을 받듯이 이미지에 대한 관음증적 권력과 이로 인한 쾌락도 부여받지 못한다.

멀비의 쾌락 이론을 텔레비전에 적용하는 것은 문제가 있지만, 그럼에도 어느 정도 설명력을 지닌다. 여성 육체를 페티시 대상으로 파편화하는 것은 광고, 특히 화장품 광고에서 일반화돼 있다. 여성 시청자로부터 남성적 욕망을 끌어내는 것과 여성을 남성적 독해 위치로 구성하는 것 — 이를 통해 여성은 남성적 시선을 통해 자신의 육체를 의미 있는 것으로 만들 수 있다 — 은 영상 산업 면에서 분명 경제적인 전략이다.

이와 유사하게, 여성의 육체를 남성적 응시의 대상으로, 관음증적 권력/쾌락의 생산자로 재현하는 경우는 부지기수다. 게임 쇼에서 시상을 빛내 주거나 〈마이애미 바이스〉나 〈마이크 해머*Mike Hammer*〉● 같은 프로그램에 등장하는 '볼 만한 광경'을 제공하는 모델들은 관음증적 쾌락이 작동한다는 명백한 증거다. 텔레비전 화면에 등장하는 여성이 매력과 정상성에 있어서 가부장적 감각에 부합하는 체형과 성적 매력이 넘치는 연령대의 여성으로 한정되는 경향을 보이는 것도 마찬가지다. 예컨대 뚱뚱한 여성은 임신한 여성이 그러하듯 아주 드물게만 등장한다. 1985년 호주에서 한 여성 아나운서/리포터는 임신한 몸이 드러나 출연을 금지당한 적이 있다. 그러자 그녀는 성차별 금지법에 의거해 소송을 제기해 승소해서 오페라 소개를 맡을 수 있었다. 그러나 남성의 관음증적 쾌락은 '취할 수 있

● 정식 제목은 〈미키 스필레인의 마이크 해머*Micky Spillane's Mike Hammer*〉이며 1984~1985년 미국 CBS를 통해 방영된 탐정 수사 시리즈다. 추리 소설가 미키 스필레인 (1918~2006)이 창조한 하드보일드 탐정 마이크 해머의 활약을 그렸다.

는' 여성을, 그래서 시선에 의해 소유할 수 있는 여성을 필요로 한다. 임신한 여성은 아무리 성적으로 매력적이라 하더라도 이 같은 방식으로 소유할 수 있는 대상이 아니다.

그러나 쾌락에 대한 이러한 견해는 단지 텔레비전의 즐거움의 일부만을 설명할 수 있다. 특히 지배 이데올로기에 대한 저항의 가능성을, 또 시청자가 나름의 의미를 만들어 낼 가능성을 허용치 않는다. 또는 적어도 이런 가능성에서 쾌락을 얻을 수 없다고 시사한다.

쾌락과 사회적 통제

바르트(1975b)의 쾌락에 대한 두 가지 개념은 이런 어려움에 접근하는 한 방법을 제공한다. 그는 플레지르와 주이상스를 텍스트를 독해할 때 생겨나는 쾌락의 두 유형을 구별하기 위해 사용한다. 그는 이 두 유형의 쾌락은 어느 것이든 텍스트 자체에서 발견되는 것은 아니며 독해자와 만나는 곳에서 찾아볼 수 있다고 강조한다. 이 이론은 텍스트가 무엇인지가 아니라 텍스트가 무엇을 하는지에 관심을 둔다. 바르트는 텍스트 경제라는 메타포를 종종 사용한다. 이는 의미와 쾌락의 생산과 순환을 부의 생산과 순환에 비유하는 것이다. 텍스트 내의 말이나 이미지들은 쾌락을 위해 교환되며, 독해자가 사는 상품은 세계의 의미가 아니라 그 세계를 재현하고 형상화하는 과정에서 생기는 쾌락이다.

바르트가 직접 인용하지는 않지만, 프로이트는 바르트 이론의 표면 바로 아래에 잠복해 있다. 우선 인간은 항상 쾌락을 추구하며 불쾌를 회피한다는 가정이 그렇고, 둘째로는 우리 사회에서 쾌락은 항상 두 종류의 경찰 — 정치적 경찰과 정신분석학적 경찰 — 을 만들어 낸다는 믿음이 그렇다. 서구 사회에서 쾌락은 전형적으로 이기심, 게으름, 허영의 표현

JOHN FISKE

인 탐닉indulgence으로서 죄의식을 유발하는 것으로 여겨진다. [기독교] 교회가 육신의 '쾌락'을 지속적으로 억제하고자 한 것을 자본주의는 기꺼이 받아들여, 당연히 '누릴 만한,' 그리고 책임 있게 이용되는 (즉 좀 더 많은 일을 하기 위한 준비로 이용되는) 쾌락만을 허용하는 프로테스탄트 노동 윤리로 변형시켰다. 베넷(1983a)은 19세기 중산층이 부상하는 노동 계급의 여가를 통제해 이데올로기적으로 받아들일 만한 형식으로 바꾸려 할 때 시도했던 방식들을 추적한 바 있다.

텔레비전에 대한 공격이라는 오랜 전통 — 만화와 다른 대중적 양식들에 대한 공격에 뒤이은 — 은 이런 움직임의 일부다. 텔레비전에 대한 공격은 계급에 바탕을 둔 사회적 권력이라는 공격의 실제 기원을 헷갈리도록 하기 위해 도덕, 합법성, 미학의 담론을 이용한다. 이 주장은 전형적으로 다음과 같이 전개된다. 텔레비전은 불륜을 보여 주고, 폭력과 범죄를 미화하고, 법과 질서를 약화시키고, 조악하고 저급하고, 최소공배수에 호소함으로써 사람들의 분별 능력을 저하시키기 때문에 부도덕하다. 19세기 인기 있던 장날과 축제를 금지하기 위해서 이와 비슷한 주장이 동원되었는데(Waites, Bennett, & Martin, 1982를 참조하라), 이런 주장은 하층 계급의 쾌락은 부르주아의 통제 외부에 있기 때문에 필시 교란적일 수밖에 없다는 숨겨진 공포에서 유래한다. 그러나 계급 권력은 경합 대상임이 분명하므로, 쾌락은 계급의 이름으로 공개적으로 억압될 수는 없다. 오히려 쾌락을 통제하려는 시도는 도덕, 법, 또는 미학처럼 좀 더 보편적으로 받아들여지는, 그래서 덜 도전받는 담론들을 통해야만 한다.

인기 있는 것을 저급하고, 불법적이고, 부도덕한 것으로 취급하는 것은 인기 있는 것을 저평가하거나 억제하기 위해 지속적으로 감시하려는 부르주아적 행위를 정당화한다. 이는 또 바르트가 말하는 정신분석학적 경찰, 그리고 이 경찰이 이용하는 죄의식을 합당한 것으로 만든다. 자본주의와 기독교의 역사는 자본주의와 기독교가 쾌락을 교란적이며, 자신들의 사회 권력에 적대적인 것으로 두려워하면서 쾌락을 도덕적, 경제적, 정치적 통제하에 두고자 하는 욕망을 생산해 온 방식을 보여 준다.

바르트에게 있어서 쾌락은, 플레지르가 주이상스보다 덜하기는 하지만, 이데올로기적 통제에 대립한다. 플레지르는 본질적으로 확인에서 오는, 특히 자신의 정체성의 느낌을 확인하는 일상적인 쾌락이다. 그것은 문화의 산물이며, 그 문화에 의해 생산되는 정체성의 느낌이다. 멀비(1975)가 말하는 주류 영화의 남성적 쾌락이 플레지르와 비슷할 수 있지만, 바르트는 멀비와는 달리 대항적 쾌락oppositional pleasure의 여지를 허용한다. 〈힐 스트리트 블루스〉나 〈캐그니와 레이시〉를 시청하는 자유주의적이거나 급진적인 시청자들에 의해 경험되는 쾌락은, 지배적인 사회적 가치에 반대하거나 적어도 이를 점검하고자 하는 자신들의 사회 정체성을 확인하는 데서 발견되는 플레지르의 한 형태다. 바르트는 플레지르에 상대적으로 덜 주목하지만, 아마도 텔레비전에 좀 더 해당하는 것은 바로 이 일상적인, 평범한 성격의 쾌락이다. 텔레비전을 시청하는 정상적인 조건에서 주이상스에 필수적인 경험의 강렬함을 이끌어 내기는 어렵다. 그러나 플레지르는 좀 더 정치적, 사회적 차원과 맞닿아 있으므로, 적어도 이데올로기의 회피에 그 뿌리를 두고 있는 것처럼 보이는 주이상스와 마찬가지로 진보적이고 탐색적인 양식일 수 있다. 플레지르 또한 여러 가지가 있을 수 있다. 주이상스는 단지 한 가지만 있는 반면, 플레지르가 확인하는 사회 정체성이 다양하므로 우리는 플레지르의 다양성을 떠올리게 된다. 이 다양성은 그 자체로 저항의 작인이자 효과다.

주이상스는 희열, 황홀, 또는 오르가즘으로 번역된다. 바르트는 주이상스를 설명하기 위해 지속적으로 성적 메타포를 사용한다. 그것은 문화가 아닌 인간 본성과 관련된, 고조된 관능성을 통해 경험되는, 육체의 쾌락이다. 그것은 텍스트의 물리적 기표들, 예컨대 특정한 노래하는 목소리가 갖고 있는, 다른 목소리는 기술적으로 완벽하더라도 결여하고 있는

JOHN FISKE

'결grain'이다. 그것은 텍스트의 육체에 존재하며 독해자의 육체에 의해 감지된다. 바르트(1975b)는 이를 묘사하기 위해 살, 목구멍, 녹patina, 관능 같은 단어를 사용한다. 그는 주이상스란 의미나 언어의 표출이 아니라 육체의 표출이라고 말한다.

살과 함께하는 언어, 우리가 목청을 들을 수 있는 텍스트, 자음들의 녹, 모음들의 관능성, 완전한 육감적 입체 음향. 의미의, 언어의 표출이 아닌 육체의, 혀의 표출. 특정한 방식으로 노래하는 것은 이 국지적 쓰기local writing가 무엇인지 알려 줄 수 있다. 그러나 멜로디는 죽어 있기 때문에 우리는 근래 영화에서 이를 더 쉽게 찾아볼 수 있다. 사실 영화가 말하는 목소리를 클로즈업으로 잡아 — 이것이 실은 쓰기의 '결'에 대한 일반적인 정의다 — 우리가 그 물질성, 감각성, 숨결, 후음, 입술의 포동포동함, 사람의 인후부 — 그 목소리, 그 쓰기가 동물의 입 주위처럼 신선하고, 유연하고, 번들거리고, 섬세하게 오톨도톨하고, 생기 넘치는 것 — 의 존재감을 들을 수 있게 해, 기의signified를 아주 멀리 보내는데, 이른바 배우의 익명적 육체를 내 귀로 던져 넣는데 성공하는 것이면 족하다. 그것은 오톨도톨하게 하고, 지직거리며 타오르고, 애무하고, 비비고, 자르고, 밀려온다. 그것은 희열(주이상스)이다. (pp.66~67)

주이상스는 '기의를 멀리 보내 버림'으로써 문화의, 의미의 통제를 벗어난다. 그렇게 해서 기표signifier를, 특히 기표가 물질화되는 방식 — 결, 목소리의 숨결, 입술의 포동포동함 — 을 전면화한다. 그것은 기호의 물질적 육체에서, 독해자의 육체의 감각성에서 찾아볼 수 있다. 이런 방식으로 그것은 항상 관능적이며, 그 정점은 적절하게도 오르가즘이라고 지칭된다.

주이상스는 문화가 붕괴하는 순간 생긴다. "문화도, 문화의 파괴도 관능적이지 않다. 관능적일 수 있는 것은 그것들의 이음매, 단층, 흐름이다"(Barthes, 1975b: 7). 성적 오르가즘은 육체가 문화로부터 벗어나는, 적어도 그런 벗어남이 가능한 것처럼 보이는 순간이다. 육체와 육체의 감각성은 주체성과 대립하며, 주체에서는 발견되지 않는, 문화 내에서 이데올로기에 의한 주체의 구성에서는 발견되지 않는 쾌락을 제공한다.

솝 오페라에서 클로즈업은 **주이상스**를 산출할 수 있을 것이다. 입가의 떨림을 확대해서 보여 줄 때, 눈을 찡그릴 때, 음성에 젖은 숨결이 묻어날 때 드러나는 감정의 강렬한 물질성은 진행되는, 느껴지는 내러티브 및 그런 클로즈업이 주체성에 영향을 미치는 방식과는 관계없이, 또는 반대로 시청자에게 눈물을 자아낼 수 있다. 육체적인 상실은 주체성의 상실로 경험된다. (황홀경이나 오르가즘에서 눈물이 나는 것은 적절한 육체적 반응일 수 있다.) 브라운(1987a)이 솝 오페라가 제공하는 쾌락의 하나라고 한 "실컷 울기a good cry"는 단지 사회생활에서 종종 억압되는 감정과 정체성을 표현하는 플레지르만이 아니라, 육체로써 독해하는 데서, 문화의, 이데올로기의 외부에 존재감을 확립하는 데서 나오는 **주이상스**이기도 하다. 왜냐하면 그것은 의미(나 또는 세계의 의미)에 관한 것이 아니라 존재감과 강렬함에 관한 것이기 때문이다.

플레지르와 **주이상스**를 구별하는 것이 실제로는 꽤나 어렵지만, 바르트 이론의 중요성은 정신분석학과 이데올로기의 혼합물로부터 유래하는 쾌락에 대한 중심적, 보편적 개념으로부터 자신들의 차이를 지닌 독해자들에게로 주의를 돌려놓는다는 데 있다. 쾌락은 탈중심화되고 작품으로부터 텍스트를 창조하는 독해의 일부가 된다(6장을 참조하라). 그럴 경우 쾌락에서 중심적인 것은 독해자가 의미 생산에 대해 갖는 어느 정도의 통제의 느낌이다.

러벌(Lovell, 1983)은 표면적으로 멀비의 설명과 비슷한(젠더와 관련되므로), 또 바르트의 설명과 비슷한(저항의 쾌락을 인정하므로) 쾌락에 대한 설명을 내놓는다. 그러나 그녀의 설명은 그 설명을 역사적 특수성에 근거해 가부장적 자본주의에 삽입한다는 점에서 두 사람의 설명과 다르다. 러벌은 19세기 자본주의에 의해 확립된 남성의 공적-정치적 세계와 여성의 사적-가정적 세계 간의 명확한 구분 때문에 '심각한 것'의 세계는 남성의 영역으로 여겨진 반면, 쾌락은 사적이고 개인적인 삶의 영역에 한정되는 식으로 쾌락의 여성화가 일어났다고 설명한다. 그러나 그녀의 이전 저술(Lovell, 1980)은 대중적 쾌락이 어떻게 저항적일 수 있는지를 보여 주므로, 쾌락의 사사화privatization는 육체와 감각에서 쾌락이 표현될 수 있게 해 주고, 쾌락의 여성화는 억압된 자들의 문화로서 쾌락이 표현될 수 있게 해 준다고 주장할 수 있다. 슈비히텐부르크(Schwichtenburg, 1986)는 "쾌락을 한계에 가두지 않는 것이 …… 중요하다"라고 주장한다. 이런 종류의 쾌락은 '한계' 내에 새겨져 있는 사회적 통제를 거부하는 데서 생기기 때문이다. 사회적 권력을 행사하는 데서 쾌락을 느낄 수 있는 것은 분명하지만, 억압받는 자들의 대중적 쾌락은 필연적으로 이런 권력에 저항하고, 권력을 회피하거나 공격하는 데서 찾을 수 있다. 대중적 쾌락은 억압받는 자들에게 힘을 주는 것이며, 그러므로 단지 일시적일지라도, 또 단지 한정된 영역에서일지라도, 정치적 저항을 제공한다.

쾌락, 놀이, 그리고 통제

바르트(1977c)는 작품으로부터 텍스트를 창출하는 쾌락은 텍스트와 놀기를 초래한다면서 자신의 이론에서 '놀이play'가 지닌 다의성을 충분히 활용한다. 그에 따르면, 첫째 텍스트는 그 안에 '놀이'를 지니고 있다. 마치 경첩이 느슨해진 문처럼. 이 '놀이'는 독자에 의해 이용된다. 독자는 음악가가 악보를 보고 연주하듯이 — 악보를 해석하고 활성화하고 그것에 실감나는 현전감을 부여한다 — 텍스트를 '갖고 논다.' 그럼으로써 독자는 놀이를 하듯 텍스트를 갖고 논다. 텍스트의 규칙을 가능케 하고 즐겁게 해 주는 실천에 참여하기 위해서 자발적으로 텍스트의 규칙을 받아들인 다. 물론 이 실천은 의미와 정체성을 생산하는 실천이다. 놀이에서처럼 텍 스트에서 규칙은 나름의 공간 — 그 안에서는 자유와 자아 통제가 가능 하다 — 을 구축하기 위해 존재한다. 놀이와 텍스트는 플레이어/독자가 자유와 통제의 쾌락을 경험할 수 있는 공간을 구축한다. 우리 목적에 비 추어 보면, 특히 텍스트 연주하기가 의미의 생산과 통제의 자유를 가져다 준다.

프로이트는 어린아이의 '포르트-다fort-da' 놀이●에 주목한다. 이 놀 이에서 아이는 자기가 좋아하는 대상을 단지 다시 되돌아오기를 요구하 기 위해 내던져 버린다. 이 놀이는 엄마가 사라졌다가 다시 나타나는 것 을 재연하는 것으로, 이 놀이를 함으로써 아이는 단지 엄마가 돌아올지 에 대한 자신의 불안을 상징화할 뿐만 아니라 자기 환경의 의미를 통제하 기 위해 상징을 사용하기 시작한다고, 그럼으로써 아이는 실재와 그것의 재현 간의 관계를 탐색한다고 프로이트는 설명한다.

파머(1986)는 아이들이 텔레비전과 노는 여러 예를 제공한다. 가장 단 순하게는 아이들은 TV 수상기를 통해 기표들 자체를 통제하는 것을 즐 겼다. 아이들은 채널 스위치를 돌리거나, 영상을 왜곡하기 위해 버튼을 조절하거나, 일종의 전자적 포르트-다 놀이에서 영상이 사라졌다가 다 시 나오게 하는 등 놀이를 했다. 그녀는 전형적인 어린이 남매에 대해 "에 이미와 남동생이 느끼는 즐거움의 일부는 TV 수상기에 대한 통제권을 행사하는 데서 나오는 것 같다"(p.58)라고 언급한다.

● 아이가 실타래를 던졌다가 다시 받으면서 '다da'라는 소리를 낸다는 것이다.

JOHN FISKE

이처럼 텔레비전의 재생산 메커니즘을 갖고 노는 행동은 재현 자체를 갖고 노는 것으로 확장되었다. 때때로 이는 여학생들이 학교 운동장에서 전날 방송된 〈죄수〉 장면을 따라하는 식으로 상당히 직접적인 재연의 형태로 진행되었다. 그러나 때로는 이런 재연은 해학적이어서, 아이들은 자신들이 인정하지 않는 재현을 나름대로 비판적으로 재구성하기도 했다. 아이들이 프로그램을 분석의 대상으로 보고 비판적으로 접근하는 어른들의 방식을 따라하는 대신 자신들의 시청 경험에 바탕을 두고 프로그램들을 탐색했다는 사실은 결코 아이들이 수행하고 있는 비판적 과정을 무효화하는 것이 아니다. 아이들의 놀이는 어른들의 비평보다 더 생산적일 수 있다. 왜냐하면 놀이는 자신들의 사회적 경험 — 많은 어른들이 전형적으로 이를 부정적으로 폄하하는 데 비해 아이들은 창조적이다 — 에 맞게 프로그램을 리메이크하는 것으로 나타날 수 있기 때문이다. 이런 '리메이킹'은 쾌락과 힘의 원천이다.

> 사실인 것처럼 상상하며 놀기와 척하기pretending는 흔히 좋은 느낌과, '관심과 즐거움'과 연관된다. 연구자들은 이는 놀이가 "권력 변형의 일종으로 그럼으로써 아이는 자신의 규칙을 따르는 미니어처 세계를 재구축하기 때문"이라고 말한다(Singer & Singer, 1980: 1). (Palmer, 1986: 113)

이와 유사하게, 실Seal은 아이들의 놀이가 흔히 상징계와 실재 간의 경계를 탐색한다고 주장한다. 규칙에 따라 놀이를 하는 아이 — "넌 죽은 거야" — 와 놀이에 '현실'을 끌어들이는 아이 — "아니야. 난 안 죽었어. 아직도 숨 쉬고 있잖아" — 간의 말싸움은 다른 것들을 구속하는 현실의 재현을 구축하는 힘을 가진 사람인 누군가에 대한 논쟁이다.

이것은 앙(1985)과 홉슨(1982)이 보고한 숍 오페라 여성 시청자들의 놀이와 근본적으로 비슷하다. 재현과 실재 간의 관계를 갖고 놀이를 하는 이들 시청자의 쾌락은 재현을 통해 환영을 통제하는 프로그램의 힘에 의문을 제기한다. 또 그것은 자신의 시청 행태에 대해 통제를 행사하는 방식의 하나다. 그들이 누구와 '동일시할' 것인가를 능동적으로 선택하고 — 〈댈러스〉에서 수 엘런 또는 파멜라 — 내가 "연루 - 유리"라고 부른 과정에서 동일시할지 말지를 선택하는 것은 놀이를 통해 통제를 행사하는 두 사례다.

놀이는 그 자체로 저항적이거나 전복적이지 않지만, 그것이 가져다주는 통제나 힘은 피지배자들에게 자존감을 부여해 주어, 적어도 저항이나 전복을 가능하게 해 준다. 래드웨이(1984)는 로맨스 소설의 여성 독자들 중 일부는 남편이 싫어함에도 로맨스 소설을 읽으며 소설에서 남성적 가치를 비판하고 여성적 가치를 옹호하는 의미들을 찾아낸다는 사실을 발견했다. 이런 자발적 선택과 하위 가치 체계의 정당화를 통해 여성 독자들은 자신감을 얻어 좀 더 강하게 자기 주장을 내세우고 가족 내 남성의 가부장적 권력에 저항할 수 있었다.

이와 비슷하게 마돈나 소녀 팬들에 대한 연구(Fiske, 1987a)에서 이들의 쾌락의 주요 원천은 마돈나가 자신의 이미지(또는 의미)를 통제한다는 사실과 자신들도 이런 통제를 할 수 있다는 느낌이었다는 사실을 보여 주었다. 소녀 팬들은 일관되게 마돈나를 가부장적 섹슈얼리티 담론에 대한, 그럼으로써 자신의 섹슈얼리티에 대한, 통제를 주장하기 위해 그 담론을 이용하는 여성으로 보았다. 뮤직 비디오에서 그녀의 섹슈얼리티는 남성들이 아니라 자신과 자신의 소녀 팬들의 쾌락의 원천으로 제시된다. 마돈나는 자신이 남성으로부터, 남성의 인정으로부터, 따라서 남성적 담론으로부터 독립된 존재임을 주장하기 위해 남성적 담론의 기호와 이미지를 이용했다. 윌리엄슨(Williamson, 1986)이 지적하듯이, 이는 어린 소녀들에게 특히 중요한 쾌락의 원천이었다.

마돈나는 대부분의 소녀들이 "여성성womanhood"이 엄습해 포기하기 전까지 자신들이 가졌던 허세와 과시를 유지한다…… 마치 누구도 "안 된다"고 하지 않는 어른 세계에 사는 어린 소녀처럼, 그녀는 대부분의 소녀들이 사적으로 하는 것을 공개 석상에서 한다. 이것은 에너지가 방출되는 듯한 대단한 느낌을 준다. 이는 자체로 긍정적이다…… 그리고 마돈나는 결코 희생자가 아니며 피동적이지 않다. 그녀의 페르소나는 성적 이미지에 대한 의식적인, 패기만만한 자신감, 전혀 당황하지 않는 것이다. 이는 어린 소녀들이 10대 잡지를 펼치는 순간부터 자신들의 육체를 즐기지 못하게 하는 수치심의 정반대다. (p.47)

마돈나의 뮤직 비디오는 가부장제하에서 관습적으로 섹슈얼리티의 재현을 관장하는 규칙들과 소녀들의 사회적–성적 경험 및 하위 문화적 욕구 간의 경계를 탐색한다. 뮤직 비디오는 시작되자마자 관습적인 여성 패션의 기호들 — 레이스 달린 장갑, 리본, 종교색을 풍기는 보석류, 염색한 금발 등 — 을 본래 맥락으로부터 떼어내는, 그래서 그 기호들을 본래 의미로부터 해방시키는 '마돈나 룩the Madonna look'을 보여 준다. 마돈나 뮤직 비디오에 나오는 마돈나 룩의 의미는 정확히 특정 지을 수는 없다. 그런데 이 점이 중요한다. 그런 기호가 주는 쾌락은 기호가 무엇을 말하는가에서 오는 쾌락이 아니라, 그 기호들이 심하게 억눌린 하위 문화가 스스로 발언하고 스스로 의미를 생산하도록 하는 권리와 힘을 주장하는 데서 오는 쾌락인 것이다. 마돈나는 소녀 팬들이 가부장제의 관습을 갖고 놀도록 초대함으로써, 그들이 그 관습에 굴종할 필요가 없으며 가부장제와의 관계에 대해, 그럼으로써 자신의 정체성에 대해 어느 정도 통제를 행사할 수 있음을 보여 준다.

마돈나가 스타일을, 마돈나 룩을 강조한 것은 스타일이 가질 수 있는 의미의, 이데올로기와 힘의 부정이다. 그것은 기표의 표면을 강조하는 것이며 — 십자가에 못 박힌 예수상은 의미가 아닌 형태일 뿐이다 — 힘없는 자들이 자신만의 개인적인 이미지-정체성을 만드는 힘과 쾌락을 얻기 위해 기존 이미지/상품들을 쉽게 갖고 놀 수 있다고 주장하는 것이다.

규칙은 그 내부에 그것들이 가져다주는 힘과 그 근원을 아로새겨 놓는다. 길리건(Gilligan, 1982)은 가부장제하의 남성들은 규칙을 통해 생각하고 일한다고 지적한다. 왜냐하면 규칙이 남성들이 지배할 수 있게 해 주기 때문이다. 솝 오페라에서 재현 체계를 갖고 노는 여성들은 놀이하는 아이들과 같다. 이 두 하위 '계급들'[여성과 아이들]은 지배를 유지하는 규칙에 질문을 제기하기 위해 놀이를 이용한다. 이처럼 규칙은 현재 위치에서 권력 기반을 유지하려 한다는 점에서 이데올로기와 비슷한 방식으로 작동한다. 이데올로기와 마찬가지로 규칙은 사회적 중심으로부터 생겨나고, 이 사회 중심성과의 관계 속에서 사회적 정체성을 구축하려 한다.

그러나 쾌락은 중심에 의해 생겨나거나 경험되는 것이 아니다. 쾌락은 탈중심화돼 있고 원심적이다. 그래서 학생들에게 〈죄수〉를 독해하는 것(5장을 참조하라)은 즐거운 일이 된다. 왜냐하면 그것은 그들의 이해관계에, 그들의 통제에 집중돼 있고 지속적으로 학생들을 묶어 놓으려는 중심화된, 구심적 권력에 저항하기 때문이다. 아이들에게 인기 높은 프로그램 다수는 규칙과 체계의 중앙 통제에 의문을 제기하는, 이런 원심적 쾌락을 생산하는 데 효과적이다.

바르트가 이데올로기를 문화 내에서 텍스트의 이해에 중심적이라고 보던 초기 저작 — 예컨대 《신화학*Mythologies*》 — 으로부터 쾌락을 전경화하는 방향 — 예컨대 《텍스트의 즐거움*The Pleasure of the Text*》 — 으로 이동한 것은 구심적인 것으로부터 원심적인 것으로 이동한 것이다. 쾌락의 원심적 모델은 '원주 주위에' 다양한 쾌락들이 가능하도록 허용해 주고, 이데올로기적이며 사회적인 통합 지점에 통제를 집중하려는 구심적 힘에 적극적으로 반대하는 다른 힘의 방향을 암시한다. 이처럼 바르트는 단일한 이데올로기를 참조함으로써 텍스트를 설명하려던 데서 독해의 순간에 텍스트가 제공할 수 있는 복수의 쾌락들로 옮아간다. 쾌락은 텍스트에 의해 촉발될 수 있다. 그러나 독해하는 독해자에 의해 경험될 수 있을 뿐이다. 바르트는 어떤 한 독해자가 다른 시점에서 동일한 텍스트를 독해한다면 그때마다 전혀 다른 쾌락을 느끼거나 아무런 쾌락도 느끼지 못할 수 있다고 말한다. 이런 생각은 쾌락을 텍스트에서가 아니라 독해자에게서 찾는 것으로서 동질성보다 차이를 강조하는 것이지만, 이런 과정을 설명하는 데 별 도움이 되지 않는 임의성을 함축한다.

나는 쾌락의 다양성은 사회적으로 위치한 시청자들의 다양성의 기능이라고 보는 편이다. 지배 이데올로기를 편하게 수용하는 사람들에게 이런 쾌락은 순응적이고 반동적일 테지만, 아직도 자신이 만들어 낸 것으로 경험될 것이다. 주체는 자신이 마침 지배 이데올로기와 들어맞는 사회적 위치를 자발적으로 채택한 것이며, 그럼으로써 진정한 쾌락을 발견했다고 느낄 것이다. 물론 이는 쾌락이 헤게모니의 모터 역할을 하는 경우다.

그러나 체제의 수용이 덜 완전한 사람에게는 쾌락에 필수적인 요소는 지배 이데올로기적 실천의 회피, 적어도 협상, 즉 체제의 제약으로부터 스스로 자유로워지는 능력이다. 그렇게 되면 이런 능력은 하위 문화나 하위 집단에게 자신들이 회피하는 이데올로기와의 관계에서 자신만의 쾌락을 찾을 수 있는 공간을 열어 준다. 이런 하위 문화적 역할에서 쾌락은 사회의 이질성을 보존하고 정당화하는 데 도움을 준다. 이처럼 쾌락은 이데올로기의 동질화하는 힘에 대항하는 것으로 볼 수 있으며, 쾌락/권력은 서로 다른 것이라고 요약할 수 있다. 텔레비전은 자신이 봉사하는 사회와 마찬가지로 능동적인 모순 내에 두 경향을 지닌다.

쾌락과 규칙 위반

놀이가 주는 쾌락 중 하나는 놀이가 규칙과 자유 간의 관계를 탐색할 수 있게 해 줄 수 있다는 점이다. 규칙은 사회적 통제를 가하는 수단으로서 자연의 교란적, 무정부적 힘을 통제하도록 작용하는 사회 질서를 낳는다. 놀이는 자유와 통제, 자연과 문화 간의 대립을 상연한다.

호이징아(Huizinga, 1949)는 놀이 또는 놀이 정신은 모든 문화 양식 — 법, 전쟁, 외교, 사업, 결혼, 교육, 예술을 포함하는 — 에 본질적이라고 말한다. 놀이의 본질은 놀이가 자발적이며 따라서 자유롭다는 것이며, 놀이는 질서를 창출한다는 것이다. 놀이가 창출하는 질서는 놀이하는 자들을 통제 아래 두거나 적어도 그들이 자발적으로 받아들이는 것이지만, 그 질서정연함은 결코 완벽하지 않다. 왜냐하면 그 질서 속에는 우연성이 내재해 무엇이 일어날지 알 수 없기 때문이다. 놀이의 주요한 구조적 원리는 사회 질서와 무질서, 또는 우연의 '자유로움' 간의 긴장이다.

스포츠에서 이 긴장은 기술적으로는 심판에 의해서, 사회적으로는 '책임성'이란 포괄적인 도덕 체계 — 이것이 스포츠를 지배 이데올로기의 중심에 위치하도록 한다 — 에 의해 가능한 한 통제된다. 마찬가지로 '책임감 있는' 텔레비전 보도와 논평은 심판의 권위와 '공정한 플레이' — 양편 모두 규칙과 게임의 '정신'을 준수함을 의미한다 — 의 이데올로기를 뒷받침한다. 하지만 '대중적' 취향은 텔레비전이 규칙 위반의 순간을, 파울과 다툼을, 아슬아슬하게 규칙을 넘나드는 프로다운 '연기'를 줌인 zoom in해 보여 주기를 요구한다.

예를 들면, 〈록 앤 레슬링*Rock 'n' Wrestling*〉●(13장을 참조하라)에서 심판

● 1985~1986년 미국 CBS를 통해 방영된 만화 시리즈로, 세계레슬링연맹의 스타들인 헐크 호건, 로디 파이터 등의 애니메이션 캐릭터들이 등장한다.

　　　　　　　　　　　　　　　　　　　JOHN FISKE

의 무능은 즐거움의 중요한 부분을 차지한다. 레슬러들과 코치들이 지속적으로 규칙을 위반하는 것은 이들이 자신들에게 부과되는 사회적 역할을 거부한다는 것을 의미한다. 이는 무엇보다도 야생적, '자연적' 남성성과 사회적 통제 간의 갈등으로 독해될 수 있다. 또는 좀 더 일반화하자면 규칙과 역할의 자의성을, 규칙과 역할의 위반이나 초과의 '자연스러움'을 의미할 수 있다. 마찬가지로, 〈TV 실수와 장난*TV Bloopers and Practical Jokes*〉●에서는 '실재의 자연스러움'으로 보이는 것이 정상적, 관습적 텔레비전의 역할과 규칙을 깨트린다. 두 프로그램은 비슷한 방식으로 유희적이며 즐거움을 준다. 이들은 규칙에 의해 지배되는 체계는 자의적이며 동시에 취약하다는 것을 보여 준다. 규칙은 헤게모니적 힘 중 하나로서, 이를 통해 지배적 세력은 피지배자들로부터 그들의 '무규칙성'의 통제에 대한 동의를 획득하려 한다. 규칙 위반, 또는 규칙의 자의성의 폭로가 가져다주는 쾌락은 피지배자들의 저항적 쾌락이다.

아이들에게 쾌락을 주는 프로그램의 다수는 규칙에 지배되는 체계의 한계를 갖고 논다. 〈리플리의 믿거나 말거나*Ripley's Believe It or Not*〉●●나 〈아서 클라크의 신비한 세계*Arthur C. Clarke's Mysterious World*〉●●● 같은 프로그램은 합리적인 과학적 설명의 경계에 있거나 그것을 넘어서는 경

● 1984년부터 현재까지 미국 TV에서 방영되는 프로그램이다. 영화나 TV 제작시의 우스운 실수나 촌스러운 초기 광고, 유명인의 몰래 카메라 등을 모아 보여 준다.

●● 1982~1986년 미국 ABC에서 방송된 TV 시리즈다. 만화가 로버트 리플리Robert Ripley(1890~1949)가 창안한 프랜차이즈로 세계 각지의 신기하고 기괴한 사건들을 다루며, 책, 라디오, TV, 박물관 등 여러 포맷으로 나왔다. MBC의 〈신비한 TV 서프라이즈〉의 원조 격이다.

●●● 1980년 영국 ITV에서 방송된 13부작 다큐멘터리 시리즈다. 세계 각지의 불가사의한 현상들을 다룬 화제의 프로그램으로 SF 작가 아서 C. 클라크Arthur C. Clarke가 프로그램 소개를 맡았다.

이로운 자연 현상을 탐색한다. 이들 프로그램은 자연이 어떻게 자연을 이해하고 지배하기 위해 고안된 규칙을 계속 깨나가는지를 보여 준다. 자연사 다큐멘터리 — 이들 프로그램의 성인판인 — 는 훨씬 덜 탐색적이고, 규칙에 대해 덜 회의적이다. 이들 다큐멘터리는 과학적이거나 교육적인 경향이 있는데, 어떤 경우든 자연의 경이를 설명하거나 해명하는 과학의 힘을 예시하거나, 월트 디즈니가 만든 프로그램이 대개 그렇듯이, 노골적으로 자연을 의인화한다. 이 경우 자연 다큐멘터리는 자연을 미국 교외의 소우주처럼 그리거나 — 여기서 귀여운 아기 동물은 스스로 자신을 지킬 수 있을 때까지 엄청 신경 쓰는 부모 동물에 의해 보호받고 양육된다 — 자연을 인간이 경이롭게 여길 만한 것으로, 우리가 사는 지구상의 생명의 기묘하고 복잡한 체계를 찬미하게 만드는 경이로운 현상으로 만든다(Turner, 1985를 참조하라). 어떤 경우든 그것들은 규칙 준수적이며, 그것들이 주는 쾌락은 이데올로기적으로 순응적이고 찬미적이다. 그리고 그 쾌락은 주로 사회 체제를 수용했거나 수용하는 과정에 있는 사람들이 맛볼 수 있다. 이런 유형의 자연사 프로그램은 흔히 부모들이 자녀에게 시청을 허용하는 것이다. 반면 〈리플리의 믿거나 말거나〉는 부모는 눈살을 찌푸리지만 아이들은 좋아할 가능성이 크다.

힘을 북돋는 놀이

피지배자들을 위해 다중적 쾌락을 생산해 주는 놀이는 여러 특징을 지닌다. 첫째, 놀이는 사회에서 작동하는 규칙과 관습을 복제하는, 그러나 종종 뒤집는, 규칙과 관습에 따라 구조화돼 있다. 사회 세계의 규칙과는 달리 놀이의 규칙은 놀이하는 자가 의미와 사건에 대해 통제를 행사할 수 있는 공간을 제약하는 것임에도 자발적으로 채택된다. 둘째, 놀이하는 자는 자신이 선택하는 역할을 하게 된다. 역할의 레퍼토리가 제한돼 있음에도, 스스로 선택한다는 느낌은 사회가 우리에게 제공하는 이미 정해진 역할을 선택할 때보다도 훨씬 크다. 놀이하는 자가 자신이 선택한 규칙 내에서 자신이 선택한 역할을 채택하는 것은 그것이 사회적 종속의 과정을 뒤집는다는 점에서 해방감을 준다. 놀이하는 자는 자신의 역할이 사회생활에서 자신이 하는 역할과 마찬가지로 '실제적'인 것으로 느껴지게 하는 방식으로 자신을 놀이의 역할 속으로 밀어 넣는다. 차이는, 놀이의 세계와 사회적 세계 간을 자율적이면서도 통제된 방식으로 이동을 하는 데서, 놀이하는 자는 자신을 마음대로 역할 속으로 밀어 넣거나 역할로부터 벗어날 수 있는 능력을 갖고 있다는 데 있다.

놀이가 사회 세계의 어떤 측면들을 재현하는 것인 한, 놀이의 힘은 재현과 실재 간의 경계를 갖고 놀 수 있는 힘을, 자신을 재현의 과정 속에 삽입해서 재현에 종속되는 것이 아니라 반대로 재현에 의해 힘을 얻게 되는 능력을 가져다준다. 놀이의 쾌락은 놀이하는 자가 규칙과 역할, 재현 — 사회적인 것 내에서는 종속의 대행자이지만 놀이에서는 해방과 자율의 작인일 수 있는 그런 대행자들 — 에 통제를 행사할 수 있는 능력을 갖는 데서 직접 유래한다. 피지배자들에게 놀이는 자신의 종속 조건에 대한 능동적, 창조적, 저항적 반응이다. 놀이는 지배 이데올로기의 통합하는 힘에 대면해서 하위 문화적 차이의 느낌을 유지할 수 있도록 해 준다. 텔레비전이 주는 쾌락은 동질적인 심리학적 모델에 의해서가 아니라 이질적, 사회 문화적 모델에 의해 가장 잘 이해될 수 있다.

여러 방식으로 놀이는 쾌락보다 더 생산적인 개념이다. 왜냐하면 놀이는 자체의 활동성, 창조성을 주장하기 때문이다. 놀이는 능동적 쾌락이다. 그것은 규칙을 극한까지 밀어붙이고 규칙 위반의 결과를 탐색한다. 중심으로 모인 쾌락은 좀 더 순응적이다. 텔레비전은 두 종류의 쾌락을 생산할 테지만, 텔레비전의 전형적 쾌락은 유희적 쾌락으로서, 이는 피지배자들에게 있어 모든 힘의 원천인 다를 수 있는 힘으로부터 유래하고 이를 상연하는 쾌락이다.

쾌락과 텍스트성

텔레비전의 유희성은 텔레비전의 기호학적 민주주의의 기호다. 이 표현을 나는 의미와 쾌락의 생산은 시청자에게 위임된 것이란 의미로 사용한다. 텔레비전이 부추기는 독해 관계는 크든 작든 평등한 관계다. 텔레비전에 관한 암묵적인 합의는 텔레비전은 자체를 권위로 설정하지 않는다는 것이다. '저자author'와 '권위authority' 간의 말놀이pun는 전혀 우연이 아니다. 텔레비전은 세계를 보는 단일한 방식을 제시하는 유일한 권위 있는 목소리를 갖고 있지 않다. 저자의 역할은 시청자에게 위임되거나, 적어도 시청자와 공유된다. 텔레비전은 독해 관계들의 생산자적 집합을 부추기는 생산자적 텍스트다. 의미의 생산은 텍스트와 시청자가 공유하는 것이어서 텔레비전은 권위적 힘과 특권을 갖지 않는다.

텔레비전은 자체의 권위 있는 역할을, 그럼으로써 텍스트성을 전경화함으로써 시청자에게 담론적 실천에 대한 접근을 제공한다. 예를 들면, 스포츠와 뉴스에서 저자 기능을 둘러싼 담론적 투쟁 — 발생하는 사건들의 의미화와 연루돼 있는 — 은 명확히 드러나 보이므로 접근 가능한 것이 된다. 사건들을 서사화해서 코멘터리나 뉴스 스토리로 만드는 것과 병행해서 사건들을, 정확히 하자면 사건들의 재현을 보여 주는 것은 그런 서사화의 과정을 열어 준다. 서사화 과정과 영상으로는 달리 재현되는 '라이브' 사건들 간의 차이는 재현 과정을 볼 수 있게 함으로써 그 과정을 프로그램의 의미와 쾌락의 일부로 만든다.

스포츠 프로그램에서 권위자 역할은 해설자가 맡는다. 그러나 해설자의 '스토리'는 시청자가 게임을 '라이브로' 볼 때 전해진다. 물론 이 '라이브' 게임도 마찬가지로 매개된 것이지만, 이는 해설자의 해설보다 더 높은 위상을 갖는다. (덜 가공된) 게임의 높은 위상과 게임에 대한 해설자의 해설이 갖는 낮은 위상 간의 모순은 시청자가 해설에 동조하기 않고 자신의 의미를 생산하도록 유도한다. 이런 유도에 시청자가 얼마나 열정적으로 반응하는지는 축구 팬들과 함께 경기를 시청하기만 하면 바로 알 수 있다.

텔레비전 스포츠 중계는 자체를 동의하지 않을 수 있는 것으로 설정하며, 그것의 생산자성은 시청자 나름의 의미 생산을 부추긴다. 이처럼 동의하지 않을 수도 있음을 부추기는 것은, 두세 명의 해설자가 게임에 대한 상이한 '스토리'를 제공할 때, 저자 기능의 일부일 수 있다. 하지만 이보다 더 중요한 것은 텔레비전 자체의 담론적 레퍼토리가 시청자에게 권위 있는 지식을 주며, 이와 함께 의미를 생산할 수 있는 힘도 준다는 점이다. 배경 설명과 통계 자료, 다양한 각도에서 다른 속도로 보여 주는 리플레이, 그림을 이용한 전술 설명이 지속적으로 이어짐으로써 통상 저자의 전유물이자 특권인 내부자 정보 — 이런 정보는 저자에 의해 내러티브 전반에 걸쳐서 통제된 양만큼만 제공된다 — 를 시청자도 갖게 된다. 미셸 푸코Michel Foucault는 지식/권력/쾌락의 모체matrix가 사회에서 가장 중요한 힘들 중 하나를 형성한다고 주장한 최초의 인물이긴 하지만, 지식과 권력이 긴밀하게 연관돼 있다는 것을 푸코가 말해 주어야만 우리가 아는 것이 아니다. 권위 있는 지식과 저자의 권력을 공유하는 것은 쾌락을 효과적으로 생산할 수 있다.

텔레비전 뉴스에서 (15장에서 살펴볼 예정인데) 스튜디오 앵커의 저자 역할은 연출되지 않는 실제 장면이나 인터뷰에서 재현되는 사건과의 관계에서 게임과 관련한 스포츠 해설자의 역할과 비슷하다. 그래서 '저자'가 전기 공급 중단을 가져온 노동 쟁의에 대해 '경영진에 유리한 의미'를 만들어 낼 때, 그러나 영상에 등장하는 노동조합 대변인은 전기를 차단한 것은 경영진 측이었다고 말할 때(15장을 참조하라), 시청자들에게 앵커의 입장에 동의하지 않아도 좋다는 암시는 스포츠 중계에서보다는 덜 명확하지만 존재하며, 이는 뉴스를 볼 때의 쾌락 중 본질적 부분이다. 뉴스도 스포츠 중계와 마찬가지로 그 자체의 텍스트성, 구성되었음에 주목하게 하는 전자 효과와 그래픽을 사용한다.

가장 '리얼리즘적'으로 보이는, 즉 저자가 비가시적인 소설이나 영화와 가장 유사한 텔레비전 프로그램에도 비슷한 경향이 존재한다. 경찰 드라마와 범죄 드라마는 점점 더 자체의 텍스트성을 전면에 드러내고 있다. 아마도 이런 드라마 중에서 가장 세련된 드라마인 〈문라이팅 *Moonlighting*〉•에서 극 중 인물 데이비드와 매디는 갑자기 세트에서 나가 버리거나, 대사를 하면서 대본이 시원찮다고 작가를 비난한다. 예를 들면, 한 에피소드에서 울적해진 매디는 데이비드가 집적거려도 대응하기를 거부한다. 매디가 서로 싸울 이유가 무엇이냐고 물을 때, 데이비드는 "우리가 항상 그러는 거 너도 알잖아. 매주 화요일 밤 드라마를 보잖아"라고 대답한다. 데이비드가 손에 권총과 시체를 든 채 호텔방에 갇혀 버렸을 때, 경찰들을 바라보면서 "이게 무슨 꼴이야! 내가 배우가 돼 버렸군!"이라고 말한다. 이러한 자기 반영성 — 매케이브와 캐플란이 급진적 텍스트의 필요 조건으로 꼽은 요소 — 은 코미디가 흔히 써먹어 온 방식이다. 〈새터데이 나이트 라이브*Saturday Night Live*〉••(Marc, 1984를 참조하라)와 〈몬티 파이튼의 플라잉 서커스*Monty Python's Flying Circus*〉•••와 같은

• 1985~1989년 미국 ABC에서 방영한 코미디 드라마 시리즈다. 두 남녀 사립 탐정을 중심으로 미스터리와 신랄한 대사, 성적 긴장을 담아 인기를 끌었다.

•• 1975년부터 미국 NBC를 통해 방영되는 인기 코미디 및 버라이어티 쇼로, 현대 문화와 정치 풍자로 유명하다. tvN의 〈SNL 코리아〉는 이 포맷을 들여 온 것이다.

••• 1969~1974년 영국 BBC를 통해 방송된 코미디 시리즈다. 코미디 그룹 몬티 파이튼

JOHN FISKE

프로그램의 유머는 시청자들이 텔레비전의 담론적 실천을 이미 알고 있다는 사실에 의존한다. 이런 텍스트적으로 해체적인 코미디의 최근 사례로는 〈젊은이들*The Young Ones*〉●을 들 수 있다. 예를 들면 한 에피소드에는 다음과 같은 대사가 나온다.

릭　　(창밖을 내다보며) 야, 저기 집배원이 오네.
비브　릭, 넌 재미없어. 왜 항상 뭔가 일어날지를 말해 주는 거야?
릭　　이건 스튜디오 녹화이고 야외 촬영을 할 형편이 아니거든.

　　텔레비전이 자체의 텍스트성을 부각하는 것이 이 경우나 〈문라이팅〉에서처럼 항상 명시적인 것은 아니다. 〈마이애미 바이스〉와 이 드라마에 영향을 받은 다른 드라마 — 예컨대 〈스팅레이*Stingray*〉,●● 좀 덜하기는 하지만 〈형사 헌터〉 — 에서는 과도한 스타일, 자기 의식적 카메라워크, 이유 없는 편집, 180도 규칙의 파괴 등의 장치가 자체로 쾌락의 원천인 텍스트성을 전면에 드러낸다. 여기서 재현 양식이 가시화되므로 재현과 실재 간의 관계는 의문시된다.

　　물론 시청자들은 이 점에서 제작자들을 앞서갔다. 홉슨(1982)과 앙(1985)은 숍 오페라 시청자가 느끼는 쾌락의 상당 부분은 재현과 실재 간의 경계를 갖고 노는 데서 생긴다는 점을 보여 주었다. 이렇게 하는 시청

이 창조한 프로그램으로, 초현실적이고 성적인 유머, 몸 개그 풍자와 블랙 코미디 등으로 명성이 높다.

●　1982~1984년 영국 BBC2를 통해 방송된 시트콤으로, 무정부적이고 별난 대안적 코미디를 선보였다.

●●　1985~1987년 미국 NBC를 통해 방영된 모험 드라마로, 비밀의 주인공 레이가 곤경에 처한 사람들을 돕는다.

자의 능력은 팬 잡지와 여타 2차 텍스트에 의해 증대돼 왔다. 이들 텍스트가 시청자들에게 넓게 보면 텔레비전이 스포츠팬이나 뉴스 시청자에게 제공하는 것과 비슷한 내부자 정보를 제공하기 때문이다. 어떤 경우이런 정보는 제대로 튜닝이 맞지 않은 TV 수상기에 나타나는 다중 영상과 같은 '유령 텍스트*ghost text*'를 제공함으로써 텍스트가 주는 쾌락을 배가한다. '실제' 관계에 대한, 예컨대 조지 페퍼드와 미스터 T 간의 관계에 대한 내부자 정보를 알고 있는 팬은 〈A특공대〉에서 한니발과 B. A.가 함께 나오는 장면을 시청할 때 이 관계의 다중 영상을 독해할 수 있다. 물론이런 유령 텍스트의 존재는 아무리 미약할지라도 그런 재현의 텍스트성에 주목하게 한다.

점점 더 똑똑해지고 있는 TV 시청자들은 텔레비전의 재현 양식에 접근할 수 있기를 요구한다. 텔레비전에서 시청자들이 느끼는 쾌락은 그들이 이데올로기적으로 생산된 의미와 주체 위치를 손쉽게 수용한다는 것으로 설명되지 않는다. 텔레비전의 쾌락을 더 잘 설명하려면 텔레비전을 경합contestation의 텍스트로 이해해야 한다. 경합의 텍스트는 종결의 힘과 개방의 힘을 모두 갖고 있고, 시청자들에게 자신들에게 걸맞은 하위 문화적 의미를 생산할 수 있도록 허용하고, 그러나 그들의 하위 문화적 정체성이 동질화의 이데올로기적 힘에 저항함으로써 유지되는 것과 마찬가지로 텍스트 내의 종결의 힘에 저항할 수 있도록 해 준다. 그러나 우리는 의미와 이데올로기를 넘어서는 쾌락 이론이, 만들어진 의미가 아니라 의미를 만드는 힘에 중점을 두는 쾌락 이론이 필요하다. 이것이 내가 텔레비전의 "기호학적 민주주의"라고 부른 것의, 텔레비전의 담론적 실천을 시청자에게 개방한다고 할 때의 취지다. 텔레비전은 '생산자적' 매체다. TV 프로그램 제작자들의 생산물은 시청자의 생산자적 노동을 요구하며, 그 노동에 대해 제한된 통제만을 가질 뿐이다. 생산자적 텍스트의 독해 관계는 기본적으로 민주적이며, 전제적이지 않다. 의미를 산출하

JOHN FISKE

는, 세계에 대한 앎을 산출하는 담론적 힘은 프로그램 제작자들과 생산자적 시청자들 모두가 접근 가능한 힘이다.

텔레비전이 자신의 담론적 레퍼토리를 전경화하고 재현 양식을 탈신비화하는 것은 텔레비전이 갖는 생산자성의 중심적 특성이다. 이런 특성은 능동적이고, 똑똑하고, 텔레비전에 대해 잘 아는 시청자를 필요로 하는데, 이보다 더 중요한 점은 이런 시청자는 그런 특성을 요구한다는 것이다. 이런 특성은 시청자들에게 두 가지 생산자적 쾌락을 제공한다. 하나는 하위 문화적으로 적절한 의미를 만드는 데서 오는 쾌락이며, 이보다 더 중요한 것은 의미 생산 과정에서의 쾌락으로서, 만들어진 의미에서 느끼는 쾌락을 넘어서는 쾌락이다. 의미 생산의, 재현 양식에 참여할 때의, 기호학적 과정을 갖고 놀 때의 쾌락과 힘, 이것들이 텔레비전이 제공할 수 있는 가장 의미 있고 가장 힘을 북돋아 주는 쾌락이다.

13장

카니발과 스타일

앞 장에서 나는 대중적 쾌락은 반드시 저항의 요소를 지닌다고 주장한
바 있다. 시청자가 이데올로기에 의해 구성된 자신의 주체성을 인식하고
확인할 때 느끼는 인정의 이데올로기적 쾌락은 즐겁기는 할지라도 기본
적으로 낮은 차원의 쾌락이다. 편안함과 쾌락은 반드시 함께하는 것은 아
니다. 이 장에서 나는 텔레비전이 제공하는 대중적 쾌락 중 일부가 어떤
방식으로 이데올로기와 사회적 통제를 회피하고 저항하거나 추문화하는
지scandalize 살펴볼 것이다. 이런 경향은 흔히 레슬링이나 록 비디오처럼
텔레비전의 '극단적인' 형식에서 가장 잘 드러날 수 있다. 그러나 이런 '극
단적인 특성'이 실은 특이한 것이 아니라, 〈마이애미 바이스〉 같은 프로
그램이나 광고에서도 찾아볼 수 있는 것임을 밝히고자 한다.

　　내가 표면상 상이한 프로그램들을 연관시키기 위해 따라가 보고자
하는 추론은 기표의, 몸의, 표면의 역할에 초점을 두는 것이다. 그 핵심은
이데올로기는 기표와 주체성을 통해서 자아 및 사회관계의 의미를 구성
하고 통제하는 방향으로 작동한다는 발상이다. 이것은 지배층이 아니라
피지배층의 이익에 봉사하는 반이데올로기, 반의미counter-meanings를 생
산함으로써 그 자체로 저항에 봉착할 수 있다. 그러나 대안적인 기호학적

전략, 즉 이데올로기가 잘 작동하는 영역을 받아들이기를 거부하고 대신 사회적 통제보다 대중적 쾌락을 선호하는 영역으로 대체하는 저항 또는 회피의 전략도 있다. 이 영역은 기표, 몸, 육체적 감각을 포괄한다. 이들 두 대립하는 영역은 다음과 같은 대립항으로 나눠볼 수 있다.

이데올로기	:	대중적 쾌락
기의	:	기표
의미	:	육체적 감각
심층	:	표면
주체성	:	몸, 육체성
책임감	:	재미
유의미	:	난센스
통일성	:	파편화
동질성	:	이질성
통제의 영역	:	저항/거부의 영역

여기서 '저항'이란 용어는 문자 그대로의 의미로 사용된다. 두드러지게 정치적이거나, 심지어 사회 체제를 뒤엎으려는 혁명적인 것인 것을 의미하지 않는다. 오히려 이 용어는 지배 이데올로기가 제시하는 사회적 정체성을, 또 그것에 부수되는 사회적 통제를 받아들이기를 거부하는 것을 가리킨다. 이데올로기에 대한, 그 의미와 통제에 대한 저항은 그 자체로 지배적 사회 체제에 도전하는 것은 아닐 수 있지만, 편입incorporation에 저항하는 것이며 모든 직접적인 사회적 도전에 필수 요건인 사회적 차이의 느낌을 유지하고 강화하는 것이다. 대중적 쾌락을 사회 통제와 대립시키는 것은 대중적 쾌락이 항상 저항이나 전복의 잠재력을 지니고 있다는 것을 뜻한다. 이런 전복적 또는 저항적 활동이 사회적, 또는 군사적이기보다는 기호학적이거나 문화적이라는 사실은 저항이 아무런 실질적 효과를 갖지 못한다는 것을 뜻하지는 않는다. 사회 정치 체제는 종국에는

문화 체제에 의존한다. 이는 사람들이 자신들의 사회관계에 부여하는 의미와 그들이 추구하는 쾌락은 최종 심급에서는 그 사회 체제를 안정 또는 불안정하게 하는 데 봉사한다고 말하는 것과 같다. 의미와 쾌락은 직접적이고 입증할 수 있는 사회적 효과를 갖지는 못할지라도 일반적이고 분산된 사회적 효능을 지닌다.

그렇다면 결정적 질문 중 하나는 의미는 누구의 의미인가, 쾌락은 누구의 쾌락인가다. 바흐친(1968)은 이 문제를 자신이 프랑수아 라블레 François Rabelais●의 인기를 설명하기 위해 발전시킨 카니발 이론을 통해 접근했다. 라블레 세계의 물질적 과잉과 그것이 기존 질서에 가하는 공격은 중세 카니발의 요소를 반영한다. 카니발과 라블레 소설들은 도덕, 규율, 사회 통제에 반대하고 육체적 쾌락에 관심을 둔다. 몸에 대한 텔레비전의 감각은 라블레의 경우보다 미약한 것일 수 있지만, 그럼에도 불구하고 바흐친이 이론화한 카니발의 세계는 텔레비전이 줄 수 있는 대중적 쾌락과 유용한 비교 지점들을 제공한다.

바흐친에 따르면, 카니발은 웃음, (특히 몸과 육체적 기능의) 과잉, 악취미와 역겨움, 저질로 특징지어진다. 텔레비전은 흔히 이런 악덕 또는 미덕 때문에 비난받거나, 또는 훨씬 드물지만 상찬받는다. 라블레식의 순간과 스타일은 두 가지 언어, 즉 고급스럽고 합당한 고전 학습 언어와 저급하고 토착적인 민중 언어 간의 충돌에 의해 생긴다. 유사한 기호학적 긴장이 텔레비전에서는 TV가 내세우는 공식적인, 이데올로기적 언어와 토착적인, 저급한 언어 — TV를 통해 어렵사리 전달되며, 공식적 목소리와 충돌해 건강한 결과를 빚을 수 있는 — 간에 존재한다. 카니발적인 것the carnivalesque은 이런 충돌의 결과이며 문화 내에서 자신의 자리를 주장하

● 프랑수아 라블레(?~1553)는 르네상스 시대 프랑스의 작가, 인문주의자, 수도사로, 풍자적 모험 소설 《가르강튀아와 팡타그뤼엘》이 대표작이다.

는 '저급한 것들'의 힘에 대한 증언이다. 카니발은 공식 세계 밖에 '제2의 세계와 제2의 삶'을, 계급이나 사회적 위계질서가 없는 세계를 구축한다 (p.6).

> 카니발은 당연한 진실로 받아들여지는 것들로부터, 기존 질서로부터 일시적인 해방을 경축했다. 그것은 모든 위계질서에 따른 계급, 특권, 규범, 금지의 유예를 의미하는 것이었다. (p.10)

카니발의 기능은 창조적인 유희적 자유를 해방하고 허용하는 것이었다.

> 창의적인 자유를 축복하고…… 지배적인 세계관으로부터, 관습과 기존 진리로부터, 클리셰로부터, 보편적으로 받아들여지고 따분한 모든 것들로부터 해방시키는 것이었다. (p.34)

카니발에서 삶은 단지 "그 자체의 자유라는 법칙"에만 종속된다 (p.7). 카니발은 놀이의 과장이다. 삶을 틀 짓는 규칙들이 약해짐으로써 게임이 제공하는 자유 및 통제를 위한 공간은 더 넓게 열린다. 놀이와 마찬가지로 카니발은 카니발에 패턴을 부여하는 규칙들을 준수한다. 그러나 놀이와는 다르게 — 놀이의 규칙은 사회적인 것을 복제하는 경향이 있다 — 카니발은 그런 규칙을 뒤집고, 세계를 뒤집어 놓는다. "카니발 외적 삶에 대한 패러디"를 제공하는 "안팎 뒤집기inside-out"의 논리에 따라 구조화되는 세계를 만든다(p.7).

앞 장에서 살펴보았듯이 많은 어린이 프로그램들은 규칙의 경계를 시험하고, 규칙의 통제로부터 벗어난 세계를 보여 준다. 만화 영화와 코미디는 자주 '정상적' 관계를 뒤집어서 어른을 무능하고 이해를 하지 못하

JOHN FISKE

는 사람으로, 아이를 우월한 통찰력과 능력을 지닌 사람으로 그린다. 그렇지 않으면 '뒤집힌inverted' 어른을 좀 더 동정적으로 그려 명예 어린이로 취급하기도 한다. 〈A특공대〉에서 B. A.는 카니발적 인물이다. 그는 뒤집힌 어른이자, 명예 어린이다. 그는 과도하며, 전적으로 육체적이며, 그로테스크의 경계에 있는 인물이다. 그의 검은 피부는 카니발의 '저속한' 언어를 구사한다. 이전에 〈인크레더블 헐크The Incredible Hulk〉의 그로테스크한 녹색 상체가 그랬듯이, B. A.는 미약한 형태로 자신과 동일시하는 사람들을 사회 통제의 법으로부터 일시적인 해방에 참여하도록 초대한다.

〈TV 실수와 장난〉에서 스타들을 놀리는 짓궂은 장난, 〈몰래 카메라Candid Camera〉에서 대중을 상대로 하는 짓궂은 장난은 '안팎 뒤집기의 논리'에 따라 작동한다. 그런 장난은 정상적인 것을 뒤집은, 놀이하는 자/관객은 알지만 '피해자들'은 알지 못하는 규칙에 의존한다. 〈몰래 카메라〉에서 숙녀가 엔진 없는 자동차를 언덕 아래의 주유소까지 살살 끌고 내려와 주유소 직원에게 엔진오일과 플러그를 점검해 달라고 하는 것은 '당연한 진실'을 뒤집어 '보편적으로 받아들여지고 따분한 모든 것들'로부터 벗어나는 것이다.

시청자들이 '아는 위치'에 있을 수 있도록 해 장난에 참여할 수 있게 해 주는 것은 정상적인 TV 시청에서의 권력관계 — 여기서는 TV에 나오는 사람들은 알고 공유하는 지식을 시청자는 알고 있지 못하다 — 를 역전시킨다. 〈TV 실수와 장난〉에 나오는 스타들에 대한 짓궂은 장난에서도 이와 비슷한 시청 관계의 역전 — 시청자에게 힘을 주는 관계 — 을 찾아볼 수 있다. 시청자는 곧 난처한 상황이 닥칠 것을 알고 있으며, 사전에 무슨 일이 벌어질지 알고 있다. 알지 못하는 위치에 있는 것은 스타 출연자다.

이런 순간은 카니발적인 것의 여타 요소들을 지니고 있다. "[카니발은] 예술과 삶 간의 경계선에 속한다. 실제로 카니발은 그 자체로 삶이지만,

특정한 놀이 패턴에 따라 형성된 삶이다"(p.7).

　스타가 자신의 대사를 잊거나 킬킬거릴 때, 또는 스포츠 선수가 성미를 참지 못하고 규칙을 위반할 때처럼 '삶'은 숍 오페라 시청자들이 하는 것과 똑같은 방식으로 현실과 재현 간의 경계선을 넘는다. 이를 볼 때의 쾌락은 카니발적이다. 왜냐하면 그것은 피지배자들이 사회 통제를 수행하는 규칙 및 관습으로부터 벗어날 때의 쾌락이기 때문이다.

　카니발은 몸에, 개인의 몸이 아닌 '몸 원리body principle'에 관심을 갖는다. 개성, 영성, 사회의 밑바닥에 흐르는, 또는 그것들에 앞서는 물질성에 관심을 갖는다. 뜻대로 움직이지 않는 무대 소품, 도무지 열리지 않는 문은 해당 연기자를 물체와 씨름하는 몸으로 환원한다. 그것은 물질성의 차원을 재현하는 것이다. 이 차원에서는 모든 것이 평등하며, 통상 시청자보다는 스타에게 권력을 부여하는 위계 서열과 특권이 일시 정지된다. 웃음거리가 돼 버린 스타는 시청자와 함께 웃어 버리게 되고, 둘은 모두 동등한 웃는 몸이 된다. 카니발이 초래하는 저질화degradation는 문자 그대로 모든 것을 몸 원리의 평등성으로 끌어내리는 것이다.

〈록 앤 레슬링〉

〈록 앤 레슬링〉은 몸의, 규칙 위반의, 그로테스크의, 저질화와 스펙터클의 카니발이다. 바르트(1973)는 바흐친이 카니발을 묘사할 때 사용했던 것과 상당히 유사한 용어로 레슬링이 대중적 스펙터클로 기능한다고 지적한다. 두 저자는 모두 즉흥 연희극commedia dell'arte●을 레슬링을 설명하기

● 16세기 후반부터 18세기에 걸쳐 북부 이탈리아 지역에서 생겨난 매우 특이한 민중 희극의 변형으로서 권선징악이 주요 주제다.

위한 준거점이 될 수 있는 대중적 스펙터클의 제도화된 형식이라고 언급한다. 이들은 몸의 중심성, 과잉, 과장, 그로테스크함을 공통적으로 지적한다. 또 스펙터클이 중요한 원리로 작동한다며, 레슬링이나 카니발이 예술과 비예술(또는 삶)의 경계선에 존재한다고 지적한다.

바흐친(1968: 5, 11)은 민속 카니발에서 세 가지 주요 문화 형식을 추려낸다.

1. 의례적 스펙터클
2. 코믹한(말로 하는) 구성 — 전도, 패러디, 희화화, 모욕, 신성 모독, 코믹한 떠받들기 및 깎아내리기
3. 다양한 종류의 상스러운 말 — 욕설, 저주, 대중적인 삐김

스펙터클한 것은 보는 쾌락의 과장을 수반한다. 그것은 시각적인 것을 과장하고, 겉모습을 확대하고 전경화하며, 심층의 의미를 거부한다. 특정 대상이 순수한 스펙터클일 때 그것은 육체적 감각의, 관람자의 몸의 차원에서만 힘을 발휘하며, 주체의 구성에는 영향을 미치지 않는다. 스펙터클은 주체성으로부터 벗어나도록 한다. 스펙터클은 과잉된 물질성을 강조함으로써 몸을, 무언가의 기표로서가 아닌 그 자체의 현전presence으로서의 몸을 전경화한다. 바르트는 레슬러들이 보여 주는 육체성이 그들의 의미라고 주장한다. 토뱅Thauvin●은 그 자신이 비열함과 악을 상징하지 않는다. 그의 몸, 제스처, 포즈가 비열함이자 악이다. 〈록 앤 레슬링〉에 등장하는 모든 레슬러들은 과잉된 몸의 소유자들이며, 그들이 연기하는 의례는 지나치게 육체적이다. 팔뚝으로 가격하기, 몸 날려 바디 슬

● 바르트가《신화학》에 실린 "레슬링의 세계"에서 언급한 당시 50세의 프랑스 프로 레슬러다.

램, 내던지기, 발로 내리찍기 등 레슬링 기술의 의미는 몸과 몸의 충돌이다. 이것들이 강조하는 것은 이런 기술들이 경기에 '이기는 데' 효과적이라는 점이 아니라 그것의 스펙터클, 육체적 힘이다. 꽉 잡혀 움쭉달싹하지 못하는 레슬러는 "고통의 스펙터클"이다(Barthes, 1973: 20). 레슬링 동작들은 의례 성격의 움직임이지, 스포츠 기량의 과시가 아닌 것이다. 바르트가 말하듯이, 레슬러의 기능은 승패에 있지 않고, 대신 "관객들이 기대하는 동작을 정확히 구현하는 것이다"(p.16). 패배로 인한 굴욕과 위신 추락은 단지 패배한 레슬러의 무력한 육체, 몸에서만 존재할 뿐 '의미'를 부여해 주는 도덕적 사회적 가치 구조에서는 존재하지 않는다. 그러므로 관객, 그리고 '승자'는 널브러진 몸에 흡족해하며 맘껏 뽐낼 수 있다. 승자는 종종 자신의 승리가 선언된 이후에도, 경기가 공식적으로 끝난 이후에도 패자의 몸을 계속 공격하고 모욕하곤 한다. 패배했을 때 "레슬러의 몸은 매트 위에 널브러진 말 못하는 살덩어리일 뿐이다. 링은 무자비한 모욕과 환호가 요구되는 무대다"(Barthes, 1973: 21).

자이언트 앙드레Andre the Giant와 빅 존 스터드Big John Stud 간의 경기는 앙드레의 '승리'로 끝났다. 그러자 빅 존의 태그 레슬링 파트너인 킹콩 번디King Kong Bundi가 링에 난입해서 난장판이 벌어졌다. 빅 존은 갑자기 앙드레의 발을 잡고서 그를 내팽개쳤다. 대머리에 부드러운 흰 살결의 펑퍼짐한 몸집을 지닌 번디는 말리는 심판을 밀쳐내며 앙드레를 여러 차례 메쳤다. 해설자는 흥분해서 신나는 듯 소리쳤다. "이것은 야비한 짓입니다. 야비한 짓이에요…… 심판은 뭐하는 겁니까? 뭐라도 해야 하잖아요. 심판은 어쩌지 못하고 있습니다. …… 심판은 앙드레에게 반칙을 하는 킹콩 번디를 제지할 수 없을 것 같습니다…… 앙드레는 부상당한 것 같습니다. 흉골이 삐져나와 있는 걸 보세요!"

자이언트 앙드레의 부러진(듯한) 흉골은 실제 사회 세계의 도덕적 가치 및 법과는 분리된 스펙터클의 대상이 되었고, 그 의미는 카메라가 계속 줌인해서 보여 주는 거대한 가슴 위의 융기라는 겉모습이었다. 이는 이후 이어진 인터뷰에서도 강조됐다.

경기 초반에 빅 존 스터드의 매니저는 빅 존에게 커다란 가위를 건네 줬는데, 빅 존은 그 가위로 앙드레의 머리카락을 잘라 버리겠다고 위협했다. 두 레슬러는 가위를 차지하려고 싸웠는데, 결국엔 앙드레가 가위를 쥐고 있는 빅 존의 손목을 이빨로 깨물어 가위를 놓치게 했다. 땀을 흘리는 레슬러들의 몸을 배경으로 차갑게 빛나는 강철 가위, 부드러운 살집 위의 날카로운 이빨 등 모든 이미지는 경기의 육체성, 즉 육체성이 발현되는 몸의 차원을 강화했다.

전도와 패러디라는 카니발의 형식도 마찬가지로 명백히 드러난다. 우리가 앞 장에서 주목했듯이, 핵심적인 전도는 통제와 교란 간의 전도다. '게임'의 규칙은 단지 위반하기 위해서 존재하며, 심판은 단지 무시되기 위해 존재한다.

〈록 앤 레슬링〉에서 정상적인 '캐릭터'는 알프레드 헤이즈 경Lord Alfred Hayes인데, 그는 레슬러들과 세계레슬링연맹(WWF)에 대한 정보를 '업데이트'해 전해 준다. 그의 이름, 의상, 말투는 모두 전통적인 영국 귀족을 패러디한다. 그는 조롱거리인 사회적 권력과 지위의 카니발적 메타포다. 그가 체현하는 사회적 규칙은 그가 알려 주는 정보가 받아들여지는 바로 그 순간 위반돼야만 한다.

규칙은 사회적인 것과 일상적인 것을 조직하고, 우리가 그것들에 부여하는 의미를 통제한다. 규칙은 행동과 판단뿐만 아니라 우리가 세계에 의미를 부여할 때 사용하는 사회적 범주들도 결정한다. 카니발에서는 규칙과 마찬가지로 범주도 열광적으로 파괴된다. 레슬러의 매니저가 흔히 레슬러처럼 경기에 끼어들고, 공식 일정에 없는 레슬러들이 링 위로 뛰어들고, 링 — 경기 장소 — 과 관중을 분리하는 로프는 무시되며, 싸움은 관중석으로 번져 관중은 단지 말로만 끼어드는 것이 아니라 직접 몸을 쓰기도 한다(이하를 참조하라).

> 카니발은 각광을 알지 못한다. 카니발에서는 배우와 관객 간의 구분이 인정
> 되지 않는다는 의미에서 그렇다…… 카니발은 사람들이 바라보는 스펙터
> 클이 아니다. 사람들은 카니발 내에서 산다. 카니발의 개념은 모든 사람들
> 을 포용하기 때문에 누구나 카니발에 참여한다. (Bakhtin, 1968: 7)

이런 [관중의] 참여는 육체적인 것 — 한 레슬러에게 (별 효과 없는) 펀치
를 퍼붓거나 다른 레슬러를 부축해 일으켜 세우기 — 에서부터 말로 하
는 것, — 응원 또는 야유를 보내거나 플래카드 들기 — 나아가 상징적인
것 — 좋아하는 레슬러의 모형 인형을 흔들거나 그의 얼굴이 그려진 T셔
츠 입기 — 에 이르기까지 다양하다. 텔레비전 카메라는 이런 관중을 보
여 준다. 관중들은 레슬러들을 위해서, 또 카메라를 위해서 이런 행동을
한다. 스펙터클과 관객 간의 엄격한 구분은 폐기되고, 모든 사람들은 이
전도된, 우스꽝스러운 세계에 참여해 스펙터클을 형성한다.

레슬링은 스포츠의 패러디라 할 수 있다. 레슬링은 스포츠의 어떤 요
소들을 과장해서 그 요소들이 통상적으로 담지하는 가치와 그 요소 자
체에 질문을 제기한다. 스포츠에서 팀이나 개인은 출발선에서는 동등하
지만(다음 장을 참조하라), 승자와 패자로 나뉘게 된다. 〈록 앤 레슬링〉에서
차이는 대개 경기 시작할 때 이미 두드러진다. 경기는 흔히 한 레슬러 또
는 태그 팀 — 팬츠나 타이츠 같은 최소한의 관습적인 복장을 하고 테리
깁스 같은 일반적인 이름을 지닌 — 이 이미 링에 올라와 있는 상태에서
시작한다. 그러면 카메라는 그의 상대 레슬러가 관중 사이로 등장하는
장면을 비춰 준다. 상대는 카니발적 의상으로 화려하게 차려 입고 '랜디
마초맨 새비지'나 '자이언트 헤이스택스,' '정크야드 독'과 같은 이상한 이
름을 지니고 있다. 그럼으로써 경기는 정상적인 것과 비정상적인 것, 일상

적인 것과 카니발적인 것 간의 경합이 되는 것이다.

〈록 앤 레슬링〉은 '공정함'을 거부한다. 그것은 불공정하다. '승산이 반반인 공정한 기회'는 누구에게도 주어지지 않는다. 이 때문에 '공정하게' 경기하려는 선수는 고통을 당한다. 그런데 캐스터와 해설자는 지속적으로 이런 거부된 기준을 액션이 펼쳐지는 의미를 판정하는 준거점으로 상기시킨다. 그럼으로써 쾌락은 경쟁의 공정성에서 생기는 것이 아니라 "과잉된 기호 내에서만 존재하는" 파울 플레이에서 생긴다(Barthes, 1973: 22).

레슬링은 정의의 희화화다. 아니 정의는 레슬링이 자주 보여 주는 위반의 체현이다. 사회의 법에서 떠받드는 '당연한' 정의는 뒤집힌다. 정당하고 선한 자는 이기는 경우보다 지는 경우가 더 많다. 악한 자, 불공정한 자가 승리하는 것은 텔레비전에서 볼 수 있는 가장 극적인 역전이다. 여기엔 '그로테스크 리얼리즘'이 있다. 이는 사회 질서가 이상화해 '떠받드는 진리'와 대비된다. 공식적 이데올로기와는 달리, 수많은 피지배층의 경험은 불공정한 자와 추악한 자가 흥하고, '선한' 자가 곤경에 처한다는 것이다.

스포츠에서는 패자라고 해서 모욕당하고 폄하되지는 않는다. 그러나 〈록 앤 레슬링〉에서는 그렇다. 그것도 심하게. 스포츠에서 '착한 패자'에 대한 존경은 승자에 대한 찬미의 일부인데, 레슬링에서는 악한 자가 승리하는 '방종'이 일어남으로써 패자의 몸에 대한 모욕과 폄하가 허용된다. 여기서 스포츠에서 볼 수 있는 인간의 몸, 그리고 개인에 대한 거의 종교적인 존경은 내팽개쳐져 모욕당한다.

그리고 이런 몸은 거의 예외 없이 남성의 몸이다. 여성 레슬링도 있지만 TV로 중계되는 경우는 드물다. TV 중계 없이 클럽이나 대중 술집에서 열리는 레슬링이 흔히 질척거리는 진흙에서 경기를 벌여 모욕과 폄하를 과장한다는 점은 흥미롭다. 텔레비전 스포츠에서 남성의 몸은 찬미되는데, 그 완전함, 강력함, 우아함은 클로즈업과 슬로 모션으로 포착된다.

모스(Morse, 1983)는 슬로 모션 — TV의 스포츠 중계에 특징적으로 등장
하는 것이지만 〈록 앤 레슬링〉에서는 거의 사용되지 않는다 — 은 남성
의 몸을 실제보다 더 커 보이게, 더 강해 보이게 하고, 거의 성스러운 아름
다움의 완성처럼 제시하는 효과를 갖고 있다고 말한다. 그녀는 '칼라가
톤kalagathon'●이란 고대 그리스적 이상을 인용한다. 이런 이상적 상태에서
아름다운 남성의 몸은 사회적 권력, 정치적 권력과 연관된다. 멀비(1975)를
따라, 그녀는 능동적인 움직이는 남성의 몸에 대한 남성적 응시와 수동적
인 여성의 몸에 대한 남성적 응시 간에 차이가 있다고 주장한다. 모스는
남성에 대한 남성적 응시를 둘로 나눈다. 하나는 알고자 하는 의지에 기
반을 둔 과학적 탐구의 시선으로서, 이는 관음증적 시선의 승화이며 억압
된 동성애적 쾌락을 산출한다. 다른 하나는 반복 — 이는 욕망과 연관돼
있다 — 을 생산하는 슬로 모션 리플레이로부터 쾌락을 이끌어 낸다. 하
지만 여성 관객은 다르다. 여성은 전통적으로 초대받지 않은 관찰자이지
만 — 이로 인해 여성은 관음자라는 힘을 가진 위치에 자리할 수 있다고
가정해 볼 수 있다 — 모스에 따르면, 스포츠 중계는 남성의 몸을 관능적
으로 만들어서 여성의 욕망 및 쾌락의 대상이 되도록 할 수 있다. 그녀는
자신이 스포츠에서 찾아볼 수 있는 "플레이와 전시display" 간의 위태로운
균형(p.45)이라고 부른 것에 유의미한 변화가 있었다고는 여기지 않는다.
'플레이'에서 남성의 몸에 대한 시선은 인간의 퍼포먼스의 한계에 대한 질
문으로 변형된다. '전시'에서는 그 시선에 그러한 구실이 없다. 이런 맥락
에서 그녀는 상업화가 본래 고상한 것인 게임을 본래 비천한 것인 스펙터
클로 바꿔 버린다는 스톤(Stone, 1971)의 경고를 인용한다. 모스는 다소 냉
소적으로 "스포츠가 스펙터클로 타락했다는 가장 확실한 증거는 (스톤이

● 그리스어 kalos(아름다운)와 agathos(좋은)가 합쳐진 단어로 '조화,' '제대로 된 것'이라는
뜻이다.

JOHN FISKE

말한 것을 염두에 두는 한) 여성 관객이 많아진 것"이라고 말한다(p.45).

〈록 앤 레슬링〉의 '라이브' 관중 중에는 흔히 아주 적극적인 여성들이 많다. 이들을 위해 '비프케이크Beefcake'●과 '밸런타인Valentine'이란 이름을 가진 태그 팀도 등장했다. 여성 시청자를 위해 남성의 몸을 스펙터클로 구성하는 것은 모스가 말하는 것보다 더욱 힘을 북돋는 것이라고 말할 수 있다. 스포츠 중계에서 남성 몸의 전시가 제공해 주는 쾌락에 대한 모스의 설명은 몸을 미학화하고 관능화한 채, 가부장제의 이데올로기를 아직도 담지하고 있는 찬양의 대상으로 본다.

그러나 레슬링에서 남성의 몸은 아름다움의 대상이 아니다. 그것은 그로테스크하다. 바흐친은 그로테스크한 것은 세속적 리얼리즘의 느낌과 연관된다며 실제로 '그로테스크 리얼리즘'에 대해 말한다. 그로테스크한 것의 리얼리즘은 완벽한 몸을 보여 주고자 하는 스포츠의 이상으로 대변되는 "아름다운 것의 미학"(p.29)과 대립한다. 그로테스크한 몸은 "완성된 완전한 몸이라는 고전적 이미지"와는 정반대다(p.25). 그 몸은 사회적 구성과 평가로부터 자유로워서 단지 그 물질성으로만 존재한다. 여기서 여성 시청자의 쾌락은 모스가 이론화한 것과는 다르다. 추악한 모습으로 체현되고 못된 짓을 하는 남성적 힘과 권력을 보는 것은 매력과 혐오의 모순된 쾌락을 가져다준다. 이런 힘의 과잉됨은 그 추악함과 손잡고 남성성에 대한 대항적, 모순적 독해의 공간을 열어 준다. 몸의 그로테스크함은 가부장제의 추악함을 체현할 수 있다. 이 추악함은 매력이란 모순적 요소들도 가미된 것이다. 또 이 그로테스크함이 '규범적인' 텔레비전 화면의 많은 부분을 차지하는, 실제론 거의 불가능한 완벽한 남성의 몸 이미지의 독재로부터 남성 시청자들을 해방시켜 줄 수도 있다. 레슬링의 카니

● 근육질 남자를 의미한다.

발은 사회 규범과 함께 텔레비전의 규범도 성공적으로 뒤집어 버린다.

민속 카니발의 세 번째 구성 요소는 '상스러운 말,' 욕설, 저주다. 〈록 앤 레슬링〉에서 이것은 언어적 형태와 비언어적 형태로 나타나는데, 가장 심한 것은 흔히 비언어적인 것으로, 바르트가 제스처의, 포즈의, 몸의 '호언장담grandiloquence' — 글자 그대로의 의미는 과잉된 말 — 이라고 부른 것으로 전달된다. 레슬러들은 상대에게, 심판에게, 관중에게 몸으로 '욕을 한다.' 관객들도 마찬가지로 욕하고 환호하고 펼침막을 치켜든다. 언어로 표현하는 관습을 깨는 것은 분명 'TV를 위해 수정된 것'이다. 실제로 음란하거나 신성 모독적 행동은 허용되지 않지만, 욕하거나 모욕하는 것은 기꺼이 수용된다는 점에서 그렇다. 경기 사이에 진행되는 인터뷰는 주로 레슬러들이 자신을 추켜세우고 상대를 욕하는 것으로 채워진다. 이런 '상스러운 말'은 통상적으로 인터뷰어에게가 아니라 직접 카메라를 향해 내뱉어진다. 그럼으로써 현장의 관중뿐만 아니라 TV 시청자들도 그 과정으로 끌어들인다. '상스러운 말'은 말로 하는, 대항적이고 참여적인 문화로서, 연기자와 관객 간의 구분을 없애 버린다.

권력과 권위에 대한 카니발적 패러디는 일상 세계에서 권력이 행사되는 방식에 의문을 제기한다. 이 불손한 문제 제기에서 핵심적인 것은 몸을 사용하는 것이다. 푸코는 서구 사회가 몸을 사회적 권력이 가장 흥미롭게 행사되는 곳으로 만들어 온 방식을 상세하게 밝힌 바 있다. 몸은 사회적, 성적 정상성에 대한 (권력과 관련된) 정의definitions가 문자 그대로 체현되는 곳이며, 그럼으로써 이런 규범으로부터 벗어난 것들이 규율되고 처벌받는 곳이다. 다이어(1986)는 우리 문화가 몸을 어떻게 여기는가에 집착해 온 것은 부르주아 이데올로기가 작용하고 있음을 말해 준다고 주장한다. 몸의 성애화, 미학화, 그리고 사회 규범 준수 또는 일탈로의 의미화는 모두 몸이 자본주의의 필수적 노동을 제공한다는 사실을 은폐하기 위해 이뤄진다는 것이다. 소수의 이익을 위해 다수의 몸이 존재하는 것이다.

몸의 문제는 자본주의 체제의 정당화에 뿌리를 두고 있는 것으로 보인다. 자본주의의 수사학은 무언가가 일어나도록 하는 것은 자본이라고 주장한다. 자본은 성장시키고 자극하는 신비한 속성을 지니고 있다는 것이다. 이런 주장은 무언가가 일어나도록 하는 것은 인간의 노동이며, 궁극적으로는 몸의 노동이라는 사실을 숨긴다. 몸은 '문제'다. 왜냐하면 몸을 온전히 인정하는 것은 몸이 경제적 삶의 토대임을 인정하는 것이기 때문이다. 우리가 우리 몸의 능력을 어떻게 사용하고 조직하는가가 우리가 삶을 어떻게 생산하고 재생산하는가인 것이다. (p.135)

스포츠가 몸의 아름다움을 찬양하는 것은 자본주의에서 육체 노동의 탈정치화된 찬양이라 할 수 있으며, 미학은 남성의 몸의 아름다움이 '칼라가톤'의 이상에 따라 사회 권력, 정치권력과 연관될 때 사용되는 방식이 된다. 그럼으로써 스포츠에서 남성의 몸은 가부장적 자본주의의 헤게모니를 위한 능동적 대행자다. 또 그 자체로 스포츠가 우리 지배 이데올로기를 체현하는 것과 깔끔하게 들어맞는다. 모든 선수들의 공정과 평등, 패자에 대한 존중과 승자에 대한 적절한 찬양이라는 스포츠의 가치는 민주적 자본주의의 지배 이데올로기를 대변한다.

그러므로 추악하고 왜곡된 몸의 그로테스크 리얼리즘은 기호학적으로, 또 정치적으로 지배적인 것과 대립한다. 그것은 자본주의하의 많은 피지배층과 억압당하는 자들의 사회적 경험 — 사회 체제에 대한 그들의 일상화된 느낌은 공정과 평등이 아니다 — 을 표출하는 적절한 수단이다. (계급에 의해서든 젠더나 인종에 의해서든) '패자' 자리에 놓이게 되는 한, 그들은 승자에게 '존중받는다'는 느낌을 거의 갖지 못한다. 또 사회적으로 성공한 사람에 대해 찬양하고 싶은 생각도 들지 않는다. 카니발은 백인 중심의 가부장적 자본주의에서 지배하는 자들과 지배받는 자들 간의 커다란 간극의 산물이자 동시에 그 찬양이다.

스포츠는 이런 경험상의 간극에 의해 생기는 교란의 힘을 통제해 헤게모니를 유지하려는 시도일 수 있다. 그러나 카니발에서 그런 힘들은 통제를 깨뜨린다. 그러므로 카니발적인 것은 그 안에서 억압된 경험이 그 경험의 의미만이 아니라 억압의 경험까지도 표현하는 방식으로 상징화될 수 있는 무대가 된다. 만약 아름다움이 사회적 지배층을 위한 메타포로 이용된다면, 추악함은 피지배층의 경험과 본질을 은유적으로 표현한다. 그로테스크한 것은 억압되어야 하는 것이면서, 동시에 그것을 억압하는 것이 불가능함을 가리킨다.

베넷(1986)은 바흐친이 카니발을 단지 일련의 일탈적 제의로만 보지 않고 그것의 긍정적 측면을 강조했다고 지적한다.

> 카니발과 연관된 과잉의 가치는…… 사람들이 경계가 없는, 멈춰 세울 수 없는 물질적 힘이라는 이미지를, 그 경로에 놓인 모든 장애를 극복하는 거대한 자기 재생적이며 미분화된 몸이라는 이미지를 형성하는 데 기여했다. (p.148)

베넷이 텔레비전에 등장하는 레슬러가 그 경로에 놓인 모든 장애를 극복하는 거대한, 자기 재생적, 미분화된 몸을 정확히 묘사했다고 보는 것은, 또는 레슬러가 카니발에서 표출되는 대중의 힘 체현이라고 여기는 것은 베넷을 너무 아전인수식으로 끌어들이는 것일 것이다. 그러나 우리는 카니발을 단지 궁극적으로 사회 통제가 좀 더 효과적으로 작동하도록 해 주는 안전 장치일 뿐이라고 평가절하해서는 안 된다. 오히려 카니발은 대항적인, 교란적인 대중의 힘의 강력함과 끈질김에 대한 인정이다.

포스트모던 세계에서 스타일은 카니발의 여러 기능을 수행한다. 스타일은 피지배층을 위한, 힘을 북돋는 언어 역할을 하므로 기본적으로 해방적이다. 그것은 기표의 물질성에 대한 강조, 과잉성, 좋은 취향(부르주아 취향)을 위반하는 능력 면에서 카니발과 유사하다. 텔레비전은 카니발적인 것을 별로 많이 제공하지 못할 수 있지만, 점점 더 스타일의 언어에 관심을 기울이고 있다. 〈댈러스〉보다 〈다이너스티〉를 좋아하는 팬들은 흔히 〈다이너스티〉를 더 좋아하는 이유가 그것의 '스타일' 때문이라고 말한다. 〈마이애미 바이스〉는 그 '외양look' 덕분에 인기를 끌었고, 뮤직 비디오는 음악의 시각적 등가물로서 스타일의 구성을 이용한다.

스타일은 우리가 참여할 수 있는 차원이다. 마돈나처럼 되고 싶은 사람들 — '닮고자 하는 사람들' — 은 자신의 외양을 마돈나처럼 꾸밀 수 있다. 20달러짜리 파스텔 톤의 '마이애미 바이스' 면 재킷은 〈마이애미 바이스〉가 방영되기 시작한 지 몇 달 지나지 않아 백화점에 등장했다. 이는 고급스럽게 꾸며진 드라마의 외양을 즉각 민주화한 것이라 할 수 있다. 또 청소년 팬들은 한 에피소드에서 등장한, 교묘하게 안무된 악수법을 분석하고 배우기 위해 비디오 녹화기의 슬로 버튼을 사용하곤 했다. 이런 것이 참여다. 그럼으로써 시청자는 관객이기보다는 자신들이 스펙터클이 되며, '자신이 말을 하는' 쾌락을, 자기 자신의 이미지/정체성을 구성하는 쾌락을 경험하게 된다.

스타일이 가져다주는 쾌락은 주이상스처럼 강렬한 것도 아니고, 주체성의 상실을 경험하게 하지도 않는다. 오히려 그것은 통제와 힘을 얻는 데서 오는 쾌락이다. 기표의 물질성에 카니발적으로 집중하고, 그럼으로써 [기표보다는] 좀 더 이데올로기적으로 결정되는 기의에 의해 구성되는 주체성을 회피하는 데서 오는 쾌락이다. 이런 쾌락의 형태는 또 세계의 통일성과 일관성에 의문을 제기한다. 그것은 역사를 갖지 않는, 문화적 패턴을 갖지 않는, 분리된 경험의 파편들에서 생긴다. 이데올로기는 의미 전반을 통제하는 패턴을 덧씌우고자 한다. 반면 감각으로 파편화하는 느낌은 카니발의 해방을 재생산한다. 이런 면에서 뮤직 비디오는 텔레비전에서 가장 현대적인 카니발이라 할 수 있을 것이다.

스타일과 뮤직 비디오

모스(1986)는 MTV가 부르주아 자본주의의 산물들 ― MTV를 TV 광고
와 밀접하게 연관되는 소비주의적 이미지의 퍼레이드 속에서 도시 풍경,
빠르게 달리는 자동차, 화려하고 현란한 스타일 ― 을 취급한다고 주장
한 바 있다. 그러나 이에 거슬러 기표들이 기의를 압도할 수 있게 해 주는
빠른 편집, 고급스런 시각적 광택, 극단적인 카메라 앵글과 현기증을 불
러일으키는 움직임 등으로 이뤄진 쾌락의 텍스트가 존재한다. [뮤직 비디
오에서] 시각적 이미지는 흔히 가사의 단어들과 유의미한 연관을 갖지 않
는 대신 음악의 박자에 맞춰 편집된다. 이들 간에 연관은 있다 해도 희박
하고, 확정돼 있지 않고, 명시적이라기보다는 암시돼 있을 뿐이다. 스타일
은 이미지의 리사이클링이다. 이는 이미지들이 의미를 갖도록 해 주는 본
래의 맥락으로부터 이미지들을 끄집어내어 자유롭게 부유하는 기표들
로 환원한다. 이때 이런 기표들의 유일한 의미는 통상적인 의미와 의미 생
산의 통제를 벗어나 자유로우며, 그래서 문화와 자연, 이데올로기와 이데
올로기의 부재 간의 경계를 넘어 감각하는 눈에 그 물질성이 직접 영향
을 미칠 수 있는 쾌락의 세계에 진입할 수 있다는 것이다. 물론 그 이미지
들은 가부장적 자본주의의 이미지이지만, 동시에 이데올로기적 기의와는
거리를 둔, 의미와 비의미, 자유와 통제 간의 경계를 탐색하는 기표다.

　　마돈나의 뮤직 비디오 〈인투 더 그루브Into the Groove〉는 오로지 스타
일에만 관심을 둔다고 할 수 있다. 그것의 영상 트랙은 마돈나가 출연한
영화 〈애타게 수전을 찾아서Desperately Seeking Susan〉●에 나오는 일련의
숏들로 이뤄져 있다. 이 영화는 기본적으로 현대 대도시 문화에서 자신

● 　1985년 수전 세이들먼Susan Seidelman이 감독한 미국 영화다. 마돈나는 두 여성 주인공
중 한 명인 수전 역을 맡아 자유분방한 여성상을 보여 주었다.

JOHN FISKE

의 사회 정체성을 통제하고자 하는 여성들에 관한 것이다. 정체성의 중요한 관건은 스타일인데, 이는 '라이프스타일'과 밀접한 연관을 지니고 있다. 마돈나가 연기하는 세상 물정에 밝은 인물인 수전이 입고 있는, 장식이 많이 달린 검은 가죽 재킷을 환멸을 경험한 여피 아내인 로버타가 갖게 된다. 로버타가 라이프스타일을 바꾸려 할 때, 가죽 재킷은 그녀의 정체성을 바꿔 주는 역할을 한다. 뮤직 비디오는 재킷의 등짝을 보여 주는 숏으로 시작한다. 그런 뒤 마돈나의 남자 친구, 그리고 마돈나가 그 디자인에 합성된다. 화면의 한 구석에는 멋진 모델의 얼굴이 찍힌 폴라로이드 사진이 보인다. 이어 카메라는 뒤로 물러나고, 재킷을 입은 사람은 절반쯤 몸을 돌려 자신이 수전이 아니라 로버타임을 드러낸다. 폴라로이드 사진은 영화의 자아 탐구를 알려 주는, '애타게 수전을 찾는' 개인 광고가 된다. 이 오프닝 숏은 단지 수초에 불과하지만 스타일, 정체성, 젠더, 통제의 기호들, 그리고 세상 물정 아는 자와 가정에서 길들여진 자 간의 대립의 기호들을 콜라주하면서 영화, 비디오, 음반, 기호로서의 마돈나 간의 상호 텍스트성을 상기시킨다. 화면 합성은 단지 마돈나를 재킷의 자신만의 상징물 속으로 삽입함으로써 정체성과 외양을 통합할 뿐만 아니라, 그 기호를 기의의 영역에 재위치시킨다. TV 화면이 흔히 의존하는 기의와 핍진성은 소원해진다. 크로마키chromakey와 특수 효과 발생기 같은 전자 장치는 자유자재로 기표를 갖고 놀 수 있게 해 주고, 이 영역에서만 존재하는 하이퍼리얼the hyperreal을 구축할 수 있게 해 준다. 화면상의 이미지는 그 자체로 현실이어서 실재와 유사할 필요가 없으며, 기의를 필요로 하지 않는다. 이미지의 쾌락은 바로 이런 사실에 근거한다.

　　기표들을 전자적으로 갖고 노는, 기표들로부터 좋아하는 것을 구성하는 텔레비전의 능력은 통상적인 리얼리즘을 전복한다. 그렇기 때문에 단지 제한된 허락받은 순간에만 마음껏 발휘될 수 있다.

　　스포츠 중계에서 슬로 모션이나 분할 화면, 뉴스에서 그래픽 차트와

도표의 경우처럼 전자적 유연성을 '진지한' 용도에 쓰는 경우가 있다. 이런 장치들은 텔레비전의 실재의 재현을 강화하고, 카메라가 할 수 있는 것 이상으로 더 많은 앎과 '진실'을 전달하기 위한 것이다. 그러나 좀 더 '경박한' 용도로 쓰이는 경우도 있다. 이때 그 기능은 강화된 지배적 시각성의 쾌락이 아닌 좀 더 카니발적인, 해방적인 쾌락을 생산하는 것이다. 기표들을 갖고 맘껏 노는 순간들은 한 번만이 아니라 반복해서 방송되는데, 명확히 상업적 목적을 지닌 세 가지 텔레비전 장르 — 뮤직 비디오, 타이틀 시퀀스, 광고 — 에서 가장 자주 찾아볼 수 있다. 이것들은 각각 상품 — 음반이나 영화, 프로그램이나 시리즈, 제품이나 서비스 — 의 판매라는 경제적 기능을 갖는다. 이들 세 장르 간에는 많은 스타일상의 유사성이 존재한다. 이들 장르는 모두 그것들에 관심이 있는 시청자들에게 창조적 작업을 요구하는 생산자적 텍스트다(일 수 있다). 그리고 이들은 종종 동일한 전문 제작사에서 제작된다. 명확한 상업적 의도와 생산자적 텍스트로서의 외견상의 자유로움 간의 역설적인 연관은 우리가 16장에서 더 자세히 살펴볼 것이다. 여기서는 단지 물리학과 인과법칙이 지배하는 '실재'의 독재로부터 스스로를 해방시키는 텔레비전의 전자적 능력은 허가된 순간에만 자유로운 놀이에 이용될 수 있다는 점만 지적하고자 한다.

〈맥스 헤드룸*Max Headroom*〉●은 이런 허가의 조건을 확장하려는 시도다. '맥스'는 컴퓨터가 창조한 DJ/인터뷰어로서, TV 화면을 채우는 모든 토킹헤드talking head●●들의 패러디적 희화화다. 실제로 맥스의 모델은 배우 맷 프루어Matt Frewer로 그는 자신의 얼굴을 패러디한 만화 그림의 형태로 주형된 고무 가면을 썼다. 그런 뒤 이 이미지를 크로마키, 화면 변

● 1987~1988년 미국 ABC를 통해 방영된 풍자적 SF 시리즈다. 컴퓨터로 창조한 인물인 맥스 헤드룸이 등장하는 혁신적인 드라마로 큰 주목을 끌었다.

●● 카메라에 대고 말하는 사람을 말한다.

JOHN FISKE

환, 디지털 변환, 영상 편집, 스크래치 믹스 과정을 거쳐서 비로소 맥스의 조형적 연기를 얻을 수 있었다(〈내셔널 타임스〉 3월 21~27일, 1986: 12). 목소리도 동일한 방식으로 처리했다. 그런 뒤 이미지와 목소리를 불완전하게 만들어 — 이미지가 튀는 현상, 목소리가 반복되는 전자적 말더듬이 현상 electronic stutter을 일어나게 해 — 제작 과정을 전경화했다.

〈맥스 헤드룸〉이 등장함으로써 전자 매체인 텔레비전은 자체의 전자적 '현실'을 만들어 내고, 구성 과정을 숨기는 대신 드러내기에 이른다. 맥스를 창조한 작가 중 한 명인 애나벨 잰켈Annabel Jankel은 맥스가 텔레비전에 회의적인 사람들에게 특히 어필한다고 주장한다. "우리는 맥스를 통해 TV에 대해, 토킹헤드에 대해, 현실이 반드시 TV에 재현되는 것과 같지는 않다는 생각에 대해 우리의 입장을 밝혔던 것"이라고 그녀는 말했다. 통상의 텔레비전과 견주어 볼 때, 맥스 헤드룸은 카니발적 전도이며, 투명성의 오류와 그것이 담지하는 이데올로기로부터의 해방이다. 그는 단지 2차원의 상호 텍스트성 내에서만, 기표들의 무한한 패러디적 유희 내에서만 존재하며, 스펙터클이자 회화화이며, 작가가 불분명한 거리 예술 작품이다.

그레이스 존스Grace Jones●는 또 다른 맥스 헤드룸이라 해도 무방하다. 그녀의 뮤직 비디오 〈슬레이브 투 더 리듬Slave to the Rhythm〉에서 그녀의 몸은 이미지로 변환되어 그 형상이 그녀의 실제가 된다. 카메라는 그녀의 매우 긴 팔다리와 미소 짓는 너무 큰 입이 마치 카메라가 만들어 낸 것이기라도 한 듯 확인해 보여 준다. 어떤 면에서는 카메라가 만들어 낸 것이기도 한다. 그녀의 이미지는 전자적으로 놀이 대상이 되며, 왜곡되고 파편화되고 재조합되어, 그녀는 '실제로 어떤 사람'이라고 한정짓는 모든

● 그레이스 존스는 자메이카에서 태어난 미국의 가수, 슈퍼모델, 제작자, 배우다.

관념으로부터 완전히 벗어난다. 이 세계에서 이미지와 정체성은 더 이상 고정돼 있지 않으며, 구성하고 해체할 유희 대상이 된다.

〈인투 더 그루브〉에서 마돈나는 구성된 자신의 이미지를 갖고 논다. 여러 컷에서 사진사의 플래시전구 섬광이, 때로는 그녀가 자신을 폴라로이드로 찍을 때의 섬광이 두드러진다. 때로는 그녀의 (움직이는) 이미지가 폴라로이드 사진의 프레임 내에 나타나기도 한다. 그녀는 십자가상과 레이스 속옷을, 남성의 멜빵바지와 분홍색 시스루 상의를 조합하는 그로테스크한 브리콜라주를 통해 자신의 외양을 구성한다. 맥스 헤드룸처럼 마돈나는 자신의 구성 과정을 전경화하지만, 그러나 이 과정에 대한 자신의 통제권을 주장한다는 점에서 맥스를 넘어 더 나아간다. 그녀는 생산품일 뿐만 아니라 생산자다. 그녀는 십자가상을 종교적 의미를 지닌 본래의 담론에서 *끄집어내어* 기표로 이용할 권리를 주장한다. 마찬가지로 포르노의 '언어' — 속살, 요상한 속옷, 검은 가죽 — 를 남성을 위해서가 아니라 *자신의 쾌락, 자신의 정체성*을 위해 포르노적이지 않게 사용함으로써 자신이 그 언어를 통제하고 있음을 보여 준다. 십자가상을 포르노의 기호들과 조합하는 것은 카니발적 신성모독이다. 그러나 이 새로운 조합은 특정한 뭔가를 '의미하지' 않는다. 그것이 뜻하는 것은 단지 담론에 대한 그녀의 힘, 이미 상투화된 가부장적 기독교의 기표들을 [자신을 위해] 이용하는 능력, 기표들을 기의로부터 떼어 냄으로써 그녀가 담론을 사용하지만 그 담론에 지배당하지 않는 능력일 뿐이다. 그녀가 기의로부터 벗어날 때가 그녀가 힘을 얻는 순간이다. 루이스(Lewis, 1987)는 티나 터너Tina Turner●의 하이힐, 가죽 미니스커트, 그리고 지나치게 관능적인 움직임은 자신이 이러한 가부장적 섹슈얼리티의 기표들을 자신의 쾌락을 위해 이

● 티나 터너는 1939년 태어난 미국 가수이자 댄서로, 열정적인 노래와 무대 매너로 1950년대부터 50년간 활동해 가장 성공적안 여성 록 가수로 인정받고 있다.

용한다고 주장하는, 자신의 관심과 자신의 힘을 내세우는 자신만만한 공격성의 표출이라고 지적한다. 현대의 도시적 스타일은 피지배자들에게 힘을 준다. 왜냐하면 그런 스타일은 그들을 이데올로기적 실천으로부터 해방시키고 하위 문화적으로, 대항적으로 이용할 수 있는 여지를 열어 주는 방식으로 지배 이데올로기의 기표들을 조작할 자신들의 권리를 주장하기 때문이다.

마돈나의 뮤직 비디오에는 그녀 얼굴이나 입, 눈, 발, 배꼽의 익스트림 클로즈업이 자주 등장한다. 통상적으로는 가부장제의 가장 역겨운 코드로 쓰이는 것들이다. 이것은 여성의 몸을 파편화하고 물신화해서 몸의 일부를 남성적 욕망의 탈개인화된 대상으로 바꿔 버리는 카메라 코드다. 이것은 멀비(1975)가 그토록 호되게 비판한 맹목적 쾌락을 가능케 하는 고전적 할리우드 영화의 코드 중 하나이지만, 광고, 특히 화장품과 패션 광고에서 널리 채택되어 왔다. 마돈나가 자신의 배꼽을 독특한 성적 이미지로 구성한 것은 이런 과정을 패러디한 것으로서, 그녀가 이 과정을 통제하고 있음을 보여 준다. 마찬가지로 뮤직 비디오에서 그녀의 입이나 눈의 익스트림 클로즈업도 그녀가 통제하고 있다. 마돈나는 카메라를 이런 식으로 보면서 카메라가 이런 식으로 그녀를 촬영도록 한다. 그녀는 자신을 스펙터클로 바꾸어서 관객이 관음자라는 힘 있는 입장에 서도록 허용하지 않는다. 그녀는 자신을 관음증적 응시에 예속시키지 않는 대신 시선의 상황을 통제한다. 그녀의 모습과 [그녀가 카메라를 바라볼 때 가정되는] 시청자의 현전 모두가 구성된 것임을 인정하면서 마돈나는 자신의 모습과 보기looking 모두를 통제한다. 그녀는 남성적 응시에 의해서만 의미를 부여받는 대상이 아니다. 그녀는 자체로 스펙터클이다. 스펙터클에서는 관음자가 있을 수 없다. 보기의 통상적인 권력관계는 전도되고, 카니발에서처럼 보는 자와 보이는 자는 보기의 과정에, 그리고 그것으로부터 생겨나는 의미 생산 과정에 동등하게 참여한다. 스펙터클의 카니발적 요소는 계급 및 젠더에 의한 예속 모두를 부정함으로써, 스펙터클이 사용하는 담론의 사회적 힘을 인정하기를 거부한다.

〈인투 더 그루브〉는 마돈나가 자신의 이미지를 스펙터클로 구성할 때 사용하는 기호들의 콜라주다. 한 숏이 좋은 예가 될 수 있다. 그녀의 입의 익스트림 클로즈업은 여성적 담론으로 되살려진다. 그럼으로써 그 숏은 통상 남성적 담론으로 사용될 때와는 다른 의미를 지니게 된다. 브라운(1987b)은 제럴딘 페라로Geraldine Ferraro●와 그녀의 딸들이 출연한 펩시콜라 광고에서도 비슷하게 남성적 담론을 여성에 유리하게 이용하는 예를 발견한다. 이러한 전유 또는 탈주excorporation는 현대적 스타일이 만들어지는 전형적인 방식이다. 편입을 뒤집음으로써, 피지배자들은 지배자의 담론을 훔쳐서 자신의 쾌락, 자신의 정체성을 위해 그 기표들을 이용한다.

가장 쉽게 전유할 수 있는 담론 중 하나는 상품의 담론이다. 그래서 스타일의 언어는 피지배자들과 지배자 모두에게 봉사하는 상품을 창조적으로 사용 또는 재사용하는 것이 된다. 호화찬란한 상점가의 이미지는 생산자에게 이윤을 가져다주는 경제적 기능만 하는 것이 아니다. 그것은 피지배층을 즐겁게, 힘나게 하는 용도로 쓰일 수 있다.

뮤직 비디오는 최초의 포스트모던 텔레비전이라 불려왔다(Fiske, 1986c; Tetzlaff, 1986을 참조하라). 이와 유사하게 〈마이애미 바이스〉는 최초의 포스트모던 경찰 드라마로 불렸다(Ross, 1986, 1987). 포스트모더니즘은 이미지의 파편적 성격, 의미에 저항, 그리고 이미지가 실재보다 더욱 중요해지고 우리 경험에서 실재를 대치해 온 방식을 강조한다. 포스트모더니즘

● 제럴딘 페라로(1935~2011)는 미국 역사상 주요 정당의 첫 여성 부통령 후보였던 정치인이다. 뉴욕 주 출신의 하원의원이었던 그녀는 1984년 대통령 선거의 민주당 여성 부통령 후보로 선출되었다.

은 의미를 거부하고, 의미가 생산되는 거처로서의 주체성의 개념을 거부한다. 왜냐하면 의미 생산은 궁극적으로 주체가 예속되는 과정subjecting process이기 때문이다. 의미, 즉 당연한 의미(즉 상식)는 사회적 기계the social machine●가 개인적인 것 안으로 진입해서 그것을 파괴해 버리도록 해 주는 최상의 대행자다. 그래서 포스트모더니즘은 의미를 거부함으로써 사회적 기계를, 우리의 삶과 사고를 규제하는 사회적 기계의 힘을 거부한다. 보드리야르에게 있어서 이런 의미의 거부는 궁극적으로 정치적 행위이며, 후기 자본주의에서 무력한 대중이 취할 수 있는 유일한 저항적 행위다.

포스트모더니즘은 범주들을 거부하며, 그 범주들이 함축하는 판단을 거부한다. 그것은 예술, 매스 미디어, 토착적 하위 문화 간의 구별을 부정하며, 새로운 테크놀로지를 이용해 이런 경계를 깨부수려 한다. 포스트모더니즘은 깔끔한 장르 차이를 거부하기 때문에 뮤직 비디오와 광고, 프로그램을 구별하는 것은 불가능해진다. 〈마이애미 바이스〉에서는 내러티브, 광고, 뮤직 비디오, 패션쇼가 서로 뒤섞인다. 윌런(1986)이 지적하듯이, 뮤직 비디오는 광고와 프로그램을 독특하게 혼합한 것이다. 사운드트랙이 상품의 견본인 반면 영상은 광고로 기능하기 때문이다. 그는 또 패션쇼도 뮤직 비디오 스타일을 차용하고 있다고 지적한다. 뮤직 비디오가 트렌디한 부티크에서 '분위기'를 조성하고, 어떤 곳에서는 그 상점이 파는 의상과 스타일이 상점 주위와 외부의 멀티스크린에 전시되는 방식에 주목한다면, 이를 확대 적용하는 것도 가능할 것이다. 코카콜라는 재빨리 맥스와 광고 계약을 맺은 바 있다. 이미 '그'의 이름을 딴 슈퍼마켓이 개장됐고, 그는 장르 불문하고 레코드와 뮤직 비디오에 등장하기도

● 사회적인 것들이 작동하는 것을 기계의 작동에 비유한 용어다.

했다. 포스트모던 스타일은 장르 경계를 가로지르는 것만큼이나 쉽게 젠더나 계급 경계도 넘나든다.

포스트모던 스타일은 모든 이미지의 소유권을 주장한다. 마돈나가 레이스 달린 장갑과 십자가상을 써먹었듯이, 포스트모더니즘은 "패러디와 패스티시, 심지어는 표절의 소재로 써먹기 위해 이미지 저장고와 단어장을 약탈한다"(Wollen, 1986: 168). 뮤직 비디오는 예전 영화와 뉴스릴, 아방가르드 예술을 약탈한다. 뮤직 비디오는 로맨스 영화, 뮤지컬, 광고를 패러디한다. 전유할 수 없는 것은 아무것도 없다. 모든 것이 전유되고, 탈주된다. 유일한 것이 없어지고, 구분과 범주는 동격의 파편들 속으로 사라져 버린다. 포스트모던 스타일은 표면의, 몸의 쾌락을, 사회적인 것, 맥락적인 것으로부터, 의미로부터 해방의 쾌락을 생산한다.

〈마이애미 바이스〉의 쾌락

음악, 기표의 물질성, 해방적 쾌락 간에는 일련의 상관관계가 존재한다. 이것들의 연관은 각각 다르게 접합될 수도 있지만 상관관계는 〈록 앤 레슬링〉과 뮤직 비디오, 광고, 타이틀 시퀀스에 공통적으로 존재한다. 이것들은 경찰 드라마 〈마이애미 바이스〉에서도 함께 나타난다.

〈마이애미 바이스〉가 보여 준 스타일상의 성취 중 하나는 도시 곳곳을 순찰하는 주인공들을 보여 주는 남성성의 영상이 등장할 때마다 내러티브를 중단시키는 장치로서 당시의 톱 20 팝 음악을 배경 음악으로 사용한 것이다. 이런 스타일은 전형적으로 뮤직 비디오나 광고로부터 빌려 온 것으로, 내러티브를 거의 진전시키지도 않고 인물, 플롯, 세팅에 대한 이해를 높이지도 않는다. 또 내러티브를 이끌어 가는 수수께끼를 해소할 단서를 제공하지도 않는다. 따라서 그 기능은 순전히 즐거움을 주기 위한 것이라고 가정해 볼 수 있다. 표 13-1은 그러한 장면의 숏 분석이다. 이 장면은 크로켓과 텁스가 흔히 그렇듯 민간인 행세를 하고 악당들을 만나러 나이트클럽으로 가는 과정을 담는다. 스타일상으로 이 장면은 두 부분으로 나뉜다. 파트 A 준비 부분은 익스트림 클로즈업으로 촬영되었으며, 18개 숏은 하이테크의, 스타일리시하고 상업화된 남성성을 담는 대상들만을 보여 준다. 사람 손이 등장하는데, 단지 피부색을 통해 크로켓의 손인지 텁스의 손인지를 알아볼 수 있을 정도이고, 손이 멋진 물체들을 다루는 모습을 보여 준다.

파트 B 이동에서는 사운드트랙이 계속되지만, 영상 스타일은 크게 바뀌어 좀 더 관습적인 스타일이 된다. 한밤중 거리를 달리는 그들의 페라리 차가 관습적인 로케이션 숏(숏 19, 24)으로 보여진다. 이 숏은 차 안의 크로켓과 텁스를 관습적인 클로즈업으로 번갈아 보여 주는 숏/리버스 숏의 앞뒤에 배치돼 있다. 장면은 나이트클럽의 번쩍이는 조명을 촬영한 일련의 짧은 숏들을 보여 주며 끝난다. 여기서 카메라는 롱 숏으로부터 익스트림 클로즈업으로 빠르게 이동한다. 반복되는 숏/리버스 숏 시퀀스(숏 20~23)는 크로켓과 텁스가 차 안에 있으며 페라리의 주행을 특정 개인과 연관짓기 위해서 전통적으로 요구되는 길이보다 더 길다. 컷들의 '타이밍을 맞추는' 데 쓰일 대사도 없다. 대신 팝 음악이 편집의 속도를 결정한다. 유사하게 번쩍이는 조명을 보여 주는 짧은 숏들의 시퀀스에서 롱 숏에서 익스트림 클로즈업으로 이동하는 것은 그들이 클럽에 재빨리 들어서고 있음과 현장의 긴박하고 불안스런 '느낌'을 함축할 뿐만 아니라 음악의 박자를 시각화하는 것이기도 하다.

첫 준비 부분이 이론적으로 더 흥미롭다. 이 부분은 두 사람이 야간 업무를 나가기 위해 준비하는 모습을 보여 주는 내러티브 '알리바이'를 지니고 있지만, 그 알리바이는 미흡하다. 이전 장면(그들이 상사와 함께 작전 계획을 상의한다)과 다음의 나이트클럽 장면은 관습적인 파트 B의 이동 시

표 13-1 〈마이애미 바이스〉의 팝 음악 부분 숏 분석

숏 번호	숏 길이(초)	설명
5	2.2	면도 크림을 쥔 흰 손. 권총이 보인다
6	1.8	달리는 페라리의 앞바퀴
7	2.0	흰 손이 수표책을 집어 들고 휙휙 넘긴다
8	4.6	검은 손이 금목걸이를 집어 들고 손가락 사이로 쓰다듬는다
9	2.8	흰 손이 신용카드를 집어 든다
10	2.5	달리는 페라리의 후드을 보여 준다
11	2.5	검은 손이 면도 크림을 손바닥에 짜서 문지른다
12	2.6	흰 손이 면도 크림을 집어 든다. 권총이 보인다
13	2.6	검은 손이 넥타이를 고쳐 맨다. 손가락에는 큰 반지를 끼고 있다
14	2.3	달리는 페라리의 앞바퀴 높이에서 전방의 지나치는 차들을 보여 준다
15	7.8	흰 손이 탄창을 쓰다듬다 권총에 끼우고 점검한다.
16	5.0	검은 손이 권총 약실에 총알을 끼운다
17	2.1	달리는 페라리의 바퀴 높이에서 전방을 보여 준다. 다가오는 차의 라이트 때문에 화이트 아웃된다
18	4.8	흰 손이 하이테크 무전기를 집어 들어 테스트한다
파트 B: 이동		
19	7.6	도로를 달리는 페라리의 로케이션 숏
20	3.6	페라리에 탄 크로켓의 숏
21	2.5	페라리에 탄 텁스의 리버스 숏
22	2.5	페라리에 탄 크로켓의 숏
23	4.4	페라리에 탄 텁스의 리버스 숏
24	9.8	도로를 달리는 페라리의 로케이션 숏
25	1.2	번쩍이는 나이트클럽 조명의 롱 숏
26	1.0	번쩍이는 나이트클럽 조명의 미디엄 숏
27	1.2	번쩍이는 나이트클럽 조명의 클로즈업
28	1.0	번적이는 나이트클럽 조명의 익스트림 클로즈업

가사●

친구와 함께 고향을 떠나

2년이 흘렀네, 왜 떠났던가

이젠 언제나 행복해

차분하진 않지만 잘 지내고 있지

걸, 날 어떻게 좀 해 줘

난 소프트포르노 배우로 변신하네

이런 말 예전에도 들어봤겠지

꿈이 짓밟히는 곳을 알고 있지

희망이 박살나지만 별 것 아냐

자발적인 실험이야

소프트포르노 배우로 변신하면서

난 가라앉고 있네

퀸스에 의해 적절하게 연결된다. 영상 및 편집 스타일 또한 시간 순서를 교란함으로써 내러티브 알리바이를 약화시킨다. 달리는 페라리의 인서트 숏(숏 6, 10, 14, 17)은 내러티브 시퀀스를 깨뜨린다. 그것들은 두 사람이 차로 가기 이전에 출동 준비하는 숏들과 연결 편집돼 있기 때문이다. 익스트림 클로즈업과 화려한 조명에 의해 피사체들은 단지 내러티브 기능만이 아닌 그 자체로 쾌락의 담지체가 된다.

　　이 장면은 내러티브를 진전시키기보다는 중단시킨다. 강렬한 랩 비

●　미국 록 밴드 디보Devo의 1981년 발표 곡 〈고잉 언더Going Under〉의 가사로 원서의 가사는 원곡과 몇몇 곳에서 다른데, 번역은 원곡 가사를 대본으로 삼았다.

트의 팝 음악은 내러티브 진행을 교란한다. 그것은 그냥 그 자체이지, 에피소드 내에서 장면들을, 또는 드라마 내에서 에피소드들을 연결해 주는 주제 음악의 일부가 아니다. 그것은 디제시스 세계의 자기 충족성을 파열시켜, 시청자가 이전에 이 곡을 들었던 경험과 상호 텍스트적으로 확실하게 연결지어 준다. 그것은 또 텔레비전이 팝 음악의 세계와, 불안하고 도시적인 라이프스타일을 표현하는 여타 문화적 형태들과 상호 텍스트적으로 연결돼 있음을 강조한다. 내러티브 내에 존재하는 이러한 파편은 내러티브의 나머지 부분과 연결되기보다는 시청자들의 문화적 경험의 파편들과 연결된다.

또 곡의 흑인 악센트와 비트는 크로켓과 텁스가 사회에서 중심적 위치에 있지 않음을 함축한다. 그 악센트는 그들이 보호하고자 하는 주류 사회의 악센트가 아니라 그들이 통제하고자 하는 지하 세계의 악센트에 더 가깝다. 단지 일시적이라 해도 그들을 이데올로기적 역할로부터 풀어 놓아줌으로써, 그것은 지배적 가치 체계에 동조하지 않는 사람들도 그들의 스타일과 남성성에 접근할 수 있도록 해 준다.

이러한 내러티브 중단은 고전 할리우드 뮤지컬에 나오는 노래 및 춤과 어느 정도 유사성을 공유한다. 멜런캠프(1977)는 [뮤지컬에 등장하는] 이러한 자기 충족적 파편들은 영화의 구조를 반영하면서 동시에 교란하는 '스펙터클'이라고 주장한다. 노래와 춤은 구조의 반영을 통해서 지배 이데올로기와 이로 인한 쾌락을 지원하는 방향으로 작동한다. 그러나 그것들은 과잉적이고, 자체가 꾸며진 것임을 의식하고 있어 심문적 독해의 가능성을 열어 놓는다는 점에서 구조의 교란이라 할 수 있다. [〈마이애미 바이스〉에서] 비디오 인서트의 과잉된 남성성의 이미지는 그 자체로 쾌락의 원천으로 제시되지만, 남성성 = 액션, 여성 = 이미지라는 관습을 생산해 온 규범들을 검토해야 할 필요성을 제기할 수 있다. 멀비(1975)는 남성적 내러티브에서 액션은 보통 여성의 몸을 기분 좋게 시각적으로 관조하는 순간들에 의해 중단된다고 지적한다. 그런데 여기서는 남성적 스타일이 통상 여성의 몸을 재현할 때 사용되는 관습에 의해 표출된다.

물론 이것이 효과적인지는 따져 봐야 한다. 남성적인 것은 시선의 대상이자 주체가 될 수 있고, 여성적인 것은 전적으로 내러티브로부터 추방된다고 볼 수도 있을 것이다. 마찬가지로 크로켓과 텁스가 지나치게 패션으로 스타일을 뽐내는 것(파스텔 톤의 디자이너 의상이 끊임없이 등장한다)은 여성적 언어 및 쾌락의 남성적 전유라고 주장할 수도 있을 것이다. 또는 그 반대일 수도 있을 것이다. 이로 인해 두 사람의 지나치게 마초적인 언행과 이들의 의상 및 비디오 인서트 — 이것은 그들을 타자들의 시각적 쾌락의 담지자, 그들 자신의 이미지의 담지자로 변화시킨다 — 의 여성적인 스타일 간의 모순이 발생할 수 있다.

그러나 모든 모순이 그렇듯이 이 모순은 유사성 내에서, 유사성을 배경으로 작동한다. 크로켓과 텁스의 말투는 마초적이고 간결하지만, 스타일리시하다. 이들은 레이먼드 챈들러Raymond Chandler 소설의 사립 탐정이나 필름 느와르의 주인공처럼 진지한 표정으로 재치 있게 말한다. 그런 말투는 스타일의 과잉을 통해서, 모든 사람들이 즉각 알아챌 수 있는 스타일을 통해서 효과를 발휘한다. 이들 주인공의 전형적 특징 중 하나는 다른 인물들보다 좀 더 멋있게, 위트 있게 말한다는 점이다. 말투, 의상, 소비상품에서 부각되는 스타일은 대중적인 도시적 영웅의 징표다.

관능적인 영상은 텔레비전 리얼리즘에서가 아니라 광고에서 전형적으로 나타난다. 버거(Berger, 1972)는 컬러 사진술이 유화를 대체해 소유를 함축하는 능력을 갖게 되었다고 지적한 바 있다. 유화 그림과 화사한 컬러 사진은 대상의 독자성을 손으로 만질 수 있을 듯이 재현한다. 이를 통해 관람자는 스스로를 대상의 유일한 소유자로 여기게 된다. 클로즈업은 응시의 과잉 — 단지 개인적 소유물만이 이 같은 친밀함을 경험하게 해준다 — 을 생산할 뿐만 아니라, 영상적 과잉을 촉각으로, 대상의 물질성으로 코드 전환해 준다. 만지고, 쥐고, 주머니에 넣는 것은 보는 것보다도 더 강력하게 소유를 확인시켜 준다. 예를 들면, 숏 2에서 대상은 소유자를 위해서만 전시된다. 손만 드러남으로써 우리의 몸이 공백을 채우도록 초대받는다. 숏 8에서 금목걸이를 만지작거리는 관능적인 손과 소유자의 팔목에 휘감겨 있는 금팔찌의 느낌, 숏 7에서 수표책을 휙휙 넘길 때의 감각적 느낌, 숏 15와 16에서 손에 쥔 권총을 장전하고 점검하고 그 무게를 느낄 때의 관능성은 모두 소유자의 몸이 대상들의 물질성을 경험할 때의 감각이다.

물론 이들 대상은 이데올로기적 함축을 지닌다. 이것들은 모두 고급 스타일의, 첨단의, 도시적인, 긴박한, 풍요로운 남성성의 의미를 담고 있다. 총을 보여 줄 때만 잠시 뜸을 들일 뿐인 빠른 편집은 액션, 목적 지향, 힘의 이데올로기를 함축한다. 이는 그 자체로 플레지르를 부추긴다. 소비 사회에서 특정한 남성적 정체성, 즉 상품을 구입함으로써 얻을 수 있고 스타일을 통해 전시되는 정체성을 확인시켜 준다.

페라리는 궁극의 상품으로서, 쾌락과 이데올로기의 강력한 담지체다. 커닌(Cunneen, 1985)은 자동차 절도가 특정 계급의, 특정 젠더의 (젊은 노동 계급 남성이 저지르는) 범죄임을 보여 준다. 자동차는 남성적 힘, 자유, 이동성의 상징 이상이다. 차를 모는 것은 이런 가치들을 실천하는 것으로, 자동차는 남성성의 대체물이 아니라 남성성을 성취하는 수단이다. 특히 사회 경제적 위치 때문에 다른 수단을 갖고 있지 못한 사람들에게 그렇다.

그러나 페라리도 과잉적이다. 페라리는 통상 경찰이 필요로 하고 사용하는 차, 스타일을 넘어선다. 그 과잉성 때문에 페라리의 의미는 남성성의 이데올로기적 영역을 넘어서 더 자유롭고, 덜 통제받는 스타일의 영역으로 확장된다. 비싼 가격 때문에 실제로 이 차를 탈 수 있는 사람은 제한될 테지만, 그 스타일은 쾌락을 위한 소비의 스타일이며 이런 스타일은 덜 비싼 상품을 통해서도 가질 수 있다.

이 드라마의 세계에서 스타일은 모든 것인데, 스타일은 이중적 의미를 지닌다. 해변의 건달이었던 크로켓은 한때 알코올 중독에 빠졌었고 양말 신기를 싫어하며, 혼혈인 텁스는 거리의 '양아치' 출신으로 패션과 음악의 첨단을 달리는 인물이다. 이들의 스타일은 부유해진 하층의 스타일이다. 아무리 그들이 소비하는 상품이 명품이라 해도 그들의 태도는 일탈적, 저질적, 대항적인 티가 난다.

자신의 사회 정체성이 노동 또는 가정의 세계에 중심을 두고 있지 않은 사람들에게, 생계 유지에 신경 쓰지 않아도 되는 사람들에게 상품은 남성성에 다가가는 통로가 된다. 상품의 의미는 본래의 경제적 영역으로부터 빠져나와 좀 더 쾌락적 영역인 스타일로 이동한다. 시장에서의 상품의 순환은 스타일의 경제에서는 의미와 정체성의 순환이다. 생산적 노동의 체제를 거부하거나 그 체제에 의해 거부되는 사람들에게 소비는 그들의 사회관계를 형성하는 수단이다. 후기 자본주의 경제에서 여가는 노동을 대체하고, 소비는 생산을 대체한다. 그리고 상품은 여가의, 정체성의, 사회관계의 도구가 된다. 상품은 경제적 기능으로부터, 자본주의라는 기의로부터 멀어져서 스타일에 대한 담론의 기표가 된다. 피지배자들은 드라이브를 즐기기 위해 자동차를 훔치듯이 지배자들로부터 이 기표들을 훔쳐 자신의 대항적 쾌락을 표출하기 위해 사용할 수 있다.

체임버스(Chambers, 1986)는 오늘날 대도시 사회는 스펙터클 문화를 생산하며, 이런 문화에서 '자아'의 실현은 자신의 내적 존재의 심층에서 이뤄지는 것이 아니라, 스타일을 통해, 이미지를 통해, '일련의 연극적 제스처'를 통해 표면에서 이뤄진다고 주장한다(p.11). 독특하고 개인적인 것 — 즉 개인의 **스타일리시한 구성** — 은 거래되는 상품의 창조적인 브리콜라주를 통해 성취된다. 자아는 변화하는 일시적인 정체성으로서 문자 그대로 자신이 창조하는 것이다. "개인은 자신을 거리 예술의 대상으로, 공적인 아이콘으로 구성한다"(Chambers, 1986: 11). 이런 스펙터클에서 응시는 남성적이지도 여성적이지도 않다. 왜냐하면 그것은 안정적 대상에 대한 안정적 주체의 응시가 아니기 때문이다. 주체와 대상 모두가 남녀의 전통적인 기호들과 위치들로부터 자신을 구성한다. 이런 문화는 진정성의 죽음을, 젠더나 다른 무엇의 심층의 '진실한' 의미의 죽음을 뜻한다. 스타일은 실존하는 듯이 보이며, 겉모습이 현실이 된다.

마돈나의 〈인투 더 그루브〉에는 주문 제작한 밴 가까이에 있는 마돈나와 그녀의 남자 친구를 보여 주는 숏이 나온다. 그녀의 스타일, 그의 스타일, 검은 바탕에 황금빛 소용돌이 모양의 밴 장식은 완벽한 '공적 아이콘,' 그 자체로 거리 예술이랄 수 있다. 뮤직 비디오와 영화 〈애타게 수전을 찾아서〉에서 모두 강렬한 인상을 남기는 검정색과 은색의 모자 상자는 수전/마돈나의 '자아' — 마돈나가 자신의 외양을 구성할 때 이용하는 대상들 — 를 '담는다contain.'

〈마이애미 바이스〉도 외양이다. H. 그린H. Greene은 '외양'에, 수많은 고급 파스텔 톤 의상에 얼마나 신경썼는지를 세세히 전한다. "수수한 톤도, 빨강도, 녹청색도, 갈색도, 오렌지색도, 고동색도 쓰면 안 되었다. 옷을 적절한 스타일로 입었을 때 배우는 〈마이애미 바이스〉 스타일이 된다." 소품들도 스타일리시한 것을 썼다. "세트장의 다른 것들과 마찬가지로, 금속탐지기와 탁자도 '마이애미 바이스' 룩에 맞게 다시 페인트칠을 했다. 그렇게 청록색과 흰색으로 칠했다"(*Times*, 일요판, 1986. 8. 31, p.27). 〈마이애미 바이스〉의 외양, 스타일이 드라마의 특성이고, 그 스펙터클이 쾌락의 원천인 것이다.

이런 도시적 스타일이라는 포스트모던한 언어는 본질적으로 민주적이다. 왜냐하면 우리 모두가 그 언어의 전문가이고 예술가가 될 수 있기 때문이다. 우리는 늘 일상에서 순환하고 있는 기호들, 기원도 없고 저자도 없고 권위도 없는 기호들을 이용하고 소비한다. 그럴 때 얻게 되는 쾌락은 힘을 북돋워 주는 쾌락이다. 왜냐하면 그것은 남의 말의 대상이 되

JOHN FISKE

는 것이 아니라 스스로 말을 할 때의 쾌락/힘이기 때문이다.

〈마이애미 바이스〉의 뮤직 비디오, 타이틀 시퀀스, 광고의 스타일리시한 이미지들은 시청자들에게 포스트모던한 쾌락을 맛볼 수 있게 해 준다. 빠른 편집, 내러티브 시퀀스의 어긋남, 디제시스의 교란은 파편성의, 기표로서의 이미지의, 관능성 덕분에 포섭되지 않고 푹 젖은 기의의, 그 의미보다는 경험의 물리적 독자성의 감각을 생산할 수 있다. 이미지들은 이데올로기의 담지체도 아니고 실재의 재현도 아니고, 보드리야르가 "하이퍼리얼"이라고 부른 것이다. 텔레비전 이미지, 광고, 팝 음악은 '현실'보다 더 '현실적'이 되고, 그것들의 감각적 힘은 매우 강력해서 그것들이 우리의 경험이며 우리의 쾌락이다. 이런 것들은 내러티브 영역에 포함되지 않게 되면 이데올로기의 영역으로부터도 벗어나게 된다. 이럴 때 쾌락은 이데올로기에 저항하는 데에서도, '더 좋은' 것으로 이데올로기에 도전하는 데에서 생기는 것도 아니다. 대신 이데올로기를 회피하고 스스로 이데올로기로부터 해방되는 데서 나온다. 텍스트가 소유하는 남성을 독해 주체로 설정하고자 하면 할수록 그 위치를 거부할 때의, 그런 이미지들의 의미를 거부할 때의 쾌락은 더 커진다.

푸코(1978)는 쾌락과 권력 간의 밀접한 관계를 일깨워 준다. 권력을 행사하는 데에 쾌락이 존재하듯이, "이런 권력을 회피해야 한다는 데 발끈하는 쾌락도 존재한다…… 과시, 분개, 저항의 쾌락도 존재한다"(p.45). 사회적 통제의 힘에 저항하고 분개하는 데서 오는 쾌락은 단지 프로그램의 스타일이나 외양에만 있는 것이 아니라 내러티브 내용에도 있을 수 있다. 마이애미는 전통적 자본주의의 노동 윤리에 어긋나게 쾌락이 지배하는 '가증스러운' 장소다. 이 도시는 쾌락 중심적 소비 사회의 표상이다. 도시의 파스텔조의 외양은 부분적으로는 〈힐 스트리트 블루스〉의, 이보다는 덜 하지만 〈캐그니와 레이시〉의 지저분한 도심지 외양과의 차이를 통해서 이런 쾌락을 담지한다.

소비주의는 피지배자들이 이용할 수 있는 스타일의 언어를 제공함으로써 자본주의로부터의 탈주일 수 있다는 점에서, 자본주의 상품들이 통상 담지하는 이데올로기를 거부하면서 상품을 이용할 수 있다는 점에서 쾌락을 줄 수 있다. 로스(1987)는 마이애미에서 "악덕"은 "나쁜" 소비주의라고 주장한다. 마약과 포르노는 "교환 가치의 최상의 표현이다. 왜냐하면 그것들은 사용 가치가 결여돼 있음을 숨기지 않기 때문이다." 사용 가치의 결여를 드러내는 것은 자본주의에서 '범죄'에 해당한다. 순수한 쾌락을, 순수한 낭비를 위한 상품은 상품 자체의 규범에 의문을 제기하며, 후기 자본주의가 소비주의 이데올로기를 통해 만들려는 알리바이를 깨부순다.

우리의 예에서 남성성의 상품들은 '좋은' 소비주의와 '나쁜' 소비주의 간의 마찰 지점에 있다. 그것들의 쾌락, 스타일은, 크로켓과 텁스가 그들이 통제하고자 하는 지하 세계를 드러내는 것에 가깝듯이, 나쁜 것에 가깝다. 그 대상들이 육감적으로 제시되기 때문에 이것들은 '좋은' 내러티브 기능에서 벗어난다. 텔레비전 광고를 찍는 카메라처럼, 이 드라마의 카메라는 시청자가 소비자의 역할에서 쾌락을 느끼도록 하지만, 소비되는 것은 그것들의 관능성, 의미의 결여, 효용 및 이데올로기에 대한 포스트모던적 거부다. 카메라는 '나쁜' 소비자인 것이다.

그러나 좋은 소비주의의 흔적도 남아 있다. 사용 가치의 잔여는 그것들의 기의에서 얼쩡거리며 이데올로기적 의미를 간직하고 있다. 그러나 일단 이들 의미가 성취되면 이들 이미지의 과잉은 기표의 감각성에서, 팔목에 드리워진 금사슬의 느낌에서, 목걸이를 만지작거리는 손가락의 감촉에서, 손 안의 묵직한 권총의 무게에서 찾을 수 있는 비이데올로기적 쾌락을 얻을 수 있게 해 준다. 이 세계에서 쾌락은 소비 사회의 산물이면서 동시에 그것을 따져 묻는 수단이다. 범죄적 가치들은 과잉으로 치닫는 소비주의적 가치들이지만, 실은 같은 종류다. 쾌락과 스타일이 다성성

JOHN FISKE

multivocality — 이 덕분에 상품은 누군가의 표현 수단일 수 있으며 단지 자본주의 경제의 담지체인 것만은 아니다 — 을 가능케 할 때, 선악의 경계는 흐려지고, 행동과 의미를 통제하는 지배층의 힘은 문제적인 것이 된다. 이 세계는 파편들의 세계로서 쾌락은 바로 파편화에 존재한다.

〈마이애미 바이스〉의 타이틀 시퀀스는 쾌락과 육체적 감각의 몽타주다. 대부분의 다른 프로그램들의 타이틀 시퀀스와는 다르게, 이것은 주요 인물들의 숏도, 그들의 전형적인 액션 장면도 담고 있지 않다. 대신 마이애미의 느낌과 감각을 전한다. 타이틀 시퀀스는 매주 약간씩 바뀌는데, 시퀀스의 거의 절반을 차지하는 장면은 바뀌지 않는다. 4개 숏으로 이뤄진 고정 장면은 카메라가 빠르게 바다 표면을 스쳐 지나가면서 파도와 물결이 현기증 나는 흐릿한 이미지들로 변하는 장면으로, 바다가 깊이 없는 고체의 표면인 듯한 느낌을 준다. 육체적 감각을 고양시킴으로써 마치 마약을 했을 때의 방향 상실과 같은 느낌을 준다. 부차적으로 경마와 경견, 요트와 서핑, 수영장에서 일광욕 등의 장면을 보여 주면서 놀이터로서의 마이애미를 강조한다. 그럼으로써 마이애미는 현대적이고 부유한 도시로 그려진다. 현대 자본주의의 고층 빌딩과 여러 대의 롤스로이스 같은 기득권층의 상품들이 등장한다. 이런 자본주의적 놀이터는 석양과 야자수, 홍학들이 수놓는 이국적이고 아름다운 세팅 속에 존재한다.

첫 부분에서 카메라는 빠르게 이동하지만, 편집은 늦은 페이스로 이뤄진다. 그러다 끝나기 직전 클라이맥스에 이르기까지 점점 빨라진다. 전체에 걸쳐 빠르고, 타악기가 두드러진, 전자음의 주제 음악이 흐른다. 촬영 스타일은 타이트한 클로즈업이나 현기증 나는 급강하와 선회 촬영으로 대상의 감각성과 시청자의 감각을 강조한다. 그럼으로써 타이틀 시퀀스는 시청자가 인물과 연기에 주목하기보다는 쾌락과 스타일을 찾도록 한다.

물론 이에 반해 경찰수사물이라는 장르적 구조는 이데올로기적, 내러티브적 통제를 유지하고자, 파편들을 하나의 흐름으로 모으고자 한다. 그러나 교란적 쾌락을 틀에 가두는 것은 거의 불가능하다. 내러티브가 아무리 각 에피소드를 깔끔하게 매듭지으려 할지라도 — 그럴 경우 의미, 통제, 남성적 종결 모두가 성취된다 — 스타일과 음악, 외양, 내러티브 중단은 의미 개방적, 능동적, 교란적이며, 〈마이애미 바이스〉의 쾌락으로 어른거린다.

상품화된 쾌락

상품은 양면적이고, 시장은 평행하지만 분리된 경제들[즉 금융 경제와 문화 경제]에서 의미와 돈을 순환시킨다(16장을 참조하라). 루이스(1985)는 쇼핑몰이 "마돈나처럼 되고 싶은 사람"이 자신의 스타일을 구축할 수 있도록 해 주는 상품들을 제공하는 방식을 보여 준다. 그러나 쇼핑몰은 구매만을 위한 장소가 아니다. 프레스덱Pressdec(Fiske, Hodge, & Turner, 1987에서 인용)은 살 생각은 없이 윈도 쇼핑만 하는 것을 묘사하기 위해 "프롤레타리아 쇼핑proletarian shopping"이란 용어를 사용한다. 그는 실업자 청년들이 생산자의 이윤을 위해서가 아니라 자신들의 쾌락을 위해 상품이 아닌 이미지와 공간을 소비하는 방식의 하나로 이런 행동에 몰두한다는 사실을 발견했다.

　TV 광고는 '프롤레타리아 쇼핑'에 특히 적당한 소재다. 많은 시청자들이 광고를 좋아하지만 상품은 싫어한다는 사실이 보고돼 있다. 텔레비전에 등장하는 광고의 스타일은 상당히 다양하지만, 가장 비싸고 가장 인기 있는 광고 중 상당수는 뮤직 비디오식의 광고다. 대개 이런 광고는 젊은 층을 타깃으로 삼고 패스트푸드, 소프트드링크, 젊은이 패션을 선전하는 것들이다. 이런 광고는 욕망의, 스타일의, 물질성의 감각적인 이미지들을 제공한다. 역설적으로 상품은 흔히 광고 메시지에서 최소한의 몫만을 차지하는 것 같다. 마이클 잭슨Michael Jackson의 펩시 광고와 일부 리바이스 청바지 광고는 거의 뮤직 비디오라 할 수 있다. 시청자 중 일부가 광고가 제공하는 쾌락을 구매로 전환할 때 광고주의 목적은 실현된다. 그렇지만 광고가 주는 쾌락을 즐기기만 하는 '프롤레타리아 쇼핑객'이 얼마나 되는지에 관한 통계는 나와 있지 않다. 예를 들면, 아이들은 광고 노래를 (흔히 지저분한 내용의) 새로운 가사로 바꾸어 야외에서 놀거나 떠들 때 사용하는 데 매우 창조적이다(16장을 참조하라).

그럼에도 불구하고 광고는 뮤직 비디오보다 덜 개방적인 경향이 있다. 숏들 간의 모순은 덜 충격적이고, 통합 관계적 차이는 덜 크다. 광고주의 의도는 시청자의 욕망을 끌어들여 구매 행위를 하게 하는 것이지, 그들에게 공짜 놀잇감을 주는 것이 아니다. 그래서 광고는 불가피하게 의미를 그러모으고 스타일을 압축해 넣을 수 있도록 디자인된 제품을 중심에 두고 종결을 꾀하게 된다. 그러나 광고의 높은 완성도, 이미지의 감각적인 화려함, 꽉 짜인 편집은 그 자체로 스타일로 인한 쾌락을 전달한다. 이 쾌락은 쉽게 해당 상품과 분리 가능하다.

1984년 호주에서 올해의 광고로 꼽힌 코카콜라 광고는 멋진 청년들이 해변과 바다에서 코카콜라 캔 모양의 커다란 튜브를 갖고 노는 숏들을 빠르게 연결한 것이다. 사운드트랙은 코카콜라 노래 〈코카콜라 그것뿐Coke is It〉을 소프트 팝으로 편곡한 것이었다. 화면은 온갖 즐거움으로 가득 차 있다. 젊고 멋진 몸들의 끊임없는 움직임, 구릿빛 피부에 튀는 물의 클로즈업이 주는 감각적 느낌, 플라스틱 코카콜라로 기어올라 바다로 다이빙하거나 미끄러지거나 떨어지는 육체들이 주는 흐뭇한 즐거움 등등. 젊음은 사회적 무력함, 예속, 통제를 동반하는 사회적 또는 역사적 맥락으로부터 해방된 육체적 감각이다. 코카콜라 병은 육체적 해방의 순간의 일부를 차지한다. 촬영과 편집은 콜라 병을 청년들의 몸의 일부로 만든다. 회전하는 거대한 콜라 캔에 의해 물 밖으로 끌려나오며 깔깔대는 한 소녀의 숏은 얼음 통에서 꺼내는 콜라 병으로 컷되면서 완벽한 시각적 라임을 이룬다. 거대한 콜라 캔으로부터 다이빙하는 소년의 숏은 콜라를 들어 병째 마시는 소녀의 클로즈업으로 컷된다. 다이빙하는 소년의 각도와 기운 병의 각도는 완벽하게 일치한다. 허공을 가르며 입수하는 다이빙 소년의 몸은 병에서 흘러나와 입으로 들어가는 콜라의 이동이자 감각이 된다. 사회적인 것으로부터 벗어난 허락된 자유의 공간인 해변, 이데올로기와 통제로부터의 해방인 육체, 육체성의 쾌락이 주는 즐거움, 즐거움/육체/해변으로서의 젊음, 젊음으로서의 코카콜라. 이것이 코카콜라 스타일의 수사학이며, 일상이 전도된 과잉적 감각성의 카니발이다. 〈코카콜라 그것뿐〉의 '그것It'은 이름 붙이기에 저항하는 대상이며, 현전이고 실존이며, 그러나 의미는 없는, 기의 없는 기표이며, 개성과 사회적 의미를 지니는 육체가 아니라 육체 자체가 원리인 것이다.

이런 대중적인 현란한 스타일은 카니발적인 것의 TV적 판본이다. 〈몬티 파이튼의 플라잉 서커스〉나 〈젊은이들〉 같은 프로그램에서 텔레비전은 라블레 세계의 특징인, 정상적인 것이 노골적으로 그로테스크한 것으로 전도되는 것을 보여 준다. 텔레비전의 대중적인, 포스트모던적인 스타일 위주의 특성은 스케일에서 가정적이 되고, 그 그로테스크함은 단지 나쁜 취향으로 간주돼 억압되고, 몸에 대한 관심은 표면에 대한 관심으로 변형된다. 왜냐하면 공중파 텔레비전은 먹고 마시고 섹스하는 육체적 쾌락에 지나치게 몰두할 자유를 허용치 않기 때문이다. 자아의 내면 또는 현실의 이면을 부정하고, 몸의 표면을 갖고 노는 것만을 허용한다. 그러나 이에 대한 패러디와 희화화는 여전히 존재한다. 마돈나 룩은 소비주의를 패러디하며, 〈마이애미 바이스〉 룩은 스타일을 스펙터클로 변화시킨다. 이러한 텔레비전의 스펙터클은 카니발의 그로테스크함도 아니며 — 〈록 앤 레슬링〉은 이에 근접한 것이긴 하지만 — 영화의 파노라마 같은 스펙터클도 아니다. 그것은 길거리 수준의 스펙터클로서 인간의 몸에, 또는 그 몸 주위에 위치한다. 그것은 멀비식의 힘을 담지한, 지배하는 영화적 시선이 아니라 동등한 자들 간의 시선을 끌어들인다. 왜냐하면 보는 자가 스펙터클에 참여하며, 보는 자가 보여지는 자가 될 수 있기 때문이다. 그래서 스펙터클의 대상은 시선의 힘에 예속되지 않는다. 대신 자신을 공적인 아이콘으로 구성하는 데 있어서 그 대상은 보는 행위의 쾌락을 초대하고 통제하며, 그것에 참여한다. '본다look'란 말의 양가성은 보여지는 '룩[외양]'과 보는 행위를 하는 '룩[시선]' 간의 유사성을 가리킨다. 텔레비전 스타일의 카니발에서 '룩'의 쾌락은 두 가지 모두다. 그 시선은 참여적이며, 응시의 대상과 주체 간의 힘의 차이를 없애 버린다. 그것은 피지배자들의 힘을 북돋아 주는 쾌락을 산출한다.

14장

퀴즈의 쾌락

미국 텔레비전은 주로 황금 시간대가 아닌 낮 시간대에 300편 이상의 다양한 퀴즈 프로그램과 게임 프로그램을 방송해 왔다. 이 중 한두 편은 황금 시간대에 진입해 대부분의 서방 국가에서 상위 시청률을 기록하곤 했다. 퀴즈 및 게임 프로그램은 주요 TV 장르로서 라디오에, 더 거슬러 올라가면 파티와 지역 사회 행사에 뿌리를 두고 있다. 이들 장르는 구술 문화에 기반을 두고 있기 때문에 활기 넘치고 시청자와 강한 상호 작용적 관계를 형성하며, 동시에 경시되고 저평가된 형식 중 하나다. 왜냐하면 텔레비전 비평의 상당수는 문학에 기반을 두고 있어서 가장 문학적인 것으로 보이는 텔레비전 형식을 중시해 왔기 때문이다. 앞으로 살펴보겠지만, 퀴즈 프로그램의 배후에는 내러티브 구조가 존재할지라도 그 기본 구조는 게임과 의례라는 비문학적 형식에서 찾아 볼 수 있다.

게임과 의례

레비스트로스는 게임과 의례를 구분한다. 그에 따르면, 게임은 참여자들이 동등한 지점에서 출발해 끝날 때는 승자와 패자가 갈리는 문화적 형식으로 정의되며, 의례는 차이를 지닌 집단들에게 이질성을 잊게 하는 공동체적 의미나 정체성을 제공한다. 게임은 유사성에서 차이로 이동하는 반면, 의례는 차이에서 유사성으로 이동한다.

퀴즈 프로그램은, 비록 특히 그 시작과 끝 즈음에 중요한 의례가 존재하지만, 기본적으로 게임이다. 그래서 〈세기의 세일*Sale of the Century*〉●은 의례-게임-의례의 구조를 지니고 있다. 프로그램이 시작될 때 참가자들이 소개되고 개인적 차이 — 이름, 가정 환경, 직업, 때로는 개인적 선호나 취미, 꿈 — 가 의례적으로 제시된다. 이를 통해 참가자들은 차이를 지닌 개인들에서 동등한 경쟁자로 바뀐다. 이런 세부 사항들이 제시될 때 공통적으로 적용되는 형식은 각자의 개인적 차이를 압도한다. 이렇게 동등성이 테스트되고 능력이 아닌 기회의 평등이 존재한다는 것이 확인되면, 게임이 시작된다. 이후 점차 [능력의] 불평등함이 드러나면서 승자가 정해진다. 그러면 우승자에게는 사회적 권력의 보유자 — 사회자 — 와 평등성을 함축하는 의례가 부여된다. 사회자는 우승자의 손을 잡고 상품, 즉 의례적 축하의 물품들이 물신적 화려함을 뽐내며 전시돼 있는 스튜디오 건너편으로 그를 데려가는 것이다.

이런 의례-게임-의례 구조가 자본주의 이데올로기의 상연이란 점을 눈치 채기란 어렵지 않다. 개인들은 서로 다르지만 기회에서는 동등한 경쟁자로 구성된다. 점차 타고난 자연적 능력의 차이가 드러나고, '자연적으로' 물질적, 경제적 이득을 가져다주는 사회적 권력의 영역으로의 상향 이동이 [우승자에게] 보상으로 주어진다. 내가 이전에 주장했듯이(Fiske,

● 1969년 이후 세계 여러 나라에서 방송되고 있는 퀴즈 프로그램이다. 1980~2001년 호주에서 큰 인기를 끌었으며, 미국에서는 2007~2008년 〈템테이션*Temptation*〉이란 제목으로 방송된 바 있다.

1983) 퀴즈 프로그램의 구조는 서구 사회의 교육 제도를 재생산한다. 이 제도에서는 모든 학생들이 동등한 위치에서 출발한다(고 가정된다). 타고난 능력이 있는 학생은 차별화 테스트(시험)를 계속 통과해서 고소득 직업에, 사회적 권력과 영향력을 지니는 위치에 적합한 — 이런 가정에 따르면, 본성상 — 최적격의 소수로 부상한다. 그런 이데올로기와, 의례/게임을 통한 그 이데올로기의 수행performance은 사회적 또는 계급적 차이를 개인들의 자연적 차이에 근거한 것으로 여기게 한다. 그럼으로써 계급 제도를 자연화한다.

부르디외(1980)는 문화 자본에 관한 이론에서 그러한 이데올로기적 구성체들에 의해 가려지는 모순들을 폭로한 바 있다. 부르디외에게 있어서 문화의 사회적 역할은 사람들을 분류해서 층별로 나뉜 사회를 뒷받침하는 것이다. 그는 문화 자본의 개념을 도입한다. 문화 자본은 차별화하는 취향과 권력을 가진 사람들이 소유한 것이다. 차별화와 취향은 모두 겉보기엔 개인의 타고난 능력으로 보이지만, 실제로는 특정한 계급 및 교육 제도의 산물이다. 부르디외에 따르면, 문화, 그리고 문화에 필수적인 앎은 경제를 대체하여 계급 분별의 수단이 되고 있다. 피지배 계급의 상당수가 비교적 풍요를 누리는 후기 자본주의에서 돈은 계급 차이를 숨기는 능력을 상실하고, 문화가 그 역할을 하게 된다.

부르디외에게 있어서 교육 제도는 문화 전파를 담당하는 핵심 대행자다. 그것은 분류 과정을 중심으로 구조화돼 있다. 이 과정은 아주 효율적인데, 교육은 선입견 없고 중립적이라는, 그래서 모든 사람에게 동일한 기회를 제공한다는 널리 받아들여지는 믿음 아래 분류가 진행되기 때문이다. 교육은 각 개인의 타고난 재능을 측정하고 계발하는 척하지만, 실제로는 중산층의 가치를 촉진하고 중산층 학생들을 대접한다. 그럼으로써 사회 분화는 개인적 차이의 개념으로 대체되고, 그 개념에 의해 자연화된다. "시험지 앞에서는 모두가 평등하다"는 말은 "민주적 자본주의에서는 모두가 동등한 기회를 갖는다"는 주장만큼이나 널리 신봉되지만, 사회적 경험을 잘못 대변하는 것이다. 경제 자본과 마찬가지로 문화 자본은 모두가 소유할 수 있는 것으로 제시되지만, 실제로는 계급 권력을 가진 자들만 한정적으로 가질 수 있다.

지식과 권력

퀴즈 프로그램은 부르디외가 문화가 작동하는 방식이라고 주장한, 즉 승자를 패자와 분리하고 분류를 개인적 또는 자연적 차이에 기인하는 것으로 여기도록 하는 방식으로 지식을 이용한다. 그러나 퀴즈 프로그램에 나오는 지식은 장르 전반에 걸쳐 다양하기 때문에 우리는 이를 범주화하고 앎들knowledges이라는 일반적 개념과 관련지어 살필 필요가 있다.

　권력과 문화 자본의 개념과 가장 밀접하게 관련되는 앎의 유형은 〈세기의 세일〉과 같은 프로그램에서 사용되는 '사실적,' '학술적' 지식이다. 이런 지식은 경험적 기반을 갖고 있는데, 그것의 '사실성facticity'은 그 지식이 사회 권력 제도에 근거를 두고 있으며 그 제도를 유지한다는 점을 은폐한다. 그것은 참고서와 사전, 백과사전에 담겨 있으며, 〈매스터마인드Mastermind〉● 같은 프로그램에서 가장 엘리트주의적 형태로 나타난다. 〈매스터마인드〉에서 참가자들은 우선 자신이 선택한 전문 분야에 관한, 그 뒤 좀 더 일반적인 지식에 관한 문제를 접하게 된다. 전문 분야는 전통적으로 학술 분야(예컨대 1890~1904년의 영국 문학)에서부터 유별난 분야(예컨대 1880년대 영국의 증기 기관)에 이르기까지 다양하며, 프로그램 분위기는

● 1972년부터 영국 BBC를 통해 방송되고 있는 퀴즈 프로그램이다. 기획자 빌 라이트는 2차 세계 대전 당시 게슈타포에게 심문당했던 경험에서 영감을 얻었다고 한다.

마치 시험장처럼 자못 긴장되고 조용하고 엄숙하다. 이 프로그램의 영국 판은 대개 대학에서 현장 녹화를 한다. 호주판에서 스튜디오 세트는 마 찬가지로 숨죽인 듯한 존경의 분위기를 표현한다. 〈세기의 세일〉, 〈포드 슈퍼 퀴즈*Ford Super Quiz*〉,● 〈제퍼디*Jeopardy*〉●●의 경우 출제 문제가 일반 적인 지식 유형에 가까워 학교 교육과 연관이 덜 하지만, 그 형식은 학교 시험과 마찬가지로 도전을 허용치 않는 권위를 유지한다. 그러나 여기서 지식은 예능의 재미나 재치, 흥분과 뒤섞인다. 프로그램을 다양한 독해 위치에서 독해할 수 있도록 허용하는 모순들 덕분에 카니발적인 흥분과 쾌락은 지식 및 교실의 규율과 결합된다.

프로그램의 스타 진행자 — 예외 없이 남성이다 — 는 스스로가 이 러한 모순들을 지니고 있는 존재다. 그는 프로그램의 진정한 MC이며 엄 격한 (그러나 공정한) 교장 - 시험관이다. 두 역할은 모두 통제하는 역할이지 만, 각기 다른 문화 영역으로부터 유래한다. MC 역할은 스튜디오와 가정 시청자를 향하는 것인 반면, 교장 역할은 참가자를 향한 것이다. 이 역할 에서 그는 지식의 공적 수호자로서 지식에 접근을 통제하며, 자신이 보유 하고 있는 지식을 경쟁자들과 게임 진행을 통제하는 수단으로 이용한다. 그럼으로써 그는 의례에서의 고위 성직자와 같은 힘을 갖는다.

사실적 지식 중에는 덜 학술적이고 더 일상적인 유형의 지식도 있다. 〈새 가격이 맞습니다*The New Price Is Right*〉와 같은 프로그램은 가정용품 과 소비 상품의 가격에 대한 일상적인 지식을 테스트한다. 다양한 상품 들의 가격을 가장 잘 아는 사람이 우승자가 된다. 이와 비슷하게 〈운명의 수레바퀴*Wheel of Fortune*〉●●●는 단어와 속담에 대한 일반적인 지식을 갖

● 1981~1982년 호주에서 방송된 퀴즈 프로그램이다.
●● 1964년부터 방송되고 있는 미국의 인기 퀴즈 프로그램이다.

고 겨룬다. 이 프로그램은 '교수형 집행인Hangman'이라는 전통적인 실내
게임에 기반을 두고 있다. 이런 유형의 지식은 학교 교육이나 독서를 통해
서라기보다 통상적인 사회 경험과 상호 작용을 통해 얻어진다. 그래서 다
양한 부류의 사람들이 접근할 수 있다. 그 성격에서 엘리트주의적이라기
보다 민주적이다.

그러나 전혀 다른 유형의 퀴즈 프로그램을 가능하게 하는 전혀 다른
범주의 지식도 있다. 이것은 사실의 세계가 아니라 인간적인, 또는 사회적
인 것에서 찾아볼 수 있는 지식이다. 이것은 절대적으로 맞고 틀린 답이
있을 수 없으므로 엘리트만이 소유하고 간직할 수 있는 것이 아니다. 대
신 이것은 일반적인 사람들 또는 특정한 개인을 이해하는, 또는 '꿰뚫어
보는' 능력에 좌우된다.

일반적인 사람에 대한 이해를 테스트하는 프로그램으로는 〈패밀리
퓨드〉• 같은 것이 있다. 여기서는 사회 규범을 잘 예측하는, 대부분의 사
람들이 생각하는 바를 가장 잘 맞히는 가족이 우승자가 된다. 문제는 다
음과 같은 형태로 주어진다. "우리는 100명의 응답자들에게 아침에 일
찍 일어나야 하는 직업이 무엇인지를 물었습니다. 응답자들은 무엇이라
고 답했을까요?" 참가자들은 자신들의 답변이 조사로 드러나는 규범들
에 얼마나 가까운지에 따라 점수를 얻는다. 사회적 합의를 가장 정확히
예측하는 사람이 최종적으로 우승자가 된다. 역설적으로 우승자는 가장
일반적인 사람인 것이다. 밀스와 라이스(Mills & Rice, 1982)에 따르면, 이런
유형의 지식은 엘리트적 지식과 정치적으로 대립하는 것으로, 좀 더 민
주적이며 분열을 덜 조장한다. 이것은 '그들의' 문화 자본에 덜 의존하며,

●●● 1975년부터 방송되고 있는 미국의 인기 퀴즈 프로그램으로, 수십 개국에서 유사한
포맷의 프로그램이 방송되고 있다.
● 1976년부터 방송되고 있는 미국 TV 퀴즈 프로그램이다.

JOHN FISKE

'우리의' 문화적 경험에 더 의존한다. 그리고 이런 지식을 얻을 수 있게 해주는 기술은 공식적 교육을 통한 지능과 기억의 기술이 아니라, 사회 경험에 의해 계발되는 인간적 기술이며, 인간 이해의 기술이다.

〈패밀리 퓨드〉와 〈플레이 유어 카즈 라이트*Play Your Cards Right*〉— 역시 이런 유형의 지식을 다루는 퀴즈 프로그램이다 — 에는 개인이 아니라 가족이나 부부가 참가한다. 왜냐하면 이런 '민주적인' 사회적 지식은 사실적인 엘리트적 지식에 비해 개인주의와는 덜 어울리기 때문이다.

그런데 이런 프로그램에서도 좀 더 개인주의적인 변형이 가능하다. 특정한 개인에 대한 통찰이나 지식을 테스트하는 경우다. 이런 유형의 프로그램으로는 〈미스터 앤드 미시즈*Mr and Mrs*〉, 〈신혼 게임*The Newlywed Game*〉, 〈블랭키티 블랭크*Blankety Blank*〉, 〈퍼펙트 매치*Perfect Match*〉가 있다. 〈미스터 앤드 미시즈〉나 〈신혼 게임〉은 한 배우자가 여러 문제에 대해 답한 뒤 방음 부스에 있는 다른 배우자가 그 답이 무엇이었는지를 알아맞히는 방식이다. 배우자의 답변을 추론하는 능력을 비교해서 배우자에 대해 가장 잘 '아는' 커플이 우승자가 된다. 〈블랭키티 블랭크〉에서 참가자들은 유명인 패널들이 주어진 단어나 어구로부터 연상한 단어가 무엇인지를 추측한다. 우승자는 가장 많은 패널들이 선택한 단어를 맞히는 사람이 된다. 〈데이팅 게임*The Dating Game*〉에서는 참가자는 보이지 않는 이성 세 명에게 질문을 던져 답변을 듣고 이들 중에서 데이트 상대를 골라야 한다. 데이트가 성사된 사람이 '승자'가 되어 모든 비용이 무료인 여행이나 데이트를 갖게 된다. 〈퍼펙트 매치〉는 좀 더 복잡하다. 세 가지 지식이 동시에 필요하기 때문이다. 우선 자신의 '완벽한 짝'을 선택하는 참가자의 직관적, 개인적 지식이나 기술이 과학적 원리와 데이터에 따라 '진짜' 완벽한 짝을 선택하는 컴퓨터의 좀 더 과학적이고 경험적인 지식과 비교된다. 만약 과학적 지식과 인간적 지식이 일치하면, 즉 컴퓨터가 참가자와 같은 선택을 하면, 이중으로 타당한 선택을 한 커플에게 추가 상품이

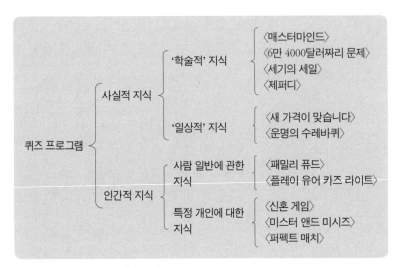

그림 14-1 퀴즈 프로그램의 위계

주어진다. 이런 식으로 두 종류의 지식 — 과학적 지식과 인간적·직관적 지식 — 이 경험의 테스트를 받는 것이다. 커플 중 절반은 다음 회에 출연해 어떻게 여행을 다녀왔는지에 대해 말한다. 실제 경험이란 지식이 서로 다른 두 종류의 지식에, 흔히 그런 지식에 대비되어, 추가되는 것이다.

이제 우리는 테스트되는 지식의 유형과 그 지식이 사회적 권력과 맺는 관계에 따라 퀴즈 프로그램을 그림 14-1처럼 범주화해 볼 수 있다. 이를 통해 퀴즈 프로그램의 위계가 생겨난다. 상단에 있는 것들은 학술적 또는 전문적 지식을 요구하거나(〈매스터마인드〉, 〈6만 4000달러짜리 문제 *$64,000 Question*〉) 이를 좀 더 '일반적 지식'으로 대중화한 것이다(〈세기의 세일〉, 〈제퍼디〉). 이 범주는 게임 형식에서 학생, 선생, 시험, 보상의 학교 제도를 재생산한다. 이 점은 아래서 좀 더 상세히 다룰 것이다. 이들 프로그램은 황금 시간대에 방송되고 남성들이 더 많이 시청하고 참여하는 경향을 보인다.

위계의 아랫 부분에 있는 프로그램들은 낮 시간대나 늦은 오후에 방송되는 경향이 있고, 주로 여성이나 여성 및 아이들이 주 시청자다. '지식'이 좀 더 민주화함에 따라 사회 권력을 별로 갖지 못한 사람들을 시청 대상으로 삼는 퀴즈 프로그램들이 인기를 얻고 있다.

운

어떤 지식을 겨루든 모든 퀴즈 프로그램에는 운luck의 요소가 존재한다. 〈상자를 골라라Pick a Box〉와 같은 프로그램에서 운은 프로그램의 추동력이다. 〈플레이 유어 카즈 라이트〉 같은 다른 프로그램에서는 확률의 법칙이 참가자의 '운 좋을' 기회를 늘려 주기 위해 동원될 수 있다. 이 프로그램은 안 보이는 카드가 드러난 카드보다 높은지 낮은지를 추측하는 게임이다. 〈매스터마인드〉와 같은 프로그램에서 운은 각 참가자가 자신의 '전문' 분야 주제를 택하는 정도로 최소한으로 작용할 뿐이다. 이 프로그램의 후반부에서 얼마간 이색적이긴 해도 일반적인 지식을 겨룰 때는 운이 좀 더 큰 역할을 한다.

운은 흔히 도박과 관련된다. 참가자들은 좀 더 많은 점수나 돈을 따기 위해 이미 획득한 것을 건다. 〈세기의 세일〉에서는 '운' 부분에서 획득한 돈이 '지식' 부분에서 딴 돈보다 많아서 최종 우승자는 가장 똑똑한 사람이 아니라 가장 운 좋은 사람인 경우도 있다.

경쟁적이면서 민주적인 사회의 헤게모니 구조에서 운은 긴요한 역할을 한다. 그런 사회의 구조는 필연적으로 위계적이고 엘리트주의적이어서, 맨 밑에 대중이 있고 소수만이 꼭대기에 위치하는 피라미드 구조를 지닌다. 하지만 지배 이데올로기는 모든 사람이 계급 제도, 경제 제도, 권력 제도를 통해 신분 상승할 기회를 갖는다고 주장한다. 모든 자에게 동등한 기회라는 이런 이데올로기를 내세워 사회 제도가 교육 제도를 재생산하고, 그럼으로써 재능을 타고난 사람들은 구조를 통해 신분 상승할 것이고, 이로 인한 계급 구분은 다른 조건은 평등한 개인들 간의 '타고난' 재능의 불평등한 분배 때문에 생기는 것이라는 논리로 불평등을 공정한 것으로 제시하는 것은 놀라운 일이 아니다. 물론 이것의 논리적 귀결은 (정의상 다수일 수밖에 없는) 신분 상승하지 못한 사람들은 그들 자신의 '타고난' 결핍 때문에 그러지 못하였다는 것이다. 운은 이런 판단의 가혹함을 완화하는 방향으로 작용한다. 왜냐하면 운은 성공 또는 실패에 대해 이데올로기적으로 수긍할 만한 설명 — 그는 나보다 더 똑똑해서가 아니라 운이 좋아서 성공한 것이라는 식의 — 을 제공하기 때문이다. 부라는 물질적 보상과 그런 보상을 추구할 모든 사람의 권리를 찬미하는, 그러나 [사회적] 소수자가 그런 보상을 획득할 기회는 제한하는 사회에서 도박의 매력, 운으로 돈을 딸 수 있다는 생각의 매력은 거부하기 힘들다.

운의 헤게모니적 기능은 단지 개인적인 실패의 느낌을 최소화하는 것만이 아니다. 이보다 더 중요한 것은 재능이나 계급, 젠더, 인종 등에 상관없이 모든 사람이 제도의 보상을 받을 수 있음을 실제로 보여 주는 것이다. '빈털터리에서 부자가 된' 사람들의 얘기는 자본주의 사회에서 강력한 힘을 발휘하는 신화로서 많은 스포츠 및 연예계 스타들의, 그리고 리 아이아코카Lee Iacocca● 같은 기업 스타들의 스토리에서 두드러지게 드러나는 것인데, 이런 스토리에서 노력과 운은 상호 의존적이다. 노력과 헌신은 대부분의 '타고난' 재능을 지닌 사람들이 적절할 때 적절한 장소에 있었던 운, 재능을 꽃피울 기회를 제공해 줄 적절한 사람과 우연히 만나게 되는 운에 좌우될 수밖에 없는 것이다.

● 리 아이아코카(1924~)는 미국의 기업가로 자동차 업체 크라이슬러를 회생시킨 CEO로 유명하다.

미국판 〈운명의 수레바퀴〉의 사회자인 배나 화이트Vanna White는 이런 신화의 구체적 사례다. 1986년 그녀는 갑자기 유명 인사로 떠올라 〈뉴스위크Newsweek〉 표지에 등장하기에 이른다. 〈뉴스위크〉 기사와 기타 2차 텍스트들은 그녀가 우리 이데올로기에서 운이 차지하는 역할을 실증해 주는 살아 있는 예임을 입증하는 전기적 정보를 시청자들에게 제공해 주었다. 이들 기사에 따르면, 그녀의 아버지는 술주정뱅이에 가정 폭력을 일삼는 푸에르토리코 출신이었는데, 그녀가 어릴 때 어머니와 이혼했다. 이렇게 사회적으로 어려운 처지에서 출발해 그녀는 숱한 모델 일을 했으나 별로 빛을 보지 못했다. 그러다 그녀는 할리우드 진출에 운을 걸어 보기로 하고 〈운명의 수레바퀴〉 사회자 오디션에 참여함으로써, 하루아침에 아무도 알아보지 못하던 모델에서 유명 인사가 되었다. 2차 텍스트들은 일관되게 그녀의 출발은 '평범했지만' 현재는 성공한 사람의 라이프스타일을 사는 스타가 되었음을 강조했다. 그녀의 스토리는 그녀의 퀴즈 프로그램이 상징적으로 제공하는 '포춘fortune' — 이 말의 두 가지 의미인 '운'과 '부' — 이 '실제' 펼쳐진 것이라 할 수 있다. 배나 화이트는 이런 포춘이 모든 사람에게 (약간의 운이 따른다면) 가능하다는 증거다.

호이징아(1949)는 게임은 우연과 규칙 간의, 예측 불가능한 것과 예측 가능한 것 간의, 통제할 수 없는 것과 통제할 수 있는 것 간의 긴장을 구조화한다고 말한다. 아이들 및 시청자들이 하는 게임은 불가피하게 운이 중심적 위치를 차지한다는 점에서 일과 경제의 세계와 동일한 사회 제도의 일부다.

지식이 권력, 영향력, 물질적 보상을 획득하는 사회적으로 합당한 길일 수 있지만, 운은 경쟁 체제가 빚어내는 엘리트주의 — 이는 불평등한 분배를 만들어 내고 불평등의 존재를 입증한다 — 에 민주적인 부재 증명을 제공한다. 그러나 부재 증명은 단지 헤게모니에 유리하게 기능하는 것만은 아닐 수 있다. 퀴즈 프로그램의 장르적 특성들은 분명히 자본주의 및 가부장제 이데올로기를 효율적으로 전달할 수 있다. 하지만 이들 특성은 다른 방식으로 접합되어 덜 순응적인 쾌락과 의미를 제공할 수 있다.

상품

시상품으로는 대개 소비재나 외국 여행, 크루즈 여행 같은 서비스가 주어진다. 때로는 상금이 주어지고, 때로는 보상이 공적 존경과 영광인 경우도 있다. 예를 들면, 〈매스터마인드〉는 매회 우승자에게 상품이나 상금을 주지 않고, 최종 우승자에게 점잖은 골동품이나 예술품을 준다. 여타 텔레비전 프로그램들과 마찬가지로 퀴즈 프로그램 배후의 상업적 목적 때문에 스폰서들은 자신들의 상품이 수백만 시청자들에게 노출되기를 원한다. 그들에게 퀴즈 프로그램은 가장 값싸게 먹히는 광고일 수 있다. 그들은 또 자신들을 '광고주'가 아닌 '후원사'로 제시하는 보너스를 누린다. 퀴즈 프로그램은 종종 물질주의를 장려하고 시청자, 특히 주부 시청자를 소비자로 위치시킨다는 비판을 받아 왔다. 퀴즈 프로그램이 그렇다는 점에는 의심의 여지가 없다. [프로그램에서] 상품을 매혹적으로 보이게 하고 [우승자가 결정됐을 때] 우승자와 방청객들이 열광적 흥분 상태(거의 주이상스!)를 보이는 것에서 알 수 있다. 많은 퀴즈 프로그램에서 상품이 주목의 초점이 되고, 카메라가 환한 조명 아래 번쩍이는 상품을 보여 주는 것이 시각적 클라이맥스를 이루는 것은 일리가 있다.

데이비스(1983)는 이를 더 밀고 나간다. 호주판 〈세기의 세일〉 오프닝 시퀀스에 대한 상세한 분석을 통해 그는 우승 상품인 자동차의 재현이 어떻게 시청자들의 잠재의식에 작용할 수 있는지를 보여 준다. 단 위에 놓인 자동차는 번득이는 불빛에 둘러싸인 채 빙글빙글 회전하고, 카메라는 라디에이터 망이 클로즈업으로 잡힐 때까지 서서히가 아니라 일련의 점프 컷을 통해 자동차를 줌 인한다. 이 시퀀스에서는 드럼 소리와 열렬한 박수 소리가 들리고, 데이비스에 따르면, 그 효과는 잠재의식적 인지에 의해 강화된다. 3.6초짜리 시퀀스에서 11번에 이르는 각각의 점프 컷은 3분의 1초 또는 8프레임씩이다. 초당 3개 숏을 편집한 것은 뇌에 생리적으로 작용하는 스트로보 효과stroboscopic effect●를 낼 수 있는 빈도다.

광고와 마찬가지로 퀴즈 프로그램은 의심할 바 없이 상품 자본주의의 일부이며, 광고와 비슷한 여러 가지 문화 전략을 사용한다. 예를 들면, 글래머 모델이 상품을 보여 줌으로써 상품을 섹슈얼리티와 연관시킨다. 이를 통해 구매 행위를 성적 욕망 및 충족과 관련시킨다. 섹슈얼리티의 영역을 경제 영역과 연결짓는 것은 우리 사회에서 흔히 볼 수 있는 수법이다. 〈댈러스〉 같은 드라마는 프로그램 내에서 경제력과 성적 권력 및 매력을 등치시킨다는 점에서 광고와 별반 다르지 않다. 성적 경쟁은 적자생존에 대한 다윈식의 설명과 함께 경제적 경쟁을 자연화하는 데 쉽사리 이용된다. 아름다운 여성 또는 남성이 '당연히' 욕망의 대상이 된다는 생각은 아름다운 여성/남성이 연상시키는 상품이 자본주의적 욕망의 대상이 될 만하다는 것의 메타포다. 성적 욕망의 대상이 되는 사람은 상품으로 대상화되어 둘은 동시에 구매되거나 획득된다. 그러나 퀴즈 프로그램의 주요 특징들을 결정하는 제작자의 동기가 시청자들이 그 특징들을 독해하거나 사용하는 방식까지 필연적으로 결정하는 것은 아니다.

● 피사체의 지속적 운동이 짧거나 단속적인 정지 영상들로 재현될 때 일어나는 이상한 시각 현상이다. 전진하는 차량의 바퀴가 돌지 않거나 뒤로 돌고 있는 것처럼 보이는 현상이 한 예다.

능동적 시청자

먼저 지적해야 할 점은 퀴즈 프로그램은 특히 능동적인, 참여적인 시청자를 생산한다는 점이다. 퀴즈 프로그램의 미니 내러티브는 수수께끼를 제시하고 해결하는 해석적 코드를 중심으로 구조가 형성된다. 그러나 전형적인 내러티브와는 달리, 퀴즈 프로그램은 픽션의 상연이 아니라 라이브 이벤트로 제시된다. 제작자는 모든 프로그램이 사전 녹화된 것이라는 사실을 감추려고 온갖 노력을 기울인다. 보통 한 번 녹화할 때 5~6회를 한꺼번에 한다. 퀴즈 프로그램의 '라이브성' 또는 '현재성'은 프로그램의 핵심적 매력 포인트다. 왜냐하면 그것은 시청자를 내러티브 내의 인물들과 같은 입장에 위치시키기 때문이다. 여기서 내러티브는 미리 정해진 것이 아닌 듯하고, 해결은 시청자들이 그렇듯이 출연자들도 알 수 없는 것이다. 그래서 텍스트는 그 자체의 권위를 별로 갖지 않는다. '지금' 일어나고 있는 '미리 정해지지 않은' 내러티브에서 서스펜스는 소설이나 영화의 경우처럼 만들어 낸 것이거나 권위적으로 통제되는 것이 아니라 실제적인 것처럼 보인다. 그러므로 독해자의 몰입은 더 커진다. 숩 오페라의 시청자와 마찬가지로, 퀴즈 프로그램의 시청자는 그 정해지지 않은 특성, 즉 인물 및 시청자 모두가 동등한 시간대에 있어 동일한 현재와 미래를 겪는 듯한 느낌을 갖게 되어 텍스트에 대해 능동적인 입장에 놓이게 된다.

따라서 시청자들은 참가자들과 경쟁하도록, 그리고 〈퍼펙트 매치〉의 경우 경쟁자들에 대해 자신의 통찰을 적용하도록, 숩 오페라에서 시청자가 실제 방송되는 것과 대비해 자신의 '대본'을 테스트하는 것과 매우 유사하게 컴퓨터의 지식 및 '실제' 경험의 지식과 대비해 자신의 인간적 지식을 테스트하도록 부추겨진다.

그러나 시청자의 능동성은 그 자체로 시청자가 퀴즈 프로그램의 상업적 기능을 회피하거나 그것에 저항할 수 있다는 증거는 아니다. 무엇보

JOHN FISKE

다도 광고주도 능동적인 시청자를 원한다. 그런 시청자들이야말로 자신들의 제품 이미지를 자신의 상상 속으로 가장 효과적으로 통합하는 사람들이기 때문이다. 예를 들면, 윌리엄슨(1978)은 많은 광고가 독해자들이 풀도록, 그럼으로써 제품의 의미 창출에 능동적으로 개입하도록 하기 위해 말장난이나 수수께끼를 포함한다는 점을 보여 주었다. 이 경우 시청자의 활동은 광고주에 의해 가능한 한 신중하게 통제되지만, 통제의 효율성은 매우 제한적일 수밖에 없다. 기지 넘치거나 말장난을 담은 광고에서 쾌락을 느끼는 시청자들이 그런 쾌락을 실제 상품 구매로 연결짓는 시청자들보다 더 많다. 수백만의 시청자들이 광고가 선전하는 상품을 결코 사지 않을 테지만, 광고를 보고 독해하고 즐긴다.

예를 들면, 아이들은 CM송을 종종 가사를 바꿔서 자신들의 게임에 이용한다. 어린이 문화에 통합되면, CM송은 본래의 상업적 의미를 거의 지니지 못한다. 아마도 〈리틀 잭 호너〉나 〈조지 포지〉와 같은 전래 동요가 본래의 역사적, 정치적 의미를 거의 유지하지 못하고 있는 것만큼이나 그럴 것이다. 한 텍스트가 의미 협상의 과정에서 아무리 강력한 힘을 지닌다 하라도, 텍스트의 기원이 그것의 수용 양식을 보증하지도 결정하지도 못한다. 퀴즈 프로그램의 쾌락에 동참하는 시청자들이 필연적으로 소비주의 이데올로기에 포섭되는 것은 아닌 것이다.

퀴즈 프로그램을 접합하기

여기서 홀(1986)의 접합 이론theory of articulation이 생산적으로 적용될 수 있다. 접합이란 단어는 두 가지 의미를 갖고 있는데, 홀은 두 가지 의미를 동등하게 또 상호 의존적으로 사용한다. 그중 한 의미에서 접합한다는 것은 말하는 것이고 '말하기'다. 이것은 필연적으로 '응답'을 야기한다는 점을 기억해야 한다. 이처럼 접합은 양방향 과정이다. 그러므로 퀴즈 프로그램은 제작자의 목소리를 전한다는 점에서 소비주의를 접합할(말할) 수 있지만, 또한 아래에서 다룰 테지만, 그것은 소비자의 이해관계를 담는 악센트로 소비주의에 대한 응답을 접합하는(말하는) 것일 수 있다.

그러나 접합한다는 것은 또 경첩 또는 세미트레일러라고 하는 대형 트레일러articulated lorry의 경우처럼 유연하게 움직일 수 있는 접촉 지점과 연결하는 것을 의미하기도 한다. 접합의 첫 번째 의미는 우리의 주의를 텍스트로, 텍스트의 생산과 수용으로 이끌고, 두 번째 의미는 우리에게 텍스트(또는 그 한 예로서 게임)가 다른 문화 영역과 연결되는 방식을 살펴볼 것을 요구한다. 그래서 MTV가 음반 산업 및 음악 산업과 접합될 때 그 의미는 상업적이고 경제적이지만, 청년 문화, 때로는 마약 하위 문화의 영역과 접합될 때 MTV의 현란하고 스쳐지나가는 소비주의적 이미지들은 대항 또는 회피의 의미를 접합할(말할) 수 있다.

접합의 의미들은 상호 침투한다. 왜냐하면 말은 항상 타자들과 관련되는 문화 영역에서 발생하기 때문이다. 말은 결코 맥락으로부터 자유롭지 않다. 홀의 이론은 동일한 말이 상이한 영역과 접합되면 아주 다른 의미를 띠게 되고 아주 다른 사회적, 정치적 이해에 봉사하게 될 수 있다는 점을 상기시킨다. 퀴즈 프로그램의 '다중 접합multiple articulation'은 그 텍스트의 개방성 ─ '정해져 있지 않음;' 과잉과 메타포의 이용 ─ 의 기능이자, 동시에 프로그램이 다른 문화 영역들, 특히 학교, 가족, 쇼핑, 여가, 사회관계 영역과의 관계 속에서 독해되는 방식의 기능이다.

퀴즈 프로그램은 다양한 방식으로 학교와 접합한다. 매퀘일, 블룸러, 브라운(1972)은 더 좋은 교육을 받았을 가능성이 큰 사회 경제적 상위 집단 시청자들이 자신들의 '학술적' 지식을 체크하고 테스트하기 위해 퀴즈 프로그램을 이용한다는 사실을 발견했다. 반면 공식 교육을 덜 받았을 가능성이 큰 사회 경제적 하위 집단 시청자들은 퀴즈 프로그램을 자

JOHN FISKE

신들이 참가자들만큼 똑똑하다는 것, 그리고 자신들의 공식적 학업 성적이 능력의 진짜 지표가 아니라는 점을 스스로에게 '입증하기' 위해서 이용한다.

어떤 사람들은 "내가 저 프로그램에 나갔으면 더 잘했을 거야" 또는 "나도 전문가 못지않네"라는 반응을 보이며 퀴즈 프로그램을 자기 평가의 기반으로 이용한다. 이런 자기 평가는 흔히 교육 제도에서는 얻을 수 없었던 자존감을 부여한다. "나는 생각했던 것보다 더 많이 알고 있네"라든가 "내가 전보다 나아진 것 같아"라는 반응이 그런 경우다.

호주 학생들에게 〈세기의 세일〉이 인기 있었던 데는 그것이 학교와 관계를 은유하고 있는 점도 작용했을 것이다. 〈세기의 세일〉과 〈죄수〉는 1983년 호주 학생들에게 가장 인기 있었던 TV 프로그램이다. 이 프로그램은 학교에서 '실패한' 학생들에게 상징적 성공을 허용하는, 학교 제도의 메타포적 변형을 제공한다. 모든 메타포가 그렇듯이 재현과 지시 대상 간의 관계는 유사성과 차이의 상호 작용에 의해 정해진다. 양자 간의 유사성은 명백하다. 그러나 양자 간의 차이도 프로그램의 인기 여부에 마찬가지로 중요하다. 예를 들면, 학교 제도는 열심히 공부하면 좋은 직업을 얻게 될 것이고 이는 '좋은 삶'을 가져다준다고 약속함으로써 학생들을 설득한다. 그런데 노력은 지금 해야 하지만 최종 보상은 먼 미래의 일이다. 하지만 〈세기의 세일〉에는 이런 시차가 존재하지 않는다. 보상은 즉각 이뤄진다. 그럼으로써 이 방정식에서 직업은 빠져 버린다. 홀과 베넷은 자본주의 대중 문화에서 생산적 노동이 거의 재현되지 않는다는 사실을 지적한 바 있다. 물질적 보상은 직접적이고도 자연스럽게 재능, 심지어 외모와 사회적 지위에 따라온다. 그래서 〈다이너스티〉나 〈댈러스〉에서 아름다운 외모와 부는 자연스럽고도 필연적인 동반자인 것처럼 보인다. 물론 영상 문화에서 노동의 삭제는 산업화된 노동이 특정 계급에 유리하다는 사실을, 따라서 그 보상은 노동에 들인 노력 및 시간과 필연적인 관계를 갖는 것은 아니라는 사실을 지워 버린다. 이런 점에서 〈세기의 세일〉 은 전형적인 자본주의적 텍스트로 작용한다.

퀴즈 프로그램에 사회의 주류적 가치가 쉽게 끼어드는 데는 퀴즈 프로 참가자들이 대개 어른이라는 사실도 한몫한다. 이는 경쟁적 시험이 학생들에게만 한정된 것이 아니라 성인이 된 후에도 계속된다는 점을 함축한다. 그러나 이런 성인-아이의 역전은 아이들에게는 쾌락의 원천으로 이용될 수도 있다. 아이들이 학교에서 늘 경험하는 좌절의 과정과 같은 것을 어른들도 당하는 것을 보는 것, 어른들과 같은 조건에서 겨룰 수 있는 것, 어른들도 실수를 하고 이 때문에 당장 고통스러워하는 것을 보면서 아이들은 자신들의 이해관계를 정당화해 주고 학교 시절 갖기 어려웠던 자존감의 원천을 제공해 주는 의미를 발견한다. 때로는 이런 성인-아이 역전은 반대 형태로 나타나기도 한다. 왜냐하면 퀴즈 프로그램은 아이들에게 어른 역할, 파머(1986)가 발견했듯이, 특히 선생님 역할을 할 기회도 제공하기 때문이다.

퀴즈 게임은 놀이할 때에도 인기가 높았다.

엘리자베스(8세) 학교에서 가끔 어려운 문제를 애나에게 내요. 애나는 한동안 생각하죠.
인터뷰어 그게 무슨 프로그램이지?
엘리자베스 〈매치메이트 Matchmates〉, 〈세기의 세일〉, 〈포드 슈퍼 퀴즈〉. 내가 보는 프로그램이지요. (p.107)

때로는 이 역할 역전이 공식적으로 이뤄지기도 한다. 텔레비전 퀴즈 프로그램의 교실 버전으로 선생님이 아이들에게 출제자 역할을 맡길 때이다.

JOHN FISKE

이처럼 퀴즈 프로그램의 쾌락을 교실로 끌어들이는 것은 사회 권력 제도에 적응토록 하는 것일 수 있다. 그러나 적응에 대해서만 얘기한다면, 이는 그 쾌락을 지나치게 단순화하고 그 효능을 과소평가하는 것이다. 지배 이데올로기의 이해는 피지배층의 힘을 돋운다고 해서, 또 오락의 영역과 접합될 때 지배 이데올로기 체제를 대안적으로 독해하도록 한다고 해서 반드시 잘 관철되는 것이 아니다. 관련 논의는 차후 상세히 하게 될 것이며, 여기서는 텍스트가 교육과 접합될 때 텍스트의 의미는 교육 영역의 의미에 영향을 미치는데, 또 이와 관련해 일부 학생들을 재위치시키는 데 동원될 수 있다는 점만 지적하고자 한다.

예를 들면, 〈세기의 세일〉에서는 지식뿐만 아니라 빠른 반응 속도도 중요하다. 버저를 먼저 누르는 참가자에게 답변 기회가 부여된다. 두 가지를 모두 갖춰야 '우승자'가 될 수 있는데, 반응 속도는 패자에게 체면 세우기용 알리바이를 제공한다. 이것은 또 재미있는 장면을 연출하기도 한다. 대부분의 학생에게 학교는 재미있는 곳이 아니다. 게임이 끝날 때, 패자들은 게임 중에 획득했던 상에 추가로 아차상consolation prizes을 받으면서, 게임이 얼마나 즐거웠는지 말하도록 요구받는다. 다른 식으로 말하자면, 패자들은 퀴즈 프로그램을 학교로부터 탈접합de-articulate하도록, 패배의 경험에서 긍정적 의미를 발견하는 수단으로서 프로그램을 오락과 여가의 영역에 재접합하도록 부추겨진다. 학교는 교육 제도에서 '패자'가 되는 학생들에게 다른 영역에서 재접합될 가능성이 거의 없다. 〈세기의 세일〉에서 테스트하는 지식의 분야들은 학교의 교과목들(역사, 지리, 문학, 과학, 시사)과 겹친다. 그러나 이 프로그램은 스포츠, 대중 음악, 오락처럼 공식 교과에서 배제돼 있는 분야도 다룬다. 이들 분야에도 좀 더 학술적 분야와 마찬가지의 비중이 주어진다. 이들 분야는 교육을 덜 받은 시청자와 참가자도 나름의 전문성을 가질 수 있는 분야다. 프로그램은 많은, 대다수는 아닐지라도, 시청자들이 자신들도 대부분의 문제에 답할 수 있었다고 믿을 수 있도록 짜여 있다. 선생님들이 수업 시간에, 특히 학기말에, 퀴즈 포맷을 도입하는 것은 퀴즈가 갖는 오락적 가치와 지식 민주화 능력을 이용하려는 시도임이 분명하다. 이는 지식을 제도 교육 중심으로 정의하고 이용하는 엘리트주의를 따져 볼 수 있게 해 주며, 암묵적인 수준에 서일지라도 대안적 지식의 타당성을 입증해 준다.

〈새 가격이 맞습니다〉는 전적으로 비학술적이고 별것 아닌 것으로 여겨지는 지식을 겨루는 프로그램이다. 이 프로그램에 적합한 기술은 주부들과 관련된, 쇼핑과 가정 관리의 기술로서 흔히 저평가되고, 적어도 사회적으로 도외시되고 사적인 가정의 영역에 한정되는 것들이다. 이 프로그램은 교육이 아니라 소비주의에 접합된다. 물론 어떤 면에서 이 프로그램은 상품 생산자들을 위한 전국적 상품 소개 기회이며 여성을 열광적인 소비자로 길들인다. 그러나 이 프로그램은 소비자들에 의해 '쓰여지는' 반텍스트의 요소들도 있다. 이 프로그램에서는 무엇보다도 이런 기술이 공개적으로 테스트되며, 이를 가장 잘 이용하는 사람에게 공개적인 찬사가, 때로는 난리법석에 이를 정도의 환호가 주어진다.

사적 영역에서 얻은 여성적인 기술과 지식이 공적인 것으로 변환됨으로써 여성 참가자들은 통상 남성들에게만 주어지는 지위에 오를 수 있으며 자신들이 저평가되는 영역으로부터 벗어날 수 있다. 승자가 방청객들로부터 시끌벅적한 환호를 받는 일은 주부의 일상 경험에서는 아주 드문 일이며, 정상적인 가족 환경에서 그런 기술들이 당연한 것으로 여겨지는 것과 확실히 대비된다. 이 프로그램은 과잉적이다. 과장된 재미와 정신 없음의 느낌을 산출한다. 참가자들과 방청객들은 기쁨과 절망을 과장되게 표현하고 크게 소리를 지른다. 흥분과 열광은 이 프로그램을 '정상적인' 쇼핑과 구분지어 카니발적인 것으로 규정하게 한다.

바흐친(1968)이 보여 주듯, 카니발은 일상의 제약들이 사라지고 권력 관계가 일시적으로 역전되는 시간이다. 주인이 머슴이 되고, 머슴이 주인이 된다. 육체적 쾌락, 먹고 마시기, 성적 행동이 죄의식 없이 과잉으로 허용되며, 보통 (경제적, 정치적, 도덕적) 권력 제도의 틀에 예속돼 있는 사람들이 잠시 이런 예속으로부터 해방되는 시간이다. 카니발의 효과는 힘있는 자와 힘없는 자가 상반되는 이해관계를 갖고 있다는 인식에 의존한다. (이는 이데올로기가 통상 애써 은폐하고 부정하고자 하는 인식이다.) 이런 카니발적 순간은 궁극적으로는 현 상태를 안정시키는 작용을 하는 안전 밸브라고 할 수 있다. 그러나 그것은 항상 안전 밸브 이상의 잠재력을 갖는다. 그것이 산출하는 쾌락은 결코 완전히 체제에 포섭될 수 없으며, 항상 사회 통제를 위기로 몰아넣는 위협을 산출한다. 우리는 12장에서 사회 권력을 가진 자들이 피지배자들의 카니발적 쾌락을 잠식하고 통제하기 위해 지속적으로 도덕과 법, 질서의 개념을 동원하는 방식을 살펴본 바 있다.

〈새 가격이 맞습니다〉의 카니발적 쾌락은 전적인 방종의 쾌락은 아니다. 그 쾌락은 소비자와 생산자 간의 통상적인 권력관계가 역전되는 데서 유래한다. 소비자는 일시적으로 경제적 종속으로부터 해방된다. 가격과 가치에 대한 지식은 더 이상 체제의 경제적 종속의 산물이 아니라, 제한된 돈으로 가능한 한 원하는 것을 할 필요성에서 유래하는 것이다. 종속을 가져오는 경제적 제약으로부터 해방됨으로써 쇼핑 기술은 힘을 북돋는 요소가 된다. 그것은 경제 제도를 이기는, 보통 제도에 종속되는 사람들의 이해관계에 맞게 제도를 전환시키는 수단이 된다. 〈새 가격이 맞습니다〉는 단지 쇼핑객의 소망 성취 판타지가 아니다. 그것은 쇼핑객의 이해관계가 생산자의 이해관계와 대립하며, 생산자의 이해관계를 소비자의 그것과 동일한 것처럼 보이게 하는 통상적인 이데올로기적 실천이 일시적으로 교란된다는 주장이기도 하다.

이런 카니발적 의미는 퀴즈 프로그램을 재미 및 오락과 접합한다. 퀴즈 프로그램은, 아무리 학교 또는 가사 노동과 은유적 연관이 강력하다 하더라도, 항상 쇼 비즈니스의 덫 — 번쩍이는 불빛, 광휘, 무대와 방청객, 음악, 박수 등 — 을 벗어날 수 없다. 학교와 쇼핑은 일의 세계의 일부이고, 거기서 개인은 외적 규율에 매일 수밖에 없다. 일과 여가의 관계는 복합적이지만 항상 양자는 대립 관계에 놓인다. 여가는 일하지 않는 것이다. 여가가 일에 도움이 될지 방해가 될지는 정답이 있는 것이 아니어서 한편으로 어떤 여가 활동을 하는가에, 다른 한편으로는 그런 활동으로 얻는 쾌락에 달려 있다. 그러나 여가는 항상 우리가 **선택해서** 하는 것으로, 우리의 통제하에 정체성을 산출하는 무언가로 여겨진다. 물론 자본의 힘이 여가를 장악해 산업화하기 때문에 여가는 소비 활동이 된다. 그러나 자본의 힘에 의한 전유는 결코 전면적일 수 없다. 왜냐하면 그럴 경우 그 힘이 전유하고자 하는 것을 파괴해 버릴 것이기 때문이다. 산업화된 대중적 여가 형태는 산업화된 노동 형태가 그렇듯 필연적으로 자본주의 이데올로기를 지니게 될 테지만, 경제적 필연성이 개재하지 않으므로 주체는 전혀 다른 위치에 놓일 수 있게 된다. 문제를 풀지, 아니면 재미삼아 쇼핑할지를 **선택하는 것**은 시험을 쳐야만 하거나 매주 먹을거리 쇼핑을 **해야만 하는 것**을 카니발적으로, 유희적으로 뒤집는 것이다. '일'의 형태를 여가의 형태와 접합하는 것은 둘 간의 대립을 해체한 뒤 한데 엮어 이데올로기적 동질성을 갖게 하는 것이거나, 아니면 이들의 모순을 활성화해 대립적인 의미들과 주체성들을 유지하는 것일 수 있다. 쾌락은 헤게모니의 낚싯밥일 수 있지만, 항상 그 이상이다. 쾌락은 항상 권력 제도를 벗어나는 요소를 수반한다.

〈새 가격이 맞습니다〉에서 테스트되는 지식은 그 '일상성'에도 불구하고 여전히 경제 권력의 영역에 확고하게 자리 잡고 있다. 가격과 가치는 상품 생산자들이 설정하지, 소비자들이 설정하지 않으며, 참가자는 **생산자들**의 체제에 대한 지식에 대해 보상받는다. 내가 '인간적' 지식이라고 부르는 것을 다루는 퀴즈 프로그램들은 이런 위치 설정positioning을 거부한다. 그런 프로그램들에서 보상받는 지식은 사람에 관한, 그들에 관한

JOHN FISKE

것이 아니라 우리에 관한 지식이다. 이런 지식은 그 지식을 일상의, '보통 사람'의 세계에 접합하도록 초대한다. 모든 퀴즈 프로그램은 이러한 특정한 접합의 쾌락을 산출한다. 이들 프로그램은 모두 '보통 사람'들에게 '특별한 사람' ─ TV 출연자 ─ 의 역할을 부여한다. 그런데 사실적 지식을 다루는 프로그램에서는 테스트되고 상찬되는 것은 참가자들의 일상성이 아니라 그들의 '특별함,' 사회 권력을 가진 자들의 지식을 다루는 그들의 능력이다.

물론 일상적인 것the ordinary이란 개념은 그런 프로그램에 의해 정의되지 않고 열려 있어 광범위한 동일시를 허용한다. 그것은 일반화된 '그들'과 대립하는 '우리'를 개방적으로 구성한 것이다. '그들'은 때로는 백과사전이 즐비한 서재에 앉아 있는 권위자로 체현되고, 때로는 답변이 맞는지 틀리는지를 결정하는 비인격적인 목소리로 체현되기도 한다. 사회자가 이 경계를 매개하는데, 그는 '그들'의 권력과 지식에 접근할 수 있지만, '우리'와 가깝다는 표시로 일상성을 내보인다.

〈블랭키티 블랭크〉 같은 많은 퀴즈 프로그램들이 스타 또는 특별한 사람과 '일반인' 참가자를 함께 참여시키는데, 여기서 스타가 보여 주는 것은 자신의 휘황찬란함이 아니라 일상성이다. 〈블랭키티 블랭크〉에서 참가자들은 유명인 패널이 주어진 단어들을 연결해 어떤 문장을 완성할 것인지를 맞춰야 한다. 유명인들과 가장 비슷한 보통 사람이 우승자가 된다. 〈패밀리 퓨드〉에서는 사회적 합의와 가장 비슷한 가족이 우승자가 된다. 보통 사람에게로 지식의 이양이 이보다 더한 경우는 없을 것이다.

이는 정치 영역에서 1인1표주의를 실현하고 여론 조사의 확산을 초래한 민주화와 동일한 과정의 일부다. 하지만 시장 조사에서처럼 정치에서도 '보통 사람들'이 생각하는 것에 대한 지식은 힘을 가진 자의 이익을 위해 사용된다. 그러나 〈패밀리 퓨드〉에서는 일상적 지식을 체제에 유리하게 전유하는 일은 일어나지 않는다. 〈패밀리 퓨드〉는 구술적 대중 문화의 표현이지, 이를 통제하는 문자 문화가 아니다. 이 프로그램이 테스트하는 지식은 일반적인 사람들과의 일상적 상호 작용을 통해 가장 잘 얻을 수 있는 성격의 것이다. 사회 기관에 의해 교육되는 문자적 지식이라기보다는 사회 경험으로부터 유래하는 구술적 지식인 것이다.

퀴즈 프로그램들이 빈번하게 접합을 유도하는 일상적 문화 영역은 가족의 영역이다. 이런 접합은 다양한 형태로 나타날 수 있다. 퀴즈 프로그램은 교육이라는 제도적인 '문자적' 경험에서만 유래한 것이 아니라, TV 출현 이전 세대가 즐기던 가족 게임이나 실내 게임과 같은 비공식적인 '구술적' 전통에서 유래한 것이기도 하다. 이들 게임의 텔레비전 버전에는 여전히 같은 방식으로 진행되는 것도 있다. 매쿼일, 블룸러, 브라운(1972)은 교육을 많이 받은 시청자들이 TV 앞에서 가족들과 이런 게임을 한다는 사실을 발견했다. 가족끼리 또 TV 참가자와 문제 먼저 맞히기 경쟁을 하는 것이다. 가십을 통해 숍 오페라가 여성의 구술 문화로 편입되는 것과 마찬가지로, 이렇게 텔레비전은 가족의 구술 문화의 일부가 되었다. 피스크와 하틀리(1978)는 사회자가 어떻게 "쾌활한 아저씨나 아줌마" 역할을 하면서 시청자를 마치 대가족의 일원인 것처럼 만드는지를 보여준 바 있다. 〈패밀리 퓨드〉에서 어떤 문제는 개인들이 아니라 논의를 해 합의를 도출한 뒤 가족이 답변하도록 돼 있다.

그러나 퀴즈 프로그램을 가족과 접합하는 것이 항상 [시청자에게] 도움이 되는 것은 아니다. 〈새 가격이 맞습니다〉에서 주부 참가자는 가족 쇼핑을 맡아 할 필요가 없다. 쇼핑하는 주부에게 있어서 가족은 성취와 쾌락의 원천이 아니라 제약을 가하는 자인 것이다. 이와 비슷하게 〈퍼펙트 매치〉는 가족 도덕으로부터 섹슈얼리티를 해방시켜 자신만만하고도 뻔뻔스럽게 쾌락의 영역에 위치시킨다. 이 프로그램의 기본을 이루는 관습적인 로맨스 내러티브 — 소년이 소녀를 만난다(또는 그 역), 테스트를 거친 뒤 소년이 소녀를 얻는다(또는 그 역), 함께 행복하게 산다 — 는 결혼

　　　　　　　　　　　　JOHN FISKE

으로, 책임과 성인의 사회적 역할의 수용으로 결말을 맺지 않는다. 주말 한때의 쾌락으로 끝날 뿐이다.

한때 가치 없고 현실 도피적인 것을 간주되던 숍 오페라는 다른 방식으로 이론화되었고, 여성 시청자들은 재평가되었다. 이들 연구를 통해 이 장르에서, 또 시청자들의 문화적 능력에서 이제까지 예상치 못했던 가치를 발견하게 되었다. 퀴즈 프로그램은 숍 오페라와 많은 특징들을 공유한다. 둘 다 저질이라고 비난받으며, 과잉적이며, 고도의 시청자 참여를 이끌어 내며, 보통 가시적이지 않은 여성의 일상적 생활 기술을 드러나게 하고 평가해 주며, 황금 시간대에 방송되는 경우도 있지만 대개 낮 시간대에 방송되며, 사회적 약자들에게 인기가 높다. 숍 오페라와 그 시청자들을 재발견해 문화적, 정치적으로 존경받을 만한 것으로 재평가한 것은 아주 완벽하고도 환영할 만한 사례다. 퀴즈 프로그램과 그 시청자들에 대한 재검토는 거의 이뤄지지 않았지만, 이 장르와 시청자들의 재발견은 이론적으로 가능할 뿐만 아니라 정치적으로도 바람직한 것이라고 주장하고 싶다.

15장

뉴스를 어떻게 읽을 것인가

뉴스는 높게 평가받는 텔레비전 장르다. 뉴스가 지녔다고 주장되는 객관성과 정치 단체나 정부로부터의 독립성은 민주주의의 작동에 필수적이라고들 한다. 방송 면허 갱신을 신청하는 방송사들은 자신들의 사회적 책임성을 보여 주는 증거로 뉴스와 시사 프로그램을 거론한다. 그러나 뉴스를 시청자가 사회 참여를 할 수 있도록 하기 위해 필요한 사실적 정보라고 일반적으로 정의하는 것은 단지 전체 모습의 절반만을 보여 줄 뿐이다.

뉴스는 상품이기도 하다. 뉴스는 수집하고 배포하는 데 비용이 많이 들며, 광고주에게 팔리려면 적정한 크기와 구성의 시청자를 창출해야 한다. 뉴스는 '광고 전단의 뒷면에 인쇄되는 것'이라는 냉소적이지만 정곡을 찌르는 어구로 정의돼 왔다. 뉴스는 인기 있어야 하고, 시청자를 창출해야 한다. 모든 TV 채널과 네트워크는 황금 시간대 편성을 초저녁 뉴스로 시작한다. 이는 가정 내 남성을 TV 시청자로 끌어들이기 위해 설계된 것이다. 남편이 직장에서 막 돌아왔을 때 아내와 아이들은 이미 '그의' 뉴스 앞에 방송되는 '부드러운' 프로그램들을 시청하고 있는 것으로 가정된다. 홉슨(1980)은 "아버지가 뉴스를 보는 동안" 어머니가 아이들을 조용히 시키는 것이 흔하다는 사실을, 그녀의 후속 연구(1982)에서는 여성들이 "남편의" 뉴스에 대비시켜 "나의" 숍 오페라에 대해 얘기한다는 사실을 발견했다. 전국 뉴스는 흔히 여성을 다시 TV 앞으로 끌어오기 위한 의도로 '부드러운' 꼭지로 끝나기는 하지만, 기본적으로 남성적 문화다. 전국 뉴스 뒤에는 보통 부드러운 뉴스 매거진 프로그램이 방송된다. 이것은 흔히 전국적 관심사와 대비되는 지역적 관심사를 다루는데, 여성들에게 관심을 끌고자(Morley, 1986을 참조하라), 또 황금 시간대에 온 가족이 TV 앞에 앉아 이후 두세 시간 동안 프로그램들 사이에 끼워 방송되는 최고 단가의 광고를 시청토록 하고자 한다.

그렇다면 사회에서, 또 편성 담당자들이 큰 중요성을 부여하는 이 뉴스란 장르는 무엇인가? 그것은 가장 복합적이고 가장 널리 연구돼 온 TV 장르 중 하나로서 TV 매체를 정의하는 핵심적 특성들 — '현재성,' 분할, 반복 — 을 가장 손쉽게 동원하는 장르다.

텔레비전 뉴스에 대한 대부분의 연구는 뉴스를 생산하는 제도적 과정에 집중하거나, 아니면 뉴스로서 가치 있는 사건의 범주가 무엇인지를, 또 각 사건 보도에 적절한 시간과 공간이 어느 정도인지를 밝혀내기 위해 콘텐츠 분석을 이용한다. 이 장에서 나는 뉴스를 담론으로, 즉 그것이 전달하는 사건의 의미들을 통제하고 제한하려 애쓰는 관습들의 집합으로 다룬다. 정확성이나 편견, 객관성의 문제를 앞세우는 뉴스 이론들은 이 책이 사용하는 이론틀 외부에 존재하는 현실에 대한 경험주의적 개념에 근거를 두고 있다. 하지만 이런 문제들이 중요한 것은 우리에게 뉴스의 질을 판단할 수 있도록 해 주기 때문이 아니라, 그것들이 뉴스 제작자들의 직업적 이데올로기에 대한 통찰을 제공하기 때문이다.

방송 종사자들, 그중에서도 특히 뉴스 전문가들은 뉴스를 픽션과 구분하고, 텔레비전 프로그램을 정보와 오락이라는 매크로장르macro-genres로 분류하는 통상적인, 그러나 빈틈이 많은 분류법에 따라 뉴스를 이론의 여지없이 정보로 분류한다. 현재 '투명성의 오류'로 알려져 있는, 텔레비전이 세계로 향한 창이라는 견해는 아직도 텔레비전 보도국에 살아남아 있다. 정보와 오락 간의, 또는 사실과 픽션 간의 장르적 구별은 제작자들에게 매우 중요하다. 왜냐하면 장르가 다르면 윤리가, 책임 있는 편성의 정의가 달라지기 때문이다. 시청자들에게도 이런 구별은 독해 관계에서 차이를 빚어낸다. 하지만 나중에 나는 이것은 얼핏 볼 때와는 달리 그렇게 뚜렷하게 구분되는 것은 아니라고 주장할 것이다. 그러나 텍스트 면에서 텔레비전 뉴스와 텔레비전 드라마 간에 큰 차이가 존재하는 것은 아니다. 텔레비전이 다큐드라마를 선호하는 것은 텍스트 형식이 사실과 픽션 간의 장르적 경계를 쉽사리 오간다는 신호다. 또 이들 다큐드라마가 종종 격렬한 대중적 반응을 야기한다는 사실은 이들을 명확히 구분지을 필요가 있다는 대중의 믿음의 증거다. 텍스트 측면에서 뉴스는 숍 오페라와 크게 다를 바 없지만, 시청자와 제작자들이 이 두 장르를 이해하고 접근하는 방식에는 실제적인 차이가 존재한다.

털록과 모란(1986)의 연구에 따르면, 시청자들은 장르들을 별개로 구분했을 뿐만 아니라 이 구분에 정치적 의미를 부여했다. 숍 오페라 〈시골생활〉을 일요일엔 〈60분*60 Minutes*〉, 월요일엔 〈우리 주위의 세계*The World Around Us*〉와 같은 시간대에 편성하는 것은 가족을 젠더에 따라 갈라놓았다. 남성들은 '사실적' 프로그램을 선호했고, 여성과 아이들은 숍 오페라를 선호했다. 털록과 모란은 다음과 같이 지적한다.

> 모든 텔레비전 프로그램은 세계에 관한 지식과 생각을 산출한다. 이에 아버지, 어머니, 딸들이 이견을 보이지 않는다. 논란이 되는 것은 어떤 지식을 어떤 형식으로 산출하는가다…… 드라마는 기본적으로 사적 영역을, 감정적인 것과 가정적인 것을 다룬다…… 뉴스와 시사 프로그램, 다큐멘터리는 공적 영역에 좀 더 관심을 기울인다. (1986: 239)

이들의 연구에서 유사한 젠더-장르 차이가 다른 데서도 나타났다. 남성적인 '사실적' 프로그램들이 '토론'이나 '대화'를 촉진하는 반면 여성적인 숍 오페라는 단지 "다음 회에 베라에게 무슨 일이 일어날까" 수준의 '가십'만을 생산한다고 여기는 사람은 일반적으로 남성이었다(Tulloch & Moran, 1986: 236).

관련된 젠더 정치학에도 불구하고 숍 오페라에서 일어나는 일은 상상력의 산물인 반면 뉴스에 등장하는 것은 사실이라는 '상식적' 견해는 텔레비전 뉴스의 성격에 대한 탐구를 시작하기 좋은 지점이다. 뉴스는 지난 24시간 동안 일어난 주요 사건들에 관해 보도한다. 이런 단순한 정의는 우리가 이 장에서 살펴볼 모순을 만들어 낸다. 왜냐하면 주요 사건들을 골라내고 관련 스토리를 전하는 것은 분명히 문화적 활동인 반면, 사건들은 자연의 일부처럼 보이기 때문이다. 뉴스가 최초로 하는 일은 다형적 성격의 '실재'에 문화의 질서를 부과하는 것이다. 뉴스 텍스트는 다채로운 사건들과 그 다의적 잠재력을 자체의 관습 내로 가두려고 애쓴다. 그래서 뉴스는 다른 텔레비전 형식만큼이나 관습적이다. 마감 시간의 독재가 관습으로써만 가능한 속도와 효율성을 요구하기 때문에, 뉴스의 관습은 아주 강력하며 당연하게 받아들여진다. 기사의 유형, 기사들이 취할 형식, 기사가 그 내로 삽입될 프로그램 구조 등 모든 것이 그날의 사건이 발생하기 오래전에 이미 정해져 있다. 벨기에령 콩고에서 벨기에가 불가피하게 철수할 당시 미국 기자가 루사카 공항에 도착해서 철수를 위해 대기 중인 백인 여성들을 보았다. 그는 그들에게 달려가 고전적인 질문을 던졌다. "강간당한 사람 중에 영어할 수 있는 분 있어요?" 그의 기사는 도착하기도 전에 이미 '작성되었고,' 필요한 것은 몇 가지 지역적 세부 사항뿐이었던 것이다.

뉴스의 대중성은 현실을 통제하려는 '봉쇄 전략strategies of containment'을 구성하는 장르적 특성에 의해 주로 정해진다. 이 장에서 나는 텔레비

JOHN FISKE

전 뉴스를 이들 전략과 교란하는 힘 — 이런 힘은 뉴스가 가리키는 '현실'과 다양한 시청자들 내의 사회적 차이 모두의 특징이다 — 간의 지속적인 투쟁으로 볼 것이다.

봉쇄 전략

뉴스가 실재를 유의미한 것으로 만들고 잠재적으로 무정부적인 실재의 다의성을 통제하는 방식은 계열체 및 통합체라는 친숙한 기호학의 두 축을 따른다. 계열체적인 것은 선택과 범주화를 통해, 통합체적인 것은 조합과 내러티브화narrativization를 통해 작동한다.

범주화

갈통과 루게(Galtung & Ruge, 1973)는 한 사건이 보도할 만한 것이려면 최근에 일어난 것이고, 엘리트 인물에 관한 것이고, 부정적이고, 놀랄 만한 것이어야 한다고 주장한다.

시간적 근접성recency은 뉴스 가치가 있는 사건은 지난 24시간 내에 일어난 것이어야 하며, 그 시간 동안 기원origin으로, 또는 성취나 종결의 지점으로 볼 수 있는 것들이 일어나야 한다는 것이다. 뉴스에는 지속되는 역사의 느낌은 거의 없으며 이전 사건에 대한 언급도 많지 않다. 계속 진행되는 스토리도 24시간짜리 자족적인 부분으로 나뉘어 전달된다. 시간적 근접성과 분할은 서로를 지탱해 주는 특성들이다.

한 사건은 엘리트 인물과 관련된 것이어야 한다. 이것은 뉴스의 인물들은 개인적으로가 아닐지라도, 적어도 사회적 역할에서 친숙한 사람이

어야 한다. 특정한 정치인, 공직자, 스포츠 선수, 연예인 등이 자체로 친숙한 인물일 수 있다. 그렇지 않은 경우라면, 그 역할을 하는 개인들은 달라질지라도 역할이 친숙해야 한다. 노동조합 간부, 재난 생존자, 소수 집단의 대변인, 희생자 등이 그런 경우다. 사회적으로 힘 있는 사람은 개인으로서 우리에게 친숙한 경향이 있지만, 힘없는 사람들이나 반대 목소리는 주로 사회적 역할로서 친숙하다. 후자에서 이 역할들은 곧 잊힐 다양한 사람들로 채워진다. 엘리트들은 반복해서 등장하는 사람들로 이미 과거의 등장 덕분에 나름의 축적된 의미를 지니는 사람들이다. 그 의미가 한 개인에게 체현돼 있기 때문에, 그들은 우리 개인주의적 사회에서 노조 활동가나 희생자와 같은 '역할'의 축적된 의미가 지니는 것보다도 더 큰 기호학적 비중을 지닌다. 엘리트 인물의 사회적 힘은 친숙함이 부여하는 내러티브적 힘에 의해 강조된다.

뉴스는 가정에서가 아니라 공적 영역(엘리트 인물들이 활동하는 곳이다)에서 발생한다. 가정 영역은 단지 극단적이거나 폭력적 범죄의 장소일 때만, 그래서 공적인 법질서의 문제로 여겨질 때만 등장한다. 공적 영역은 우리 사회가 남성적이라고 여기는, 그래서 주로 남성들이 차지하고 있는 영역이다. 뉴스는 주로 '남성적인 것'에 관한 것이고, 남성 시청자를 대상으로 하고 있으므로, 뉴스 기사가 남성적인 픽션 내러티브의 경우와 유사한 내러티브 종결 지점을 제공하는 구조를 지닌다는 것은 별로 놀라운 일이 아니다. 뉴스 기사는 지속되는 사건의 개방성에 종결을 부과해야 한다. 시간적 근접성은 완결에 의해 그 효과가 누그러뜨려져야 한다.

뉴스는 부정적이다. 정상 상태를 교란하는 것이 뉴스가 된다. 뉴스 텍스트에는 부재하지만 뉴스 독해에서는 강력한 힘으로 현존하는 것은 삶이 통상 별일 없이 굴러가며, 규칙과 법에 따라 움직이며, 조화롭다는 보이지 않는 가정이다. 물론 이런 규범은 현상 기술적인 것이라기보다는 현상 규정적이다. 즉 우리의 사회적 삶이 어떠한지가 아니라 어떠해야 하는지의 감sense을 체현하며, 그럼으로써 지배 계급의 이데올로기를 체현한다. 예를 들면 '비정상'이라는 독특한 범주는 살인과 노동 쟁의가 교란적이란 점에서 마찬가지라는 의미를 전달한다. 뉴스와 뉴스 독해자들이 이처럼 명백히 별개의 사건들을 비슷한 것으로 이해하도록 하는 개념적 전략들은 이데올로기적 실천의 중요한 부분이다.

이런 개념적 전략을 가능하게 해 주는 암묵적인, 이데올로기적인 규범들은 우리 사회의 규범들이다. 해외에서 일어나는 부정적 사건들은 이런 규범들과 [국내 사건의 경우와] 동일한 관련성을 지니지 않으며, 따라서 다르게 독해된다. 예를 들면 제3 세계 국가들은 서구의 뉴스에서 관습적으로 기아, 자연 재해, 사회 혁명, 정치적 부패의 장소로 재현된다. 이런 사건들은 그들의 사회적 규범을 교란하지는 않지만, 우리의 지배적인 감 — [제3 세계와 대조적으로] 서구 민주주의 국가는 모든 사람들에게 필수적 삶을 제공하며 안정적이며 공평하고 정직하게 통치된다는 감 — 을, 우리의 규범을 확인해 주는 것으로 여겨진다. 이런 규범으로부터의 일탈이 우리나라에서 일어날 때 그 일탈은 있는 그대로, 규범으로부터의 일탈로 재현된다. 그러나 제3 세계 국가에서 그런 일탈은 우리와는 확연히 다른 그들의 규범으로 재현된다. 서구 뉴스 매체에게 제3 세계는 자연적, 정치적 재난의 현장일 뿐 그 이상이 아닌 것이다.

우리 뉴스가 항상 '나쁜' 것만 전한다는 일반적인 불평은 '나쁜 것'이 규범으로부터의 일탈로 취급되고 독해된다는, 그러므로 규범은 '좋은 것'으로 구성된다는 사실을, 또 이 규범적 가정은 말해지지 않은 것에 훨씬 더 강력한 힘을 발휘한다는 사실을 무시한다. 소련에서 TV 뉴스가 시청자들에게 어떻게 독해되는지를 알게 된다면 흥미로울 것이다. 왜냐하면 소련 뉴스에서는 할당량을 달성한 공장이라든가 성공적인 농업 생산 같은 긍정적인 소식을 앞에 전하는 것이 관습이기 때문이다. 소련 시청자 중 일부는 이런 스토리를 냉소적으로 독해할 수도, 즉 [사회주의 체제에서] 산업의 비효율성이란 규범으로부터의 일탈로 독해할 수도 있을 것이다. 그러한 대항적 독해는 뉴스의 관습이 사람들의 사회 경험을 '독해하는 데' 사용하는 관습과 맞아떨어지지 않을 때 발생할 것이다. 이 두 종류의 관습 간의 관계는 상호 작용적이다. 뉴스 스토리가 선택되고 전달될 때 사용되는 관습과 그럴 때 뉴스가 전달하고자 하는 의미는 비자발적인 거나 대항적인 시청자들에게 그대로 통할 수는 없다.

뉴스를 비판적으로, 또는 화를 내며 독해하는 것은 그 관습을 해체하고 의도하는 이데올로기적 실천을 탈신비화할 수 있다. 고용주를 '제공'하는 측으로, 노조의 행동은 항상 '요구'로 재현하는 뉴스의 관습에 대해 분개하는 노조 활동가라면, 이 관습을 지배 계급의 사회적 이익을 '일반적인' 상식으로 자연화하려는 지배 계급의 힘의 증거로 독해할 수 있을 것이다. 물론 노조가 5% 임금 인상의 대가로 노동을 '제공'하기로 했지만 사측은 노동자들에게 2.5% 인상을 받아들이라고 '요구'했다는 식으로 뉴스 보도가 작성되는 것을 막는 것은 단지 관습과 그것의 사회 권력과의 관계일 뿐이다. '제공'이란 단어는 그 수행자, 즉 제공하는 사람이 너그럽고, 상대방의 이익도 고려하며, 느긋하게 통제하는 위치에 있다는 것을 암시한다. 반면 '요구'란 단어는 그 수행자가 탐욕스럽고, 이기적이며, 상황의 통제권을 획득하려면 투쟁해야 한다는 것을 암시한다. 요구는 요구하는 자들을 뉴스거리가 되는 부정적 세력에 포함하는 교란적인 단어다. 뉴스가 사회에서 작동하는 교란적 힘들을 재현하라는 의무를 이행하면서도 그 힘들을 봉쇄하고 제거하려고 노력할 때 이러한 관습은 중요한 몫을 차지한다.

물론 엘리트주의와 부정성 간에는 관련성이 있다. 엘리트들의 긍정적이거나 '규범적인' 행동은 자주 보도되지만, 사회 권력을 갖지 못한 자들의 행동은 단지 그 행동이 교란적이거나 일탈적일 때에만 보도 가치가 있는 것으로 여겨진다. 지배자들은 긍정적 행동을 하고, 피지배자들은 일탈적, 부정적 행동을 하는 것으로 재현함으로써 뉴스는 픽션 텔레비전과 똑같은 이데올로기적 실천을 한다. 우리는 1장과 8장에서 어떻게 악당과 희생자는 일탈적이고 교란적인 가치를 체현하는 반면, 주인공은 중심적인 사회적 가치를 체현하는지를 살펴보았다. 이런 점에서 폭력 — 이것은 주인공과 악당 간의 관계를 재현하는 지배적인 양식이다 — 은 사회 갈등 또는 계급 갈등의 구체적 메타포다.

갈등은 좋은 픽션을 구성할 때만큼이나 좋은 뉴스 스토리를 구성할 때도 중요한 요소다. 두 형식에서 갈등의 사회 체제와의 관계도 비슷하다. 뉴스 가치와 픽션 가치는 동일한 사회로부터 나오는 것이며, 뉴스와 픽션 모두 대중적이어야 할 필요성을 지닌다. 뉴스와 픽션이 근본적으로 비슷하다는 점은 놀라운 것이 아니다. 이 장에서 이런 유사성에 대해 좀 더 살펴볼 것이다(뒤에 나오는 "뉴스 내러티브" 부분을 참조하라).

뉴스의 '놀라움'이 뉴스 관습 중 하나이어야 한다는 점은 아마도 역설적일 것이다. 그러나 관습의 예측 가능성과 '실재'의 예측 불가능성의 가정 간의 긴장은 인식할 필요가 있다. 뉴스 수집과 보도의 전 과정은 이런 예측 불가능성에 저항한다. 왜냐하면 뉴스 기사는 본질적으로 미리 쓰여지기 때문이다. 기자들이 하는 것이란 지엽적인 세부 사항을 채워 넣는 것이다. 하지만 이러한 실재의 관습화는 결코 인정해서는 안 되는 일이다. 왜냐하면 그렇게 한다면 투명성의 오류를 드러내는 것이 될 것이기 때문이다. 이렇듯 놀라움은 실재의 예측 불가능성이 뉴스의 관습성을 이긴다는 기호이자 최종적으로 뉴스를 결정짓는 것은 현실이라는 기호이기 때문에 가치 있는 것으로 여겨진다. 놀라움은 뉴스의 객관성에 대한 믿음에 필수적인 동반자인 것이다.

하위 범주

뉴스 관련 분류의 기준은 앞서 요약한 바 있는데, 1차적 분류는 뉴스와 뉴스 아닌 것의 분류다. 일단 사건이나 인물이 뉴스 가치가 있다고 선택되면 범주화가 더 진행된다. 범주화의 수준들의 순서는 분석적인 것이지 시간 순이 아니다. 하틀리(1982: 38~39)는 뉴스를 다음의 범주들로 세분한다. 정치, 경제, 외신, 국내 뉴스, 부정기적 스토리, 스포츠. 우리는 이 범주를 조정하고 싶어 할 수도 있다. 예컨대 오락 범주를 추가하거나, (하틀리의) '국내 뉴스'를 '딱딱한 스토리hard story' — 공적 영역에서 일어나는 갈등과 범죄 관련 기사 — 와 '부드러운 스토리soft story' — 따뜻하거나 인간적인 기사 — 로 나눌 수 있을 것이다. 마찬가지로 '경제' 뉴스 내에 '산업' 뉴스라는 하위 범주를 설정하고자 할 수도 있을 것이다. 실제의 범주들은 자체로 절대 변치 않는 것이 아니라 뭔가를 나타내는 것일 뿐이다. 문제가 되는 것은 범주화 과정으로 이는 주요한 의미 부여 행위다. 범주화는 '날 것의' 사건들을 익숙한 개념적 관계 속에 즉각적으로 위치시키고 삽입하는 개념적 틀을 구성한다. 범주는 정상적인 것 내로 끌어들이는 수행자다. 그것은 또 뉴스 프로그램을 구성하는 데에서 단순하지만 효과적인 구조화 원리 역할을 한다. '산업 뉴스' 또는 '외신' 범주는 스토리를 그룹화해서 뉴스 흐름의 관습적인 시퀀스 내에 위치시킨다. 이런 그룹화는 뉴스가 재현이라는 사회적 과정을 가리고 자체를 객관적인, '실재' 내의 사건에 의해 추동되는 것으로 제시할 때 사용되는 전략의 일부다. 이런 식으로 '산업'과 '외신'은 자연에 근거를 둔 경험적 범주인 것처럼 보인다. 그러나 범주는 매우 이데올로기적으로 작동한다. 노동 쟁의 기사는 고용이나 수출 부진과 이데올로기적으로가 아니라 자연적으로 연관된 것처럼 제시된다. 마찬가지로 북아프리카의 기아나 니카라과의 부정부패, 벵갈의 소요, 인도네시아의 게릴라 활동에 대한 기사들은 모

JOHN FISKE

두 '외국의 사건'들의 일부로 자연스럽게 연결돼 제시된다. 이들을 한 범주에 넣음으로써 독자들은 이를 상호 간의 차이보다는 유사성 면에서 이해하도록 유도된다. 이 두 예에서 유사성은 서구 부르주아의 이해관계에 봉사하는 의미를 산출한다.

그러나 범주가 단지 기사들을 연결하는 역할만 하는 것이 아니라 그것들을 분리하기도 한다. 노동 쟁의 기사를 실업 기사와 연결짓는 것보다는 쟁의 기사를 정치나 도심 범죄, 심지어 문맹률 관련 기사와 분리시키는 것이 더 심각하다. 범주는 한데 모으는 것만큼이나 파편화한다. 뉴스는 사회적 삶을 실질적으로, 또 기호학적으로 좀 더 통제 가능한 것으로 만들기 위해서 사회적 삶을 칸막이로 나눈다는 점에서 공적 영역의 관행을 답습한다. 사회적 삶을 깔끔하게 구분되는 영역 — 경제, 교육, 범죄, 산업 등 — 으로 범주화하는 기호학적, 정치적 관행은 본질적으로 반동적이다. 왜냐하면 이는 어떤 '문제'는 그 자체의 범주 내에서 이해되고 해결될 수 있다고 함축하기 때문이다. 문제를 국지적으로 정의하는 것은 국지적 '해결책'을 장려하는 반면, 더 큰 차원의 사회 구조에 대한 비판적 점검을 저해한다. 그러므로 범주들 간의 연결을 추적하는 것은 어떤 한 문제를 사회 구조의 징후로 보는 것이며, 그럼으로써 좀 더 근본적인, 또는 사회적으로 깨어 있는 이해를 가능케 하는 것이다.

뉴스의 범주화와 그에 따른 파편화는 사회적 삶의 의미를 통제하고 제한하려는, 서구 부르주아의 이해관계를 '자연적인' 상식으로 받아들이도록 하려는 전략이다. 영역 구분compartmentalization은 뉴스의 핵심적인 봉쇄 전략이다.

객관성

객관성은 20세기 내내 공격받아 온 경험주의적 개념이다. 몇몇 주요한 이론적 도전만 열거하자면, 특히 구조주의, 아인슈타인 이후의 물리학, 정신분석학으로부터 공격을 받아왔다. 그러나 뉴스 전문가들은 아직도 객관성을 성취 가능한 목표로, 또 서구 민주 사회에서 자신들의 역할에 대한 핵심적 정당화로 보면서 객관성에 집착하고 있다. 그래서 객관성은 뉴스의 이데올로기에서, 뉴스가 시청자들과 설정하고자 하는 독해 관계에서 중요한 역할을 한다. 이 책의 독자들은 객관성의 불가능성, 이에 따른 편견 개념(이것은 편견 없는 입장이 가능하다는 가정에 근거를 둔다)의 부적절성을 분명히 인식해야 하며, '객관성' 개념이 수행하는 이데올로기적 역할에 눈감아서는 안 될 것이다.

뉴스와 픽션 간에는 재현 관습은 유사할지라도 양식상의 차이가 있다. 뉴스는 픽션보다 '날 것의 현실'에 더 밀접한 관련성을 지니는 것으로 보인다. 이에 따라 시청자가 독해하는 방식에서도 차이가 존재한다. 예를 들면, 아이들은 픽션 텔레비전에 나오는 죽음보다 뉴스에 나오는 죽음을 훨씬 더 충격적으로 받아들인다. 뉴스의 높은 위상, 즉 우리가 통상 실재를 재현할 때 쓰는 직설법과 뉴스가 매우 밀접한 관계를 맺는다는 점은 여러 가지 제도적 가치 및 실천에 핵심적 요소다.

예를 들면, 뉴스에는 피스크와 하틀리(1978)가 "환수clawback"라고 부른 것이 내재한다. 환수란 잠재적으로 일탈적이거나 교란적인 사건을 지배적 가치 체계로 다시 집어넣도록 하는 보도의 구조를 말한다. 대개 텔레비전 뉴스에서는 물질적이면서 상징적이기도 한 공간들과 조응하는, 세 단계의 환수가 작동한다. 중심적 공간은 스튜디오 뉴스 캐스터의 공간으로, 캐스터는 자신의 담론의 저자로가 아니라 '진실'이라는 객관적 담론을 말하는 자로 등장한다. 역설적으로 신뢰성과 같은 뉴스 캐스터의

JOHN FISKE

개인적 특성은 종종 담론의 객관성을 보증하는 것으로 쓰인다. 이 담론이 방송사의 스튜디오에서 나온다는 점은 그 담론이 이데올로기적으로 순응적임을 뜻한다. 이런 공간에서 이런 어투로 급진적인, 교란적인 목소리가 나올 수 없는 것이다.

공간적으로 더 떨어져 있고 담론적으로 종속적 위치에 있는 것은 기자다. 기자는 개인이자 기관의 목소리로서 마무리 멘트를 한다. 기자는 '날 것의 현실'과 뉴스 캐스터가 전하는 최종적 진실 사이를 매개하는 기능을 한다. 동일한 '진실'에 대해 다른 기자는 다른 식의 기사를 쓸 수 있다. 기자들은 개인적 서명을 필요로 하기 때문에 그들 각자의 '진실'은 주관적인, '명명화된nominated' 것으로 나타난다(Barthes, 1973: 290을 참조하라). 따라서 기자의 진실은 담론 위계에서 뉴스 캐스터의 '진실'보다 낮은 지위를 갖는다. 스튜디오로부터 지리적으로, 또 담론적으로 가장 멀리 떨어져 있는 것은 목격자, 관련 대변인, 실제 현장 영상, 실재에 대해 말하는 것으로 보이는, 그래서 담론적 통제를 가할 필요가 있는 목소리들이다. 여기에는 핵심적인 모순이 존재한다. '진실'은 단지 스튜디오에만 존재한다. 그런데 그 '진실'은 목격자와 현장 영상, 즉 '날 것의 현실'의 조각들 — 그 의미는 실제로는 스튜디오의 담론에 의해 만들어지지만, 이것은 진실임을 인증하는 기능을 지녀 그 담론이 자체로 산출하는 역할을 은폐한 채 의미를 사건 자체에 위치시킬 수 있도록 해 준다 — 에 의존해 그 진실성을 인증받는다. 물론 '현장' 영상은 멘트가 묘사하는 사건 자체의 영상이 아니라 서고에서 꺼내온 과거의 영상이거나 사건이 일어난 뒤 현장을 찍은 영상인 경우가 흔하다. 레바논에서 일어난 정치인 납치 관련 1987년 1월 23일 ABC 뉴스 보도는 일상적인, 평화로운 베이루트 거리의 영상을 보여 줌으로써 '진실임을 인증받았다.' 여기서 (기사가 '중동'에 부여하는 의미와는 모순되는) 영상의 내용을 억압하는 것은 뉴스의 봉쇄 전략이 작동하고 있음을 보여 주는 전형적인 예다.

이렇듯 환수는 잠재적으로 교란적인 사건들이 그 진정성authenticity을 상실하지 않은 채 지배적 가치 체계 내로 매개되는 과정이다. 이 진정성은 이런 매개가 수반하는, 그럼으로써 역설적으로 가능케 해 주는 해석의 '진실'을, 자체를 객관적인 해석으로 제시하는 것을 보장한다. 객관성은 부르주아 계급의 '저자 없는' 목소리이다(3장 "탈명명화"를 참조하라).

객관성과 밀접한 관련이 있는 것이 진정성과 즉각성immediacy이다. 둘 다 특정한 뉴스 가치를 텔레비전의 일반적인 질과 연결지어 준다. 진정성은 현실적임과, 즉각성은 '현재성' 또는 '라이브'와 연관되는데, 둘 다 텔레비전이 제공하는 중심적인 경험이다. 뉴스에서 진정성과 즉각성은 투명성의 오류를 퍼트리고, 뉴스가 수반하는 구성이나 해석의 측면을 가리는 기능을 한다.

즉각성은 단지 뉴스가 생산된 것이란 점을 가리기 위해서만이 아니라 인쇄 매체보다 텔레비전이 우월함을 주장하고 뉴스의 수집과 배급의 수단에 주목하지 못하도록 하는데 이용된다. 새로운 배급 기술, 특히 위성 기술은 전 세계에 뉴스를 즉각적으로 배급하는 것을 가능케 했다. 즉시성은 편집하거나 재가공할 시간이 없다는, 텔레비전은 우리에게 발생하는 사건을 있는 그대로 전해 준다는 느낌을 준다. 그럼으로써 텔레비전 방송사는 흔히 즉각성의 측면에서 뉴스 프로그램을 홍보한다.

속도에 대한 강조는 또 다른 이데올로기적 효과를 갖는다. 이는 위성이 고비용 배급 수단이며 단지 거대 다국적 언론사만이 위성을 정기적으로 이용할 수 있다는 사실로부터 주의를 돌려 버린다. 뉴스는 촘촘한 뉴스 패키지로 가공되어 전 세계 곳곳으로 팔려나간다. 속도와 즉각성에 대한 강조는 뉴스의 상업화에, 뉴스 생산과 선택의 기준이 뉴스 코프News Corp● 같은 다국적 매체에 의해 결정된다는 사실에 주목하지 못하도록 한다. 뉴스 수집은 뉴스 배급만큼 많은 비용이 들기 때문에, 가난한 제3세계 국가들은 흔히 경제적 요인 탓에 자신들이나 이웃 나라에 대한 '백

JOHN FISKE

인들의' 뉴스를 사야 할 처지에 놓인다.

탈명명화와 접종

봉쇄 전략이 적용될 때 사용되는 전술이라 할 수 있는 다양한 텍스트적 장치들도 있다. 스튜디오 뉴스 캐스터의 '비인격적인' 권위는 객관성이란 틀을 구성하는데, 이 틀 내에 보도의 다른 수준들을 이루는 말과 영상들이 위치하게 된다.

이런 담론의 비인격적 객관성은 담론의 진실성을 '보장한다.' 그것은 바르트(1973)가 '탈명명화'라고 부르는 이데올로기적 실천의 사례다(3장을 참조하라). 탈명명화는 차이와 대안의 구조를 지닌 언어 체계로부터 한 개념을 철수시키는 것이다. 탈명명화되는 것은 대안이 없는 것처럼 보이고, 그래서 자연적인, 보편적인, 도전할 수 없는 것의 지위를 부여받는다. 그러므로 아래에서 분석하는 뉴스 기사에서 쟁의에 대한 노조의 견해는 **명명화되지만**, 경영진의 견해는 **탈명명화된다.**

두 견해의 차이는 시각적 구성과 사운드에서 확연히 나타난다. 시각적으로 노조 대변인은 개인으로 제시되는데, 그의 이름과 노조 내 직위가 자막으로 보여진다. 노조 사무실 문에 달려 있는 노조 마크를 보여 주는 숏은 단지 이 과정을 강조할 뿐이다. 반면 경영진의 관점은 탈명명화된다. 사측 대변인은 없는 대신 경영진의 입장은 뉴스 캐스터의 '객관적인' 목소리로 전달된다. 사운드트랙에서, 또는 뉴스 대본에서 이 차이는 매우 미묘하지만 아주 의미심장하다. 이 두 사회적 목소리 간의 차이는

● 미디어 재벌 루퍼트 머독Rupert Murdoch 소유의 거대 미디어 그룹이다.

능동태와 수동태라는 문법적 차이로 체현된다. 능동태는 명명화된 주체를 갖기 때문에 노조의 행동을 서술하는 데 적당하다. 예를 들면 "노조 집행부는 전략을 짜고 있습니다"라든가, "사무차장 잭 마크스는 이 문제가 조합주의의 핵심과 관련된 문제라고 말했습니다"라고 보도된다. 반면 경영진은 결코 갈등의 수행자로 나타나지 않는다. 그들의 행동은 수동태로 묘사되거나, 사물 주어 형식으로 전달된다. "듀크 씨는 즉시 복직될 것입니다"나 "제프 듀크가 위법 행위를 이유로 포트 헤들랜드 공장에서 해고되면서 파업이 일어났습니다"라는 식이다. 노조 목소리의 명명화는 대안적 관점이 가능하도록 허용함으로써 그 목소리를 믿을 만하지 못한 것으로 만들 수 있다. 하지만 탈명명화된 경영진의 목소리에는 진실의 지위가 부여된다. 명명화 과정은 매케이브가 말하는 담론의 위계질서에서 쓰이는 전술이다(3장을 참조하라). 명명화되는 담론은 위계에서 낮은 위치에 놓이고, 그럼으로써 반대하는, 급진적인 목소리를 낼 수 있다. 그러나 탈명명화된 메타담론은 최종적인 '진실'을 말한다. 이 진실을 배경삼아 피지배자들의 담론의 편파성이 평가될 수 있다. 교란적 담론을 명명화하는 것과 사회 통제의 담론을 탈명명화하는 것은 기호학적, 이데올로기적 봉쇄에 흔히 쓰이는 전략이다.

'접종inoculation' 전략도 마찬가지로 흔히 쓰인다(Barthes, 1973, 3장을 참조하라). 이 메타포에서 바르트는 사회를 신체에 비유한다. 사전적 의미로 접종은 병에 대한 신체의 방어 능력을 강화하기 위해 적당량의 병원균을 신체에 투여하는 과정이다. 비유적으로 이 메타포는 통제된 순간에 급진적 목소리가 명명화된 채 내러티브에 삽입되어 발언할 수 있도록 허용하는 뉴스 관습을 가리킨다. 접종은 사회라는 신체와 급진 세력 간의 대비에 의해 사회가 위협받는 것이 아니라 더욱 강화되도록 하는 수단의 하나다. 뒤(pp.537~541)에 나오는 TV 뉴스 기사의 녹취록(채널 9 뉴스)에서 탈명명화와 접종의 사례를 찾아볼 수 있다.

메타포

뉴스는 리얼리즘의 한 형식으로서 일반적으로 환유metonymy를 통해, 즉 좀 더 복잡하고 완전한 현실의 버전을 상징하는 사람들과 사건들을 신중하게 선택함으로써 효력을 발생하는 것으로 여겨진다(Fiske, 1982). 그러나 역설적이게도 — 뉴스는 역설로 가득 차 있다 — 뉴스의 객관성은 흔히 문자 그대로가 아니라 메타포적인 언어로 전달된다. 문학과는 달리 뉴스 기사는 너무나 관습적이어서 클리셰가 돼 버린 결과 그 메타포적 성격이 인식되지 않는다. 클리셰는 극단적인 관습으로서, 이런 역설을 무력화하는 관건은 바로 이 과잉된 관습성이다. 현실을 전달하는 데 '문자 그대로의' 언어가 메타포적 언어보다 더 나은 것은 아니다. 왜냐하면 '현실'(또는 한 사회에서 현실로 통하는 것)은 지배 담론의 산물이기 때문이다. 푸코가 문자 그대로의 담론과 비유적 담론 간의 구분이 비생산적이라고 주장할 수 있었던 것은 이런 견해 덕분이다. 모든 언어는 비유적이며, 어떠한 언어도 '문자 그대로'라는 기술이 함축하는 경험적 현실과의 객관적인 관계를 가능케 하지 못한다.

이렇듯 메타포는 문학적 장식이거나 개인적 상상의 자극제가 아니다. 그것은 널리 퍼져 있는, 기본적인 의미 산출 메커니즘이다. 메타포는 친숙한 것으로 친숙하지 않은 것을 설명하는 것이어서 관습화하는 수행자이다. 라코프와 존슨(Lakoff & Johnson, 1980), 멈비와 스핏잭(Mumby & Spitzack, 1985)은 미국 3개 네트워크 TV 뉴스의 6개 정치 기사의 언어를 연구해 총 165개의 메타포가 사용된 사실을 발견했다.

표 15-1은 전쟁이 정치를 기술하는 가장 흔한 메타포이며, 그다음이 스포츠와 드라마라는 사실을 보여 준다. 전쟁이나 스포츠의 메타포를 사용해 정치를 의미화하는 것은 정치를 국가의 복리에 봉사하는 공적 영역이 아니라 정당 간의 갈등으로 보이게 한다. 드라마의 은유를 사용하는

표 15-1　6개 뉴스 기사에 등장하는 주요 메타포의 빈도

	정치는 전쟁	정치는 게임	정치는 드라마	합계
공중 조기 경보기 상원 표결	35	30	9	74
OPEC 협상	4	3	1	8
후세인 국왕	21	5	6	32
백악관 정책	19	5	0	24
레이건 예산 정책	8	4	2 .	14
행정부 내 갈등	9	1	3	13
합계	96	48	21	165

것은 정치는 재능 있는 개인들이 스타로서 '연기하는' 무대라는 느낌을 준다. 이런 클리셰가 된 메타포들은 뉴스와 시청자, 그리고 정치인들이 공유하고 있는 제도적 담론institutional discourse에 그 기원을 두고 있다. 우리는 그런 메타포들이 정치인들의 실제 행동을 얼마나 적절히 묘사하는지 평가하는 관점에서 그것들의 정확성에 문제를 제기해서는 안 된다. 왜냐하면 그런 문제 제기는 정치인의 행동이 그것을 재현하는 데 이용되는 담론에 선행하며 그런 담론으로부터 독립적이라고 전제하고 있기 때문이다. 좀 더 생산적인 견해는 담론이 [현실을] 형성하는 역할을 한다는 것이다. 담론은 뉴스 생산자와 소비자에게서 공통적으로 존재하며(정치인은 뉴스 소비자에 속한다), 그래서 담론은 정치인들이 자신들과 자신들의 행동을 보는 방식을 형성하며 그래서 이들의 행동 형성에서 능동적인 역할을 한다.

　관습화된 메타포는 당연한 것으로 받아들여진다. 예를 들면, 라코프와 존슨(1980)은 '시간은 돈이다'라는 메타포가 광범위하게 쓰인다는 사실을 보여 주었다. '시간을 아낀다' 또는 '낭비한다,' '쓴다'와 같은 어구가 일상적인 것으로 들리는 것은 이 메타포가 자본주의 내에서 프로테스탄트 노동 윤리의 이데올로기에 훌륭하게 봉사하고 있다는 증거다.

　　　　　　　　　　　　　　　　　　　　　　　　　JOHN FISKE

뒤(pp.537~541)에서 분석한 호주의 뉴스 기사는 뉴스에서 메타포가 사용되는 전형적 예를 보여 준다. 여기서 전쟁의 메타포에 의해 재현되는 것은 정치가 아니라 노동 쟁의다. 이런 메타포 사용은 경영진을 '우리'로, 노조를 '그들,' 즉 적대적인 침입자로 보게 하며, 사회가 일련의 정당한, 필연적인 이해관계의 갈등 — 이는 하나의 관점만으로는 제대로 이해할 수 없다 — 으로 구성된다는 입장을 부정하는 효과를 낸다. 이런 갈등은 사회 내에서 일어나는 것이지, 우리와 외계인 간에 일어나는 것이 아니다. 전쟁의 메타포는 노조 활동을 비애국적인 행위로 규정하며, 부르주아지에 대한 노조의 도전의 정당성을 부인한다. 이런 점은 드러나 보이지 않으므로 이런 담론은 객관적 현실의 지위를 부여받는다. 이 메타포는 '탈명명화'되는 것이다. 이 메타포는 문학적 메타포의 경우처럼 전경화되고 특정한 저자가 사용한 것이라고 할 수 있는 것이 아니다. 관습적 담론의 일부로서 그 관습은 개인적 상상력에서 나오는 것이 아니라 사회적 위치로부터 유래한다.

이런 종류의 메타포는 6장에서 논의했던 〈하트 투 하트〉 장면의 벌—꿀—꽃 메타포에서 볼 수 있었던 자기 인식이나 과잉을 갖지 않는다. 뉴스에서 사용되는, 클리셰가 된 메타포들은 그 자체가 의미 산출 장치라는 사실에 주목하지 않는다. 그것들은 의미 차원을 열기보다는 닫는 작용을 하기 때문에, 시의 메타포나 〈하트 투 하트〉의 자기 패러디적인 과잉적 메타포와는 아주 다른 작용을 한다.

뉴스 내러티브

뉴스의 의미를 통제하는 범주화와 텍스트적 장치는 모두 내러티브 형식에 끼워 넣어진다. 8장에서 우리는 기본적 내러티브 구조에 대한 토도로프의 설명을 살펴본 바 있다. 이에 따르면 평형 상태가 교란되고, 해소에 도달할 때까지 교란의 힘들이 작용한다. 그리고 또 다른 평형 상태가 성취되는데, 이것은 최초의 것과 다를 수도 있고 같을 수도 있다. 이 구조는 시트콤이나 경찰 드라마의 경우와 마찬가지로 TV 뉴스 스토리에서도 기본 구조를 이룬다. 이 세 장르 모두에서 마지막의 평형 상태는 최초의 상태와 동일하거나 적어도 상당히 비슷하며, 그러한 한 이런 형식은 반동적이거나 보수적이다.

다른 스토리에서와 마찬가지로, 뉴스 스토리에서 주요한 내러티브 에너지는 본론 부분에 있게 되는데, 여기에서 교란의 힘들이 탐색되고 그 힘들로 인한 사회 질서와의 갈등이 드러난다. 그러나 이데올로기적 에너지는 이 갈등의 해소와 최초의 평형 상태와 마지막 평형 상태에 체현되는 현 상태와 갈등 간 관계의 해소에 쓰인다. 뉴스 스토리에서 최초의 평형 상태는 평형의 부재를 통해 그것의 이데올로기적 작용을 수행한다. 이는 무언의 규범이며, 그 규범이 당연한 상식으로 받아들여지게 됨으로써 그것을 명확히 표현할 필요를 없애버린다. 홀(1984)에 따르면, 뉴스 스토리의 형식이 수행하는 이데올로기적 작용은 어떤 내용보다도 더 중요하다.

> 뉴스 스토리들이, 아니 이들 스토리를 전하는 방식들이 언론인들을 쓴다 write. 언론인들이 자판에 손을 얹거나 펜을 들기 전에 스토리는 이미 거의 대부분 쓰여져 있다……
>
> 만약 당신이 한 스토리를 특정한 방식으로 전한다면, 당신은 스토리 자체에 내장돼 있는 것으로 보이는 의미들을 활성화하는 것이라는 점을 강조해 두고자 한다. 당신은 가장 극적인 스토리나 사건을 가장 생생하고 끔찍하게 전할 수 있지만, 만약 그것을 동화로 구성할 경우 해피엔딩으로 매듭짓지 않으려면 엄청난 노력을 해야 한다는 말이다. 그러한 의미는 이미 스토리 자체의 형식 내에 숨겨져 있거나 담겨 있다. 형식은 형식과 내용이라는 낡은

구분보다도 훨씬 더 중요하다. 우리는 형식은 빈 상자와 같으며 중요한 것은 당신이 그 상자에 무엇을 넣는가의 문제라고 생각한다. 그러나 이제 우리는 형식은 실제로 당신이 내용이라고 하는 것의 일부임을 알고 있다. (p.7)

뉴스 스토리의 내용은 날마다 변할 수밖에 없지만, 그것의 변치 않는 형식은 가장 중요한 봉쇄 전략의 하나이며 이는 픽션과 뉴스 모두에 해당한다. 홀(1984)은 주장한다.

우리는 실제 관련 내러티브와 픽션 내러티브를 너무나 단순하게, 잘못되게 구별한다. 이는 뉴스에서도 마찬가지다. 뉴스는 전쟁 로맨스와 아주 비슷한 작은 스토리들로 채워져 있다. 그런데 현실과 픽션 간의 관계를 단순화하는 다른 방법은 없다고 난 믿는다. (p.6)

TV 방송사들은 점점 불안정해지고 있는 이런 관계를 종종 이용한다. 퓨어(1986)는 뉴스와 픽션이 상호 엮이는 명백한 사례를 두 가지 든다. 한 예에서 〈다이너스티〉를 정규적으로 보는 대학생들에 대한 기사가 〈다이너스티〉 중간에 홍보물로 방송되었고, 이어지는 뉴스에서 보도 꼭지로 방송되었다.

이와 비슷하게, 10대 자살을 다룬 '트라우마 드라마' 다음에 방송되는 11시 뉴스에서 '당신' 아이들의 자살 성향을 인식하는 방법에 관한 '전문가의' 심리적 조언이 방송된다고 전했고, 뒤이어 관련 프로그램이 방송됐다. (p.105)

해당 드라마가 좀 더 리얼하게 보이도록 하는 것은 TV 방송사에 유리한 것이다. 왜냐하면 '리얼하게 보이는 것'은 자본주의 사회의 이데올로기에서 핵심적 요소이며, 그래서 자본주의 사회에서 독해 관행에 매우 중요하다. 그러나 이런 관행은 단지 유사성만을 이용할 수 있다. 왜냐하면 픽션과 마찬가지로 '뉴스'는 담론이며, 픽션 스토리와 똑같은 방식으로 현실을 의미화하는 스토리를 통해 효과를 지니기 때문이다.

이처럼 픽션과 현실 간의 구분이 흐려지는 현상은 뉴스가 인물을 다룰 때에도 찾아볼 수 있다. 뉴스에 나오는 인물들은 실제 개인들임이 분명하지만, 사람들을 통해 사건을 재현하는 데 있어서 뉴스는 고전 리얼리즘의 관습을 따른다. 뉴스가 실재의 이해 가능하고 진정한 버전을 구성하는 방법은 관련된 사람들의 행동, 말, 반응을 통해서라고 가정하기 때문이다. 사회적, 정치적 이슈는 개인들을 통해 체현될 때에만, 그래서 사회적 이해관계의 갈등이 개인 간의 갈등으로 인격화될 때에만 보도된다. 이것은 사건들의 근원이 사회적인 것이란 점을 잊도록 해 개인적 동기가 모든 행동을 일으킨다고 가정하도록 한다. 이런 점에서 파업 기사와 〈하트 투 하트〉의 스토리는 다를 바 없다.

고전 리얼리즘의 경우와 마찬가지로, 뉴스에 나오는 개인들은 무엇보다도 신중하게 선택된 사람들로서 내러티브 구조에 이들을 삽입하는 방식에 의해 세심하게 통제된다. 제한된 범위의 사람들만이 뉴스에 등장할 수 있고, 극소수의 사회적 위치만이 '말할' 수 있도록 허용된다. 예를 들면, 영국 정부는 북아일랜드 '테러리스트들'이 자신들의 말로 자신들의 입장을 밝히도록 허용해서는 안 된다고 BBC를 '설득하기' 위해 '국익 national interest'이라는 개념을 이용한다. "접근이 허용된 목소리들"(Hartley, 1982)은 보통 의회 민주주의라는 안전한 한계 내에 속하는, 제한된 사회적 위치로부터 말한다. 너무 급진적으로 보이는 목소리는 직접 말하도록 허용되지는 않지만, 그 관점이 조금이라도 재현될 때면 매개된 채 보도된다.

이처럼 선택적으로 허용되는 목소리는 그것이 뉴스 내러티브 내로 포함되는 방식에 의해 더욱 통제된다. 하틀리(1982)는 뉴스에서 허용되는 목소리와 소설 속의 대화 간에 생산적인 유비 관계를 설정한다.

JOHN FISKE

대화가 그것을 말하는 인물에게 '속하는' 것일지라도 그것은 저자가 만들어 낸 것이다. 텔레비전 뉴스에서도 똑같은 원리가 적용된다. 한 개인이 무엇을 말한다 해도 그 의미는 말하는 사람의 의도나 상황에 의해서가 아니라, 스토리의 전체 맥락에서 그 인터뷰를 어디에 넣는가에 의해 결정된다. (pp.109~110)

그러므로 아래에서 분석하는 스토리에서 노동조합 활동가는 단지 내러티브가 그를 적/악당으로 구성한 뒤에야 말할 기회가 주어진다.

뉴스는 내러티브 구조를 통해, 또 허용되는 목소리들을 신중하게 선택함으로써 실재의 다성성을 통제한다. 허용되는 목소리들은 항상 친숙한 사회적 역할, 즉 정치 지도자, 노조 활동가, 트라우마 희생자 등의 목소리다. 이들 사회적 역할은 조직되어 내러티브 기능을 수행하게 된다. 벨(Bell, 1983)은 신문과 TV 뉴스의 마약 관련 기사를 상세히 검토한 연구에서 이런 과정이 작동하는 좋은 예를 제시한다. 먼저 개인들은 네 가지 주요 사회적 역할 — 경찰과 단속 요원, 사회복지 요원, 마약 제조업자 및 거래업자, 마약 복용자 — 내로 삽입된다. 그리고 이들의 사회적 역할은 영웅, 조력자, 악당, 희생자라는 내러티브 기능을 수행하는 것으로 그려진다. 벨은 다음과 같은 결론을 내린다.

[미디어는] 영웅과 조력자가 사회의 행정 조직을 대표해서 악당 조직과 취약한 희생자들이 일으킬지도 모르는 지나친 위협을 완화하기에 적합한 정도로 행동하는 것으로 상정한다. (p.118)

벨은 대체로 픽션에서 사회적 유형들이 체현하는 것과 똑같은 이데올로기적 가치를 체현하는 사회적 유형들이 이런 [뉴스 내의] 내러티브적, 사회적 역할들을 채운다는 사실을 발견했다. 그러므로 악당들(마약 제조업자/거래업자)은 대개 앵글로색슨이 아니었으며, 그럴 경우는 그들이 아시아나 남미와 연결돼 있다는 점이 강조됐다. 사회적 또는 인종적 일탈은 픽션에서처럼 뉴스에서도 악의 기호이자 체현이다. 희생자들은 사회 권력을 거의 갖지 못한 집단 출신들로 청년, 여성, 하층, 실업자, 성취도가 낮은 자들이다. 이들의 취약함 때문에 생기는 위협은 이를 수용하기 위해 마련된 사회 구조 내의 위치에 놓임으로써 해소된다. 영웅은 악과의 투쟁에서 능동적이며, 사회적으로 중심적인 유형인 경향이 있다. 반면 조력자는 덜 능동적이지만 보살피는 데 능하며, 영웅과 희생자 간을 매개하는, 그래서 둘의 특성을 모두 가진 사회적 유형에 의해 재현될 수 있을 것이다.

홀(1984)이 지적하듯이, 이런 형식적 특성은 단지 의미의 담지체, 즉 내용이 담기는 친숙한 주형에 불과한 것이 아니다. 형식과 내용은 함께 의미를 만든다. 이 둘을 분리하는 것은 결국에는 비생산적일 수밖에 없다. 스토리는 미리 쓰여진 것이어서, 그것이 언론인들을 '쓰며,' 그 의미는 이미 순환 중이다. 그런 형식을 사용함으로써 뉴스는 겉보기엔 새롭거나 놀라운 사건을 친숙한 것으로 만든다. 그 친숙성은 뉴스의 봉쇄 전략의 중심을 이룬다.

뉴스 분석

이런 봉쇄 전략이 작동하고 있음을 추적하기 위해서 전형적인 뉴스 스토리를 상세히 검토해 보자. 채널 9 뉴스에서 방송된 아래의 뉴스는 서부 호주의 퍼스에서 전기와 가스를 공급하는 주에너지위원회(SEC)에서 발생한 노동 쟁의를 다루고 있다. 이것은 뉴스 프로그램의 톱 기사였으며, 뒤이어 또 다른 '산업' 기사인 실업률 증가 관련 뉴스가 방송됐다.

뉴스 캐스터 러셀 구드릭:
FBI가 일본과 하와이 사이를 비행하는 점 보제트기 내에서 일어난 폭탄 폭발 사건을 조사하고 있습니다.

안녕하십니까. 곧 호놀룰루로부터 위성 보도를 전해드리겠습니다. 그렇지만 오늘의 톱 뉴스는 전력 공급업체 파업이 끝났다는 소식입니다. 호주의 실업률이 최악을 기록했다는 소식도 전해드립니다. 먼저 월리가 스포츠 뉴스를 전해드립니다.

스포츠 캐스터, 월리 포먼:
네, 러스[(러셀의 애칭)]. 밸 코미나가 내일 로열 프리맨틀 골프장에서 다섯 번째 주 골프 챔피언 타이틀에 도전합니다. 시드니 항에서는 요트 경기가 열립니다. 날씨는 배리가 전해드립니다.

기상 캐스터, 배리 바클라:
네, 여전히 상당히 구름 낀 날씨가 예상됩니다. 약간의 비가 내릴 가능성도 있습니다다만, 우산을 챙길 필요는 없을 것 같습니다. 러스.

뉴스 캐스터, 러셀 구드릭:
주 전체에 타격을 주었던 전력 파업이 자정을 기해 끝나게 됩니다. 발전소들이 풀 가동하게 되면서 오늘 밤 또다시 정전이 찾아올 가능성은 잦아들고 있습니다. 그동안 노동 쟁의로 수백만 달러의 생산 차질이 빚어졌고, 시의 3분의 1이 어둠에 휩싸였고, 불 꺼진 거리에서 행인 한 명이 사망하기도 했는데요. 타협 끝에 쟁의가 타결되었습니다.

친숙한 뉴스 캐스터: 그의 개성은 동일시와 친숙함을 통해 시청자를 끌어들이지만, 그의 말의 비인격성(객관성)에 영향을 미치지는 않는다.

위성: 즉각성, 진정성, 속도를 함축

파업: 이 단어를 선택한 것은 노조가 행위자라는 점을 함축한다. 파업은 노조가 하는 것이고 이로 인해 경영진은 고통을 받는다.

쟁의와 실업 뉴스를 함께 전하는 것은 원인과 결과의 관계를 암시할 수 있어 문제를 노조 탓으로 돌리게 할 가능성이 크다.

'헤드라인'은 뉴스가 부분으로 나눠져 있다는 점과 뉴스에 잠재하는 제멋대로인 속성을 봉쇄하기 위해 열심히 애쓸 필요가 있음을 함축한다.

뉴스 '팀'은 파편화된 뉴스 꼭지들을 통합하려는 시도다. 딱딱한 뉴스는 규범을 교란하는 것이다. 폭탄, 파업, 실업은 교란적이란 점에서 마찬가지다. 부드러운 뉴스와 스포츠 뉴스는 규범을 재확인한다.

타격을 주었던: 소비자를 희생자로 구성한다.

정전: 전쟁 메타포

파업의 원인이 아닌 영향에 집중함으로써 독해자를 소비자－희생자로 구성한다. 노조 활동을 '이해하는 데' 있어 [노조에] 적대적인 관점(관습적인 뉴스 관행).
갈등(노동조합) 대 타협(사회 규범)

기자, 존 콜린스(보이스오버):
주에너지위원회가 발전기 가동을 계속하려고 고투하는 가운데 어두운 표정의 파업 참가자 수백 명은 노동센터 2층에서 열린 오늘 아침 모임에 가기 위해 계단을 이용해야 했습니다.

고투하는: 이어지는 전쟁 메타포, SEC측은 주인공, 노조 측은 악당
어두운 표정: 영상과 모순될 가능성, 악당을 재현하는 픽션상의 관습
2층에서…… 계단을 이용해야 했습니다: '객관적인' 사실, 그 자체로 관심거리 아님. 구성된 스토리의 '진실성'을 보장. 아이러니를 통한 도덕적 판단

노조 집행부는 근처 사무실에서 노조 대의원들과 모임 전략을 짜고 있었습니다. 이들 중에는 위법 행위를 이유로 포트 헤들랜드 공장에서 해고되면서 파업의 발단이 된 24세 제프 듀크도 있었습니다.

'명명화' ― 시각적, 언어적
전략을 짜다: 전쟁 메타포의 지속. 이는 비행기 내 폭탄 기사와 연결을 함축한다. 파업은 테러리즘과 같은 개념적 범주에 포함된다. 쟁의 원인에 대한 유일한 언급은 그 영향에 대한 언급에 비해 매우 개괄적. 원인은 개인 탓으로 돌려지고, 경영진은 '탈명명화'돼 있다. 듀크의 해고는 경영진의 행위가 아닌 듯이.

'교란적 사건'(토도로프)은 [경영진이] 한 노동자의 위법 행위라고 주장하는 사건(아래의 '노조의 의무' 참조).
누가 위법 행위라는 이유로 해고? 탈명명화된 경영측이 해고.

기자, 존 콜린스(라이브 사운드):
어젯밤 정전됐을 때 어떤 기분이 드셨나요?

반응과 책임의 개인화는 동기를 탈정치화한다.
듀크는 영상에 의해 '명명화'된다.

잭 마크스(노조 사무차장):
듀크를 내버려 두세요. 우리는 이 시점에서 논란을 부추길 어떠한 얘기도 하고 싶지 않습니다. 우리는 문제를 풀려고 노력하고 있습니다. 누구라도 문제를 악화시키고자 한다면 그럴 수 있겠죠. 그렇지만 우리는 그런 입장이 아닙니다. 지금 우리를 쏴죽이겠다고 소리치고 위협하는 멍청이들이 있습니다.

봉쇄의 문제: 이것은 접종인가 교란인가?
지금까지의 스토리의 구조는 이 기사를 "이게 적들이 흔히 하는 얘기야. 속아 넘어가지 않으려면 적의 관점을 알고 있어야 해"라는 식으로 독해하도록 유도한다 ― 접종의 분명한 예. 그러나 그 효과는 의심스럽다(pp.541~552 참조)
마크스는 영상에 의해 "명명화"된다.

기자, 존 콜린스(보이스오버);
환호를 받는 가운데 사무차장 잭 마크스는 이 이슈는 노동조합 운동의 핵심인 대의원의 노조 의무를 하기 위한 노조 대의원의 권리를 공격하는 것이라고 말했습니다.

노조 활동가들은 감정적이고 위험한 선동가로 그려짐. 라이브 영상/사운드는 환호를 보여 주지 않음. 노조 활동가들이 우리와 같은 보통 사람임을 보여 주는 영상과 모순될 가능성. 이때까지의 스토리 구조는 이 권리의 정당성을 부인한다. 노조가 '대의원의 노조 의무'라고 하는 것을 '객관적인' 뉴스 전달자는 '환수'를 통해 '위법행위라고 주장된 것'이라고 말한다.

그러나 마크스는 나중까지 비장의 카드를 감추고 있었습니다. 레이 오코너 총리와 타협안이 이미 타결되고 있었습니다. 듀크 씨는 해고 재검토를 통해 즉시 복직될 수도 있을 겁니다. 작업 복귀 투표는 만장일치였습니다. 그러나 타협이 이렇게 손쉽게 이뤄질 수 있었다면 어제의 혼란은 도대체 왜 필요했던 걸까요?

비장의 카드: 게임의 메타포
타결되고 있었습니다: 수동태는 능동적으로 행동할 노조의 힘을 부정한다.
복직될 수도 있을 겁니다: 수동태는 경영진을 탈명명화한다. 경영진은 결코 언급되지 않으며 문법상 수동태로 표현된다. 노조는 교란의 행위자로 제시된다. 이를 복원하는 것은 주정부가 나서서 하는 일이다.
이해 갈등은 노조가 조작한 일이라는 함축이 깔려 있다. 부르주아의 힘은 타협/합의를 통해 작용한다고 한다.

잭 마크스(라이브):
어젯밤 도시가 어둠에 잠긴 것은 우리가 아니라 SEC 경영진의 결정 때문이었습니다.

기자, 존 콜린스(보이스오버):
노동자들은 자정 이후 작업에 복귀할 예정입니다. 전력 제한 조치가 여전히 시행되겠지만, 내일 오전이면 모든 것은 정상으로 되돌아올 것입니다.
채널 9 뉴스 존 콜린스입니다.

뉴스 캐스터, 러셀 구드릭:
사실 주에너지위원회는 오늘 저녁 7시에는 전력 제한 조치를 풀 수 있을 것으로 기대한다고 말했습니다만, 소비자들에게는 공식적 해제 명령이 있을 때까지 기다리면서 전력을 아끼라는 요청이 있었습니다.

접종 및 탈명화 전략이 이런 교란을 제대로 봉쇄할 수 있는가? 마크스는 익스트림 클로즈업으로 촬영되었다 ― 악당의 코드(p.72 참조)

해결: 스토리가 시작될 때와 동일한 상태로의 복귀

SEC는 이미 받아들일 만한 해결을 개선하려 노력하는 영웅으로 제시된다. SEC와 소비자들은(즉 국민)은 노조를 '패배시키는 것'에 동일한 이해관계를 갖는 것으로 함축된다. **그러나 노조도 소비자/국민이다.** 탈명화를 통해 경영진의 관점은 '진실'을 드러내는 객관적인 관점이 된다. 경영진은 [공공 기관인] SEC이다. 역설적이게도 노조는 [SEC가] 아니다.

출처: 본드 미디어, 퍼스, 서부 호주

교란의 힘

오랫동안 다양하고도 섬세한 봉쇄 전략들이 시도돼 왔다. 이들 전략은 기본적으로 형식상의 특성이며, 이데올로기 작동을 정면에서 감당한다. 그러나 뉴스가 이들 전략을 매우 필요로 한다는 점을 단지 지배 이데올로기가 스스로를 부과하고 자연화하려는 욕망의 증거로만 보아서는 안 된다. 그것은 교란의 힘들이 세다는 증거이기도 하다. 나는 교란의 힘들을 텍스트의, 실재의, 시청자들의 교란적 측면을 의미하는 것으로 쓴다. 이 힘들은 대항적, 대안적, 반항적 요소들을 봉쇄하기 위해 사용되는 의미를 위협한다.

　뉴스가 우리에게 전달해 주는 사회적 경험은 그 자체로 길들이기 어려운 것이다. 사건들은 뉴스가 부과하는 관습적 형태와 시퀀스에 쉽사리 들어맞지 않는다. 뉴스의 환유적 선택에서 남겨진 '조각들'이 반드시 말이 없고 눈에 보이지 않는 것은 아니며, 오히려 내러티브의 부드러운 표면을 터트리고 교란할 수 있다. 하틀리(1984)는 북아일랜드에서 일어난 총격 사건에 관한 BBC 뉴스 기사가 어떻게 사건을 가정이란 프레임 안에 두려고 했는지 보여 준다. 이 기사는 희생자를 남편/아버지로 구성한다. 그의 나이, 결혼 여부, 자녀수와 자녀들의 이름을 보도하고, 그의 평범한 집과 이웃을 영상으로 보여 준다. 그러나 집을 촬영하고 이웃들을 인터뷰하는 동안 군 헬리콥터가 머리 위를 날고 헬리콥터 소리가 사운드트랙에서 분명히 들린다. 이 사건의 정치적-군사적 '의미'는 기사가 제시하는 가정적 '의미'를 교란한다. '실재'는 너무나 다면적이고 너무나 모순적이어서 쉽사리 뉴스 관습의 통제에 굴복하지 않는다. 모두 봉쇄되기에는 '너무나 많은 현실'이 존재한다. 실재의 통제 불가능성과 텔레비전의 기호학적 과잉은 함께 작용해서, 다양하고 모순적인 의미들을 완전히 배제해 버릴 수 없도록 한다. 아무리 주변화되고 침묵을 강요당할지라도 교란하는 힘들은 봉쇄 전략을 극복하려는 적절한 독해자에게는 항상 존재한다.

　우리는 뉴스가 진정성과 즉각성을 갖기 위해 '민중의 소리vox pop'를 얼마나 높게 평가하는지를 살펴봤다. 그러나 이들 가치는 내재적으로 위태로운 것이며, '실재'와 맞닿아 있는 것은 단지 객관화 과정(앞 참조)을 자연화하고 보장할 뿐만 아니라 역으로 교란하기도 한다. 앞의 뉴스 기사에서 "어젯밤 도시가 어둠에 잠긴 것은 경영진의 결정 때문이었다"는 잭 마크스의 코멘트는 접종과 내러티브 내에 놓여짐narrative placement에 의해서 그것의 모든 대항성이 제거될 수는 없다. 오히려 역설적이게도 코멘트의 진정성은 코멘트의 영향을 강화함으로써 이들 전략을 무력화하는 방향으로 작동한다. 민중의 소리의 진정성과 즉각성은 필연적으로 그 목소리를 길들일 수 없는 교란적 목소리로 만든다. 그럼으로써 사회적 위치가 스튜디오 뉴스 캐스터의 탈명명화된 경영진 목소리보다는 잭 마크스에 더 가까운 독해자들이 대항적 독해를 할 수 있게 해 준다.

루이스(1985)는 뉴스 스토리의 내러티브 전략이 시청자에게 내러티브 구조 및 이와 연관된 의미를 부과하는 데 놀랄 정도로 비효율적임을 보여 주었다. 스튜디오 진행자의 소개말과 뉴스의 내러티브 구조보다도 직접 인용으로 전해지는 '민중의 소리' 부분의 내용이 시청자 집단에 더 큰 인상을 남겼다. 뉴스 시청자에 대한 루이스의 연구는 뉴스를 시청하는 다양한 시청자들에게 선호된 의미와 이데올로기를 부과하려는 뉴스 관습의 힘이 상당히 제한적이라는 사실을 보여 준다. 예로 든 뉴스 프로그램에서 잭 마크스의 진술과 나머지 스토리의 주요 내러티브 전략 간에는 명백한 모순이 존재한다. 루이스의 연구는 모든 뉴스 관습이 선호된 독해를 위해 동원된다 하더라도, 뉴스 관습과 민중의 소리 인서트 부분 간의 의미 투쟁에서 뉴스 관습이 항상 승리할 것이라는 보장은 없다는 점을 보여 준다. 잭 마크스의 '라이브'의 즉각성과 진정성은 일부 독해자들에게는 그의 목소리를 봉쇄하고 통제하려는 내러티브 시도보다도 더 큰 힘을 지닐 것이다.

루이스의 연구는 몰리(1980a)의 뒤를 이은 연구이지만, 루이스는 몰리와 달리 독해의 다양성의 근거를 시청자의 사회적 다양성에서 찾는 것이 아니라 뉴스 관습의 비효율성에서 찾는다. 그는 텔레비전 뉴스는 신문 뉴스로부터 모든 기사를 가장 중요한 포인트로부터 시작해 차례로 중요성이 떨어지는 세부 사항을 전하는 (TV에는) 부적절한 관습을 물려받았다고 지적한다. 확실히 신문과 TV 뉴스 프로그램은 다른 독해 양식을 요구한다. 신문 독자는 어떤 기사를 읽을지 선택할 수 있고, 우리 논의에는 더 중요한 점인데, 그 기사를 어디까지 읽을지 선택할 수 있다. 이렇듯 뉴스 스토리의 관습적 구조는 인쇄 저널리즘에 적합하다. 그러나 텔레비전 뉴스는 기사의 순서와 길이를 모두 선택한다. 그래서 신문 기사의 구조를 사용할 필요가 없다. 루이스의 연구에 따르면, 한 기사에서 다음 기사로 갑작스레 넘어가는 뉴스의 분할은 뉴스 스토리의 앞부분은 시청자들을 뉴스 토픽에 적응하도록 하는 데 쓰인다는 것을 의미한다. 이런 적응을 위해 첫 문장에서 세부 사항은 전달되지 않으므로, 신문에서 유래한 TV 뉴스 스토리 구조는 뉴스가 핵심적 중요성을 부여하는 정보가 흔히 실종 되는 사태를 빚었다.

이런 부적절한 구조는 다른 한편으로는 뉴스 내러티브의 효율성을 최소화하거나, 심지어 저해하는 작용을 했다. 그것은 해결과 결론에 집중 함으로써 바르트(1975a)가 내러티브의 '해석적 코드'라고 부른 것을 부정 하는 결과를 빚었다. 해석적 코드는 수수께끼를 제시하고 그것들이 해소 되는 방식을 통제하는 코드다. 루이스에 따르면, 이 코드는 시청자들을 내러티브에 가장 가깝게 끌어들이는 코드로서 시청자가 결과에 관심을 갖도록 한다. 텔레비전 뉴스에는 상대적으로 이 코드가 부재함으로써 뉴 스 프로그램이 시청자를 장악하는 힘이 약화되고, 따라서 '오독'이나 '기 억 착오'가 일어날 수 있는 공간이 열린다.

따라서 SEC 기사의 오프닝 멘트는 앞서 한 텍스트에 대한 우리의 분 석이 시사하는 것만큼 효과적으로 독해자를 소비자 – 희생자로 위치시키 지 않을 수도 있다. 이 뉴스 프로그램의 시청자들이 루이스가 말하는 것 과 똑같은 방식으로 행동한다면, 상당수의 시청자들은 이 이해의 프레임 을 정하는 오프닝 멘트를 전혀 기억하지 못하지만 전등을 밝히지 못하게 한 측이 경영진이라는 잭 마크스의 코멘트는 명확히 기억할 것이다. 물론 그들이 이 오프닝 멘트를 기억해야만 그것에 의해 위치지어지는 것은 아 니다. 스토리의 나머지 부분을 의미화하는 관점을 설정하는 멘트의 기능 은 단지 의식적으로 멘트 내용을 기억한다는 점에만 의존하는 것은 아니다. 그러나 루이스가 연구한 시청자들 중 상당수는 (기억하지 못하는) 도입부 멘트의 시점 설정 기능과 무관하게 (잭 마크스의 코멘트에 해당하는) 직접 인용 인서트를 기억하고 해석했다.

달그렌(Dahlgren, 1985)은 뉴스 독해에서 나타나는 차이를 설명하기 위해 시청자들 간의 차이를 좀 더 강조한다. 그의 연구팀은 자신들을 조사 대상을 삼아 뉴스를 '순진하게,' 즉 자신들의 사회적 위치에서 독해하려 했다. 그들은 이런 '독해'를 그들이 나중에 한, 연구자라는 사회적 역할에서 한 독해와 비교했다. 녹화한 것을 분석하면서 어쩌면 당연하게도 이 두 독해 간에 커다란 차이가 있다는 사실을 발견했다. 우선 그들은 자신들의 기억이 기대에 훨씬 못 미친다는 사실을 발견했다. 그들은 정보를 접하자마자 상당 부분을 잊어버려서 전혀 다른 독해를 하기도 했다. 더욱 놀라운 것은 그들의 학술적 독해도 상당히 다양했다는 점이다.

> 더구나 우리는 해석이, 주어진 뉴스 스토리에 대한 '감'이 우리 사이에, 심지어 연구를 반복한 이후에도, 상당히 다르다는 사실을 발견했다. 이는 단지 우리가 적용한 준거 프레임, 즉 우리 간의 서로 다른 지식, 성향, 연상 경향 등과만 관련이 있는 것이 아니라, 뉴스 스토리를 대할 때의 '마음가짐mind set'과도 관련이 있었다. 예를 들면, 우리 중 한 사람은 메시지의 차원에 주목했다면, 다른 사람은 영상 경험에 좀 더 관심을 두는 식이어서 우리 각자의 '독해'는 상당히 다를 수 있었다. (p.237)

뉴스는 목소리들의 짜깁기montage로서 이중 많은 목소리들이 상호 모순된다. 또 뉴스의 내러티브 구조는 우리가 어떤 목소리에 좀 더 주목해야 하는지, 또 어떤 목소리가 나머지를 이해하는 프레임으로 사용돼야 하는지를 규정할 만큼 강력한 힘을 발휘하는 것도 아니다.

이것은 뉴스만 그런 것이 아니다. 바르트(1975a)는 모든 내러티브는 다섯 가지 코드에 의해 전달되는 상이한 목소리들의 조합이며, 이들 목소리 중 위계질서의 최상위에 존재하는 것은 없다고 말한다. 어떠한 독해에서도 어떤 한 목소리가 다른 목소리보다 더 크게 말할 수 있다. 이들 목소리를 담지하는 코드들은 텍스트가 다른 텍스트에 의해, "문화로서의 삶"에 대한 사회적 경험에 의해 영향을 받을 때 사용되는 수단이다(p.21). 바르트가 말하는 참조 코드(8장을 참조하라) 내에서 작동하는 잭 마크스의 멘트는 미디어에 등장하는 다른 노조원들에 대한, 노동 쟁의에 관한 다른 미디어 보도에 대한 우리의 텍스트 관련 경험에 의해 영향 받을 수 있다. 미디어 전공 학생들의 경우는 글래스고 미디어 그룹Glasgow Media Group의 교과서와 같은 2차 텍스트의 분석적, 비판적 목소리에 의해 영향 받을 수도 있을 것이다. 노동자 입장에서든 경영진 입장에서든 노동 쟁의를 직접 경험한 사람들에게는 그들의 '문화로서의 삶'이 텍스트에 영향을 미칠 것이다. 그들 간의 대화와 가십이 3차 텍스트로서 뉴스 자체를 독해하는 데 영향을 미칠 것이다. 바르트에게 있어서 코드는 다양한 텍스트적/사회적 경험이 1차 텍스트를 만나게 해 주는, 독해의 순간에 그 텍스트를 의미 있는 것으로 만들어 주는 다리bridge와 같은 것이다. 이 점은 두 가지 면에서 텍스트의 기원을 제거한다. 이는 의미로서의 텍스트가 생산의 순간이 아니라 독해의 순간에 생겨난다는 점을 보여 주며, 텍스트로부터 의미의 발신자의 지위를 박탈한다. 의미는 텍스트보다 앞서 문화 속에 미리 존재한다. 텍스트는 이미 말해진/생각된/재현된 것들에서 뽑아낸 인용들의 짜깁기다. 이것이 한 저자의 상상력의 산물로 보이는 소설에 대한 적절한 기술이라면, 이는 저자가 없거나 여럿인 것으로 볼 수 있는 뉴스의 경우에 더 적절한 설명이다. 뉴스는 단 한 사람의 상상력에 의한 통일된 액션이라고 주장하지 않는 대신 세계를 내러티브화하는 권위적 과정을 숨기면서 자신이 보도하고 창조하는 세계의 다양성을 자랑한다.

바르트는 텍스트의 다의성을 개방하는 데 있어서 독해자의 사회적 위치의 역할을 이론화하지는 않는다. 그러나 그는 독해자가 텍스트를 유의미한 것으로 만들기 위해 행해야 하는 작업을 상세히 설명한다. 뉴스 관습에 대한 독해자의 경험은 이 과정의 근저에 존재하는 문화적 '훈련'의 상대적으로 작은 부분일 뿐이다.

뚜렷이 드러나는 뉴스의 분할도 내러티브에 의해 주어지는 구조를 거슬러 뉴스의 의미를 개방하는 방향으로 작용한다. 뉴스에는 이데올로기적 일관성이 잠재해 있음에도 불구하고, 충돌, 인과 법칙의 결여, 놀랄 정도의 모순이 뉴스의 두드러진 특징을 이룬다. 기사를 '정치,' '산업,' '외신' 등으로 구분하는 것은 이런 충돌을 최소화하려는 시도이지만 제한된 전략적 효과를 지닐 뿐이다. 분할은 단지 뉴스 프로그램 자체의 구조화 원리일 뿐만 아니라 기사들 사이에서처럼 기사 내의 미시적 수준에서도 작용한다. SEC 노동 쟁의 기사는 스튜디오 코멘트, 모임 준비, 모임 자체, 카메라에게 하는 마크스의 발언 등 여러 부분으로 구성돼 있다. 내러티브는 이들을 시간 순서와 기호학적 순서로 배치하려 했을 테지만 짜깁기를 완전히 감출 수는 없을 것이다. 짜깁기는 모순적인, 그리고 상당히 개방적인 구조화 원리다.

민속지학적 조사 결과를 다른 상황에 외삽하는 것은 어려운 일이지만, 루이스와 달그렌의 연구는 텍스트는 독해자의 구성물이라고 한 바르트의 이론을 지지하는 증거를 제공한다. 그러나 이 두 연구자 중 누구도 뉴스 텍스트를 의미 투쟁의 장으로 보는 데까지 나가지 않는다. 우리는 한 경험적 순간에 대한 민속지학적 관점이 이 순간을 사회 권력의 경험에 관한, 또 권력에 대한 있을 수 있는 저항에 관한 좀 더 큰 관점으로부터 벗어나지 않도록 주의해야 한다. 그 순간은 필연적으로 사회 권력의 일부이기 때문이다. 이처럼 달그렌 등이 의식하고 있던 상이한 독해와 기억들은 좀 더 이데올로기적인, 독해자의 외면상의 '자유'에 대립적인 무의식적 의미들의 기본틀 내에 놓여졌다. 자신들이 순진한 독해를 할 당시 기억의 부정확성에 대해 언급하면서 달그렌(1985)은 이렇게 말한다.

> 그러나 동시에 이를 처음으로 시청할 때 우리는 거의 위화감을 느끼지 못했
> 다. 우리가 공식적 정보를 흡수하는 데 실패했던 것은 친숙한 무언가를 인
> 식하는 강력한 경험에 의해 가려진 듯했다. 사실 우리가 자발적으로 갖는
> 인상은 흔히 약간은 자기를 확신하는 것이었으며, 우리가 얼마나 많은 것을
> 놓치고 있는지 깨달은 것은 비디오테이프를 수차례 반복해 보고 녹취록을
> 검토한 이후였다. (pp.236~237)

'친숙한 무언가를 인식하는 경험'은 지배 이데올로기가 뉴스 관습에
의해 텍스트의 형식으로 구조화되는 방식 때문이었다. 매일 매일 변치 않
는 것, 우리가 일상적 차이를 해석하는 데 쓰게 되는 기본 원칙들을 제공
하는 것이 바로 이것이다. 그래서 주로 내용의 차원에서 생기는, 그리고
기억의 비효율성 때문에 약화되는, 독해의 개인적 차이보다는 이 지속성
이 뉴스의 형식을 이데올로기적으로 더 강력하게 만들어 준다고 주장할
수도 있을 것이다. 또 다른 불확실성에서 달그렌의 '자기 확신'이 유래한
다. 그것은 이데올로기적으로 의미화의 적절한 방식을 제공하는 이들 기
본 규칙의 힘에서 유래할 수도 있을 것이다. 의미화의 적절한 방식이란 실
제로 산출되는 의미가 (상대적으로 작은) 개인적 차이에서 공통적으로 찾아
볼 수 있는 것이거나, 각 독해자/의미 생산자의 하위 문화적 요구에 따라
산출된 각각의 의미가 적절한 데 유래한 것일 수도 있을 것이다. 아마도
상이한 독해자들은 상이한 근거에서 유래하는 '자기 확신'의 느낌을 경
험할 것이다. 이런 불확실성은 경험적으로 해소될 수 없다. 그러나 적어도
기억의 부정확성과 자기 확신의 느낌 간의 모순, 새로운 정보와 친숙한 느
낌 간의 모순은 우리로 하여금 뉴스를 독해한다는 것이 여타 텍스트를
독해하는 것만큼이나 복합적인 문화적 실천임을 깨닫도록 한다.

JOHN FISKE

뉴스 독해와 픽션 독해 간의 이러한 유사성은 달그렌의 연구를 카츠와 리브스(1985)의 연구과 비교해 보면 더 잘 드러난다. 두 연구 모두 자신들이 발견한 독해 실천의 차이를 설명하기 위해서 야콥슨(Jakobson, 1960)이 커뮤니케이션의 지시적 기능과 시적 기능을 구별한 것을 끌어들였다. 지시적referential 기능은 텍스트가 텍스트 외적 현실에 대한 감을 지시함으로써 충족되는 기능이다(바르트의 참조 코드와는 반대). 시적poetic 기능은 텍스트가 자체의 텍스트성, 자체의 구조와 관습을 참조하는 것이다. 달그렌은 다음과 같이 말한다.

> [일부 뉴스 시청자들에게는] 외부 현실에 대한 참조는 약한 것으로 보일 수 있고, 의미는 메시지의 자기 참조 내에 더 잘 체현될 수도, 그래서 일부 형식의 미학적 관여를 북돋울 수도 있을 것이다. 로만 야콥슨의 용어로 하면 '지시적 기능'은 때로는 '시적 기능'에 종속될 수도 있을 것이다. (p.238)

카츠와 리브스(1985)는 비미국인 집단 중 일부는 〈댈러스〉를 지시적으로, 즉 미국식 생활 방식의 재현으로 독해한 반면, 다른 사람들은 좀 더 시적으로, 즉 내러티브 관습, 성격화, 드라마적 갈등의 구조로 독해한다는 사실을 발견했다. 반면 미국인 집단은 좀 더 유연해서 그 드라마를 지시적으로 또 시적으로 독해하는 것으로 나타났다. 지시적 독해는 텍스트의 재현의 질을 전경화하고, 시적 독해는 그것의 담론성을 전경화한다.

이 두 독해 전략 간의 차이는 뉴스의 관습과 그것이 구성/통제하는 '현실' 간의 대립과 병립한다. 때때로 이들 관습의 적용은 상당한 부담감을 주기 때문에 경험적 증거가 없더라도 그 효과는 의심스러울 수밖에 없다. 모든 기사가 종결에 도달해야 한다는 관습이 이에 해당한다. 앞에 기사에서 노동 쟁의는 타결됐고 전기는 다시 들어와 외견상 삶은 정상으로 되돌아왔다. 그러나 기사가 전달되는 방식에서 이 기사는 쟁의에 대한 것이 아니라 오히려 노조와 사회 간의 '전쟁'에 관한 것이다. 이 '전쟁'은 다음과 같은 심층의 이항 대립에 의해 구조화되었다.

동지	:	적
호주	:	비호주
희생자	:	악당
경영진	:	노동조합
우리	:	그들

그리고 이 심층의 갈등이 이 개별 기사의 (표면상의) 내러티브 종결에 의해 해소되었다는 것을 암시하려는 시도도 없었다. 반면, 대부분의 뉴스 기사와 마찬가지로 종결 지점은 형식적이고 일시적이다. 기사 근저의 갈등을 관습에 의해 처리하는 것은 갈등은 항상 해소되지 않은 채 남게 되며 취약한 균형 상태는 다시 한 번 교란될 것임을 의미한다. 이런 식으로 뉴스는 드라마나 시트콤과 비슷하다. 이 세 장르 모두에서 기본적 상황은 결코 최종적으로 해결되지 않는다. 엘리스(1982)는 텔레비전 시리즈는 "해결과 종결의 형식이라기보다는 딜레마의 형식"이며 뉴스와 마찬가지로 "문제의식의 반복에 기초하고 있다"고 지적한다(p.154).

이 문제의식은 최종적으로 사회적 삶의 불규칙성과 다양성에 대한 담론적, 사회적 통제를 행사하는 것 중 하나다. 뉴스가 좀 더 정확하거나 객관적이어야 한다는 주장은 실제로는 뉴스의 권위의 편을 드는 것으로, 질을 개선한다는 미명 아래 통제를 강화하려는 시도다. 물론 뉴스는 실재의 완전한, 정확한, 객관적인 그림을 결코 제공할 수 없다. 또 그러려 해서도 안 된다. 그런 시도는 단지 권위를 강화하며, 권위와 '논쟁하려는;' 협상하려는 민중들의 기회를 축소하기 때문이다. 진보적 민주 사회에서 뉴스는 뉴스가 담론적으로 구성된 것이란 점을 강조해야 하며, (단지 피지배자들의, 교란적 목소리만이 아니라) 뉴스 내의 모든 목소리를 명명화해야 하며,

JOHN FISKE

좀 더 생산자적인 독해 관계를 유도하기 위해 텍스트를 개방해야 한다. 뉴스는 높은 위상을 지닌 채 사회 갈등과 사회적 차이의 문제를 다루기 때문에, 독해자들이 뉴스와 (흔히 고집스레) 협상하도록, 뉴스가 묘사하는 사회 경험에 대한 자신들의 의미를 산출하도록, 자신들의 시점을 정당화 하도록 시청자를 촉발하고 자극하기 위한 담론적 원천으로 쓰도록 뉴스가 격려하는 것이 정치적으로 건강한 것이다.

뉴스와 픽션 간의 차이는 단지 위상의 차이일 뿐이다. 둘 다 사회관계를 의미화하는 담론적 수단이다. 중요한 것은 독해자가 픽션을 대할 때와 똑같은 자유와 불손한 태도로 뉴스 텍스트를 대하는 것이다.

이런 뉴스의 본질적 허구성을 좀 더 폭넓게, 좀 더 자기 확신을 갖고 인식한다면, 남성 시청자들은 여성 시청자가 솝 오페라를 시청할 때와 마찬가지로 사회적으로 동기화된 창조성을 갖고 뉴스 텍스트를 대하게 될 것이다. 그러한 생산자적 독해 전략을 뉴스에서 채택하는 일은 상당히 어렵다. 왜냐하면 뉴스의 종결의 힘은 우리 사회에서 뉴스가 갖는 권위에 의해 강하게 지지받기 때문이다. 또 가부장제하의 남성 시청자들은 여성 시청자들만큼 문화적 역량을 발달시킬 가능성이 적기 때문이다. 그러므로 뉴스의 담론 전략을 탈신비화하고 객관성과 진실의 이데올로기를 폭로하는 일은 비평가가 해야 할 중요한 과제다.

뉴스는 남성적 종결과 성취감을 부여하려는 모든 시도에도 불구하고, 솝 오페라 같은 드라마와 여러 가지 특성을 공유한다. 최종적 종결의 결여, 플롯과 인물들의 다중성, 반복과 친숙함 등이 그것이다. 솝 오페라의 외견상 무형성formlessness이 실재의 다면성과 유사한 것처럼, 실재의 교란적 힘들을 통제하려는 뉴스 내의 투쟁은 형식의 차원에서 남성적 내러티브 형식이 그 자체의 모습을 여성적인 것에 부과하려는 투쟁에 반영된다. 남성적 원리는 통제와 규칙을 불러오고, 여성적 원리는 교란 또는 적어도 회피를 불러온다. 남성적인 것은 의미를 통제하려, 독해자를 중심에 위치시키려 하고, 여성적인 것은 의미를 개방하려, 독해자를 탈중심화하려 한다. 남성적인 것은 지배 이데올로기를 담고 있고, 여성적인 것은 저항의 전략을 상연한다. 우리가 텔레비전을 장르적으로 구분해 사실과 픽션으로 나누는 것을 불신하는 데, 또 뉴스를 남성적 숍 오페라로 간주하는 것을 정당화하는 데, 뉴스의 픽션 형식과의 유사성과 차이점의 상호 작용이 그 근거를 제공하고 있다.

16장

결론: 대중성 경제

대중적이란 것

우리가 동질적인 사회에 살고 있다는, 사람들은 기본적으로 똑같다는 잘못된 믿음을 고수한다면, 대중성popularity은 이해하기 어려울 게 없다. 그러나 후기 자본주의 사회는 엄청나게 다양한 집단들과 하위 문화들로 구성돼 있으며, 모든 것은 사회관계의 네트워크로 묶여 있으며, 사회관계에서 가장 중요한 요인은 힘이 차등적으로 배분돼 있다는 사실임을 감안하면, 훨씬 복잡한 문제가 된다.

이 책에서 나는 자본주의 문화 산업이 외견상 다양한 산물을 생산하지만 그 다양성은 결국 환영적인 것으로 문화 상품들은 동일한 자본주의 이데올로기를 퍼트릴 뿐이라는 흔한 믿음에 반대 주장을 펴왔다. 문화산업의 포장술은 기가 막힐 정도여서 사람들은 자신들이 문화 상품을 소비하고 즐길 때 자신들은 이데올로기적 실천을 하고 있는 것임을 알지 못한다. 나는 '사람들the people'이 '문화적 멍청이'라고 믿지 않는다. 사람들은 구별을 할 줄 모르고 문화 산업의 우두머리들의 경제적, 문화적, 정치적 힘에 좌우되는, 수동적이고 무기력한 대중이 아니다. 마찬가지로 나는 다양한 사람들과 다양한 사회 집단에 공통된 특징은 그들이 저급하다는 점이기 때문에 다수에게 어필하는 예술은 사람들이 '동물적 본능'이라고 부르는 것에 어필할 뿐이라는 가정을 거부한다. '최소공배수'는 수학에서 유용한 개념일 테지만, 대중성에 대한 연구에서는 그것이 대중성 개념을 사용하는 사람들의 편견을 폭로할 수 있다는 것에 그 유일한 가치가 있을 뿐이다.

근래의 마르크스주의는 단일한 또는 단성적인monovocal 자본주의 이데올로기의 개념을 거부하고, 대신 다양한 자본주의적 주체들을 위해 다양한 방식으로 자본주의들에 대해 말하는 이데올로기의 다중성을 받아들인다. 자본주의에 대해 말하는 데 있어서 이데올로기들의 통일성은 이데올로기들이 말할 때 사용하는 악센트의 복수성에 의해 파편화된다. 그러한 견해는 저항이나 수용의 지점이 다수 있다고 상정하며, 유일한 통일성은 저항이나 수용이 존재한다는 사실 자체에 있을 뿐 그것이 취하는 형식에 있는 것이 아니라고 본다.

이것은 후기 자본주의에서 훨씬 큰 설명력을 갖는 모델이며, '사람들'에게 얼마간 힘이 있다고 보는 모델이다. 지배 이데올로기의 동질화하는 힘에도 불구하고 자본주의하의 피지배 집단들은 상당히 다양한 사회적 정체성을 유지해 왔다. 이런 사정 때문에 자본주의는 이에 상당하는 다양한 목소리들을 만들어야 했다. 자본주의적 목소리의 다양성은 피지배자들의 상대적인 불굴성의 증거다.

대중성에 대한 어떠한 논의도 대중성 내의 대립하는 힘들을 설명하지 않으면 안 된다. 문화 상품의 생산자와 배급자의 이익에 봉사하는 대중성의 정의는 일종의 머릿수 세기로, 흔히 약간의 인구 통계적 전문성을 가미해 특정 사회 정치적 계급, 연령 집단, 젠더, 또는 여타 분류에 따른 머릿수를 집계해서 광고주에게 '팔' 수 있도록 하는 것이다. 머릿수가 더 클수록 대중성은 더 큰 것이다. 이에 대립하는 정의는 대중적이란 것이

'사람들에 대한' 것을 의미하며, 대중성은 사람들로부터 나오며 그들의 이익에 봉사하는 것이란 개념이다. 여기서 대중성은 문화적 형식이 고객들의 욕망에 봉사하는 능력을 재는 척도다. 사람들이 생산자와 다른 사회적 위치를 점하는 한 그들의 이익은 필연적으로 생산자들의 이익과 다를 수밖에 없고 종종 갈등한다.

'사람들'이란 용어는 낭만적 함축을 지니고 있어서 우리는 사람들을 대항 세력으로, 그들의 문화적, 사회적 경험을 어떤 면에서 진정성 있는 것으로 이상화하지 않도록 유의해야 한다. 대신 우리는 사람들을 다층적이며 지속적으로 변화하는 개념으로 이해할 필요가 있다. 엄청나게 다양한 사회 집단들이 다양한 방식으로 지배적 가치 체계에 적응하기도 하고 대항하기도 하기 때문이다. '사람들'이란 개념이 타당성을 지니는 한, 이를 지속적으로 변하고 상대적으로 단기적인 구성체 연합으로 볼 필요가 있다. '사람들'은 통일된 개념도, 안정적인 개념도 아니다. 그 조건은 지배 계급과의 변증법적 관계에서 지속적으로 새로 만들어진다. 그러므로 문화 영역에서 대중 예술은 지배 이데올로기의 실천과의 다중적, 발전적 관계에 기반을 둔 단명한, 다채로운 개념이다.

'사람들'이란 용어는 상대적으로 힘없는, 그리고 전형적으로 소비자로 호명되는 — 그들이 이런 방식으로 반응하지 않을 수도 있지만 — 사회 집단을 가리킨다. 그들은 문화 상품의 생산자들의 것과는 다른, 흔히 갈등하는 자신들만의 문화 형식과 관심사를 가진다. 이들 집단이 누리는 지배자들로부터의 자율성은 단지 상대적이며 결코 전면적이지 않지만, 이 자율성은 굴하지 않고 포섭에 저항해 온, 저평가된 문화 형식들 — 이중 다수는 구술적이며 기록으로 남아 있지 않다 — 을 통해 이데올로기적이며 동시에 물질적인 차이를 유지해 온, 주변화되고 억압된 그들의 역사에서 유래한다. 어떤 집단에게 이런 차이는 사소한 것이고 갈등은 드러나지 않을 수 있지만, 다른 집단에게는 차이가 굉장히 클 수 있다. 문화 상품이 대중적이려면 생산자의 이익만이 아니라 이를 즐기는 사람들의 다양한 이익과 만날 수 있어야 한다.

두 가지 경제

이런 이익이 여러 가지이고 모순된 가치를 지닌다는 것이 하나의 상품에서 다양한 이익과 가치가 함께 만날 수 없다는 것을 뜻하지는 않는다. 다름이 아니라 문화 상품이 상이한, 그러나 동시에 존재하는 두 가지 경제에서 순환하고 있기 때문일지라도, 그것들은 함께 만날 수 있다. 이 두 가지 경제를 금융 경제와 문화 경제로 부를 수 있을 것이다.

금융 경제the financial economy의 작동으로 모든 문화적 요인들을 적절히 설명할 수는 없다. 그러나 소비 사회의 대중 예술을 탐구할 때는 항상 금융 경제를 고려할 필요가 있다. 텍스트를 문화 상품이라 칭하는 것은, 어느 정도까지이긴 하지만, 유용하다. 그러나 우리는 항상 문화 상품과 시장에서 팔리는 여타 상품 간의 차이를 인식해야 한다.

예를 들면, 마르크스는 미학적 쾌락의 생산은 사용 가치를 지닌다고 주장했지만 — 이는 이 용어를 메타포로 사용한 것으로 보인다 — 문화 상품은 명확히 정해진 사용 가치를 갖지 않는다. 예술 작품의 사용 가치는 말하자면 총이나 콩 통조림의 사용 가치와 다르다. 그것은 훨씬 더 예측하거나 특정하기 어렵다. 하지만 문화 상품은 재생산 기술이 심한 압박 하에서 부여한, 상당히 명확히 밝힐 수 있는 교환 가치를 지닌다. 복사기, 녹음기, 비디오 레코더는 대중적 힘의 대행자이므로, 생산자와 배급업자는 교환 가치에 대한 통제 및 상품의 희소성을 유지하기 위해서 저작권법을 정밀하게 다듬고 확대해야 한다고 주장해 왔다. 그러한 입법은 대부분 실패했다. 텔레비전 프로그램과 음반의 복사는 광범위하게 퍼졌을 뿐만 아니라 사회적으로 용납할 만한 것으로 받아들여지고 있다.

문화 상품은 상대적으로 초기 생산비가 높고 재생산비가 낮다는 점에서 다른 상품들과는 다르다. 그래서 배급에 대한 투자가 생산에 대한 투자보다 좀 더 안정적인 수익을 얻을 수 있다. 그래서 기술 개발과 벤처 자본은 위성에, 케이블 및 극초단파 배급 체제에, 또는 텔레비전 하드웨어, 사운드 시스템, 홈시어터에 집중돼 왔다.

그러나 문화 상품은 금융 경제 용어만으로는 적절히 기술될 수 없다. 대중성 확보에 핵심적인 상품의 순환은 병행하는 경제, 즉 문화 경제the cultural economy에서 발생한다. 여기서 교환되고 순환하는 것은 부가 아니라 의미, 쾌락, 사회적 정체성이다. 물론 기본적으로 금융 경제에 기반을 두고 있는 상품도 문화 경제에서 작동한다. 비슷한 상품들 간에서 소비자의 선택은, 소비자 단체들의 노력에도 불구하고, 흔히 사용 가치를 따지는 것이 아니라 문화적 가치를 따지는 것이다. 소비자에게 있어서 다른 상품이 아닌 바로 이 상품을 선택하는 것은 의미, 쾌락, 사회 정체성의 선택인 것이다. 자본주의 경제가 생산으로부터 마케팅으로 이동하면서 물질적 상품의 문화적 가치의 중요성이 엄청나게 커졌다. 예를 찾으려면, 패션 산업이나 자동차 산업을 살펴보기만 하면 된다. 그럼에도 불구하고 그런 상품들은 아직도 사용 가치에 기반을 두고 있는 금융 경제 내에서 주로 순환한다.

분리돼 있지만 연관돼 있는 금융 경제와 문화 경제 간의 상호 작용에 대해 좀 더 상세히 살펴볼 필요가 있다. 금융 경제에서는 문화 상품의 두 가지 순환 방식이 있을 수 있다. 먼저 프로그램 제작자는 프로그램을 배급업자에게 판다. 프로그램은 직접적으로 물질적인 상품이다. 이어서 상품으로서의 프로그램은 역할이 바뀌어 생산자가 된다. 프로그램이 생산하는 새로운 상품은 시청자로서, 시청자는 다시 광고주 또는 스폰서에게 팔린다.

이 두 금융적 '하위 경제sub-economies'의 상호 의존성과 이들을 통제할 수 있는 가능성을 보여 주는 고전적 예는 〈힐 스트리트 블루스〉에서 찾아볼 수 있다. MTM은 이 드라마 시리즈를 제작해 배급을 위해 NBC에 팔았다. NBC는 드라마 시청자들(대부분의 TV 시청자보다 좀 더 상위의 사회 경제적 남녀 집단)을 이 드라마를 후원하는 메르세데스 벤츠에 판다. 이 드라마의 시청률은 높은 편이지만 선풍적이지는 않았다. MTM은 원한다면 시청률을 높이기 위해 드라마의 포맷과 내용을 수정할 수도 있었다. 그러나 시청률 증가는 하위의 사회 경제적 집단에서 이뤄질 것이고, 이 집단은 메르세데스 벤츠가 사고자 하는 상품이 아니다. 그래서 드라마는 그대로 유지되었고, 계급 갈등이 별로 그려지지 않음에도 불구하고 미국 텔레비전 중에서 강한 계급적 기반을 지닌 몇 안 되는 프로그램 중 하나가 되었다. 중산층 불안의 체현이랄 수 있는 푸릴로와 데이븐포트●는 노동 계급 경찰 팀을 돌보고 이들 때문에 아파한다. 이 드라마는 계급과 사회적 양심, 도덕적 책임에 대한 여피yuppie적 견해를 중심으로 구성되어 있으며, 이는 문화 경제에서 이 드라마가 제공하는 의미와 쾌락의 기반을 형성한다.

[금융 경제로부터] 문화 경제로의 이동은 상품에서 생산자로 역할 변동을 야기한다. 이전의 역할 변동이 프로그램의 역할을 상품에서 생산자로 바꾸었듯이, 문화 경제로의 이동은 시청자의 역할 변동도 초래한다. 시청자도 상품에서 생산자로 — 이 경우 의미와 쾌락의 생산자로 — 바뀌는 것이다. 문화 경제와 금융 경제 간의 간극은 문화 경제에 상당한 자율성을 부여할 정도로 크지만, 서로를 연결짓는 것이 불가능할 정도로 크지는 않다. 프로그램의 제작자와 배급자는 시청자들에게, 또 프로그램을

● 〈힐 스트리트 블루스〉의 남녀 주인공. 프랭크 푸릴로는 힐 스트리트 경찰지구대장이며, 조이스 데이븐포트는 국선 변호인으로 그의 여자 친구다.

JOHN FISKE

보고 시청자들(문화 경제에서 시청자는 복수일 수밖에 없다)이 산출하는 의미와 쾌락에 제한적이지만 얼마간 영향을 미칠 수 있다. 〈힐 스트리트 블루스〉가 노리는 상층 시청자층만이 유일한 시청자층인 것은 아니므로, 다양한 시청자들이 다양한 쾌락과 의미를 산출할 것임에 틀림없다. 〈댈러스〉는 단지 미국에서만 최고 시청률을 기록하고 다양한 미국인 시청자만을 획득한 것이 아니라, 해외에도 널리 수출되어 모든 픽션 TV 프로그램 중 시청자가 가장 많은 프로그램으로 알려져 있다. 6장에서 언급했듯이 이엔 앙(1985)은 〈댈러스〉가 성차별주의 및 자본주의의 과잉을 통해 표면적으로는 이들 체제를 찬양하지만 [심층적으로는] 이를 비판하고 있음을 발견함으로써 네덜란드 마르크스주의자들과 페미니스트들이 이 드라마에서 쾌락을 발견할 수 있었다는 사실을 밝혀낸 바 있다. 마찬가지로 카츠와 리브스(1984, 1985)는 유태인 키부츠 조합원들이 유잉 가문의 부가 행복을 가져다주지 않는다고 여긴 반면, 북아프리카 촌락 협동조합 조합원들은 그들의 부가 안락한 생활을 누리게 해 주었다고 생각한다는 사실을 발견했다. 카츠와 리브스가 연구한 50개 민족의 중하위층 시청자 집단들은 엄청나게 다양한 의미들을 산출했으며 똑같은 프로그램에서 매우 다양한 쾌락들을 발견했다.

이 책은 문화 경제에서 생산자로서의 시청자의 힘은 상당하다고 주장해 왔다. 이것은 부분적으로는 금융 경제에서의 그들의(피지배자로서의) 역할의 직접적 기호가 부재해 그들을 경제적 제약으로부터 해방시켜 준 덕분이다. 판매/소비의 지점에서 돈의 교환이 없으며, 지불하는 가격과 소비량 간의 직접적 관계도 없어서 사람들은 돈이 없더라도 원하는 것을 원하는 만큼 소비할 수 있는 것이다. 그러나 좀 더 중요한 점은 시청자의 힘이 문화 경제에서 의미가 순환하는 방식은 금융 경제에서 부가 순환하는 방식과 같지 않다는 사실에서 유래한다는 것이다. 의미는 소유하기 쉽지 않으며(따라서 다른 사람들이 소유하지 못하게 하기가 어렵다), 의미와 쾌락의 생산은 문화 상품의 생산과, 또는 여타 상품의 생산과 같지 않기 때문에 의미는 통제하기가 쉽지 않다. 왜냐하면 문화 경제에서 소비자의 역할은 단선적인 경제적 거래의 끝 지점에 존재하는 것이 아니기 때문이다. 의미와 쾌락은 생산자와 소비자의 실질적 구분 없이 문화 경제 내에서 순환한다.

금융 경제에서 소비는 생산과 확연히 분리돼 있으며, 생산과 소비를 묶는 경제 관계는 비교적 명확하고 분석 가능하다. 그러나 문화 경제는 이와 같은 방식으로 작동하지 않는다. 우리가 '텍스트'라고 부르는 문화 경제의 상품들은 의미와 쾌락의 용기 또는 전달체가 아니다. 그것은 오히려 의미와 쾌락의 **도발자**provoker다. 의미/쾌락의 생산은 결국에는 소비자의 몫이며 단지 그의 이익 여부에 따라 이뤄진다. 이것은 물질적 생산자/배급자가 의미와 쾌락을 만들어 팔고자 하지 않는다는 말이 아니다. 그들은 그리고 싶어 하지만 실패 비율이 엄청나게 높다. 음반 13장 중 12장이 이윤을 남기지 못하며, TV 드라마 수십 편이 도중하차한다. 많은 돈을 들인 영화가 곧바로 적자를 보곤 한다. 〈타이타닉을 인양하라*Raise the Titanic*〉●는 역설적 예다. 이 영화는 루 그레이드Lew Grade 제국을 파산 지경에 빠트렸다.

이것이 문화 산업이 간햄(Garnham, 1987)이 제품 "레퍼토리"라고 부른 것을 생산하는 이유다. 문화 산업은 그들 상품 중 어떤 것이 시장의 어떤 부분에서 생산자들의 이익과 함께 소비자들의 이익에도 봉사하는 의미/쾌락의 도발자가 될지를 예측할 수 없다. 의미/쾌락의 생산은 문화 상품의 생산에서만이 아니라 그 소비에서도 발생하기 때문에, 생산의 개념은 새로운 차원을 띠게 되어 자본의 소유자에 국한되지 않게 되는 것이다.

● 1980년 제리 제임슨이 감독한 영화로, 영국 최대 영화사인 루 그레이드사가 제작했으나 흥행에서 참패했다.

대중적인 문화 자본

문화 자본은 부르디외(1980)가 사용한 생산적인 메타포임에도 불구하고 경제 자본과 같은 방식으로 순환하지는 않는다. 예를 들면, 홉슨(1982)이 연구한 〈교차로〉의 시청자들은 이 드라마가 자신들의 것이며 자신들의 문화 자본이라고 강력하게 주장했다. 시청자들은 자신들의 관심과 정체성을 표현해 주는 쾌락과 의미를 이 드라마로부터 산출함으로써 드라마를 자신들의 것으로 만들었다.

대중적인 경제 자본은 존재하지 않지만 대중적인 문화 자본은 존재한다. 그래서 부르디외가 말하는, 제도적으로 정당화되는 부르주아지의 문화 자본은 경제 자본과는 전혀 달리 지속적으로 도전받고, 심문당하고, 주변화되고, 지탄받고, 회피된다.

이 대중적인 문화 자본은 피지배자들이 자신들의 이익을 표현하고 촉진하는 데 이용할 수 있는 의미와 쾌락들로 이뤄진다. 그것은 유일무이하기는커녕 다양한 접합이 가능한 개념이지만, 항상 지배의 힘에 저항의 자세를 취한다. 부르주아지의 경제 자본이든 문화 자본이든 여타 자본형태와 마찬가지로, 대중적인 문화 자본은 이데올로기를 통해서 작동한다. 홀(1986)이 지적하듯이, 우리는 이데올로기에 대한 이해를 이데올로기가 어떻게 지배 세력을 위해 봉사하는지를 분석하는 것으로 한정해서는 안 된다. 우리는 기존 권력관계를 편안하게 수용하지 않는 사회 집단들로부터 유래하는, 이들 집단을 유지해 주는 저항적, 대안적 이데올로기들이 있다는 사실을 인식할 필요가 있다. "이데올로기는 사람들에게 힘을 부여해 자신들의 역사적 상황을 의미화하거나 이해하도록 해 줄 수 있기 때문이다"(p.16).

피지배자들에게 힘을 주는 이데올로기들은 그들로 하여금 스스로 사회 권력의 한 형태인 저항적 의미와 쾌락을 생산하게 할 수 있다. 푸코에 따르면, 권력은 위에서 아래로 한 방향으로만 작용하는 힘이 아니다. 권력이 아래로부터 나온다고 말할 때, 푸코는 권력은 필연적으로 양방향의 힘이란 점을 상기시킨다. 권력은 대립 속에서 양방향으로 작용할 수 있을 뿐이다. 이는 '상향적' 권력과 마찬가지로 '하향적' 권력에 대해서도 그렇다.

권력이 양방향 힘이라면, 권력과 밀접히 연관돼 있는 쾌락도 마찬가지다.

> 질문하고, 감시하고, 지켜보고, 훔쳐보고, 조사하고, 촉진하고, 폭로하는 권력을 행사하는 데서 생기는 쾌락이 있는 한편, 이런 권력을 회피하고, 그것으로부터 도망치고, 그것을 속이거나 희화화해야 하는 데서 촉발되는 쾌락도 있다. 권력이 추구하는 쾌락이 그 권력 자체를 회피하도록 하는 권력이 있는 한편, 반대로 과시하고, 분개하고, 저항하는 쾌락에서 스스로를 주장하는 권력도 있다. (Foucault, 1978: 45)

텔레비전은 두 가지 권력-쾌락 양식 모두에 참여한다. 그것은 감시의 힘을 행사해 세상을 드러내고, 사람들의 비밀을 캐내고, 사람들의 활동을 살핀다. 그러나 이 힘에는 이에 대한 저항 또는 저항들resistances이 필수적으로 포함돼 있다. 권력의 양방향적 성격은 권력에 대한 저항 자체가 권력의 여러 지점들임을 뜻한다. 그러므로 권력은 역설적으로 사람들을 예속시키고 규율하는 자체의 힘으로부터 사람들을 해방시킬 수 있다.

놀이는 쾌락의 원천일 뿐만 아니라 권력의 원천이기도 하다. 아이들이 텔레비전을 갖고 '노는 것'은 텔레비전에 권력을 행사하는 한 형태다. 프로그램의 인물들과 시나리오를 자신들의 판타지 게임에 통합함으로써 아이들은 제공된 자원으로부터 자신들만의 구술적, 능동적 문화를 창조한다. 1982년과 1983년 시드니의 어린이들은 한 맥주 광고를 자기들 버전으로 바꿔 불렀다.

트럭 밑에서
네가 떡칠 때
트럭이 움직이면
어떻겠니?

난 투히스Tooheys●가 좋아 투히스가 좋아
투히스 한두 병 마시고 싶어

(어린이민속아카이브, 호주연구센터, 서호주기술연구소)

텔레비전 광고를 이용해 아이들이 지저분한 노래를 만들어 노는 것
은 전형적이고도 복합적인 문화 활동이다. 가장 명백한 수준에서 그것은
텔레비전에 대한 창조적이며 힘을 북돋는 반응이자 대항적인 반응이다.
이것은 '탈주'의 명확한 예로서, 힘없는 자들이 지배 문화의 요소를 훔쳐
서 자신을 위해 흔히 대항적이거나 전복적인 목적으로 사용하는 과정이
다. 이런 노래 가사 바꿔 부르기는 마돈나가 종교적 도상을 이용해 자신
의 독립적 섹슈얼리티를 표현하는 한편 패션 산업이 펑크적 요소나 노동
계급 복장을 상층 문화로 통합한 것에 반대를 표출한 것에 해당한다. 이
것은 또 푸코가 말하는 저항적 권력, 본래 권력을 희화화하는 권력, '과시
하고, 분개하고, 저항함'의 쾌락의 예이기도 하다.
　아이들의 가사 바꿔 부르기는 기의와 함께 기표도 바꾼다는 점에서
텔레비전의 강력한, 유희적인, 즐거운 오용misuse이다. 5장에서 우리는 〈댈

● 호주 남부의 맥주회사이자 맥주 브랜드다.

러스〉를 비슷하게 오용하는 사례(Katz & Liebes, 1985)에 주목한 바 있다. 이 사례에서 특정 시청자들이 자신들의 문화적 요구에 맞추기 위해 내러티브를 왜곡하는 것이 관찰되었다. 한 아랍인 집단은 수 엘런이 아기를 데리고 예전 연인 집 대신 아버지 집으로 돌아가는 식으로 이 드라마를 '다시 씀으로써,' 시드니 초등학생들과 근본에 있어서 비슷한 방식으로, 또 상당히 동일한 목적으로 텔레비전을 '다시 썼다,' 또는 희화화했다. 〈죄수〉도 학생들이 그 의미를 희화화하고 드라마를 감옥이 아닌 학교의 재현으로 볼 수 있게 하는 식으로 손쉽게 다시 쓰여졌다(Hodge & Tripp, 1986). 학교와 가정에서 겪는 종속의 사회적 경험으로부터 유래하는, 그 경험을 의미화하는 학생들의 이데올로기는 학생들이 능동적인 이데올로기적 실천에 참여할 수 있게 해 주었다. 그들은 텍스트나 제작자의 손에 놀아나는 문화적 명청이가 아니라 자신의 독해 관계를 통제하는 자였다. 그들은 텍스트로부터 자신들의 의미와 쾌락을 생산해 내는 능동적 생산자였다.

물론 기호학적 과잉과 그것이 요구하는 생산자적 독해 관계는 텔레비전에만 있는 것은 아니다. 상이한 대중에게서 인기 있으려면 어떤 예술 형태든 이런 흘러넘침overspill을 허용해야 한다. 마이클스(Michaels, 1986)는 〈람보〉를 본 호주 원주민 관객들이 람보의 민족주의적, 애국적 동기에서 쾌락도 의미도 얻지 못했다는 사실을 밝혔다. 대신 그들은 람보가 자신이 구출하는 사람들과 교묘하게 인척 관계인 것으로 '해석함으로써' 자신들에게 문화적으로 적합한 '부족적' 의미를 만들어 냈다. 이 영화가 호주 원주민들과 로널드 레이건 모두에게 인기 있었다는 사실 때문에 이들이 서로 비슷하다고, 이들이 〈람보〉로부터 이끌어 낸 의미와 쾌락이 비슷하다고 가정할 수는 없다.

JOHN FISKE

저항과 기호학적 권력

저항은 이 책의 논의를 관통하는 개념이다. 그것은 권력이 불평등하게 배분돼 있는 사회에서 대중성을 이해하는 핵심적인 개념이기 때문이다. 사회 권력이 수많은 형태를 취할 수 있듯이 권력에 대한 저항도 그렇다. 모든 것을 커버하는 유일한 저항이란 없다. 대신 매우 다양한 저항의 지점들과 형태들이, 매우 다양한 저항들이 있을 뿐이다. 이들 저항은 단지 권력에 대립할 뿐만 아니라 그 자체로 권력의 원천이기도 하다. 저항은 사회적 지점들로서 그곳에서 피지배자들의 힘이 가장 분명하게 표출된다.

이들 저항을 두 가지 주요 사회 권력의 형태에 조응하는 두 가지 주요 유형으로 범주화하는 것이 유용할 것이다. 의미, 쾌락, 사회적 정체성을 구성하는 권력과 사회 경제 제도를 구성하는 권력이 그것이다. 전자는 기호학적 권력이며, 후자는 사회적 권력이다. 이 둘은 상대적으로 자율적이지만 서로 밀접하게 연관돼 있다.

대중 문화가 작동하는 영역인 권력 영역은, 전부는 아니지만, 주로 기호학적 권력의 영역이다. 이 권력이 주로 표현되는 영역은 동질화와 차이 간의, 또는 합의와 갈등 간의 투쟁이다. 이 권력의 '하향식' 힘은 분명치 않은 합의 — 이것의 여러 형태는 현 상태에 봉사한다 — 를 중심으로 의미와 사회 정체성의 일관된 집합을 만들어 내려 한다. 그 힘은 모든 이해 갈등을 부정하고자, 상보성의 구조structure of complementarity 내에서 사회적 차이를 동원하고자 한다. 그것은 기호학적 권력과 사회적 권력을 중심에 두려고 하는 동질화하는, 중심화하는, 통합하는 힘이다.

볼로시노프는 기호의 다성성이 결정적으로 중요하다고 주장한다. 왜냐하면 그것이 기호가 계급 투쟁에서 능동적 역할을 하도록 해 주기 때문이다. 기호의 잠재적 다의성은 항상 지배의 구조 내에서 또 그 구조에 대항해서 활성화되는데, 지배자들의 전략은 다의성을 통제하고 다성적인 목소리를 단성적인 목소리로 축소하는 것이다.

> 지배 계급은 이데올로기적 기호에 초계급적, 외부적 성격을 부여하려고, 기
> 호 내에서 일어나는 사회적 가치 판단 간의 투쟁을 종식시키거나 내면화하
> 려고, 기호를 단성적으로 만들려고 애쓴다. (Volosinov, 1973: 23)

이에 저항하는 것은 다양한 사회적 이해관계를 지닌 사회 집단들의
다양성이다. 그 집단들의 권력은 동질화에 대한 저항에서 표현된다. 그 권
력은 구심력이 아니라 원심력으로 작동하며, 이해 갈등을 인정하며, 단
일성보다는 다중성을 제안한다. 그것은 다르고자 하는 권력the power to be
different의 행사라고 요약할 수 있다.

지배 구조가 제안하는 것들과는 다른 의미, 쾌락, 사회적 정체성들을
구성하는 이 권력은 결정적으로 중요한데, 그것이 표출되는 영역은 재현
의 영역이다. 대중 문화는 세계의 재현을 제공하는 것이 아니라 세계로부
터의 도피의 통로를 제공하는 듯하다는 이유로 비평가들로부터 흔히 폄
하된다. '한낱 도피주의'라는 개념은 비판적, 사회적 어젠다로부터 대중
문화를 떼어내는 손쉬운 방식이다. 이런 태도의 배후에는 재현은 사회적
차원을 지니지만 도피주의는 단지 개인적 차원의 판타지로의 도피라는
개념이 깔려 있다. 이러한 안이한 폄하는 도피주의 또는 판타지가 필연적
으로 무엇으로부터의 도피 또는 회피와 선호된 대안으로의 도피 모두를
수반한다는 사실을 무시하는 것이다. 도피주의를 '한낱 판타지'라고 폄
하하는 것은 무엇으로부터 도피하는가, 왜 도피가 필요한가, 어디로 도피
하는가라는 핵심적 질문을 피해가는 것이다.

이런 질문을 던지는 것은 도피주의 또는 판타지에도 재현과 마찬가
지의 강한 사회 정치적 차원을 부여하는 것이며, 도피주의와 재현 간의
차이를 허물기 시작하는 것이다. 그러나 아직도 대부분 사람들은 양자

JOHN FISKE

간에 차이가 존재한다고 믿고 있다. 나는 이런 믿음에 도전하고자 한다. 왜냐하면 이 차이를 유지하는 것은 피지배자들의 쾌락을 상당 부분 저평가함으로써 지배자들의 이익에 봉사하는 것이기 때문이다. 다수 피지배자들의 경험은 판타지나 도피주의는 흔히 '여성화되는' 것, 즉 (남성적인) 현실을 받아들이지 못하는 여성의 무능력으로부터 유래하는 여성적 유약함의 기호로 여겨진다는 것이다. 여성이나 아이들이 '실제' 세계에서는 불가능한 방식으로 자신들의 욕망을 성취할 수 있도록 해 주는 것은 일종의 백일몽으로서, 이는 그들의 '실제적인' 권력 없음으로부터 유래하는 것이며 권력의 결여를 위장하는 보상의 영역이다. 하지만 재현은 권력 행사의 수단으로 여겨진다. 세계로부터 도피의 수단이 아니라 세계에 영향을 미치는 수단으로 여겨진다. 재현은 자신의 이익에 봉사하는 방향으로 세계를 의미화하는 수단이다. 그것은 "추상적인 이데올로기적 개념에 구체적인 형태(즉 다른 기표들)를 부여하는 과정"이다(O'Sullivan et al., 1983: 199). 이데올로기를 물질적인 것으로, 즉 자연적인 것으로 만드는 이런 과정은 고도로 정치적인 것이며, 세계에 대한, 또 세계 내 자신의 자리에 대한 의미를 만들어 내는 권력을 수반한다. 그러므로 재현을 지배적인 것이나 남성적인 것으로 보는 것은 '적절한' 것으로 여겨진다. 재현은 권력 투쟁의 장으로 여겨진다. 반면 판타지는 그런 장으로 여겨지지 않는다. 지배 구조의 일부인, 이러한 지나치게 단순한 구분에 도전할 필요가 있다.

맥로비(McRobbie, 1984)는 판타지는 사적인, 친밀한 경험으로서 다음과 같이 해석될 수 있다고 설득력 있게 주장할 때 이 도전을 명확히 표현한다.

> [판타지는] 저항이나 대항 전략의 일부, 즉 전적으로 식민화될 수 없는 영역들 중 하나에 표시를 하는 것으로 [해석될 수 있다.] (p.184)

그녀는 외견상 명확해 보이는 판타지와 현실 간의 구분이 의심의 여지가 없는 것은 아니라고 지적한다.

[판타지는] 아기 보기나 세탁 일과 다를 바 없는 하나의 경험, 즉 현실의 한 조각이다. (p.184)

판타지는 재현의 수단으로서, 그 내밀성과 친밀성은 언어나 미디어에 의한 공적인 재현만큼이나 판타지가 사회 경험의 의미에 강력한 영향을 미치는 것을 막지 않는다. 판타지의 내면성은 판타지가 정치적 효능을 갖지 못하게 하지 않는다. 구태여 말을 만들자면, 내면적인 것은 정치적인 것이다.

판타지가 '실제의' 정치적 또는 경제적 권력을 장악하려는 충동을 낭비하도록 하는 사이비 권력이라는 주장은 주체성의 구성이 정치적이란 점을 과소평가한다. 이런 주장을 하는 이들 중에는 단지 주체의 내면에서 생기는 저항적 판타지는 결국에는 전혀 저항적이지 않다고 확신하는 사람들도 있다. 왜냐하면 저항은 사회적 또는 집합적 차원에서만 생길 수 있기 때문이라는 것이다. 이런 주장은 피지배자들의 실질적 사회 경험이 그 자체로 저항의 근원이 될 수 있다는 믿음에 근거하고 있다. 이에 대해 나는 저항의 근원은 단지 피지배의 사회적 경험에만 있는 것이 아니라 그런 경험으로부터 사람들이 만들어 내는 의미에도 있다고 주장하고 싶다. 피지배에 대한 의미화에는 지배자들의 이익에 봉사하는 의미화도 있고, 피지배자들의 이익에 봉사하는 의미화도 있다. 그러나 핵심적인 점은 실질적인 사회 경험을 그것에 부여되는 의미와 분리하는 것은 단지 분석과 이론 차원의 전략일 뿐이라는 것이다. 일상생활에는 그러한 깔끔한 구분이 존재하지 않는다. 우리의 경험이란 우리가 그것에 부여하는 의미인 것이다. 마찬가지로, 사회적인 것과 내면적인 것 간의 구분도 결국에는 비생산적이다. 특히 그런 구분이 둘 중 하나에 더 큰 가치를 둘 때 그렇다. 사회적 또는 집단적 저항은 '내면적인' 저항과 별개의 것으로 존재할 수 없다. 내면적 저항에 '판타지'라는 저급한 이름을 부여할 때조차도 그렇다. 내면적인 것과 사회적인 것 간의 연관을 살필 때, 내면적 저항에 대한 저평가의 근저에 있는 단순한 인과 논리를 모델로 삼을 수는 없다. 왜냐하면 내면적 저항은 사회적 수준에서 저항을 산출하는 직접적인 효과를 갖지 않을 수 있기 때문이다. 내면적인 것과 사회적인 것 간의 관계는 훨씬 더 분산되고 지연된 효능의 모델로 설명할 수밖에 없다.

피지배자들의 이해관계 내에서 작동하는 대중 문화는 흔히 판타지의 도발자이다. 이들 판타지는 여러 형태를 취할 수 있지만, 대개 재현에 어느 정도의 통제력을 행사하는 피지배자들의 권력을 체현한다. 그러한 판타지는 사회 현실로부터의 도피가 아니라, 오히려 지배 이데올로기에 대한, 사회관계 내에서 지배 이데올로기의 체현에 대한 직접적인 반응이다. 판타지가 제공하는 도전은 무슨 의미가 만들어지는가와 **누가** 의미를 만들어 낼 권력과 능력을 지니는가에 놓여 있다. 판타지는 기호학적 권력을 행사하는 한 방식으로서 적어도 하위 문화적 차이의 느낌을 유지하게 해 준다.

다양성과 차이

'다르고자 하는 권력'은 사회적 차이, 사회적 다양성을 유지시켜 주는 권력이다. 사회적 다양성과 텔레비전에서의 목소리의 다양성 간의 관계는 신중하게 숙고할 필요가 있다. 텔레비전 프로그램의 다양성은 좋은 것이라고 말하는 친숙한 수사가 있는데, 이를 일반적 원리로 삼는 것을 문제시할 사람은 별로 없을 것이다. 역으로 편성의 동질성은 바람직하지 않은 것으로 여겨진다. 문제는 동질성을 구성하는 것이 무엇인지, 다양성을 구성하는 것이 무엇인지, 또 마찬가지로 '좋은 것'을 구성하는 것이 무엇인지를 결정하는 것이다. 어떤 의미에서 위성, 케이블, 광섬유 등 배급의 새로운 테크놀로지들은 그것들의 경제학이 좀 더 많은 것을 전송하도록 요구한다는 점에서 다양성의 잠재적 작인이라 할 수 있다. 그러나 바케 (Bakke, 1986)가 주장하듯이, 적어도 유럽적 맥락에서 위성과 같은 신기술은 누구의 기분도 해치지 않는, 상대적으로 표피적인 방식으로 모든 사람들에게 어필할 수 있는 비논쟁적 콘텐츠, 즉 노골적으로 동질적인 콘텐츠에 대한 수요를 창출하는 거대한 잠재적 시청자층에 텔레비전 프로그램이 도달할 수 있게 해 준다. 그렇게 되면 역설적으로 배급 수단의 확산은 실제로는 배급되는 문화 상품의 다양성을 위축시킬 수도 있다.

그러나 다양성은 단지 전송되는 프로그램의 다채로움이라는 면으로만 측정되는 것이 아니다. 독해의 다양성은 더 중요하다고 할 수는 없을지라도 마찬가지로 중요하다. 역설적으로 편성이 더 동질화되면, 독해의 다양성은 최대로 촉진될 수도 있다. 〈댈러스〉처럼 널리 배급된 하나의 프로그램은, 그것의 개방성이 해당 프로그램을 생산자적 텍스트로 만들어 주기 때문에, 겉보기와는 달리 동질화의 수행자가 아닐 수 있다. 왜냐하면 다수의 다양한 시청자들에 도달하려면 프로그램은 문화적으로 매우 다양한 독해를 허용해야 하고, 방송사가 선호하는 의미가 아니라 자신들의 의미를 산출하기 위해 협상하는 하위 문화 수용자들에게 상당한 기호학적 과잉을 제공해야 하기 때문이다. 〈댈러스〉는 금융 경제에서는 유일무이한, 고수익을 안겨준 상품일 수 있지만, 문화 경제에서 그것은 다양한 상품들의 레퍼토리다. 올트먼(Altman, 1986)이 말하듯이, 〈댈러스〉는 시청자들이 [나름의 상품을] 선택할 수 있도록 '메뉴'를 제공한다.

프로그램의 다양성은 텔레비전 제작자와 편성자가 시청자들을 광고주가 요구하는 시장에 맞춰 세분화할 목적으로 심사숙고해 구축하는 다양성이다. (그 시장은 사람들이 구축하는 하위 문화적 구성체와 일치할 수도, 일치하지 않을 수도 있다.) 자체의 의미를 상당히 강요하는, 광고주들에게 세분된 시장을 제공해 주는 닫힌, 독자적 텍스트closed, readerly text가 더 다양해지는 것은 좀 더 개방적인 텍스트들 — 개방적 텍스트에서 다양성은 제작자들에 의해서가 아니라 사람들에 의해 생겨나는 것이다 — 의 범위가 축소되는 것만큼이나 사회적으로 바람직하지 않을 것이다.

윌슨과 구티에레즈(Wilson & Gutierrez, 1985)는 신기술, 특히 케이블은 미디어가 하위 문화적 다양성을 착취할 수 있도록, 또 광고주에게 팔기 위해서 타민족 시청자들과 소수자 시청자들을 상품화할 수 있도록 해 준다고 주장한다. 〈댈러스〉는 표면상의 동질성에도 불구하고, 다수의 특수 관심사 채널들special-interest channels이 제공하는 각양각색의 프로그램들보다 더 다양화된 프로그램이라 할 수 있다. 그 다양화가 중앙집중식으로 생산되는 것이 아니라 시청자가 만들어 내는 것인 한 그것은 문화적 차이를 유지하고 하위 문화 나름의 특별한 의미와 쾌락을 생산할 가능성이 크다고 나는 주장한다.

해외에서 텔레비전의 역할과 효과를 이해하려 할 때 우리는 똑같은 딜레마에 직면하게 된다. 할리우드, 그리고 이보다 덜하지만 유럽은 뉴스와 오락 프로그램의 국제적 유통을 지배하고 있지만, 그렇다고 해서 서구 여러 나라들과 그들의 가치가 더 호감을 사게 되었다는 증거는 찾기 어렵다. 경제 영역에서의 지배가 필연적으로 문화 영역에서의 지배를 야기하는 것은 아니다. 카츠와 리브스(1987)는 이스라엘로 이주한 지 얼마 되지 않은 러시아 유태인들이 〈댈러스〉를 자본주의의 자기 비판으로 독해한다는 사실을 보여 주었다. 프로그램을 '소비하는 것'이 필연적으로 그 프로그램의 이데올로기의 소비를 수반하는 것은 아닌 것이다.

민족 문화, 그리고 많은 사람들이 민족 문화가 생산한다고 믿는 민족적 정체성의 느낌 — 이는 문화 산업 또는 정치인이나 문화 로비스트들에 의해 구축된다 — 은 국가 내의 피지배 집단들이 가장 생산적이라고 여기는 사회적 연대와 일치하지 않을지도 모른다. 현재 호주 원주민의 경우 그들의 문화적 정체성을 호주 국가와 접합하는 대신 전에 백인 지배의 식민지였던 다른 국가의 흑인들과 접합하는 것이 그들의 정체성을 가장 잘 보존하는 데 도움이 될 것이다. 마이클스(1986)는 근래 호주 원주민 사이에서 레게가 인기를 누리는 현상은 일부 원주민들이 이를 흑인 하층 문화들 간의 공통적인 사회적 연대로 보기 때문이라고 지적했다. 식민주의 내에서, 식민주의에 반대해서 생산되는 흑인 음악은 국경을 가로지르는 문화적, 정치적 효능을 지닌다. 호지와 트립(1986)의 연구에 따르면, 원주민 아이들은 자신들과 미국 인디언, 미국 흑인 아이들을 하나의 문화적 범주로 간주하는데, 이들은 문화 산업이 통제할 수도 예측할 수도 없는 방식으로 자신들만의 문화적 연대를 형성하고 있었다. 그러한 문화 의식은 자체로 정치적 행동을 산출하지는 않을지라도 그런 행동의 전제 조건이다. 그러나 문화 의식이 없다면, 원주민의 상황을 개선하려는 어떠한 정치 운동도 안정적 근거를 갖지 못한다. 매케이브(1986)는 다음과 같이 지적한다.

> 정치적 행동에 가장 필수적인 것은 집단성을 느끼는 것이다. 그러므로 정치적으로 유용한 집단성을 민족적이든 국제적이든 하위 문화들 전반에서 찾아볼 수 있을 것이란 점을 문화적 형식들이 우리에게 알려 준다고 할 수 있다. (pp.9~10)

딕 헵디지Dick Hebdige(1979, 1982, 1987)는 영국 노동 계급 청년들이 어떻게 1950~1960년대 미국 대중 문화의 현란한 간소화streamlining에서 자신들의 새로운 계급적 자신감과 계급 의식을 표출하는 방식을 발견하고 미국 대중 문화를 열광적으로 받아들였는지를 보여 준 바 있다. 그들의 정체성을 이처럼 상징화하는 것은 '영국' 문화에서는 가능하지 않았다. 당시 영국 문화는 두 가지 대안을 제공하는 것으로 보였다. 하나는 '진정한' 전통적 노동 계급 문화에서 찾아볼 수 있는 낭만화된 노동자 계급 이미지이고, 다른 하나는 절제되고 고상한 BBC 스타일의 대중 문화였는데, 둘 다 이들이 받아들이기 힘든 것이었다. 불굴의, 젊고, 도시적인, 노동 계급적인 정체성 — 이는 전통적인 노동 계급과 지배적인 중산층 모두에게 지탄받았다 — 을 표현하기 위해 미국 문화 산업이 생산한 상품들이 동원되었다. 이들 일부 영국 노동 계급과 그들이 미국 대중 문화에 부여한 의미 간의 문화적 연대cultural alliance는 당시 역사적 시점에서 그들의 문화적/이데올로기적 필요에 봉사하는 것이었다. 마찬가지로 모스크바에서 마돈나의 문화적 의미가 무엇이었는지 추측해 볼 수 있을 것이다. 이 글을 쓸 당시 마돈나의 앨범이 암시장에서 75달러에 거래되고 있다는 보도가 나왔다.

비슷한 맥락에서 워폴(Worpole, 1983)은 2차 세계 대전 이전 미국 소설의 스타일, 특히 어니스트 헤밍웨이Ernest Hemingway와 대실 해밋Dashiell Hammett, 레이먼드 챈들러의 스타일이 영국 노동 계급이 자신들의 사회적 위치에 잘 들어맞는 태도로 본, 도시적 자본주의에 대한 토착적인, 남성적인, 비판적인 태도를 어떻게 표현해 주었는지를 보여 준 바 있다. 애거서 크리스티Agatha Christie의 부르주아적 시골 분위기나 불독 드러먼드 Bulldog Drummond의 귀족적, 제국주의적 영웅주의에 의해 대표되는 영국 대중 문학은 영국 노동 계급에게는 미국 소설보다도 더 낯설고 적대적인, 회고조의 계급성 짙은 영국적 특질을 내세우고 있었다. 이와 유사하게, 코언과 로빈스(Cohen & Robbins, 1979)는 쿵푸 영화가 어떻게 런던의 노동 계급 소년들이 하위 문화적 규범을 표출하는 데 긍정적인 역할을 하는지 보여 주었다. 문화 상품의 경제적 동기는 그것이 수용의 순간과 장소에서 제공할 수 있는 문화적 사용 가치를 설명할 수 없으며, 그것이 불러일으킬 수 있는 다양한 의미와 쾌락을 통제하거나 예측할 수도 없다. 문화 산업을 형성시키고 결정짓는, 사회의 지배 이데올로기적 이해관계들은 텍스트의 관습과 담론 내에서 겹칠 것임에 틀림없지만, 텍스트의 모든 구조를 포괄할 수는 없다. 텍스트가 자신들의 사회적 위치 때문에 지배 이데올로기와 다르다는 느낌을 갖게 되는 시청자들에게 인기 있으려면 모순, 차이, 반이데올로기의 흔적을 지녀야 한다. 텍스트의 내러티브 구조와 담론의 위계화는 지배자들에게 유리한 방향으로 갈등을 해소하려 하겠지만, 독해의 다양한 순간들에서 이 해소가 전통적인 텍스트 분석이 전제하는 것보다도 훨씬 더 취약하다는 점이 드러날 수 있다. 텍스트가 매우 다양한 시청자들에게 인기 있으려면 극단적으로 불안정한 지점에서 지배 이데올로기와 이에 대한 갖가지 대립 간의 균형을 잘 잡아야 한다. 〈댈러스〉에서 가부장적 자본주의에 대한 비판을 발견하거나 〈죄수〉에서 제도 권력의 무감각에 대한 폭로를 찾아내는 것은 의도적인 오독의 결과가 아닌 것이다.

　　문화 상품 시장의 예측 불가능성 때문에 문화 산업은 수익성을 확보하기 위해서 나름의 경제 전략, 특히 제품 레퍼토리의 생산(Garnham, 1987)을 채택해야만 했다. 이들 전략은 금융 경제에서 문화 산업의 지배적 위치를 유지하는 데 성공적이라는 점이 증명되었지만, 대신 필연적으로 문화 경제에서 문화 산업의 이데올로기적 힘을 약화시킨다.

　　일부 예외는 있겠지만, 좌파적 입장의 사람들은 계급, 인종, 젠더, 민족의 경계를 가장 쉽게 가로지르는 것은, 그럼으로써 다양한 피지배 집단들이 가장 쉽게 접근할 수 있고 쾌락을 얻을 수 있는 것으로 보이는 것은, 상업적으로 생산된 상품이라는 사실을 개탄할지도 모른다. 그러나 BBC가 노동 계급을 다룬 리얼리즘 연속극 〈이스트엔더스*EastEnders*〉*나 코믹 연속극 〈바보들과 말뿐*Only Fools and Horses*〉**으로 거둔 성공이 얼마간 희망을 갖게 하지만, 대안적 전략을 발견하기는 쉽지 않다. 노동 계급이나 피지배 집단, 소수자 집단에 의한, 이들을 위한 텔레비전 프로그램 제작 시도는 성공하기도 어렵지만, 성공했다 하더라도 단지 부분적인 성공만을 거두었을 뿐이다. 앙(1986)이 네덜란드의 진보적인 노동 계급 TV 채널이 직면한 문제를 설명한 것은 이런 사례 중 대표적인 경우다. 블랜처드와 몰리(Blanchard & Molly, 1984)도 영국의 채널 4가 직면한 어려움들을 사려 깊게 분석한 바 있다. 피지배자들이 텔레비전 이외의 수단 — 아이들의 학교 운동장 문화, 여성들의 가십 등 — 으로 자신들의 하위 문화적 정체성을 유지하며, 텔레비전은 여타 문화적 힘과 교차하는 만큼 인기 있다는 것은 틀린 말이 아니다.

코언과 로빈스(1979)는 영국 도시 노동 계급 남성들에게 쿵푸 영화가 인기를 끈 것은 '집단적 재현'의 두 가지 형태 — 하나는 노동 계급 문화의 구술적 전통과 대인 관계의 스타일이며, 다른 하나는 산업적으로 만들어진 해당 장르의 관습 — 가 함께 어우러졌기 때문으로 설명한다. 몰리(1981)는 이 논리를 간결하게 요약한다.

구술적 전통은 이들 청소년이 이용할 수 있는 문화 역량의 형식들에 속한다. 이 형식들은 이 영화들을 청소년이 전유할 수 있도록 해 준다. 이런 형식들이 없다면 이들 영화의 인기를 설명할 수 없다. (p.11)

대중 문화와 지역 문화 또는 구술 문화 간의 교차 지점들은 단지 시청자에 의해 활성화될 수 있을 ㄷ뿐이며, 문화 산업이 이를 꾀할 수는 있지만 의도적으로 또는 원하는 곳에 만들어 낼 수는 없다.

● 1985년부터 현재까지 영국 BBC를 통해 방영되고 있는 숍 오페라다.

●● 1981~1991년 영국 BBC를 통해 방영된 시트콤이다.

텔레비전 제작의 산업적 양식은 필연적으로 제작자를 시청자들로부터 문화적, 사회적, 이데올로기적으로 분리시킨다. 금융 경제에서 이런 간극은 저비용의 지방 방송들이 인기를 끌며 발전하는 것을 원치 않는, 그래서 고비용의 완성도 높은 프로그램을 개발해 차별화를 극대화하려는 문화 산업에 유리하게 작용할 것이 분명하다. 그러나 문화 경제에서 이 간극은 문화 산업에 불리하게 작용하기 때문에 문화 산업은 이를 좁히려, 자신들이 시청자들과 문화적으로 가깝다고 강조하려 한다. 그러나 이는 마치 사랑에 눈 먼 구혼자가 자신이 선택되기를 바라지만 자신이 선택될지 안 될지, 또 무슨 이유로 그러할지 결코 알지 못하는 것과 같다.

타자를 위한 문화를 생산하려는 시도는, 타자성이 계급, 젠더, 인종, 민족 또는 그 무엇으로 규정되든지 간에, 결코 완전히 성공할 수 없다. 왜냐하면 문화는 단지 외부가 아닌 내부에서 생산될 수 있을 뿐이기 때문이다. 대중 사회에서 재료와 의미 체계 — 이것들로부터 문화가 만들어진다 — 는 거의 불가피하게 문화 산업에 의해 생산된다. 그러나 이들 재료를 문화로 만드는 것, 즉 자신 및 사회관계에 대한 의미로 만드는 것, 그리고 이들 재료를 쾌락으로 바꾸는 것은 제작자가 아니라 단지 소비자 - 이용자만이 수행할 수 있는 과정이다. 그러므로 '민족' 문화의 영역에서 〈마이애미 바이스〉는 호주 역사의 특정한 운동을 기록하고 찬미하는 미니시리즈보다도 더 '호주적'일 수 있다. 〈마이애미 바이스〉는 후기 자본주의, 소비주의, 쾌락 중심적 사회의 문화 형식이다. 이 드라마에서는 마약, 섹스, 태양, 감각성, 여가, 음악, 그리고 무엇보다도 스타일이 중요하기 때문이다. 드라마가 묘사하는 사회는 인종적 칵테일로서 백인 앵글로색슨 주인공은 단지 내러티브에서 주도적 위치만을 유지할 뿐이다. 〈마이애미 바이스〉의 세계는 호주 텔레비전 산업이 그토록 선호하는 미니시리즈 — 백인, 남성, 영국 이민자가 미개지를 개척함으로써 자신과 자기 나라의 성격을 구축하는 서사가 주류를 이룬다 — 보다도 더 적절한 의미와

JOHN FISKE

쾌락을 대다수 동시대 호주인들에게 제공했을 것이다.

제3 세계와 개발도상국들이 할리우드 문화 상품을 수용하는 것은, 카츠와 리브스 및 마이클스의 연구가 [호주의 경우와] 비슷한 능동적이고 차별화하는 시청 행태가 존재할 수 있다고 주장할지라도, 전혀 다른 문제일 수 있다. 해외에서 뉴스와 오락 프로그램의 수용에 관해서, 또 선진국들이 정치나 경제 정책이 아닌 대중적 취향의 영역에서 할리우드에 제대로 도전할 수 있는 자체 문화 상품들을 생산할 수 있도록 후진국들을 돕는 방식을 해외에서 어떻게 받아들이는지에 관해서 더 많은 연구가 이뤄져야 한다.

이는 불가능한 일이 아니다. 가장 인기 있는 문화 상품들은 할리우드 및 여타 서방 문화 산업에서 생산되고 수출되는 경향이 있음이 확실하지만, 이런 경향이 전면적인 것은 전혀 아니다. 미국과 영국, 호주에서 상위 20위에 드는 인기 TV 프로그램(과 음반)들은 놀랄 만한 유사성을 보여 줄 뿐만 아니라 상당한 차이를 지니고 있기도 하다. 국제적으로 인기 있는 문화 상품들이 있는 것처럼 자국에서 인기 있는 것들도 있다.

민족 문화를 생산하거나 방어하려는 시도는, 국영 방송 체제에 의해서든 다른 수단에 의해서든, 역사적으로 중산층 취향과 민족 및 문화에 대한 중산층적 정의에 의해 주도돼 왔음을, 또 대중적 쾌락 또는 대중적 취향에 대한 이해가 상당히 미흡했음을 잊지 말아야 한다. 그래서 공영 방송 체제와 상업 방송 체제를 함께 갖고 있는 나라에서 상업 방송은 피지배 집단 및 계급에게 더 인기가 있으며 공영 방송은 좀 더 교육받은 중산층에게 인기 있는 것은 별로 예외가 없는 사실이다. 또 공영 채널이 좀 더 자국 프로그램을 많이 방송하고 상업 채널이 해외 프로그램, 대개 할리우드 제작물을 [많이] 방송하는 것도 일반적인 사실이다. 재미있는 예외는 미국 공영 채널로, 여기서는 영국 프로그램을 더 많이 방송한다. 이는 미국에서 '영국적' 문화는 교육받은 상층 취향과 강한 연관성을 지니고 있기 때문이다.

공적, 사회적 목적을 갖고 문화 경제에 효과적으로 개입하기를 원하는 사람이라면, 과거에 자신들이 가졌던 것이 아니라 현재 대중적인 취향과 쾌락을 이해하는 데 좀 더 주의를 기울일 필요가 있다. 어떤 가치들이 공익에 합당한 것인지는 쉽사리 합의에 도달할 수 있지만, 그런 가치들이 대중적 쾌락과 하위 문화적 적절성 면에서도 적절한지를 살피는 일은 그리 간단한 일이 아니다. 다양한 대중적 쾌락에 대한 수요와 공공재의 성격을 조화시키는 일은 쉽지 않겠지만, 그러한 일을 하고자 하는 사람이라면 할리우드와 관련 산업으로부터 배워야 할 것이 많다. 왜냐하면 때때로 이들 산업은 마찬가지로 어려운 화해 — 산업적으로 집중된, 경제적으로 효율적인 생산 양식과 산업적으로 결정되는 것과는 대립하는, 분산되고 하위 문화적으로 결정되는 수용의 순간들 간의 화해 — 를 능숙하게 해 내기 때문이다.

산업화된 문화에서는 항상 한편의 제작자/배급자와 다른 한편의 사람들의 다양한 구성체 간의 이해의 충돌이 있을 것이다. 금융 경제와 문화 경제라는 두 경제는 이 투쟁에서 서로 상대편에 위치한다. 금융 경제는 텔레비전을 동질화의 수행자로 이용하려 한다. 금융 경제에서 텔레비전은 기능 면에서 집중돼 있고, 단일하며, 제작과 배급의 중심지에 자리 잡고 있다. 하지만 문화 경제에서 텔레비전은 전혀 다르다. 텔레비전은 탈중심화돼 있고, 다양하며, 다중적인 수용의 방식과 순간에 자리 잡고 있다. 텔레비전에 대한 독해 실천은 여러 가지이며, 그 쾌락은 민주적이다. 텔레비전은 단지 그 파편들 속에서 이해될 수 있다. 텔레비전은 자체의 권력 — 헤게모니를 잡으려 하고 동질화하는 권력의 시도는 텔레비전의 의미와 쾌락의 불안정성과 다중성 앞에서 무너져 내린다 — 에 대한 저항들의 네트워크를 촉진하고 도발한다.

가장 중앙집권적으로 제작되며 가장 널리 배급되는 대중 예술 형식

JOHN FISKE

인 텔레비전이 부상한 지 수십 년이 지났음에도 서구 사회는 전면적으로 동질화되지 않았다. 페미니스트들은 우리 모두가 가부장이어야 할 필요는 없다는 것을 보여 주었다. 이밖에도 계급, 민족, 세대, 지역에 따른 차이 또한 여전히 건재하다. 윌슨과 구티에레즈(1985)는 "다양성과 매스커뮤니케이션의 종말"이라는 딱 맞는 부제를 지닌 저서에서 매스 미디어의 동질화하는 경향에도 불구하고 미국 내 소수 민족 집단들이 어떻게 자신들의 독자적 정체성을 유지하고, 심지어 강화해 왔는지를 보여 주었다. 라보프는 백인들이 미디어와 교육 제도를 지배하고 있음에도 불구하고 지난 10년간 흑인 영어와 백인 영어 간의 차이가 더 커졌음을 밝혀냈다.

캐리(Carey, 1985)는 대중적 미디어에 관한 이론은 현대 사회에서 사회적 경험의 다양성과 이로 인한, 미디어로부터 이끌어 내는 쾌락의 다양성을 설명할 수 있어야 한다고 주장한다.

심층에 있는 이데올로기와 정치의 단일 구조를 드러내기 위해 이런 다양성을 박탈하는 것은, 그것이 상대적으로 자율적인 다양성이라고 쳐도, 행태주의자와 기능주의자들의 행태와 마찬가지로 주관적 의식을 깔아뭉개는 것이다. 이런 독해에 따르면, 사람은 잘 알려진 스키너 상자Skinner box*의 해악을 덜 알려진, 그러나 실제적인 알튀세르적 상자Althusserian box**의 해악과 바꾸기를 원치 않는다. 그러므로 의식의 다양성을 설명을 통해 제거해 버리는 사회 구조의 포괄적 요소들 ― 계급, 권력, 권위 ― 을 향해 나아가

---

* B. F. 스키너가 고안한 동물(주로 쥐·비둘기)의 자발적 행동을 분석하기 위한 실험 장치다. 상자 안쪽 벽에 지렛대가 있어 그것을 누르면 밑에 있는 먹이통에서 보상으로 먹이가 나온다. 이 보상을 얻는 것이 강화되어 쥐는 지렛대 누르기를 학습하게 된다.

** 알튀세르가 모든 주체는 사회적으로 인정받는 삶을 살기 위해 필연적으로 이데올로기를 습득, 체현하면서 살며 이데올로기로부터 벗어나는 것은 불가능하다고 주장한 점을 상자에 비유한 표현이다.

는 것은 현상학자들이 20세기 내내 철거해 버리려 노력해 온 행태주의적 영역과 똑같이 자기 폐쇄적인 길로 향하는 것이다. (pp.35~36)

머서(1986a)도 이데올로기로부터 쾌락으로 비판적 관심을 돌리는 것은 지배 이데올로기의 동질화하는 힘을 거부하는 것이라고 주장한다.

쾌락에 대한 관심은 이데올로기의 '사실'에 대한 상응하는 심문이다. 그것은 주어진 문화 형식 내에 존재하는 것으로 가정된 통일성과 전지성의, 그 심층과 동질성의, 정체 상태의 거부를 함축한다. (p.54)

대중성에 관한 이론이라면 사회적 구성체들의 이처럼 보충 설명된 다양성을 설명할 수 있어야 한다.

흔히 텔레비전에 요구하는 편성의 다양성이란 텔레비전에 접근이 허용되는 사회적 위치를 다양화하는 것이다. 미국의 케이블 네크워크와 영국의 채널 4가 이런 방향으로 움직이고 있지만, 편성의 다양성은 상업 방송 체제에서는 실현 가능성이 별로 없다. 이런 움직임이 가치 있는 것이라 해도 아직은 소수 시청자들을 대상으로 하는 소수의 목소리일 뿐이다. 대중성을 둘러싼 정치적 전투는 상업 방송 텔레비전의 영역에서 일어나고 있는데, 이 책에서 중점을 둔 것이 바로 이런 투쟁이다.

이 영역에서 편성의 불가피한(왜냐하면 수익성이 좋기 때문에) 동질화 — 이는 한 상품이 가능한 많은 시청자에게 팔린다는 것을 의미한다 — 는 많은 사람들이 우려하는 문화적 지배의 수행자는 아닐 것이다. 나는 오히려 정반대라고 주장하고 싶다. 독해의 다양성은 프로그램의 다양성과 같은 것이 아니다. 그리고 대중적인 것을 사회 변화를 위한 힘으로 봐야 한다면, 독해의 다양성과 이에 따른 하위 문화적 정체성의 다양성은 결정적으로 중요하다.

JOHN FISKE

이제 오락과 정치의 관계를 살펴볼 차례다. 이들은 별개의 두 문화 영역으로서, 알튀세르의 용어로 하자면 중층 결정돼 있지만 상대적으로 자율적이다. 텔레비전에 대한 저항적 독해와 쾌락은 곧바로 대항적 정치학이나 사회적 행동으로 변환되지 않는다. 상대적으로 자율적인 문화 영역들은 단순한 인과 관계로 상호 연관되는 것이 아니다. 그러나 직접적인 정치적 효과가 없다고 해서 좀 더 일반적인 정치적 효능(1장을 참조하라)이 없다고 할 수는 없다. 재현과 이에 뒤따르는 쾌락의 과정에서 피지배자들의 권력을 옹호하는 저항적 독해 실천은 이데올로기 내의 주체subjects-in-ideology를 생산하는 자본주의의 권력에 대한 직접적인 도전이 된다. 사람들이 자신 및 자신들의 사회관계를 이해하는 방식은 사회 체제 자체의 일부다. 모든 사회관계는 그 자체를 고정시켜 줄 의미의 집합을 필요로 한다(Hall, 1984). 모든 사회적 의미의 집합은 권력관계의 사회 체제 내에 위치한 한 집단 또는 집단 구성체의 이해관계 내에서, 이해관계에 의해 생산될 수밖에 없다. 사회관계를 지배하는 계급은 그 관계를 지탱하는 의미의 생산도 지배하고자 한다. 사회적 권력과 기호학적 권력은 동일한 동전의 양면인 것이다. 의미에, 의미를 만들 권리를 가진 사회 집단에 도전하는 것은 하위 문화적 정체성과 이 정체성이 유지해 주는 사회적 차이를 주장하는 데 있어서 핵심적 역할을 한다. 오락의 영역은 쾌락과 의미, 사회적 정체성의 영역이다. 만약 이 영역에서 피지배자들이 [지배자들과] 다를 수 있게 해 주는 힘을 유지하고 촉진하지 못한다면, 정치 영역의 변화를 일으키고자 하는 동기는 크게 저하될 것이다. 하위 문화의 다양성을 유지하는 것은 그 자체로는 어떠한 직접적인 정치적 효과도 낳지 못할 테지만, 효능이라는 좀 더 일반적인 차원에서는 결정적으로 중요하다.

이런 과정에서 텔레비전은 중립적이지 않다. 텔레비전이 금융 경제에서 성공하려면 다양한, 때로는 상반되는 시청자들의 이해관계에 봉사하고 이를 촉진할 수 있어야 한다. 이런 점에서 투입된 자본의 경제적 수익을 결정하는 것은 문화 경제의 의미와 쾌락이다. 문화 경제는 금융 경제를 자본의 힘에 대항하는 변증법적 힘으로 밀고 간다. 대중 매개에 기반을 둔 대중 예술인 텔레비전은, 금융 경제와 문화 경제 모두에서 효과적으로 순환하려면, 자본과 사람들이라는 대립하지만 연결된 힘들을 그 안에 담아야 한다. 텔레비전이 지배 계급의 대리인이기는커녕 지배자들이 자신들의 권력이 안정적이지 못함을 인정해야 하는 주된 장소이자, 지배자들이 자신들의 지위에 위협이 됨에도 불구하고 문화적 차이를 장려해야 하는 장소인 것이다.

JOHN FISKE

존 피스크와 《텔레비전 문화》

론 베커, 아니코 보드로그코지, 스티브 클라슨,
일라나 러빈, 제이슨 미텔, 그렉 스미스, 파멜라 윌슨
(사회 및 정리 파멜라 윌슨)

현재 미디어 연구 및 문화 연구 분야 학자들인 우리에게 텔레비전과 대중
문화에 관한 피스크의 1970~1980년대 저술은 우리의 연구와 경력을 바
꾸어 놓을 정도로 큰 영향을 미쳤다. 그의 저술은 사회적, 문화적 삶에서
텔레비전의 역할에 대한 새로운 이해에 우리의 눈과 마음을 열어 주었고,
지난 20년 동안 우리를 사로잡아 온 새로운 연구 분야를 밝혀 주었다.

피스크와 공저자 존 하틀리는 1978년 《텔레비전 읽기》를 출판했다.
피스크는 기호학과 구조 분석에 대한 포괄적 입문서인 《커뮤니케이션 연
구 입문》(1982)을 출판한 뒤, 거의 10년 뒤인 1987년 텔레비전에 관한 가장
포괄적인 이론적 분석과 논의를 담은 저술 《텔레비전 문화》를 들고 돌아
왔다. 위스콘신대학교에서 대학원생으로서 피스크와 함께 공부했던 미디
어학자들이 그의 저술의 중요성에 대해 토론하고, 텔레비전과 대중 문화,
미디어 연구를 가르치는 일에 대해 생각해 보기 위해 함께 자리했다.

스티브 클라슨●　　《텔레비전 읽기》는 내게 지적 각성을 불러일으켰습니
다. 내게만 그랬던 것이 아니죠. 1980년대 그 작은 페이퍼백을 집어 들고
서 저자들의 통찰과 접근법, 감수성에 매혹됐던 기억이 납니다. 책을 내

러놓을 수 없었죠. 그랬던 것은 부분적으로는 피스크와 하틀리가 일류 학자로서 학생들에게 다르게 생각하라고, 새로운 문화 이론 및 실천과 적 극 대결하라고 촉구했기 때문입니다. 이 책의 매력은 또 저자들이 대중적 TV의 잠재력을 잘 인식하고 있는 점이 분명히 드러난 데도 있었습니다. 그들은 텔레비전을 싫어하지 않았고 텔레비전의 문화적 오명을 두려워 하는 문화 엘리트도 아니었습니다. 그들은 눈을 부릅뜬 채 작은 화면에 서 쏟아져 나오는 전염병을 찾아내려 하지 않는 대신, 오히려 가장 대중적 인 매체의 의미에 관한 비판적 대화를 이끌어 내기 위해 대중적인 TV 프 로그램들을 시청했습니다. 대부분의 비평가들보다도 더 꼼꼼하게 말입니 다. 호레이스 뉴컴Horace Newcomb의 중요한 저서 《TV: 가장 대중적인 예 술TV: The Most Popular Art》과 함께, 피스크와 하틀리의 《텔레비전 읽기》는 내가 읽은 책 중에서 텔레비전을 주로 사회 문제로서가 아니라 대중적 실 천이자 문화적 의미의 장으로 진지하게 다루려는 학자적 열정을 표출한 최초의 저서 중 하나였습니다. 이처럼 이 책은 나를 포함한 많은 학생들 에게 기틀을 잡아주고 텔레비전 및 대중 문화 연구에 새로운 길을 열어 준 책이었습니다.

2003년 《텔레비전 읽기》 개정판의 서문에서 존 하틀리는 이 책은 부 분적으로 기호학이라는 체계적 접근법 — 이 책 전반에 일관되게 적용 된 — 이 "정치, 행태, 소유권, 심지어 예술을 넘어서는, 분석할 만한 무 언가가 있다고 주장하는" 데 유용한 수단이며 "그 무엇이 바로 '기호 작 용semiosis,' 즉 사실, 행위, 그리고 맥락의 제약하에서 의미 생산의 흔적" 이라는 자신과 피스크의 신념에서 출발했다고 썼습니다. 기호 작용에 주 목하는 흐름은 1970년대 버밍엄대학교의 현대문화연구소(CCCS)에서 부

● 스티브 클라슨Steve Classen은 미국 캘리포니아주립대학교 로스앤젤레스 분교 TV, 영화, 미디어 연구 프로그램 교수이며, 저서로 Watching Jim Crow 등이 있다.

상하던, 미디어 연구에 대한 대안적 접근법을 적용했습니다. CCCS 소장 스튜어트 홀이 말했듯이, 주류가 미디어의 직접적 영향에 초점을 맞추었던 데 비해 현대문화연구소는 대중적 미디어의 이데올로기적 역할에 초점을 맞추었습니다. 홀과 동료들은 관객을 미디어 텍스트의 수동적, 비차별적 소비자가 아닌, 능동적 '독해자active readers'로 규정했죠. 이들은 '미디어 텍스트를 의미의 투명한 담지체'로 이해하는 데서 벗어나서, 전통적 내용 분석content analysis의 경우보다 언어적, 이데올로기적 구조화에 훨씬 더 주목했습니다"(Streeter, 1984: 80).

다른 한편, 내가 '방송' 전공 미국 학부생으로서 경험했던 바처럼, 주류 미디어 연구는 아직도 주로 사회과학적 작업이었으며, 주로 미디어 효과 위주의 텔레비전 연구, 특히 시청자에 대한 직접적 효과나 전통적인 정치 캠페인의 일환으로 다양한 미디어의 상대적인 효과를 연구하는 심리적, 사회학적 탐구에 집중해 왔습니다. 나의 학부생 초기에 텔레비전의 내용을 세밀하게 분석하는 것인 한 미디어 연구는 탐구의 사회과학적 방법, 그중에서 대개 내용 분석에 예속돼 있었습니다. 《텔레비전 읽기》는 텔레비전 연구에 대한 내 견해를 '확장해' 매스 미디어와 문화적 동학, 신화학 간의 관계에 커다란 질문을 던질 수 있게 해 주었습니다.

기호학을 텔레비전에 적용하는 방식 및 수단이란 면에서 피스크와 하틀리의 저서는 여러 방식으로 나와 다른 학생들에게 기초 입문서 역할을 했습니다. 이 저서는 먼저 기존의 체계적 TV 콘텐츠 연구를 요약한 뒤 뒤이어 기호학적 방법론을 개괄하고 적용하는 장들을 배치하는 식으로 탄탄하게 구성돼 있습니다. 이를 통해 지금도 텔레비전 분석에 대한 접근법을 가르치는 매우 유용한 모델 역할을 하고 있죠. 그러나 내가 보기에 가장 생산적이고 영향력 있는 개념들, 예컨대 텔레비전의 의례적인 음유시인적 기능, 전통적인 문학의 논리와 공존하는 구술적, 시각적 논리의 재생산에서 텔레비전의 '능동적 모순들'과 같은 개념들을 제시한 부분은

《텔레비전 읽기》의 후반부로, 이 후반부는 텔레비전의 사회적, 문화적 기능을 집중적으로 다루고 있습니다. 이들 개념은 요즘도 내 수업 시간에 중요한 토론과 논쟁의 핵심입니다.

《텔레비전 읽기》 전반에서, 심지어 책의 구성에 있어서도 재능 있고 헌신적인 교육자 두 분의 면모가 드러납니다. 책의 글쓰기 스타일, 이해하기 쉬운 전개, 구성은 이 책이 단지 특정한 전문 학자들만이 아니라 광범위한 독자를 위한 것임을 증명합니다. 대중적 텔레비전에 대한 기호학적, 구조주의적 접근의 입문서로서 이 책은 대중적 텔레비전 시청자들에게 일상의 미디어 콘텐츠를 체계적으로, 또 비판적으로 대면하도록 장려합니다. 또 텔레비전의 문화적 기능과 텔레비전의 일상적 실천에서 분명히 드러나는 많은 모순들을 숙고하는 데 관심 있는 사람들에게 큰 도움이 되는 책이기도 합니다.

파멜라 윌슨● 《텔레비전 읽기》가 확립한 기반에 대해 지적해 주셔서 고마워요, 스티브. 이 책에 대해 알지 못했던 나는 몇 년 뒤 《텔레비전 문화》를 통해 피스크를 접하게 됐습니다. 책 한 권이 한 사람의 삶을 바꿀 수 있다면, 내 인생을 바꾼 책은 말할 것도 없이 《텔레비전 문화》입니다.

1988년 가을 당시 나는 5년 동안 학업을 접은 채 좀 더 창조적이고 지적인 분야를 찾아 일하고 있었죠. 이전에 문화인류학 석사 학위를 취득했지만, 1980년대 초반 뭔가 부족함을 느껴 이 분야를 떠났습니다. 인류학 전공 학생으로서 나는 구조주의와 기능주의, 기호학의 지적 분위기 속에서 교육 받았지만, 비판적 문화 이론에 대해서는 거의 알지 못했습니

● 파멜라 윌슨Pamela Wilson은 미국 조지아 주 월레스카의 라인하트대학교 커뮤니케이션 프로그램 교수이며, 저서로 *Global Indigenous Media: Cultures, Poetics and Practices* 등이 있다.

다. 문화를 연구하는 걸 좋아했지만, 인류학의 문화 개념은 문제가 되는 문화제국주의와 모든 문화 활동에 내재하는 권력 구조를 볼 수 있는 자기 성찰성을 결여하고 있었습니다. 말하자면 이른바 '방 안의 코끼리'였지만, 당시 인류학 수업 시간에 이런 문제에 대해 얘기하는 교수들은 거의 없었습니다. 여기에다 내 관심 분야는 미국 문화와 미국 내 민족적, 지역적 하위 문화였지만, 인류학 박사 과정의 지배적 패러다임은 장기간의, 대개 이국적이거나 문화적으로 고립된 유형의 외국 문화에 관한 현장 조사를 요구했습니다. 나는 이건 문제가 있다고 생각했고, 마지못해 인류학을 떠나게 되었지요. 당시 문화에 대한 연구 방식을 근본적으로 바꿀 패러다임 이동의 한가운데 있다는 것은 난 제대로 알지 못했었죠!

그래서 무엇을 할까 고민하다가 다큐멘터리 영화 제작을 배우자고 마음먹었습니다. 노스캐롤라이나대학교의 라디오-TV-영화학과에 등록했습니다. 이론적 연구에 깊이 개입할 생각이 없었고, 단지 공영 텔레비전에 취직하기 위해 3학기 동안 필요한 기술을 배우자는 마음이었습니다.

그런데 두 가지 일이 생기면서 이 계획은 날아가 버렸습니다. 갓 출판된 존 피스크의 《텔레비전 문화》를 읽은 것이 하나고 — 이것은 나를 문화 연구라는 새로운 분야로 안내해 주었습니다 — 다른 하나는 비판 이론critical theory과 포스트구조주의 인류학을 발견하게 된 것이었습니다. 이것들이 날 사로잡았습니다.

최종적으로 나는 문화 연구에서 지적인 고향을 찾았습니다. 인류학과 기호학을 핵심으로 한 학제적 공간이 열리면서 나는 내 자신의 문화, 특히 내 삶의 핵심적 경험이자 내 세대의 대다수에게도 핵심적 경험인 만연한 미디어 문화를 이해하는 데 문화 이론의 통찰들을 적용할 수 있었습니다. 중요한 것은 비판적인 포스트마르크스주의 이론, 특히 그람시의 영향은 내가 원하던 권력 구조에 대한 문화적 비판과 이해를 제공해 주었습니다. 피스크의 저술은 재미있으면서도 이론적으로 깊이 있어서, 나를 완전히 사로잡아 더 빠지게 했습니다.

내 지평이 넓어지면서 이 새로운 분야에서 박사 학위를 따고 싶었습니다. 존 피스크를 한 번도 만난 적이 없지만, 그의 지도 아래 공부해야 한다고 생각했습니다. 이렇게 1990년 위스콘신 매디슨에서 시작해 현재에 이르는 지적 오디세이가 시작되었던 것입니다.

피스크는 뛰어난 저술가였을 뿐만 아니라 수업과 개인적 멘토링을 통해서 내게 세상을 밝혀 주었고, 내 사유, 연구, 저술, 교육을 형성해 주었습니다. 위스콘신대학교 커뮤니케이션학과의 텔레커뮤니케이션 프로그램(후에 미디어 및 문화 연구 프로그램이 되었죠)에서 동료 대학원생들과의 열띤 대화를 통해, 또 피스크의 지도와 린 스피겔Lynn Spigel(나중에는 미셸 힘스 Michelle Hilmes)의 텔레비전에 대한 역사적 접근과 줄리 다치Julie D'Aacci의 페미니즘적 접근에 크게 영향받아 우리는 존 피스크가《텔레비전 문화》와 기타 저술에서 정립한 기반 위에서 성장할 수 있었습니다.

1990년대 초 이 귀중한 시기에 피스크 및 스피겔과 함께 공부한 우리들은 문화정치학과 비판 이론에 대한 피스크의 열정과 문화사 및 사회사라는 커다란 맥락에서 미디어 역사 — 특히 텔레비전 역사 — 에 대한, 엄청난 영향을 미친 스피겔의 접근을 포용하고 통합하도록 격려하는 매력적인 지적 사유의 산실 속에 있을 수 있었습니다. 우리 연구 주제는 매우 다양했지만, 우리는 피스크와 스피겔이 제공했던 이론적 핵심을 공유했으며, 이런 사유 방식을 단지 흔히 개념화되는 바의 '팝 문화' 텔레비전에만이 아니라, 텔레비전이 개인의 문화적 정체성만이 아니라 사회적, 정치적 운동에 개입하고 영향을 미치는 것을 분석하는 데 적용했습니다. 예를 들면, 이 시기 내가 1950년대의 아메리카 원주민 권리 운동에 있어서 TV 저널리즘의 역할(Wilson, 1999를 참조하라)에 대해 연구하고 있을 때, 스티브 클라슨(2004)은 텔레비전과 민권 운동에 대한 중요한 연구를 진행하고 있었고, 아니코 보드로그코지(2001)는 텔레비전과 1960년대 청년 문화에 대한 역사적 분석에 몰두하고 있었습니다. 겉보기에 좀 더 '가볍고' '재미있어' 보이는 주제를 연구하던 학생들도 곧 이들 프로그램 트렌드와 이슈에도 마찬가지로 심층의 문화정치학이 내재한다는 사실을 깨닫게 되었죠.

《텔레비전 문화》는 단지 오늘날까지 그 자체로 평가받는 중요한 저서일 뿐만 아니라 우리 세대의 미디어학자들의 사유 방식에 근본적인 영향을 미친 저서이기도 합니다.

<u>아니코 보드로그코지</u>● 　내가 처음 《텔레비전 문화》를 만난 것은 불만 많은 영화 연구 학도였을 때였습니다. 작가주의, 정신분석학, 구조주의, 장치 이론apparatus theory 등의 접근법은 별로 흥미롭지 않았습니다. 나는 점차 대중 영화가 사회 체제 내에서 어떻게 작동하는지, 그리고 수용자들 ─ 이론적 구성물인 관객이 아닌 실제 수용자 ─ 이 자신들이 본 것을 어떻게 의미화하는지에 관심을 갖게 되었습니다. 적어도 1980년대 컬럼비아대학교의 석사 과정 학생으로서 내가 경험한 영화 연구는 따분하고 부적절해 보였습니다. 그리고 무엇보다도 나는 텔레비전을 더 좋아했었죠.

어느 날 나는 근처 동네 서점에서 피스크의 책을 우연히 접하게 됐습니다. TV에 대한, 대중성에 대한, 의미 생산자로서의 시청자에 대한 학술 서적이었죠! 영화 연구 문헌에는 이 같은 책이 없었죠. 피스크는 텔레비전의 대중성을, 영화 연구가 특히 할리우드를 다룰 때 그런 경향을 보이듯이, 무시하고 저항하고 초월해야 할 것이 아니라 긍정적인 요소로 논의하고 있었습니다. 피스크의 저서가 인용하는 학자들은 스튜어트 홀, 데이비드 몰리, 샬럿 브런스던, 존 하틀리, 도로시 홉슨, 호지와 트립 같은 이

● 아니코 보드로그코지Aniko Bodroghkozy는 미국 버지니아대학교 미디어연구학과 교수이며 저서로 *Groove Tube* 등이 있다.

들이었습니다. 이전에는 이런 이름을 마주친 적도 없었고, 텔레비전과 대중 문화, 대중 수용자에 대한 이런 사고방식을 접한 적이 없었습니다. 그리고 피스크는 롤랑 바르트 같은 이론가를 끌어들이기도 하는데, 바르트는 영화학도들도 읽는 이론가이지만 새로운 개념 — 쾌락, 희열, 주이상스 — 을 강조하는 새로운 방식으로 이용했습니다!

《텔레비전 문화》에서 여러 가지 즐거움을 얻을 수 있었지만, 그중에서 내게 가장 중요한 것은 분명하고, 접근하기 쉽고, 발랄한 산문이었습니다. 피스크는 틀림없이 독자들이 다양한 이론적, 방법론적 도구들을 이해하기를 원했고, 이 책에서 리얼리즘 이론에서부터 주체성이나 구조주의에 이르는 복잡한 접근법들을 이론적 배경이 탄탄한 학자들뿐만 아니라 학부생들도 이해할 수 있는 방식으로 제시하고자 노력했습니다. 피스크는 저작 및 자신이 도전하고자 하는 저작들을 뒷받침하는 문헌들로 이끄는, 지적으로 관대한 안내자였습니다. 내가 접했던 영화 연구의 이론적 문헌의 대부분은 과장되고 전문 용어로 가득 찬 산문으로 이뤄져 있는 것 같았죠. 반면 피스크의 저작은 복합적이고 섬세하면서도 분명했습니다. 그는 이것이 중요하고 심각한 것이라는 것을 알리기 위해서 불분명한 산문 뒤에 숨을 필요를 결코 느끼지 못했죠.

안타깝게도 피스크의 명쾌함과 접근하기 쉬움 때문에 그와 그의 저작은 손쉬운 비판 대상이 되었죠. 흔히 그의 권력과 저항에 대한 주장의 복합성을 온전히 받아들이지 않은 채 그의 주장이나 생각 중 일부를 물고 늘어지는 비평가들이 있었죠. 《텔레비전 문화》와 그의 후기 저작들이 술술 읽히지 않았더라면, 피스크가 문화 연구과 텔레비전 및 대중 문화 연구의 비평가들이 선호하는 비판 대상이 되는 일은 없었을 것입니다. 어쨌든 그의 저작 전체가 지금 재출판될 것 같지는 않네요.

일라나 러빈[●]   나는 대학 졸업 후 대학원 진학하기 전 시기에 《텔레비전 문화》를 접하게 됐습니다. 이 책을 발견하고서 — 제목이. 얼마나 멋있던지! — 나는 매디슨에서 피스크와 함께 공부하고 싶은 생각밖에 없었습니다. 1980년대 후반 학부생이었던 나는 텔레비전에 대한 비판적 분석을 접할 수 있었습니다. 이것은 그 자체로 눈이 번쩍 뜨이는 경험이었습니다. TV를 사랑했고 TV 제작 일을 하고 싶었던 나는 학자들이 문학과 영화를 다룰 때와 마찬가지로 신중하고 비판적인 시각으로 텔레비전을 연구한다는 걸 발견하고는 깜짝 놀랐죠. 그런데《텔레비전 문화》는 텔레비전 연구가 대중 문화와 관련된 새로운 질문들을 던져 준다는 점을 알려 주었기 때문에, 그 책을 읽은 것은 내게 더 넓은 문을 열어 준 셈이었습니다. 피스크가 문화 및 텍스트 관련 문제와 마찬가지로 정치적, 사회적 문제들도 진지하게 다룬 것은 내게는 계시와 같았습니다. 그 덕분에 나는 새로운 방식으로 TV의 의미와 중요성에 대해 생각하기 시작했습니다. 이는 내가 정말로 대학원에 진학해 이 문화 연구 관점으로 TV를 연구해야 하는가에 대한 커가기만 하던 의문을 해소해 주었습니다.

매디슨에 도착하자마자 난 학자와 저술가로서의 업적이 단지 피스크의 기여 중 작은 부분일 뿐이라는 걸 알게 됐습니다. 교육자로서 그의 능력은 그의 저술의 영향을 확대해 주었습니다. 수업과 개인적 대화에서 피스크는 책을 통해서 가르친 것만큼, 그것도 분명하게, 매력적으로, 엄청난 즐거움과 열정을 갖고, 우리를 가르쳐 주었습니다.

제이슨 미텔[●]   존 피스크와 처음 만난 것은 내 삶을 바꾼 사건이었습니

[●] 일라나 러빈Elana Levin은 미국 위스콘신대학교 밀워키 분교 저널리즘 및 매스커뮤니케이션학과 교수이며 저서로 *Wallowing in Sex: The New Sexual Culture of 1970s American Television* 등이 있다.

[●] 제이슨 미텔Jason Mittell은 미국 미들베리대학교 미국 연구, 영화 및 미디어 문화 교수이

다. 1993년 미네소타대학교에서 초빙 교수로서 피스크가 가르치던 미국 대중 문화 과목의 수강 신청을 할 때 나는 이 교수가 누구인지, 심지어 '문화 연구'가 무엇인지도 전혀 알지 못했죠. 그러나 곧 알게 됐죠. 존은 미디어 연구에 대한 나의 지적 열정을 자극했고, 나는 그를 따라 매디슨으로 오게 됐습니다. 이처럼 내가 피스크의 작업에 대해 처음 알게 된 것은 책을 읽어서가 아니라 그의 수업에서 그의 생각을 접하면서였습니다.

피스크를 책을 통해서만 접한 사람이라면, 그의 주장을 일련의 학술 전통에 대한 공격으로 보기 쉽겠지요. 그러나 존은 수업과 대화에서 우호적인 토론 — 흔히 함축적인 또는 실제의 부분에 대한 — 을 통해 논지를 전개했습니다. 그의 지도 아래 나는 구조주의적 이데올로기 이론과 스크린 정신분석학, 정치경제학이 단지 문화 연구에 의해 박살이 날 허수아비 이론이 아니라 잠재적 유용성을 지닌 이론임을 알게 되었습니다. 하지만 양적 매스 커뮤니케이션 이론에는 결코 비슷한 정도로 공감을 하지 못했음을 인정합니다! 피스크의 저작을 흔히 경멸적으로 비난해 온 비평가들은 피스크가 종종 대결했던 여러 전통들에게 보여 주었던 것과 같은 존중을 보여 주지 않았습니다. 피스크가 대립하는 입장에 대해 보여 주었던 관대함이 여전히 그의 텍스트에서 빛을 발하기를, 새로운 독자 세대가 그의 저작을 좀 더 개방적이고 공감하는 시선으로 봐 주기를 바랍니다.

그렉 스미스●   나는 피스크의 작업에 큰 영향을 받을 것 같지 않은 학자죠. 난 위스콘신대학교의 '영화파'이자 영화 프로그램의 박사 과정생으로 데이비드 보드웰David Bordwell의 지도를 받는 대학원생으로서 '텔레컴파'

며, 저서로 *Television and American Culture* 등이 있다.
● 그렉 스미스Greg Smith는 미국 조지아주립대학교 커뮤니케이션학과 교수이며 저서로 *What Media Classes Really Want to Discuss: A Student Guide* 등이 있다.

(후에 미디어 및 문화 연구로 개명한, 매디슨 캠퍼스의 텔레커뮤니케이션 프로그램에 등록한 학생)가 아니었죠. 출판된 내 저술은 주로 정밀한 텍스트 분석에 초점을 맞춰왔고, 때때로 텔레비전 연구에서 문화 연구가 지배적인 위치를 차지하는 것에 비판적이기도 합니다. 그러나 피스크의 강의와 저술은 내게도 주춧돌과 같은 역할을 했습니다. 내 연구가 소매까지는 보드웰의 영향을 받았다면, 또한 어깨까지는 피스크의 영향도 받았다고 할 수 있습니다.

매디슨 캠퍼스의 두 프로그램 간의 경계는 명확한 것이 아니었고, 상당 부분 "퍼마시기"(제이슨이 말했듯이, 두 프로그램 학생들은 매주 목요일 오후 각자 콜로키엄을 마친 뒤 함께 술집으로 몰려가 라이넨쿠겔 맥주를 들이켜곤 했죠)에 좌우되는 것이었습니다. 나는 보드웰의 수업만큼이나 피스크의 수업을 많이 들었습니다. 이 수업들은 정말 대단했죠! 피스크는 세미나 테이블에 앉아서 그냥 말하기 시작했죠. 노트를 전혀 사용하지 않은 채 개념들의 역사를 누비며 개념 간의 연관을 설파하곤 했죠. 아무런 틀 없이도 눈부시게 빛나는 정신의 향연을 보며 그냥 감탄할 뿐이었습니다. '구루 방식 guru mode'으로 수업 절반을 마치고 나서 피스크는 근거 있는 사례를 두고 토론을 벌이도록 우리를 이끌었습니다. 우리 각자가 좀 더 명민한 비평가가 되는 데 도움이 되는 방식으로 최선의 반응을 하도록 격려했습니다.

피스크와 같은 '구루'는 자신을 그대로 따르라고 추종자들에게 요구하기 쉽지만, 피스크는 관대한 정신의 소유자였습니다. 그는 자신의 연구와 다른 연구를 장려했습니다. 그의 저술은 특별히 역사나 정책에 관심을 보이지 않았음에도, 그는 후학들에게 사회사/문화사적 연구를 부추기고 그들의 연구가 정부 정책에 대한 이해에 근거를 두도록 했습니다. 피스크가 위스콘신대학교 전임 교수로 있는 동안 학과는 미셸 힘스를 채용했는데, 이 선택은 피스크가 자신의 접근법을 따라하는 학자가 아니라 보완해 줄 학자를 원했음을 잘 보여 주었습니다.

파멜라 윌슨　그래요. 피스크는 항상 우리와 얼굴을 맞대고 일하지는 않았지만 학생들이 자신만의 이론적 관점과 생각, 분석을 발전시키도록 격려했습니다. 그는 자신의 관점을 확장하는 데 개방적이었고, 대부분의 위대한 교육자들처럼 학생들을 가르치면서 그들로부터 배웠다고 난 믿습니다. 존에게 교육은 대화 과정이었습니다. 그는 자신의 생각과 이해, 지식을 제시한 뒤, 우리가 질문하고, 도전하고, 그의 관점에 뭔가를 추가할 수 있도록 분위기를 만들었습니다. 이는 활기차면서도 우리를 변화시키는 과정이었습니다. 우리 대다수에게 이런 방식은 우리의 수업 진행에 영감을 준 교육학 모델이 되었습니다.

그의 이데올로기적 시각과 함께 좀 더 넓게, 깊게 생각하도록 그가 학생들을 격려하는 방식을 보여 주는 피스크의 대학원 수업의 예를 여럿 기억하고 있습니다. 그는 우리와 논쟁하는데 관심이 있었지만, 궁극적으로 우리가 자신만의 독특한 접근법을 창출하도록 허용하고 격려했습니다. 여기 내가 좋아하는 예를 소개하죠.

철두철미하게 비판적 이론가인 피스크는 권력관계의 이해가 모든 분석의 근저에 놓여야 한다고 주장했습니다. 한 수업의 연구 주제를 찾던 나는 당시(1990년대 초) 컨트리 음악 산업에서 일어나고 있는 주요 변화에 관심이 있었습니다. 70년 전 매우 지방적인 음악 스타일이라는 문화적 표현으로 시작된 것은 점차 주류 문화에 통합되어 갔지만, 아직도 지역적, 계급적 뿌리를 가리키는 많은 기표들을 갖고 있었고, 그중 많은 기표들에 좋지 않은 낙인이 찍혔었죠. 그 당시까지 '컨트리'라는 것은 헤게모니를 쥔 문화적 위계질서에서 촌스럽고, 저급하고 — 촌스럽고 교육받지 못했다는 의미에서 — 미국 남부의 촌스런, 노동 계급 문화를 재현하는 것으로 스테레오타입화돼 있었습니다. 그런데 변화의 기운이 감지되기 시작했고, 내시빌에 근거를 둔 음악 산업은 당시 르네상스를 맞고 있었습니다. 새로운 세대와 새로운 '컨트리적인' 스타일이 등장했고, 음반 음악만이 아니라 컨트리 음악 비디오를 수용하는 전국적 수용자의 폭발적 증가, 더 많은 텔레비전 노출, '컨트리' 관련 잡지의 출판, 전국적 명성을 얻게 된 새로운 컨트리 뮤지션들의 부상이 뒤따랐습니다. 갑자기 '컨트리'가 쿨한 것이 되고 어디서나 즐기는 것 같았습니다.

나는 이런 새로운 '컨트리적' 기표가 미국의 국가적 상상력에서 무엇을 의미하는지, 또 이것이 어떤 지역, 계급, 역사적·문화적 가치를 불러내는지를 이해하는 데 관심이 많았습니다. 컨트리 음악 팬이거나 그 음악을 찬양했던 적은 없었지만, 남부 출신 백인으로서 나는 이 이슈를 제대로 다룰 수 있을 것이라고 생각했습니다. 피스크에게 이 주제가 연구 주제로 좋을지에 대해 물었죠. 우리는 이 주제를 두고 많은 논란을 벌였습니다. 그는 내가 컨트리 음악과 관련된 인종적, 정치적 이슈를 고려해야 한다고 주장했습니다. 난 그럴 필요가 없다고 생각했죠. 나는 이를 매스 미디어화된 소비 문화로 변화하고 있지만 견고해지고 좋은 평가를 받게 된, 사라지지 않는 민속 문화로 보고자 했습니다. 난 '컨트리'가 무엇을 의미하는지, 무엇을 코드화하는지만 살펴보고 싶었죠. 그 스타일과 스웨거swagger, 가사만을 살펴보고자 했죠. 내 시각으로 보면, 이것은 미국 문화에서 남부적Southern이란 것이 무엇을 의미하는가에 대한 연구로, 어두운 역사를 지녔지만 동시에 이 지역 문화를 생기 있고 독특한 것으로 유지해 준 문화적 생동감의 근거이기도 한 남부적 유산과 남부인으로서의 정체성에 관한 내 자신의 양가감정을 다루는 것이었습니다.

피스크는 내게 더 깊이 파고들어가라고 촉구하면서, 비정치적이고 뿌리 지향적인 스타일로 보이는 것이 실은 부상하는 신사회 운동new social movement을 인증해 주는 신화일 수 있다고 했습니다. 그는 표면에 드러나 있지는 않지만 기표들의 새로운 기호학적 조합을 구조적으로 만들어 낼 수 있는 문화정치학, 숨겨진 권력 차이, 가치의 암묵적 환기를 고려하라고 내게 요구했지요. 나는 저항하고 논쟁을 벌였지만, 그의 요구에 대해 숙고했습니다. 반면 피스크도 나의 관점 중 어떤 부분을 존중하게 되었습니다. 그는 내게 새로운 방식으로 사고하라고 촉구했지만, 결코 자신의 관점을 채택하라거나 자신이 던졌을 법한 질문으로 연구에 임하라고 강요한 적이 없었죠. 이 수업 과제로 나는 돌리 파튼Dolly Parton이 스스로 구축한 자기 이미지에 영향을 미친 젠더, 계급, 지역 문화가 교차하는 방식을 분석한 논문을 썼습니다(Wilson, 1995). 그리고 몇 년 후엔 그렉 스미스와 함께 하류 취향의 남부 요리 프로그램에 대한 연구를 통해 남부 문화를 탐구하게 됐죠(Smith & Wilson, 2004).

나는 항상 피스크의 가차 없는 지적 멘토링 스타일에 대해 감사할 겁니다. 그것이 나를 사상가로, 학자로 만들어 줬기 때문이죠. 돌아보면 컨트리 음악에 대한 피스크의 사려 깊은 통찰은 이 시기에 매우 선견지명이 있는 것으로 판명되었습니다. 지난 20년간 남부적, '컨트리적' 정체성 문제는 다양한 수준에서 대중적 시야에 들어오게 됐습니다. 근본주의적 우익이 미국 정치와 주류 문화에서 강력한 세력으로 부상한 것은 '컨트리적' 정체성과 이것이 상징하는 모든 것의 성장과 궤를 같이 해 왔습니다. 컨트리 음악 산업과 컨트리 음악팬층은 미국에서 보수적 정치 어젠다의 가장 강력한 지지자였고, 컨트리 음악은 여러 면에서 극우의 국가가 되었습니다.

컨트리 음악은 드러나게 인종주의를 찬양하지는 않지만, 백인성 whiteness을 찬양하고 있음은 의심할 바 없습니다. 이것은 계급 및 지역과 교차하는 백인성의 개념으로서 단지 남부만이 아니라 중서부 및 서부의 농장 및 목축 문화의 역사적 경험으로부터 발전해 온 가치들의 특수한 이데올로기적 결합체입니다. 이런 새로운 '컨트리' 스타일의 발전과 함께 우리는, 부르디외의 개념을 쓰자면, 나름의 도시적인, 백인의, 정치적으로 보수적인 아비투스habitus가 공고화하는 것을 보고 있습니다. 이것은 지난 20년 동안 미국 정치에서 종교적, 정치적 우익의 정체성에 기반을 제공해 왔습니다. 이처럼 컨트리 음악이 인종적, 문화적 권력을 다져 주는 구성물이라는 피스크의 통찰은, 비록 그 통찰이 백인성에 대한 비판적 이론이 막 출현하던 시기에 나온 것임에도, 딱 들어맞는 것이었습니다.

<u>그렉 스미스</u>   피스크의 가르침은 내가 미디어에 관해 생각하는 방식을 확실히 바꿔 놓았습니다. 그의 저술도 그랬어요. 누군가에게 문화 연구에 대한 기본 지침서 한 권을 건네야 한다면, 《텔레비전 문화》보다 더 좋은 게 있을까요? 다른 한편, 《텔레비전 문화》는 텔레비전에 대한 가장 이론적인 저서 중 하나입니다. 텔레비전에 대한 학술 연구는 텔레비전 연구가 되었지 텔레비전 이론이 되지는 않았습니다. 이는 문화 연구가 우리 모두에게 (일부 영화 연구처럼) 고차적 이론의 유혹에 빠지는 대신 우리 작업을 개별적인 것에 기반을 두기를 장려하기 때문이었습니다. 그럼에도 《텔레비전 문화》는 피스크 자신의 생각과 다른 사람들의 생각 — 피스크는 수업에서 이 둘을 연관시키곤 했죠 — 사이를 요령 있게 헤쳐 나가는 깊이 있는 이론서입니다. 다른 한편, 《텔레비전 문화》는 아주 읽기 쉬운 책입니다. 다양한 이론적 시각을 다루는 다른 책들도 있지만, 이처럼 생생하고, 명확하고, 대담한 문장으로 채워져 있는 책이 또 있을까요? 이해하기 쉽게 쓴 스타일과 이론적 명확성이 결합된 《텔레비전 문화》를 넘어설 책은 없을 것 같습니다.

최근 나는 교과서를 집필하면서 저학년 학부생들을 위해 피스크가 이 책에서 했던 것을 하고자 하는 열망에서 자주 《텔레비전 문화》를 떠올리고 있습니다. 나는 '리얼리즘'이라는 복잡 미묘한 개념에 대한 장을 쓰면서, 리얼리즘이 픽션과 논픽션에서 어떻게 작동하는지를 통찰력 있게 논의한 《텔레비전 문화》의 해당 부분을 참조했습니다. 피스크를 '리얼리즘' 이론가로 간주하는 사람은 별로 없겠지만, 피스크의 책은 이 같은 순간들로 가득 차 있죠. 리얼리즘뿐 아니라 다른 주제에 관한, 그의 명쾌

하고 통찰력 있는 산문은 우리가 자신의 큰 생각들을 학생들이 이해할 만한 글로 재포장할 수 있다는 점을 보여 줍니다.

파멜라 윌슨   이번에 《텔레비전 문화》를 다시 살펴보면서, 피스크가 이 책에서 내 연구의 기반을 형성하는 문화, 이데올로기, 재현의 기호학에 관한 기본적인 이론적 이해를 얼마나 잘 서술해 놓았는지에 새삼 감탄하게 되었습니다. 피스크는 "저기 어딘가에 객관적, 경험적 현실이 있을 테지만, 그것을 인식하고 의미화하는 보편적이고 객관적인 방법은 존재하지 않는다. …… '현실'은 항상 이미 코드화돼 있으며, 결코 '날 것'이 아니다"(p.70)와 같은 기본적 전제를 끌어들여, "다큐멘터리 관습은 카메라가 사전 계획되지 않은 현실의 한 조각 — 이를 다큐멘터리가 객관적이고도 진실되게 보여 준다 — 을 마주친 듯한 인상을 주기 위해 고안된 것이다. 반면 드라마의 관습은 우리가 매개되지 않은 현실의 한 부분을 직접 보고 있다는, 즉 카메라는 존재하지 않는다는 인상을 주기 위해 고안된 것이다"(p.110)라는 서술처럼 구체적 경우와 만났을 때 이런 이론이 작동하는 방식을 해명하기 위해 이론을 적용합니다. 그는 "이미지는 그것이 재현한다고 주장하는 현실보다도 더 명확하고 더 인상적이다. 그러나 이미지는 파편적이고 모순적이기도 하고, 경험 세계의 통일성에 의문을 제기할 정도로 엄청난 다양성을 전시한다"(p.249)고 주장합니다.

론 베커●   텔레비전 시대가 완전히 새로운 소셜 네트워킹과 유튜브, 웨비소드webisode●●의 시대에 주도권을 넘겨주고 있는 현재 우리 미디어 문

● 론 베커Ron Becker는 미국 마이애미대학교 커뮤니케이션학과 교수로, 저서로 *Gay TV and Straight America* 등이 있다.

●● 온라인용 텔레비전 프로그램 에피소드를 말한다.

화의 관점에서 보면, 존 피스크의 《텔레비전 문화》는 〈A특공대〉의 에피소드만큼이나 구닥다리로 보일 수 있을 겁니다. 어느 정도 그렇기도 하죠. 이 책은 분명히 특정 시기 미디어 문화의 산물이자 미디어 문화 이론의 발전의 특정한 단계의 산물입니다.

하지만 오래됐다는 것이 이젠 맞지 않다는 말은 아니죠. 《텔레비전 문화》가 제시하는 비판적 개념들의 도구 상자는 현재의 미디어 문화를 이해하는 데 대단히 유용합니다. 기호학과 의미 생산의 사회 정치학에 대한 피스크의 설명은 1987년에 그랬듯이 오늘날에도 가치 있으며, 명쾌함과 이해하기 쉬운 점에서 경쟁자가 없습니다. 실제로 이들 개념들은 이 책이 처음 나온 이후 전개된 여러 기술적, 산업적 변화에 더욱 유용하게 쓰일 수 있습니다. 예컨대, 피스크의 상호 텍스트성에 대한 논의는 1980년대보다는 오늘날 시청자들이 어떻게 의미를 생산하는지를 살필 때 더욱 가치 있습니다.

얼핏 보면 피스크가 제시하는 예들이 얼마간 예전 것이기 때문에 《텔레비전 문화》가 제시하는 생각들 대부분이 현재에도 얼마나 타당한지를 잊기 쉽습니다. 하지만 나는 교육자로서 바로 그 점 때문에 그러한 분석이 쓸모 있다는 걸 알게 됐습니다. 학생들로 하여금 자신들의 미디어 문화의 사회정치학을 인식하도록 하는 일은 쉬운 일이 아닙니다. 많은 학생들은 아마도 자신들의 개인적 소비 행태와 취향에 대한 비판을 피해 가고 싶은 마음에 비판적 분석에 저항감을 표시합니다. '너무 과도하게 해석한다'고 그들은 흔히 불평합니다. 학생들이 개인적으로 관심을 갖지 않는 텍스트를 분석하면서 개념들을 끌어들이는 것은 그런 저항을 피해갈 수 있는 유용한 전술입니다. 예를 들면, 나는 피스크가 〈하트 투 하트〉의 장면을 세밀하게 분석한 것을 이용해 학생들이 시각 문화의 기호학에 대해 생각해 보도록 할 수 있었습니다. 학생들이 일단 이런 접근법에 친숙해지면 이제 그것을 현재 사례에 적용해 보는 겁니다.

<u>그렉 스미스</u>   그래요. 그런데 예전 예를 제시하는 것은 어떨까요? 그럴 경우 〈하트 투 하트〉에 대해 전혀 알지 못하던 학생들에게 문제가 될 수 있다는 걸 인정합니다. 이 점이 나로서는 안타까운 점인데, 텔레비전 텍스트 연구가 너무나 현재의 프로그램, 화제의 프로그램에 집중돼 왔다고 생각하기 때문입니다. 대중 문화는 한 텍스트가 '핫한' 순간을 강조했다가, 그다음엔 다른 텍스트로 옮겨 가곤 하죠. 텔레비전 연구에 종사하는 우리는 너무나 자주 이런 움직임을 반복하려는 유혹에 빠지곤 합니다. 이런 경향은 텔레비전을 인기가 떨어진 이후에는 주목할 필요가 없는 '나쁜 대상'으로 재위치시킵니다. 우리는 이런 경향으로부터 벗어나, 해당 텍스트가 더 이상 화제의 대상이 아니더라도 통찰력 있는 비평의 가치를 인식할 필요가 있습니다.

<u>아니코 보드로그코지</u>   여러분이 지적했듯이 《텔레비전 문화》에 나오는 '철지난' 1980년대 예는 교육적으로 문제일 수도, 기회일 수도 있습니다. 그런데 좀 다른 식으로 생각해 보죠. 우리는 왜 〈하트 투 하트〉와 〈A특공대〉를 미국 텔레비전의 고전 네트워크 시대의 역사적 TV 텍스트의 사례라고 하지 않고, '철지났다'고 ― 이 단어에는 갖가지 폄하하는 연상들이 따라오죠 ― 규정하는 거죠? 데이비드 보드웰과 크리스틴 톰슨Kristine Thompson, 재닛 스타이거Janet Staiger는 고전 할리우드 스튜디오 시스템에서 제작된 비정전적non-canonical 영화들을 분석한 저서 《고전 할리우드 영화The Classical Hollywood Cinema》에서 제작 스타일과 양식에 대한 주장을 펼쳤는데, 어떤 영화 연구자도 '철지난' 영화를 사용했다고 그들을 비난한 적이 없습니다. 영화학자들은 수업에서 숏‐리버스 숏이나 교차 편집, 연속 편집을 설명하기 위해서 40~50년 전 영화를 사용하지만, 누구도 그게 문제라고 생각하지 않는 것 같습니다. 그렇다면 피스크가 예전 텔레비전 프로그램들을 분석한 것이 그의 전반적 주장을 약화시킬 우려가 있

다거나, 《텔레비전 문화》의 지적 탐구를, 적어도 몇몇 비평가들에게는, 더 이상 적절치 않은 것으로 간주하도록 한다고 보는 이유는 무엇일까요?

__그렉 스미스__ 상당히 낡은 《텔레비전 문화》의 책장을 넘기면서, 이 책에 텍스트 비평이 그토록 많이 담겨 있는 데 놀랐습니다. 어떤 이들은 피스크의 저작을 주로 수용 전략을 다루는 몇몇 개념들로 환원합니다만, 이는 피스크가 텍스트를 얼마나 능숙하게 다루는지를 간과하는 것입니다. 오늘날 텔레비전 텍스트의 구성, 스타일, 내러티브 구성 등을 정밀하게 관찰하는 TV 학자들의 신세대가 존재합니다. 그러나 텔레비전에서 스타일과 내레이션에 대한 치밀한 독해의 예전 사례를 찾고자 한다면, 피스크의 저술을 언급해야 할 겁니다. 물론 피스크는 능동적인 시청자 과정을 강조했지만, 이것이 그가 텍스트 비평을 할 능력이 갖추지 못했다는 의미는 아니죠. 그의 텍스트 분석은 텍스트로부터 만들어질 수 있는 여러 의미들에 대한 깊은 이해를 보여 줍니다. 아마도 학자로서 내가 피스크의 영향을 가장 많이 받은 부분은 바로 이 점일 겁니다. 〈앨리 맥빌_Ally McBeal_〉●과 같은 텍스트에서 의미 패턴을 강조할 때 나는 유일무이한 의미를 잡아내는 것이 아니라는 것을 잘 인식하고 있습니다. 피스크는, 내가 비평가로서 단 하나의 길만을 따라가고 있을 때조차도, 텍스트라는 숲을 지나는 길이 여럿 있다는 점에 유의하도록 해 줍니다. 내게 영향을 준 존 피스크는 나처럼 텍스트에 집중하는 학자가 좀 더 좋은 성과를 낼 수 있도록 해 줍니다. 의미의 복합성에 충실해야 하지만, 저술에서는 대담하고 명쾌해야 한다고 격려합니다. 이 점에 대해 나는 두고두고 고마움을 느낄 겁니다.

● 1997~2002년 미국 폭스 TV를 통해 방영된 코미디 드라마 시리즈다. 여주인공 앨리 맥빌을 비롯한 젊은 변호사들의 삶을 코믹하게 다뤘다.

론 베커　TV/미디어학자가 최신의, 가장 화제가 되는 것에 현혹되어서는 안 된다는 그렉의 언급은 중요하다고 생각합니다. 엄청난 산업적 변화로 인해 텔레비전의 과거 ─ 그리고 과거의 텔레비전 관련 연구 ─ 가 미래는커녕 현재를 이해하는 데도 중요하지 않은 듯이 보이는 현재에는 더욱 그렇습니다. 우리가 연구하는 매체만이 아니라 텔레비전 연구 분야들도 중요한 전환점에 처해 있습니다. 연구 분야들이 성숙해지면서 그렉이 지적했듯이 신세대 학자들은 1970년대와 1980년대에 이뤄진 토대적인 이론적 작업을 끌어들여 통합하는 방안을 생각해야 할 것입니다. 비판적 텔레비전 연구가 항상 '현재주의적presentist' 경향이라 할 수 있는 것을 지니고 있음 ─《텔레비전 문화》가 당시의 사례를 논하는 데에도 반영되어 있죠 ─ 에도 불구하고, 우리는 오래된 프로그램에 대한 오래된 이론은 현재 일어나고 있는 일을 이해하는 데 유용하지 않다고 가정하는 논리에 빠지지 않도록 유의할 필요가 있습니다.

아니코 보드로그코지　론이 지적했듯이, 텔레비전 연구라는 분야는 '현재주의적' 지향을 갖는 경향이 있습니다. 나도 다른 곳에서 이 딜레마를 다룬 바 있습니다(Bodroghkozy, 2006). 이 분야의 토대 역할을 하고 있는 피스크의 작업은 주로 당대의 것에 집중하고 있습니다. 하지만 텔레비전, 시청자, 권력의 동학이 어떻게 작동하는지에 대한 피스크의 통찰은 그의 저서가 출판되었던 시기에만이 아니라 요즘 시기에도 적절합니다. 그의 사례들이 철지난 것이란 점이 문제처럼 보인다는 것은 텔레비전 및 대중문화 연구가 미성숙한 때문이 아닐까 생각합니다. 이들 분야는 아직 연구 대상을 다루는 역사적 방법론과 방식을 제대로 발전시키지 못했습니다. 영화 연구는 일찍부터 이런 것들을 발전시켜 온 것으로 보입니다. 영화 연구는 나름의 지적, 학술적 도전을 갖고 있겠지만, 해당 분야를 역사적으로 개념화하는 작업은 이에 속하지 않습니다. 영화 연구가 고전 할리우드 스튜디오 시스템 연구라는 하위 분야를 갖고 있는 것처럼 텔레비전 연구가 미국 고전 네트워크 TV 시스템에 집중하는 하위 분야를 발전시킨다면, 피스크가 《텔레비전 문화》 전반에서 거론하는 〈하트 투 하트〉 사례를 어떻게 받아들여야 할지에 관해 덜 고민하게 될 것입니다.

파멜라 윌슨　아니코, 의견 감사합니다. 텔레비전 연구는 특히 1950~1970년대 네트워크 시대의 '고전적' 텔레비전을 중점적으로 연구하고 그런 편성을 역사적 맥락에서 다루는 데서 상당히 훌륭한 성과를 거두었다고 생각합니다. 1970년대나 1980년대를 다루는 연구들보다 나았다고 봅니다. 이 점에서 당신의 연구도 매우 영향력 있는 것이었습니다. 스머더스 브라더스Smothers Brothers●와 몽키스Monkees●●의 문화정치학에 관한 당신의 저술은 1960년대 텔레비전 문화를 이해하는 데 매우 중요합니다. 문화 연구에 문화사를 접목하는 것은 위스콘신대학교 대학원생이었던 시기 피스크와 스피겔의 시너지와 영향의 뚜렷한 결과였으며, 우리 세대 미디어학자들의 연구 틀을 잡아 준 것이었습니다. 하지만 우리 몇몇이 지적한 '철지난' 사례들과 관련된 문제의 핵심은 학생들이 단지 이들 예에 친숙하지 않으며, 역사적 텔레비전 편성 — 특히 프로그램 재방송 케이블 채널에서 지속적으로 재방송되고 있지 않는 과거 프로그램들 — 이 수업용으로 이용하기 어렵다는 점입니다.

　　과거에 이는 텔레비전 역사를 가르치는 교수들에게 실제적인 도전이

● 톰 및 딕 스머더 형제로 이뤄진 미국의 가수이자 코미디언 그룹이다. 1967년부터 1969년까지 CBS에서 코미디 버라이어티쇼인 〈스머더스 브라더스 코미디쇼*The Smothers Brothers Comedy Hour*〉를 진행했다.

●● 미국의 4인조 팝 록밴드로 1965년부터 1971년까지 활발히 활동했다. 밴드가 주역인 텔레비전 프로그램 〈몽키스*The Monkees*〉를 위해 밴드가 구성되었으며 1966~1968년 방영되었다.

었습니다. 하지만 근래 이들 프로그램이 점점 더 DVD 세트로 재포장되어 발매되거나, 유튜브나 훌루Hulu 같은 사이트에 올라와 있어, 접근성의 문제는 전보다는 덜 문제가 되고 있습니다. 그래서 피스크가 당대의 프로그램들을 분석한 예들이 큰 문제가 되지는 않을 것으로 봅니다. 우리가 바르트의 유명한 예 — 바르트는 1950년대 〈파리 마치Paris Match〉의 표지 사진을 예로 들어 의미의 차원들을 해체합니다● — 에 대한 학생들의 이해를 돕기 위해 프랑스와 프랑스의 아프리카 식민지 간의 탈식민주의적 관계의 문화적, 역사적 맥락을 설명하듯이, 우리는 피스크가 분석에 이용하는 TV 프로그램들의 맥락을 알려줄 수 있을 겁니다.

단지 시청자가 저항적인 방식으로 의미를 생산하는 것에만 초점을 두기는커녕 — 피스크 저작을 이처럼 희화화하는 사람들도 있습니다 — 피스크는 미디어 생산, 텍스트에서의 의미의 코드화, 수용과 해석이란 전 과정을 이해하는 데 유용한 다양한 접근법들을 다루고 있습니다. 그의 접근법에서 독특한 점은 그가 독자들을 생산, 텍스트 스타일, 시청자 수용 간의 깊은 상호 연관성에 주목하도록 이끈다는 것입니다. 그는 코드, 즉(카메라워크에서부터 내러티브 구조에 이르는 여러 차원에서) 텔레비전 텍스트의 구조와 그 코드가 생성해 내는 여러 가지 의미들과 해석들에 관심을 가졌습니다. 피스크는 텔레비전 텍스트의 다의성에 매혹되어 개방적/작가적 텍스트 대 폐쇄적/생산자적 텍스트의 모델을 제안한 에코와 바르트의 이론을 통합했습니다. 또 레비스트로스, 바르트, 프로프를 끌어들여 텔레비전 내러티브 구조의 신화적 특성을 논했습니다.

● 한 젊은 흑인이 프랑스 군복을 입고 경례를 하는 모습이 실려 있는 표지를 말한다. 바르트는 그의 눈이 아마도 삼색기에 고정되어 있는 것 같다면서 이 장면은 보는 사람들에게 프랑스가 위대한 제국이며 프랑스의 아들들 모두는 피부색의 차별 없이 충성스럽게 국가에 봉사한다는 것을 의미한다고 해석했다.

피스크는 또 솝 오페라에서부터 퀴즈 프로그램, 스포츠 텔레비전에 이르는 다양한 장르와 스타일의 문화적 의미와 효용을 탐색했습니다. 중요한 피스크적 접근법의 하나는 텔레비전이 제공하는 쾌락의 원천에 대한 탐구입니다. 그는 놀이의 성격, 유희성, 과잉 및 일탈적이거나 저항적인 쾌락의 경우(바흐친의 고전적인 카니발 이론에 바탕을 둔) ― 이 모든 것은 규칙과 자유 간의 협상과 관련된다고 그는 주장했죠 ― 에 대한 강력한 이론적 통찰도 제공했습니다. 피스크의 제자 중 다수는 자신의 연구에서 이런 문제들을 추구했습니다. 예를 들면 제이슨 미텔(2004)은 텔레비전 장르에 대한 피스크의 작업에 기초해서 첫 번째 저서를 냈습니다.

제이슨 미텔 돌이켜볼 때 《텔레비전 문화》에서 특히 ― 그리고 아이러니컬하게 ― 두드러진 양상으로 내게 인상적이었던 것은 시청자가 미디어의 원재료로부터 자신만의 의미를 만든다는 이 책의 주장이 책 자체의 수용에도 적용되었다는 점입니다. 이 책에는 텔레비전의 다양한 면모를 해명하는 다양한 이론적 관점들이 담겨 있습니다. 이데올로기, 정신분석학, 내러티브 형식, 젠더 같은 주제를 다루는 장들이 있죠. 하지만 이 책에 대해 비판적으로 반응하는 ― 그리고 반격하는 ― 사람들은 이 책이 능동적 시청자의 해방적 힘을 찬미하는 저술이라고 모함합니다. 이 말이 이 책의 주장을 전적으로 오독한 것은 아니지만, 이는 원하는 것만 보는 것이며 시청자의 자유를 제한하고 축소하는 산업, 텍스트, 맥락의 힘을 강조하는 여러 장과 분석들을 간과하는 것입니다. 피스크는 다음 저서에서야 드 세르토의 용어들을 이용하기 시작합니다만, 피스크의 비판자들이 가장 공격하기 좋은 면들만 밀렵한poach 것은 분명해 보입니다.

피스크의 접근법이 그의 책이 어떻게 해서 그처럼 편협한 시각에서 받아들여졌는지를 설명하는 데 도움이 될 수 있을까요? 분명히 우리는 그의 능동적 시청자론을 깔아뭉개고 희화화한 비판자들의 맥락을 고려할 필요가 있습니다. 피스크는 영국 문화 연구 및 [유럽] 대륙 이론continental theory의 전통과 미국 미디어 연구를 오가며 유럽-아메리카를 잇는 메신저 역할을 했습니다. 당시 미국의 텔레비전 연구는 대개 매스 커뮤니케이션의 틀에서 이뤄졌고, 매체에 대한 넓은 의미로 도구주의적 관점에 입각한 것이었습니다. 텔레비전은 경제적 체제로, 또는 선동, 미디어 효과, 부정적 메시지를 통한 사회적 퇴락의 도구로 여겨졌습니다. 이런 관점에서 볼 때 시청자가 수동적 희생자나 경제적 통계 수치가 아닌 다른 무엇일 수 있다는 생각은 이 분과의 핵심적 원리에 대한 공격이었습니다. 피스크의 접근법에 이론적으로 좀 더 공감하는 영화 및 미디어학자들 중에는 퀴즈 프로그램과 레슬링, 〈A특공대〉를 진지하게 다루는 것에 대한 미학적 공포 때문에 그의 작업에 회의적이었던 사람들도 있었을 겁니다.

론 베커   이미 거론된 여러 지적들을 반복하자면, 《텔레비전 문화》를 통해 피스크가 가장 크게 기여한 것 중 하나는 우리로 하여금 미디어 문화를 항상 작동 중인 구조의 힘과, 사회적으로 위치지어진 사회적 주체의 항상 상대적인 자율성 간의 복합적인 협상 과정으로 볼 수 있게 해 준 것입니다. 피스크가 남성 지향적 내러티브와 여성 지향적 내러티브 간의 차이를 밝히는 젠더화된 텔레비전에 대해 논의한 부분을 예로 들 수 있을 겁니다. 여기서 남성성과 여성성은 상이한 방식으로 가부장적 자본주의와 관련을 맺습니다. 현재 이론의 관점에서 보면, 피스크의 논의는 단지 〈A특공대〉 분석에 많은 부분을 할애하기 때문만이 아니라 논의가 젠더와 인종, 계급, 특히 성적 정체성의 교차성을 현재 우리가 기대하는 방식으로 제대로 다루지 못하기 때문에 철지난 것이라 할 수 있습니다. 하지만 나는 이들 장이 신선하며 가치 있다고 봅니다. 이데올로기의 구조화하는 힘을 강조함으로써 실제로는 시청자의 활동이 통상 얼마나 제약받는 것이며 유도되는 것인지에 주목하게 합니다. 요즘 그러한 통찰은 더더욱 가치 있는 것이죠. 그러한 구조화하는 힘이 여전하다는 걸 — 미디어 선택 폭이 커지면서 그렇지 않은 듯이 보이지만 — 잊지 않도록 해 주니까요. 나는 미디어 연구 입문 수업에서 학생들에게 자신의 숨기고픈 미디어 쾌락에 대해 쓰라는 과제를 냅니다. 그때마다 젠더가 미디어와 상호 작용하는데 얼마나 큰 영향을 미치는지를 보면서 계속 놀랍니다. 《텔레비전 문화》를 다시 읽은 뒤 피스크의 저작이 여전히 미디어 문화를 이해하는 데 얼마나 큰 도움을 줄 수 있는지를 상기하게 되었습니다.

일라나 러빈　나도 피스크의 분석이 아직도 쓸모 있는 것을 발견하고 놀랐습니다. 최근 젠더와 대중 문화에 대한 대학원 세미나에서 젠더화된 텔레비전 관련 장을 교재로 사용했습니다. 학생들은 1980년대 사례를 얼마간 흥미로워했는데, 교재 덕분에 젠더와 장르에 관한 문제, 의미의 결정이 일어나는 장소(텍스트인가 시청자인가?), 상업화된 대중 문화의 소비에 내재하는 협상에 대해 풍부한 토론을 할 수 있었습니다. 학생들은 인종, 계급, 그리고 피스크가 분석에서 깊이 있게 고려하지 않은 기타 문제에 대한 자신들만의 관점을 추가할 수 있었습니다. 그러나 피스크가 특히 젠더에 주목한 덕분에 우리는 현재의 연구에서 항상 가능하지는 않은 방식으로 정체성의 특정한 축axis에 관해 사고할 수 있었습니다. 그래요, 비판의 여지가 있다는 걸 압니다만, 그의 분석은 론이 언급했던 '구조화하는 힘들'을 학생들이 이해하는 데 결정적이었습니다.

파멜라 윌슨　우리는 1990년대 위스콘신대학교 매디슨 캠퍼스의 빌라스 홀 강의실에서 우리를 자극했던 그의 통찰이 오늘날 여전히 세계 곳곳의 강의실에서 반향을 일으키는 방식에 대해 이야기를 나누거나, 존 피스크가 우리 각자에게, 텔레비전 연구와 미디어 연구 분야에 깊은 영향을 미쳤다는 회고를 계속할 수 있겠지요.

그러나 이 책의 독자에게 중요한 것은 그의 세계관과 예리한 통찰을 접하기 위해 피스크를 개인적으로 알 필요는 없다는 것일 겁니다. 독자에게 필요한 것은 그저 앉아서 《텔레비전 문화》 — 또는 그의 다른 책 — 를 펼치는 것입니다. 그러면 케임브리지식 영국 악센트의 그의 목소리를 들을 수 있을 겁니다. 그는 미디어와 대중 문화가 우리의 사회적, 문화적 삶에서 어떻게 작동해 다양한 층위의 의미를 창출하는지에 대한 매혹적인 설명으로 당신을 인도할 것입니다. 독자들이 이들 미디어 형식과 자신의 관계에 대해 생각하고 이를 인식하는 전적으로 새로운 방식을 접할 수 있기를, 또 20여 년 전에 쓰인 개념들을 오늘날의 수렴하는 미디어 테크놀로지와 형식에 적용할 수 있기를 바랍니다. 〈하트 투 하트〉와 〈A특공대〉 대신, 당신이 원하는 어떠한 TV 프로그램이나 웨비소드, 비디오 웹로그vlog, 팟캐스트로 대체해 보세요.

당신이 골동품을 좋아하는 사람이라면, 어느 날 뉴잉글랜드 골동품 전시회에서 17세기 떡갈나무 가구를 파는, 케임브리지식 악센트의 반백에 흰 수염을 기른 남자를 마주칠지도 모르겠습니다. 가구의 상이한 스타일들에 코드화돼 있는 의미들의 순환과 초기 미국의 보통 사람들의 삶에서 그것들이 차지했던 중심적 역할에 관한 그의 얘기를 따라가다 보면 — 아마도 그가 대부분 얘기하고 당신은 매혹된 채 듣고 있겠지요 — 그의 명쾌하고 매력적인 산문 어딘가에서 당신이 20세기 말 대중 문화에 관해 새로 알게 된 것과 이상하게도 공명하며 당신을 흔드는 어구들을 듣게 될지도 모르겠습니다. 그러면 당신은 이런 관련이 무엇인지 곰곰 생각하겠지요. 우리의 거장 멘토가 실용적이고 어렵지 않은 지적 태도를 새로운 버릇으로 만들었군요. 포스가 그와 함께하기를.●

● 〈스타워즈〉(조지 루카스, 1977)에서 오비완 케노비가 스카이워커와 작별할 때 한 유명한 대사인 "포스가 함께하기를May the Force be with you"을 살짝 변형한 표현이다.

참고 문헌

Bodroghkozy, Aniko (2001). *Groove Tube: Sixties Television and the Youth Rebellion*. Durham, NC: Duke University Press.

Bodroghkozy, Aniko (2006). "'Don't Know Much About History': What Counts as Historical Work in Television Studies," *Flow*, Special Conference Issue, Vol. 5, Fall 2006.

Bordwell, David, Janet Staiger, Kristin Thompson (1985). *The Classical Hollywood Cinema: Film Style and Mode of Production to 1960*. New York: Columbia University Press.

Classen, Steven (2004). *Watching Jim Crow: The Struggles Over Mississippi TV, 1955~1969*. Durham, NC: Duke University Press.

Fiske, John & John Hartley (1978). *Reading Television*. London: Routledge.

Fiske, John (1982). *Introduction to Communication Studies*. London: Routledge.

Mittell, Jason (2004). *Genre and Television: From Cop Shows to Cartoons in American Culture*. London: Routledge.

Smith, Greg M. & Pamela Wilson (2004). "Country Cookin' and Cross-Dressin': Television, Southern White Masculinities, and Hierarchies of Cultural Taste," *Television And New Media*, May 2004.

Smith, Greg M. (2007). *Beautiful TV: The Art and Argument of Ally McBeal*. Austin: University of Texas Press.

Streeter, Tom (1984). "An Alternative Approach to Television Research: Developments in British Cultural Studies at Birmingham," In *Interpreting Television: Current Research Perspectives*, Willard Rowland Jr. and Bruce Watkins (eds.), Sage.

Wilson, Pamela (1995). "Mountains of Contradictions: Genderm Class and Region in the Star Image of Dolly Parton," *South Atlantic Quarterly 94/1*, Winter 1995, pp.109~134.

Wilson, Pamela (1999). "All Eyes on Montana: Television Audiences, Social Activism, and Native American Cultural Politics in the 1950s," *Quarterly Review of Film and Video*, Mark Williams (ed.), Special Issue; Vol. 16/3–4, pp.325~356.

Allen, R. (1983). "On Reading Soaps: A Semiotic Primer," in E. A. Kaplan (ed.) (1983b). *Regarding Television*, Los Angeles: American Film Institute/University Publications of America, 97~108.

Allen, R. (1985). *Speaking of Soap Operas*, Chapel Hill: University of North Carolina Press.

Allen, R. (ed.) (1987). *Channels of Discourse: Television and Contemporaty Criticism*, Chapel Hill: University of North Carolina Press.

Althusser, L. (1971). "Ideology and Ideological State Apparatuses," in *Lenin and Philosophy and Other Essays*, New York and London: Monthly Review Press, 129~186.

Althusser, L. (1979). *For Marx*, London: Verso.

Altman, R. (1986). "Television/Sound," in T. Modleski (ed.) (1986). *Studies in Entertainment: Critical Approaches to Mass Culture*, Bloomington and Indianapolis: Indiana University Press, 39~54.

Ang, I. (1985). *Watching Dallas*, London: Methuen.

Ang, I. (1986). "The Vicissitudes of 'Progressive Television'," paper presented at the International Television Studies Conference, London, July 1986.

Bakhtin, M. (1986). *Rabelais and His World*, Cambridge, Mass.: Massachusetts Institute of Technology Press.

Bakhtin, M. (1981). *The Dialogic Imagination*, Austin: University of Texas Press.

Bakke, M. (1986). "Culture at Stake," in D. McQuail & K. Siune (eds.) (1986). *New Media Politics: Comparative Perspectives in Western Europe*, London: Sage, 130~151.

Barthes, R. (1968). *Elements of Semiology*, London: Cape.

Barthes, R. (1973). *Mythologies*, London: Paladin.

Barthes, R. (1975a). *S/Z*, London: Cape.

Barthes, R. (1975b). *The Pleasure of the Text*, New York: Hill & Wang.

Barthes, R. (1977a). *Image-Music-Text*, (ed. & tr.). S. Heath, London: Fontana.

Barthes, R. (1977b). "An introduction to the Structural Analysis of Narratives," in R. Barthes (1977a). *Image-Music-Text*, (ed. & tr.). S. Heath, London: Fontana, 79~124 and S. Sontag (ed.) (1983). *Barthes: Selected Writings*, London: Fontana/Collins, 251~295.

Barthes, R. (1977c). "From Work to Text," in R. Barthes, *Image-Music-Text*, London: Fontana, 155~164.

Bell, P. (1983). "Drugs as News: Defining the Social,' *Australian Journal of Cultural Studies* 1: 2, 101~119, also in M. Gurevitch & M. Levy (eds.) (1985). *Mass Communication Reviews*

Yearbook Volume 5, Beverly Hills: Sage, 303~320.

Belsey, C. (1980). *Critical Practice*, London: Methuen.

Bennett, T. (1982). "Text and Social Precess: The Case of James Bond," *Screen Education* 41: 3~15.

Bennett, T. (1983a). "A Thousand and on Pleasures: Blackpool Pleasure Beach," in Formations (ed.) (1983). *Formations of Pleasure*, London: Routledge & Kegan Paul, 138~155.

Bennett, T. (1983b). "The Bond Phenomenon: Theorizing a Poular Hero," *Southern Review* 16: 2, 195~225.

Bennett, T. (1986). "Hegemony, Ideology, Pleasure: Blackpool," in T. Bennett, C. Mercer, & J. Woolacott (eds.) (1986). *Popular Culture and Social Relations*, Milton Keynes and Philadelphia: Open University Press, 135~154.

Bennett, T., Boyd-Bowman, S., Mercer, C. & Woollacott, J. (eds.) (1981). *Popular Television and Film*, London: British Film Institute/Open University.

Bennett, T., Mercer, C. & Woolacott, J. (eds.) (1986). *Popular Culture and Social Relations*, Milton Keynes and Philadelphia: Open University Press.

Bnnett, T. & Woollacott, J. (1987). *Bond and Beyond: Fiction, Ideology and Social Process*, London: Macmillan.

Berger, J. (1972). *Ways of Seeing*, Harmondsworth: Penguin.

Berne, E. (1964). *Games People Play: the Psychology of Human Relationships*, Harmondsworth: Penguin.

Blanchard, S. & Morley, D. (1984). *What's This Channel Fo(u)r?*, London: Comedia.

Blum, A. (1964). "Lower-class Negro Television spectators: The concept of pseudo-jovial scepticism," in A. Shostak & W. Gomberg (eds.). *Blue-Collar World*, Englewood Cliffs, NJ: Prentice-Hall.

Bordwell, D. (1985). *Narrative in the Fiction Film*, Madison: University of Wisconsin Press.

Bordwell, D. & Thompson, K. (1986). *Film Art: An Introduction* (2nd edn.), New York: Knopf.

Bourdieu, P. (1968). "Outline of a Sociological Theory of Art Perception," *International Social Sciences Journal* 2: 225~254.

Bourdieu, P. (1980). "The Aristocracy of Culture," *Media, Culture and Society* 2: 225~254.

Bourget, J. -L. (1977/8). "Sirk and the Critics," *Bright Lights* 2, 6~11.

Bradley, A. C. (1904). *Shakespearean Tragedy*, London: Macmillan.

Brown, M. E. (1987a). "The Politics of Soaps: Pleasure and Feminine Empowerment," *Australian Journal of Cultural Studies* 4: 2, 1~25.

Brown, M. E. (1987b). "The Dialectic of the Feminine: Melodrama and Commodity in the Ferraro Pepsi Commercial," *Communication* 9: 3/4, 335~354.

Brown, M. E. & Barwick, L. (1986). "Fables and Endless Genealogies: Soap Opera and Women's Culture," paper delivered at the Australian Screen Studies Association Conference, Sydney, December 1986.

Brunsdon, C. (1981). "*Crossroads*: Notes on Soap Opera," *Screen* 22: 32~37.

Brunsdon, C. (1984). "Writing about Soap Opera," in L. Masterman (ed.) (1984). *Television*

Mythologies: Stars, Shows, and Signs, London: Comedia/MK Media Press, 82~87.

Brunsdon, C. & Morley, D. (1978). *Everyday Television: Nationwide*, London: British Film Institute.

Budd, M., Craig, S. & Steinman, C. (1985). "Fantasy Island: Marketplace of Desire," in M. Gurevitch a & M. Leve (eds.). *Mass Communication Review Yearbook, Volume* 5, Beverly Hills: Sage, 291~301.

Carey, J. (1985). "Overcoming Resistance to Cultural Studies," in M. Gurevitch & M. Levy (eds.) (1985). *Mass Communications Review Yearbook, Volume* 5, Beverly Hills: Sage, 27~40.

Caughie, J. (1981). "Progressive Television and Documentary Drama," in T. Bennett, S. Boyd-Bowman, C. Mercer, & J. Woolacott (eds.) (1981). *Popular Telecvision and Film*, London: British Film Institute/Open University, 327~352.

Caughie, J. (1984). "Television Criticism: a Discourse in Search of an Object," *Screen* 25: 4/5, 109~120.

Cawelti, J. (1970). *The Six Gun Mystique*, Bowling Green: Bowling Green University Press.

Chambers, I. (1986). *Popular Culture: the Metropolitan Experience*, London: Methuen.

Chatman, S. (1978). *Story and Discourse: Narrative Structure in Fiction and Film*, Ithaca and London: Cornell University Press.

Chodorow, N. (1974). "Family Structure and Feminine Personality," in M. Rosaldo & L. Lamphere (eds.) (1974). *Women, Culture and Society*, Stanford: Stanford University Press, 43~66.

Chodorow, N. (1978). *The Reproduction of Mothering*, Berkeley: University of California Press.

Cohen, P. & Robbins, D. (1979). *Knuckle Sandwich*, Harmondsworth: Penguin.

Cohen, S. & Young, J. (1973). *The Manufacture of News*, London: Constable.

Cook, P. (ed.) (1985). *The Cinema Book*, London: British Film Institute.

Coward, R. & Ellis, J. (1977). *Language and Materialism: Developments in Semiology and the Theory of the Subject*, London: Routledge & Kegan Paul.

Cunneen, C. (1985). "Working-Class Boys and Crime: Theorizing the Class/Gender Mix," in P. Patton & R. Poole (eds.) (1985). *War/Masculinity*, Sydney: Intervention Publications, 80~86.

Curran, J., Gurevitch, M. & Woolacott, J. (eds.) (1977). *Mass Communication and Society*, London: Arnold.

Dahlgren, P. (1985). "The Modes of Reception: For a Hermeneutics of TV News," in P. Drummond & R. Paterson (eds.) (1985). *Television in Transition*, London: British Film Institute, 235~249.

Davies, G. (1978/9). "Teaching about Narrative," *Screen Education* 29: 56~76.

Davies, J. (1983). "Sale of the Century — Sign of the Decade," *Australian Jounal of Screen Theory* 13/14, 21~42.

Davies, J. (1984a). "Soap and Other Operas," *Metro* 65, 31~33.

Davies, J. (1984b). "The Television Audience Revisited," paper presented at the Australian

Screen Studies Association conference, Brisbane, December, 1984.

Davis, H. & Walton, P. (eds.) (1983a). *Language, Image, Media*, London: Blackwell.

Davis, H. & Walton, P. (1983b). "Death of a Premier: Consensus and Closure in International News," in H. Davis & P. Walton (eds.) (1983). *Language, Image, Media*, London: Blackwell, 8~49.

Dorfman, A. & Mattelart, A. (1975). *How to Read Donald Duck*, New York: International General.

Drummon, P. & Paterson, R. (eds.) (1985). *Television in Transition*, London: British Film Institute.

Dunning, E. (ed.) (1971). *The Sociology of Sport: a Selection of Readings*, London: Cass.

Dyer, R. (1979). *Stars*, London: British Film Institute.

Dyer, R. (1981). "Stars as Signs," in T. Bennett, S. Boyd-Bowman, C. Mercer, & J. Woolacott (eds.) (1981). *Popular Television and Film*, London: British Film Institute/Open University Press, 236~269 (an edited version of Dyer 1979).

Dyer, R. (1985). "Male Sexuality in the Media," in A. Metcalf & M. Humphries (eds.). *The Sexuality of Men*, London: Pluto, 28~43.

Dyer, R. (1986). *Heavenly Bodies: Film Stars and Society*, New York: St Martin's Press.

Dyer, R., Geraghty, C., Jordan, M., Lovell, T., Paterson, R. & Stewart, J. (1981). *Coronation Street*, London: British Film Institute.

Easlea, M. (1983). *Fathering the Unthinkable: Masculinity, Scientists and the Nuclear Arms Race*, London: Pluto.

Eaton, M. (1981). "Television Situation Comedy," in T. Bennett, S. Boyd-Bowman, C. Mercer & J. Woollacott (eds.) (1981). *Popular Television and Film*, London: British Film Institute/Open University, 26~52.

Eco, U. (1972). "Towards a Semiotic Inquiry into the TV Message," *WPCS* no. 3, 1031~26, in J. Corner & J. Hawthorn (eds.) (1980). *Communication Studies: An Introductory Reader*, London: Arnold.

Eco, U. (1979). *The Role of the Reader; Explorations in the Semiotics of Texts*, Bloomington and London: Indiana University Press.

Ellis, J. (1982). *Visible Fictions*, London: Routledge & Kegan Paul.

Elsaesser, T. (1973). "Tales of Sound and Fury: Observations on the Family Melodrama," *Monogram* 4.

Feuer, J. (1983). "The Concept of Live Television: Ontology vs Ideology," in E. A. Kaplan (ed.) (1983b). *Regarding Television*, Los Angeles: American Film Institute/University Publications of America, 12~22.

Feuer, J. (1984). "Melodrama, Serial Form and Television Today," *Screen* 25: 1, 4~16.

Feuer, J. (1986). "Narrative Form in American Network Television," in C. MacCabe (ed.) (1986). *High Theory/Low Culture*, Manchester: Manchester University Press, 101~114.

Feuer, J. (1987). "Genre Study and Television," in R. Allen (ed.) (1987). *Channels of Discourse: Television and Contemporary Criticism*, Chapel Hill: University of North Carolina Press,

113~133.

Fiske, J. (1982). *Introduction to Communication Studies*, London: Methuen.

Fiske, J. (1983). "The Discourses of TV Quiz Shows or School + Luck = Success + Sex," *Central States Speech Journal* 34, 139~150.

Fiske, J. (1984). "Popularity and Ideology: A Structuralist Reading of *Dr. Who*," in W. Rowland & B. Watkins (eds.) (1984). *Interpreting Television: Current Research Perspective*, Beverly Hills: Sage, 165~198.

Fiske, J. (1985a). "Television: A Multilevel Classroom Resource," *Australian Journal of Screen Theory* 17/18, 106~125.

Fiske, J. (1985b). "The Problem of the Popular," A. C. Baird Lecture, University of Iowa.

Fiske, J. (1986a). "Television and Popular Culture: Reflections on British and Australian Critical Practice," *Critical Studies in Mass Communication* 3: 2, 200~216.

Fiske, J. (1986b). "Television: Polysemy and Popularity," *Critical Studies in Mass Communication* 3: 4, 391~408.

Fiske, J. (1986c). "MTV: Post Structural Post Modern," *Journal of Communication Inquiry* 10: 1, 74~79.

Fiske, J. (1987a). "British Cultural Studies," in R. Allen (ed.) (1987). *Channels of Discourse: Television and Contemporary Criticism*, Chapel Hill: University of North Carolina Press, 254~289.

Fiske, J. (1987b). "Cagney and Lacey, Reading Character Structurally and Politically," *Communication* 9: 3/4, 399~426.

Fiske, J. & Hartley, J. (1978). *Reading Television*, London: Methuen.

Fiske, J., Hodge, R. & Turner, G. (1987). *Myths of Oz: Readings in Australian Popular Culture*, Sydney: Allen & Unwin.

Flitterman, S. (1983). "The Real Soap Operas: TV Commercials," in E. A. Kaplan (ed.) (1983b). *Regarding Television*, Los Angeles: American Film Institute/University Publications of America, 84~96.

Flitterman, S. (1985). "Thighs and Whiskers, the Fascination of Magnum P. I.," *Screen* 26: 2, 42~58.

Formations (ed.) (1983). *Formations of Pleasure*, London: Routledge & Kegan Paul.

Foucault, M. (1978). *The History of Sexuality*, Harmondsworth: Penguin.

Frow, J. (1986). "Spectacle, Binding: on Character," *Poetics Today* 7: 2, 227~250.

Galtung, J. & Ruge, M. (1973). "Structuring and Selecting News," in S. Cohen & J. Young (eds.) (1973). *The Manufacture of News*, London: Constable.

Garnham, N. (1987). "Concepts of Culture: Public Policy and the Cultural Industries," *Cultural Studies* 1: 1, 23~37.

Geraghty, C. (1981). "The Continuous Serial — a Definition," in R. Dyer, C. Geraghty, M. Jordan, T. Lovel, R. Paterson & J. Stewart (1981). *Coronation Street*, London: British Film Institute, 9~26.

Gerbner, G. (1970). "Cultural Indicators: the Case of Violence in Television Drama," *Annals of* the *American Association of Political and Social Science* 338, 69~81.

Gilligan, C. (1982). *In a Different Voice: Psychological Theory and Women's Development*, Cambridge, Mass.: Harvard University Press.

Gitlin, T. (1982). "Prime Time Ideology: the Hegemonic Process in Television Entertainment," in H. Newcomb (ed.) (1982). *Television: the Critical View*, New York: Oxford University Press, 426~454.

Gitlin, T. (1983). *Inside Prime Time*, New York: Pantheon.

Glasgow Media Group (1976). *Bad News*, London: Routledge & Kegan Paul.

Glasgow Media Group (1980). *More Bad News*, London: Routledge & Kegan Paul.

Glasgow Media Group (1982). *Really Bad News*, London: Writers & Readers Publishing Co-operative Society.

Goffman, E. (1979). *Gender Advertisement*, London: Macmillan.

Greenfield, P. (1984). *Mind and Media*, London: Fontana.

Grossberg, L. (1984). "Another Boring Day in Paradise: Rock and Roll and the Empowerment of Everyday Life," *Popular Music* 4, 225~257.

Grossberg, L. (1986). "The In-difference of Television, or Mapping TV's Popular (Affective) Economy," *Screen*.

Gurevitch, M., Bennett, T., Curran, J. & Woollacott, J. (eds.) (1982). *Culture, Society and Media*, London: Methuen.

Gurevitch, M. & Leay, M. (1985). *Mass Communication Review Yearbook, Volume 5*, Beverly Hills: Sage.

Hall, S. (1973). "The Determination of News Photographs," in S. Cohen & J. Young (eds.) (1973). *The Manufacture of News*, London: Constable, 176~190.

Hall, S. (1977). "Culture, the Media and the Ideological Effect," in J. Curran, M. Gurevitch & J. Woollacott (eds.) (1977). *Mass Communication and Society*, London: Arnold, 128~138.

Hall, S. (1980a). "Encoding/Decoding," in S. Hall, D. Hobson, A. Lowe & P. Willis (eds.) (1980). *Culture, Media, Language*, London: Hutchinson, 128~139.

Hall, S. (1980b). "The Message from the Box," *English Magazine*, 4~8.

Hall, S. (1981). "Notes on Deconstructing 'The Popular'," in R. Samuel (ed.) (1981). *People's History and Socialist Theory*, London: Routledge & Kegan Paul, 227~240.

Hall, S. (1982). "The Rediscovery of Ideology: the Return of the Repressed in Media Studies," in M. Gurevitch, T. Bennett, J. Curran & J. Woollacott (eds.) (1982). *Culture, Society and Media*, London: Methuen, 56~90.

Hall, S. (1983). "Ideology, or the Media Effect on the Working Class," address to La Trobe University, Melbourne, November 1983.

Hall, S. (1984). "The Narrative Construction of Reality," *Southern Review* 17: 1, 3~17.

Hall, S. (1986). "On Postmodernism and Articulation: An Interview with Stuart Hall"(edited by L. Grossberg), *Journal of Communication Inquiry* 10: 2, 45~60.

Hall, S., Connell, I. & Curti, L. (1976). "The Unity of Current Affairs Television," *Working Papers in Cultural Studies* no. 9, 51~94, also in T. Bennett, S. Boyd-Bowman, C. Mercer

& J. Woollacott (eds.) (1981). *Popular Television and Film*, London: British Film Institute/ Open University, 88~117.

Hall, S., Critcher, C., Jefferson, T., Clarke, J. & Roberts, B. (1978). *Policing the Crisis: Mugging, the State, and Law and Order*, London: Macmillan.

Hall, S., Hobson, D., Lowe, A. & Willis, P. (eds.) (1980). *Culture, Media, Language*, London: Hutchinson.

Hamon, P. (1977). "Pour un status sémiologique du personnage," in R. Barthes, W. Kayser, W. Booth (eds.) *Ph. Hamon, Poétique du récit*, Paris, Seuil, 115~180.

Hartley, J. (1982). *Understanding News*, London: Methuen.

Hatley, J. (1983). "Television and the Power of Dirt," *Australian Journal of Cultural Studies* 1: 2, 62~82.

Hartley, J. (1984a). "Encouraging Signs: TV and the Power of Dirt, Speech, and Scandalous Categories," in W. Rowland & B. Watkins (eds.) (1984). *Interpreting Television: Current Research Perspectives*, Beverly Hills: Sage, 119~141.

Hartley, J. (1984b). "Regimes of Pleasure," *Eye* 2.

Hartley, J. (1985). "Invisible Fictions, Television Audiences and Regimes of Pleasure," unpublished paper, Murdoch University, Perth, WA.

Hartley, J. A& O'Regan, T. (1987). "Quoting not Science but Sideboards, Television in a New Way of Life," in M. Gurevitch & M. Levy (eds.) (1987). *Mass Communication Review Yearbook, Volume* 7, Beverly Hill: Sage.

Heath, S. & Skirrow, G. (1977). "Television: A World in Action," *Screen* 18: 2, 7~59.

Hebdige, D. (1979). *Subculture: the Meaning of Style*, London: Methuen.

Hebdige, D. (1982). "Towards a Cartography of Taste 1935~1962," in B. Waites, T. Bennett & G. Martin (eds.) (1982). *Popular Culture: Past and Present*, London: Croom Helm/Open University Press, 194~218.

Hebdige, D. (1987). *Hiding in the Light*, London: Comedia.

Henderson, J. (1986). unpublished research paper, Western Australian Institute of Technology.

Hewitt, M. (1986). "Advertising: Fashion, Food and the Feminine," unpublished paper, Curtin University, Perth.

Hite, S. (1981). *The Hite Report on Male Sexuality*, London: Macdonald.

Hobson, D. (1980). "Housewives and the Mass Media," in S. Hall, D. Hobson, A. Lowe & P. Wills (eds.) (1980). *Culture, Media, Language*, London: Hutchinson, 105~114.

Hobson, D. (1982). *Crossroads: the Drama of a Soap Opera*, London: Methuen.

Hodge, R. & Tripp, D. (1986). *Children and Television*, Cambridge: Polity Press.

Hogben, A. (1982). "Journalists as Bad Apples," *Quadrant*, January/February, 38~43.

Huizinga, J. (1949). *Humo Ludens*, London: Routledge & Kegan Paul.

Hunter, I. (1983). "Reading Character," *Southern Review* 16: 2, 226~243.

Jakobson, R. (1960). "Closing Statement: Linguistics and Poetics," in T. Sebeok (ed.) (1960). *Style and Language*, Cambridge, Mass.: Massachusetts Institute of Technology Press.

Jenkins, H. (1986). "*Star Trek*: Rerun, Reread, Rewritten," unpublished paper, University of

Wisconsin-Madison.

Johnston, C. (1973). *Notes on Women's Cinema*, London: Society for Education in Film and Television.

Johnston, C. (1985). "Film Narrative and the Structuralist Controversy," in P. Cook (ed.) (1985). *The Cinema Book*, London: British Film Institute, 222~250.

Jordan, M. (1981). "Realism and Convention," in R. Dyer, C. Geraghty, M. Jordan, T. Lovell, R. Paterson & J. Stewart (1981). *Coronation Street*, London: British Film Institute, 27~39.

Kaplan, E. A. (1983a). *Women and Film: Both Sides of the Camera*, New York: Methuen.

Kaplan, E. A. (ed.) (1983b). *Regarding Television*, Los Angeles: American Film Institute/ University Publications of America.

Katz, E. & Liebes, T. (1984). "Once upon a Time in Dallas," *Intermedia* 12: 3, 28~32.

Katz, E. & Liebes, T. (1985). "Mutual Aid in the Decoding of *Dallas*: Preliminary Notes from a Cross-Cultural Study," in P. Drummond & R. Paterson (eds.) (1985). *Television in Transition*, London: British Film Institute, 187~198.

Katz, E. & Liebes, T. (1987). "On the Critical Ability of Television Viewers," paper presented at the seminar *Rethinking the Audience*, University of Tubingen, February 1987.

Kellner, D. (1982). "TV, Ideology and Emancipatory Popular Culture," in H. Newcomb (ed.) (1982). *Television: the Critical View*, New York: Oxford University Press, 386~421.

Kerr, P. (1981). "Gangsters: Conventions and Contraventions," in T. Bennett, S. Boyd-Bowman, C. Mercer & J. Woollacott (eds.) (1981). *Popular Television and Film*, London: British Film Institute/Open University, 73~78.

Kleinhans, C. (1978). "Notes on Melodrama and the Family under Capitalism," *Film Reader* 3, 40~48.

Kuhn, A. (1982). *Women's Pictures: Feminism and Cinema*, London: Routledge & Kegan Paul.

Kuhn, A. (1984). "Women's Genres," *Screen* 25: 1, 18~28.

Kuhn, A. (1985). "History of Narrative Codes," in P. Cook (ed.) (1985). *The Cinema Book*, London: British Film Institute, 208~220.

Lakoff, G. & Johnson, M. (1980). *Metaphors We Live By*, Chicago: University of Chicago Press.

Langer, J. (1981). "Television's Personality System," *Media, Culture and Society*, vol. 4, 351~365.

Lewis, J. (1985). "Decoding Television News," in P. Drummond & R. Paterson (eds.) (1985). *Television in Transition*, London: British Film Institute, 205~234.

Lewis, L. (1985). "Consumer Girl Culture: How Music Video Appeals to Women," paper presented at the Society for Cinema Studies Conference, New Orleans, April 1985.

Lewis, L. (1987). "Form and Female Authorship in Music Video," *Communication* 3/4, 355~378.

Lopate, C. (1977). "Daytime Television: You'll Never Want to Leave Home," *Radical America* 2, 33~51.

Lovell, T. (1980). *Pictures of Reality: Aesthetics, Politics, Pleasure*, London: British Film Institute.

Lovell, T. (1981). "Ideology and Coronation Street," in R. Dyer, C. Geraghty, M. Jordan, T. Lovell, R. Paterson & J. Stewart (1981). *Coronation Street*, London: British Film Institute, 40~52.

Lovell, T. (1983). "Writing like a Woman: a Question of Politics," in F. Barker (ed.) (1983). *The Politics of Theory* 8, Colchester: University of Essex.

McArthur, C. (1981). "Days of Hope," in T. Bennett, S. Boyd-Bowman, C. Mercer & J. Woollacott (eds.) (1981). *Popular Television and Film*, London: British Film Institute/ Open University, 305~309.

MacCabe, C. (1976). "Theory and Film: Principles of Realism and Pleasure," *Screen* 17, 7~27.

MacCabe, C. (1981a). "Realism and Cinema: Notes on Brechtian Theses," in T. Bennett, S. Boyd-Bowman, C. Mercer & J. Woollacott (eds.) (1981). *Popular Television and Film*, London: British Film Institute/Open University, 216~235.

MacCabe, C. (1981b). "*Days of Hope*, a Response to Colin McArthur," in T. Bennett, S. Boyd-Bowman, C. Mercer & J. Woollacott (eds.) (1981). *Popular Television and Film*, London: British Film Institute/Open University, 310~313.

MacCabe, C. (1981c). "Memory, Fantasy, Identity: Days of Hope and the Politics of the Past," in T. Bennett, S. Boyd-Bowman, C. Mercer & J. Woollacott (eds.) (1981). *Popular Television and Film*, London, British Film Institute/Open University, 314~318.

MacCabe, C. (1986). "Defining Popular Culture," in C. MacCabe (ed.) (1986). *High Theory/Low Culture*, Manchester: Manchester University Press, 1~10.

McQuail, D. (ed.) (1972). *The Sociology of Mass Communications*, Harmondsworth: Penguin.

McQuail, D., Blumler, J. & Brown, J. (1972). "The Television Audience: A Revised Perspective," in D. McQuail (ed.) (1972). *The Sociology of Mass Communications*, Harmondsworth: Penguin, 135~165.

McQuail, D. & Siune, K. (eds.) (1986). *New Media Politics: Comparative Perspective in Western Europe*, London: Sage.

McRobbie, A. (1984). "Dance and Social Fantasy," in A. MacRobbie & M. Nava (eds.) (1984). *Gender and Generation*, London: Macmillan, 130~161.

MacRobbie, A. & Nava, M. (eds.) (1984). *Gender and Generation*, London: Macmillan.

Marc, D. (1984). *Demographic Vistas: Television in America Culture*, Philadelphia: University of Pennsylvania Press.

Masterman, L. (ed.) (1984). *Television Mythologies: Stars, Shows and Signs*, London: Comedia/ MK Media Press.

Mattelart, A. (1980). *Mass Media, Ideologies and the Revolutionary Movement*, Sussex: Harvester.

Mattelart, A. & Siegelaub, S. (eds.) (1979). *Communication and Class Struggle* Vol. 1, New York: International General.

Mellencamp, P. (1977). "Spectacle and Spectator," *Cine-tracts* 1: 2, 28~35.

Mellencamp, P. (1985). "Situation and Simulation: an Introduction to 'I Love Lucy'," *Screen* 26: 2, 30~40.

Mercer, C. (1986a). "Complicit Pleasures," in T. Bennett, C. Mercer, & J. Woollacott (eds.) (1986). *Popular Culture and Social Relations*, Milton Keynes and Philadelphia: Open University press, 50~68.

Mercer, C. (1986b). "That's Entertainment: the Resilience of Popular Forms," in T. Bennett, C. Mercer & J. Woollacott (eds.) (1986). *Popular Culture and Social Relations*, Milton Keynes and Philadelphia: Open University Press, 177~195.

Metcalf, A. & Humphries, M. (eds.) (1985). *The Sexuality of Men*, London: Pluto.

Michaels, E. (1986). "Aboriginal Content," paper presented at the Australian Screen Studies Association Conference, Sydney, December 1986.

Mills, A. & Rice, P. (1982). "Quizzing the Popular," *Screen Education* 41 Winter/Spring, 15~25.

Modleski, T. (1982). *Loving with a Vengeance: Mass Produced Fantasies for Women*, London: Methuen.

Modleski, T. (1983). "The Rhythms of Reception: Daytime Television and Women's Work," in E. A. Kaplan (ed.) (1985b). *Regarding Television*, Los Angeles: American Film Institute/ University Publications of America, 67~75.

Modleski, T. (ed.) (1986). *Studies in Entertainment: Critical Approaches to Mass Culture*, Bloomington and Indianapolis: Indiana University Press.

Monaco, J. (1977). *How to Read a Film*, Oxford: Oxford University Press.

Morley, D. (1980a). *The Nationwide Audience: Structure and decoding*, London: British Film Institute.

Morley, D. (1980b). "Texts, Readers, Subjects," in S. Hall, D. Hobson, A. Lowe, & P. Willis (eds.) (1980). *Culture, Media, Language*, London: Hutchinson, 163~173.

Morley, D. (1981). "The Nationwide Audience — a Critical Postscript," *Screen Education* 39: 3~14.

Morley, D. (1983). "Cultural Transformations: the Politics of Resistance," in H. Davis & P. Walton (eds.) (1983). *Language, Image, Media*, London: Blackwell, 104~119.

Morley, D. (1986). *Family Television*, London: Comedia.

Morse, M. (1983). "Sport on Television: Replay and Display," in E. A. Kaplan (ed.) (1983b). *Regarding Television*, Los Angeles: American Film Institute/University Publication of America, 44~66.

Morse, M. (1986). "Post Synchronizing Rock Music and Television," *Journal of Communication Inquiry* 10: 1, 15~28.

Moye, A. (1985). "Pornography," in A. Metcalf & M. Humphries (eds.) (1985). *The Sexuality of Men*, London: Pluto, 44~69.

Mulvey, L. (1975). "Visual Pleasure and Narrative Cinema," Screen 16: 3, 6~18, also in T. Bennett, S. Boyd-Bowman, C. Mercer & J. Woollacott (eds.) (1981). *Popular Television and Film*, London: British Film Institute/Open University, 206~215.

Mulvey, L. (1977~8). "Douglas Sirk and Melodrama," *Movie* 25, 53.

Mulvey, L. & Halliday, J. (eds.) (1972). *Douglas Sirk*, Edinburgh: Edinburgh Film Festival.

Mumby, D. & Spitzack, C. (1985). "Ideology and Television News: A Metaphoric Analysis of Political Stories," *Central States Speech Journal* 34: 3, 162~171.

Neale, S. (1977). "Propaganda," *Screen* 18: 3, 9~40.

Neale, S. (1981). "Genre and Cinema," in T. Bennett, S. Boyd-Bowman, C. Mercer & J. Woollacott (eds.) (1981). *Popular Television and Film*, London: British Film Institute/ Open University, 6~25.

Neale, S. (1983). "Masculinity as Spectacle," *Screen*, 24: 6, 2~17.

Nelson, C. (1985). "Envoys of Otherness: Difference and Continuity in Feminist Criticism," in P. Treichler, C. Kramerae & B. Stafford (eds.) (1985). *For Alma Mater: Theory and Practice in Feminist Scholarship*, Urbana: University of Illinois Press.

Newconb, H. (ed.) (1982). *Television: the Critical View*, New York: Oxford University Press.

Newcomb, H. (1984). "On the Dialogic Aspects of Mass Communication," *Critical Studies in Mass Communication* 1: 1, 34~50.

Newcomb, H. & Alley, R. (1983). *The Producer's Medium: Conversations with America's Leading Television Producers*, New York: Oxford University Press.

Newcomb, H. & Alley, R. (1983). *The Producer's Medium: Conversations with America's Leading Television Producers*, New York: Oxford University Press.

Newcomb, H. & Hirsch, P. (1984). "Television as a Cultural Forum: Implications for Research," in W. Rowland & B. Watkins (eds.) (1984). *Interpreting Television: Current Research Perspectives*, Beverly Hills, Sage, 58~73.

Nowell-Smith, G. (1977). "Minelli and Melodrama," *Screen* 18: 2, 113~118.

Ong, W. (1982). *Orality and Literacy: the Technologizing of the Word*, London: Methuen.

Osborn, A. (1984). "Kids TV Sounding the Terrain," unpublished paper, Western Australian Institute of Technology.

O'Sullivan, T., Hartley, J., Saunders, D. & Fiske, J. (1983). *Key Concepts in Communication*, London: Methuen.

Palmer, P. (1986). *The Lively Audience: a Study of Children around the TV Set*, Sydney: Allen & Unwin.

Parkin, F. (1972). *Class Inequality and Political Order*, London: Paladin.

Patton, P. & Poole, R. (eds.) (1985). *War/Masculinity*, Sydney: Intervention Publications.

Porter, D. (1977). "Soap Time: Thoughts on a Commodity Art Form," *College English* 38, 783.

Propp, V. (1968). *The Morphology of the Folktale*, Austin: University of Texas Press.

Radway, J. (1984). *Reading the Romance: Feminism and the Representation of Women in Popular Culture*, Chapel Hill: University of North Carolina Press.

Rogge, J. U. (1987). "The Media in Everyday Family Life — Some Biographical and Typological Aspects," paper presented to the seminar on *Rethinking the Audience*, University of Tubingen, February 1987.

Root, J. (1984). *Pictures of Women: Sexuality*, London: Pandora: Channel 4.

Rosaldo, M. & Lamphere, L. (eds.) (1974). *Women, Culture and Society*, Stanford: Stanford University Press.

Ross, A. (1986). "Masculinity and *Miami Vice*: Selling In," *Oxford Literary Review* 8: 1 & 2, 143~154.

Ross, A. (1987). "*Miami Vice*: Selling In," *Communication* 9: 3/4, 305~334.

Rowland, W. & Watkins, B. (eds.) (1984). *Interpreting Television: Current Research Perspectives*, Beverly Hills: Sage.

Said, E. (1984). *The World, the Text and the Critic*, Cambridge, Mass.: Harvard University Press.

Samuel, R. (ed.) (1981). *People's History and Socialist Theory*, London: Routledge & Kegan Paul.

Schiff, S. (1985). "What Dynasty Says about America," *Vanity Fair* 47: 12, 64~67.

Schlesinger, P., Murdock, G. & Elliott, P. (1983). *Televising Terrorism*, London: Coemdia.

Schwichtenberg, C. (1987). "Sensual Surfaces and Stylistic Excess: the Pleasure and Politics of *Miami Vice*," *Journal of Communication Inquiry* 10: 3, 45~65.

Seal, G. (1986). "Play," paper delivered to the Gender and Television Group, Perth, Western Australia, February 1986.

Seiter, E., Kreutzner, G., Warth, E. M. & Borchers, H. (1987). "'Don't Treat Us Like We' re So Stupid and Naive': Towards and Ethnography of Soap Opera Viewers," paper presented at the seminar on *Rethinking the Audience*, University of Tubingen, February 1987.

Showalter, E. (1985a). *The New Feminist Criticism Essays on Women, Literature and Theory*, New York: Pantheon.

Showalter, E. (1985b). "Feminist Criticism in the Wilderness" in E. Showalter (ed.) (1985a). *The New Feminist Criticism: Essays on Women, Literature and Theory*, New York: Pantheon, 243~270.

Silverman, K. (1983). *The Subject of Semiotics*, Oxford: Oxford University Press.

Silverstone, R. (1981). *The Message of Television: Myth and Narrative in Contemporary Culture*, London: Heinemann.

Singer, J. L. & Singer, D. G. (1980). "Imaginative Play in Preschoolers. Some Research and Theoretical Implications," paper presented in symposium on *The Role of Pretend in Cognitive-Emotional Development*, American Psychological Association Annual Convention, Montreal, September 1980.

Sontag, S. (ed.) (1983). *Barthes: Selected Writings*, London: Fontana/Collins.

Stephenson, W. (1967). *Play Theory of Mass Communication*, Chicago: University of Chicago Press.

Stone, G. (1971). "American Sports: Play and Display," in E. Dunnung (ed.) (1971). *The Sociology of Sport: a Selection of Readings*, London: Cass, 47~59.

Tetzlaff, D. (1986). "MTV and the Politics of Postmodern Pop," *Journal of Communication Inquiry* 10: 1, 80~91.

Thorburn, D. (1982). "Television Melodrama," in H. Newcomb (ed.) (1982). *Television: the Critical View*, New York: Oxford University Press, 529~546.

Todorov, T. (1977). *The Poetics of Prose*, Oxford: Blackwell.

Tolson, A. (1977). *The Limits of Masculinity: Male Identity and Women's Liberation*, New York:

Harper & Row.

Tolson, A. (1984). "Anecdotal Television," paper presented at the Australian Screen Studies Association Conference, Brisbane, 1984.

Treichler, P., Kramerae, C. & Stafford, P. (eds.) (1985). *For Alma Mater: Theory and Practice in Feminist Scholarship*, Urbana: University of Illinois Press.

Tribe, K. (1981). "History and the Production of Memories," in T. Bennett, S. Boyd-Bowman, C. Mercer & J. Woollacott (eds.) (1981). *Popular Television and Film*, London: British Film Institute/Open University, 319~326.

Tulloch, J. & Alvarado, M. (1983). *Dr. Who, the Unfolding Text*, London: Macmillan.

Tulloch, J. & Moran, A. (1984). *"A Country Practice*: Approaching the Audience," paper delivered at the Australian Communication Association Conference, Perth, 1984.

Tulloch, J. & Moran, A. (1986). *A Country Practice: "Quality Soap,"* Sydney: Currency Press.

Turnbull, S. (1984). *"Prisoner*: Patterns of Opposition and Identification," unpublished paper, La Trobe University, November 1984.

Turner, G. (1985). "Nostalgia for the Primitive: Wildlife Documentaries on TV," *Australian Journal of Cultural Studies* 3: 1, 62~71.

Volosinov, V. (1973). *Marxism and the Philosophy of Language*, New York: Seminar Press.

Waites, B., Bennett, R. & Martin, G. (eds.) (1982). *Popular Culture: Past and Present*, London: Croon Helm/Open University Press.

Watt, I. (1957). *The Rise of the Novel*, Harmondsworth: Penguin.

Wiebel, K. (1977). *Mirror Mirror: Images of Women Reflected in Popular Culture*, New York: Anchor.

Willeman, P. (1978). "Notes on Subjectivity: On Reading Edward Branigan's Subjectivity under Siege," *Screen* 19, 41~69.

Williams, R. (1974). *Television: Technology and Cultural Form*, London: Fontana.

Williams, R. (1977). "A Lecture on Realism," *Screen* 18: 1, 61~74.

Williamson, J. (1978). *Decoding Advertisements*, London: Marion Boyars.

Williamson, J. (1986). "The Making of a Material Girl," *New Socialist*, October, 46~47.

Wilson, C. & Gurierrez, F. (1985). *Minorities and Media: Diversity and the end of Mass Communication*, Beverly Hills: Sage.

Wollen, P. (1969). *Signs and Meaning in the Cinema*, London: Secher & Warburg.

Wollen, P. (1982). *Readings and Writings: Semiotic Counter Strategies*, London: Verso.

Wollen, P. (1986). "Ways of Thinking about Music Video (and Postmodernism)," *Critical Quarterly* 28: 1 & 2, 167~170.

Woollacott, J. (1977). "Messages and Meanings," *Open University Unit DE* 353~6, Milton Keynes: Open University.

Woollacott, J. (1982). "Messages and Meanings," in M. Gurevitch, T. Bennett, J. Curran, & J. Woollacott (eds.) (1982). *Culture, Society and Media*, London: Methuen.

Worpole, K. (1983). *Dockers and Detectives*, London: Verso.

찾아보기

간햄, N. Garnham, N.   560

갈런드, 주디 Garland, Judy   45

갈퉁, J. Galtung, J.   517

거브너, G. Gerbner, G.   75~77

구티에레즈, F. Gutierrez, F.   571, 579

그람시, 안토니오 Gramsci, Antonio   124~125, 167, 587

그로스버그, 로런스 Grossberg, Lawrence   191

그린, H. Greene, H.   478

글레스, 샤론 Gless, Sharon   324, 327~328

기틀린, 토드 Gitlin, Todd   124, 150, 217

길리건, C. Gilligan, C.   432

나이트, 마이클 Knight, Michael   254, 257

나일, 프레드 Nile, Fred   210

넬슨, C. Nelson, C.   384

뉴먼, 폴 New, Paul   327

뉴컴, 호레이스 Newcomb, Horace   203, 584

닐, S. Neale, S.   159, 245, 388

다이어, 리처드 Dyer, Richard   45, 301, 329, 399, 404, 458

다치, 줄리 D'Aacci, Julie   588

달그렌, P. Dahlgren, P.   545, 547~549

대처, 마거릿Thatcher, Margaret   52

던콤, 스티븐 Duncombe, Stephen   58

데리다, 자크 Derrida, Jacques   249

데리, 마크 Dery, Mark   58

데이, 로빈 Day, Robin   302

데이비스, G, Davies, G.   100~101, 245

데이비스, J. Davies, J.   337, 339, 355~356, 361, 405, 498~499

데일리, 타인 Daly, Tyne   318, 323~327

도나휴, 필 Donohue, Phil   302

도드웰, 그랜트 Dodwell, Grant   336

도티, 앨릭스 Doty, Alex   45

도프먼, A. Dorfman, A.   78

드러먼드, 불독 Drummond, Bulldog   573

드 세르토, 미셸 De Certeau, Michel   33, 40, 42, 47, 605

드 토크빌, 알렉시스 de Tocqueville, Alexis   38

디킨스, 찰스 Dickens, Charles   38

라블레, 프랑수아 Rabelais, Françis   447, 484

라이스, P. Rice, P.   492

라캉, 자크 Lacan, Jacques   139, 155, 157, 242, 382, 396, 417

라코프, G. Lakoff, G.   529~530

래드웨이, 재니스 Radway, Janice   33, 172, 180, 430

랭어, J. Langer, J.   301

러벌, T. Lovell, T.   375, 426, 427

러빈, 일라나 Levine, Elana   583, 590~591, 607

레드포드, 로버트 Redford, Robert   327

레비스트로스, 클로드 Lévi-Strauss, Claude   269~270, 273, 276, 278, 283, 289~290, 352, 383, 396, 487, 604

레이건, 로널드Regan, Ronald   52, 530, 564

로빈스, D. Robbins, D.   573, 575

로젠, 제이 Rosen, Jay   21, 323, 326

루게, M. Ruge, M.   66, 517

루이스, J. Lewis, J.   543~545, 547

루이스, L. Lewis, L.   466, 482

루트, J. Root, J.   380

리브스, T. Liebes, T.   174, 183, 186~187, 260, 262, 340~341, 549, 559, 571, 577

마돈나 Madonna   56~58, 206, 235~237, 262~264, 430~431, 461~463, 466~468, 470, 478, 482, 484, 563, 573

마이클스, E. Michaels, E.　564, 572, 577

마크, D. Marc, D.　220

매케이브, 콜린 MacCabe, Colin　102～104, 107～108, 114, 116～117, 120, 123, 128～134, 141, 159, 192, 199, 201～202, 212, 440, 528, 572

매퀘일, D. McQuail, D.　178, 183, 502, 510

매틀라트, A. Mattelart, A.　78, 173

맥기건, 짐 McGuigan, Jim　27, 53

맥로비, A. McRobbie, A.　567

맥아서, 콜린 McArthur, Colin　103～104, 114, 123

머서, C. Mercer, C.　124～125, 580

먼로, 마릴린 Monroe, Marilyn　235～236

멀비, 로라 Mulvey, Laura　102, 368, 369, 408, 418, 419～421, 424, 426, 456, 467, 474, 485

멈비, D. Mumby, D.　529

멜런캠프, P. Mellencamp, P.　347, 474

모나코, J. Monaco, J.　104

모들레스키, T. Modleski, T.　353～354, 364～365, 374～375, 405, 408

모란, A. Moran, A.　150, 178, 185, 187, 216～217, 260, 336, 515

모리스, 메건 Morris, Meagan　49

모스, M. Morse, M.　154, 388, 456, 457, 462

모스, 마르셀 Mauss, Marcel　48

모이, A. Moye, A.　396

몰리, 데이비드 Morley, David　33, 146, 159～161, 165, 181, 190, 192～193, 260, 291, 374, 409, 412, 543, 575, 589

미텔, 제이슨 Mittell, Jason　583, 591, 605

밀스, A. Mills, A.　492

바르트, 롤랑 Barthes, Roland　32, 100, 122, 126～131, 203, 212～214, 236, 247～248, 273, 276～278, 286～292, 296, 313, 315, 318～319, 353, 417～418, 422～427, 432～433, 450～452, 458, 527～528, 544～547, 549, 590, 604

바케, M. Bakke, M.　570

바흐친, 마하일 Bakhtin, Mikhail　32, 203～205, 215, 232, 447, 450～451, 457, 460, 506, 605

발로, 존 페리 Barlow, John Perry　21

발자크, 오노레 드 Balzac, Honoré de　212, 288

버거, J. Berger, J.　475

버드, M. Budd, M.　222, 259

베네딕트, 덕 Benedict, Dirk　378

베넷, T. Bennett, T.　114, 252～253, 256, 325～326, 423, 460, 503

베커, 론 Becker, Ron　583, 598, 602, 606

벨, P. Bell, P.　285, 535

벨시, C. Belsey, C.　100～101

보드로그코지, 아니코 Bodroghkozy, Aniko　583, 588～589, 600, 602

보드리야르, 장 Baudrillard, Jean　38, 469, 479

보드웰, 데이비드 Bordwell, David　105, 592～593, 600

볼로시노프, V. Volosinov, V.　205, 565

부르디외, 피에르 Bourdieu, Pierre　53, 82

브라운, J. Brown, J.　178, 183, 502, 510

브라운, M. E. Brown, M. E.　186, 337, 340～341, 348, 355, 358, 360, 368, 404, 426, 468

브래들리, A. C. Bradley, A. C.　304, 305

브런스던, 샬럿 Brunsdon, Charlotte　33, 91, 146, 160, 215, 353, 370, 589

브레히트, 베르톨트 Brecht, Bertolt　308, 324, 330～331

블랜처드, S. Blanchard, S.　575

블룸러, J. Blumler, J.　178

블룸, A. Blum, A.　124, 183, 502, 510

사이드, 에드워드 Said, Edward　125, 402

사이터, 엘런 Seiter, Ellen　33, 340, 350, 365

셰익스피어, 윌리엄 Shakespeare, William　304

소번, D. Thorburn, D.　325, 371

쇼월터, E. Showalter, E.　368

슈비히텐부르크, C. Schwichtenburg, C.　427

슐츠, 드와이트 Schultz, Dwight　379

스미스, 그렉 Smith, Greg　34, 583, 592, 596～597, 600～601

스키로, G. Skirrow, G.　97

스타이거, 재닛 Staiger, Janet　600

스타인만, C. Steinman, C.　222

스탤론, 실베스터 Stallone, Silvester　302

스톤, G. Stone, G.　456

스피겔, 린 Spigel, Lynn　588, 603

스핀래드, 노먼Spinrad, Norman　28～29

스핏잭, M. Spitzack, M.　529

실, G. Seal, G.　233, 429

실버만, K. Silverman, K.　212, 291

심슨, O. J. Simpson, O. J.   27

아널드, 매슈 Arnold, Matthew   40
아도르노, 테오도르 Adorno, Theodor   38
아이아코카, 리 Iacocca, Lee   496
알튀세르, 루이 Althusser, Louis   80, 103, 124, 145, 201, 342~344, 579, 581
앙, 이엔 Ang, Ien   161, 255, 257, 260~261, 304, 306, 321, 334~335, 338, 412, 429, 441, 559, 575
앨런, R. Allen, R.   226~227, 371~372
야콥슨, 로만 Jakobson, Roman   290, 549
에코, 움베르토 Eco, Umberto   40, 164, 211~213, 604
엘리스. J. Ellis, J.   149, 152~154, 219, 226~227, 294, 550
오설리번, T. O'Sullivan, T.   126, 137~138, 140
오스본, A. Osborn, A.   393
올린, 켄 Olin, Ken   259
올트먼, R. Altman, R.   224, 570
옹, W. Ong, W.   231~232
와트, 이언 Watt, Ian   96, 98, 101
울라콧, T. J. Woollacott, T. J.   252
워델, 패디 Wadell, Paddy   27
워폴, K. Worpole, K.   573
위벨, K. Wiebel, K.   374
윌리엄스, 레이먼드 Williams, Raymond   27, 37, 40~41, 96~99, 110, 115, 219~223, 226~237
윌리엄슨, C. Williamson, J.   430, 501
윌먼, P. Willeman, P.   159
윌슨, C. Wilson, C.   571, 579
윌슨, 파멜라 Wilson, Pamela   583, 586, 594, 598, 603, 607
이스트우드, 클린트 Eastwood, Clint   302
이슬리아, M. Easlea, M.   383
이튼, M. Eaton, M.   293

잭슨, 마이클 Jackson, Michael   483
잰켈, 애나벨 Jankel, Annabel   465
젱킨스, 헨리 Jenkins, Henry   17, 244
조던, 매리언 Jordan, Marion   98
존스, 그레이스 Jones, Grace   465
존스턴, 클레어 Johnston, Claire   133, 291
존슨, M. Johnson, M.   529~530

존슨, 돈 Johnson, Don   387

채트먼, S. Chatman, S.   304~305
챈들러, 레이먼드 Chandler, Raymond   475, 573
체임버스, I. Chambers, I.   477
초도로프, N. Chodorow, N.   373, 383, 401, 405, 408

카웰티, J. Cawelti, J.   238
카츠, E. Katz, E.   174, 183, 186~187, 260, 262, 340~341, 549, 559, 571, 577
캐리, J. Carey, J.   579
캐릴린, 캐스런 로 Karilyn, Kathryn Rowe   57
캐프리, 스티브 Caffrey, Steve   254, 257
캐플란, E. A. Kaplan, E. A.   132~134, 214, 440
커, P. Kerr, P.   240
커닌, C. Cunneen, C.   476
켈너, D. Kellner, D.   202
코너리, 숀 Connery, Sean   253, 302
코브, 마틴 Kove, Martin   328
코언, P. Cohen, P.   573, 575
코피, J. Caughie, J.   106~107, 109~110, 114, 133
콜린스, 조운 Collins, Joan   174
쿡, 페니 Cook, Penny   336
쿤, A. Kuhn, A.   272, 364
크레이그, S. Crig, S.   222
크롱카이트, 월터 Cronkite, Walter   302
크리스티, 애거서 Christie, Agatha   573
클라슨, 스티브 Classen, Steve   583~584, 588
킹, 로드니 King, Lodney   25, 27

터너, 티나 Turner, Tina   466
턴불, S. Turnbull, S.   171
털록, J. Tulloch, J.   150, 178, 184, 187, 216~217, 260, 336, 515
토도로프, T. Todorov, T.   283, 284~285, 531, 538
토머스, 클래런스 Thomas, Clarence   27
톨슨, A. Tolson, A.   392, 395
톰슨, 크리스틴 Thompson, Kristine   105, 600
트라이브, K. Tribe, K.   114~115
트립, 데이비드 Tripp, David   33, 168, 172, 181, 192, 202, 251, 260, 262, 368, 393, 572, 589

파머, P. Palmer, P.   161, 170, 176~177, 183, 227,

229, 428, 504

파킨, F. Parkin, F.　160

퍼스, 찰스 샌더스 Peirce, Charles Sanders　290

페라로, 제럴딘 Ferraro, Geraldine　468

페퍼드, 조지 Peppard, George　378, 380, 403, 442

포스터, E. M. Forster, E. M.　304

포터, D. Porter, D.　354

푸코, 미셸 Foucault, Michel　439, 458, 479, 529, 561~563

퓨어, 제인 Feuer, Jane　97, 146, 149, 151~152, 157, 240, 243, 245, 292~294, 296, 355, 367, 369~370, 533

프로, J. Frow, J.　313

프로이트, 지그문트 Freud, Sigmund　80, 139, 157, 331, 352, 363, 383, 418~420, 422, 428

프로프, 블라디미르 Propp, Vladimir　278, 280~284, 287, 289~290, 604

피스크, 존 Fiske, John　17~59, 78, 230, 510, 524, 583~608

하이트, 셰어 Hite, Shere　380~381, 392

하트먼, 데이비드 Hartman, David　149

하틀리, 존 Hartley, John　10, 32, 35~36, 41, 44, 140,~142, 144, 150, 153~154, 178, 207, 209, 230, 245, 274~275, 510, 522, 524, 534, 542, 583~585, 589

할로웨이 Holloway　384

해그먼, 래리 Hagman, Larry　302

해먼, P. Hamon, P.　313

해밋, 대실 Hammett, Dashiell　573

해스켈, 몰리 Haskell, Molly　326

헤밍웨이, 어니스트 Hemingway, Ernest　573

헨더슨, J. Henderson, J.　393

헵디지, 딕 Hebdige, Dick　572

호그벤, A. Hogben, A.　74

호이징아, J. Huizinga, J.　434, 497

호지, 로버트 Hodge, Robert　33, 168, 172, 181, 192, 202, 251, 260, 262, 368, 393, 572, 589

홀리데이, 조지 Holliday, George　25, 26

홀, 스튜어트 Hall, Stuart　22, 27, 32, 88, 127, 144, 160, 162~163, 166~167, 249, 264, 501~503, 532~533, 536, 561, 585, 589

홉슨, 도로시 Hobson, Dorothy　161, 165, 175, 178~180, 187, 255, 257, 260~261, 303, 333~335, 338, 429, 441, 513, 561, 589

화이트, 배나 White, Vanna　497

화이트하우스, 메리 Whitehouse, Mar　210

훅스, 벨 hooks, bell　37

히스, S. Heath, S.　77, 97, 102, 118, 147, 159, 163, 196, 276~277, 563

힐스, 맷 Hills, Matt　48

힐, 애니타 Hill, Anita　27

힘스, 미셸 Hilmes, Michelle　588, 593

가부장적 자본주의　38, 82, 132, 198, 323, 361, 370, 383, 389, 392, 427, 459, 462, 606

가부장제　39, 69, 71, 80~82, 87, 92, 121,~123, 129, 132, 135, 140, 143~144, 163, 179, 184, 189, 199~200, 205~209, 263~264, 308, 318, 323, 328, 350~352, 354~356, 361~366, 368, 370, 374,~377, 379, 381~382, 384, 386, 389, 405~407, 416~417, 420, 431~432, 457, 467, 498, 551

가십　44, 182, 183~189, 196, 218, 232, 236, 252, 259~262, 335, 340~342, 510, 516, 546, 575

가족 시청자　151, 153, 157

가족의 정치학　181~182, 409

가족 이데올로기　146

개방　195, 198, 211, 218~219, 229, 246, 336, 351, 371, 442, 546, 551, 571

개방성　124, 164, 233, 320, 347, 350, 367, 372, 373, 502, 518, 570

개인주의　19, 96, 101, 138~141, 305, 323~324, 344~345, 378, 381, 397, 402, 493, 518

객관성　126, 232, 514, 521, 524~529, 537, 551

〈거대한 화염The Big Flame〉　110

거세　383~384, 420

거울 단계　155, 156, 382

게임 쇼　238, 302, 421

경계 의례　380

계급/사회 계급　19, 69, 76, 78, 81~82, 88~91, 100, 127~132, 141, 159~163,173, 198, 201,

206, 241, 267, 276~277, 314~315, 344, 354, 378, 382, 389, 403, 407, 416~417, 423, 432, 448, 459, 470, 476, 489~490, 495~496, 519, 521, 526, 554, 558, 565, 574, 576~577, 579, 581

계열체   269, 278, 287, 293, 316, 320, 371, 517

계열체적 복합성   268, 371

고전 리얼리즘   110, 165, 212, 218, 271~272, 534

공영 방송 체제   577

과잉   154, 206~211

관습   41, 69~75, 80, 84~87, 91, 95, 106~118, 120, 123, 134, 135, 164, 185~186, 189, 200, 202, 207~208, 216, 238~248, 255, 261~263,270, 271, 284, 286, 293, 298, 308, 323, 350~351, 355~370, 388~392, 413, 415~416, 431, 435~436, 448, 450, 454, 458, 471, 474, 475, 514~549, 574~575

관음/관음증   107, 145, 329, 363, 419~421, 456, 467

광고   33, 40, 54, 83, 85~86, 145, 150, 196, 220~223, 225~226, 228~229, 240, 243, 245, 249, 252, 268, 282, 294~297, 300, 309, 355, 361, 374, 421, 435, 445, 462~464, 467~470, 475, 479, 480, 482~483, 498~499, 501, 513~514, 554, 557, 562~563, 570~571

교란적 독해   209~210

〈교차로Crossroads〉   32, 175~176, 180, 187, 255, 303, 334, 336, 561

교환 가치   480, 556

구술 문화/구술성/구술 양식   32, 44~45, 184~189, 230~233, 341~342, 487, 509~510, 555, 562, 575

구조주의   126, 137, 268, 272~292, 297, 303~315, 524

구조주의적 독해   315

구체적인 것의 논리   273

〈굿모닝, 아메리카 Good Morning, America〉   149, 151

권력/권력관계   20, 76, 84, 87~93, 121, 126~135, 138, 142, 154, 171, 181~183, 204, 210, 222, 242~244, 264~265, 276, 286, 320, 344, 351~352, 356, 361~369, 383, 386, 389, 391~393, 399, 402~403, 411~415, 418~426, 429~439, 449~450, 453, 456~459, 467, 479,

488~495, 497, 499, 505~509, 520, 536, 547, 561~582, 594

권위   51, 130, 132, 138, 170~171, 189, 211, 219, 221, 242, 249, 363, 379~380, 392~393, 434, 438~439, 458, 491, 500, 509, 546, 550~551, 579

규칙/규칙 위반   50, 68, 278, 428~432, 434~437, 448~450, 453, 497, 518, 548, 551

균형/불균형   283, 284, 451, 457, 460, 466, 484

그로테스크   449

그로테스크 리얼리즘   455, 459

근친상간   352

금융 경제   556~560, 570, 574, 576, 578, 581~582

급진적 텍스트   119, 132~135, 215, 440

급진적 페미니즘   132~133

급진주의   114~135

기독교   423, 466

〈기식자들The Spongers〉   109

기의   196, 249, 313

기표   81, 313

기호   68, 78, 81~82, 92, 121, 129, 237, 277, 318, 369, 382, 396~400, 414, 425, 430~431, 438, 455, 463, 468, 478, 521, 536, 539, 565~567

기호학   32, 65, 66, 69, 71, 92, 135, 164~165, 199, 206~209, 211, 214, 260, 264, 275, 384, 395, 438, 442, 443, 445~447, 459, 517, 523, 528, 542, 547, 564~569, 581

기호학적 과잉   207, 564~565

기호학적 민주주의   53~54, 214, 438, 442

기호학적 비평   71

〈꿈꾸는 낙원Fantasy Island〉   223

〈나이트 라이더Knight Rider〉   281, 382

남근   378, 384, 396~400

남성성   6, 141, 172, 174, 191, 242~243, 283, 296, 356, 358~359, 373, 377~404, 411~416, 435, 457, 470~471, 474, 476~477, 480

남성적 내러티브   35, 293, 296, 348, 372, 386, 401, 405~415, 474,

남성적 응시   79, 358, 419, 421, 456, 467

남성적 쾌락   354, 401, 419, 424

〈낫츠 랜딩Knots Landing〉   299

내러티브   35, 51, 57, 69, 71~72, 78~81, 98, 100~102, 104, 106, 108, 111, 129, 144, 163,

172, 181~183, 202~203, 208, 218, 226~227, 241~242, 245, 247~248, 253, 256, 267~298, 307~308, 313, 344, 348~350, 353~354, 363, 366, 371~374, 377, 379, 386~389, 399~401, 404~415, 419, 421, 426, 439, 469~471, 473~475, 479, 480, 482, 487, 500, 510, 517~518, 521, 528, 531~535, 542~547, 549~551, 564, 574, 576

내러티브 구조　241, 268, 272, 278~292, 295, 297, 366, 409, 487, 431, 534~535, 543, 545, 574

내러티브 장치　80

내러티브 코드　72, 144, 288

〈내 언니 샘*My Sister Sam*〉　225

〈내일을 향해 쏴라*Butch Cassidy and the Sundance Kid*〉　327

〈네이션와이드*Nationwide*〉　147, 160, 190~191, 193

노동 계급　27, 78, 99, 1891~92, 340, 365, 381, 395, 397, 402, 409, 423, 558, 563, 572~575

놀이　44, 50, 427~428

농담　79~81, 121, 166~167, 200, 209, 219, 256, 407

뉴스　72~75, 85, 89, 108, 122, 144~146, 150, 152, 177, 180~182, 188, 191, 196, 217, 220, 222, 226~227, 237, 243~244, 248~249, 267~268, 274, 284~285, 293, 299, 302, 309, 347, 393, 412~413, 438~440, 442, 463, 470, 497, 513~552, 571, 577

뉴스 매거진 프로그램　146, 150, 514

〈뉴하트*Newhart*〉　225, 243~244

다악센트성　205

다의성　6, 86, 87, 124, 164, 168, 197, 201, 204, 210, 228, 234, 236, 250, 264, 291, 371, 373, 427, 517, 546, 565

〈다이너스티*Dynasty*〉　34, 173~174, 176, 206, 297, 299, 355, 365, 370, 461, 503, 533

다중성　168, 204, 349, 371~374, 385, 401, 551, 566, 578

다중성 원리　371

다중적 동일시　344, 408

다중 접합　502

다큐드라마　109, 515

다큐멘터리　73, 108~111, 133~134, 182, 214, 268, 412, 435, 515

다큐멘터리 룩　106, 109, 133

〈닥터 후*Dr Who*〉　78, 196

단막극　238

단종적 텍스트　203

닫힌 텍스트　162, 211~212, 218

담론 권력　128

담론/담론적 실천　77, 80, 84~86, 90, 95, 1010~104, 107~108, 116~117, 120, 122~123, 126~133, 135, 138~140, 143~148, 161, 165~168, 171~173, 179, 183, 189, 191~193, 198~203, 207~209, 211~215, 219, 272, 288, 290, 292, 298, 303~304, 306~308, 313~321, 327~329, 337, 343~345, 360, 368, 370, 386, 388, 417~418, 423, 430, 438~443, 466, 468, 477, 514, 524~534, 549~551, 574

담론의 위계　102, 103, 104, 108, 116, 123, 212, 215, 327, 528, 574

담론 이론　306~307

담론적 독해　308, 313, 315, 317, 329, 343

대중 문화　78, 83, 90, 122, 134, 173, 185~186, 230, 253, 285, 304~305, 375, 397, 503, 509, 565, 566, 569, 572~575

《대중 문화의 이해*Understanding Popular Culture*》　19, 33, 36, 38, 44~46, 55

《대중 문화 읽기*Reading the Popular*》　18, 22, 33, 48

대중성　134~135, 201, 206, 234, 243, 516, 553~557

대항적 독해　124, 162~163, 191, 199, 202, 520, 543

대항적 쾌락　424, 427

〈댈러스*Dallas*〉　34, 83, 84, 173, 174, 183, 186~187, 205, 232, 255, 262, 264, 299, 306~307, 321~322, 332~335, 338, 340~341, 355, 370, 430, 461, 499, 503, 549, 559, 564, 570~571, 574

〈더 영 앤드 더 레스트리스 *The Young and the Restless*〉　299

〈데이팅 게임*The Dating Game*〉　493

도발자　560, 569

도상　241, 271, 563, 577

도피주의　566~567

독자적 텍스트　212~213, 215, 226, 571

독해 관계   158, 189, 222~232, 250, 294, 330, 339, 416, 438, 442, 515, 524, 551, 564

독해 위치   53, 80, 154, 201, 207, 256, 337, 363~366, 371~374, 421, 491

독해자   88~89

독해자 저항 모델   47

독해 주체   49, 80, 102, 152, 157~158, 161, 165, 200, 214, 246, 307, 321~322, 343, 408, 416, 419, 479

돌봄의 스타일   315

동기화된 편집   105, 107, 111

동일시   125, 128, 140~149, 173, 208, 214, 217, 232, 256, 261, 301, 308, 325, 330~345, 356~359, 368~372, 388, 401, 409, 430, 449, 509, 537

동질성   81, 120, 221, 276, 433, 446, 508, 569~571, 580

드라마적 룩   106, 110

등장인물   289, 293, 300~334, 340~341, 353~354, 407

디제시스   271, 293~296, 341, 474, 479

라이브   98, 438~439, 457, 477, 500, 526

〈람보Rambo〉   301, 564

랑그   268~269, 272, 282

〈레밍턴 스틸Remington Steele〉   241, 243, 270, 415

레슬링   33, 451

레이건주의   242

렉시아   213

〈로다Rhoda〉   243, 434

로맨스 독자   101

〈로스트Lost〉   34

〈로키Rocky〉   301~302, 593

〈록 앤 레슬링Rock 'n' Wrestling〉   434, 450~458, 470, 484

〈록포드 파일The Rockford Files〉   34

〈론 레인저Lone Ranger〉   238, 402

리얼리즘   72, 95~119, 122, 126, 129, 130, 132, 133, 134, 135, 141, 142, 145, 165, 197, 201, 212, 216, 218~220, 227, 241, 246, 255, 257, 261~262, 269~272, 285, 288, 291~292, 294, 303~308, 315~316, 318, 323, 330~331, 336~337, 343~345, 349, 370, 393~394, 403, 412, 421, 440, 455, 457, 459, 463, 475, 529, 534, 574

리얼리즘적 내러티브   102, 269~271, 285, 292, 294

리얼리즘적 독해   308, 315~316, 323, 330

〈리플리의 믿거나 말거나Ripley's Believe It or Not〉   435~436

마돈나 룩   431, 484

마르크스주의   52, 65, 102, 121, 129, 137, 205, 273, 554, 556, 559

〈마이애미 바이스Miami Vice〉   14, 34, 241~242, 275, 296, 387, 389, 392, 402, 414, 415, 421, 441, 445, 461, 468~470, 472, 474, 478~479, 481~482, 484, 576

〈마이크 해머Mike Hammer〉   421

마조히즘   364, 369

말장난   199, 501

말투   76, 453, 475

〈매드 맥스Mad Max〉   301

〈매리 타일러 무어 쇼The Mary Tyler Moore Show〉   243

〈매스터마인드Mastermind〉   490, 494~495, 498

〈매시M.A.S.H〉   397

〈매치메이트Matchmates〉   177, 504

매크로장르   514

〈맥밀란 부부MacMillan and Wife〉   243, 270

〈맥스 헤드룸Max Headroom〉   464~466

〈머티리얼 걸Material Girl〉   235~236

〈머피 브라운Murphy Brown〉   34

메소드 연기   324, 331

메이크업   78

메타담론   102, 104, 107~108, 111, 113, 116~117, 120, 129~130, 133, 135, 201~202, 528

메타포   40, 76, 104, 107~108, 111, 113, 116~117, 120, 129~130, 133, 135, 201~202, 528

멜로드라마   101, 367~369

〈모두 내 자식들All My Children〉   34, 257, 259

모성   360, 354

모순   201~211

〈몬티 파이튼의 플라잉 서커스Monty Python's Flying Circus〉   440, 484

〈몰래 카메라Candid Camera〉   435, 449

몸   458~459

무의식   103, 155, 157, 196, 547

〈문라이팅*Moonlighting*〉　440~441
문자 양식　230~231
문제의식　66, 149, 550
문화 경제　91, 556~560, 570, 576, 578, 582
문화 비평　71, 128
문화 산업　52, 121, 134, 211, 239, 553, 560,
　　571~577
문화 상품　84, 154, 184, 211, 239, 242, 553~557,
　　560, 570, 573~574, 577
문화 생산　23, 26, 46~47, 57, 134, 239
문화 연구　27, 31~37, 52, 59, 65, 126
문화인류학　32,
문화 자본　90~92, 94, 180, 370, 489~492, 561
문화적 공간　179~180
문화적 멍청이　88, 92, 255~256, 388, 553, 564
물신화　420, 467
물질성　77, 425~426, 450~451, 457, 460~462,
　　470, 475~476, 482
뮤지컬　246, 470, 474
뮤직 비디오　29, 154, 206, 226, 235~236, 241,
　　263, 268, 414, 430~431, 461~470, 478~479,
　　482~483
미국 문화/미국 소설　38, 573
〈미녀 삼총사*Charlie's Angels*〉　85, 121, 123, 131,
　　243, 363
미니시리즈　114, 576
미디어 리터러시　53~54
《미디어가 문제다*Media Matters*》　17, 19, 23, 26,
　　33~38
미디어 효과　23, 52, 585, 606
미디엄 숏　72, 97, 299, 472
미스터리　245, 440
〈미스터 앤드 미시즈*Mr and Mrs*〉　493, 494
민속 문화　36, 43~45, 189, 232~233, 595
민속지학　33, 49, 65, 161, 164, 175~176, 184, 186,
　　210~211, 260, 262, 368, 547
민족　141, 148, 174, 205, 267, 277, 313, 339, 344,
　　559, 571~572, 576~579
민족 문화　571, 577

〈바보들과 말뿐*Only Fools and Horses*〉　574
반복성　371
반텍스트　370, 506
발화　69~71, 85, 106~107, 139, 145, 204

배경 음악　470
배우　299~345
백인성　596~597
〈뱀파이어 해결사*Buffy the Vampire Slayer*〉　34
범죄 스릴러　240~241
범주화　517~521
베트남전　242
병원 드라마　238
복합적 내러티브　35
본드 걸　253
본드, 제임스　37, 252, 301~302, 398
본질주의　157, 363
봉쇄 전략　516~517, 523, 525, 527, 533, 536,
　　541~542
봉합　107~108
부르주아 리얼리즘　201, 246
부르주아지　96, 128~130, 276, 531, 561
부정성　520
분할　212~220, 226~230, 411, 421, 463, 514, 517,
　　544, 547
불평등　90, 114, 127, 147, 171, 204, 488,
　　496~497, 565
〈브룩사이드*Brookside*〉　215
브리콜라주　466
〈블랭키티 블랭크*Blankety Blank*〉　493, 509
비결정성　226
비디오　25~27
비디오 게임　33, 42, 51, 202,
BBC　114, 210, 534, 542, 573~575
비판 이론　137, 587~588
비판적 소외　308
비평　71, 206, 236, 239, 251~253

사극　97
사람들　553
〈사립 탐정 매그넘*Magnum P. I.*〉　242, 244, 299,
　　326, 388, 389, 397, 402
사용 가치　480, 556~557, 573
사운드트랙　176, 296, 471, 527, 542
〈사이먼 타운센드의 놀라운 세계*Simon Townsend's*
　　Wonderful World〉　177
사회자　302, 488, 497, 509~510
사회적 결정　189~190, 192
사회적 리얼리즘　97~99, 110, 133, 246

사회적 시멘트 183
사회적 주체 159, 322, 370
사회적 코드 69~77
사회 체제 39, 42, 55, 87, 91, 93, 114, 116, 124, 139, 144, 198, 264, 285, 305, 329, 377, 436, 446~447, 459, 521, 581
상상계 156, 382, 396~397
상식 71, 79, 124, 127~130, 208, 218, 271, 277, 285~286, 305, 327, 469, 516, 520, 523, 532
상업 방송 577, 580
〈상자를 골라라Pick a Box〉 495
상징계 155~156, 429
상징 코드 289, 315
상품화 47, 50, 482, 571
상호 병치 226~227
상호 텍스트성 69, 75, 235~237, 246~264, 291~296, 342, 463, 465, 599
〈새 가격이 맞습니다The New Price Is Right〉 177, 491, 494, 506, 507, 508, 510
〈새터데이 나이트 라이브Saturday Night Live〉 440
생산 양식 44, 578
생산자 43~44, 48, 53~54, 69, 83~84, 157, 166, 189, 213~215, 227~229, 260, 286, 292, 297, 325, 421, 438~439, 442~443, 464, 466, 482, 506~508, 530, 548, 551, 554~560, 564, 570
생산자적 텍스트 213~219, 227, 229, 297, 442, 464, 570
서부극 173, 246, 273, 301
서브플롯 309, 407
서스펜스 216, 245, 294, 500
선호된 독해 162, 164, 198~199, 250, 253, 543
성숙 141, 283, 379~381
성차별주의 381, 559
〈세기의 세일Sale of the Century〉 488, 490~491, 494~495, 498, 503~05
〈세대 게임The Generation Game〉 34
세련화 125~126
세팅 69, 71~78, 97, 99, 102, 254, 269, 319~320, 349, 412, 470, 481
섹슈얼리티 33, 45, 174, 253, 350, 352, 355~361, 365, 404~405, 420, 430~431, 466, 499, 510, 563
〈설리 배시 쇼The Shirley Bassey Show〉 34
소망 성취 331~332, 507

〈소머즈Bionic Woman〉 282
소비주의 462, 480, 502, 506, 576
소셜 네트워킹 598
소아 중심적 체제 150
소유권 470
솝 오페라 34~35, 83, 91~92, 98, 120, 152, 168, 173, 175, 182~188, 196, 207, 215~216, 226~227, 238, 241~246, 255~258, 261~262, 287, 292~295, 299~305, 335, 338, 340~341, 348~375, 396, 401, 404~416, 426, 429, 432, 441, 450, 500, 510~511, 514~516, 551~552, 575
숏/리버스 숏 105~107, 111, 471
수수께끼 86, 216, 253, 272, 290~294, 364, 406~407, 470, 500~501, 544
수용자 21~22, 27~29, 46~48, 53, 69~70, 88~89, 119, 123~246, 253, 255, 264, 270, 570, 589~590, 595
수직적 상호 텍스트성 250~251, 393
수평적 상호 텍스트성 236, 393
수행 79, 91, 100, 123, 151, 179, 184, 188, 220, 234, 252, 280~283, 286, 288, 319, 344, 378, 389, 396~397, 400, 402, 404, 410, 415, 429, 450, 460, 489, 520, 522, 524, 528, 532, 535, 570, 576
〈스레즈Threads〉 296
스릴러 101, 240~241, 245
스크래치 비디오 229
〈스크린Screen〉 114
스크린 이론 101, 137, 151, 155, 157, 159, 165, 179, 192, 210
스타 236, 301~302, 388, 449~450
〈스타스키와 허치Starsky and Hutch〉 34, 202, 299, 397, 400
스타일 462~470
〈스타 트렉Star Trek〉 34, 188, 244, 256
스테레오타입 70, 199
〈스팅레이Stingray〉 441
슬로 모션 26, 410~411, 455~456, 463
〈시골 생활A Country Practice〉 178, 216, 217, 515
시리즈 292~302, 313~319, 322, 326, 348, 363, 388~395
CBS 73, 225, 244
〈CSI: 마이애미CSI: Miami〉 34

시적 기능 549
시청률 175, 217, 244, 326, 397, 487, 558~559
시청 양식 225, 374
시청 저항 152
시청 체제 178
시퀀스 107~108, 220~230, 238, 241, 278, 281~288, 294, 391, 464, 470~473, 479, 481, 498~499, 522, 542
시트콤 34, 98, 191, 225, 238, 241, 243, 246, 293, 295, 532, 550
〈신나는 개구쟁이Diff'rent Strokes〉 172
〈신사는 금발을 좋아해Gentlemen Prefer Blondes〉 235, 236
신성모독 466
〈신혼 게임The Newlywed Game〉 493, 494
신화 126~127, 131, 141, 199, 202~203, 236, 267, 269~270, 273~278, 370, 396, 401, 420, 432, 467, 496~497
신화적 내러티브 273~278
심리적 동일시 331, 343, 344
심리적 리얼리즘 270, 304~305
심층 구조 269~270, 273~274, 283

〈아들과 딸Sons and Daughters〉 177
아비투스 596
〈아서 클라크의 신비한 세계Arthur C. Clarke's Mysterious World〉 435
아이러니 79, 197~200, 208, 219
〈아이언사이드Ironside〉 402
악녀 365~367
악당 68, 72, 74~82, 87, 102, 111, 118, 141~142, 163, 196~198, 205, 241, 270~286, 339, 359, 364, 398, 471, 521, 535, 538, 541, 550
알레고리 241
애드버스팅 54
〈애타게 수전을 찾아서 Desperately Seeking Susan〉 462, 478
액션 78~79
액션 시리즈 348
액션 영역 281~282
액션 코드 290
〈앨리 맥빌Ally McBeal〉 601
야생지 368
양상 181, 219, 348, 374, 393

어린이 150~151, 153~154, 274, 393, 448, 501, 562
억압 80, 93, 109, 116~117, 128~133, 148, 185, 201~202, 307, 356, 381, 383~387, 399~400, 416, 423, 426~427, 459~460, 484, 525, 555
언어 27, 31, 42, 48, 58, 84, 126~127, 130~133, 139, 143~147, 151, 154~155, 157, 171, 185, 203~205, 228, 249, 256~257, 263, 267~268, 286~288, 325, 354~355, 414, 425, 447, 449, 458, 460~461, 466, 468, 475, 478, 480, 527, 529, 538, 568
에로티시즘 359
〈A특공대The A-Team〉 34, 153, 181, 196, 237, 242, 281, 283, 293, 296, 377~386, 391~415, 442, 449
ABC 525
NBC 73, 241, 558
엘리트 492~495, 517~520
MTV 241, 296, 462, 502
〈여경찰Police Woman〉 34, 131, 243
여성 권력 352, 361
여성성 174, 183, 243, 328, 347, 356, 373, 377, 386, 396, 407, 413, 415, 431
여성적 내러티브 293, 295, 401, 405~407, 413
여성화 172, 356, 388, 427, 567
연루 147, 261, 324, 330~331, 333, 337~340, 344, 362~363, 438
연루-유리 338~340, 344, 363~364, 430
연상 법칙 219
연속극 216, 292, 300~302, 348, 369~370, 574
열린 텍스트 124, 211~212, 222, 292
영역 구분 523
영웅 77~78, 196, 241, 275, 279~286, 295, 301, 304, 318, 343, 359, 382, 475, 535~536, 541, 573
예고 196, 220~225, 294, 297, 309
〈오늘의 경기Match of the Day〉 34
〈오늘의 드라마Play for Today〉 238
오독 40, 174, 544, 574
오이디푸스 384, 387, 397, 420
〈오하라O'Hara〉 225
〈올 마이 칠드런All My Children〉 34
외모 70, 75~78, 87, 163, 314~316, 320, 359, 388, 393, 414~415, 503

외양 109, 415, 461, 463, 466, 478~479, 482, 485

욕망 353

욕설 451, 458

〈우리 삶의 나날들Days of Our Lives〉 299, 349, 369

운 495

〈운명의 수레바퀴Wheel of Fortune〉 491, 494, 497

〈원더우먼Wonderwoman〉 100

위성 526, 537, 557, 570

유대/유대감 56, 154, 175, 205, 288, 296, 384, 400~401, 406, 414

유명인 301~303, 435, 493, 509

유목민적 주체성 191

유토피아주의 24

유혹 248, 288, 355, 360, 405, 597

유희성 438

〈6만 4000달러짜리 문제 $64,000 Question〉 494

〈육백만 불의 사나이Six Million Dollar Man〉 100, 280

〈60분 60 Minutes〉 515

육체 154, 156, 174, 296, 331, 344, 355, 358~361, 378~383, 386, 389~391, 396~402, 405, 410, 418~421, 424~427, 446~454, 481~484

윤리 198, 203, 423, 479, 515, 530

음악 75, 90, 102, 268, 296, 427, 461~462, 470~474, 479, 481~482, 502, 505, 508, 572, 576

의례 41, 240, 242~243, 350, 380, 451~452, 487~491

의미 생산 84, 92, 191, 229, 268, 316, 342, 426, 439, 443, 467, 469, 548

의미소 289, 313, 315

의미의 사회적 결정 189~192

의미 코드 289, 296

의상 77, 114, 121, 145, 164, 241, 254, 289, 303, 314, 414, 453~454, 469, 475, 478, 496

2차적 구술성 231~232

2차적 텍스트 196

이데올로기 22~23, 30, 38, 42, 49, 53, 55~56, 66, 69, 75~146, 149, 156, 161~167, 171~176, 179, 185, 196~212, 219, 223~224, 239~245, 250, 253, 264, 270~271, 276, 278, 283~288, 295, 303~308, 313, 316~336, 341~344, 349~352, 360, 363~370, 377, 378, 382, 386~389,

395~400, 408~426, 431~447, 455~459, 461~462, 465, 467, 474, 476, 479,~484, 488~489, 495~498, 501, 505, 507~508, 514, 519~522, 524~528, 530, 532~533, 535, 541, 543, 547~548, 551~555, 561, 564, 566~569, 571, 573~580, 585, 592, 594, 596

이데올로기 내의 주체 103, 124, 165, 342, 581

이데올로기적 동일시 342, 344

이데올로기적 코드 69, 71, 74, 76~78, 80~81, 142

이미지 79, 115, 129, 149, 153, 171, 196, 220~221, 224, 226, 229, 236, 238, 241, 249, 255, 267, 303, 345, 360, 364, 391, 394, 399, 413, 421~422, 430~432, 453, 457, 460~470, 474~475, 477, 479

〈이스트엔더스EastEnders〉 574

이용과 충족 접근법 183

이음매 없음 105, 108

이종어 203~204, 215

이종적 텍스트 203

이중적 텍스트 368, 377

이중 접합 207, 363

이항 대립 269, 273, 283, 289, 408, 550

익스트림 클로즈업 72~74, 11~113, 197, 228, 274, 467~468, 471~472

인과 법칙 100. 219~220, 268, 547

인물 278~288

인물 독해 299~345

인물 역할 281~283, 285, 289, 362

인물형 313~315

인종 69, 76~77, 81, 88, 128~129, 144, 160, 190~191, 196, 198, 205, 241, 277, 314, 315, 319, 344, 389, 397, 402~403, 416~417, 459, 496, 536, 574~576

〈인크레더블 헐크The Incredible Hulk〉 449

〈인테리어하는 여자들Designing Women〉 34, 225

1차적 텍스트 196

일별 152~153

일탈적 탈코드화 164

자기 기만 256

자기 반영성 34, 440

자본주의 29, 38~40, 53, 56, 65, 69, 71, 80, 82, 85, 90, 101, 114, 116, 121~122, 127~129, 132, 137, 139, 161, 163, 190, 198, 205, 276~278,

322~323, 330, 361, 378, 381, 383, 389, 392, 395~399, 409, 415, 423, 427, 458~459, 462, 469, 477, 479~481, 488~489, 496~499, 503~504, 508, 530, 533, 553~554, 557, 559, 571, 573~576, 581

자아   92, 137~140, 155~156, 190, 203, 305~307, 323, 338, 343~344, 357, 364, 369, 373, 384, 408, 426, 428, 445, 463, 477~478, 484

작가적 텍스트   211~214, 226, 291, 296

장르   83, 97~98, 154, 182, 196, 208, 215, 236~248, 267, 269, 270, 273, 290, 326, 341, 348, 350, 352, 368, 370, 397, 408~409, 412~416, 464, 469~470, 481, 487, 490, 497, 511, 513~516, 532, 550, 552, 575

장르 이동   244

재핑   229

재현   69~75, 84, 95~98, 102, 114, 117~118, 120~121, 128~134, 141~145, 156~157, 174, 181, 184, 192, 204, 208, 212, 214, 219, 247~249, 256~258, 261, 269~274, 277, 285~286, 296, 299~300, 303~308, 315, 321~323, 329~345, 352~359, 364~367, 380, 383, 387~389, 393, 399~403, 406, 408, 413~415, 421, 428~432, 437~443, 450, 464~465, 475, 479, 498~499, 503, 519~524, 530~538, 546, 549, 564, 566~569, 575, 581

재현 코드   69~70

저자   438

저항   22~28, 42~43, 47, 50, 54~59, 165~173, 445~469, 479, 484, 500, 521, 547, 552, 554~555, 561~569, 578, 581

저항적 쾌락   416, 435

전도   451, 453~454, 465~467, 484

전유   22, 28~29, 42, 47, 439, 468, 470, 475, 508~509, 575

전쟁   378, 392, 397, 434, 529~533, 538, 550

전지적 스타일   105

〈젊은이들The Young Ones〉   51, 441, 484

접종   122, 527~528, 539, 541~542

접합   207, 264, 364, 375, 470, 498, 501~510, 561, 572

정동   363, 418

정보 제공체   288

정신분석학   33, 154~155, 364, 373, 382~383, 417~419, 422~423, 426

정체성   331~333

〈Z 카 Z Cars〉   300

〈제퍼디Jeopardy〉   491, 494

제품 "레퍼토리"   560, 574

젠더 정치학   199, 328~329, 405, 516

젠더화된 텔레비전(남성성)   377~416

젠더화된 텔레비전(여성성)   347~376

조명   74, 76, 84, 102, 110, 113, 145, 208, 241, 263, 471~473, 498

종결   162, 195, 197, 211, 218~219, 224, 227, 229~230, 272, 290, 292~298, 307, 319, 336, 348~350, 355, 363, 364, 370, 372, 374, 377, 386, 404, 407, 411, 416, 442, 482~483, 517~518, 549~551

종교   88, 97, 130, 142, 167, 417, 431, 455, 466, 563

종속   87~88, 91, 93, 125, 128~130, 138, 140, 154, 165, 176, 179, 183, 199, 202, 210, 213, 233, 264, 306, 316, 333, 354, 360, 362, 365, 376, 405, 437, 448, 507, 525, 549, 564

〈종합병원General Hospital〉   260, 261

좌파   36, 97, 114~116, 196, 277, 320, 322, 324, 369, 574

〈죄수Prisoner〉   153, 168, 169, 170, 171, 177, 202, 232, 233, 262, 429, 432, 503, 564, 574

주이상스   353, 418, 422, 424~426, 461

주인공 팀   400~403, 414

주체/주체성   137~158

주체 위치   141~145, 154, 165, 190, 297, 322, 364, 370, 420, 442

죽은 시간   98, 300

중간 광고   220, 223, 297, 309

즉각성   526, 537, 542~543

즉흥 연희극   450

지배 계급   82, 90, 173, 198, 264, 277, 489, 519~520, 555, 566

지배 이데올로기   22, 30, 55, 66, 30, 332~333, 349, 351, 360, 363, 368, 377, 408~409, 416, 418, 420, 422, 433~434, 437, 446, 459, 467, 474, 495, 505, 541, 548, 552, 554~555, 569, 574, 580

지배적 독해   162~163, 191, 325

지배적 시각성   74, 103~104, 107, 116, 198, 201,

271

지상파 텔레비전　119

지시적 기능　549

지연　353~354

직업　160, 203, 208, 217, 241, 312, 314, 316, 320~321, 358, 393, 411, 413, 488~489, 492, 503, 514

직접적 호명　146, 230

진보적 텍스트　135

진정성　255, 303, 380, 478, 526, 537, 542~543, 555

집단 시청　188, 502

짜깁기　545~547

차별　53, 90

참여 격차　24

참여 문화　28, 46~47, 50

참조 코드　290, 296, 546, 549

처벌　362~363

천막 기둥　225

청년 문화　502

촉매　287~288

추방　386~387, 400, 414, 475

취향　29, 34, 36, 39~40, 46, 81~82, 90, 100, 121, 181~182, 188, 206, 211, 225, 242, 303, 434, 460~461, 484, 489, 577~578

친밀성　146, 341, 400~401, 568

친숙성　245, 536

카니발　35, 445, 447~451, 453~461, 464~467, 484~485, 491, 506~508

카메라　19, 21, 25, 69

카메라 거리　72~73

카메라워크　72, 76, 106~108, 111, 441

칼라가톤　456, 459

〈캅 숍Cop Shop〉　300

〈캐그니와 레이시Cagney and Lacey〉　14, 105, 107~108, 111, 120, 135, 140, 144, 241, 243~246, 299, 308, 315~320, 323, 324, 326~329, 343~344, 371, 402, 405~406, 415, 424, 479

캐스터　299, 302, 455, 524~525, 527, 537, 543

캐스팅　69, 75~76, 121, 170, 241

〈캐시 컴 홈Cathy Come Home〉　109

캠프　45, 174, 206

〈컴 댄싱Come Dancing〉　34

케이블/ 케이블 방송　224, 229, 570~571, 580

〈케이트와 앨리Kate and Allie〉　225, 244

코드　68

코드 해독　80, 164, 211

코드화　70~76, 80, 82, 164, 213, 240, 248, 262, 292, 313, 315, 388, 415

〈코로네이션 스트리트Coronation Street〉　98

〈코스비쇼Cosby〉　34

쾌락　19, 22, 29, 36, 39, 43, 47~55, 65~66, 72, 74, 80, 83~86, 89~93, 123, 125, 133~134, 143, 154, 156, 161~164, 171, 175, 203, 209, 213~214, 217, 229, 239, 246, 249, 258, 261~262, 292, 295, 321, 332, 335~341, 344~345, 349, 352~365, 371~372, 375, 382, 400~401, 404~405, 410, 414~451, 455~457, 461~470, 473~491, 498, 501, 504~505, 507,~511, 556~567, 571, 574, 576~582

쾌락 원리　417

퀴즈 프로그램　217, 238, 268, 294, 487~495, 497~511

〈크라임 워치Crime Watch〉　412

클라이맥스　353~355, 360, 363, 404, 410~411, 481, 498

클로즈업　72~73, 106, 111, 113, 354~355, 406, 420, 425~426, 455, 471~472, 475, 481, 484, 499

클리셰　448, 529~531

〈타이타닉을 인양하라Raise the Titanic〉　560

탈개인화　121, 467

탈명명화　128~130, 277, 327, 527~528, 538, 540~541, 543

탈신비화　200, 285, 520, 551

탈주　468, 480, 563

탈중심화　364, 373~375, 408, 426, 432, 552

탐정 스펜서Spenser: For Hire　225

테크노 투쟁　18

테크놀로지　19~20, 23, 25

텍스트 경제　422

텍스트 밀렵자　47

텍스트 분석　33, 132, 364, 574

텍스트성　86, 214, 225, 324, 438, 440~442, 549

텍스트 연구 87, 162
텍스트 전략 78, 132, 201, 245, 347
토크쇼 237, 302
〈톱 오브 더 팝스*Top of the Pops*〉 34
통일성 148~149, 153, 156, 212, 221, 224, 249, 298, 320, 322, 343, 385, 446~461, 554, 580
통합체 71, 227, 268~269, 278, 287, 293, 517
투명성의 오류 96
투사 331~334, 338, 343
트레키 188
〈트루 블러드*True Blood*〉 34
〈TV 실수와 장난*TV Bloopers and Practical Jokes*〉 435, 449
TV 시청/시청자 88~89, 97, 153, 159, 164, 176, 178~179, 181~182, 228~229, 252, 260, 393, 409, 421, 442, 449, 458, 513, 558
TV적 담론 102, 108

파롤 268~269, 282
파워블록 22, 27, 55
판타지 24~25, 56, 58, 100, 129, 187, 223, 257, 335~336, 356~357, 359, 380, 394, 507, 562, 566~569
패러다임 306
패러디 199~200, 206~207, 235, 448, 451, 453, 458, 464~467, 470, 484, 531
〈패밀리 퓨드*Family Feud*〉 177, 492~494, 509~510
패션 122, 174, 176, 252, 347, 414, 431, 467, 469, 475, 477, 482, 563
패스티시 470
패키징 246
팬 91, 171, 188, 196, 207, 215~218, 244, 256, 259~263, 299~306, 336, 350~352, 370, 430, 442, 461
팬진 218, 244, 252, 255, 300, 338
팬 픽션 46
〈퍼펙트 매치*Perfect Match*〉 493, 494, 500, 510
펑크 121~122, 563
페니스 396~401
페미니즘 57~58, 85, 87, 105, 120, 122~123, 129, 132~133, 135, 140, 155, 243, 321, 326, 328~329, 375, 417
〈페임*Fame*〉 227

편성 149, 180, 221, 224~225, 229, 243~244, 283, 300, 326~327, 479, 513~515, 569~570, 580
편입 121~123, 161, 233~234, 307, 446, 468, 510
편집 69, 74, 98, 102, 105~108, 111, 226, 238, 241, 355, 411, 441, 462, 465, 471, 473, 476, 479, 481, 483, 499, 526
평형 상태 241, 349, 406~407, 532
〈포드 슈퍼 퀴즈*Ford Super Quiz*〉 491, 504
포르노 188, 356~359, 396, 405~407, 466, 473, 480
포섭 29, 479, 501, 507, 555
포스터 196
포스트구조주의 65, 126, 587
포스트마르크스주의 587
폭력 76, 181~182, 249, 394, 423, 497, 518, 521
표층 구조 269
풍성함 371~373
프랑크푸르트학파 121~122, 210
프레이밍 71, 148, 241
〈플라잉 닥터스*The Flying Doctors*〉 297
〈플레이 유어 카즈 라이트*Play Your Cards Right*〉 493~495
플레지르 353, 418, 422, 424, 426, 476
플롯 35, 115, 226, 241, 245, 259~260, 262, 270, 292, 295, 297~298, 308~309, 319, 325, 348~355, 364, 371~374, 401, 407, 411, 419, 470, 551
핍진성 271

하위 문화 41, 45, 49, 76, 119, 122, 128, 170~174, 198, 200, 204, 233, 236, 250, 262~264, 377, 381, 431, 433, 437, 442~443, 467, 469, 502, 548, 553, 569~573, 575, 578, 580~581
하위 범주 522
〈하트 투 하트*Hart to Hart*〉 33~34, 66, 72, 86, 95, 102~103, 118, 121, 129, 140~141, 163, 166, 177, 197, 205~208, 215, 218, 269~270, 273~274, 276~277, 285~288, 339, 415, 531, 534, 599~600, 603, 608
할리우드 영화 100~101, 327, 419, 467, 600
해먹 225
해상도 97
해석적 코드 290~291, 294, 500, 544

〈해저드 마을의 듀크 가족The Dukes of Hazzard〉
　382
해체주의　249
핸드 헬드 카메라　110
〈허수아비와 킹 부인Scarecrow and Mrs King〉　241,
　243~244, 270, 415
헌신　384, 386, 392
헤게모니　27, 42, 124~126, 131, 180, 210, 286,
　353, 367, 369, 375, 407, 416, 418, 433, 435,
　495~497, 578
현실 도피　332, 511
현재성　97, 186, 215, 217, 230, 300, 302, 500, 514,
　526
협상적 독해　162, 191
〈형사 헌터Hunter〉　296, 441
형식　99~124
〈형제 탐정 사이먼Simon and Simon〉　242, 299
형태소　280, 287, 291
호명　137~158
호명 양식　145, 149
홍보 산업　196, 237
환수　524, 526, 540
환영　132, 295, 305, 339, 430, 553

환유　231, 315, 529, 542
환유어　333
환유적 지시체　304
황금 시간대　66, 150, 225, 299~300, 356,
　369~400, 487, 494, 511, 513~514
회피　91, 126, 152, 204, 229, 244, 265, 329, 401,
　404, 410, 416, 424, 427, 433, 445~446, 461,
　479, 500, 502, 551, 561~562, 566
효능　92~93
휴머니즘　96, 101
흐름　86~87, 105, 144, 183, 219~226, 230, 237,
　269, 278, 353, 426, 482, 522
흑인　124, 140~141, 160, 172, 191, 193, 309, 311,
　313~318, 329, 379, 391, 402~403, 474, 572,
　579
흘러넘침　370, 564
〈희망의 나날들Days of Hope〉　103, 109, 114, 115,
　116
희생자　76, 196, 214, 279, 281~282, 285, 314, 318,
　369, 399, 406, 411, 518, 521, 535~538, 542,
　544, 550
〈힐 스트리트 블루스Hill Street Blues〉　35, 241,
　246, 300, 405, 408, 411, 424, 479, 558, 559